O livro negro da psicanálise

O livro negro da psicanálise
Viver e pensar melhor sem Freud

Organização de Catherine Meyer
com
Mikkel Borch-Jacobsen
Jean Cottraux
Didier Pleux
Jacques Van Rillaer

Tradução de
Maria Beatriz de Medina
e Simone Perelson

6ª edição

Rio de Janeiro
2025

Copyright © Les Arenes, Paris, 2005
"Qui a peur de l'Homme aux loups" ©Frank Sulloway/ The Chicago University Press
"Schreber et don père" © Frank Sulloway/ The Chicago University Press
"Défi de la méthodologie de la psychanalyse" © Malcom Mac Milan – Pagrave/ MacMillan
"L'historie tragique et véridique d'Horca Frink, manipulé pour lês besoins de la cause" © John Hopkins Magazine
"Freud, thérapeute familial" © Patrick Mahony/ The Analytic Press, Inc., 1992
"Le modèle freudien n'est pas plausible" © Allan Hobson
"La thérapie cognitive de la depression: historie d'une découverte" © AaronBeck/ Scottishbook

Tradução do texto "Por que um livro negro da psicanálise?" e dos textos pertencentes à Primeira e Segunda partes: Simone Perelson
Tradução dos textos pertencentes à Terceira, Quarta e Quinta partes: Maria Beatriz de Medina

PROJETO GRÁFICO DE MIOLO
Evelyn Grumach e João de Souza Leite

CAPA
Sérgio Campante

DIAGRAMAÇÃO DE MIOLO
Editoriarte

CIP-BRASIL. CATALOGAÇÃO-NA-FONTE
SINDICATO NACIONAL DOS EDITORES DE LIVROS, RJ

L762
6ª ed.

O livro negro da psicanálise / organização de Catherine Meyer ; com Mikkel Borch-Jacobsen... [et al.] ; [tradução de Simone Perelson e Beatriz Medina].
– 6ª ed. – Rio de Janeiro : Civilização Brasileira, 2025.

Tradução de: Le livre noir de la psychanalyse
ISBN 978-85-200-0765-5

1. Freud, Sigmund, 1856-1939. 2. Psicanálise. I. Meyer, Catherine, 1959-. II. Borch-Jacobsen, Mikkel.

08-4016

CDD: 150.1952
CDU: 159.964.2

Todos os direitos reservados. Proibida a reprodução, o armazenamento ou a transmissão de partes deste livro, através de quaisquer meios, sem prévia autorização por escrito.

Texto revisado segundo o novo Acordo Ortográfico da Língua Portuguesa.
Direitos desta edição adquiridos pela
EDITORA CIVILIZAÇÃO BRASILEIRA
Um selo da
EDITORA JOSÉ OLYMPIO LTDA.
Rua Argentina 171 – 20921-380 – Rio de Janeiro, RJ – Tel.: 2585-2000

Seja um leitor preferencial Record.
Cadastre-se e receba informações sobre nossos lançamentos e nossas promoções.

Atendimento e venda direta ao leitor:
sac@record.com.br

Impresso no Brasil
2025

*Há mais coisas entre o céu e a terra, Horácio,
do que pode sonhar tua vã filosofia.*

William Shakespeare

*O que os homens querem de fato não é o
conhecimento, é a certeza.*

Bertrand Russell

SUMÁRIO

PREFÁCIO *11*

POR QUE UM LIVRO NEGRO DA PSICANÁLISE? *21*

PRIMEIRA PARTE
O lado oculto da história freudiana *29*

1. MITOS E LENDAS DA PSICANÁLISE *31*
Era uma vez... (*Mikkel Borch-Jacobsen*) *33*
A verdade sobre o caso da Senhorita Anna O. (*Mikkel Borch-Jacobsen*) *39*
A teoria da sedução: um mito para o nosso tempo (*Allen Esterson*) *49*
A teoria da sedução: uma ideia que não funcionou (*Entrevista com Han Israëls*) *57*

2. AS FALSAS CURAS *61*
O médico imaginário (*Mikkel Borch-Jacobsen*) *63*
Quem tem medo do Homem dos Lobos? (*Frank J. Sulloway*) *73*
A análise interminável, ou como não curar por más razões (*Entrevista com Isabelle Stengers*) *81*

3. A FABRICAÇÃO DOS DADOS PSICANALÍTICOS *85*
Schreber e seu pai (*Frank J. Sulloway*) *87*

SEGUNDA PARTE
Por que a psicanálise teve tamanho sucesso? *93*

1. À CONQUISTA DO MUNDO *95*
Esplendor e decadência da psicanálise (*Edward Shorter*) *97*

Psicanálise, marca registrada (*Sonu Shamdasani*) 115

Uma teoria zero (*Mikkel Borch-Jacobsen*) 137

2. O PODER DE SEDUÇÃO DA PSICANÁLISE 145

Os benefícios da psicanálise (*Jacques Van Rillaer*) 147

A mitologia da terapia profunda 169

3. A EXCEÇÃO FRANCESA 191

Crônica de uma geração: como a psicanálise tomou o poder na França
(*Jean Cottraux*) 193

Lacan ventríloquo (*Mikkel Borch-Jacobsen*) 217

Por que Lacan é tão obscuro? (*Filip Buekens*) 225

O futuro de uma desilusão, ou como se curar da psicanálise em dez lições
(*Frédéric Rosenfeld*) 237

TERCEIRA PARTE

A psicanálise e seus impasses 255

1. A PSICANÁLISE É UMA CIÊNCIA? 257

Epistemologia e má-fé: o caso do freudismo (*Frank Cioffi*) 261

2. A PSICANÁLISE É UMA PSICOTERAPIA? 285

A psicanálise cura? (*Jean Cottraux*) 287

3. A PSICANÁLISE É UMA FERRAMENTA DE AUTOCONHECIMENTO? 309

Desafio à metodologia da psicanálise (*Malcolm Macmillan*) 311

4. COMO A PSICANÁLISE SE VACINOU CONTRA A CRÍTICA 337

Os mecanismos de defesa dos freudianos (*Jacques Van Rillaer*) 339

QUARTA PARTE

As vítimas da psicanálise 359

1. AS VÍTIMAS HISTÓRICAS 361

A história trágica e verídica de Horace Frink, manipulado em nome da causa
(*Lavinia Edmunds*) 363

Freud, terapeuta familiar (*Patrick Mahony*) 379

2. PAIS E FILHOS, AS PRIMEIRAS VÍTIMAS   *387*

Educação e psicanálise (*Didier Pleux*)   *389*

3. O DRAMA DO AUTISMO   *429*

Bettelheim, o impostor (*Entrevista com Richard Pollack*)   *431*

4. FERIDOS PELA PSICANÁLISE   *449*

A pescadora, o girino e a Górgona (*Agnès Fonbonne*)   *451*

Quinze anos de crença freudiana (*Paul A.*)   *467*

5. UM CASO EXEMPLAR: A TOXICOMANIA   *475*

Como as teorias psicanalíticas impediram o tratamento eficaz de toxicômanos
  e contribuíram para a morte de milhares de indivíduos (*Jean-Jacques
  Déglon*)   *437*

QUINTA PARTE

Existe vida depois de Freud   *499*

1. A REVOLUÇÃO DAS NEUROCIÊNCIAS   *501*

A psicanálise ameaçada pelas neurociências (*Joëlle Proust*)   *503*

2. E OS MEDICAMENTOS?   *513*

Os medicamentos curam ou fabricam a depressão? (*Philippe Pignarre*)   *515*

3. AS PSICOTERAPIAS DE HOJE   *527*

A força do consciente ou como repensar o inconsciente (*Albert Ellis e
  Didier Pleux*)   *529*

A terapia cognitiva da depressão: história de uma descoberta
  (*Aaron T. Beck*)   *555*

As terapias cognitivo-comportamentais: a psicologia científica a serviço do ser
  humano (*Jacques Van Rillaer*)   *579*

Outro olhar sobre o inconsciente e as psicoterapias (*Jean Cottraux*)   *611*

OS AUTORES   *633*

Prefácio

Foi por ser ao mesmo tempo psicanalista e tradutora* que certo dia recebi a proposta de traduzir *O livro negro da psicanálise*, publicado em 2005 na França, e selecionar um determinado número de artigos desse livro para serem publicados no Brasil em uma edição resumida.

Ciente da proposta do livro de empreender uma ampla crítica à psicanálise, de modo a derrubar todas as suas bases, e tendo também travado conhecimento das severas críticas de inconsistência e desonestidade intelectual que lhe foram dirigidas por inúmeros psicanalistas, hesitei em aceitar a proposta. Mas inteirada, por outro lado, da ampla repercussão que a sua publicação teve na França, a qual levou a uma rica proliferação de discussões entre os defensores e os detratores da psicanálise no cenário midiático e na cena pública, decidi aceitar o empreendimento. De fato, mesmo não compartilhando da maioria das posições defendidas no livro, julgo ser de extrema relevância a sua publicação no Brasil. Ele provocou uma discussão bastante importante na França, sobretudo no que se refere à questão da eficácia dos tratamentos da subjetividade, convocando os psicanalistas a esclarecerem para o grande público leigo as bases de sua teoria, de sua prática e de sua ética, centradas na incongruência entre, por um lado, o desejo inconsciente e, por outro, o bem-estar do sujeito e sua adaptação à norma social. Levou-os ainda a buscar explicitar para os não psicanalistas — doutos e leigos — o sentido, pleno de riscos — os quais são inevitáveis em toda grande aventura —, de se tomar o desejo inconsciente como o eixo fundamental do tratamento.

---

* Traduzi, notadamente para a Editora Record, *Ação e reação. Vida e aventuras de um casal*, de Jean Starobinski, e *O cartão-postal. De Sócrates a Freud e além*, de Jacques Derrida.

Entretanto, em tempos em que os sujeitos são cada vez mais convocados a gerir seus corpos e suas almas como empresas capazes de otimizar a relação custo/benefício e a capitalizar até mesmo seus mais excêntricos e singulares grãos de rebeldias sociais — tempos bem diferentes, vale observar, dos tempos povoados de revoltas românticas marginais em que viveu Freud —, a prática psicanalítica corre o risco de gradativamente se transformar em uma estranha seita. Seus membros, cada vez menos numerosos, comunicar-se-iam apenas entre si, constituindo um mundo à parte, desinteressado pelos que se encontram fora dele e suscitando nestes um interesse ainda menor. A publicação do *Livro negro da psicanálise* levou os psicanalistas franceses a saírem dos lugares que costumam ocupar — lugar de discussão quase exclusivamente com os pares — e a se dirigirem aos "outros", aos leigos, à mídia. Mesmo correndo o risco de cair em suas armadilhas, de ser mal compreendida, deturpada, distorcida, a psicanálise talvez não tenha como sobreviver hoje senão engajando-se numa tentativa de diálogo com aqueles que, cada vez mais numerosos, permanecem inteiramente alheios ao desejo de sentido e ao sentido do desejo sustentados pela psicanálise. Ao participar da presente publicação, espero estar contribuindo de alguma forma para que psicanalistas e não psicanalistas brasileiros tenham acesso ao material que gerou as discussões francesas, para que se produza também por aqui um debate a esse respeito, acessível, na maior medida possível, ao grande público, para que a própria psicanálise possa disso sair fortalecida. Se não me faço, portanto, de modo algum, porta-voz das obstinadas críticas empreendidas no livro à psicanálise, compartilhando, antes, das severas críticas que a ele são dirigidas, advogo a favor da importância de sua publicação e da ampliação do espectro da discussão a que ele deu lugar.

Feito esse primeiro esclarecimento, cabe agora indicar o contexto da publicação do *Livro negro* na França, assim como apresentar algumas de suas repercussões.

Publicado em setembro de 2005, o livro é apresentado por seus autores como o balanço crítico mais exaustivo da psicanálise, mais especificamente da psicanálise freudo-lacaniana. Pretende-se aqui, segundo os termos de seus autores, passar em revista e divulgar, para o grande público leigo e carente de informações, as principais facetas da teoria e da prática freudianas.

PREFÁCIO

O resultado desse balanço crítico, ainda segundo os autores do livro, é a revelação, em primeiro lugar, de uma série de inverdades sustentadas por Freud; em segundo lugar, de um grande hiato entre a hegemonia da psicanálise na França e o seu declínio no resto do mundo, e, enfim, da inferioridade da eficácia curativa da psicanálise em relação a outros métodos de tratamento, entre os quais se destacam no livro as chamadas TCC — terapias cognitivo-comportamentais.

Cabe observar que a querela na França entre psicanalistas e terapeutas cognitivo-comportamentais em torno da questão referente à necessidade e à possibilidade de avaliação da eficácia curativa da psicanálise não se inicia com o livro. Um primeiro momento da controvérsia se deu no final de 2003 em torno da votação e aprovação pelo Parlamento francês da emenda ao projeto de lei sobre a política de saúde pública, proposta pelo deputado Bernard Accoyer, visando a regulamentar o exercício da profissão de psicoterapeuta. A chamada "emenda Acccoyer" propunha que fosse restrito a médicos e psicólogos o título de psicoterapeutas e exigia dos outros profissionais, entre os quais se encontravam inúmeros psicanalistas, a submissão a uma avaliação de sua prática. A emenda deu lugar a inúmeros e vigorosos protestos: foi denunciada, sobretudo pelos psicanalistas, como uma tentativa de medicalizar o sofrimento psíquico e como uma vontade implícita de reduzir a prática das psicoterapias às terapias comportamentais.

Em seguida a esse fato ocorreu, no início de 2004, a publicação pelo Institut National de la Santé et de la Recherche Médicale (Inserm) de uma avaliação coletiva, intitulada "Psicoterapia, três abordagens avaliadas", na qual se concluía pela superioridade absoluta da eficácia das TCC em relação às terapias de inspiração analítica. A controvérsia entre psicanalistas e terapeutas cognitivo-comportamentais se acirrou: os primeiros denunciaram o caráter imparcial da avaliação e levaram o então ministro da Saúde a condenar publicamente a avaliação e a afirmar que "não existe uma única resposta para o sofrimento psíquico", o qual não é "nem mensurável, nem avaliável"; os segundos viram no ocorrido um símbolo da atitude dos psicanalistas de abafar o debate tão logo a psicanálise é atacada.

Em setembro de 2005 foi publicado *O livro negro da psicanálise*, o qual já trazia na escolha de seu título um prenúncio da virulência de seu ataque à psicanálise. Como observaram o jornalista Jean Birnbaum, em um artigo publicado em 8 de setembro de 2005 no *Monde des Livres*, e a psicanalista e historiadora Elisabeth Roudinesco, em entrevista concedida à *Revista Critique Communiste* de dezembro de 2005, a escolha desse título deve ser contextualizada historicamente, pois é carregada de simbolismos. Com efeito, o título carrega consigo o simbolismo do terror, que é descrito pelos testemunhos de judeus sobreviventes do nazismo no livro publicado na França em 1995 e intitulado simplesmente *O livro negro*. "Desde então, sublinha Birnbaum, a expressão 'livro negro' viu-se enodada a um significante bem preciso: o crime de massa." É, portanto, a equação "psicanálise = terror" que, como sublinha o jornalista, os organizadores do livro pretendem, mesmo sem fundamentar, sugerir. Podemos presumir ainda dessa escolha a insinuação da equação "livro negro = relato dos sobreviventes".

O livro negro da psicanálise deve ainda ser inserido no contexto de uma série de livros negros publicados na França: *O livro negro do comunismo* (1997), *O livro negro do colonialismo* (2003), *O livro negro da Revolução Francesa* (2008). A denúncia do terror, do crime, do totalitarismo é claramente o que reúne os vários títulos da série. A esse respeito, cabe citarmos o comentário de Roudinesco, que, à luz de uma crítica ao *Livro negro do comunismo*, critica *O livro negro da psicanálise*. Segundo a historiadora e psicanalista, enquanto o primeiro livro, antes de empreender uma história crítica do comunismo, torna a própria ideia do comunismo responsável pelo *goulag* a que ele deu lugar, o segundo simplesmente inventa e acusa a psicanálise de um *goulag* imaginário.

A virulência dos ataques feitos pelo livro à psicanálise e das críticas ao livro empreendidas por inúmeros psicanalistas será proporcional ao lugar que o debate sobre a publicação obterá na mídia. Com efeito, em setembro de 2005, toda a imprensa francesa e, em alguma medida, a imprensa internacional pareciam se voltar para o lançamento do livro e para a divulgação do caloroso debate por ele suscitado.

Apenas durante o mês de seu lançamento, inúmeras matérias na imprensa internacional e mais de dez matérias nos principais jornais e revistas franceses foram publicadas sobre o livro, assunto em uma entrevista na rádio e em um debate na televisão francesa. Foram dedicadas ao livro matérias em revistas mais populares, como a *Elle* — que anunciou o lançamento publicando um artigo de um de seus principais autores, Jacques van Rillaer —, e também em revistas mais especializadas, como a *Psychologie Magazine* — que convocou três psicanalistas (J. P. Winter, G. Pommier e G. Bonnet) a reagir aos principais ataques formulados no livro, aqui apresentado como "um novo episódio na guerra aberta entre psicanalistas e comportamentalistas". O jornal *Le Monde*, por sua vez, trouxe unicamente nesse mês (dias 8, 15 e 25) três matérias sobre o livro: o já referido artigo de Birnbaum; um debate entre um de seus autores, P. Pignarre, e uma de suas principais críticas, E. Roudinesco; e, por fim, um artigo do psicanalista P. H. Castel, que se refere ao livro como um "furor de injúrias e acusações grotescas", cujo único ponto comum é "o ódio por uma psicanálise imaginária fabricada por seus autores". O mesmo se deu com o jornal *Libération*, que nos dias 13, 17 e 28 publicou, respectivamente, um artigo do psicanalista D. Sibony — para quem o furor dos autores do livro, os quais têm, a seu ver, um problema narcísico com Freud, resvala o irracional —, uma entrevista com um dos autores do livro, Jean Cottraux — que, respondendo a questões tais como "Por que chegar a ponto de injúrias?" ou "Por que insultar Freud?", critica a arrogância e o abuso de poder dos psicanalistas —, e um artigo do psicanalista J.A. Miller, no qual o livro é descrito como "uma sirene estridente ganindo a mesma nota ao longo de 800 páginas".

Dois amplos dossiês foram consagrados ao livro pela imprensa francesa ainda no mês de seu lançamento. O primeiro aparece na capa da edição da primeira semana de setembro da revista de maior influência e vendagem no país: *Le Nouvel Observateur*. O dossiê é intitulado "Deve-se acabar com a psicanálise?" e é dedicado ao que chama de um "livro-acontecimento". Isso suscitou tamanha controvérsia que a revista publicou três páginas em sua edição seguinte apenas com os extratos das cartas recebidas como reação ao dossiê. O segundo foi publicado pela revista *L'Express*. Diferentemente do primeiro, que assumiu uma posição francamente favorável ao livro, colocando em causa a atualidade da psicanálise, nesse dossiê foi publicada uma entrevista com Elisabeth Roudinesco, que questiona, ao contrário, o valor do livro.

O LIVRO NEGRO DA PSICANÁLISE

O sucesso de público do *Livro negro da psicanálise* também foi proporcional ao lugar que ocupou na mídia. Na segunda semana do mês de seu lançamento, já ocupava o oitavo lugar na lista de coletâneas e documentos mais vendidos na França. No início da terceira semana, as inúmeras demandas das livrarias já tinham levado a três reimpressões do livro, chegando a um total de 23 mil exemplares impressos.

As reações dos psicanalistas, sob a forma de publicações, não tardaram, e a virulência de suas colocações não foi menor do que aquela presente nas formulações dos autores do *Livro negro*. Ainda em 2005, Elisabeth Roudinesco lançou um primeiro livro respondendo diretamente às acusações feitas à psicanálise, afirmando que estas se fundamentam em "números falsos, afirmações inexatas e interpretações por vezes delirantes" e questionando o ódio que seus autores demonstram por uma teoria e por uma prática colocada no livro como responsável por um suposto massacre de massa. O livro, publicado pela editora Navarin, foi intitulado *Pourquoi tant de haine? Anatomie du Livre noir de la psychanalyse* (Por que tanto ódio? Anatomia do livro negro da psicanálise). No ano seguinte, foi a vez de Jaques-Alain Miller publicar, pela editora Seuil, o seu *L'anti-livre noir de la psychanalyse* (O antilivro negro da psicanálise). Nele, Miller buscou mostrar, como se pode ler na contracapa do livro, "em que medida as TCCs estão consoantes com a progressão das práticas de controle social e de adestramento humano no início do século XXI".

Cabe agora destacar os principais elementos desse debate, que opõe, de modo cada vez mais violento, os adeptos da psicanálise e os defensores das terapias cognitivo-comportamentais.

Entre as diversas críticas feitas à psicanálise pelos autores do livro e presentes nas inúmeras matérias dele decorrentes encontram-se, em primeiro lugar, aquelas referentes a sua fraca eficácia se comparada a outros métodos. Além disso, podem ser destacadas inúmeras críticas que vão desde as mais grosseiras, feitas de acordo com os interesses financeiros de seus praticantes, até as mais conceituais, que indicam como a hipótese do inconsciente fundamenta a construção de uma teoria irrefutável, na qual as críticas feitas a ela transformam-se em provas de resistência à verdade por ela revelada. Apresenta-se também uma crítica política feita à estrutura feudal, ao dog-

PREFÁCIO

matismo e à ortodoxia erigidos sobretudo por Freud e Lacan e mantidos pelas instituições psicanalíticas desde então. Nessa seara, sublinha-se ainda o repúdio freudiano aos espíritos independentes e a força excessiva que os nomes de Freud e Lacan alcançaram como argumentos de autoridade. Também nesse campo, em vários artigos do livro se propõe uma revisão crítica da história oficial da psicanálise, marcada pela veneração a seus grandes mestres. Os autores se fazem ainda porta-vozes do público leigo, isto é, das críticas que ex-pacientes, familiares ou amigos de ex-pacientes fazem à psicanálise e, mais particularmente, à psicanálise lacaniana: ao glorificar o desejo e o gozo, ela conduz ao egoísmo, ao egocentrismo, ao individualismo. Além das críticas presentes no livro, alguns artigos publicado na mídia fizeram uma nova crítica, relativa às posições conservadoras que inúmeros psicanalistas, apoiados na noção de "ordem simbólica", assumem hoje no contexto dos debates referentes ao PACS (Pacto Civil de Solidariedade) e à homoparentalidade.

Ao replicar essas críticas, os psicanalistas, por sua vez, questionaram o valor do livro, contrapondo à amplidão do ódio à psicanálise presente nos artigos a carência de fundamentação argumentativa e até mesmo empírica dos ataques feitos a ela. Em entrevista concedida à revista *Critique Communiste*, Roudinesco definiu o livro como "uma montagem de textos de pessoas que não têm nada em comum umas com as outras, senão o ódio que dirigem à psicanálise", e em entrevista concedida à revista *L'express*, referiu-se a ele como "um requisitório fanático que se situa na tradição da escola dita 'revisionista'". Além disso, os psicanalistas criticaram as bases das teorias e práticas cognitivo-comportamentais, das quais lança mão a maior parte dos autores do livro, sublinhando a concepção tão reducionista quanto normativa que elas fornecem do homem e que norteia a sua direção de cura. As TCCs, sustentou Jacques-Alain Miller em entrevista concedida à revista *Le point*, são técnicas de aprendizagem, condicionamento e adestramento dos homens consoantes com a razão de rentabilidade que hoje governa todos os campos.

Com efeito, as críticas à insuficiência de uma argumentação racional à altura da gravidade de seus ataques à psicanálise, assim como ao caráter adaptativo da principal proposta terapêutica que é contraposta, no livro, à proposta psicanalítica, estarão presentes em praticamente todas as respostas que os psicanalistas darão à obra organizada por Catherine Meyer. O mesmo não se dará, entretanto, no que se refere às críticas às posições dogmáticas e conservadoras que os praticantes da psicanálise tenderam muitas vezes a adotar. Essa talvez tenha sido a crítica empreendida pelos autores do livro que maior permeabilidade encontrou entre os psicanalistas, suscitando em alguns uma autocrítica. Roudinesco não deixou de assumir que o perigo dogmático é permanente em todas as escolas de psicanálise e que os psicanalistas franceses perderam em grande medida seu poder de subversão social, mas marcou, entretanto, que a crítica muitas vezes legítima a determinadas posições defendidas por alguns psicanalistas não pode ser generalizada, sem risco de perda de rigor, à psicanálise como um todo. Alain de Mijolla, também sensível a essa crítica, afirmou, em um debate com Jacques Van Rillaer publicado no "Dossiê" da revista *Le Nouvel Observateur*, acreditar que a psicanálise de fato sofreu por ter ocupado um domínio excessivo no seio da *intelligentsia*, sobretudo na França nos anos 1970-1980. A esse respeito, ele disse se regozijar com o fato de ela encontrar pouco a pouco a sua verdadeira dimensão, que não pode concernir diretamente a maioria, e que, muito longe do culto a um ídolo ou de uma disciplina construída como um monumento sobre seu pedestal, a psicanálise não pode ser senão um conjunto de hipóteses incessantemente colocadas em questão. Afirma ainda que aqueles que acreditam na psicanálise como se acredita num dogma acabam algum dia se revoltando contra ela e se mostrando tão dogmáticos em seus ataques quanto o foram em sua adoração. Com essas palavras, Mijolla acaba por criticar ao mesmo tempo os psicanalistas dogmáticos e os autores do livro, que poderiam ter se voltado tão ferozmente contra a psicanálise justamente por a terem abraçado anteriormente como um dogma.

Tendo apontado as razões que me levam a acreditar na importância da publicação desse livro no Brasil, contextualizado a sua publicação na França e indicado a passionalidade que envolveu ambas as partes no debate suscitado pelo livro, cabe agora esclarecer os critérios utilizados na seleção dos artigos para a presente publicação. Busquei, em primeiro lugar, manter o espírito do livro, não o destituindo de seu caráter bélico, o

PREFÁCIO

que justificou a seleção de alguns artigos mais inflamados, a despeito da consideração de seu rigor teórico; em segundo lugar, busquei permitir que o livro também suscite uma discussão teórica mais aprofundada. Utilizando esse segundo critério, selecionei, entre os artigos que propunham efetivamente uma discussão de ordem mais conceitual, aqueles que me pareciam mais bem fundamentados.

Espero que, assim como na França, surjam brevemente respostas a este livro e que psicanalistas e não psicanalistas, além de pacientes de um ou de outro lado, possam se beneficiar desta publicação. E que a discussão seja bem-vinda.

Simone Pereison

Por que um livro negro da psicanálise?

A FRANÇA É, JUNTO COM A ARGENTINA, O PAÍS MAIS FREUDIANO DO MUNDO

Nesses dois países comumente se admite que todos os lapsos são "reveladores", que os sonhos inevitavelmente encobrem "desejos inconfessáveis" ou que um "psi" é forçosamente um "psicanalista".

Na França, quando os alunos fazem a graduação e, bem assim, ao longo da formação dos professores escolares, as ideias de Freud — o complexo de Édipo, o desenvolvimento afetivo da criança através dos estágios oral, anal e fálico — são ensinadas como verdades incontestáveis. Mesmo para aqueles que jamais ouviram falar de Freud, a linguagem corrente adotou inúmeros conceitos freudianos, utilizados a torto e a direito ("um trabalho de luto", "recalcar", "fazer uma transferência", "uma mulher castradora" etc.).

Os psicanalistas ocupam uma posição dominante no universo da saúde mental. De 13 mil psiquiatras, 70% praticam a psicanálise ou terapias de inspiração psicanalítica,[1] sem contar os psicólogos e psicoterapeutas que invocam essa obediência.

Os freudianos estão solidamente implantados no hospital e na universidade. Na mídia, a palavra dos "especialistas" lhes é geralmente reservada. A psicanálise goza, assim, de um prestígio evidente.

Entretanto poucas pessoas sabem que essa situação é única no mundo.

EM OUTROS PAÍSES, A PSICANÁLISE SE TORNOU MARGINAL

A psicanálise se propagou de modo extremamente rápido até os anos 1950, sobretudo nos Estados Unidos. Mas há trinta anos sua autoridade vem se reduzindo drasticamente. A história oficial do freudismo foi progressivamente posta em questão pelo que se chama, em inglês, de "*Freud scholars*", ou seja, numa tradução literal, os "estudiosos de Freud". Eles revelaram várias mentiras na obra original.

Paralelamente, a psicanálise foi desconsiderada terapia. No norte europeu e nos países anglo-saxões, ela quase não é mais ensinada na faculdade de psicologia e encontrou refúgio nas faculdades de letras ou de filosofia.

Nos Países Baixos, nação onde se consome o menor número de ansiolíticos, a psicanálise é quase inexistente como terapia. Nos Estados Unidos, apenas 5 mil pessoas se tratam com psicanálise[2] — considerando os 295 milhões de americanos, esse número parece hoje totalmente marginal. A célebre Sociedade Psicanalítica de Nova York encontra cada vez mais dificuldades para recrutar candidatos. O "Myers", manual que serve de referência aos estudantes de psicologia na América do Norte, consagra apenas 11 páginas, de um total de 740, às teorias freudianas.

A França e a Argentina teriam razão, sozinhas, contra o resto do mundo?

NA FRANÇA, A CRÍTICA DA PSICANÁLISE AINDA É, EM GRANDE ESCALA, TABU

Na França, a psicanálise é apresentada com reverência como uma disciplina exigente e nobre, uma "filosofia do sujeito" que se dirige ao ser humano em sua totalidade e respeita sua liberdade. As grandes figuras dos anos 1970 (Françoise Dolto, Bruno Bettelheim, Jacques Lacan) permanecem como referências incontestáveis, às vezes até como mitos.

Ao mesmo tempo, as outras terapias, oriundas da psicologia científica ou baseadas nas neurociências, são caricaturadas como técnicas de condicionamento que normalizariam os pacientes para fazer deles indivíduos obedientes e "pavlovianos". Como se houvesse, de um lado, uma terapia das profundezas e, de outro, cuidados paliativos, que eliminariam os sintomas apenas de maneira temporária.

Evidentemente, certos psicanalistas ultrapassam essa caricatura e demonstram uma certa abertura à psicologia científica. Outros esboçam uma tímida aproximação com as neurociências. Mas, a partir do momento em que as primeiras questões sobre a validade histórica, intelectual e terapêutica da psicanálise são apresentadas, as paixões vêm à tona.

A clivagem, particularmente violenta nos bastidores, jamais foi abordada de frente na cena pública. Os que se insurgiram ontem se tornaram os guardiões do templo de hoje. A psicanálise foi vivida pela geração de maio de 1968 como um vento de liberdade, e desde então tomou a forma de um dogma intocável.

Os psicanalistas mais influentes, sobretudo os lacanianos, buscam sistematicamente abafar o debate antes que ele se desenvolva. Excomungam e manipulem o anátema, lançando regularmente seus detratores no campo (segundo a escolha) da extrema direita antissemita, dos *lobbies* farmacêuticos ou dos conservadores americanos.

O diálogo é bloqueado, visto que, de todo modo, contestar a psicanálise é em si um "sintoma" (recusa de uma realidade perturbadora). Como símbolo, os herdeiros de Jacques Lacan conseguiram, assim, em fevereiro de 2005, que Philippe Douste-Blazy, então ministro da Saúde, recusasse e fizesse ser retirado do site de seu ministério um relatório do Inserm, organismo público que havia realizado, por solicitação das associações de pacientes, uma avaliação das diversas terapias cujas conclusões eram desfavoráveis à psicanálise.

É HORA DE A FRANÇA ENFRENTAR A QUESTÃO DA VALIDADE DA PSICANÁLISE

Em outros lugares do mundo, as "revelações" que esta obra comporta são bastante conhecidas do grande público... Nos Estados Unidos, qualquer pessoa culta conhece o triste destino de Emma Eckstein, uma das vítimas históricas da psicanálise; cada um é informado a respeito das imposturas de Bruno Bettelheim; os argumentos dos *"Freud scholars"* convenceram muito além dos especialistas.

O processo não se deu sem confrontos. Pôr em xeque a psicanálise sempre provocou debates de grande violência. Se a "desconversão" é lenta para os indivíduos, é brutal para as sociedades e se acelera após algumas crises passionais, que são também conscientizações.

Assim, na Inglaterra, nos anos 1970, o filósofo Frank Cioffi, um dos autores de nosso *Livro negro*, despertou considerável comoção ao consagrar um memorável programa da BBC ao seguinte tema: "Freud era um mentiroso? "Mais recentemente, nos Estados Unidos, uma grande enquete, "Freud desconhecido", de Frederick Crews, que também participa de nosso livro, publicada na *New York Review of Books*, provocou o envio de milhões de cartas indignadas.

A cada vez, a polêmica foi particularmente virulenta, antes que a razão vencesse. Essas reações são lógicas. A psicanálise exerce uma atração poderosa, descrita com precisão por vários autores de O *livro negro da psicanálise*. Há certa embriaguez e um grande conforto em poder dar sentido ao menor momento, mesmo que falho, de nossa vida. Pacientes sentiram melhoras depois de uma análise; alguns foram até mesmo curados. Homens e mulheres inteligentes foram conquistados pela psicanálise, pelo seu romantismo e pela sua linguagem misteriosa.

Nada disso se suprime de uma hora para outra.

HÁ UMA VIDA DEPOIS DE FREUD

Por que recusar à França esse direito de inventário que milhares de pesquisadores e de intelectuais vêm efetuando há mais de cinquenta anos em todo o mundo? Qual é o interesse de uma exceção nacional e de um "bastião psi" impenetrável? Aqueles que sofrem e seu *entourage* não têm o direito de conhecer os escritos oriundos de outros lugares e os argumentos que já convenceram milhões de nossos contemporâneos? Em nome dessa liberdade do sujeito que a psicanálise reivindica, não podemos consentir em um balanço crítico que tantas outras nações fizeram antes de nós?

POR QUE UM LIVRO NEGRO DA PSICANÁLISE?

O conhecimento do homem e de sua vida psíquica evoluiu muito no último século. Há muitas outras abordagens que não aquelas dos psicanalistas para apreender, analisar e curar o sofrimento mental. Há uma vida depois de Freud: podemos, em terapia, trabalhar com um inconsciente não freudiano, podemos também nos interessar pela infância, pela sexualidade, pela história e pelas emoções de cada um sem aderir aos conceitos freudianos.

O *livro negro da psicanálise* trata de outras maneiras de ver e de pensar. Infelizmente, todos esses passos são ainda pouco conhecidos pela maioria. Assim, este livro é antes de tudo um ato de confiança na liberdade de cada um.

Cabe ao leitor elaborar sua própria opinião e se libertar das verdades que lhe foram impostas. Cabe a ele saber resistir aos argumentos de autoridade daqueles que "sabem", daqueles que decidem *ex abrupto*. Cabe a ele comparar os diferentes pontos de vista. Cabe a ele apreender as virtudes salutares da dúvida e da curiosidade.

UMA ENQUETE, VIVA, RICA EM RETOMADAS HISTÓRICAS, CIENTÍFICAS E TEÓRICAS

A ambição desta obra, que reúne 23 autores de sete nacionalidades[*], é tornar acessíveis aos não iniciados os elementos de um debate que atravessa a nossa época. Assumo sozinha a responsabilidade e a organização da obra. Mas quatro autores tiveram um papel decisivo em O *livro negro da psicanálise*: um filósofo e historiador, reconhecido na França e no exterior por seus trabalhos sobre a nova história da psicanálise e da psiquiatria, Mikkel Borch-Jacobsen; um psiquiatra, professor e pesquisador, pioneiro e introdutor das terapias comportamentais e cognitivas na França, Jean Cottraux; um psicólogo clínico, Didier Pleux, que, no domínio educativo, intervém no cotidiano e se encarrega das "crianças tiranas" moldadas pelas derivas das teorias doltocianas; um antigo psicanalista "desconvertido", grande estudioso da obra de Freud, professor universi-

---

[*] A edição original do livro reúne 40 autores de dez nacionalidades. (*N. da E.*)

tário e terapeuta, Jacques Van Rillaer. Cada qual em seu próprio domínio é de longa data um opositor ao poder psicanalítico.

Como todos os colaboradores, eles são responsáveis apenas pelos textos que assinaram. Não se reconhecem forçosamente em cada uma das ideias expressas neste volume — felizmente. Não há dogma nem verdade revelada no universo da psicologia científica, da história das ciências, da filosofia ou da medicina.

Esse quarteto deu o tom da obra: não sectária, internacional, pluridisciplinar, cuidadosa com os leitores e aberta à crítica. Graças a eles e com frequência por meio deles, pude solicitar os melhores especialistas em estudos freudianos que há décadas se debruçam sobre os textos do pai da psicanálise e revelam, em suas 6.226 páginas, as muitas incoerências e ocasiões em que Freud tomou seus desejos por realidades.

O livro negro da psicanálise contém também as prestigiosas contribuições daqueles que, em reação à psicanálise, descobriram novos métodos de psicoterapia. Assim, duas grandes figuras da psicologia americana, Albert Ellis e Aaron Beck, que estão entre os autores mais estudados nas universidades estrangeiras, mais citados nos artigos de publicações internacionais, e evidentemente menos traduzidos na França, nos legam aqui dois textos inéditos.

Recorremos também aos psicólogos e psiquiatras que, ao longo de sua prática, puseram em questão essa cultura analítica na qual haviam começado sua carreira. Este livro dá, enfim, a palavra aos pacientes, tão frequentemente esquecidos nos debates.

PENSAR, VIVER E PASSAR MELHOR SEM A PSICANÁLISE

Não se trata apenas de palavras, ideias, debates internos. Segundo vários estudos internacionais, as perturbações psíquicas estão aumentando. Uma em cada duas pessoas enfrenta ou enfrentará em sua vida a doença psíquica, e uma em cada cinco apresentará uma forma grave de distúrbio psicológico.[3]

Conhecer melhor esses distúrbios, tratá-los melhor, é vital. Os que sofrem precisam conhecer a pertinência e a eficácia das terapias propostas. A quem recorrer em caso de depressão ou de distúrbios da ansiedade? Que tratamentos têm valor na esquizofrenia? Como encarar a anorexia? De uma forma ou de outra, essas questões dizem respeito a todos nós.

Além disso, nossa esperança ao publicar este livro é também ajudar cada leitor a ver de modo mais claro. De que maneira somos determinados por nosso passado? Que educação dar a nossas crianças? Como encarar as agruras da vida e as injustiças da condição humana? Podemos viver, pensar e passar melhor sem a psicanálise? Qual é a parte da ciência, da filosofia e da ilusão que preside essa concepção de homem?

Sigmund Freud influenciou nossa maneira de viver, é evidente. A psicanálise faz parte do nosso passado. Ela molda o nosso presente. Resta saber em que medida fará parte também do nosso futuro.

Catherine Meyer

Notas

1. Números divulgados pelo Ministério da Saúde da França.
2. Segundo a revista *Times*, 2003.
3. Kessler, *Archives of General Psychiatry*, junho de 2005.

PRIMEIRA PARTE O lado oculto da história freudiana

1. Mitos e lendas da psicanálise

Como explicar o formidável sucesso da psicanálise no século XX? Uma das razões é sem dúvida o fato de ela consistir em uma bela história. Em todos os tempos, os pesquisadores contaram suas descobertas, com toda a parcialidade e a complacência que esse gênero de narração supõe. Nenhum, entretanto, igualou Sigmund Freud no talento como contador de histórias. O fundador da psicanálise era verdadeiramente um escritor que sabia como construir uma intriga, animar personagens, tornar vivos os conceitos. Filhos do "século freudiano", todos nós devoramos os livros em que ele retraçava seus primeiros ensaios, suas dúvidas, seus erros que se transformavam em vitórias, seus combates contra adversários obstinados em derrubá-lo, suas decepções diante das traições de seus discípulos mais próximos. Quem não admirou a coragem moral que lhe foi necessária para superar a multimilenar capa de recalcamento que pesava sobre a sexualidade, a despeito de suas próprias resistências? Quem não seguiu, aturdido por tanta sagacidade, as buscas incrivelmente complexas desse Sherlock Holmes da alma? "Elementar, meu caro Watson — é o sexo, sempre, sempre, sempre." A história é bela como a ciência, e ela rodou o mundo, repetida e repisada de todas as formas por biógrafos, historiadores, filósofos, jornalistas, romancistas, cineastas, autores de histórias em quadrinhos. Variantes à parte, podemos resumi-la da seguinte maneira...

ERA UMA VEZ...

Mikkel Borch-Jacobsen

Em 1882, quando era ainda estudante, o jovem Sigmund Freud ouviu falar, por intermédio de seu amigo e mentor Joseph Breuer, a respeito de um grave caso de histeria que ele havia conseguido curar de modo absolutamente espantoso. A "Senhorita Anna O.", como Breuer viria a chamá-la mais tarde, sofria de múltiplos sintomas extremamente espetaculares, mas Breuer havia constatado que podia fazer com que eles, um a um, desaparecessem levando-o a contar, sob hipnose, os incidentes traumáticos que estavam na origem desses sintomas. Intrigado com esta *"talking cure"* (nome que lhe dera a própria paciente), Freud conversou sobre o assunto com Jean-Martin Charcot, o grande mestre da histeria e do hipnotismo, a cujas lições em Paris ele havia ido assistir em 1885-1886, mas Charcot não se interessou pelo que Freud lhe contou. De volta a Viena, Freud decidiu, em 1889, empregar o "método catártico" de Breuer com suas próprias pacientes histéricas. Os sucessos terapêuticos se acumulavam, e Freud conseguiu convencer Breuer a publicar seus resultados, apesar das reticências do amigo. Nos *Estudos sobre a histeria* (1895), que abria com o relato de Breuer do caso "Anna O.", os dois autores anunciavam a grande novidade: as histéricas sofrem de "reminiscências" inconscientes, porque traumáticas e recalcadas, e era possível curá-las fazendo-as reviver e verbalizar essas lembranças sob hipnose.

Freud, entretanto, insistia cada vez mais no caráter sexual dos traumas esquecidos-recalcados pelas histéricas. Apesar de seu pouco gosto pela coisa, o que ele escutava em seu consultório o forçava a reconhecer o papel decisivo desempenhado pela sexualidade nas neuroses. Isso era demais para o temeroso Breuer, que interrompeu toda colaboração com ele pouco depois da publicação dos *Estudos sobre a histeria*. Era sozinho, agora, que Freud deveria enfrentar os demônios do inconsciente e descobrir a psicanálise. Seus próximos, seus colegas se desviavam dele, da mesma forma que se desviavam da sexualidade, tema absolutamente tabu nesse período vitoriano. Seu único amigo durante esses anos terríveis foi Wilhelm Fliess, um otorrinolaringologista de Berlim que sustentava estranhíssimas teorias sobre a periodicidade sexual nos dois sexos e em quem Freud encontrava, na falta de alguém melhor, um ouvido para as surpreendentes descobertas que fazia a cada dia em seu consultório.

Freud já não hipnotizava suas pacientes. Em vez de lhes "sugerir" de modo autoritário que abandonassem seus sintomas, como o faziam Bernheim e os psicoterapeutas da época, ele as deixava "associar livremente" sobre um divã a fim de escutar seu inconsciente. Ora, quanto mais as pacientes falavam, mais suas lembranças remontavam à primeira infância. Suas pacientes lhe contavam, particularmente, como haviam sido objeto de atentados sexuais de natureza perversa por parte de seus pais, em uma idade claramente pré-púbere. Freud, como sempre confiante em seu material clínico, tirou dele em 1896 uma teoria segundo a qual a histeria e a neurose obsessiva eram invariavelmente devidas a "seduções" infantis desse tipo, escandalizando seus colegas, para quem uma tal frequência do incesto na boa burguesia vienense era simplesmente impensável. Um ano mais tarde, entretanto, Freud teve de se render às evidências: os relatos de incesto e de perversão de suas pacientes não tinham fundamento, assim como a "teoria da sedução", na qual ele havia apostado a reputação e a carreira.

Essa dolorosa constatação, que teria definitivamente desencorajado qualquer outro pesquisador, coincidia com a heroica autoanálise que ele havia empreendido em agosto de 1897. Consciente de que algo o impedia de progredir, Freud decidiu, tal como um médico testando um novo medicamento sobre si mesmo, tomar a si mesmo por paciente e analisar seus próprios sonhos e lembranças. Lutando contra poderosas resistências internas que se manifestavam na forma de todas as espécies de sintomas neuróticos, ele acabou por se dar conta de que havia tido, na infância, desejos eróticos em relação à mãe e sentimentos de inveja em relação ao pai. Eis então por que ele havia tão facilmente acreditado nas acusações de suas pacientes em relação aos sedutores paternos: é que ele próprio queria matar o pai! E eis também por que todas as suas pacientes lhe haviam contado essas inverossímeis histórias de incesto: não se tratava de lembranças, mas de fantasias exprimindo um *desejo* infantil de serem seduzidas por seus pais. Freud, de um só golpe, acabava de descobrir a sexualidade infantil, o papel das fantasias inconscientes na vida psíquica dos neuróticos e a universalidade do que ele deveria chamar mais tarde de "complexo de Édipo".

Curado de seus sintomas pela autoanálise, Freud podia agora se liberar de sua "transferência" neurótica sobre Fliess, que o havia levado a ficar cego diante das obscuras teorias biológicas de seu amigo. Este, furioso, o acusou de ter roubado sua ideia de "bissexualidade" e desenvolveu sentimentos de perseguição paranoica a seu respeito, que Freud, privadamente, atribuiu tristemente a uma homossexualidade recalcada. Ele, por sua vez, definitivamente liberado de seus demônios, podia agora começar a explorar sistematicamente as múltiplas produções do desejo inconsciente, desde os sintomas neuróticos até as alucinações paranoicas, passando pelas fantasias, sonhos, lapsos, atos falhos, chistes, mitos, arte e literatura. A "via real" do inconsciente se abria diante dele.

A história é admirável, da mesma forma que seu principal herói. O problema é que se trata de uma lenda — a "lenda freudiana", segundo o termo lançado pelo grande historiador da psiquiatria dinâmica Henri Ellenberger. Como mostraram os historiadores do freudismo há mais de trinta anos, não há praticamente um único desses elementos que não seja uma risível ficção — começando pelo relato do tratamento de Anna O., com o qual, entretanto, tudo supostamente começou. Mikkel Borch-Jacobsen resume a seguir o essencial dessa "questão Anna O.", à qual ele consagrou há alguns anos um pequeno livro mordaz.[1]

A VERDADE SOBRE O CASO DA SENHORITA ANNA O.

Mikkel Borch-Jacobsen

O primeiro grande questionamento do relato tecido por Breuer e Freud veio, paradoxalmente, de um dos mais fiéis discípulos deste último, o psicanalista britânico Ernest Jones. No primeiro volume de sua monumental biografia (seria melhor dizer hagiografia) de Freud, publicada em 1953, Jones revelava que o tratamento de Anna O., cujo verdadeiro nome era Bertha Pappenheim, não havia de forma alguma terminado como Breuer declarara nos *Estudos sobre a histeria*. Breuer, em seu relato do caso, escreveu que o tratamento de Anna O. havia terminado em 7 de junho de 1882 e que a paciente "estava, desde então, livre dos inúmeros distúrbios que a haviam afetado anteriormente. Ela partiu em seguida em viagem, mas um tempo bastante longo transcorreu ainda antes que ela pudesse encontrar um equilíbrio psíquico total. Desde então goza de uma saúde perfeita".[2]

Na realidade, afirmava Jones, Bertha Pappenheim havia tido uma recaída e teve que ser internada em uma clínica antes de se restabelecer completamente e de se tornar uma pioneira do trabalho social e de defesa dos direitos das mulheres.

Jones acrescentou a essa revelação uma outra história ainda mais sensacional, que ele dizia ter escutado do próprio Freud e cuja corroboração afirmava ter encontrado em uma carta inédita de Freud a sua noiva Martha Bernays, datada de 31 de outubro de 1883, a que ele teve acesso: após o fim do tratamento, Joseph Breuer havia sido chamado para ver Bertha

O LIVRO NEGRO DA PSICANÁLISE

Pappenheim e a havia encontrado em pleno parto histérico, "fim lógico de uma gravidez imaginária da qual ele supostamente era o responsável".[3] Apavorado com a brutal revelação do caráter sexual da histeria de sua paciente, Breuer, "tomado por suores frios",[4] fugiu precipitadamente e levou sua mulher em segunda lua de mel para Veneza, onde conceberam um filho absolutamente real. Tudo isso explicava evidentemente suas reticências quando Freud lhe encorajou a publicar o caso de sua paciente e, de modo mais geral, a sua pusilanimidade ulterior. Aliás, o relato feito por Jones parecia confirmar as alusões que Freud havia feito na *História do movimento psicanalítico* (1914) e em *Um estudo autobiográfico* a um "amor de transferência" que Anna O. teria desenvolvido em relação a seu médico após o fim do tratamento, incitando Breuer a cessar toda relação com ela.

Muito intrigado com esse relato, o historiador Henri Ellenberger, que repetidamente constatou que a biografia de Jones não era confiável, empreendeu pesquisas bastante minuciosas no início dos anos 1960 para verificar a sua exatidão. Ele não teve dificuldades em estabelecer que Dora, a filha de Breuer, havia nascido três meses *antes* de sua suposta concepção em Veneza, o que era ao menos bizarro. Por outro lado, levou vários anos para encontrar a clínica para onde Bertha Pappenheim havia sido enviada. Enfim, deparou com uma fotografia de Bertha Pappenheim tirada na época em que ela supostamente estaria hospitalizada e conseguiu, utilizando os recursos do laboratório médico-legal da Universidade de Montreal, identificar o fotógrafo, que morava próximo ao sanatório Bellevue de Kreuzlingen, na Suíça.

Foi um verdadeiro trabalho de detetive, mas o resultado valeu a pena. Nos arquivos do Bellevue, Ellenberger encontrou, com efeito, um relatório redigido por Breuer e dirigido ao diretor do estabelecimento, assim como diversos outros documentos relativos à estada de Bertha Pappenheim, que havia durado pouco mais de três meses. Eles mostravam claramente que a paciente havia continuado a sofrer dos mesmos sintomas histéricos que antes, assim como de uma morfinomania ocasionada pelas altas doses de morfina administradas por Breuer para acalmar uma nevralgia facial muito dolorosa. Continuando as pesquisas de Ellenberger, o historiador Albrecht Hirschmüller descobriu ainda outros documentos que estabeleciam que Breuer, apenas alguns dias depois do suposto fim do tratamento, já preparava a sua internação no Bellevue e mencionava que ela sofria de uma "leve loucura histérica".[5] De 1883 a 1887, Bertha Pappenheim teve ainda três estadas prolongadas em um outro sanatório, sempre por "histeria", e não foi senão próximo ao final dos anos 1890 que ela começou a se restabelecer progressivamente e a se lançar em diversas atividades literárias e filantrópicas.

Está claro, portanto, que a famosa *talking cure*, modelo original de todos os tratamentos analíticos do mundo, foi um fiasco total e que Breuer sabia muito bem disso. O mesmo pode ser dito a respeito de Freud, que Breuer mantinha informado a respeito da evolução de sua ex-paciente. Em 1883, Freud escreveu à sua noiva contando que Breuer lhe havia confiado "que ele desejava [que Bertha] morresse antes que a pobre mulher se livrasse de seus sofrimentos. Ele diz que ela nunca se restabelecerá, que ela está completamente destruída".[6] Em janeiro e em maio de 1887, Martha Freud, que conhecia pessoalmente Bertha Pappenheim, escreveu à sua mãe contando que Bertha continuava a sofrer de alucinações à noite.[7] Isso não impediu, entretanto, seu marido de fazer publicidade do "método" de Breuer em um artigo de enciclopédia publicado em 1888, num momento em que não havia meio algum de se saber que Bertha Pappenheim iria se restabelecer: "Esse método de tratamento é jovem [com efeito: ele só foi utilizado em uma única paciente], mas conduz a sucessos terapêuticos impossíveis de obter de outra forma"![8] É o que Freud e Breuer irão repetir nos *Estudos sobre a histeria* e é o que Freud, após sua ruptura com Breuer, irá continuar a afirmar até o fim: "A doente havia se curado e permaneceu durante bastante tempo saudável; ela se tornou até mesmo capaz de realizar atividades importantes."[9]

Não resta dúvida de que sempre se poderá dizer que isso não é, rigorosamente falando, uma mentira, já que Bertha Pappenheim realmente se restabeleceu nesse meio-tempo. Só que a sua cura não tinha estritamente nada a ver com a *talking cure*, e foi de forma absolutamente ilegítima que Breuer e Freud se serviram desse restabelecimento ulterior para promover o seu método. Esta é evidentemente uma conclusão embaraçosa para a psicanálise, e eu fui vigorosamente repreendido pelos psicanalistas quando a afirmei em meu livro. André Green, por exemplo, me censurou nas colunas do *Le Monde*, afirmando que eu não sabia do que falava, embora fosse evidente para qualquer psiquiatra que o restabelecimento de Bertha Pappenheim havia sido uma cura "diferida".[10] Confesso que o profano que sou ignorava, com efeito, esse espantoso conceito psiquiátrico, mas persisto em não compreender como Green pôde estabelecer que a terapia fracassada de 1881-1882 foi a causa distante (muito distante) do restabelecimento dos anos 1888-1890. A tal respeito, por que não atribuir esse restabelecimento a uma ou outra internação de Bertha na clínica durante o intervalo de sua doença? A verdade é que ninguém sabe o que provocou a cura de Bertha Pappenheim e que atribuir a si o seu mérito, como o fizeram, contra toda e qualquer credibilidade, Breuer e Freud, é simplesmente abuso de confiança.

Resta ainda a história do parto histérico de Bertha Pappenheim. Como explicar que Freud, ao mesmo tempo que continuava a descrever a *talking cure* original como um "grande sucesso terapêutico",[11] sugerisse que a análise de Bertha teria permanecido incompleta devido à fuga de Breuer diante do "amor de transferência" de sua paciente? Esse é um ponto que não toquei em *Souvenirs d'Anna* (Recordações de Anna O.), mas do qual Sonu Shamdasani e eu tratamos detalhadamente em um livro que escrevemos juntos.[12] É preciso saber que Freud, a partir dos anos 1908-1910, se encontrava exposto às críticas de uma escola rival de psicanálise (sem "o", na medida em que em alemão psicanálise se diz "*Psychoanalyse*"), representada pelo grande psiquiatra August Forel, que o recriminava por ter abandonado o método catártico em nome de uma hermenêutica pansexual e invocava contra ele o caso de Anna O., que Breuer havia descrito em seu relato de caso como completamente "assexuado". Na medida em que Freud continuava a fazer de Anna O. o caso fundador da psicanálise, era crucial poder mostrar que ele também tinha uma base sexual, ignorada por Breuer, e é a isso que serviam as alusões ao "amor de transferência" de Anna O. nas obras publicadas por Freud a partir de 1914, assim como a versão mais *sexy* do parto divulgada por ele privadamente a partir da mesma época.

MITOS E LENDAS DA PSICANÁLISE

Ora, o que pensar disso tudo? Lembramos que, segundo a biografia de Jones, a carta de 31 de outubro de 1883 a Martha Bernays confirmava a história que lhe havia contado Freud. Isso é falso. Nessa carta, que Peter Swales e John Forrester conseguiram adquirir, apesar da censura que lhe pesava, Freud contava à sua noiva que *Breuer*, a quem ele ouvira a história, havia se apaixonado por sua paciente e que ele teve de interromper o tratamento quando sua mulher começou a ter ciúmes do tempo que ele lhe dedicava. Nenhuma menção a um amor de *Bertha* por Breuer e menos ainda a uma gravidez imaginária. Freud inverteu, portanto, os papéis dos dois protagonistas para sugerir a natureza sexual da histeria de Anna O.

Na *História do movimento psicanalítico* e em sua *Autoapresentação*, Freud insistia muito no fato de que Breuer não lhe dissera nada quanto a isso e que ele teve que reconstruir o episódio *a posteriori*: "Ele não me fez nenhuma comunicação direta a esse respeito, mas me forneceu inúmeras vezes indícios suficientes para justificar essa conjetura."[13] Isso, mais uma vez, é falso, já que Breuer lhe havia dito bem francamente o que ele estava invertendo. Freud não tinha, portanto, nenhuma razão em fazer uso de seus lendários talentos de detetive. A história de amor de transferência de Bertha Pappenheim e de sua gravidez histórica é na realidade uma interpretação completamente arbitrária — e que, ainda mais, não é nem mesmo do próprio Freud.

Sabemos hoje de onde, ou melhor, de *quem* vem a história — nem de Breuer nem de Freud, mas de seu discípulo Max Eitington. Albrecht Hirschmüller localizou o texto de uma apresentação que Eitington havia feito sobre o caso Anna O. em um seminário dado por Freud em dezembro de 1910,[14] em uma época em que os freudianos se preocupavam muito com as intrigas de Forel e de seus "psicanalistas" neobreuerianos. Como bom aluno, Eitington se empenhou em mostrar que a sintomatologia de Anna O. traía suas fantasias incestuosas em relação ao pai, especialmente uma *fantasia de gravidez*, que ela teria em seguida transferido para Breuer, tomado como figura paterna: "O complexo de sintomas acima evocado não se assemelham senão às manifestações de uma fantasia de gravidez."[15] Foi, portanto, essa fantasia de gravidez absolutamente hipotética, reconstruída por alguém que não conhecia nenhum dos protagonistas do caso, que Freud

43

imediatamente transformou em gravidez histérica real, a fim de ridicularizar Breuer e calar a boca de seus críticos. A Jung ele já contava (antes, portanto, da ruptura de 1914) que, após ter sido despachada como curada por Breuer, Anna O. havia "tido um grande ataque histérico durante o qual [...] havia gritado: 'Chega agora o filho do doutor Breuer! Precisamos da criança, não!?' Mas isso deveria ter figurado na história do caso! [...] Escute, diz [Freud], isso causa de toda forma uma má impressão, não?"[16]

O procedimento é evidentemente bastante mesquinho e em qualquer outro domínio ele seria qualificado de fofoca ou calúnia. Em psicanálise, chama-se isso de "construção".

Notas

1. M. Borch-Jacobsen, *Souvenirs d'Anna O. Une mystification centenaire*, Paris, Aubier, 1995.
2. J. Breuer e S. Freud, *Études sur l'hystérie*, Paris, PUF, 1971, p. 30.
3. E. Jones, *La vie et l'oeuvre de Sigmund Freud*, vol. 1, Paris, PUF, 1958, p. 248.
4. *Ibidem.*
5. A. Hirschmüller e Joseph Breuer, PUF, 1978 [reed. 1991], p. 376.
6. Citado por J. Forrester, "The true story of Anna O.", *Social Research*, vol. 53, n° 2, 1986, p. 341.
7. E. Jones, *La vie et l'oeuvre de Sigmund Freud, op. cit.*, p. 248.
8. S. Freud "Hystérie" (1888), *Cahiers Confrontation*, n° 7, primavera de 1982, p. 166.
9. Freud, 1914, *Autoprésentation, Oeuvres complètes. Psychanalyse*, vol. 17, Jean Laplanche (org.), Paris, PUF, 1992, p. 68.
10. A. Green, "Mythes et mystifications psychanalytiques", *Le Monde*, 28 de dezembro de 1995.
11. S. Freud, "Psychoanalyse" ["Psicanálise"] (1923), *Gesammelte Werke*, Londres, Imago Publishing, 1940-1952, vol. XIII, p. 211.
12. M. Borch-Jacobsen e S. Shamdasani, *Le Dossier Freud. Enquête sur l'histoire de la psychanalyse*, Paris, PUF, Les Empêcheurs de Penser en Rond/Seuil, 2005.
13. S. Freud, *Contribution à l'histoire du mouvement psychanalytique, in Cinq Leçons sur la psychanalyse*, Paris, Payot, 1980, p. 75-6 (tradução modificada).
14. M. Eitington, "Anna O. (Breuer) *in Psychoanalytischer Betrachtung*", *Jahrbuch der Psychoanalyse*, vol. 40, 1990, p. 14-30.
15. *Ibidem*, p. 20.
16. C. G. Jung, entrevista concedida à Kurt Eissler em Zurique em 29 de agosto de 1953, Freud Collection, série ZR, Manuscript Division, Library of Congress, Washington D.C.

Passemos agora à segunda grande etapa da descoberta do inconsciente, a famosa "teoria da sedução". As pacientes de Freud haviam sido ou não violentadas por seus pais durante a primeira infância? Freud teve razão em não acreditar em suas alegações? Como ninguém estava presente em seu consultório no momento em que tais pacientes lhe contavam suas recordações de infância, não há aparentemente nenhum meio de saber se as coisas se passaram verdadeiramente como Freud nos relatou. Não podemos senão acreditar em sua palavra e nos basear no que ele escreveu. Ora, no início dos anos 1970 o filósofo da ciência Frank Cioffi, grande especialista em Wittgenstein, fez a esse respeito uma descoberta absolutamente surpreendente: se examinássemos os artigos em que Freud havia apresentado a sua teoria da sedução, constataríamos que ele afirmava ali que seus pacientes (tanto masculinos quanto femininos) não lhe contavam logo de saída suas recordações de incesto e de abusos sexuais! Pelo contrário, era preciso extrair deles essas recordações e até mesmo exercer uma "pressão" muito forte para lhes fazer reconhecer a validade das suspeitas do analista: "Os doentes não sabem nada sobre essas cenas antes da aplicação da análise. Eles têm o costume de se indignar quando lhes anunciamos a emergência eventual dessas recordações; é somente através da mais forte das pressões (Zwang), a do tratamento, que eles podem ser conduzidos a se engajar em sua reprodução"[1] Isso era certamente conforme à teoria professada por Freud na época, que afirmava que a histeria e a neurose obsessiva eram devidas a um recalcamento das "cenas" de sedução infantil. Por outro lado, isso contradizia a ideia de uma simples "escuta" das associações livres dos pacientes: Freud talvez não utilizasse mais a hipnose, mas a sua técnica continuava visivelmente a ser das mais autoritárias e das mais sugestivas. E, sobretudo, como continuar a sustentar que os relatos dos pacientes exprimiam desejos e fantasias inconscientes, tal como Freud irá fazer após o abandono de sua teoria? Nunca houve tais rela-

tos! Onde, portanto, Freud foi buscar essas "fantasias" e esses "desejos" edipianos senão em sua própria imaginação teórica?

A constatação de Cioffi, e nos espanta que ninguém a tenha feito antes, de tão evidente que é, colocava completamente em causa a ideia de uma "descoberta" do Édipo e das fantasias sexuais infantis, assim como a credibilidade do relato que Freud havia feito dessa descoberta. Após essa pequena "revolução copernicana" nos estudos freudianos, não é simplesmente mais possível contar o episódio da teoria da sedução da mesma maneira. Ele aqui será narrado sucessivamente pelo matemático britânico Allen Esterson e pelo sociólogo holandês Han Israëls, ambos autores de livros consagrados em parte à teoria freudiana da sedução.

A TEORIA DA SEDUÇÃO: UM MITO PARA O NOSSO TEMPO[2]

Allen Esterson

Nas últimas décadas do século XX, os pesquisadores mostraram que uma grande parte da história comumente recebida da psicanálise é composta de relatos em sua maioria míticos. O mais resistente desses mitos é sem dúvida aquele que sustenta que Freud postulou a sua teoria da sedução depois que suas pacientes lhe teriam contado, de modo repetitivo, que foram vítimas de abuso sexual durante a infância. No que se segue proponho-me a analisar os vários aspectos dessa história, que foi considerada um fato histórico durante quase todo o século XX e permanece ainda em grande parte percebida como tal.

Segundo a versão tradicional, durante a última década do século XIX, a maioria das pacientes de Freud teriam dito a ele que foram vítimas de abuso sexual na primeira infância, atos geralmente executados por seus pais. A continuação da história difere, conforme seja baseada na versão *standard* ou na versão revista e corrigida por várias feministas e popularizada por Jeffrey Masson em *Le Réel escamoté, le renoncement de Freud á la théorie de la séduction* (O real escamoteado, a renúncia de Freud à teoria da sedução). Na versão ortodoxa, é dito que em pouco tempo Freud acaba por se dar conta de que vários relatos que escutava não eram autênticos, que essas mulheres fantasiavam e que foi isso que o conduziu à descoberta das fantasias infantis incestuosas. Na versão feminista, por outro lado, foi a virulenta oposição de seus colegas, escandalizados com as suas afirmações a respeito da frequência dos abusos sexuais durante a infância, que teriam levado Freud a abandonar sua teoria. Inicialmente confidente atencioso, ele teria traído, em um segundo momento, as mulheres que haviam tido a coragem de lhe revelar suas terríveis experiências de abuso.

Qualquer que seja a versão escolhida, as duas histórias são sensacionais, e cada uma tem seus partidários fervorosos. Os elementos básicos são os mesmos, mas suas interpretações diferem sensivelmente. A minha impressão é que a maioria das pessoas segue os seus sentimentos e opta por Masson e a supressão da verdade sobre a extensão dos abusos sexuais sobre as menininhas nessa época. É chegado o momento de verificar do que se trata na realidade.

Os artigos publicados por Freud durante os anos 1890 assim como a sua correspondência com seu confidente Wilhelm Fliess contam uma história absolutamente diferente. Em resumo, as pacientes que Freud via em meados dos anos 1890 *não lhe haviam* dito que tinham sofrido abusos sexuais durante a infância. Contrariamente ao que iria afirmar em seus artigos ulteriores, Freud escrevia na época que seus pacientes "não tinham nenhuma recordação" e lhe asseguravam "com veemência que não acreditavam" nos traumas sexuais infantis dos quais ele insistia serem eles vítimas.

Em linhas essenciais, o episódio pode ser resumido da seguinte forma: no início dos anos 1890 Freud havia chegado à convicção de que recordações recalcadas de ideias ou de experiências sexuais, infantis ou não, estavam na raiz dos sintomas dos pacientes que ele havia diagnosticado como histéricos. Depois, em outubro de 1895, baseado em uma hipótese especulativa, ele optou por uma teoria que acreditava fornecer de uma vez por todas a solução para o problema da origem das psiconeuroses. Segundo a forma como relatou a Fliess, os sintomas histéricos seriam exclusivamente provocados por recordações inconscientes de agressões sexuais sofridas durante a primeira infância.

Graças à nova técnica analítica que havia desenvolvido para exumar as ideias inconscientes do espírito de seus pacientes, Freud se dedicou imediatamente a provar a veracidade de seus pontos de vista. Apesar de não ter até então relatado nenhum caso no qual tivesse descoberto um abuso

MITOS E LENDAS DA PSICANÁLISE

sexual cometido durante a primeira infância, Freud, nos quatro meses subsequentes ao primeiro anúncio de sua nova teoria a Fliess, escreveu dois artigos (um em francês) nos quais sustentava que havia sido capaz de "reencontrar" recordações de experiências de abusos sexuais precoces em cada um de seus 13 pacientes "histéricos", aos quais se juntavam alguns obsessivos. Alguns meses mais tarde, no artigo "A etiologia da histeria", forneceu uma exposição mais detalhada de sua teoria afirmando que pôde confirmá-la em 18 pacientes diagnosticados como histéricos, dentre os quais seis homens. Segundo Freud, os abusos sexuais que havia descoberto com a ajuda de sua técnica analítica teriam ocorrido em torno da idade de dois ou três anos, ou mesmo antes, em alguns casos.

Como, em tão pouco tempo, ele conseguiu encontrar em todos esses pacientes experiências tão profundamente recalcadas? Mesmo que afirmasse ter incitado seus pacientes a "reproduzirem" tais experiências infantis (o que ele queria dizer com "reproduzirem" está sujeito a todo tipo de interpretação), é claro que suas descobertas resultavam, em geral, da decifração dos sintomas e da interpretação analítica de ideias produzidas no paciente sob a influência do procedimento clínico que ele utilizava na época. Freud explicava, assim, que os sintomas dos pacientes correspondiam ao "conteúdo sensorial das cenas infantis" do abuso sexual que ele inferia em sua origem. Seu procedimento analítico, escrevia, era análogo ao do especialista médico-legal que conseguia definir a causa de uma ferida "mesmo que tivesse que proceder sem nenhuma informação do sujeito ferido".

Temos um bom exemplo disso no caso de uma paciente que sofria de tiques faciais e de eczema em torno da boca. Baseando-se nesses sintomas, Freud deduziu analiticamente que ela havia sido forçada durante a primeira infância a praticar felação. "Dei-lhe essa explicação", escreveu ele a Fliess em 3 de janeiro de 1897, e, quando ela exprimiu sua incredulidade, "ameacei expulsá-la" caso persistisse em seu ceticismo. Evidentemente, a rejeição de suas deduções era para Freud uma prova da "resistência" da paciente, trazendo uma confirmação suplementar da validade de sua reconstrução analítica.

Por razões não inteiramente claras e que seria impossível expor aqui em algumas linhas, Freud, dois anos depois de ter anunciado publicamente que havia encontrado a solução para a etiologia das neuroses, deixou de acredi-

O LIVRO NEGRO DA PSICANÁLISE

tar nessa solução. Mas, em vez de essa descrença tê-lo feito questionar a confiabilidade da sua nova técnica de reconstrução de recordações recalcadas, ele tentou explicar suas pretensas descobertas vendo nelas fantasias inconscientes dos pacientes. Enfim, no relato desse episódio que ele publicou em 1925, declarou que suas pacientes (no feminino) haviam tido na época fantasias que exprimiam o desejo de terem sido "seduzidas" pelo pai durante a primeira infância. Ao longo das metamorfoses da história, Freud modificou retroativamente a teoria que havia defendido originalmente, a fim de tornar plausível a nova teoria, suprimindo, por exemplo, o fato de em 1896 haver insistido no caráter brutal de vários atentados sexuais por ele supostos. Com efeito, a história passou por um certo número de fases antes de chegar à versão familiar que encontramos nas *Novas conferências de introdução à psicanálise* (1933): "No período durante o qual o interesse principal estava voltado para a descoberta de traumas sexuais infantis, quase todas as minhas pacientes me diziam que haviam sido seduzidas por seus pais." (Vale observar que ninguém parece ter se surpreendido que apenas durante esse curto período "quase todas" as suas pacientes lhe tenham assinalado ter sofrido abuso sexual durante a primeira infância.)

É preciso compreender que os escritos tradicionais do episódio não especificam se essas supostas "fantasias de sedução" eram ideias ou recordações *inconscientes* que Freud teria desvelado graças à sua técnica de interpretação analítica. Pelo contrário, seus escritos ulteriores dão a impressão, de modo enganador, que a maioria de seus pacientes tinham tido na época pseudorrecordações das quais eram *conscientes*. A verdade é que Freud não tinha de modo algum condições de decidir se suas reconstruções analíticas representavam recordações recalcadas de acontecimentos reais ou fantasias inconscientes — ou ainda, como era o caso, roteiros plenos de imaginação tirados de seu próprio espírito.

É um fato pouco conhecido que em 1896 Freud, fiel a seus pressupostos teóricos, afirmou ter conseguido, graças à análise, encontrar, em cada um de seus seis pacientes obsessivos, recordações recalcadas não apenas de "cenas" de abusos sexuais infantis sofridos passivamente, mas também de abusos sexuais realizados de modo ativo quando eles tinham oito anos ou mais sobre uma irmã ou um irmão menores. Não se ouviu mais falar

MITOS E LENDAS DA PSICANÁLISE

em seguida dessas notáveis descobertas clínicas, e Freud não fez nenhum esforço para explicar como a sua teoria ulterior sobre as fantasias inconscientes poderia explicá-los.

Evidentemente, esses argumentos refutam tanto a versão dos fatos apresentada por Jeffrey Masson quanto a história correntemente admitida em psicanálise, embora a construção de Masson careça também de força por outras razões. Em *Le Réel escamoté* Masson sugeria que as razões de Freud para abandonar a teoria da sedução residiam em parte em seu desejo de ser bem-visto pelos colegas que estavam, digamos, escandalizados com o que ele afirmava. Essa tese não se sustenta, pois as afirmações de Masson a respeito do ostracismo imposto a Freud por seus colegas são falsas. Mas ela é inválida também devido ao fato de que Freud só comunicou seu abandono da teoria aos colegas aproximadamente sete anos depois de ter renunciado privadamente a ela. (Masson declara, erroneamente, que "o período crucial para a virada de Freud a respeito da hipótese da sedução" se situa "durante os anos de 1900-1903". Essa data aproximativa suprime em parte o intervalo entre o abandono da teoria e o anúncio público por Freud de sua mudança de opinião, e concorda com a tese de Masson. Mas as cartas de Freud a Fliess provam claramente que ele já havia abandonado totalmente a sua teoria no final de 1898.)

O fato de a história tradicional do episódio da teoria da sedução ter sido recentemente utilizada no debate a respeito do recalcamento de recordações de abusos sexuais infantis supostamente "reencontrados" dezenas de anos depois torna ainda mais importante sublinhar que essa história é falsa em sua essência. Antes de citar a torto e a direito as pretensas primeiras experiências clínicas de Freud para sustentar tal ou tal campo, seria melhor se informar em primeiro lugar sobre os fatos históricos. De um modo mais geral, como sublinha Frank Cioffi, uma reconstituição exata da passagem da teoria da sedução à teoria da fantasia que lhe sucedeu coloca em questão a argumentação que Freud virá a utilizar ao longo de sua carreira para reconstruir a vida fantasmática infantil e o conteúdo do inconsciente.

PARA SABER MAIS

A. Esterson, *Seductive Mirage: An Exploration of the Work of Sigmund Freud*, Chicago, Open Court, 1993.

_____, "Jeffrey Masson and Freud's seduction theory: a new fable based on old myths", *History of the Human Science*, 11 (1), 1998, p. 1-21.

_____. "The mythologizing of psychoanalytic history: deception and self-deception in Freud's accounts of the seduction theory episode", *History of Psychiatry*, XII, 2001, p. 329-52.

_____, "The myth of Freud's ostracism by the Medical Community in 1896-1905", *History of Psychology*, 5 (2), 2002, p. 115-34.

F. Cioffi, "Was Freud a liar?" (1974), *Freud and the Question of Pseudoscience*, Chicago e La Salle, Open Court, 1998, p. 199-204.

H. Israëls e M. Schatzman, "The seduction theory", *History of Psychiatry*, IV, 1993, p. 23-59.

J.-G. Schimek, "Fact and fantasy in the seduction theory: a historical review", *Journal of the American Psychoanalytic Association*, 35, 1987, p. 937-65.

J.-M. Masson, *Le Réel escamoté, le renoncement de Freud á la théorie de la séduction*, Paris, Aubier-Montaigne, 1984, tradução de F. Momod.

_____, *The Complete Letters of Sigmund Freud to Wilhelm Fliess 1887-1904*, Cambridge, MA, Harvard University Press, 1985.

M. Borch-Jacobsen, "Neurotica: Freud et la théorie de la séduction" (1996), *Folies à plusieurs. De l'hystérie á la dépression*, Paris, Les Empêcheurs de Penser en Rond/ Seuil, 2002, p. 65-109.

M. Scharnberg, *The Non-Authentic Nature of Freud's Observations: Vol. 1. The Seduction Theory*, Uppsala Studies in Education, n⁰ˢ 47 e 48, Estocolmo, Almqvist & Wiksell International, 1993.

Notas

1. S. Freud, "L'étiologie de l'histérie", Oeuvres complètes, Psychanalyse, vol. III, Paris, PUF, 1989, p. 164-5.
2. Traduzido do inglês por Agnès Fonbonne.

A TEORIA DA SEDUÇÃO: UMA IDEIA QUE NÃO FUNCIONOU

Entrevista com Han Israëls[1]

Você publicou um artigo importante sobre "A teoria da sedução"[2] com Morton Schatzman. Nele você mostra particularmente como Freud abandonou essa teoria. Como, a seu ver, isso aconteceu?

A questão da teoria da sedução se tornou muito controvertida depois da publicação de *O real escamoteado*, de Jeffrey Masson. Com efeito, Freud dizia que havia cometido um erro em 1896 ao acreditar em certos pacientes histéricos que afirmavam ter sido vítimas de abuso sexual ou "seduzidos" durante a primeira infância. Segundo ele, sua ingenuidade o havia levado a crer que tinha descoberto a causa de suas histerias, até o momento em que se conscientizou de que essas histórias não eram senão o fruto da vida fantasmática dos histéricos. Ao contrário de Freud, Jeffrey Masson sustenta que essa teoria da sedução não era de modo algum um erro. Segundo ele, Freud deveria ter persistido em acreditar em seus pacientes, como havia corajosamente começado a fazer, ao invés de duvidar dessas narrativas de abuso sexual. Eis então o que suscita debate, mas de fato essa discussão não está fundamentada em nada.

Aliás, não sou o primeiro a dizer isso. No início dos anos 1970 Frank Cioffi já havia observado que as pacientes de Freud nunca lhe contavam que haviam sofrido abuso sexual durante a primeira infância. Se você se debruçar sobre os artigos de Freud publicados em 1896, verá que ele não escreve em lugar algum: "Senhoras e senhores, eis alguns pacientes que me contam essas histórias, eu acredito neles, e essa é a causa da histeria." Não, o que Freud diz é completamente diferente. Ele conta que havia pacientes histéricos que não sabiam absolutamente nada sobre as causas de suas doenças e, particularmente, não tinham nenhuma recordação de haver sofrido abuso sexual na infância. De fato, sua teoria sustentava que se os pacientes pudessem se lembrar da "sedução" que remontava aos primeiros anos da infância eles estariam de algum modo protegidos da histeria. É unicamente porque *não se lembram* desses abusos que ficam doentes. Em seus artigos de 1896, Freud repete que exortava os pacientes a confessar que haviam sofrido abuso sexual na infância, mas que eles não se lembravam de nada e que, mesmo depois do tratamento, se recusavam a acreditar nessas "cenas". Jamais ele conta que certos pacientes vieram a ele para lhe falar de abuso sexual — muito pelo contrário, já que isso iria de encontro à sua própria teoria! A sua "teoria da sedução" de 1896 é de fato bem diferente da descrição que lhe deu mais tarde.

Haveria muito mais coisas a dizer a respeito das razões que levaram Freud a reescrever toda a história, mas o que interessa sobretudo observar é que a controvérsia a respeito da teoria da sedução é baseada na descrição que ele deu dela *mais tarde*. A tese de Masson depende ainda do mito criado por Freud em torno dessa teoria. Mas a verdadeira teoria da sedução não é aquela sobre a qual todo mundo fala. Releia simplesmente os textos da maneira mais ingênua possível e verá que as coisas são diferentes do que Freud sustentou mais tarde. Freud não pode ter começado a duvidar das histórias de seus pacientes pela simples razão de que ele jamais ouviu tais histórias! Na verdade, não foi por falta de coragem, como pensa Masson, que Freud abandonou a sua teoria da sedução. O que aconteceu foi algo completamente diferente. Freud pensou inicialmente ter descoberto a causa da histeria e ser capaz de curar seus pacientes fazendo-lhes revelar suas recordações inconscientes de abusos sexuais sofridos na primeira infância. Ele estava tão convencido disso que não hesitou em se vangloriar publicamente de sucessos terapêuticos que ainda não havia alcançado. Em suas cartas a Fliess repete incessantemente que está trabalhando arduamente para obter um sucesso terapêutico com seus pacientes mas que ainda não o alcançou. Ele volta constantemente ao assunto para enfim admitir, no outono de 1897, que não crê mais em sua teoria. Ora, a primeira razão que dá para justificar tal reviravolta é o fato de que não pôde concluir "uma única análise (*eine Analyse*)".[3]

Você verá que a explicação é surpreendentemente simples, não há nada de misterioso. Freud simplesmente teve uma ideia e esta não funcionou. Ele tentou fazer com que funcionasse, mas ela foi um fracasso. Então ele decidiu abandoná-la. É simples assim.

Em seu artigo você menciona um documento bastante interessante, descoberto e publicado por Masson, em sua edição das cartas completas de Freud a Fliess.[4] É um trecho de um livro publicado em 1899 por Leopold Löwenfeld que afirmava que um antigo paciente de Freud lhe havia dito que as cenas de sedução exumadas durante sua análise não eram senão "pura fantasia". O que pensa a esse respeito? Concorda com Löwenfeld em dizer que Freud sugeria as recordações de abusos sexuais a seus pacientes? É evidente que uma hipótese como essa nos distanciaria do debate atual sobre a autenticidade ou não dessas cenas de sedução.

Esse é um falso debate, e naturalmente é Löwenfeld quem tem razão. Mas é preciso ver que Löwenfeld apresenta esse caso para ilustrar a teoria de Freud, não para contradizê-la. Como acabo de dizer, Freud escrevia que os pacientes não tinham nenhuma recordação de abuso sexual e que ele precisava insistir para que eles "reproduzissem" essas cenas. Não se sabe exatamente o que ele entendia com isso, mas é provável que ele obrigasse os pacientes a dizerem ou fazerem certas coisas. Apesar disso, os pacientes continuavam a desmentir que se tratasse de recordações verdadeiras, e é nisso que Löwenfeld quer chegar: Freud, diz ele, obrigava seus pacientes a endossarem certas recordações, como prova esse ex-paciente que sustentava que tais recordações de abusos sexuais haviam sido provocadas por Freud. E a esse respeito Freud teria concordado com Löwenfeld, já que ele próprio insistia no fato de que essas recordações eram *inconscientes*.

Notas

1. Extraído de uma entrevista com M. Borch-Jacobsen e S. Shamdasani, Londres, 19 de agosto de 1993. Traduzido do inglês por Agnès Fonbonne.
2. H. Israëls e M. Schatzman, "The seduction theory", *History of Psychatry*, n° 4, 1993, p. 23-59.
3. J. M. Masson (org.), *The Complete Letters of Sigmund Freud to Wilhelm Fliess 1887-1904*, Cambridge, MA, The Belknap of Harvard University Press, 1985, p. 264.
4. J. M. Masson (org.), *op. cit.*, 1985, p. 413.

2   As falsas curas

Freud não era apenas um bom contador de histórias; ele era também um publicitário bastante hábil que sabia vender seu produto torpedeando a concorrência. Basta observar o modo como conseguiu convencer o mundo inteiro da superioridade de seu método sobre os outros métodos psicoterapêuticos. Desde os Estudos sobre a histeria, *publicados com Breuer, Freud afirmava que os sintomas histéricos "desapareciam imediata e permanentemente"[1] quando se conseguia trazer à consciência o acontecimento traumático recalcado que se encontrava em sua origem. Esta é uma afirmação que ele irá repetir ao longo de toda a sua carreira: a psicanálise, graças à análise da transferência e das resistências, ataca as causas da neurose, contrariamente às outras terapias, que não obtêm senão curas superficiais e temporárias, devido à sugestão e à manipulação mais ou menos fraudulenta do "amor de transferência" dos pacientes. É um argumento publicitário bastante poderoso, além de eficaz para justificar o custo e a duração interminável dos tratamentos analíticos. Se a cura tardava a vir, é porque permaneciam resistências a serem analisadas, uma transferência a ser dissolvida, uma compulsão à repetição a ser eliminada — e tudo isso toma tempo... Àqueles que se impacientavam, Freud podia, de todo modo, exibir brilhantes sucessos terapêuticos que havia obtido e que contava em seus relatos de caso. Havia, portanto, esperança mesmo para os casos mais difíceis.*

Mas o que pensar realmente disso? Freud era o extraordinário terapeuta que pretendia ser? Mikkel Borch-Jacobsen e Frank Sulloway passam em revista os supostos sucessos e não encontram muitos motivos para presunções.

O MÉDICO IMAGINÁRIO

Mikkel Borch-Jacobsen

Uma das razões por que foi preciso tanto tempo para se ter uma ideia mais precisa da eficácia das análises praticadas por Freud é evidentemente o fato de que não se conhecia a identidade real de seus pacientes. Protegido pelo segredo médico, Freud podia então se permitir escrever qualquer coisa, e foi apenas muito progressivamente que a realidade surgiu, à medida que os historiadores conseguiam identificar as pessoas que se escondiam por trás dos nomes pitorescos como "Elisabeth von R.", "Homem dos lobos" ou "Pequeno Hans". Agora que isso foi feito (resta apenas "Miss Lucy", que obstinadamente desafia as pesquisas dos historiadores), podemos começar a fazer um balanço mais realista dos resultados terapêuticos obtidos por Freud. Como vamos ver, ele não é muito convincente.

Senhorita Anna O. — Já sabemos que Bertha Pappenheim não tinha sido de modo algum curada de seus sintomas histéricos através do "tratamento pela palavra" de Breuer, contrariamente às repetidas asserções de Freud. Compreendemos, nessas condições, que ela tenha se mostrado mais do que cética em relação à psicanálise: segundo o testemunho de Dora Eddinger, "Bertha Pappenheim não falava nunca desse período de sua vida e se opunha com veemência a qualquer tratamento psicanalítico para as pessoas por quem era responsável, para grande surpresa das pessoas que trabalhavam com ela".[2]

Senhorita Emmy von N. — Por trás deste caso dos *Estudos sobre a histeria* se escondia Fanny Moser, uma das mulheres mais ricas da Europa. Ela sofria de um enorme arsenal de sintomas (tiques, insônia, depressão, alucinações) e era uma grande consumidora de médicos (dentre os quais alguns acabavam em sua cama). Freud era apenas mais um entre eles, e seu tratamento não colocou de modo algum fim à longa carreira hipocondríaca de sua paciente. Algum tempo depois, ela iria se tratar na clínica do psicoterapeuta sueco Otto Wetterstrand, que diagnosticou uma "histeria".[3] Bem mais tarde, em 1918, a sua filha mais velha escreveria a Freud para que ele a ajudasse a colocar sua mãe sob tutela, acrescentando que seu tratamento não havia tido nenhum efeito durável. Resposta magnânima do doutor: "Eu lhe peço da mesma forma para refletir que na época eu não compreendia de modo algum o caso de sua mãe [...]. Foi precisamente na ocasião desse caso e devido a seu resultado que reconheci que o tratamento hipnótico é um procedimento insignificante e sem valor e que fui levado a criar uma terapia mais razoável: a terapia psicanalítica."[4] Mas, se esse era o caso por que então ele não havia informado os leitores dos *Estudos sobre a histeria*, publicados cinco anos depois do fim do tratamento de Fanny Moser?

Cäcilie M. — Esta paciente muito importante (e muito rica), cujo verdadeiro nome era Anna von Lieben, baronesa batizada von Tedesco, e que Freud chamava de sua "Mestre" (*Lehrmeisterin*[5]) sofria também de múltiplos sintomas e excentricidades. Ela era, além disso, morfinômana. Segundo Peter J. Swales, que foi o primeiro a identificá-la publicamente, seu tratamento com Freud, que durou de 1887 a 1893, não produziu absolutamente nenhuma melhora em seu estado, muito pelo contrário.[6] Sua filha declararia mais tarde a Kurt Eissler, que a entrevistava para os *Arquivos Freud*, que a família detestava cordialmente Freud ("Nós todos o detestamos") e que a própria paciente se interessava menos pela cura catártica do que pelas doses de morfina que seu médico lhe administrava livremente: "Ora, a única coisa que ela esperava dele era a morfina."[7]

AS FALSAS CURAS

Elisabeth von R. — Seu nome era Ilona Weiss, e ela havia consultado Freud devido a dores crônicas nas pernas que lhe tornavam difícil caminhar. Freud pôde, dizia ele, suprimir esses sintomas fazendo sua paciente admitir que nutria desejos eróticos recalcados pelo cunhado. Seu relato desse caso termina com um tocante *happy end*: "Durante a primavera de 1894, ouvi falar que ela iria a um baile para o qual eu poderia ser convidado e não perdi a ocasião de ir ver minha antiga paciente se deixar conduzir numa rápida dança".[8] Comparemos com as lembranças de sua filha, registradas em 1953 por Kurt Eissler para os *Arquivos Freud* (e imediatamente trancadas por ele na biblioteca do Congresso em Washington): "Minha mãe tinha quarenta anos quando nasci e não me lembro de uma época na qual ela não estivesse 'doente' de algum modo. Ela sofreu inúmeros tratamentos de todas as espécies, tomava banhos em diversas estações termais, tinha sempre dores agudas, mas era bastante ativa e gostava de caminhar. Não sei exatamente de que doenças ela sofria. Tratava-se certamente de reumatismo e de ciático, talvez de neurite etc., que afetava sobretudo suas pernas, mas também outras partes do corpo. [...] Um de seus médicos me disse que a considerava uma hipocondríaca; não sei se outros compartilhavam essa opinião. [...] É verdade que ela utilizava suas doenças para chamar atenção; entretanto não resta dúvida alguma de que sofria muito."[9]

Katharina — Segundo o encantador relato de Freud, essa jovem o havia consultado durante uma parada em um albergue de montanha, devido a ataques de angústia acompanhados de dificuldade para respirar e de visões de um rosto assustador. Inesperadamente, Freud conseguiu fazê-la admitir que seus sintomas remetiam a um ataque sexual do qual teria sido vítima por parte de um tio (na realidade, o pai, como ele reconheceu em uma nota acrescentada em 1924). O recalcamento da moça não parece ter sido muito intenso, visto que ela não mostrou embaraço algum para lhe confiar esse segredo deveras edipiano. Depois disso, o doutor prosseguiu sua caminhada, ao termo daquela que foi sem dúvida a terapia mais breve de toda a história da psicanálise. Salvo que não se tratava de uma terapia: Aurelia Kronich, a verdadeira "Katharina", não estava de modo algum doente. Graças às minuciosas pesquisas biográficas de Peter J. Swales, sabemos agora que realmente seu pai a havia agredido sexualmente e que ela, alguns meses antes, estivera na origem da separação dos pais depois de ter revelado que ele dormia com a sua prima mais velha — razão suficiente, sem dúvida, para provocar acessos de angústia em qualquer jovem de 17 ou 18 anos. Mas isso não parece tê-la afetado durante muito tempo. Sua filha e sua neta, de quem Swales registrou o depoimento, tinham dificuldade em reconhecê-la na descrição que Freud fizera dela, pois "Aurelia não manifestava nenhum sintoma de asma [...] e não sofria de nenhum distúrbio nervoso".[10] Evidentemente, Aurelia Kronich não tinha estritamente nada para fazer em um livro sobre a histeria.

Os 18 casos de "sedução" — Em sua conferência de 21 de abril de 1896, "Sobre a etiologia da histeria", na qual propunha reduzir os sintomas da histeria a seduções sexuais precoces, Freud anunciava com uma segurança imperturbável: "Pude, em 18 casos de histeria, reconhecer essa correlação para cada um dos sintomas e, ali onde as circunstâncias o permitiam, confirmá-la pelo sucesso terapêutico."[11] Verificação feita, parece que essas famosas circunstâncias não eram muito favoráveis, pois, duas semanas depois, Freud confessava privadamente a Fliess que " entre [os tratamentos] que estão em curso, nenhum foi concluído".[12] Durante o mês de julho, ele escreveu: "Tento freneticamente 'concluir' várias pessoas."[13] No mês de dezembro: "Hoje, nenhum caso se encontra concluído."[14] Em março do ano seguinte: "Não concluí ainda um único caso."[15] E em sua famosa carta de 21 de setembro de 1897, Freud explicava a seu amigo que a primeira razão pela qual veio a duvidar de sua teoria da sedução era "a decepção contínua em meus esforços para fazer uma única análise (*eine Analyse*) chegar a uma verdadeira conclusão".[16] É claro que Freud não tinha nenhum "sucesso terapêutico" na cartola para confirmar a sua teoria no momento em que a propunha diante de seus colegas.

Dora — Neste caso, ao menos, dir-se-á que Freud confessou francamente o fracasso de seu tratamento, visto que ele não nos esconde que sua paciente o interrompeu antes de ele conseguir superar suas resistências. Sim, mas qual era de fato a doença de Dora? Essa jovem, cujo verdadeiro nome era Ida Bauer, havia sido levada a Freud por seu pai para que ele a "curasse" de um comportamento embaraçoso: ela o acusava, de modo "delirante", de entregá-la aos avanços sexuais de um de seus amigos, M. Zellenka, em troca da condescendência do amigo para com a ligação amorosa que ele mantinha com sua mulher. Freud, honrosamente, reconheceu, com efeito, a legitimidade das acusações da jovem Ida. Entretanto, como observou Anthony Stadlen em um cáustico artigo[17], isso não o impediu de taxá-la de "histeria" por ela ter recusado o arranjo familiar e se mostrado difícil quando, com a idade de 13 ou 14 anos,[18] M. Zellenka a agrediu sexualmente em sua loja. Da mesma forma, ele interpretou uma apendicite que Ida havia tido durante a sua infância e o fato que desde então ela mancava com a perna direita como sintomas histéricos, sem considerar um único instante a hipótese muito mais plausível, de um ponto de vista médico, de uma sequela de apendicite pélvica. O que quer que fosse isso, não podemos deixar de pensar que Ida mostrou uma sólida saúde psíquica quando recusou a solução que lhe propôs seu médico, que consistia em reconhecer que ela tinha, durante todo esse tempo, recalcado seus desejos libidinosos por M. Zallenka! De fato, Ida Bauer não manifestou nenhum sinal de neurose ou de instabilidade psíquica em sua vida ulterior.[19] Em 1923, Felix Deutsch, o médico pessoal de Freud, escreveria à sua mulher, Helene, contando que havia encontrado a "Dora" do *Professor* e que ela "não tem nada de bom a dizer a respeito da análise" — o que ele evitou repetir no artigo que lhe dedicou em 1957, no qual escreveu, ao contrário, que ela havia "mostrado grande orgulho de ter sido objeto de um dos relatos de casos famosos na literatura psiquiátrica".[20]

O Pequeno Hans — "A história de doença e de cura"[21] do pequeno Herbert Graf não é de fato uma história de doença e de cura, não mais do que a de Aurelia Kronich ou de Ida Bauer. Freud e o pai do menino, Max Graf, gastaram muita engenhosidade psicanalítica para curá-lo do que Freud chamava de uma fobia dos cavalos, supostamente proveniente do complexo de castração do menininho. Herbert, que parecia ter mais bom-senso que seus dois terapeutas, atribuía seu medo dos cavalos e dos grandes animais a um acidente de ônibus que havia testemunhado, durante o qual dois cavalos levaram um tombo.[22] Nessa segunda hipótese, bem mais simples e mais prosaica, não há razão para se espantar com o fato que as angústias relativas a animais do menino tenham sido espontaneamente atenuadas após algum tempo. O espantoso é que Herbert tenha saído ileso do inacreditável interrogatório edipiano-policial a que seu pai e Freud o submeteram!

O Homem dos Ratos — Ele se chamava Ernst Lanzer e sofria de uma neurose obsessiva (ou TOC, como diríamos hoje). Um ano após o fim do tratamento, Freud escreveu a Jung dizendo que havia reencontrado seu ex-paciente e que "o lugar ao qual ele ainda está fixado (pai e transferência) se mostrou distintamente na conversa"[23] (carta a Jung de 17 de outubro de 1909), o que parece indicar que Lanzer não havia se livrado de todos os seus sintomas. Entretanto, segundo o depoimento dos parentes de Lanzer que Anthony Stadlen pôde entrevistar, o consenso na família era que o tratamento de Freud realmente o ajudara. Tendo morrido no início da guerra de 1914-1918, não podemos saber se esse sucesso terapêutico parcial teria sido durável.

O Homem dos Lobos — No caso de Sergius Pankejeff, por outro lado, podemos avaliar a eficácia de suas duas longas análises com Freud, e ela é rigorosamente nula: sessenta anos depois, Pankejeff continuava sujeito a ruminações obsessivas e a acessos de ruminação profunda, apesar de um acompanhamento analítico quase constante por parte dos discípulos de Freud. Esse brilhante sucesso terapêutico havia na realidade sido um fracasso total.

Ao fim desse balanço, que conclusões podemos tirar? Ninguém pensa aqui em recriminar Freud por não ter obtido resultados terapêuticos melhores, pois seus colegas talvez não tivessem feito melhor. Podemos até mesmo, com um pouco de caridade, lhe perdoar por ter aqui ou lá tirado conclusões excessivamente rápidas que iam no sentido de seus desejos. O imperdoável é a constância com a qual ele declarava ter obtido resultados profundos e duráveis enquanto sabia pertinentemente que não se tratava de modo algum disso, incitando inúmeros pacientes a se lançarem em análises longas e custosas ao invés de se dirigirem a terapias menos ambiciosas e talvez mais eficazes.

AS FALSAS CURAS

Como escreveu ao pastor Pfister a respeito de uma de suas pacientes, Elfriede Hirschfeld,[24] embora ela não tivesse "nenhuma chance de ser curada [...] ao menos a psicanálise deveria aprender com seu caso e tirar proveito dela".[25] Em uma carta a Jung de 17 de dezembro de 1911, ele foi ainda mais explícito: era "dever" de Elfriede Hirschfeld "se sacrificar à ciência". É esse cinismo que é indesculpável: os pacientes teriam afluído a Freud e a seus discípulos se eles soubessem que serviam, com efeito, de cobaias para as teorias em perpétua mudança do "Professor" — teorias a respeito das quais ele dizia justamente que eram verificadas pelas curas que obtinha?

Freud, de fato, não hesitava em invocar seus sucessos terapêuticos para justificar a exatidão de suas interpretações e construções. Nas Lições de introdução à psicanálise, por exemplo, ele explicava que o paciente só se cura se as interpretações do analista são corretas: "A resolução de seus conflitos e a superação de suas resistências só são obtidas, com efeito, se lhes damos representações suscetíveis de concordar com a realidade efetiva."[26] Ora, esse famoso argumento[27] não apenas é muito fraco em si mesmo (nada exclui que a cura seja devida à sugestão ou a um efeito placebo), ele é também perfeitamente especioso: Freud não estava de modo algum em posição de se vangloriar de sucessos terapêuticos! Ao fundamentar suas teorias sobre a eficácia terapêutica de seu método, ele a fundamentava no vazio — e devia forçosamente saber disso, "em algum lugar".

Notas

1. J. Breuer e S. Freud, *Études sur l'hystérie*, tradução de Anne Berman, Paris, PUF, 1971 (3ª ed.), p. 4.
2. D. Eddinger, *Bertha Pappenheim, Freud's Anna O.*, Highland Park, III, Congregation Solel, 1968, p. 15.
3. O. Andersson, "A supplement to Freud's case history of 'Frau Emmy von N.'", *Studies on Hysteria* (1895), *Scandinavian Psychoanalytic Review*, vol. 2, 1979, nº 5, p. 14.
4. *Ibidem*.
5. J. M. Masson (org.), *The Complete Letters of Sigmund Freud to Wilhelm Fliess 1887-1904*, Cambridge, Londres, The Belknap Press of Harvard University Press, 1985, p. 229.
6. P. J. Swales, "Freud, his teacher and the birth of psychoanalysis", *in* P. E. Stepansky (org.), *Freud, Appraisals and Reappraisals*, vol. 1, Hillsdale, N.J., The Analytic Press, 1988, p. 54-7.
7. K. R. Eissler, entrevista com Henriette von Motesiczky e sua filha Marie-Louise, julho de 1972, S. Freud Collection, série ZR, Manuscript Division, Library of Congress, Washington D.C.
8. J. Breuer e S. Freud, *Études sur l'hysterie* [*Estudos sobre a histeria*], tradução de Anne Berman, Paris, PUF, 1971 (3ª ed.), p. 127.
9. "Memorandum for the Sigmund Freud Archives", S. Freud Collection, série ZR, Manuscript Division, Library of Congress, Washington D.C. O historiador P. Gay, que cita outro trecho desse memorando em sua biografia de Freud (segundo Ilona Weiss, "[Freud] havia tentado me persuadir de que eu estava apaixonada por meu cunhado, mas não se tratava disso"), se cala a respeito desse parágrafo e prefere repetir a história do baile. Assim se escreve a história da psicanálise.
10. J. P. Swales, "Freud, Katharina, and the first 'wild analysis'" (1988), *in* P. Stepansky, *op. cit.*, p. 112.

AS FALSAS CURAS

11. S. Freud, "Sur l'étiologie de l'histérie", *Oeuvres complètes. Psychanalyse*, vol. 3, J. Laplanche (org.), Paris, PUF, 1989, p. 158.

12. S. Freud, *Naissance de la psychanalyse*, tradução de A. Berman, Paris, Gallimard, 1969, p. 144.

13. S. Freud, *Briefe an Wilhelm Fliess 1887-1904*, J. Masson (org.), Frankfurt am Main, S. Fischer Verlag, 1986, p. 205.

14. *Ibidem*, p. 229.

15. *Ibidem*, p. 246.

16. S. Freud, *Naissance de la psychanalyse*, *op. cit.*, 1969, p. 191 (tradução modificada).

17. A. Stadlen, "Was Dora 'ill'?", em L. Spurling (org.), *Sigmund Freud. Critical Assessments*, vol. 1, Londres, Routledge, 1989, p. 196-203.

18. Segundo os cálculos de Stadlen, é "bastante provável" que Ida Bauer, contrariamente ao que escreve Freud, tivesse apenas 13 anos no momento desse episódio, o que evidentemente tornaria a sua reação ainda mais compreensível (e os avanços pedófilos de Zellenka francamente criminosos aos olhos da lei austríaca da época); ver Anthony Stadlen, "Just how interesting psychoanalysis really is", *Arc de Cercle. An International Journal of the History of the Mind-Sciences*, vol. 1, n° 1, 2003, p. 158, n. 29.

19. Ver Lisa Appignanesi e John Forrester, *Freud's Women*, Londres, Weidenfeld and Nicolson, 1992, p. 167. Ver também a carta de Kurt Eissler a Anna Freud de 20 de agosto de 1952: "Parece que a informação que recebi do primo de Dora é correta e ela jamais desenvolveu sintomas neuróticos ou psicóticos após seu tratamento por Freud." (Anna Freud Collection, Manuscript Division, Library of Congress, Washington, D.C.)

20. F. Deutsch, "A footnote to Freud's 'Fragment of an analysis of a case of hysteria", *Psychoanalytic Quarterly*, vol. 26, p. 267-9. Segundo Elsa Foges, uma prima de Ida Bauer que Anthony Stadlen entrevistou em 1979 com 97 anos, Ida lhe havia dito na época de seu tratamento com Freud (1900): "Ele me faz muitas perguntas e eu quero acabar com isso"; ver Anthony Stadlen, *op. cit.*, p. 162, n. 61.

21. Essas são as primeiras palavras da história de caso de S. Freud, "Análise da fobia de um menino de cinco anos", *Oeuvres Complètes. Psychanalyse*, vol. 9, Paris, PUF, 1998, p. 5.

22. Cf. Eysenk, *Decline and Fall of the Freudien Empire*, Nova York, Viking Penguin, 1985, p. 104-13, tradução de *Déclin et chute de l'empire freudien*, *op. cit.*

23. S. Freud e C. G. Jung, *Correspondance I (1906-1909)*, W. McGuire (org.), tradução de R. Fivaz-Silbermann, Paris, Gallimard, 1975, p. 336.

24. Sobre essa paciente muito importante, que representou também um magistral fracasso terapêutico, ver E. Falzeder, "My grand-patient, my chief tormentor: a hitherto unnoticed case of Freud's and the consequences", *Psychoanalytical Quarterly*, vol. 63, 1994, p. 297-331.

25. "Carta inédita a Oskar Pfister de 2 de janeiro de 1912", S. Freud Collection, Manuscript Division, Library of Congress, Washington D.C.; citado em E. Falzeder, *ibidem*, p. 317.

26. S. Freud, *Leçons d'introduction à la psychanalyse. Oeuvres complètes. Psychanalyse*, vol. 14, J. Laplanche (org.), Paris, PUF, 2000, p. 469.

27. A. Grünbaum, que o chama de "Argumento da Concordância", faz dele o nervo central da epistemologia freudiana, ver *Les fondements de la psychanalyse. Une critique philosophique*, tradução de J. C. Dumoncel e E. Pacherie, Paris, PUF, 1996 (1ª ed. ingl. 1984), cap. 2, B.

QUEM TEM MEDO DO HOMEM DOS LOBOS?[1]

Frank J. Sulloway

Um dos principais pacientes de Freud foi o Homem dos Lobos, que viveu durante um tempo suficientemente longo para fornecer indicações precisas sobre as consequências a longo prazo de sua análise. Freud tratou o Homem dos Lobos durante quatro anos, de 1910 a 1914, e fez uma segunda e breve análise cinco anos depois, a fim de eliminar um resto de "transferência" que não havia sido resolvida ao longo do primeiro tratamento. Nos anos seguintes, o Homem dos Lobos, que se chamava na realidade Sergius Pankejeff, foi novamente analisado duas vezes por Ruth Mack Brunswick.[2] Após a Segunda Guerra Mundial e até a sua morte em 1978, ele foi tratado por um certo número de psicanalistas. O Homem dos Lobos esteve portanto esporadicamente em análise durante mais de sessenta anos. Diferentemente do Homem dos Ratos, ele teve a possibilidade de testemunhar a tal respeito.

A reconstrução freudiana do acontecimento traumático que supostamente desencadeou a neurose obsessiva do Homem dos Lobos ilustra a natureza problemática do empreendimento psicanalítico. Segundo Freud,[3] o paciente, com a idade de um ano e meio, surpreendeu seus pais tendo relações sexuais, o que despertou prematuramente a sua libido e provocou nele uma atitude homossexual passiva em relação aos homens. Freud reconstruiu esse acontecimento traumático a partir de um sonho que seu paciente teve aos quatro anos.

Sonhei que era noite e que estava deitado na cama. (...) De repente, a janela abriu-se sozinha e fiquei aterrorizado ao ver que alguns lobos brancos estavam sentados na grande nogueira em frente da janela. (...) Com grande terror, evidentemente de ser comido pelos lobos, gritei e acordei.[4]

A análise desse sonho conduziu Freud à conclusão de que os lobos brancos simbolizavam as roupas de baixo brancas dos pais e que a angústia de castração do sonhador provinha do fato de que ele havia assistido a um "coito por trás", repetido três vezes, "o que permitiu ao Homem dos Lobos constatar que sua mãe não tinha falo".[5] Depois de uma análise de quatro anos brevemente interrompida e seguida de um tratamento mais curto, Freud declarou que seu paciente estava curado. Strachey disse a respeito desse caso que ele era "o mais minuciosamente trabalhado e indubitavelmente o mais importante de todos os casos históricos de Freud".[6] Ele é geralmente considerado pelos psicanalistas um sucesso terapêutico considerável.[7]

Graças aos esforços de uma jornalista austríaca, Karin Obholzer, que conseguiu encontrar as pistas do Homem dos Lobos em Viena no início dos anos 1970, temos agora acesso às suas próprias impressões a respeito de sua análise com Freud. Depreende-se das entrevistas de Karin Obholzer com o Homem dos Lobos que ele próprio considerava a interpretação de seu famoso sonho "terrivelmente forçada" e que se sentiu também traído por Freud, que havia prometido que um dia ele se lembraria verdadeiramente do acontecimento traumático que o fez adoecer. "Toda essa história é improvável", observou ainda o Homem dos Lobos, "porque na Rússia as crianças dormem no quarto da babá e não no dos pais."[8] Ele indicou, além disso, que os "lobos" de seu famoso sonho não eram absolutamente lobos, mas uma espécie de cães *semelhantes* a lobos — uma contradição curiosa e que se manteve sem explicação.[9]

As entrevistas de Obholzer com o Homem dos Lobos nos informam também que ele não foi de modo algum curado, nem por Freud nem por outro analista. Ele manteve a mesma personalidade, compulsivamente deprimida, duvidando permanentemente de si mesmo. Negava, firmemente, aliás, o mito analítico de sua "cura": "A teoria era", disse ele a Obholzer, "que Freud havia me curado completamente... e foi por essa razão que

AS FALSAS CURAS

[Muriel] Gardiner encorajou-me a escrever minhas memórias.[10] Para mostrar ao mundo inteiro como Freud havia curado uma pessoa muito doente... Tudo isso é blablablá."[11] O Homem dos Lobos, próximo então de seus noventa anos, concluiu em tom de queixa: "Na realidade, toda essa história parece uma catástrofe. Estou no mesmo estado em que me encontrava quando vim ver Freud pela primeira vez, e Freud está morto."[12] Consequentemente, outros analistas se recusaram a deixar o Homem dos Lobos tranquilo. Eles insistiram em que ele fizesse uma análise gratuita a fim de examinar a evolução de seu caso e as opiniões se contradisseram entre si e o impediram de pensar por si próprio. "Os psicanalistas são um problema, nenhuma dúvida a esse respeito",[13] confiou ele a Karin Obholzer.

Enfim, Karin Obholzer relata que Kurt Eissler, diretor dos Arquivos Freud, enviava regularmente dinheiro ao Homem dos Lobos para ajudá-lo a pagar uma amiga e antiga amante que lhe extorquia dinheiro. Quando o Homem dos Lobos formulou seu desejo de emigrar para a América para fugir dessa situação custosa e desagradável, sua solicitação foi repetidamente desencorajada, aparentemente porque o movimento psicanalítico preferia lhe proporcionar um apoio financeiro em Viena, onde ele vivia no anonimato, a correr o risco de que esse paciente célebre — e altamente neurótico — de Freud fosse descoberto na América. (Imaginem o nosso homem revelando tudo no palco de um dos grandes canais de televisão americanos!) Eissler e outros analistas também se esforçaram por dissuadir o Homem dos Lobos de conversar com Karin Obholzer, cujos esforços só foram bem-sucedidos graças à sua perseverança e à promessa que fez a seu temeroso informante de só publicar as entrevistas após a sua morte. Tais entrevistas constituem, se assim podemos dizer, o último protesto do Homem dos Lobos frente às falsas promessas e às decepções da psicanálise. "Ao invés de ter me feito bem, os psicanalistas me fizeram mal", confiou ele a Karin Obholzer, antes de acrescentar com uma voz queixosa: "Tudo isso é confidencial."[14] Enfim, temos o direito de nos perguntar se esse famoso caso foi, como se pretendeu, um sucesso terapêutico e uma prova dos brilhantes poderes analíticos de Freud. Subtraído das reconstruções duvidosas tornadas possíveis pelo anonimato do paciente e pela censura mantida em torno dele, o caso parece, ao contrário, ter sido reconhecido tacitamente como um motivo de embaraço cuja verdadeira natureza foi mascarada graças às manobras e aos recursos financeiros dos *Arquivos Freud*.

Que o Homem dos Lobos, Anna O. e vários outros pacientes célebres da história da psicanálise não tenham sido curados não constitui em si uma refutação, propriamente falando, das teorias e das pretensões clínicas de Freud. Esses casos podem ter sido fracassos ou êxitos parciais sem que isso coloque *ipso facto* em causa a validade das teorias de Freud. Mas desde os anos 1930 a pesquisa mostrou repetidamente que os pacientes em análise não se curam mais do que aqueles que buscam outras formas de terapia. Ora, Freud sustentou, ao contrário, que a psicanálise era a única forma de psicoterapia capaz de oferecer curas reais e permanentes — todos os outros êxitos terapêuticos seriam devidos à sugestão.[15] Como mostrou Eisenck,[16] o fracasso da psicanálise em atingir a taxa de cura *superior* que ela havia fixado para si deveria ser considerado uma prova manifesta de seu fracasso teórico. Freud parece ter sido sensível a essa questão. Em 1906, ele escreveu a Jung: "Eu não deveria nem mesmo dizer que todos os casos de histeria podem ser curados pela psicanálise." E acrescentou: "Não podemos explicar nada a um público hostil; consequentemente, guardei para mim certos elementos que poderiam ser ditos a respeito dos limites da terapia e de seu funcionamento."[17] Ora, esses "elementos" mantidos em silêncio, Freud sabia muito bem, eram determinantes para qualquer debate honesto sobre a validade teórica da psicanálise.

Notas

1. Extraído de "Reassessing Freud's case histories", *ISIS, the Journal of the History of Science Society*, vol. 82 (1991), p. 245-75. Texto traduzido do inglês para o francês por Marie-Cécile Politzer.
2. R. M. Brunswick, "A supplement to Freud's 'History of an Infantile Neurosis'", *International Journal of Psychoanalysis*, vol. 9 (1928), p. 439-76.
3. S. Freud, "From the history of an infantile neurosis", *Standard Edition*, vol. 17, Londres, Hogarth Press, p. 3-122.
4. *Ibidem*, p. 29.
5. *Ibidem*, p. 37.
6. J. Strachey, "Editor's note", *Standard Edition*, 18, Londres, Hogarth Press, 1955, p. 3.
7. M. Gardiner, "Research methods in psycho-analysis", *International Journal of Psychoanalysis*, 33, 403-9, 1971, p. VII.
8. K. Obholzer, *The Wolf-Man Sixty Years Later*, tradução de M. Shaw, Londres, Routledge e P. Kegan, 1982, p. 36.
9. P. Mahony, *Cries of the Wolf Man*, Nova York, International University Press Inc., 1984, p. 139.
10. M. Gardiner (org.), *The Wolf Man: by the Wolf Man*, Nova York, Basic Books, 1971.
11. K. Obholzer, *op. cit.*, p. 113.
12. Obholzer, *op. cit.*, p. 172.
13. Obholzer, *op. cit.*, p. 137.
14. Obholzer, *op. cit.*, p. 112.
15. S. Freud, *Leçons d'introduction à la psychanalyse, Oeuvres complètes,* PUF, 2000, p. 465-80.
16. H. Eysenk, *Decline and Fall of the Freudian Empire*, Nova York, Viking Penguin, 1985, p. 44 [*Déclin et chute de l'empire freudien, op. cit.*].
17. W. McGuire (org.), *The French/Jung Letters*, tradução de R. Manheim e R.F.C. Hull, Bollingen Series XCIV, Princeton, Princeton University Press, 1974, p. 12.

O projeto declarado de Freud era fazer com que convergissem ciência e terapia: é ao dizer a verdade sobre o desejo que se dá a cura, e é a cura que garante a verdade da teoria. O que sobra então da teoria se a cura não se apresenta, como os psicanalistas foram obrigados, no final das contas, a admitir? E como manter o mito da superioridade da teoria analítica na ausência de qualquer resultado concreto? Em seu livro O coração e a razão,[1] um dos poucos na França que ousou se confrontar com as pretensões da psicanálise, a filósofa das ciências Isabelle Stengers e o psicanalista-hipnoterapeuta Leon Chertok analisaram o fracasso do projeto teórico-terapêutico freudiano e o modo pelo qual a comunidade analítica evitou tirar as consequências desse fracasso orgulhando-se por não curar as pessoas ilusoriamente (ou seja, de modo contrário à teoria analítica do momento). Isabelle Stengers fala aqui com Mikkel Borch-Jacobsen e Sonu Shamdasani sobre essa surpreendente pirueta, destinada a imunizar a psicanálise contra toda e qualquer verificação ou avaliação clínica.

A ANÁLISE INTERMINÁVEL, OU COMO NÃO CURAR POR MÁS RAZÕES

Entrevista com Isabelle Stengers[2]

Freud buscou criar uma relação de força com a neurose de modo que ela fosse simultaneamente transformada em fenômeno suscetível de ciência e curada. A sua grandeza foi erigir o desafio da ciência em um domínio que lhe escapava, buscando criar um fenômeno confiável, a partir do qual uma discussão fosse possível. Mas foi também justamente nesse ponto que ele veio forçosamente a fracassar.

A senhora e Chertok dizem que foi isso que Freud reconheceu, no fim de sua vida, em "Análise terminável e interminável". Nesse artigo de 1937 Freud confessa em termos bem claros o fracasso de todo o seu empreendimento, e foi apenas, afirmam vocês, porque a comunidade psicanalítica se virou para dissimular ou minimizar a coisa que não dimensionamos a enormidade dessa confissão do fundador da psicanálise.

Digamos que se pode ler essa confissão de duas maneiras. Podemos lê-la, foi o que fizemos, como o último dos escritos técnicos de Freud. Desse ponto de vista, nos perguntamos realmente por que ele não figura no final do volume que supostamente reúne em francês os escritos técnicos de Freud.[3] Evidentemente, ele é um texto do mesmo gênero, que tem os mesmos ingredientes que esses outros escritos em que Freud apresenta a sua técnica terapêutica. Ora, se lemos na continuidade desses outros escritos técnicos, não podemos ver nele senão uma confissão de fracasso, totalmente clara e explícita. Freud ali mostra, com bastante insistência, que a relação de força entre o paciente e o analista é desfavorável a este último, na medida em que tudo o que ele pode mobilizar contra as resistências do paciente não basta, na maior parte das vezes, para superá-las. Portanto, a técnica psicanalítica não cumpriu suas promessas, ela decepcionou o velho Freud da mesma maneira que a hipnose o havia decepcionado nos primórdios da psicanálise. Desse ponto de vista, esse artigo renuncia à psicanálise, e renuncia de maneira final, e se lemos nessa perspectiva, como o fizemos, isso é absolutamente evidente.

Acontece que os psicanalistas não leem de modo algum dessa forma. Eles preferem adotar uma outra leitura, sugerida pelo próprio Freud: a psicanálise é uma profissão impossível? Bem, glorifiquemo-nos então de praticá-la apesar de tudo, com completo conhecimento de causa. A psicanálise continua, portanto, a ser o *nec plus ultra*, o fino da psicoterapia, porque ela sabe o que as outras terapias ignoram. Certamente há um fracasso quantitativo da psicanálise, na medida em que ela não chega, de fato, a mobilizar as forças necessárias para superar as resistências do paciente. Mas qualitativamente a psicanálise continua a ter razão e, de fato, é o que Freud afirmava também em seu artigo. Podemos, entretanto, colocar sérias questões a respeito dessa última defesa da psicanálise, que parece uma pirueta. Pois antes Freud ligava o qualitativo e o quantitativo, ou seja, a teoria (a ciência) e a técnica (a cura). Foi o fator quantitativo, ou seja, a eficácia alegada do tratamento psicanalítico, que lhe serviu para promover a análise como uma psicoterapia-diferente-das-outras. Consequentemente, esse "nós temos razão qualitativamente" soa vazio. Ele plana nos ares, pois perdeu todo o apoio que Freud lhe dera anteriormente. Na realidade, esse "nós temos razão qualitativamente" equivale simplesmente a um "nós existimos e continuaremos a existir". E foi desta forma que os psicanalistas entenderam: "Sim, reconheçamos que a maioria dos tratamentos são intermináveis e culminam num fracasso, pois a grandeza da psicanálise é reconhecê-lo e não se satisfazer com falsas curas."

Para os psicanalistas, a confissão do fracasso se torna então um título de glória, enquanto, na perspectiva que Chertok e eu adotamos, a confissão do fracasso é simplesmente uma confissão do fracasso, e nada mais. Não podemos falar em resistência senão na medida em que podemos vencer a resistência, e é isso que Freud pretendia inicialmente ao fazer coincidir a análise da transferência, a cura e a prova. Desse ponto de vista, a confissão final coloca tudo em questão. Ela implica um retorno ao início, e era, aliás, assim que Ferenczi, com quem Freud discute nesse artigo, compreendia a questão: "Reconheçamos", dizia ele, "que a ambição que está na origem da psicanálise nos levou a um impasse, retornemos para trás, em direção às minas não exploradas e aos filões abandonados." Freud, por sua vez, não fala de impasse. Ele fala de fracasso, de um fracasso tão heroico que interdita o retorno para trás. Foi essa a mensagem de Lacan que os psicanalistas escutaram sem tirar nem pôr:

> Nossa prática é uma trapaça, blefar, fazer as pessoas pestanejarem, impressioná-las com palavras astuciosas, é de qualquer forma o que se costuma chamar de engodo. [...] Do ponto de vista ético, nossa profissão é insustentável; é, aliás, justamente por isso que eu fico doente só de pensar nela, porque eu tenho um supereu como todo mundo.
>
> [...] Trata-se de saber se Freud é ou não um acontecimento histórico. Acredito que ele fracassou no seu golpe. É como eu; em muito pouco tempo ninguém mais se importará com a psicanálise.[4]

Notas

1. L. Chertok e I. Stengers, *O coração e a razão. A hipnose em questão. De Lavoisier a Lacan*, Rio de Janeiro, Jorge Zahar, 1990.
2. Trecho de uma entrevista de I. Stengers e D. Gille com M. Borch-Jacobsen e S. Shamdasani, Linkebeek, 25 de agosto de 1993.
3. S. Freud, *La Technique psychanalytique*, Paris, PUF, 1967.
4. Trechos de uma conferência proferida em Bruxelas em 26 de fevereiro de 1977 na revista *Le Nouvel Observateur*, nº 880, setembro de 1981, p. 88. Em seu seminário de 15 de março de 1977 em Paris, Lacan suavizou o que havia dito em Bruxelas: "Acredito que, se informando com os belgas, chegaram aos seus ouvidos que eu falei da psicanálise como podendo ser uma trapaça. [...] A psicanálise é talvez uma trapaça, mas não qualquer uma — é uma trapaça que dá certo em relação ao que é o significante, ou seja, algo bem especial, que tem efeitos de sentido", *Ornicar?, Bulletin périodique du champ freudien*, "L'escroquerie psychanalytique", 17, 1979, 1, p. 8.

3. A fabricação dos dados psicanalíticos

Mas e o cientista Freud? O fundador da psicanálise talvez fosse um terapeuta medíocre, mas como negar que ele era também um extraordinário explorador da alma humana, que abriu diante de nós continentes inteiramente novos? Como esquecer da sutileza de suas análises de sonhos, de sintomas, de lapsos, de atos falhos? Alguém já fez mais em termos de observação psicológica? Mesmo que suas teorias não tenham ajudado seus pacientes, não deixa de ser verdade que ele conseguiu explicar de modo coerente fenômenos que antes não eram nem mesmo considerados merecedores de uma interpretação psicológica. E então?

A objeção supõe que os sonhos, os sintomas e os lapsos têm efetivamente um sentido inconsciente, suposição para a qual não temos, enfim, como prova senão as afirmações do próprio Freud. Mas, sobretudo, essa objeção supõe que as famosas "observações" analíticas e autoanalíticas de Freud sejam confiáveis e que os diversos elementos que ele reunia astuciosamente em suas interpretações e construções eram tal como nos descreveu. Ora, o que sabemos, no final das contas? Como podemos ter certeza de que ele não ocultou indevidamente tal elemento que contradizia suas teorias, ou, ao contrário, injetou outro do qual precisava para fundamentar suas hipóteses? Durante muito tempo, essa questão não foi nem mesmo colocada: como imaginar que Freud, esse homem de uma "total integridade",[1] pôde to-

mar liberdades com seu material clínico? Mas, em um ritmo que se acelera há alguns anos, os trabalhos dos historiadores do freudismo a cada dia colocam um pouco mais em questão essa famosa "integridade", a ponto de se perguntar, em última instância, até que ponto podemos ainda dar crédito aos casos clínicos e aos fragmentos autoanalíticos nos quais Freud baseava suas teorias. No que se segue, Frank Sulloway examina as perturbadoras bizarrices destacadas pelos historiadores em certos textos fundadores da psicanálise.

SCHREBER E SEU PAI[2]

Frank J. Sulloway

O caso de Daniel Paul Schreber[3] diz respeito a um magistrado alemão psicótico que Freud jamais encontrou mas que analisou segundo as Memórias[4] por ele publicadas e nas quais descrevia a sua doença. Os inúmeros erros de sua análise foram destacados pelos estudos eruditos de Niederland,[5] Schatzman,[6] Israëls[7] e Lothane.[8] Dois aspectos desse caso foram significativamente reconsiderados por esses pesquisadores: a relação de Schreber com seu pai e, por outro lado, a sua suposta homossexualidade.

O pai, Moritz Schreber, era um médico ortopedista que havia escrito vários trabalhos sobre a educação das crianças. Freud, que já havia elaborado a sua teoria da paranoia antes de se deparar com as *Memórias* de Schreber, nem se deu ao trabalho de ler os escritos do pai. Entretanto, parece que há uma relação entre as alucinações do filho (sensações de peito oprimido, de cabeça comprimida, de cabelos puxados) e vários aparelhos cuja utilização o pai recomendava para forçar as crianças a se manterem com a postura reta. Por exemplo, Moritz Schreber exaltava os méritos de um "endireitador" que impedia a criança de se curvar para a frente quando escrevia ou lia. O instrumento consistia em uma barra horizontal fixada à mesa de frente para a criança e que comprimia o seu peito na altura dos ombros e das clavículas (ver a figura adiante). Um outro aparelho, o "segurador de cabeça", encorajava a criança a manter a cabeça reta puxando-lhe os cabelos a cada vez que ela a deixava cair. Não se sabe se Daniel Paul Schreber foi alguma vez submetido a alguma dessas máquinas, mas tanto Niederland quanto Schatzman argumentaram com razão que essas alucinações, que Freud interpreta como sinais de uma homossexualidade recalcada, têm uma relação com os métodos de educação de seu pai.

O papel do pai na psicose do filho está longe de ser claramente definido. É possível que Niederland e sobretudo Schatzman tenham ido longe demais ao pretenderem que o pai era um tirano responsável pela loucura do filho. Israëls sustenta, com efeito, que Moritz Schreber era um pai amoroso, adorado pela mulher e os filhos, cujas teorias sobre a educação e a postura não eram particularmente originais para a época. Se Moritz Schreber era severo a respeito da postura de seus filhos e lhes impunha ideais sociais elevados, ele recomendava também "ser feliz com a criança, conversar com ela, rir, cantar e brincar com ela", além de sublinhar a importância de elogiá-la frequentemente. Sobretudo, dizia ele, não era preciso fazer da "criança o escravo de uma vontade que não é sua".[9] O que nem Niederland nem Schatzman mencionam.

Mas, se Niederland e Schatzman efetivamente deformaram a figura do pai que era Moritz Schreber, Freud foi muito mais longe ao omitir provas concretas e determinantes de sua personalidade e de suas convicções pedagógicas. Se essa omissão se devesse à ignorância, ela seria compreensível. Mas na realidade Freud tinha conhecimento de certos fatos que contradiziam as suas asserções a respeito do pai. Em uma carta digna de atenção escrita a Sandor Ferenczi durante o tempo em que ele traba-

A FABRICAÇÃO DOS DADOS PSICANALÍTICOS

lhava sobre o caso Schreber, Freud descreve Moritz como um "tirano doméstico".[10] Ele obteve essa informação do doutor Arnold Georg Stegmann, um adepto da psicanálise que conhecia não apenas os diversos psiquiatras que haviam tratado Daniel Paul Schreber, mas também certos membros de sua família. De maneira surpreendente, Freud suprimiu essa informação no seu relato do caso, em que descreveu, ao contrário, Moritz Schreber como um "pai excelente".[11]

Ao ler o novo exame que faz Lothane[12] das provas da homossexualidade de Schreber, compreendemos melhor por que Freud suprimiu essa informação. Freud desejava mostrar que a paranoia era causada por uma homossexualidade recalcada e, no caso preciso de Schreber, por um desejo homossexual recalcado por seu pai. Antes de sua doença, Schreber não havia mostrado senão inclinações heterossexuais. Entretanto, pouco antes de uma de suas hospitalizações, enquanto estava ainda parcialmente adormecido, foi surpreendido pelo pensamento "particularmente estranho" de que "deve ser agradável ser uma mulher experimentando a cópula sexual".[13] Durante a doença que se seguiu, ele teve a convicção de que seu psiquiatra e Deus o transformavam progressivamente em mulher, um processo contra o qual ele lutaria durante vários anos antes de se reconciliar com o projeto de Deus (este colocava a feminização de Schreber como preliminar à redenção final do mundo). Naturalmente, Freud interpretou tais alucinações como a prova da homossexualidade inconsciente de Schreber. Mas Lothane[14] concluiu, após um exame minucioso das *Memórias* de Schreber, que Freud "manipulou os acontecimentos descritos por Schreber e os transformou para que eles correspondessem à sua teoria".[15] Essas distorções compreendiam a imputação a Schreber de desejos homossexuais sob os pretextos mais duvidosos e o silêncio de Freud sobre a raiva que nutria Schreber por seu psiquiatra quando este o internou em um asilo para doentes incuráveis (Schreber havia sido tratado e curado por esse mesmo psiquiatra dez anos antes). Depois que o seu delírio se estabilizou em uma série de alucinações inofensivas, Schreber lutou por vários anos para obter sua saída do asilo. Utilizando brilhantes argumentos jurídicos para a sua defesa, ele obteve finalmente ganho de causa diante de uma corte alemã, a despeito dos obstinados protestos do diretor do asilo.

O LIVRO NEGRO DA PSICANÁLISE

De qualquer modo, Freud evidentemente considerou que o retrato de um Moritz Schreber déspota e que fazia seus filhos sofrerem em suas mãos não poderia senão enfraquecer sua hipótese de uma homossexualidade e de um complexo de Édipo invertido na origem da doença do filho. Um pai tão superior, diz Freud, era evidentemente propício a ser transformado em Deus na memória afetiva do filho.[16] Com efeito, segundo Freud, foi "o fato de que a tonalidade do complexo paterno era positiva" e "sem nuvens" que permitiu enfim a Schreber aceitar suas fantasias homossexuais e alcançar deste modo uma cura parcial.[17] O "tirano doméstico" foi então transfigurado por Freud no "excelente pai" da história do caso publicada.

Notas

1. E. Jones, *La vie et l'oeuvre de Sigmund Freud*, vol. 1, Paris, PUF, 1970, p. 337.
2. Extraído de "Reassessing Freud's Case Histories", *ISIS, The Journal of the History of Science Society*, vol. 82 (1991), p. 245-75. Texto traduzido do inglês por Marie-Cécile Politzer.
3. S. Freud, "Psycho-analytic notes on a autobiographical account of a case of paranoia (dementia paranoides)" (1911), *Standard Edition*, 12, Londres, Hogarth Press, 1958, p. 3-79.
4. D. P. Schreber, *Memoirs of My Nervous Illness* (1903), I. Macapilne e R. A. Hunter (orgs.), Cambridge, MA, Harvard University Press, 1988.
5. W. G. Niederland, "The 'miracled-up' world of Schreber's childhood", *The Psychoanalytic Study of Child*, 14:383,413, Nova York, International Universities Press, 1959a; "Schreber: Father and Son", *Psychoanalytical Quarterly*, 28: 151-69, 1959b; "Schreber's father", *Journal of the American Psychoanalytic Association*, 8: 492-99, 1960; "Further data and memorabilia pertaining to the Schreber case", *em Freud and His Patients*, M. Kanzer e J. Glenn (orgs.), Nova York, Aronson, 1980, p. 295-305.
6. M. Schatzman, *Soul Murder: Persecution in the Family*, Nova York, Random House, 1973.
7. H. Israëls, *Schreber: Father and Son*, Madison, CT, International Universities Press, 1989.
8. Z. Lothane, "Schreber, Freud, Flechsig, and Weber revisited: An inquiry into methods of interpretation", *Psychoanalytical Review*, 76: 203-62, 1989; *In Defense of Schreber*, Hillsdale, NJ, The Analytic Press, 1992.
9. M. Schreber, *Kallipädie; oder Erziehung zur Schönheit durch naturgetreue und gleichmässige Förderung normaler Körperbildung, lebenstüchtiger Gesundheit und geitiger Veredetung und insbesondere durch möglischste Benutzung specieiter*

Erziehungsmittel: Für Ältern, Erzieher und Lehrer, Leipzig, Friedrich Fleischer, 1958, p. 65, 135; ver também Lothane, 1989, p. 213.

10. Z. Lothane, *op. cit.*, p. 215.

11. S. Freud, "Psycho-analytic notes on a autobiographical account of a case of paranoia (dementia paranoides)", *op. cit.*, 1958, p. 78.

12. Z. Lothane, *op. cit.*

13. D. P. Schreber, *op. cit.*, p. 63.

14. Z. Lothane, *op. cit.*

15. Z. Lothane, *op. cit.*, p. 221.

16. S. Freud, *op. cit.* (1911), p. 52.

17. S. Freud, *op. cit.* (1911), p. 78.

SEGUNDA PARTE **Por que a psicanálise teve tamanho sucesso?**

1. À conquista do mundo

Nascido no microcosmo da burguesia vienense, o movimento freudiano conheceu uma expansão fulgurante no mundo ocidental. O historiador da medicina Edward Shorter traça um panorama do movimento psicanalítico nos Estados Unidos e no mundo ocidental, seguido de seu inexorável declínio, com exceção da França e da Argentina.

Por que o freudismo primeiro seduziu antes de definhar? Entre outras coisas, porque em um contexto dominado por uma abordagem fisiológica da psiquiatria, as ideias psicanalíticas representavam uma grande inovação: Freud propunha uma maneira humana de tratar os pacientes, enquanto outros de seus contemporâneos empregavam métodos bárbaros, não hesitando em introduzir agulhas nos lóbulos préfrontais. Com a psicanálise, tratava-se de "falar" para "curar", e o papel do médico era "escutar" o sofrimento de seu paciente.

ESPLENDOR E DECADÊNCIA DA PSICANÁLISE[1]

Edward Shorter

Ninguém questiona o poder de cura da psicoterapia. Como diz Clitandre em *O amor médico*, de Molière (1665): "Senhor, meus remédios são diferentes dos remédios dos outros: estes têm o emético, as sangrias, os remédios e as lavagens; mas eu curo com as palavras, os sons, as letras... Como o espírito tem domínio sobre o corpo... o meu costume é curar os espíritos antes de chegar aos corpos."

Não é a psicoterapia que se encontra em queda livre hoje, mas a psicanálise. Em 1896, o termo "psicanálise" surgiu em um jornal francês, a *Revue Neurologique*, sob a pena de Freud. Durante quase quarenta anos, dos anos 1920 aos anos 1960, a psicanálise chegou, sobretudo nos Estados Unidos, a conquistar o domínio da psiquiatria. Mas perto de cem anos depois das primeiras publicações de Freud, não resta, nos Estados Unidos e em inúmeros países, quase nada dessa abordagem na psiquiatria. O que aconteceu? Como explicar isso?

A ascendência da psicanálise

Os acontecimentos que conduziram à elaboração da psicanálise remontam ao inverno de 1885-86, quando Freud fazia um estágio pós-doutoral no serviço de Jean Martin Charcot no Hospital Pitié-Salpêtrière em Paris. Como havia até ali recebido uma formação de neurologista, Freud conhecia os tratamentos somáticos padrões da época, como a hidroterapia e a administração de choques elétricos moderados nos pacientes. Charcot mostrou, entretanto, ao jovem vienense uma outra técnica capaz de influenciar o espírito das pessoas, a hipnose, e Freud retornou a Viena muito mais interessado pelo espírito dos indivíduos do que por seus cérebros. Nessa época, a psiquiatria (lembremos que Freud não era psiquiatra) estava engajada em teorias biológicas especulativas.

Em 1893, Freud e seu amigo vienense, o doutor Josef Breuer, publicam um "relatório preliminar" sobre a histeria no qual debatem a respeito da importância das recordações traumáticas. A publicação, em 1895, da obra de Freud e Breuer *Estudos sobre a histeria* marca o início da reputação internacional de Freud. Mas o livro que projetou efetivamente a psicanálise foi *A interpretação dos sonhos*, publicado em 1899 (a data da publicação que apareceu nessa versão foi, entretanto, 1900). Quando Freud fundou a Sociedade Psicológica da Quarta-feira, predecessora da Sociedade Psicanalítica de Viena, a psicanálise se transformou num verdadeiro movimento.

Quais eram as grandes linhas da nova doutrina de Freud? Devemos nos lembrar do estado de fato e de direito contra o qual os psicanalistas se rebelaram: as bases da psiquiatria, desde o seu início até o fim do século XIX, eram principalmente fisiológicas. As doenças mentais eram concebidas como resultando de lesões cerebrais, a hereditariedade era considerada como estando na origem dos transtornos, e os tratamentos, essencialmente somáticos, eram dispensados em sanatórios particulares reservados a uma população economicamente favorecida. A psicanálise, ao contrário, insistia no recalcamento dos pensamentos inconscientes, no papel central das pulsões sexuais e na importância das experiências da infância. Enquanto os especialistas em medicina somática da época preconizavam a auscultação pura e simples do paciente, a psicanálise, por sua vez, salientava a troca verbal entre o paciente e seu médico. O objetivo de uma consulta era *escutar* o paciente ou até mesmo, ao longo do tempo, estabelecer uma conversa com ele. A hereditariedade, os tratamentos somáticos e a neurologia não eram mais aceitos. Uma nova corrente havia nascido.

À medida que a psicanálise se desenvolvia enquanto movimento, dois tipos de médicos dirigiram-lhe sua atenção: os psiquiatras, que trabalhavam nos asilos psiquiátricos, e os neurologistas, que exerciam na clínica particular. (Quase não havia psiquiatras em clínicas particulares antes da Primeira Guerra Mundial; a psicoterapia fazia parte do domínio de competência dos neurologistas.) Na França, Emmanuel Régis, que foi médico adjunto no Hospital Sainte-Anne em Paris, depois diretor de uma casa de saúde perto de Bordeaux, fez parte dos primeiros adeptos desse movimento. Em 1912, Freud escreveu alegremente a Karl Abraham, que se encontrava em Berlim: "Hoje recebi uma carta de um aluno de Régis de Bordeaux (*Emmanuel Régis era na época professor de psiquiatria em Bordeaux*) que me escreveu de sua parte, e que, em nome da psiquiatria francesa, se desculpa pela falta de atenção dirigida até então à psicanálise pela profissão e declara estar ele próprio disposto a redigir um grande artigo sobre o assunto em *L'Encéphale*." Em 1912, Philippe Chaslin, antigo médico-chefe do Hospital Bicêtre e então médico no Pitié-Salpêtrière, descrevia vários transtornos da personalidade assim como casos de histeria: "É à descoberta dessas ideias e imagens ocultas que Freud e Jung aplicam os procedimentos ditos da psicanálise." Outro apoio, Paul Hartenberg, parisiense e grande admirador de Freud, neurologista que exercia numa clínica particular na Rua de Monceau. Todo mundo concorda com o fato de que é Angelo Hesnard, um estudante de Régis, que introduziu a psicanálise na França em 1913 ao publicar uma série de artigos em *L'Encéphale*.

A psicanálise entrou na moda em Paris por volta de 1925, na época em que Eugène Minkovski se tornou um dos fundadores do jornal *L'Évolution psychiatrique*, órgão principal do grupo vagamente pró-psicanálise de mesmo nome, e cujas bases filosóficas se fundamentavam nos escritos de Henri Bergson e na fenomenologia de Edmund Husserl.

Nos países de língua alemã, antes da Primeira Guerra Mundial, foi Eugen Bleuler, professor de psiquiatria em Zurique que sem dúvida desempenhou o principal papel na exaltação da psicanálise. Desde 1914, Karl Bonhoeffer, professor de psiquiatria em Berlim, introduzia, nas provas de seus estudantes, questões do tipo: "Qual o papel da psicanálise na psiquiatria?" Depois da guerra, a aprendizagem do novo "seelische Behandlung" produzia efeitos devastadores entre os jovens psiquiatras e neurologistas. Por volta de 1925, era moda falar de seu "Minko" (ou seja, de seu *Minderwertigkeitskomplex*, ou complexo de inferioridade) nas noitadas sofisticadas de Berlim.

Ironicamente, foi nos Estados Unidos, país habitualmente indiferente às influências europeias, que a psicanálise mais se propagou. Essa tendência se explica facilmente pela forte emigração em Nova York, Washington e Los Angeles de analistas alemães e austríacos perseguidos em seu próprio país consecutivamente à ascensão do nazismo.

A supremacia da psicanálise

Quando Paul Federn, fiel aliado de Freud, desembarca em Nova York em 1938, ele é "imediatamente considerado um dos maiores psiquiatras do país". Cinquenta dos 250 psiquiatras alemães que migram para os Estados Unidos após 1933 são psicanalistas, e alguns de grande renome.

Uma sondagem efetuada anos mais tarde (1980) identifica entre os dez analistas mais reputados no país oito emigrados, entre os quais Heinz Hartmann, Ernst Kris e Erik Erikson. Conclui-se de uma outra sondagem, realizada bem antes dessa, que os psiquiatras interrogados sobre os colegas que eles próprios julgavam particularmente influentes na profissão colocavam Anna Freud em primeiro lugar, sem contar que mais ou menos todos os nomes citados eram de psicanalistas.

Depois da Segunda Guerra Mundial quase todos os titulares de cadeiras de psiquiatria eram psicanalistas. Dentre 14 sessões universitárias de psiquiatria em 1955, "todas relatavam que seus programas de ensino se baseavam na teoria psicodinâmica".

Todos esses programas universitários orientados para a psicanálise exerceram uma grande influência sobre os psiquiatras americanos que não eram na ocasião psicanalistas (apenas 10% entre eles o eram), mas cuja orientação profissional se fundamentava na psicodinâmica. Dois terços dos psiquiatras americanos em 1970 pareciam utilizar a "abordagem dinâmica". O psiquiatra canadense Heinz Lehman, ele próprio um emigrado, diria bem mais tarde: "Entre 1930 e 1950, o modelo psicossocial reinava de modo absoluto nos Estados Unidos. Qualquer outra abordagem havia desaparecido e você era julgado como anacrônico, simplista e desprovido de qualquer cultura se pensasse que a psicologia, em qualquer uma de suas formas, era capaz de trazer respostas às questões essenciais. Isso não tinha sentido algum, e você certamente não ousaria emitir esse tipo de ideia."

O psiquiatra nova-iorquino Donald Klein se lembra de sua própria incredulidade diante dessa onda de explicações baseadas na psicodinâmica: "Eu cuidava de dois gêmeos univitelinos autistas que passavam o tempo andando na ponta dos pés e dando socos no peito." Ele perguntou, cético, ao analista que tratava deles: "Foi a mãe que fez isso com eles?"

Nessa mesma época, na Europa, o domínio da corrente de pensamento psicanalítico em psiquiatria era menor. A influência da hereditariedade estava muito mais na moda. "A abordagem psicopatológica", claramente privilegiada, baseava o diagnóstico da doença nos sintomas físicos do paciente e não tanto nas construções mentais como a "histeria". Mesmo a tradição da patologia do corpo, tão influente ao longo do século XIX, encontrava ainda o seu lugar após a Segunda Guerra Mundial (enquanto nos Estados Unidos ela havia quase que totalmente desaparecido), conduzindo a certas descobertas, como a base biológica da síndrome de Tourette.

Entretanto as doutrinas de Freud conheceram um novo impulso na Europa após a Segunda Guerra. Jean Delay, professor de psiquiatria na faculdade de medicina, sentiu-se obrigado a pôr fim a um debate sobre os medicamentos durante um congresso em Paris em 1955, dizendo: "Do ponto de vista terapêutico, qualquer que seja o interesse dessas drogas, convém lembrar que em psiquiatria os medicamentos são apenas um momento do tratamento da doença mental e que o tratamento fundamental permanece sendo a psicoterapia."

Em seguida, aconteceu algo surpreendente. No final dos anos 1960, a corrente de pensamento psicanalítico conheceu um verdadeiro recrudescimento na França, na Alemanha, na Itália, assim como em outros países europeus. Os acontecimentos de maio de 1968 na França serviram de trampolim para essa retomada do interesse pela psicanálise, quando jovens estudantes de medicina furiosos ocuparam a sala de Jean Delay. Eles exigiram o fim dos tratamentos de eletrochoques (um dos raros tratamentos em psiquiatria verdadeiramente eficazes), assim como a integração da psicanálise no programa de medicina e nos hospitais. Nos Países Baixos, em 1965, o anúncio de que o psiquiatra Hermann Van Praag, conhecido por seus trabalhos em psicofarmacologia, viria dos Estados Unidos para abrir um serviço de psiquiatria biológica em Groningen foi vivido como um verdadeiro drama pelos intelectuais da época. Quando em 1977 Van Praag, conhecido pelo nome "Senhor Psiquiatria Biológica", tornou-se titular de uma cadeira em Utrecht, a reação foi ainda mais violenta, pois ele recebeu ameaças de morte. Na Itália, onde, antes dos anos 1960, pouco interesse foi demonstrado pelas abordagens do tipo "psicologia das profundezas", a psicanálise praticamente se identificou com a psiquiatria (o que, aliás, ocorre ainda hoje: a Itália se parece com uma espécie de museu da psiquiatria dos anos 1960, onde ainda se escuta falar de Freud na imprensa e onde se lê que os tratamentos por eletrochoques são atualmente quase proibidos e todos os hospitais psiquiátricos fecharam suas portas).

Qual foi a causa desse recrudescimento tardio da psicanálise nos países que haviam sustentado ou sofrido a ditadura de Hitler? Podemos facilmente compreender o espírito de rebelião dos anos 1960, marcado pela rejeição da autoridade médica, dos asilos de alienados e do poder que tinham os psiquiatras de dispor da liberdade de seus pacientes. Mas por que substituir tudo pela psicanálise? Há várias razões para isso.

Em primeiro lugar, a psicanálise virava as costas aos diagnósticos sistemáticos e à psicopatologia, da mesma forma como o faziam os *soixante-huitards*.[2] Para eles, o simples termo "psicopatologia" inspirava desprezo, como se a psicopatologia em questão residisse no espírito e não no corpo do paciente. Franco Basaglia, psiquiatra italiano reputado por suas opiniões contra a psiquiatria, falava com desdém das "correntes antropofenomenológicas" que simbolizavam tudo o que lhe parecia errado na psiquiatria institucional tradicional. Basaglia, adepto convencido da psiquiatria social e comunitária, não tinha particularmente predileção pela psicanálise. Contudo, tanto os analistas quanto os ativistas sociais estavam de acordo quanto ao fato de que as doenças psiquiátricas não existiam e que apenas os problemas pessoais e sociais externos dividiam as pessoas entre saúde e doença. Se os problemas sociais externos eram responsáveis pelo desamparo e pela tristeza — o que Thomas Szasz chamava de "os problemas da existência" — que conduziam as pessoas a consultarem seu médico, não era porque elas sofriam de alguma doença psiquiátrica particular, mas porque apresentavam estigmas de opressão e de exploração por outrem.

Aliás, para vários jovens psiquiatras, a psicanálise representava uma terapia ideal, pois ela era associada a uma abordagem mais humana, que parecia faltar à medicina clássica. Nos anos 1960 pensava-se que a psicanálise não tratava os pacientes como "objetos", mas como interlocutores, e que os médicos trabalhavam em cooperação com seus pacientes durante as sessões de terapia, a fim de encontrar "interpretações" apropriadas que permitiriam ao espírito se liberar da terrível dominação das neuroses.

Foi assim que as doutrinas de Freud conheceram um impulso importante nessa época, porque representavam uma terapia de escolha para os intelectuais, entre os quais estavam certamente os ativistas dos anos 1960, apaixonados por Marx e Marcuse. Isso poderia parecer cômico, mas não é, explica o psiquiatra nova-iorquino Robert Cancro. "A convicção de que os conflitos inconscientes e reprimidos se encontravam na origem das doenças psicológicas era quase religiosa."

Depois o vento mudou de direção. E o navio psicanalítico naufragou.

O declínio da psicanálise

Os anos 1960 haviam sido a "idade de ouro" da psicanálise. Depois a coruja de Minerva levantou voo ao entardecer.[3]

É prematuro se pronunciar sobre a situação na Europa, pois a batalha está ainda viva, mas nos Estados Unidos a partida está terminada. No campo da psiquiatria, a psicanálise simplesmente morreu. Apenas 12% dos pacientes em psicoterapia fazem análise. Como explicar isso? Dois fatores estão em causa: a psicofarmacologia e o "DSM".

Os medicamentos

A história da psicofarmacologia começa em Paris com a descoberta em 1952 no Hospital do Val-de-Grâce de um composto químico produzido por Rhône Poulenc, cujos efeitos sobre as "manias" eram espetaculares. Jean Delay e seu assistente, Pierre Deniker, submeteram a clorpromazina, no ponto de ser comercializada com o nome de *Largactil*, a uma série de testes clínicos e se deram conta da extraordinária eficácia desse medicamento com as psicoses. A clorpromazina, primeiro neuroléptico, tinha a capacidade de acalmar inúmeros pacientes fazendo desaparecer suas alucinações sem que fosse necessário lhes administrar tranquilizantes. Depois de 1952, um vasto mercado farmacológico se abriu com a comercialização de antidepressivos (o primeiro imipramina apareceu em 1957); ansiolíticos[4] (o primeiro benzodiazepínico, o *Librium*, cujo nome genérico é clordiazepóxido, foi colocado no mercado nos Estados Unidos em 1960 e na França em 1961); e timorreguladores[5] (o lítio foi comercializado em quase todos os países nos anos 1960), para citar apenas os principais medicamentos de uma longa lista.

A "terapia convulsiva" foi introduzida por Ladislaus Von Meduna em Budapeste em 1935. Três anos mais tarde, em 1938, Ugo Cerletti inovava utilizando a eletricidade para desencadear convulsões. A terapia com eletrochoques se mostrou bastante eficaz no tratamento de transtornos do humor. Esse tipo de terapia, entretanto, não concorria verdadeiramente com a psicanálise, pois apenas os pacientes gravemente atingidos tiravam proveito dela, e, após os anos 1960, apenas os hospitais recorriam a ela. Vários analistas

À CONQUISTA DO MUNDO

enviavam seus pacientes para se tratarem com eletrochoques, mas não lhes recomendavam recorrer à psicofarmacologia. Esses novos medicamentos representavam uma verdadeira ameaça para a psicanálise, porque os psiquiatras biologistas e os analistas disputavam o mesmo lote de pacientes.

O psiquiatra irlandês David Haley explicava que as teorias psicanalíticas haviam perdido muito de sua influência "porque não explicavam de modo algum a eficácia indiscutível dos psicotrópicos". A superioridade da nova farmacologia se tornou aparente após uma série de estudos clínicos ao longo dos quais a utilização apenas da psicoterapia foi comparada com uma psicoterapia associada à administração de um neuroléptico tal qual a tiorizacina (comercializada na França com o nome de Melleril). O primeiro desses estudos, concluído em 1968 no Massachusetts Health Care Center, verdadeiro quartel-general da psicanálise, demonstrou que o tratamento com tiorizadina associado a uma psicoterapia era claramente mais eficaz para seus pacientes. "A psicoterapia sozinha", concluíram eles, "não produziu mudança significativa alguma durante um período de dois anos para o grupo experimental que não recebia nenhum tratamento medicamentoso." Esse estudo destruiu a certeza de que a esquizofrenia podia ser tratada pela psicanálise.

Poderíamos imaginar que o aparecimento de um novo tipo de terapia eficaz seria acolhido de braços abertos pelos médicos, a partir de então capazes de tratar seus pacientes nas melhores condições. Mas o acontecimento da psicofarmacologia foi recebido com pessimismo pela comunidade psicanalítica. Quando Deniker foi aos Estados Unidos nos anos 1950 para louvar os benefícios da clorpromazina, ele foi ridicularizado pelos analistas e, exasperado, encerrou a sua viagem após apenas duas semanas. O psiquiatra biologista Paul Janssen explica as razões pelas quais os analistas americanos não haviam sido calorosos com ele: "Todos eles tratavam de viúvas ricas que se deitavam num divã, falavam e pagavam fortunas. Os resultados estavam longe de ser convincentes, mas eles ganhavam bem."

Um espectador presente numa conferência da Associação Americana de Psiquiatria em Omaha em 1955 descreve a atmosfera que ali reinava como dominada por uma certa angústia. Os participantes perguntavam preocupados: "O que vai nos acontecer se esses medicamentos realmente funcionarem?" No final das contas, os psiquiatras precisaram prescrever esse medicamentos, pois se não o fizessem poderiam ser processados. Entretanto, como Van Praag explica: "Eles simplesmente não estavam interessados no cérebro e pensavam que era improvável, e mesmo impossível, que a biologia pudesse proporcionar elementos essenciais à nossa compreensão das origens e do tratamento dos transtornos mentais."

Um novo manual de diagnóstico

Por outro lado, a publicação em 1980 do novo manual de diagnóstico (DSM) pela Associação Americana de Psiquiatria contribuiu grandemente para o enfraquecimento da influência que exercia a psicanálise no domínio da psiquiatria. A primeira versão desse manual, que destacava as "reações" psiquiátricas descritas pelo psiquiatra Adolf Meyer, da Universidade John Hopkins, foi publicada em 1952; uma segunda edição, redigida sob a influência do movimento psicanalítico, e que descrevia todos os transtornos como "neuroses", foi publicada em 1968. Enfim, em 1980, a terceira edição do *Manual diagnóstico e estatístico dos transtornos mentais*, assim chamado DSM-III, foi publicada. Contrariamente às edições precedentes, o DSM-III pretendia ser resolutamente agnóstico no que concernia às causas dos transtornos mentais. Ele estabelecia "critérios operacionais" que deveriam ser escrupulosamente respeitados antes de se poder anunciar um diagnóstico particular, colocando assim em causa cinquenta anos de indiferença por parte da psiquiatria americana em relação à noção de diagnóstico. A partir de então, existiam doenças psiquiátricas específicas, chamadas "transtornos", que tinham seus próprios critérios. Toda a estrutura da teoria psicodinâmica sobre o ego, o superego e o recalcamento se encontrava totalmente varrida. Nenhuma referência relativa a essas noções aparecia no *Manual*. O simples fato de os analistas terem sido incapazes de impedir a publicação desse *Manual* em 1980 mostrava um claro declínio de sua influência. (Uma edição francesa da edição subsequente, DSM-III-R [1987], foi publicada em 1989 com o nome *Manual diagnóstico e estatístico dos transtornos mentais*.)

O DSM enfraqueceu seriamente a influência da psicanálise. Ele havia começado como um comentário sobre "a condição humana", para acabar enfim por estabelecer diagnósticos psiquiátricos específicos. Houve um tempo em que os psicanalistas eram muito solicitados pela imprensa para comentar qualquer coisa, desde o símbolo fálico dos mísseis nucleares até a pertinência da candidatura de Barry Goldwater para a presidência dos Estados Unidos. Mas a partir de então os analistas deixaram de ser considerados mais competentes do que qualquer outro para falar da condição humana se o DSM não dizia nada a esse respeito.

Em 1974, três quintos dos psicanalistas americanos prescreviam medicamentos para seus pacientes, e mais da metade dentre eles propunham outros métodos terapêuticos que não a psicanálise, como as terapias de casal ou de família. As instituições de ensino da psicanálise continuaram a prosperar, mas contavam cada vez com menos médicos entre seus candidatos: 41% em 1998. Desde 1990, os analistas começam a abandonar quase que completamente certas neuroses, tais como os transtornos obsessivo-compulsivos (ou TOC) — colocados desde então nas mãos da psicofarmacologia e das terapias comportamentais e cognitivas — e a se interessar pela patologia da personalidade, e particularmente pelos transtornos da personalidade não repertoriados pelo DSM. Em revistas tal como o célebre *Journal Américain de Psychiatrie*, uma pequena sessão de críticas literárias é reservada aos analistas, mas eles se parecem cada vez mais com astrólogos tentando salvar a sua pele no contexto de um acontecimento da astronomia.

Por que tamanho sucesso?

Quais são as razões da inacreditável popularidade da psicanálise no segundo terço do século XX? É importante fazermos uma distinção entre as razões de seu sucesso entre os médicos e entre os pacientes. Para os psiquiatras, a psicanálise era atraente porque lhes dava a possibilidade de sair dos limites dos asilos de alienados para abrir consultórios particularmente lucrativos em belos bairros. Até o início do século XX, a prática da psiquiatria se limitava aos asilos, e os charmes associados à vida em pequenos apartamentos situados nos subsolos dos grandes hospitais psiquiátricos, sob a subordinação de supervisores poderosos, eram pouco numerosos. Os psiquiatras que trabalhavam em consultórios eram como homens de negócios; eles viam um tipo de pacientes bastante diferente daqueles internados nos hospitais: os sobreviventes da classe burguesa interessados tanto em uma melhor compreensão de seu psiquismo quanto pela cura da loucura. Trata-se aqui da razão econômica. Mas lembremos, por outro lado, que a psicanálise ajudou a psiquiatria a desviar as neuroses — os transtornos "nervosos" — do domínio da neurologia. Houve um tempo em que a psiquiatria era sinônima de estudo e de tratamento da "loucura". Graças aos ensinos de Freud, ela se dirigiu progressivamente para as neuroses, os pretensos "pequenos mentais" do mundo moderno.

Para os pacientes, a grande eflorescência dos anos 1920 aos anos 1960 coincidia com a chegada tardia da família moderna. Existe um certo estilo de vida familiar qualificado como "moderno" (por oposição ao estilo "tradicional" anterior ou ao estilo "pós-moderno" subsequente), que situa a criança no centro da família e glorifica a unidade familiar, assim como a harmonia amorosa entre os cônjuges. Esse estilo de vida familiar tende a desaparecer nos dias atuais para dar lugar ao estilo "pós-moderno", no qual os pais são mais raramente casados ou se divorciam frequentemente, de modo que as crianças não vivem mais com ambos os pais.

O modelo psicanalítico correspondia perfeitamente com o estilo familiar que valorizava o desenvolvimento da criança e encorajava as mães a permanecerem em casa. "Os seis primeiros anos da criança devem ser particularmente importantes se é necessário que eu lhes sacrifique a minha vida! Quanto à 'histeria', trata-se aqui daquilo de que eu sofro, dado que me encontro fechada em casa durante o dia inteiro!" Hoje parece inconcebível considerar uma mãe "fria" responsável pelo autismo de seu filho ou ainda tomar a esquizofrenia como sendo a consequência evidente de uma mãe "esquizofrenógena". E entretanto essas duas explicações eram aceitáveis nos meios psicanalíticos dos anos 1940 e 1950.

Os anos 1990 viram o fim da era psicanalítica. "A psicanálise deveria ser reconhecida pelo que era", dizia um especialista, "um movimento que contribuiu para o desenvolvimento histórico da psiquiatria e um parêntese na cultura ocidental do século XX."

É um pouco como a última pessoa que aprenderia o esperanto. Quem será o último a ser psicanalista?, perguntava Adam Gopnik na *New Yorker*. Assim como "a experiência do último homem a ser hipnotizado

À CONQUISTA DO MUNDO

ou a ser sangrado por sanguessugas. Ou ainda o último homem... a trazer para um alquimista um pedaço de chumbo com a esperança sincera de poder transformá-lo em ouro".

Houve um tempo em que os leitores da *New Yorker* procuravam ativamente os psicanalistas que trabalhavam perto de seus belos escritórios, ao longo da Park Avenue. Hoje esses leitores gozariam desses mesmos analistas.

PARA SABER MAIS

H. C. Abraham e E. L. Freud (eds.), *Sigmund Freud/Karl Abraham: Briefe, 1907-1926*, 2ª ed., Frankfurt/M, Fischer, 1980, p. 114.

P. Chaslin, *Élements de sémiologie et clinique mentales*, Paris, Asselin, 1912, p. 610.

H. Meng, "Paul Federn, teacher and reformer", *in* Ernst Federn (ed.), *Thirty-Five Years with Freud in Honour of the Hundredth Anniversary of Paul Federn, M. D.*, Brandon, VT, Clinical Psychologiy Publishing Co., 1972, monograph suppl. nº 32 do *Journal of Clinical Psychology*, p. 34-40.

Group for the Advancement of Psychaiatry [GATP], *Trends and Issues in Psychiatric Residency Programs* (report nº 31, março de 1955), p. 13.

Entrevista com H. Lehmann, "Psychopharmacotherapy", *in* David Healy (ed.), *The Psychopharmacologists*, vol. 1, Altman, 1996, p. 159-86.

Entrevista com D. Klein, "Reaction patterns to psychotropic drugs", *in* David Healy (ed.), *The Psychopharmacologists*, vol. 1, Altman, 1996, p. 329-52, p. 347.

J. Delay, "Allocution finale", *in* Delay (ed.), *Colloque international sur la chlorpromazine et les médicaments neuroleptiques en thérapeutique psychiatrque*, Paris, 20, 21 e 22 de outubro de 1955, Paris, Doin, 1956, p. 881-4.

F. Basaglia, "Crisi istituzionale o crisi psichiatrica?" (1967), *in* Franca Ongaro Basaglia (ed.), *Franco Basaglia Scritti, I, 1953-1968: Dalla psichiatria fenomenologica all'esperienza di Gorizia*, Turim, Einaudi, 1981, p. 442-54.

R. Cancro, "The uncompleted task of psychiatry", *in* Thomas Ban *et al.* (eds.), *From Psychopharmacology to Neuropharmacology in the 1980s*, Budapeste, Animula, 2002, p. 237-41.

D. Healy, "preface", *in* Healy (ed.), *Psychopharmacologists*, vol. 1, p. 9.

L. Grinspoon *et al.*, "Psychotherapy and pharmacotherapy in chronic schizophrenia", *American Journal of Psychiatry*, 124 (1968), p. 1.645-52.

Entrevista com P. Deniker, "From Haloperidol to Risperidone", *in* David Healy (ed.), *The Psychopharmacologists,* vol. 2, Londres, Altman, 1998, p. 39-70.

P. H. Hoch, "The effect of chlorpromazine on moderate and mild mental and emotional disturbances", *in Proceedings of the Symposium: Chlorpromazine and Mental Health*, Filadélfia, Lea & Febiger, 1955, p. 99-117.

H. M. van Praag, "Plotting the course of my life's professional and spiritual destinations", *in* Ban (ed.), *From Psychopharmacology*, p. 27-35.

P. E. Mullen, "Psychoanalysis: A creed in decline", *Australian and New Zealand Journal of Psychiatry*, 23 (1989), p. 17-20.

A. Gopnik, "Annals of psychoanalysis: Man goes to see a doctor", *New Yorker*, 24 de agosto de 1998, p. 114-21.

Notas

1. Traduzido do inglês por Violaine Guéritault.
2. O termo *soixante-huitard* é um neologismo francês e serve para denominar o militante ou simpatizante do movimento que ocorreu na França em maio de 1968. (*N. T. B.*)
3. Alusão a uma frase célebre de Hegel segundo a qual a filosofia (a coruja de Minerva, deusa da sabedoria) reflete a história depois que esta é concluída, finalizada. (*N. T. F.*)
4. Os ansiolíticos tratam dos distúrbios de ansiedade. (*N. T. F.*)
5. Os timorreguladores tratam e previnem os estados depressivos ou maníacos ligados ao "distúrbio bipolar" (doença maníaco-depressiva). (*N. T. F.*)

O *historiador Sonu Shamdasani propõe uma outra explicação, mais iconoclasta, para as razões da expansão freudiana: segundo ele, foi a eficácia de seu aparelho institucional (mais do que suas inovações teóricas e terapêuticas) que proporcionou à psicanálise esse sucesso mundial. Desde 1912, Freud reage à proliferação de psicanalistas não supervisionados e estabelece o sistema de "análise didática", que obriga quem quiser ser reconhecido por sua associação a fazer uma análise com ele ou com um de seus discípulos.*

Para descrever esse processo, Thomas Szasz, por sua vez, comparou, em um texto célebre e provocador,[1] a elaboração da teoria psicanalítica e a sua difusão no mundo ao "estabelecimento do produto" e ao lançamento da Coca-Cola.

PSICANÁLISE, MARCA REGISTRADA[2]

Sonu Shamdasani

No dia 29 de novembro de 1993, a revista *Time* colocava na capa a seguinte questão: "Freud morreu?". Seus adeptos e seus detratores estão de acordo ao menos quanto a um ponto: a psicanálise se encontra atualmente em declínio; o lugar especial que ocupava antigamente na psiquiatria americana foi eclipsado pelo desenvolvimento dos medicamentos psicotrópicos, e ela tem cada vez mais dificuldade em concorrer no mercado com a pletora de psicoterapias, assistências sociopsicológicas e medicinas alternativas.

Ao longo das últimas décadas se tornou manifesto que a história oficial da psicanálise foi forjada através de diversos atos de censura e de reescrita seletiva e silenciosa. Paralelamente, um número cada vez maior de trabalhos históricos se voltou para as psicologias e psicoterapias não freudianas. Foi possível se perceber que seus representantes não eram os idiotas e os loucos pelos quais Freud, Ernest Jones e outros psicanalistas os faziam passar. A publicação da obra de Henri Ellenberger, *The Discovery of the Unconscious*[3] constituiu uma virada decisiva. Passando em revista a história da psicanálise no século XX, encontramo-nos confrontados a um problema: ela foi incessantemente reformulada e adaptada às psicologias e tradições intelectuais de cada país, de modo que, no final das contas, frequentemente ela não tem mais grande coisa a ver com a obra de Freud. Nesse problema se insere o partido interpretativo tomado que encontramos na maioria dos trabalhos sobre a história social da psicanálise no século XX, a saber, o "freudocentrismo". Assim, em *A história da psicanálise na França*, de Elisabeth Roudinesco, os psicólogos e psiquiatras não freudianos são geralmente descritos como obscurantistas que passaram ao largo desta ruptura epistemológica radical que representava a psicanálise: esta constitui para a autora uma verdade com valor de axioma.[4] Persistiu-se em ignorar que a psicanálise se inscrevia em correntes psicoterápicas e psicogênicas de amplitude cada vez maior e que, por manobras políticas que não foram ainda inteiramente reveladas, ela substituiu essas correntes, como se fosse a única responsável pelas transformações que se produziram.

Depois de Ellenberger, Sulloway mostrou como o movimento freudiano construiu uma lenda histórica bastante elaborada em torno da pessoa de Freud, lenda indispensável à ascensão da psicanálise. Segundo Sulloway, a lenda freudiana funcionou *"legitimando* a natureza particular e duramente forjada da verdade psicanalítica; *negando* as realizações e a credibilidade dos detratores de Freud; e propondo uma *terapia* específica para explicar as defecções no seio do movimento".[5] Mas como a lenda freudiana alcançou tamanha autoridade? A meu ver, foi essencialmente graças à eficácia de seu aparelho institucional (mais do que através de suas inovações teóricas e terapêuticas) que a psicanálise conseguiu se instalar na cultura contemporânea.

Nascimento da psicanálise

No final do século XIX assistimos ao desenvolvimento das terapias fundadas na hipnose e na sugestão, e foi nesse contexto que nasceu a psicanálise. Tornou-se cada vez mais claro que Freud e seus sucessores invariavelmente minimizaram a herança da hipnose na psicanálise e se enganaram ao proclamar uma grande ruptura epistemológica com a era das terapias fundadas na hipnose e na sugestão.[6] Como comentou Auguste Forel, um contemporâneo de Freud, "desde a chegada da doutrina da sugestão, podemos ler enfim artigos louvando os méritos de um grande número de novas terapias: 'A sugestão está excluída.' É justamente nesses casos que uma ação puramente sugestiva é mais provável".[7] A maioria dos pesquisadores sobre a hipnose se agrupou em torno das duas escolas concorrentes na época: a de Salpêtrière, sob a direção de Jean-Martin Charcot, e a de Nancy, sob a direção de Hippolyte Bernheim. Havia então um grande debate público sobre a natureza e o poder da influência sugestiva.[8] Para Charcot, a hipnose era um estado patológico observável unicamente nos casos de histeria. Na Salpêtrière, Charcot utilizava a hipnose para estudar a estrutura subjacente da histeria; partindo do princípio de que se tratava de um estado patológico, ele não se interessava por suas aplicações terapêuticas, contrariamente à escola de Nancy, onde a hipnose era utilizada ao mesmo tempo em um hospital e num dispensário. Bernheim, considerando simplesmente a hipnose um estado exacerbado de sugestionabilidade, preconizava o uso terapêutico da hipnose e da sugestão, uso que em seguida se generalizou. O termo "psicoterapia" se tornou até mesmo intercambiável com o de "hipnose".

Como se aprendem as técnicas hipnóticas? Em 1886, Forel, o diretor do asilo do Burghölzli, na Suíça, foi a Nancy depois de ter lido a obra de Bernheim *De la suggestion dans l'état hypnotique et dans l'état de veille* [*Da sugestão no estado hipnótico e no estado de vigília*] (1884). Ali, ele foi iniciado na técnica da hipnose por Bernheim, que organizava apresentações práticas.[9] Este modelo de ensino aberto permitia a qualquer um ver como trabalhavam certos hipnotizadores assim como os pacientes dos quais eles falavam em seus escritos. Essa acessibilidade pública ao material clínico — também praticada por Charcot — permitia garantir a natureza científica do empreendimento.

Inúmeros são aqueles que ainda acreditam que a investigação profunda da vida dos indivíduos, sublinhando a sexualidade, é uma inovação da psicanálise. É importante compreender que essa já era uma característica das terapias hipnóticas. Forel tomou o partido de uma abordagem individualizante:

> Devemos ganhar a inteira confiança do paciente através do afeto e nos imiscuindo em sua vida mental; devemos simpatizar com todos os seus sentimentos, fazendo-lhe contar sua vida, revivê-la inteiramente com ele e "entrar nas emoções" do paciente. Mas não devemos jamais perder de vista o aspecto sexual, que difere enormemente de uma pessoa para outra e que pode constituir um perigo real... É preciso compreender que não basta aplicar o exame

clínico clássico, que consiste em prestar atenção à emissão de esperma, ao coito e à gravidez; é necessário levar em conta todas as regiões do intelecto, do humor e da vontade, que são mais ou menos associadas à esfera sexual. Quando isso está feito, convém definir em grandes linhas um objetivo adequado para o paciente e lançá-lo nessa via, com energia e segurança.[10]

Nas situações em que a sugestão hipnótica encontrava dificuldades, Forel explicava:

Logo que observo que um paciente não é influenciado ou não obedece mais como é preciso, eu lhe pergunto: "O que está lhe cativando? Por que não me diz o que se passa pela sua cabeça?" E essa questão, colocada num tom amigável mas firme, raramente deixa de suscitar uma resposta positiva. O paciente percebe que eu notei imediatamente a causa do fracasso e o reconhece quase sempre. Assim, eu consigo geralmente traquilizá-lo e, consequentemente, atingir meu objetivo.[11]

As recomendações de Forel se parecem muito com o que Freud chamará mais tarde da regra fundamental da psicanálise: a associação livre e a "análise das resistências". Freud conhecia bem a obra de Forel, visto que ele fez a sua crítica.[12]

Uma longa guerra estourou entre a escola de Nancy e a de Salpêtrière. Bernheim colocou em questão o estatuto ontológico dos estados apresentados por Charcot; tratava-se, segundo ele, de artefatos que, antes de revelarem a natureza da hipnose e da histeria, eram simplesmente o resultado das sugestões de Charcot.[13] Para Bernheim, as experiências de Charcot não poderiam ser reproduzidas fora de seu meio ambiente específico. Freud, que havia assistido às conferências de Charcot durante o inverno de 1885, se apressou para defender a objetividade das observações do professor parisiense e destacou as consequências que resultariam da análise de Bernheim se estas estivessem corretas:

À CONQUISTA DO MUNDO

Se têm razão os adeptos da teoria da sugestão, todas as observações feitas na Salpêtrière ficam invalidadas; tornam-se erros de observação. A hipnose de pacientes histéricos não teria nenhuma característica própria; mas todo médico teria a possibilidade de produzir, nos pacientes que hipnotizasse, qualquer sintomatologia que desejasse. Com o estudo do grande hipnotismo não aprenderíamos que modificações sucessivas se efetuam na excitabilidade do sistema nervoso, decorrentes de determinadas formas de intervenção; iríamos apenas aprender quais as intenções que Charcot sugeriu (de uma forma da qual nem ele tinha consciência) às pessoas submetidas a essas experiências — coisa inteiramente irrelevante para nossa compreensão da hipnose e da histeria.[14]

A defesa de Charcot por Freud foi além das teorias particulares sustentadas pelo primeiro: tratava-se de uma defesa da possibilidade de descobrir uma sintomatologia objetiva a partir de uma investigação clínica, independente do estado hipnótico. A validade de tal epistemologia era crucial para seus próprios trabalhos. Freud indicou a justo título as consequências que resultariam do abandono desse ponto de vista: o hipnotizador poderia gerar qualquer sintomatologia, e o estudo da hipnose não revelaria nada mais do que o processo arbitrário que leva à produção de diferentes nosografias ou entidades mórbidas.

O ponto de vista que Freud buscava descartar era precisamente a conclusão adotada por William James em 1890. Este sustentava que as propriedades atribuídas ao transe eram, de fato, o produto da sugestão. A natureza específica do estado de transe era a sua plasticidade, a sua aptidão para se modificar em função das teorias sobre a questão. James indica, num tom incisivo, que isso constitui uma verdadeira armadilha quanto à possibilidade de dar conta objetivamente da hipnose:

Qualquer particularidade própria a um indivíduo, qualquer manipulação que se manifeste acidentalmente em um sujeito, pode, ao chamar a atenção, se tornar um estereótipo e servir de modelo para ilustrar as teorias de uma escola. O primeiro sujeito da experiência "forma" o hipnotizador, que, por sua vez, forma os sujeitos seguintes, e todo mundo contribui assim, na maior boa-fé, para a elaboração de um resultado perfeitamente arbitrário.

Dados a extraordinária perspicácia e o sutil discernimento que frequentemente os sujeitos demonstram em relação ao hipnotizador com o qual mantêm relação, é difícil para este último lhes dissimular suas expectativas. Assim, acontece que verificamos facilmente em novos sujeitos o que já vimos em outros ou que encontremos em certos sujeitos um sintoma a respeito do qual lemos ou ouvimos falar.[15]

O filósofo e psicólogo belga Joseph Delboeuf expôs ideias semelhantes a essas.[16] Segundo Delboeuf e James, era impossível para os experimentadores escaparem aos efeitos da influência sugestiva que eles tentavam estudar objetivamente. James e Delboeuf consideravam que as escolas de hipnotismo haviam se tornado verdadeiras máquinas de influenciar e de produzir provas. O fato de se poder apresentar com ostentação diferentes características como constitutivas da essência da hipnose e desses resultados serem confirmados por outros clínicos indicava que o próprio modo de institucionalização estava submetido aos efeitos da hipnose e da sugestão, que não podiam ser neutralizados. Para Delboeuf e James, os conflitos que opunham as diferentes escolas eram insolúveis, pois cada uma delas podia fornecer provas que apoiavam suas próprias teorias. Todas essas escolas "tinham razão" — na medida em que elas podiam fornecer casos que justificavam suas teorias —, mas isso acabava por negar o estatuto universal reivindicado por essas teorias. O que era colocado em questão era a possibilidade de uma metodologia clínica que permitisse fornecer as bases de uma psicologia geral.

Foi em 1896 que Freud utilizou pela primeira vez o termo "psicanálise" em seus artigos sobre a "teoria da sedução", segundo a qual todos os casos de histeria eram causados por uma experiência de sedução durante a primeira infância do paciente. Mikkel Borch-Jacobsen apresentou uma leitura da teoria da sedução cujas implicações são importantes para compreender a produção de provas na psicanálise. Seguindo os passos dos críticos dos colegas hipnotizadores de Freud, ele considera verossímil que "seus pacientes tenham respondido ativamente às suas sugestões, 'reproduzindo' todas as cenas que ele esperava deles".[17] Borch-Jacobsen deduz:

À CONQUISTA DO MUNDO

Freud não mudou de opinião por falta de "provas" clínicas. Ao contrário, ele tinha uma grande quantidade delas... A "máquina de influenciar" que havia colocado em ação funcionava muito bem, tão bem que ele não conseguia mais acreditar nas histórias que havia arrancado de seus pacientes.[18]

O argumento de Borch-Jacobsen é importante porque demonstra que Freud se enganou ao cometer precisamente os erros previstos por Delboeuf e James. O problema não era a falta de provas (nem a necessidade de fabricá-las), mas o excesso de provas.

Entretanto, se Freud modificou subsequentemente suas teorias sobre a histeria e as neuroses, ele continuou fixado à ideia de que o encontro clínico podia fornecer uma base objetiva de provas para uma psicologia geral. As perspectivas abertas pelos trabalhos de Delboeuf e James têm outras implicações: segundo eles, a prosperidade da psicanálise não poderia ser explicada nem pela pretensa adequação entre suas teorias e uma realidade preexistente, nem por sua credibilidade, mas por sua aptidão em criar condições que permitiram a emergência de certas formas de convicção.

O movimento se organiza

As teorias freudianas não seriam hoje provavelmente mais conhecidas do que as de Delboeuf se Freud não tivesse reunido em torno de si um grupo de discípulos. Em 1902, alguns (Alfred Adler, Max Kahane, Rudolf Reitler e Wilhelm Stekel) começaram a se reunir regularmente em torno de Freud. Outros rapidamente se juntaram a eles. As reuniões não eram muito harmoniosas. Eis os comentários de Freud a tal respeito:

> Houve apenas duas circunstâncias inauspiciosas que terminaram por me afastar moralmente do grupo. Não consegui estabelecer entre os seus membros as relações amistosas que devem prevalecer entre homens que se acham empenhados no mesmo trabalho difícil, nem consegui evitar a competição pela prioridade a que dá margem, com tanta frequência, esse tipo

de trabalho em equipe. As dificuldades particularmente grandes ligadas ao ensino da prática da psicanálise — responsáveis por grande parte das dissensões havidas — eram patentes nessa Sociedade Psicanalítica de Viena, de caráter particular.[19]

Algumas dessas "dificuldades ligadas ao ensino da prática da psicanálise" provinham do fato de que Freud havia publicado poucas obras sobre a técnica da psicanálise e que, além disso, ele não utilizava o modelo de ensino aberto de Bernheim.

Um membro dessa sociedade, Fritz Wittels, fez uma descrição pouco lisonjeira das intenções de Freud quando este organizava tais reuniões:

> Ao encorajar esses encontros, Freud visava passar seus próprios pensamentos pelo crivo de outras inteligências experientes. Pouco lhe importava que essas inteligências fossem medíocres. Com efeito, ele não tinha muita vontade de que esses associados fossem indivíduos com forte personalidade ou colaboradores críticos e ambiciosos. O reino da psicanálise era a sua ideia e a sua vontade, e ele acolhia de bom grado quem quer que aceitasse suas opiniões. O que desejava era olhar para o interior de um caleidoscópio cercado de espelhos que multiplicariam as imagens por ele introduzidas.[20]

Anos mais tarde, a situação evoluiu. Freud tomou conhecimento através de Eugen Bleuler, o sucessor de Forel no Burghölzli, que sua obra estava sendo ali estudada. Foi com a chegada de Jung e da escola de Zurique que o movimento psicanalítico se tornou verdadeiramente internacional. Era possível desde então se beneficiar do ensino das técnicas psicanalíticas no Burghölzli com tanta facilidade quanto se tinha acesso ao ensino de Bernheim em sua clínica em Nancy. Isso contribuiu muito para a propagação dessas técnicas. Com efeito, para os psiquiatras interessados pela psicanálise, foi Zurique — e não Viena — que se tornou inicialmente o centro de ensino por excelência. Como observa Ernst Falzeder, um grande número de figuras marcantes da psiquiatria e da psicanálise dinâmicas trabalhou no Burghölzli ou foi para lá.[21]

Nas experiências realizadas sobre as associações de ideias no Burghölzli, as posições do sujeito e do experimentador eram facilmente intercambiáveis. Foi nesse contexto que as explorações psicanalíticas se deram. Cada um analisava os sonhos do outro; Abraham Brill se lembra de que foram Jung e Bleuler que analisaram seus sonhos.[22]

O modelo de ensino aberto praticado no Burghölzli contribuiu bastante para a propagação da psicanálise. Entretanto ele rapidamente se chocou com a estrutura feudal fechada estabelecida por Freud. Ao longo da primeira década do século XX, a psicanálise suscitou um interesse cada vez maior entre os psiquiatras e os outros médicos. Os casos em que os pacientes confirmavam apenas parcialmente as teses psicanalíticas se mostraram extremamente problemáticos para Freud. Psiquiatras como Ludwig Frank e Dumeng Bezzola (dois alunos de Forel) defenderam o tratamento catártico de Breuer e Freud contra os desenvolvimentos ulteriores da psicanálise freudiana. Em 1910, Freud publicou um artigo intitulado "Psicanálise 'silvestre'", o qual começa com uma anedota a respeito de uma mulher divorciada de aproximadamente cinquenta anos que sofria de ansiedade e que havia consultado um médico desconhecido de Freud. Esse médico teria lhe dito que a sua ansiedade era decorrente de uma falta de satisfação sexual e lhe sugerido algumas vias para alcançar essa satisfação. O clínico, ao dar seus conselhos, teria invocado as teorias psicanalíticas. Freud desaprovou os ditos conselhos, que em sua opinião nada tinham a ver com a psicanálise. A ironia do fato, como observou Martin Bergmann, é que o próprio Freud havia dado uma recomendação idêntica, alguns anos antes, em seu artigo "A moral sexual civilizada e a doença nervosa moderna".[23] Isso leva a pensar que o que Freud criticava antes de tudo não era a prescrição desse médico, mas sim o fato de que ele fosse totalmente independente dele.

Freud julgava que a técnica psicanalítica não podia ser aprendida nos livros e que apenas alguém competente nesse domínio podia ensiná-la. A esse respeito, declara:

Nem eu nem meus amigos colaboradores achamos agradável reclamar um monopólio desse modo no uso de uma técnica médica. Mas, em face dos perigos para os pacientes e para a causa da psicanálise inerentes à prática que se pode antever de uma psicanálise "silvestre", não tivemos outra escolha. Na primavera de 1910 fundamos uma International Psycho-Analytical Association (Associação Internacional de Psicanálise), a que seus membros declararam aderir, pela publicação de seus nomes, de maneira a serem capazes de repudiar a responsabilidade por aquilo que é feito pelos que não pertencem a nós e no entanto chamam a seu procedimento "psicanálise". Pois, em verdade, os analistas "silvestres" desta espécie causam mais dano à causa da psicanálise do que aos pacientes individualmente.[24]

Nessa declaração, Freud se opõe vigorosamente à entrada da psicanálise na prática médica geral enquanto técnica auxiliar psicoterápica... de modo algum visando a proteger o público, mas sim a psicanálise. Ao retornar a essa época, Freud declararia mais tarde:

Julguei necessário formar uma associação oficial porque temia os abusos a que a psicanálise estaria sujeita logo que se tornasse popular. Deveria haver alguma sede cuja função seria declarar: "Todas essas tolices nada têm que ver com a análise; isto não é psicanálise." Nas sessões dos grupos locais (que reunidos constituíram a associação internacional) seria ensinada a prática da psicanálise e seriam preparados médicos, cujas atividades recebiam assim uma espécie de garantia. Além disso, visto que a ciência oficial lançara um anátema solene contra a psicanálise e tinha declarado um boicote contra médicos e instituições que a praticassem, achei que seria conveniente os partidários da psicanálise se reunirem para uma troca de ideias amistosa, e para apoio mútuo.[25]

Foi no congresso de Nuremberg que foi fundada a Associação Psicanalítica Internacional (IPA), presidida por Jung. Como mostraram os historiadores, as noções de exclusão ou de boicote à psicanálise pertencem à lenda heroica do movimento. Com efeito, foi em razão da política freudiana cada vez mais isolacionista em relação à psiquiatria e à medicina em geral que Eugen Bleuler se demitiu da IPA em 1911. Após um incidente, o psiquiatra Max Isserlin foi proibido de assistir ao congresso psicanalítico de Nuremberg, o que Bleuler considerou inaceitável. Freud havia igualmente exigido que Bleuler rompesse qualquer contato com dois eminentes psiquiatras que criticavam a psicanálise, Alfred Hoche e Theodore Ziehen. No dia 4 de dezembro de 1911, Bleuler escreveu a Freud: "A lógica do 'quem não está conosco está contra nós' ou do 'tudo ou nada' é necessária às comunidades religiosas e útil aos partidos políticos. É por isso que eu posso compreender esse princípio, mas o considero nocivo para a ciência."[26]

Bleuler continuava afirmando que a psicanálise, ao invés de buscar estabelecer contatos com as outras ciências, se isolou, cercando-se de arame farpado.[27]

A formação se torna oficial

Ao longo desse período, a questão "como é possível se tornar psicanalista?" evoluiu de maneira radical. Em 1909, Freud respondia: "pelo estudo de seus próprios sonhos".[28] Em 1912, Jung recomendou que todo futuro analista se submetesse, ele próprio, a uma análise; quão mais profundamente um analista tivesse sido analisado, mais a análise tinha chances de ser bem-sucedida. Ser analisado era então a única questão: "Há médicos que pensam poder escapar com uma autoanálise. Isso é psicologia de Münchhausen, e eles permanecerão presos nessa cilada."[29] A sugestão de Jung obteve rapidamente o apoio de Freud, que a tomou como um dos méritos da escola de Zurique. Não bastava ser psiquiatra ou médico para praticar a psicanálise. Posto que ela era considerada uma técnica médica, qualificações suplementares eram requeridas. Tratava-se aqui de uma inovação surpreendente levando-se em conta as práticas psicoterápicas da época. Assim, seria impensável exigir que cada médico se submetesse ao tratamento da hipnose. Eis as razões expostas por Freud a respeito da análise do analista:

Não basta para isto que ele próprio seja uma pessoa aproximadamente normal. Deve-se insistir, antes, que tenha passado por uma purificação psicanalítica e ficado ciente daqueles complexos seus que poderiam interferir na compreensão do que o paciente lhe diz. Não pode haver dúvida sobre o efeito desqualificante de tais defeitos no médico.[30]

Podemos supor que tal purificação não visava assegurar apenas que os médicos eram absolutamente normais, mas também que a compreensão deles próprios se conformava à teoria psicanalítica. A análise didática era o único meio de garantir a transmissão do saber analítico assegurando-se de que, no futuro analista, o "conhecimento de seu próprio eu" se desenvolvia segundo a ortodoxia: tendo-se constatado a pertinência das verdades psicanalíticas em seu próprio percurso, era-se, consequentemente, capaz de "reproduzi-las" através da vida dos outros.

A sugestão de Jung teve um efeito considerável não apenas sobre a organização ulterior da psicanálise, mas também sobre o conjunto da psicoterapia moderna. Com efeito, essa condição requerida constitui um dos raros — se não o único — denominadores comuns de inúmeras escolas de psicoterapia. A instituição de uma análise didática desempenhou um papel crucial ao fornecer uma base financeira para a prática privada da psicanálise, tornando essa profissão atraente.

Durante o verão de 1912, Ernest Jones propôs a Freud formar um comitê secreto a fim de garantir o futuro da psicanálise. Em 30 de julho, ele escreveu que Ferenczi havia exprimido o seguinte desejo:

Que um pequeno grupo de homens possa ser sistematicamente analisado por você, de modo que eles possam representar a teoria pura, preservada de qualquer complexo pessoal, e construir, assim, no seio do Verein, um núcleo duro oficioso e servir de centros junto aos quais outros (iniciantes) poderiam vir a aprender o trabalho. Se isso fosse possível, seria uma solução ideal.[31]

Jones esclareceu ainda que "a ideia de um pequeno corpo unido" era "destinada, como os paladinos de Carlos Magno, a cuidar do reino e da polícia de seu mestre".[32] Freud respondeu favoravelmente a essa sugestão, e o comitê foi estabelecido. Seus outros membros eram Karl Abraham, Sándor

Ferenczi, Otto Rank e Hans Sachs. Em 1914, Jung e a escola de Zurique abandonaram oficialmente a IPA.

Após a interrupção devido à Primeira Guerra Mundial, a institucionalização do movimento psicanalítico se estendeu rapidamente. A Sociedade Psicanalítica de Berlim, fundada por Karl Abraham em 1920, começou a oficializar a sua formação. Em 1924, uma análise didática de quatro meses se tornou obrigatória e, além disso, a aprovação do analista formador se tornou necessária para que o candidato pudesse continuar a sua formação. Siegfried Bernfeld lembra que inúmeros membros da Associação sentiam necessidade de uma análise mas não desejavam confiar seus segredos a um analista que vivesse na mesma cidade que eles. Assim, convidou-se Hans Sachs, que foi para Berlim analisar os analistas.[33] Foi na sociedade berlinense que se estabeleceu a tríade "análise pessoal, análise supervisionada e seminários", que iria servir de modelo a todas as instituições psicanalíticas. Em 1925, no congresso de psicanálise de Bad Homburg, foi decidido por voto que os psicanalistas deveriam necessariamente ter sido analisados.

O comitê secreto desempenhou um papel fundamental no controle do desenvolvimento da psicanálise. Ernst Falzeder observa que os institutos de Berlim, Budapeste, Londres e Viena "eram dirigidos pelos membros do comitê secreto, que exercia então não apenas um controle 'político' sobre o movimento psicanalítico, mas também uma influência direta sobre os futuros analistas em formação".[34] O objetivo do comitê secreto era assegurar a sobrevivência da psicanálise e se proteger contra as dissidências. Quando alguém se distanciava da ortodoxia, havia duas possibilidades: a expulsão pura e simples dos dissidentes; ou o que se poderia chamar uma gestão de crise interna: as inovações eram autorizadas considerando-as subcorrentes legítimas da teoria psicanalítica. O impressionante é que o julgamento da secessão ou da subcorrente legítima, a respeito de um desenvolvimento específico, não dependia essencialmente da distância maior ou menor da teoria psicanalítica; com efeito, à medida que as instituições se tornaram mais sólidas, uma liberdade maior passou a ser autorizada. A ironia da coisa, sob diversos aspectos, é que as posições heréticas defendidas por Adler, Jung, Rank e outros estão mais de acordo com a principal corrente analítica de hoje do que com a ortodoxia da época. Suas ideias foram recicladas e incorporadas às teorias analíticas sem que se testemunhe o menor reconhecimento para com eles. São essas mesmas ideias que permitiram aos psicoterapeutas continuarem a chamar sua disciplina de "psicanálise" e à profissão de subsistir, mesmo que Freud os tenha denunciado como heréticos. O veículo principal do controle era a análise didática. James Lieberman observou que

> quando se considerou que a obra de Otto Rank havia se distanciado demasiadamente da ortodoxia psicanalítica, ele foi tratado de doente mental por Brill, excluído da Associação Psicanalítica Americana, e os analistas que ele havia formado tiveram que se demitir ou ser reanalisados por um analista ortodoxo.[35]

Foi através de sua empreitada de formação que a psicanálise prosperou a partir dos anos 1920. A criação de um sistema de formação psicanalítica independente da psiquiatria e da medicina foi crucial para a sobrevivência da psicanálise e contribuiu grandemente para o seu sucesso, comparativamente a outras formas de psicoterapia, pois nenhuma outra escola havia estabelecido um sistema comparável. O sucesso público da psicanálise não se deve a qualquer superioridade terapêutica ou teórica, mas ao modo particular de organização institucional por ela adotado e ao efeito sugestivo sobre o grande público decorrente dessa organização. Sem esse sistema, a lenda freudiana teria sido ineficaz. Foi a eficácia das estruturas institucionais da psicanálise que lhe concedeu uma notoriedade tal que os debates culturais sobre a nova psicologia se formulam na linguagem psicanalítica. Como sublinhou muito corretamente John Burnham:

> Nos Estados Unidos, Freud não veiculou apenas a psicanálise, mas também outras ideias da época. A psicanálise era considerada meio ambientalismo, sexologia, como uma teoria da etiologia psicogênica das neuroses. Da mesma forma, quando o ensino de Freud começou a atrair as atenções, muitos discípulos não acreditavam tanto em sua obra quanto na evolução, na psicoterapia e no mundo moderno.[36]

Foi um desprezo a respeito da questão da natureza dessas substituições que conduziu ao extremo exagero atual da importância da psicanálise na cultura do século XX. Eu mostrei que foi o sucesso do modo institucional de organização da psicanálise (e não a sua teoria) que conduziu a esse erro de apreciação da importância histórica da psicanálise. Os institutos psicanalíticos foram os motores da difusão da lenda freudiana.

Se a instituição do sistema de formação psicanalítico desempenhou um papel crucial para o estabelecimento da psicanálise, ela foi também uma matriz instável: esse sistema podia ser facilmente adaptado a qualquer modelo teórico. E foi o que aconteceu: centenas de escolas de psicoterapia adotaram a mesma estrutura institucional, a qual lhes permitiu propagar suas práticas terapêuticas e gerar argumentos que sustentassem suas teorias. O êxito dessas escolas concorrentes, que adotaram as mesmas estruturas institucionais que a psicanálise, tornando-as, entretanto, mais acessíveis, contribuiu em grande medida para o estado da psicanálise hoje: ela está completamente sitiada.

Enfim, se o aparelho institucional da psicanálise, como já mostrei, conseguiu criar as condições que permitem produzir uma convicção na verdade da teoria psicanalítica, somos confrontados à seguinte questão: como avaliar esses depoimentos? Nenhuma necessidade de ir muito longe para encontrar inúmeras afirmações sobre a eficácia da psicanálise: os depoimentos de pacientes e antigos pacientes. Por um lado, concede-se, na psicanálise, um estatuto epistemológico unicamente ao relato do analista. Por outro lado, as teorias psicanalíticas, sob inúmeros aspectos, refutam a possibilidade de se tomar qualquer depoimento na forma segundo a qual ele se apresenta... mesmo em se tratando dos benefícios das terapias psicanalíticas (eis por que o objeto preferido da pesquisa psicanalítica contemporânea é o bebê: um sujeito incapaz de testemunhar verbalmente e, portanto, de contradizer as construções analíticas). Mais seriamente, as escolas psicanalíticas concorrentes — desde a análise junguiana até a terapia de regressão a vidas anteriores — detêm igualmente múltiplas "provas", sob a forma de depoimentos na primeira pessoa, e se considerarmos válida alguma delas dificilmente podemos rejeitar as outras formas por falta de critérios para diferenciá-las. A epistemologia atual dos sistemas psicanalítico e psicoterápico sempre reivindicou o realismo fundamental das teorias psicológicas; mesmo que resultando pretensamente dos encontros clínicos, elas permanecem independentes desses encontros e podem ser consideradas relatos verídicos do funcionamento geral humano. O problema não é uma falta de provas; muito pelo contrário, é um excesso de provas, qualquer que seja a teoria em questão. As instituições de formação psicanalítica e psicoterápica, como Delboeuf e James haviam demonstrado a propósito das escolas de hipnotismo, parecem ser máquinas de produzir novas formas de provas autovalidadas. Tais depoimentos, cabe sublinhar, não são simples relatos de sujeitos sobre acontecimentos particulares que lhes sucederam, mas relatos nos quais os próprios sujeitos afirmam ter sofrido uma transformação. Nesse sentido, esses depoimentos se parecem com os relatos das experiências religiosas tal como as estudadas por James. Esperamos uma antropologia que possa empreender um estudo comparativo dessas novas formas de experiência psicológica.

Notas

1. T. Szasz, *The Myth of Psychotherapy*, Nova York, Anchor Press/Doubleday. Trad. *Le Mythe de la psychothérapie*, Paris, Petite Bibliothèque Payot, 1981.

2. Texto traduzido do inglês por Marie Olivier, e parcialmente publicado em *The Semiotic Review of Books*, vol. 13 (2002), nº 1. O argumento desse artigo é mais amplamente desenvolvido em M. Borch-Jacobsen e S. Shamdasani, *Le dossier Freud*, Paris, Les Empêcheurs de Penser em Rond, Seuil, 2006.

3. H. Ellenberger, *The Discovery of the Unconscious*, Nova York, Basic Books, 1970. Trad. *À la découverte de l'inconscient. Histoire de la psychiatrie dynamique*, Villeurbanne, Simep, 1974. Reed., *Histoire de la découverte de l'inconscient*, Paris, Fayard, 1994.

4. E. Roudinesco, *La bataille de cent ans: Histoire de la psychanalyse en France*, Paris, Seuil, 1986; *Jacques Lacan*, Paris, Fayard, 1993.

5. F. Sulloway, *Freud, Biologist of the Mind: Beyond the Psychoanalytic Legend*, Nova York, Basic Books, 1979, p. 487. Trad. *Freud, biologiste de l'esprit*, Paris, Fayard, 1981; reed. 1998.

6. M. Borch-Jacobsen, *Le Lien affectif*, Paris, Aubier, 1991; L. Chertok e I. Stengers, *Le coeur et la raison. L'hypnose en question, de Lavoisier à Lacan*, Paris, Payot, 1989; F. Roustang, *Elle ne le lâche plus*, Paris, Minuit, 1980.

7. A. Forel, *Hypnotism or Suggestion and Psychotherapy*, trad. H. Armit, Londres, Rebman, 1906, p. 314.

8. Cf. J. Carroy, *Hypnose, suggestion et psychologie: l'invention de sujets*, Paris, PUF, 1991.

9. A. Forel, *Out of My Life and Work*, trad. B. Miall, Londres, George Allen & Unwin, 1937, p. 167.

10. A. Forel, *Hypnotism*, op. cit., p. 242.

11. *Ibidem*, p. 201.

O LIVRO NEGRO DA PSICANÁLISE

12. S. Freud, compte-rendu du livre de Forel, "L'hypnnotisme, sa signification et son emploi", *L'Écrit du Temps*, n° 3, 1983, p. 201-18.

13. H. Bernheim, *Suggestive Therapeutics. A Treatise on the Nature and Uses of Hypnotism*, 2ª ed., trad. C. Herter, Nova York, Putnam & Sons, 1987, p. 145.

14. S. Freud, "Preface to the translation of Bernheim *De la suggestion*", Standard Edition, I, p. 77-8. Trad. brasileira, "Prefácio à tradução de *Suggestion*, de Bernheim", *Edição standard brasileira das obras completas*, Rio de Janeiro, Imago, vol. I, p. 120-1. (*N. T. B.*: A tradução dos trechos longos de Freud citados neste livro obedecerá àquela que se encontra na *Edição standard brasileira das obras completas*. Nesses casos, serão indicadas as referências tanto da tradução francesa utilizada pelos autores quanto da tradução brasileira aqui apresentada. Quando não for feita referência à *Edição standard brasileira das obras completas*, deve-se inferir que a tradução aqui apresentada foi feita a partir do texto citado em francês.)

15. W. James, *Principles of Psychology*, reed., Londres, Macmillan, 1918, p. 601.

16. J. Delboeuf, "De l'influence de l'éducation et de l'imitation dans le somnambulisme provoqué", *Revue Philosophique*, vol. XXII, 1986, p. 146-71.

17. M. Borch-Jacobsen, "Neurotica: Freud and the seduction theory", *October 76*, 1996, p. 38; cf. também "Postscriptum 1998", *Folies à plusieurs*, *op. cit.*, p. 105-9.

18. *Ibidem*, p. 39-40.

19. S. Freud, "On the history of the psychoanalytical mouvement", *SE*, 14. Trad. "Contribution à l'histoire du mouvement psychanalytique", *Cinq leçons sur la psychanalyse*, Paris, Payot, 1968, p. 95. Trad. brasileira, "A história do movimento psicanalítico", *Edição standard brasileira das obras completas*, Rio de Janeiro, Imago, vol. XIV, p. 36-7.

20. F. Wittels, *Sigmund Freud: His Personality. His Teaching & His School*, Londres, George Allen & Unwin, 1924, p. 134.

21. E. Falzeder, "The threads of psychoanalytic filiations or psychoanalysis taking effect", André Haynal e Ernst Falzeder (eds.), *100 Years of Psychoanalysis: Contributions to the History of Psychoanalysis*, número especial dos *Cahiers psychiatriques genevois*, 1994, p. 172.

22. A. Brill, *Freud's Contribution to Psychiatry*, Londres, Chapman & Hall, 1944, p. 42.

23. M. Bergmann, "The historical roots of psychoanalytic orthodoxy", *International Journal of Psycho-Analysis*, n° 78, 1997, p. 75.

24. S. Freud, "De la psychanalyse sauvage", *Oeuvres complètes*, Paris, PUF, vol. 10, 1910, p. 213. Trad. brasileira, "Psicanálise 'silvestre'", *Edição standard brasileira das obras completas*, Rio de Janeiro, Imago, vol. XI, p. 212.

25. S. Freud, "Contribution à l'histoire du mouvement psychanalytique", *Cinq leçons sur la psychanalyse*, Paris, Payot, 1968, p. 122. Trad. brasileira, "A história do movimento psicanalítico", *Edição standard brasileira das obras completas*, Rio de Janeiro, Imago, vol. XIV, p. 56-7.

26. Bleuler a Freud, 4 de dezembro de 1911, Freud Collection, Library of Congress, Washington.

27. Bleuler a Freud, *ibidem*, 1º de janeiro de 1912.

28. S. Freud, "De la psychanalyse (Cinq leçons)", *Oeuvres complètes*, Paris, PUF, 1993, 10, p. 30. Trad. brasileira, "A história do movimento psicanalítico", *Edição standard brasileira das obras completas*, Rio de Janeiro, Imago, vol. XIV, p. 30.

29. C. Jung, "Attempt at a portrayal of psychoanalytic theory", Gerhard Adler, Michael Forham, Herbert Read, William McGuire (eds.), trad. R. F. C. Hull, *Collected Works*, 4, Londres, Routledge and Kegan Paul, 1981, parágrafo 449.

30. S. Freud, "Conseils au médecin dans le traitement psychanalytique" (1912), *Oeuvres complètes*, Paris, PUF, 11, p. 150. Trad. brasileira, "Recomendação aos médicos que exercem a psicanálise", *Edição standard brasileira das obras completas*, Rio de Janeiro, Imago, vol. XII, p. 154-5.

31. Jones a Freud, 30 de julho de 1912, em S. Freud e E. Jones, *Correspondance complète*, Paris, PUF, 1998, p. 198.

32. Jones a Freud, 7 de agosto de 1912, *ibidem*, p. 201.

33. S. Bernfeld, "On psychoanalytic training" (1952), *Psychoanalytic Quarterly*, 31, 1962, p. 464.

34. E. Falzeder, "The threads of psychoanalytic filiations", *op. cit.*, p. 175.

35. E. Falzeder, *op. cit.*

36. J. C. Burnham, *Psychoanalysis and American Medicine, 1894-1918: Medicine, Science and Culture*, International Universities Press, 1967, p. 214.

Para o filósofo Mikkel Borch-Jacobsen, o imenso sucesso da psicanálise, apesar da revelação dos impasses e mentiras, deve-se ao fato de que ela é uma teoria "zero", uma nebulosa em perpétuo movimento na qual cada um pode ler o que quiser.

UMA TEORIA ZERO

Mikkel Borch-Jacobsen[1]

"Por que a psicanálise teve tamanho sucesso?" Há várias respostas possíveis para essa questão. Se você interrogar um defensor da psicanálise, como, por exemplo, o filósofo Thomas Nagel, ele lhe dirá que é simplesmente porque Freud tinha razão. Do contrário, como explicar que suas teorias tenham tido tamanho impacto sobre a cultura ocidental, da psiquiatria à pedagogia, passando pela sexologia, pela filosofia, pelas artes e pela literatura? O argumento é forte, mas é também perfeitamente vazio. Se a validade de uma teoria se medisse por seu sucesso cultural, nós deveríamos incluir as diversas religiões entre as teorias científicas. Mas se é verdade, na prática, que é o acordo entre os especialistas que nos faz dizer que uma teoria é verdadeira, não deixa também de ser verdade que o consenso não fornece por si mesmo a prova de sua validade, e é isso que aparece tão logo esse consenso se desfaz ou se afunda.

Ora, isso é precisamente o que ocorre hoje: o consenso não se sustenta mais. Nós não nos perguntaríamos por que a psicanálise teve tamanho sucesso se estivéssemos convencidos de sua validade. Na realidade, a questão sugere implicitamente que nós não acreditamos ou não mais acreditamos nela: "Como explicar que uma teoria falsa como a psicanálise tenha obtido tamanho sucesso?" Em outros termos: "Como pudemos nos enganar a esse ponto?"

As razões de nosso erro

Primeira resposta que vem à mente: é porque fomos enganados. Incrimina-se, então, o Grande Mentiroso que manipulava seus dados clínicos e proclamava sucessos inexistentes, ou ainda o Grande Retórico que nos fez comer gato por lebre e admitir o inconsciente como uma realidade psíquica. O problema com essa resposta é que ela não consegue explicar por que tantas pessoas continuam a acreditar nas teorias freudianas mesmo depois de elas terem sido desconsideradas. Já faz bastante tempo que as incoerências da lenda freudiana foram reveladas, mas isso não impediu que psicanalistas e intelectuais recitassem seus elementos como se nada tivesse acontecido, com uma vontade de ignorância absolutamente espantosa.

É tentador então se voltar para tal ou qual outra explicação psicológica ou sociológica. Dir-se-á que a psicanálise, por mais falsa que seja, respondeu (e responde ainda) a necessidades muito profundas: a necessidade, por exemplo, de encontrar um substituto para as sólidas certezas da religião; a necessidade de dar um sentido ao mal-estar e à angústia existencial em um mundo desertado por Deus; a necessidade de uma teoria que justifique a liberação sexual na época do declínio da família nuclear e da autoridade paterno-masculina. Dir-se-á ainda que a ascensão da psicanálise no início do século XX correspondeu à propagação do darwinismo, ou ainda que ela forneceu uma ideologia para a sociedade capitalista e para o individualismo moderno, ou ainda que ela serviu de refúgio aos decepcionados pelo marxismo quando este afundou.

Uma teoria vazia

Por que não, com efeito? Todas essas explicações são provavelmente válidas. Resta entretanto compreender como é possível que todas elas sejam válidas. Como a psicanálise pôde responder a necessidades tão diversas e contraditórias entre si? O que há na teoria psicanalítica que a torna capaz de preencher tantas funções? Nada, a meu ver: é precisamente por ser

À CONQUISTA DO MUNDO

perfeitamente vazia, perfeitamente oca, que ela pôde se propagar dessa forma e se adaptar a contextos tão diferentes. Enganamo-nos quando nos perguntamos o que, na psicanálise, explica o seu sucesso, pois nunca houve a psicanálise, ao menos se compreendemos por esse termo um corpo de doutrina coerente, organizado em torno de teses claramente definidas e, consequentemente, potencialmente refutáveis. A psicanálise não existe — ela é uma nebulosa sem consistência, um alvo em perpétuo movimento. O que há em comum entre as teorias de Freud e as de Rank, Ferenczi, Reich, Melanie Klein, Karen Horney, Imre Hermann, Winnicot, Bion, Bowlby, Kohut, Lacan, Laplanche, André Green, Slavoj Zizek, Julia Kristeva e Juliet Mitchell? Ou ainda, o que há em comum entre a teoria da histeria professada por Freud em 1895, a teoria da sedução dos anos 1896-1897, a teoria da sexualidade dos anos 1900, a segunda teoria das pulsões de 1914, a segunda tópica e a terceira teoria das pulsões de 1920? Basta consultar qualquer verbete do *Vocabulário da psicanálise* de Laplanche e Pontalis para se dar conta de que a "psicanálise" tem desde o início uma teoria em renovação (ou em flutuação) permanente, capaz de dar as viradas mais inesperadas.

A única coisa que permaneceu constante foi a afirmação do inconsciente, associada à pretensão dos psicanalistas de interpretarem suas mensagens. As duas vias andam juntas. O inconsciente, por definição, não se apresenta jamais à consciência e não podemos conhecê-lo, como explica Freud, senão na medida em que ele foi "traduzido"[2] na consciência. Ora, como se opera essa "tradução"? Unicamente graças às interpretações do analista, que diz que há algo para traduzir num lugar a respeito do qual os principais interessados não sabem nada. O analista pode, consequentemente, fazer o inconsciente dizer o que ele quiser sem temor de ser desmentido, visto que o inconsciente não fala senão através dele (e que o testemunho dos pacientes é desqualificado como "resistência"). Donde os múltiplos conflitos de interpretação que surgiram imediatamente entre os primeiros psicanalistas: onde Freud dizia "Édipo", outros diziam "Electra"; onde ele dizia "libido", outros diziam "pulsão de agressão" ou "inferioridade do órgão"; onde ele dizia "complexo paterno", outros diziam "complexo materno" ou "trauma de nascimento".

Ora, como decidir quem tinha razão, quem era o tradutor autorizado do inconsciente? Nada permitindo escolher entre as interpretações divergentes, a única forma de decidir o debate foi o argumento de autoridade, institucionalizado sob a forma da análise didática (ver anteriormente as páginas de Sonu Shamdasani): na psicanálise, é verdade o que a Associação Psicanalítica Internacional ou qualquer outra escola de psicanálise decidem considerar como tal num determinado momento. Isso é evidentemente muito pouco satisfatório de um ponto de vista epistemológico, e os filósofos das ciências sublinharam bastante bem o caráter completamente inconsistente, porque "não falseável", das teorias psicanalíticas. A psicanálise é propriamente irrefutável, pois ela pode dizer tudo e o seu contrário — basta invocar o "servil" testemunho do inconsciente, sempre pronto para se curvar às exigências do momento.

Os "progressos" da psicanálise

Ora, tudo isso, que marca o caráter pseudocientífico da psicanálise aos olhos de um "falsificacionista" como Popper, é justamente a razão de seu inacreditável sucesso. Sendo a teoria psicanalítica perfeitamente vazia, ela é também, ao mesmo tempo, supremamente adaptável. Tal ou qual outro aspecto da teoria se mostra dificilmente sustentável, ou mesmo francamente embaraçador, como o laço estabelecido por Freud entre neurastenia e masturbação, por exemplo, ou a "inveja do pênis", que supostamente rege a sexualidade feminina, ou o caráter de "perversão" da homossexualidade? Pois bem, basta abandoná-lo silenciosamente e tirar um novo coelho teórico da imensa cartola do inconsciente. Isso é o que os psicanalistas gostam de descrever como os "progressos" da psicanálise, como se cada analista explorasse um pouco mais o continente inconsciente, retificando os erros de seus predecessores. Com efeito, cada escola de psicanálise tem a sua própria ideia a respeito do que é o progresso, vigorosamente contestada pelos outros, e seria vão buscar nessas disputas qualquer desenvolvimento cumulativo. Desse ponto de vista, nada mudou desde as monumentais batalhas entre Freud e Adler, Jung, Stekel, Rank, Melanie Klein ou Ferenczi. O que é dado como um progresso da psicanálise não é senão a última interpretação, ou seja, a mais aceitável em um determinado contexto institucional, histórico e cultural.

Mas é isso também o que permite à psicanálise se restabelecer a cada vez e fazer avançar seu pequeno "nicho ecológico", como diz Ian Hacking, nos meios ambientes mais diversos. Não sendo nada em particular, ela pode tudo invadir. O psicanalista é como o "símbolo zero" do qual fala Lévi-Strauss: ele é um "troço" que pode servir para designar o que quer que seja, uma teoria vazia na qual é permitido colocar qualquer coisa. Em toda parte objetava-se a Freud a sua insistência unilateral sobre a sexualidade? Pouco importa, ele desenvolve a teoria do narcisismo e a análise do eu, pegando silenciosamente empréstimos de alguns de seus críticos (Jung, Adler). As neuroses traumáticas da guerra de 1914-18 haviam mostrado que se poderia sofrer de sintomas histéricos por razões não sexuais? Freud imediatamente tira da sua cartola a teoria da compulsão à repetição e da pulsão de morte. Elogia-se frequentemente Freud por ter sabido mudar as suas teorias quando ele percebia que elas eram invalidadas pelos fatos (Lark Glymour, Adolf Grünbaum), mas confunde-se rigor "falsificacionista" e oportunismo teórico. Nenhum "fato" era suscetível de refutar as teorias de Freud; ele apenas as adaptava às objeções que lhe eram feitas.

Encontramos o mesmo oportunismo em seus sucessores. Quando os emigrados vienenses chegaram aos Estados Unidos, a primeira coisa que eles fizeram foi corrigir a doutrina promovendo uma "ego psychology" compatível com a psicologia desenvolvimentista da época. Inversamente, quando o positivismo de Freud se mostrou difícil de vender diante de um público europeu imbuído de fenomenologia e de dialética, os adeptos da reforma "hermenêutica" da psicanálise decidiram, por sua vez, que se tratava de uma "autoincompreensão cientificista" que bastava simplesmente retificar. Lacan, da mesma forma, abandonou o biologismo freudiano em benefício de um conceito de "desejo" entendido como pura negatividade, feito para agradar aos leitores de Alexandre Kojève e aos "existencialistas" dos anos 1950, e depois, quando o estruturalismo invadiu as ciências humanas, ele misturou isso com as teorias de Saussure e de Lévi-Strauss. Hoje os "narrativistas" americanos não acreditam mais na "verdade histórica" do que lhes contam seus pacientes, pois eles se tornaram resolutamente pós-modernos e não dão crédito senão às narrativas e à "verdade narrativa". Seus colegas "terapeutas da memória reencontrada", por outro lado, voltam à velha teoria da sedução do fundador e exumam em seus pacientes recordações de abusos sexuais infantis perfeitamente conformes às predições das feministas americanas radicais dos anos 1980. Quanto aos mais espertos, eles esboçam hoje uma aproximação entre psicanálise e neurociências, a fim de não perder o bonde do século XXI.

Como se espantar, nessas condições, de que a psicanálise continue a recrutar tantos pacientes e aliados? É que ela faz o inconsciente dizer o que cada um de sua clientela quer ouvir, criando a cada vez um pequeno universo terapêutico em que a oferta corresponde exatamente à demanda. Que haja tantos universos desse tipo quanto demandas não embaraça a psicanálise, pois é justamente assim que ela se propaga e sobrevive à sua própria inconsistência teórica. Eis o grande segredo do sucesso da psicanálise, que a lenda freudiana escondeu por tanto tempo: jamais existiu a "psicanálise", apenas uma miríade de conversas terapêuticas tão diversas quanto seus participantes. A psicanálise é exatamente tudo e qualquer coisa — tudo porque qualquer coisa.

Notas

1. Notas organizadas por Catherine Meyer.
2. S. Freud, *Métapsychologie*, trad. Jean Laplanche, Jean-Bertrand Pontalis *et al.*, Paris, Gallimard, 1971, p. 65.

2. O poder de sedução da psicanálise

A psicanálise não é uma disciplina fria e abstrata. Ela aparece cintilante e criativa. Freud teve o talento de encantar nosso cotidiano com a interpretação dos sonhos, dos lapsos reveladores, dos atos falhos plenos de sentidos escondidos e com a onipresença de nossos pensamentos mais irracionais: de repente, tudo tinha um sentido, tudo podia se explicar. Ele, que se definia como um "conquistador", abria-nos as portas de um novo mundo no interior de nós mesmos. O que pode haver de mais fascinante?

A grande força da psicanálise é nos fornecer chaves fáceis de utilizar, como os "passe-partout", para analisar e compreender o nosso comportamento no cotidiano, a educação de nossos filhos, a política, a justiça etc.

A psicanálise faz bem, ao menos para alguns. Seria absurdo negar isso. A cura era, evidentemente, o primeiro benefício, desejado por Freud e por seus sucessores. Ora, sabemos hoje, e vários psicanalistas reconhecem e chegam mesmo a se vangloriar disso, que os ganhos terapêuticos são limitados, que a psicanálise não cura os pacientes, mas "ajuda a viver" e a suportar o que antes os fazia sofrer. Por quais mecanismos esse consentimento é possível? Por que alguém que começa uma psicanálise com um mal-estar profundo pode, às vezes, no decorrer de longos e custosos anos de assiduidade, se contentar com os benefícios de um trabalho analítico que não o curou?

O psicólogo e antigo psicanalista Jacques Van Rillaer desmonta os mecanismos que produzem esse paradoxo.

OS BENEFÍCIOS DA PSICANÁLISE

Jacques Van Rillaer

Eu fui psicanalista devoto, depois psicanalista cético e, enfim, psicanalista renegado. Em 1972 defendi minha tese de doutorado em psicologia sobre um tema freudiano. Em 1980, desconvertido, escrevi *As ilusões da psicanálise para expor as razões de abandonar o freudismo*.[1] Fui criticado por meu tom passional,[2] que se explicava pelo poder excessivo e pela arrogância dos psicanalistas em meu país (a Bélgica) e, particularmente, em minha universidade (Louvain-la-Neuve). Na época, eu reagi como um habitante vendo seus vizinhos indicarem uma estrada errada para estrangeiros ingênuos. Quis dizer com força: "Não os escutem, eles estão enganados; peguem, antes, esse outro caminho (a psicologia científica)." Não dizer publicamente o que eu havia constatado me parecia não prestar socorro a alguém em perigo.

Os tempos mudaram. No departamento de psicologia da minha universidade, os raros psicanalistas perderam sua presunção. Hoje estou sereno e pratico, com muita satisfação, as terapias comportamentais e cognitivas[3] nas quais me formei em 1981.

Os capítulos que precedem este texto abordam a psicanálise segundo uma perspectiva histórica. Aqueles que se seguem se dedicam a uma leitura sociológica ou epistemológica. Eu gostaria aqui de adotar o ponto de vista de um psicólogo científico. Proponho-me a observar e analisar os comportamentos das pessoas que fazem uma psicanálise, prestando uma atenção particular às satisfações que elas obtêm ou esperam obter. Em outras palavras, quais são os benefícios que podemos tirar de uma análise?[4] Observarei, em primeiro lugar, os benefícios reais ou esperados dos pacientes. Em seguida, me interessarei pelos benefícios que os psicanalistas tiram da análise.

Os (fracos) benefícios terapêuticos

A psicanálise foi uma técnica terapêutica antes de ser um método de interpretação aplicável a qualquer fenômeno psíquico ou cultural. No início de sua carreira, Freud era bastante otimista. Em 1895, ele anuncia: "A histeria e a neurose obsessiva são agora radicalmente curáveis e não unicamente seus vários sintomas, mas também a própria predisposição neurótica."[5] Em seguida ele se tornou cada vez mais modesto e, no final da carreira, francamente pessimista. Em 1911 já declara que não era preciso "buscar o sucesso terapêutico na eliminação de tal ou qual sintoma, mas no restabelecimento da capacidade de agir durante toda a vida".[6] Ao final de sua vida, ele não esconde mais a pobreza de seus resultados terapêuticos. Em seu último grande texto técnico, *Análise terminável e interminável* (1937), reconhece que "o analista não trabalha com poderes ilimitados, mas restritos" e declara que a psicanálise é uma "profissão impossível" — assim como a do educador e a do governante —, ou seja, "quanto às quais de antemão se pode estar seguro de chegar a resultados insatisfatórios".[7]

Freud reconheceu que a psicanálise podia tratar apenas a "pequena neurose" — *die kleine Neurose.*[8] Os estudos metódicos sobre os efeitos de psicoterapias mostram que o seu método não oferece resultados melhores do que outros e que, levando-se em conta o custo em tempo e dinheiro, os benefícios são claramente menos vantajosos (esse aspecto é abordado na terceira parte deste livro). Os (magros) resultados terapêuticos são imputáveis a fatores "não específicos", fatores que não são próprios à psicanálise. Trata-se, particularmente, do sentimento de ser escutado e compreendido, da esperança de mudar, da impressão de melhor compreender e controlar elementos da existência, de tentativas de novos comportamentos. Como os clínicos freudianos não conseguem vencer transtornos anulantes como as fortes agorafobias, os transtornos obsessivo-compulsivos (TOC) ou as dependências mais tenazes, a maioria deles os desdenha e os qualifica de "sintomas". Frequentemente, eles conseguem fazer com que seus pacientes compartilhem esse ponto de vista. Assim, Pierre Rey, ao termo de *dez anos* de sessões *cotidianas* de análise com Lacan, escreve que suas fobias sociais — o "sintoma" que o havia levado a buscar tratamento — não desapareceram:

> Confessá-lo hoje me faz rir: continuo sendo tão fóbico quanto antes. Mas nesse meio-tempo negociei com minhas fobias. Não sou mais colocado na posição de ter que experimentá-las, ou, mesmo que o seja, as considerando o *acidente de um tempo vazio*, eu as sofro com a resignação entediada que chamam as fatalidades exteriores.[9]

Se os "sintomas" persistem, como é frequentemente o caso, quais são as satisfações que encontram os pacientes em tratamentos sempre custosos e às vezes intermináveis? Tais benefícios são subjetivos e variam de uma pessoa para outra. Entretanto uma boa parte dos mais comuns se agrupam em cinco categorias, que iremos examinar: ser escutado, reconhecido, compreendido; se desculpabilizar e colocar desejos em ação; se estimar, se valorizar; poder tudo interpretar e explicar; encontrar um sentido para a vida.

Paciente, analisado, analisando ou cliente?

Freud sempre designou as pessoas que tratava pelos termos "Kranke" (doente), "Patient" (paciente) ou "Neurotiker" (neurótico). Hoje as pessoas em análise são frequentemente chamadas de "analisados" ou "analisandos". O último termo, graças aos lacanianos. Com efeito, a maioria das pessoas que ocupam seus divãs não é doente ou, ao menos, não se considera como tal. Muitos querem apenas fazer uma experiência de "crescimento pessoal", tratar de um "mal-estar" ou obter um tíquete de entrada para uma profissão "psi". Por outro lado, o particípio substantivo sugere que a própria pessoa faz o "trabalho", o analista não sendo senão um mediador entre ela e o "inconsciente".

Nos anos 1950, Carl Rogers, um psicólogo americano que "derivou" para uma forma de tratamento bastante distante do freudismo ortodoxo, promoveu o termo "cliente", visando sublinhar o papel ativo que deveria desempenhar toda pessoa engajada em uma relação de ajuda psicológica.[10] Em certos países, como os Países Baixos, psicoterapeutas não médicos e mesmo psiquiatras adotaram esse vocábulo, não unicamente pela razão invocada por Rogers. A psicoterapia é, com efeito, também uma relação comercial: o cliente paga um serviço; o especialista o ajuda a melhor se conhecer, a resolver seus problemas, a se livrar de sofrimentos. O termo "cliente" é particularmente indicado quando se trata de uma análise "didática", ou seja, quando a pessoa em análise busca adquirir uma competência profissional para se tornar psicanalista.

No caso de um tratamento tipicamente freudiano, as questões de dinheiro são particularmente importantes: o cliente só é aceito se for solvível, as tarifas são as mais elevadas, e os pagamentos são feitos em espécie. Em troca, o cliente espera benefícios substanciais, mais "profundos" ou mais rentáveis que os dos outros métodos.

Ser escutado, reconhecido, compreendido

Uma das satisfações essenciais de toda forma de psicoterapia é poder falar livremente sobre qualquer coisa, tendo o sentimento de ser escutado atentamente por uma pessoa disponível, segundo um horário convencionado. A principal condição para se beneficiar disso é pagar regularmente as sessões.

Assim, o cliente que vive na solidão encontra, enfim, uma orelha atenta, mesmo se ela não é calorosa. Aquele que não podia, em casa, abrir a boca sem ser maltratado encontra-se, enfim, livre para se exprimir sem ser interrompido, sem ser imediatamente julgado. Aqui não há mais temor em falar: com as palavras, tudo é permitido, tudo tem um sentido, tudo é digno de interesse, tudo parece ou vai tornar-se instrutivo. Se o terapeuta emite regularmente sinais de atenção e faz alguns comentários não críticos, o cliente se sente compreendido, reconhecido, valorizado. Certo número de pessoas não pede mais do que isso.

O PODER DE SEDUÇÃO DA PSICANÁLISE

A psicanálise, mais do que as outras terapias, oferece esse tipo de satisfação. Assim, vários analisandos vivem, nos primeiros momentos do tratamento, "a embriaguez da palavra liberada".[11] Talvez essa escuta seja o que a psicanálise tem de melhor a oferecer. Ela torna possível — mas nem sempre efetivo — um distanciamento em relação aos problemas e uma outra percepção das realidades. Quando os transtornos são leves, isso pode bastar, e é talvez uma das razões essenciais do sucesso da maioria das psicoterapias, e particularmente da psicanálise.

Se desculpabilizar e colocar desejos em ação

Um dos benefícios maiores de inúmeras psicoterapias é aprender a relativizar as normas patogênicas. O freudismo contribuiu para reduzir a culpabilidade ligada ao prazer sexual. Esse é um dos seus maiores méritos e, incontestavelmente, uma das razões de sua popularidade. De modo mais amplo, a psicanálise desculpabiliza, sem muito custo, condutas patológicas, infantis, egocêntricas ou malévolas. A decifração freudiana permite considerá-las "sintomas" de processos inconscientes ou como a expressão de desejos injustamente reprimidos. A responsabilidade por reações problemáticas é frequentemente atribuída aos pais ou à ligação com os pais, razão pela qual a pessoa em análise desenvolve facilmente conflitos com aqueles que cuidaram dela durante a infância. Os analistas não hesitam em martelar que é preciso matar, simbolicamente, a mãe e o pai.

Se Pierre Rey, do qual falamos há pouco, permaneceu um adepto da psicanálise após dez anos de sessões cotidianas que não o livraram de seus "sintomas" fóbicos, foi sobretudo porque, graças à psicanálise, ele se "autorizou" a manifestar livremente suas emoções:

Jorraram de mim, numa efervescência assustadora, gritos bloqueados por trás de minha carapaça de bondade cordial. Desde então, cada um pôde conhecer meus sentimentos. Quando eu amava, até que a morte nos separas-

151

se, eu amava. Quando eu odiava, até que a morte nos separasse, eu odiava, isso não demorava a ser sabido.[12]

Um exemplo: uma amiga lhe telefona várias vezes para pegar de volta um livro que lhe emprestara. Rey não o encontra. Como resposta a um novo telefonema, esbravejava ele: "Escute, sua velha porca. Joguei o seu livro de merda na latrina. Estou avisando. Se você me telefonar mais uma vez, eu quebro a sua cara! Não quero mais ouvir a sua voz, nunca mais!"[13]

Assim, a psicanálise lhe permitiu adotar, sem incômodo nem culpa, reações agressivas e perfeitamente egocêntricas. Rey conclui: "Não há ética senão a atuação do desejo. O resto é literatura."[14]

Notemos que a glorificação do "desejo" e do "gozo" é um *leitmotiv* de Lacan mais do que de Freud. O pai da psicanálise não preconizou o prazer e o egoísmo sem barreiras. A sua moral, olhando-a de perto, é extremamente conservadora. Ele afirmava que "uma vida segundo o princípio do prazer é impraticável".[15] O objetivo que destinava para o tratamento era "a domesticação (*Bändigung*) da pulsão em conflito com o eu" e a "sua integração ao eu, de modo que ela não seguisse mais as suas próprias vias para a satisfação". A psicanálise, acrescentava ele, "revisa os antigos recalcamentos" e "constrói novas barreiras (*neuen Dämmen*), mais sólidas que as primeiras. [...] Podemos então confiar em que essas barreiras não cederão facilmente à elevação do crescimento pulsional".[16] Freud estava longe de preconizar a liberação *anárquica* dos desejos, tão cara a alguns ideólogos.

Se estimar, se valorizar

Françoise Giroud resume o balanço de seu tratamento com Lacan nesses termos:

> É duro uma análise, e dói. Mas quando desmoronamos com o peso das palavras recalcadas, das condutas obrigadas, da cara para salvar, quando a re-

presentação que temos de nós mesmos se torna insuportável, o remédio é esse. [...] Não mais ter vergonha de si é a liberdade realizada. Isso é o que uma psicanálise bem conduzida ensina àqueles que pedem a sua ajuda.[17]

Ao lermos as pesquisas sobre os psicanalisados,[18] constatamos que a sua experiência, como mostra o exemplo de Giroud, ilustra muito mais frequentemente a concepção de Alfred Adler do que a de Freud. Sabemos que o célebre rival de Freud estimava que a motivação primordial é não a pulsão sexual, mas a vontade de poder, o desejo de ser reconhecido e de se afirmar. Muito poucos analisados declaram ter vivido o que, no dizer de Freud, é o fator específico da cura das neuroses: reduzir o conflito entre as pulsões sexuais e o superego, reencontrar as recordações recalcadas de experiências sexuais, reais ou fantasiadas, da infância. Muito mais frequentemente, trata-se de não desmoronar sob o peso da cara para salvar, de não mais ter vergonha de si, de ter mais autoestima. Observemos que se trata aqui de aprendizados que servem, com razão, a muitas psicoterapias. As terapias comportamentais e cognitivas se constituíram como uma especialidade nisso.[19]

Nos frequentadores do divã, a preocupação do eu ultrapassa habitualmente a procura, essencial para a felicidade, de uma boa autoestima.[20] Ao termo de sua enquete sobre a imagem da psicanálise na França, Serge Moscovici constatou que os entrevistados que conheciam analisados sublinhavam frequentemente o aumento do egocentrismo como uma consequência do tratamento. Ele resume as respostas escrevendo que o psicanalisado aparece como "arrogante, fechado, voltado para a introspecção".[21] A enquete de Dominique Frischer com cerca de sessenta analisados parisienses chega às mesmas conclusões. Assim, Jean-Pierre, "já egoísta no passado, reconhece que a análise desenvolveu esta tendência, fazendo dele um perfeito egocêntrico". Marie-Hélène exulta "por ter se tornado individualista, egoísta, hedonista, autoritária".[22] Hoje o tratamento freudiano — sobretudo quando é conduzido por um lacaniano — leva frequentemente a uma verdadeira exaltação do Eu.

Tudo interpretar, tudo explicar

Muito rapidamente, depois de ter entrado no sistema freudiano, tudo ganha sentido, tudo se esclarece, tudo se explica: o menor lapso, qualquer sonho, um ritual compulsivo, o delírio de um esquizofrênico... Basta de dizer "eu não sei". Tudo se decodifica com uma maravilhosa facilidade.

Você esquece o seu guarda-chuva na casa de um amigo? Você quer voltar à casa dele. Seu amigo lhe diz para não tomá-lo "ao pé da letra"? Você entende que ele recalca a sua "homo"-sexualidade.[23] Ele reage mal à sua interpretação? "Ele está se defendendo", está resistindo ao "id" que fala nele, "sem que o ego tenha consciência disso". Ele critica Freud ou Lacan? Está se revoltando contra o Pai. Você sonha com a sua morte? Deseja que ele morra. Tem medo da morte? Você sofre de uma angústia de castração. Seu filho tem medo de cavalos? Ele teme ser castrado pelo pai porque deseja a mãe. Sua análise faz com que você sofra cada vez mais? Você está entrando enfim nas camadas profundas do inconsciente. Os honorários do analista lhe parecem excessivos? Você está tendo uma "transferência negativa" ou uma "regressão ao estágio sadicoanal". Depois de cinco anos de análise, você continua a sofrer de "sintomas" dolorosos? Você ainda não cavou o suficiente, você deseja sofrer porque seu superego ainda é excessivamente forte. Todos os comportamentos de seus interlocutores são impiedosamente desmascarados. Você os compreende como eles próprios não podem se compreender, a menos que eles também façam parte da elite freudiana: aqueles que sabem e podem se permitir saber. É tranquilizador. Isso dá poder e "gozo".

Karl Popper, um dos maiores nomes da história da epistemologia, descreveu seu deslumbramento com essa decifração universal antes de compreender que as verificações constantes de uma teoria caracterizam as religiões e outros sistemas não científicos. Lembrando-se de seu encontro, na juventude, com o marxismo, a psicanálise de Freud e a de Alfred Adler, ele escreve:

O estudo de uma ou outra dessas três teorias parecia ter o efeito de uma conversão intelectual ou de uma revelação, permitindo-lhe descobrir uma verdade nova, escondida dos olhos daqueles que ainda não eram iniciados. Uma vez seus olhos abertos, você descobria confirmações em qualquer lugar: o mundo estava cheio de verificações da teoria. Tudo o que podia acontecer sempre a confirmava. A sua verdade era, portanto, manifesta. Aqueles que recusavam a teoria eram, sem dúvida, pessoas que não queriam ver a verdade evidente; eles a recusavam por causa de seus interesses de classe colocados em questão ou por causa de seus recalcamentos ainda não analisados e necessitando, de modo evidente, de uma terapia.[24]

Um outro grande filósofo e epistemólogo do século XX, Ludwig Wittgenstein, conheceu o mesmo deslumbramento, seguido da mesma desilusão. Depois de ter se declarado um "adepto de Freud", ele não poupou suas críticas a um sistema que acabou por comparar a uma mitologia de aplicação fácil. O célebre professor de Cambridge deplorava: "Freud prestou um mau serviço com suas pseudoexplicações fantásticas (precisamente porque são engenhosas). Qualquer besta tem agora essas imagens na mão para explicar, graças a elas, os fenômenos patológicos."[25]

Dar um sentido à vida

Na falta de serem liberados de seus "sintomas", um bom número de analisandos se contenta em fazer uma experiência "existencial". O tratamento — ao qual se acrescenta, eventualmente, a leitura da literatura freudiana — dá um sentido às suas vidas.

Essa função da psicanálise interessa particularmente às pessoas que não sofrem de um distúrbio mental caracterizado, mas que vivem uma existência que estimam morna, pouco interessante, insatisfatória. Sendo o inconsciente freudiano um "campo" infinito, a análise oferece com o que se ocupar indefinidamente.

Aos decepcionados pela religião e pelo marxismo, a psicanálise propõe uma nova forma de salvação. Não se trata mais de Deus, de pecado, de ressurreição ou de futuros promissores, mas de "verdade", de "autenticidade", de "renascimento" e de uma "nova identidade". Esses clientes se dedicam sempre a propagar a Boa-Nova. Eles demonstram um proselitismo que dispensa os analistas de eles próprios precisarem fazer a publicidade.

Frischer constatou que a maioria dos analisados que tem mais de cinco anos de análise pensam em se tornar psicanalistas.[26] Por que não? Já a primeira paciente de Freud, Emma Eckstein, se tornou psicanalista, sem nenhuma outra formação senão o divã freudiano.[27]

Tornar-se analista é seguramente "o" benefício de um tratamento, quer ele tenha sido empreendido para enganar o tédio, para tratar um "mal-estar", por esnobismo ou para exercer uma profissão. Desde que Lacan aboliu a separação entre as análises "didáticas" e "terapêuticas", vários pacientes vieram engordar a coorte dos analistas lacanianos.[28]

Benefícios[29] substanciais para os psicanalistas

Pode-se ganhar muito mais dinheiro sendo psicanalista do que sendo professor escolar ou assistente social em um hospital. Então, desde os anos 1960, vários diplomados em filosofia, padres que voltaram ao estado laico, artistas sem renome e inúmeros outros fizeram da psicanálise seu ganha-pão. Essa profissão lhes assegura ao mesmo tempo uma subsistência confortável e um prestígio comparável ao dos eclesiásticos dos séculos passados. Dados os preços, o número de sessões por semana e a duração dos tratamentos, um pequeno número de clientes basta. O analista que adota a técnica lacaniana das sessões curtas pode rapidamente se tornar rico.

Reflitamos com mais vagar sobre o fato de que a psicanálise é uma atividade fácil, o que, sem tê-la praticado, poucas pessoas compreendem. Entretanto o próprio Freud disse e repetiu:

A técnica da psicanálise é muito mais fácil de aplicar do que se imagina pela sua descrição.[30] A regra da atenção flutuante, que comanda a maneira segundo a qual o psicanalista escuta, "permite poupar um esforço de atenção, a qual, de qualquer modo, não poderia ser mantida por várias horas diariamente".[31] "Cada qual possui em seu próprio inconsciente um instrumento com o qual pode interpretar as expressões do inconsciente nos outros."[32] "O trabalho analítico é uma *arte da interpretação*, cujo bom manejo demanda certamente habilidade e prática, mas que não é difícil de aprender."[33]

Lacan, por sua vez, declarava:

> O que é a clínica psicanalítica? Isso não é complicado. Ela tem uma base — é o que se diz em uma psicanálise. Em princípio, nos propomos a dizer qualquer coisa, mas não de qualquer lugar — do que chamarei esta noite de *direvent*...[34] Podemos também nos vangloriar, nos vangloriar da liberdade da associação, assim chamada... Evidentemente, eu não posso dizer que quando fazemos psicanálise sabemos para onde vamos. A psicanálise, como todas as outras atividades humanas, participa incontestavelmente do abuso. Fazemos como se soubéssemos alguma coisa.[35]

Em um tratamento, o analista freudiano adota essencialmente três tipos de atividades: a) escutar em estado de atenção flutuante, ou seja, sem fazer um esforço de atenção, b) emitir regularmente alguns "uhm", para assegurar o cliente de que ele está sendo escutado e deve continuar a associar "livremente"... sobre temas freudianos, c) dar, de tempos em tempos, interpretações, ora compreensíveis, ora enigmáticas.

A decifração psicanalítica é muito simples: em grande parte, ela consiste em recorte de palavras — chamadas de "significantes" — e em descobertas de analogias ou de significantes simbólicos.[36] Isso é acessível a qualquer pessoa que terminou o segundo grau e que leu alguns livros de psicanálise. Quando o cliente coloca questões embaraçosas, basta lhe retornar: "Por que você está colocando esta questão?", "O que isto interpela?" etc. Suas críticas e oposições são interpretadas como "resistências", "denegações" ou manifestações de uma "transferência hostil". Elas não colocam nunca o analista em questão.

Qualquer um pode se autorizar "psicanalista" e exercer essa profissão que não tem estatuto legal. Desde que a psicanálise obteve sucesso, inúmeras pessoas a praticaram sem terem estudado psicologia ou psiquiatria. Em

1922, Freud reagiu à proliferação de analistas não supervisionados por ele, instituindo, como condição de reconhecimento por sua associação, a obrigação de uma "análise pessoal" (*Selbstanalyse*) com ele ou com um discípulo fiel a ele. Essa regra forneceu aos analistas, começando pelo próprio Freud, o maior benefício que a psicanálise pode trazer: ser didático.

Uma profissão de ouro: didático

Freud jamais fez análise. Ele poderia ter pedido esse favor a um de seus colegas. Que eu saiba, ele jamais o quis. De fato, a utilidade de uma análise didática para exercer a psicanálise não é de modo algum evidente. Essa ideia foi enunciada pela primeira vez apenas em 1912, por Jung, em decorrência da observação de reações neuróticas de... Freud![37] Freud retomou o conceito com entusiasmo.[38] Alguns anos mais tarde, as análises didáticas seriam a sua principal ocupação.[39]

Podemos encontrar argumentos para fazer ou exigir uma análise didática. Segundo o pai da psicanálise, os principais objetivos são, por um lado, permitir ao aluno se convencer da existência do inconsciente e aprender a técnica e, por outro lado, permitir ao analista que ensina julgar a competência do aluno.[40]

Um outro argumento foi colocado por Hanns Sachs, fiel discípulo de Freud, um dos primeiros a ocupar quase todo o seu tempo conduzindo análises didáticas:

> As religiões sempre exigiram um período de teste, de noviciado, dos adeptos que desejavam destinar sua vida inteira ao serviço do supraterrestre e do sobrenatural, daqueles que deveriam se tornar padres ou monges... É a mesma coisa para a análise, que tem necessidade de um equivalente desse noviciado na Igreja.[41]

Além desses motivos teóricos, é necessário reconhecer que as análises didáticas, para aqueles que as conduzem, são os tratamentos frequentemente mais

O PODER DE SEDUÇÃO DA PSICANÁLISE

rentáveis e sempre os mais confortáveis: os alunos-analistas não têm, em princípio, grandes problemas, chegam sempre na hora, pagam tudo, não ousam interromper o tratamento nem criticar o comportamento do analista didático, e se tornam, em geral, discípulos zelosos e fornecem novos clientes.

As primeiras análises didáticas realizadas por Freud — a de Ferenczi, por exemplo — duravam apenas algumas horas. A partir dos anos 1920 elas se tornaram cada vez mais longas: doze anos para Dorothy Burlingham (cujo filho mais velho, analisado por Anna Freud, se envenenou deitado na cama dela); dezesseis anos para Ruth Mack-Brunswick (que morreu prematuramente de politoxicomania).[42]

Desde que um analista é autorizado por sua associação a fazer análises didáticas, ele faz disso geralmente a sua principal atividade profissional — sem negligenciar, caso se apresentem, os jornalistas, os políticos influentes, os atores de cinema e outras celebridades. Compreendemos que os psicanalistas proclamem que *a principal condição de reconhecimento do título de psicanalista por sua associação é a análise didática e, de modo algum, um diploma universitário como a psiquiatria ou a psicologia.*[43] Professor de filosofia em busca de sucesso, assistente social buscando uma promoção, advogado, todos são bem-vindos nos analistas didáticos que, após algumas horas de divã, irão lhes conferir o título tão desejado de analista. Alguns anos mais tarde, os novos promovidos poderão, por sua vez, se tornar "formadores". Como diz Lacan, "a psicanálise atualmente não tem nada de mais certo a destacar como seus bens do que a produção de psicanalistas".[44]

Podemos, certamente, reconhecer a importância, para uma psicoterapia, de aprender a modificar seus próprios comportamentos, sobretudo aqueles que podem interferir com a sua prática.[45] Entretanto, as análises didáticas freudianas se tornaram, para aqueles que detêm o poder nas associações, o maior dos benefícios da psicanálise. As práticas atuais participam incontestavelmente do abuso. O modo segundo o qual Lacan conduzia as suas análises didáticas mostra até onde pode ir o poder daqueles que concedem o título de psicanalista de sua associação. Durante as sessões, o presidente da Escola Freudiana de Paris se permitia dormir ou ler jornais sem emitir uma única palavra. Eis o depoimento de Jean-Guy Godin, "autorizado" psicanalista graças à sua passagem pelo divã de Lacan (a contracapa do livro onde ele conta a sua análise didática não menciona nenhum outro título senão o de psicanalista):

> Lacan estava em sua escrivaninha, escrevia ou lia, virava as páginas do *Figaro*, seu jornal, num grande burburinho de suas folhas. Espécie de alegoria da escuta flutuante, de um modo de ausência sobre um fundo de presença barulhenta, ele tirava pequenos barulhos de seu charuto torcido. Esta leitura o tranquilizava, como o traço de um apego a um velho hábito que, a despeito do conteúdo do jornal — eu gostava de acreditar nisso —, ele não tinha podido abandonar. Às vezes, a sua leitura rápida, a se julgar pelos burburinhos próximos das páginas viradas, o conduzia a grunhidos talvez críticos, "É insensato!... é insensato!", a respeito dos quais eu não podia decidir se não se dirigiam também ao que eu dizia. Mas ao contrário do *Eco das savanas*, que o absorvia mais, esta leitura flutuante não me parecia uma concorrente séria.[46]

Sabemos que Lacan, à medida que a sua reputação aumentava, fazia sessões cada vez mais curtas. Nos últimos anos de sua vida, as sessões tinham a aparência de uma simples postagem. François Perrier, que fez sua análise didática com ele, e se tornou um de seus discípulos mais célebres, escreveu após a morte do mestre:

> No momento de terminar uma sessão de análise, Lacan transmitia o que não havia nem escutado nem entendido, por um jogo de palavras ou um aperto de mão. Ele se saía dessa forma. Às vezes, se contentava em dizer tchau. Ah! Ele sabia manejar seu mundo. Cada qual estava tão fascinado por seu personagem que no final das contas vínhamos para ser carimbados como um selo.[47]

Goddin conta que

> Nos dias em que estava mais apressado do que o habitual, Lacan ficava às vezes na moldura da porta, escutava com um ouvido o murmúrio do divã, enquanto o olho observava a porta de entrada se abrir e se fechar a cada

pessoa nova que chegava. Essa postura o mostrava em busca de uma utilização ótima do tempo, mas também do espaço. Desde a entrada, seu olhar dizia que ele estava ali... escutando. Nem tudo neste olhar, nem tudo nesta escuta.[48]

Freud era menos cínico que Lacan, mas ele também já não reconhecia como psicanalista senão aquele que se conformava estritamente a seu sistema. A título de ilustração, eis o depoimento de Kardiner, um psiquiatra americano que publicou o diário de sua análise didática:

> Eu tinha medo de Freud: temia que ele descobrisse minha agressividade escondida. Fiz, portanto, uma aliança muda com Freud: "Continuarei a ser dócil na medida em que você me conceder a sua proteção." Se ele me rechaçasse, eu perderia para sempre qualquer chance de entrar no círculo mágico da profissão.[49]

Um maravilhoso filão para os professores

A psicanálise tem a enorme vantagem de parecer ao mesmo tempo uma ciência empírica — que seria "verificada" por fatos —, uma antropologia — cujos conceitos têm a mesma "profundidade" que as noções fundamentais da filosofia — e uma técnica que libera dos sofrimentos da condição humana, quando não faz nascer um homem novo, duradouramente feliz. Ela oferece àqueles que ensinam psicologia ou filosofia um meio eficaz de captar a atenção dos alunos.[50] É muito mais estimulante falar de Freud, Dolto e Marie Cardinal[51] do que de Platão, Kant ou Popper.

No meio dos professores, os maiores beneficiários da onda do freudismo são os professores universitários de psiquiatria e de psicologia. Fazer ciência empírica de qualidade no domínio das ciências humanas é um empreendimento complexo e exigente. É muito mais fácil obter um título de doutor ou de professor titular escrevendo um texto a partir de textos psicanalíticos. A leitura de Freud, Melanie Klein ou Lacan substitui a paciente coleta de fatos de observação. A citação desses autores substitui as pesquisas metódicas e a argumentação racional. Se o doutorando prevê um júri composto de lacanianos, ele pode usar os jargões sem se preocupar com o sentido das palavras.[52] Uma vez nomeado, o professor pode continuar a discorrer e a publicar sem a menor preocupação com o laço com a realidade empírica e a eficácia prática — essa última preocupação sendo qualificada de "tecnocrática", "neoliberal" ou "neo-higienista".

Esse laxismo na concessão dos títulos requeridos para o professorado universitário foi superado nas universidades anglo-saxônicas e do Norte da Europa (inclusive na Bélgica flamenga), ao menos nos departamentos de psicologia e de psiquiatria. (Em certos departamentos de filosofia e de letras, a especulação psicanalítica ainda é admitida para a confecção de uma tese.) Nos países latinos (inclusive na Bélgica francofônica), a psicanálise continua tendo muito sucesso, em todos os sentidos da expressão:[53] menos para a felicidade dos pacientes do que para a dos analistas, professores, editores e jornalistas. Muito tempo ainda será necessário antes que os vários beneficiários do freudismo aceitem outros meios de ganhar dinheiro e obter poder.

Notas

1. Bélgica, ed. Mardaga (difundido na França por Sofedis), 1981, 4ª ed., 1996.
2. *Cf.* C. Koupernic, "A propos de 'Les illusions de la psychanalyse' de J. Van Rillaer", *L'évolution psychiatrique*, 1982, 47 (2), p. 559-64.
3. Para saber mais sobre essas terapias, ver, por exemplo, o site da Associação Francesa: www.aftcc.org e, *infra*, o capítulo dedicado a elas.
4. Em termos técnicos, procedemos a uma "análise funcional", a localização de "reforçadores" (ou seja, dos efeitos de comportamentos que parecem incitar à repetição desses comportamentos). Uma "análise comportamental" leva em consideração seis variáveis: a) o meio ambiente do comportamento e os estímulos antecedentes; b) os processos cognitivos em jogo; c) os afetos; d) as ações; e) o estado do organismo; f) as consequências antecipadas do comportamento. Nós nos centramos aqui na sexta variável e respondemos à questão: quais são os benefícios da prática freudiana?
5. S. Freud, *Aus den Anfängen der Psychoanalyse*, Londres, Imago, 1950, p. 138. Trad. *Naissance de la psychanalyse*, Paris, PUF, 1969, p. 113.
6. Citado por A. Durieux, *Sigmund Freud. Index thématique*, 2ª ed., Paris, Anthropos, 2001, p. 208.
7. "Die endliche und die unendliche Analyse", *Gesammelte Werke*, XVI, 1937, p. 74, 94. Freud utiliza o qualificativo *"ungenügend"*, insuficiente, medíocre.
8. A. Kardiner, *Mon analyse avec Freud*, trad. Paris, Belfond, 1978, p. 173.
9. P. Rey, *Une saison chez Lacan*, Paris, Robert Laffont, 1989, p. 77 (grifado por Rey).
10. C. Rogers, *Client-Centered Therapy*, Boston, Houghton Mifflin, 1951.
11. N. Stern, *La fiction psychanalytique*, Bélgica, Mardaga, 1999, p. 37.
12. Rey, *op. cit.*, p. 156.
13. *Ibidem*, p. 170.
14. *Ibidem*, p. 209.

O LIVRO NEGRO DA PSICANÁLISE

15. S. Freud, "Wege der psychoanalytischen Therapie" (1919), trad. "Les voies de la thérapeutique psychanalytique" ["Linhas de progresso na terapia psicanalítica"], *Oeuvres complètes*, Paris, PUF, vol. XV, p. 99.

16. S. Freud, "Die endliche und die unendliche Analyse", *Gesammelte Werke*, XVI, 1937, p. 69, 71. Freud utiliza o qualificativo *"ungenügend"*, insuficiente, medíocre.

17. F. Giroud, *Le Nouvel Observayteur*, nº 1.610, 14-20 de setembro de 1995.

18. Ver D. Frischer, *Lea analysés parlent*, Paris, Stock, 1977; M. Maschino, *Votre désir m'intéresse. Enquête sur la pratique psychanalytique*, Paris, Hachette, 1982; N. Stern, *op. cit.*

19. Ver a quinta parte. Ler, por exemplo, a obra clássica de J.-M. Boisvert e M. Baudry, *S'affirmer et communiquer*, Montréal, Éditions de l'Homme, 1979; ver também F. Fanget, *Affirmez-vous!*, Paris, Odile Jacob, 2000; *Osez: Thérapie de la confiance en soi*, Paris, Odile Jacob, 2003.

20. Várias pesquisas mostram que o grau de autoestima é a variável mais estritamente ligada ao grau de bem-estar subjetivo, ao menos nas sociedades "individualistas", tais como as sociedades ocidentais. O sucesso do livro de C. André e F. Lelord (*L'estime de soi*, Paris, Odile Jacob, 1999) se explica certamente por suas qualidades, mas também pela importância dessa motivação fundamental.

21. S. Moscovici, *La Psychanalyse, son image et son public*, 2ª ed., Paris, PUF, 1976, p. 143.

22. D. Frischer, *op. cit.*, p. 312 e 314.

23. "Ao pé da letra" é a tradução para a expressão francesa *"au mot"*, que é homônima a *"homo"*. (*N. T. B.*)

24. K. Popper, *Conjectures and Refutations*, 3ª ed., Londres, Routledge and Kegan Paul, 1969, p. 35. Trad. *Conjéctures et Réfutations*, Paris, Payot, 1985, p. 61.

25. L. Wittgenstein, *Culture and Value* ("Vermischte Bemerkungen"), Oxford, Blackwell, 1978, p. 55. Citado por J. Bouveresse, *Philosophie, mythologie et pseudoscience. Wittgenstein lecteur de Freud*, Paris, Éditions de l'éclat, 1991, p. 13.

26. *Les analysés parlent*, *op. cit.*, citado *in* N. Stern (1999), *op. cit.*, p. 161.

27. J. Masson, *Le Réel escamoté*, trad., Paris, Aubier, 1984, p. 17.

28. Cabe observar, para aqueles que não conhecem a história da psicanálise na França, que em 1963 a International Psychoanalytical Association (IPA) não mais reconheceu a Lacan o direito de conduzir análises didáticas, principalmente por causa de sua prática das sessões curtas (por exemplo, 5 minutos em vez de 50). Em reação a isso, Lacan fundou a sua própria escola em 1964 e concedeu generosa-

O PODER DE SEDUÇÃO DA PSICANÁLISE

mente o título de psicanalista àqueles que desejavam obtê-lo. Como observa Marc Reisinger, *in Lacan l'insondable*, Paris, Les Empêcheurs de Penser en Rond, 1991, p. 185, a hipertrofia do grupo lacaniano constitui "uma forma de revanche original contra os adversários de Lacan filiados à IPA". Esses últimos foram desde então vencidos. Hoje os lacanianos, com o genro de Lacan na direção, fazem a lei, ao menos na França.

29. O termo aqui em francês é *"bénéfice"* que tanto pode significar "benefício" quanto "lucro". (*N. T. B.*)

30. "Die Freudsche Psychoanalytische Methode" (1904), *Gesammelte Werke*, Fischer, V, p. 7.

31. "Ratsschläge fur den Arzt bei der psychoanalytischen Behandlung" (1912), *Gesammelte Werke*, Fischer, VIII, p. 377.

32. "Die Disposition zur Zwangneurose" (1913), *Gesammelte Werke*, Fischer, VIII, p. 445.

33. *Selbstdarstellung* (1925), *Gesammelte Werke*, Fischer, XIV, p. 66.

34. Optamos por manter o termo em francês, pois tradução alguma permitiria manter as várias possibilidades que apresenta o termo em francês: 1) a sonoridade de *"dire-vent"* é próxima de "divã" (local de onde o analisando fala); 2) *"vent"* é homônimo de "van", primeira sílaba de *"vanter"* (vangloriar), verbo ao qual Lacan fará referência em seguida; 3) *"vent"* quer dizer ainda "vento". (*N. T. B.*)

35. J. Lacan, "Ouverture de la section clinique", *Ornicar? Bulletin périodique du champ freudien*, 9, 1977, p. 7.

36. Este ponto será detalhado mais adiante, no capítulo "A mitologia da profundidade".

37. Ver P. Roazen, *La Saga freudienne*, Paris, PUF, 1986, p. 207.

38. Ele afirma a necessidade da análise didática pela primeira vez em 1912 e reconhece que a ideia veio da "Escola de Zurique". *In Gesammelte Werke*, Fischer, VIII, p. 382.

39. In "Die endliche und die unendliche Analyse" (1937), ele descreve que tratou de pacientes no início, e que em seguida as análises didáticas se tornaram a sua principal ocupação. *In Gesammelte Werke*, Fischer, XVI, p. 68.

40. *Ibidem*, XVI, p. 94.

41. Citado por P. Roazen, *op. cit.*, p. 257.

42. P. Roazen, *Freud and his followers*, Nova York, Da Capo Press, 2ª ed., 1990, p. 420, 435.

43. E. Roudinesco escreve que "todos os psicanalistas estudaram psicologia", *in Pourquoi la psychanalyse?*, Paris, Fayard, 1999, p. 193. Isso é falso. Mesmo os psicana-

O LIVRO NEGRO DA PSICANÁLISE

listas reconhecidos como membros efetivos por suas associações — para não falar daqueles que exercem a psicanálise de maneira "selvagem", ou seja, sem nenhuma formação — não têm necessariamente um diploma de psicólogo ou de psiquiatra. Os principais líderes da opinião em matéria de psicanálise na mídia francesa são uma historiadora, precisamente E. Roudinesco, e intelectuais, como os irmãos Miller, Catherine Clément, Bernard-Henri Lévy e Philippe Sollers.

44. Preâmbulo à fundação da Escola Freudiana (1964). Citado por F. Roustang, *Lacan: de l'équivoque à l'impasse*, Paris, Minuit, 1986, p. 20.

45. *Cf.* J. Van Rillaer, "Pour des analyses personnelles chez les comportamentalistes", *Journal de thérapie comportamentale et cognitive*, Paris, Masson, 10 (1), 2000, p. 1-3.

46. J.-G. Godin, *Jacques Lacan, 5 rue de Lille*, Paris, Seuil, 1990, p. 82.

47. F. Perrier, *Voyages extraordinaires en Translacanie*, Paris, Lieu Commun, 1985, p. 97.

48. J.-G. Godin, *op. cit.*, p. 113.

49. A. Kardiner, *op. cit.*, p. 90.

50. Na Bélgica não se ensina filosofia no segundo grau. São os professores de francês, de moral e de religião católica que difundem a doutrina freudiana, às vezes com um zelo considerável.

51. Lembremos que o célebre livro de Marie Cardinal, *Les mots pour le dire*, não é um relato de seu tratamento, mas um romance inspirado nele. A palavra "romance" aparecia na contracapa da 1ª edição (Grasset, 1975) mas desapareceu nas reedições de bolso. Durante um debate televisionado, Marie Cardinal respondeu, a uma questão minha sobre o tratamento apresentado em seu livro, que ela havia escrito um romance e não desejava falar de sua verdadeira análise.

52. Para uma demonstração das possibilidades de fazer passar os jargões verbais por teoria psicanalítica sofisticada, *cf.* A. Sokal e J. Bricmont, *As imposturas intelectuais*, 1997, Paris, Odile Jacob, reed., Le livre de poche, 1999.

53. A expressão aqui utilizada é *"faire recette"*, que tanto pode significar "ter sucesso" como também "trazer lucro", ou ainda, no sentido literal, "fazer receita". (*N. T. B.*)

Outra superioridade reivindicada pela psicanálise: apenas ela seria capaz de tratar "profundamente" porque remontaria às origens do problema. Esta ideia é talvez o lugar-comum mais difundido sobre a psicanálise e a confirmação de sua surpreendente capacidade para ter respostas para tudo e para colocar a seu favor as objeções que lhe são feitas — e até mesmo seus fracassos. Não há um único artigo sobre as terapias que não acene como uma evidência que as outras disciplinas tratariam apenas dos "sintomas", a parte visível do iceberg, expondo o paciente ao risco de ver reaparecer a doença "em outro lugar", enquanto a psicanálise, mais longa, mais exigente, trataria o paciente profundamente. De fato, a ideia foi amplamente difundida entre o grande público, que pensa que, se tratamos uma fobia, por exemplo, corremos o risco de ter asma ou eczema, como se uma doença subterrânea viajasse no interior do ser humano. Nenhum estudo jamais pôde demonstrar esse prodígio, mas as ilusões da psicanálise são... profundas.

Essa analogia é, em todo caso, genial, pois faz de cada paciente um explorador das profundezas dele próprio, profundezas que evidentemente ele nunca alcança, e justifica tratamentos intermináveis e estéreis. Jacques van Rillaer refuta essa ideia preconcebida e de modo algum sustentada.

A MITOLOGIA DA TERAPIA PROFUNDA

Jacques Van Rillaer

Meu artigo sobre a psicanálise foi bem acolhido. Julgo que é bom dar uma grandeza científica e envolver tudo com palavras como "profundo", "a fundo", "penetrante"!

Ernest Jones a Sigmund Freud[1]

A sedução das ideias de Freud é exatamente aquela que exerce a mitologia.

Ludwig Wittgenstein[2]

A psicanálise é frequentemente apresentada como a mais séria e a mais eficaz das psicoterapias. Visto que busca as causas escondidas e as origens dos transtornos, ela teria uma superioridade de fato sobre as outras abordagens. É bem conhecido que o que é profundo alcança um estatuto de dignidade e de supremacia inigualáveis: quão mais "profundas" são as fundações, mais sólido é o edifício; quão mais "profundo" é um amor, mais forte e durável ele se revela; quão mais "profundo" é um mistério, mais ele nos intriga; quão mais profunda é uma "ferida", mais dolorosa ela é.

A partir de 1913, Freud utilizou[3] a expressão "psicologia profunda" (*Tiefenpsychologie*) como sinônima de psicanálise. A noção de profundidade lhe serviu para definir, por um lado, o objeto de estudo da psicanálise e, por outro, a sua *démarche* terapêutica. Fazer psicanálise é descer às profundidades da alma.

A psicologia das profundezas

O inconsciente não foi descoberto por Freud

Contrariamente ao que o grande público acredita, o inconsciente não foi descoberto por Freud. Em 1890, quando não se falava ainda de psicanálise,[4] William James, em seu monumental tratado de psicologia (1.400 páginas), examinou o modo segundo o qual Schopenhauer, von Hartmann, Janet, Binet e outros utilizavam os termos "inconsciente" e "subconsciente". Ele próprio havia escrito bastante sobre a transformação de condutas conscientes em hábitos inconscientes. Admitia completamente a existência de processos inconscientes, mas já denunciava as explicações pelo inconsciente que valem para qualquer coisa. Ele escreveu: "A distinção entre os estados inconscientes e conscientes do psiquismo é o meio soberano para acreditar em tudo o que se quer na psicologia."[5] Essa advertência permanece, infelizmente, atual.

A palavra "inconsciente" é utilizada há mais de 250 anos, mas a afirmação da existência de processos não conscientes já se encontra em filósofos e místicos da Antiguidade.[6] A noção de inconsciente conheceu uma virada decisiva com Leibniz e se desenvolveu durante os séculos XVIII e XIX. Por volta de 1880, ela era banal para vários filósofos, para psiquiatras — como Benedikt em Viena, Bernheim ou Charcot na França — e para os primeiros psicólogos científicos. O grande livro (678 páginas) de Eduard von Hartmann, *Filosofia do inconsciente*, publicado em 1869, traduzido para o francês em 1877 e para o inglês em 1884, "é universalmente lido no final do século XIX".[7]

Um fator histórico essencial para a conceituação de uma oposição entre o consciente e o inconsciente é, sem dúvida, o desenvolvimento da consciência de si, que se operou desde o Renascimento. Por volta de 1600, os europeus se tornaram cada vez mais conscientes de si próprios como pessoas. Tiveram, entretanto, que reconhecer que o eu, que se afirma, se observa e se analisa, não é soberano: o eu não é autônomo. A tomada de consciência do eu se dá junto com o reconhecimento de processos mentais que o ultrapassam: "paixões" — que às vezes o dominam —, recordações e pensamentos — que o orientam à sua revelia.

A partir do século XVII, filósofos e moralistas[8] desenvolveram grades de interpretação das motivações escondidas ou inconscientes. Um dos pioneiros dessa corrente foi La Rochefoucauld. Sua célebre coletânea de *Máximas* se abre com este pensamento: "Nossas virtudes não são frequentemente senão vícios disfarçados." O tema central de sua obra é o desvelamento dos cálculos egocêntricos das condutas humanas. Arthur Schopenhauer, Karl Marx e Friedrich Nietzsche, cada qual à sua maneira, também acreditaram revelar um mecanismo fundamental que daria conta de uma infinidade de condutas humanas ou até mesmo de qualquer ação. Para Schopenhauer, a pulsão sexual forma a essência do ser humano, e a sua satisfação é o objetivo último de todos os esforços dos homens.[9] Para Nietzsche, a vontade de poder é a motivação última de um ser que não para de se enganar e de enganar seus semelhantes. Ele escreveu, por exemplo: "A propósito de tudo o que um homem deixa parecer, podemos colocar a questão: O que isso quer esconder? Do que isso deve desviar a atenção? Que preconceito isso coloca em ação? E ainda: até onde vai a sutileza dessa dissimulação?"[10]

Freud se inscreveu na tradição das interpretações desmascaradoras. Como seus predecessores, ele afirma que nos enganamos constantemente a respeito de nossas verdadeiras motivações. Como La Rochefoucauld, pensa que o homem é profundamente egoísta, narcisista. Como Schopenhauer, crê que a pulsão sexual é a mola secreta de todas as atividades humanas, inclusive das mais sublimes. Como Nietzsche, afirma que o homem dissimula de si próprio os verdadeiros motivos de suas ações.

A psicologia científica, desde o início de seu desenvolvimento, tratou de processos inconscientes.[11] Com efeito, a própria ideia de constituir uma ciência psicológica supõe processos pouco ou de modo algum inteligíveis pela intuição ou pela reflexão. Se compreendêssemos facilmente os mecanismos e as razões de todas as nossas condutas, não haveria lugar para pesquisadores em psicologia. Segundo os psicólogos científicos, a grande maioria de nossos comportamentos é automatizada, regulada por processos inconscientes. Entretanto, essa "profundidade" do comportamento não tem grande coisa a ver com aquela da qual fala Freud. O célebre vienense vê o inconsciente como um ser semelhante a uma realidade física, que habita o interior de nós.

A psicanálise: uma ciência da alma?

Antes de se tornar uma ciência, a psicologia era uma parte da filosofia e se definia como o estudo da alma (*psuchêlogos*). Foi o que fez Auguste Comte dizer que "a psicologia não é uma ciência", que ela é "a última transformação da teologia".[12]

A partir dos anos 1910, os psicólogos de orientação científica foram cada vez mais numerosos em abandonar o conceito de alma, deixando-o para os filósofos, os teólogos e os religiosos. Eles definiram a sua disciplina como "a ciência do comportamento", o estudo objetivo das atividades cognitivas, afetivas e motoras, e não mais de uma entidade invisível que habitaria o corpo.

Freud permaneceu fiel à tradição filosófica. Em um de seus últimos textos, escreve: "A psicanálise é uma parte da ciência da alma (*ein Stück der Seelenkunde*). Também a chamamos de "psicologia das profundezas".[13] Freud se definiu como um investigador da alma, não como um observador do comportamento. Para ele, os comportamentos não constituem um objeto de estudo em si: eles não passam de um reflexo mentiroso e desinteressante das profundezas da alma.

Consequentemente, os tradutores da última edição francesa das obras de Freud (*Oeuvres complétes*, PUF) traduzem a palavra *Seele* por *alma* (e não por psiquismo), *Seelenapparaat* por *aparelho de alma* e *das Seelische* por *anímico*.

Na verdade, os psicanalistas contemporâneos não são unânimes quanto a fazer da alma o objeto de estudo da psicanálise. Citemos dois exemplos:

Elisabeth Roudinesco justifica a impossibilidade de avaliar os efeitos dos tratamentos freudianos pela existência dessa entidade: "A avaliação dita 'experimental' dos resultados terapêuticos não tem grande valor na psicanálise: ela reduz sempre a alma a uma coisa."[14] Para ela, não há sentido algum em observar e avaliar as mudanças de comportamento. Apenas conta o que se passa nas profundezas da alma.

Por outro lado, Lacan qualifica a crença na alma de delírio. Ele atribui em parte a Sócrates o fato de nós ainda estarmos sobrecarregados com essa noção filosófico-religiosa: "A alma, tal como ainda a manipulamos e tal como ainda nos sobrecarrega, [...] a alma com que temos a ver na tradição cristã, essa alma tem como aparato, como armadura, como eixo metálico em seu interior, o subproduto desse delírio de imortalidade de Sócrates. Vivemos ainda nisso."[15]

Mais profundo ainda do que o inconsciente de Freud

Freud cavou suficientemente na profundidade psíquica? Inscrevendo-se na mesma dinâmica, os discípulos foram mais longe. Assim, Melanie Klein, a célebre psicanalista de crianças, tentou decifrar o que se passa na cabeça dos bebês. Eis uma amostra de sua prosa:

O sadismo atinge seu ponto culminante ao longo da fase que se inicia com o desejo sádico-oral de devorar o seio da mãe (ou a própria mãe) e que termina com a chegada do primeiro estágio anal. Durante este período, o objetivo principal do sujeito é se apropriar dos conteúdos do corpo da mãe e destruí-la com todas as armas de que dispõe o sadismo. (...) No interior do corpo da mãe, a criança espera encontrar: o pênis do pai, excrementos e crianças, todos esses elementos sendo assimilados a substâncias comestíveis. (...) Esses excrementos são transformados, na fantasia, em armas perigosas: urinar equivale a recortar, socar, queimar, afogar, enquanto as matérias fecais são assimiladas a armas e a projéteis.[16]

Notemos que Klein fala de crianças de menos de dois anos...

Mas por que se deter no primeiro ano da vida? Otto Rank — a respeito de quem Freud escreveu em 1914 como sendo "seu mais fiel colaborador", que manifestava "uma compreensão extraordinária da psicanálise"[17] — publica em 1924 uma teoria segundo a qual todos os fenômenos psíquicos — inclusive o coito e o complexo de Édipo — são interpretados em função do trauma do nascimento. Ele crê, assim, ter chegado a um nível mais "profundo" do que aquele ao qual Freud tinha chegado. Afirma que a fonte última da angústia é o desejo de retornar ao seio materno. Reencontra esse esquema em absolutamente todos os lugares, seja em pacientes, seja em personagens históricos. Explica, por exemplo, que Sócrates é "verdadeiramente o precursor direto da terapêutica psicanalítica", pois, "ao aceitar a morte que facilmente poderia ter evitado", "conseguiu superar intelectualmente o trauma do nascimento".[18]

Na lógica psicanalítica não há critérios científicos para refutar afirmações relativas ao inconsciente. Não podemos senão nos referir ao sentimento ou ao argumento de autoridade. Assim, Freud escreve a Sándor Ferenczi a respeito do livro de Rank: "Continuo não tendo julgamentos seguros a esse respeito. Minha impressão mais forte é que não é possível penetrar em pouco tempo em camadas tão profundas. Mas talvez eu já seja realmente antiquado."[19]

Por que se deter na vida intrauterina? Alguns meses depois de Rank, Ferenczi publica *Thalassa*.[20] Nesse texto ele explica que não podemos nos deter, como fez Freud, no Édipo. "O desejo edipiano é a expressão psíquica de uma tendência biológica muito mais geral, que impele os seres vivos ao retorno ao estado de calma do qual gozavam antes do nascimento."[21] O ato sexual não é senão uma tentativa de retornar simbolicamente ao seio materno. Ferenczi imagina que os anfíbios e os répteis foram incitados a criar um pênis a fim de restaurar o modo de vida perdido, a fim de "restabelecer a existência aquática no interior da mãe, úmido e rico em nutrientes".[22]

O seio materno é então o significado último de todos os comportamentos dos homens e dos animais terrestres? Ferenczi não hesita em cavar ainda mais *profundamente*: "A mãe é, na realidade, o símbolo do Oceano ou seu substituto parcial, e não o inverso."[23] A Verdade última é que todo ser vivo não aspira senão a retornar ao Oceano abandonado dos tempos antigos. O sono e o coito são as duas experiências que permitem a todos retornarem simbolicamente à vida aquática.

O PODER DE SEDUÇÃO DA PSICANÁLISE

Na correspondência entre Freud e Ferenczi, não encontramos críticas do Mestre de Viena a essa nova teoria. Ao contrário, Freud escreve a seu discípulo: "Você é o primeiro e até hoje o único a explicar por que o homem quer praticar o coito. Este não é um enigma fácil."[24]

As *armadilhas de uma metáfora*

Gaston Bachelard conhecia as virtudes da metáfora assim como as do conceito: a dimensão poética de sua obra se subtrai de suas análises epistemológicas. Entretanto, ele nunca deixou de advertir sobre as ilusões engendradas pelas metáforas quando se trata de explicações científicas: "O espírito científico deve sempre lutar contra as imagens, as analogias, as metáforas (...). Não podemos confinar tão facilmente quanto se pretende as metáforas unicamente no reino da expressão."[25]

O psicólogo deve banir a imagem da profundidade de seu vocabulário? De modo algum, contanto que ele tenha consciência de que se trata apenas de uma palavra, que designa metaforicamente processos frequentemente não diretamente observáveis.

Assim, podemos falar de uma *profundidade genética*: todos os nossos comportamentos dependem, em parte, de nosso equipamento genético, de uma programação inata para reagir a certos estímulos, a recompensas e punições. Podemos também evocar uma *profundidade histórica*: todos os nossos comportamentos dependem, em parte, de nosso passado, de experiências de prazer e de dor. Para explicar nossos comportamentos, devemos levar em conta os efeitos buscados. Certas pessoas olham apenas a curto prazo, outras são capazes de regular sua conduta em função de consequências a longo prazo. É, portanto, legítimo falar de *profundidade antecipatória* ou *temporal*. Aliás, podemos utilizar a noção de *profundidade horizontal*:[26] todos os nossos comportamentos dependem, em parte, dos meios ambientes físicos e sociais nos quais estamos situados. Esses meios ambientes nos incitam a adotar certas condutas. Os efeitos que nossos comportamentos produzem em nosso meio ambiente e em nossas relações determinam a repetição ou não desses comportamentos em contextos dados. Podemos agora falar de uma *profundidade psicológica* para designar processos subjacentes

175

a nossas condutas, processos dificilmente compreensíveis ou mesmo inacessíveis, como, por exemplo, a tendência a se focalizar sobre certas coisas — situações, pensamentos ou sensações — de maneira a evitar pensar em outras coisas mais angustiantes ou culpabilizantes. Podemos, enfim, falar de uma *profundidade corporal*: todos os nossos comportamentos dependem, em parte, do funcionamento de nosso organismo. Uma doença cerebral ou, mais simplesmente, a modificação da taxa de adrenalina influenciam "profundamente" nossas emoções, nossos pensamentos e nossas ações.

A concepção freudiana da profundidade induz ao erro porque conduz a transformar em substância disposições, mecanismos cognitivos e afetivos. Freud não fala simplesmente de processos inconscientes, mas de um ser — o inconsciente — dissimulado em nosso interior e que nos manipula como se fôssemos marionetes. Ele afirma a existência de um "Outro" em nós,[27] o que Lacan traduz dizendo que "é no inconsciente, menos profundo do que inacessível para o aprofundamento consciente, que *isso fala*: um sujeito no sujeito, transcendente ao sujeito".[28]

Para o psicanalista, nós não somos simplesmente pessoas que sofrem, sem saber, múltiplas influências. Nossa "verdade" está "inscrita" em um "outro mundo". A menos que tenhamos o privilégio de uma longa iniciação psicanalítica, avançamos sempre na obscuridade, somos sempre alienados. E mesmo aqueles que tiveram a chance de viver durante muito tempo em contato com Freud ou que foram analisados por ele podem permanecer no erro ou se desviar do caminho certo novamente: Adler, Stekel, Jung, Ferenczi, Reich e vários outros, todos esses discípulos acabaram descobrindo na "profundidade da alma" algo completamente diferente do que Freud acreditava ali discernir.

A profundidade freudiana ilustra perfeitamente as errâncias contra as quais William James alertava havia mais de um século: trata-se de uma espécie de cartola de mágico de onde o psicanalista tira o que bem entende. O ato de fumar é uma masturbação simbólica? Uma tentativa de dominar a morte? Uma defesa contra o medo da castração? A escolha da interpretação do psicanalista depende não de fatos precisos pacientemente coletados, mas essencialmente da sua teoria e da sua imaginação.

A terapia profunda

Uma ideologia antiga

Na tradição judaico-cristã, a origem dos pensamentos culpabilizantes, dos impulsos angustiantes, das condutas desviantes e das reações patológicas foi frequentemente atribuída a uma instância profunda dissimulada no cerne do homem: o demônio. Para o crente, o diabo pode se dissimular no interior de suas vítimas. O ego não é mais, então, mestre em sua própria casa: ele é o joguete de um Outro. É preciso recorrer ao exorcismo para *extirpar, arrancar* o Mal.

Desde o início da história da humanidade, o demônio está em atividade. Adão e Eva não resistiram à tentação de comer da árvore do conhecimento do bem e do mal, enquanto Deus havia sido bem claro: todos os frutos do Jardim do Éden estão à sua disposição, salvo este. Eva atribui a responsabilidade de seu gesto ao demônio — que se disfarçou de cobra sedutora. Quando Deus lhe pede que se justifique, ela declara: "Foi a cobra que me seduziu, e eu comi." Adão apresenta a Deus o mesmo tipo de explicação: "Foi a mulher que você colocou ao meu lado que me deu o fruto, e eu comi."

Paralelamente às explicações religiosas de comportamentos lamentáveis ou não desejados desenvolveram-se explicações médicas. Segundo a tradição hipocrática, os transtornos aparecem quando um desequilíbrio se produz entre os quatro humores fundamentais (o sangue, a linfa, a bílis negra e a bílis branca). Uma ideia que atravessa todo o desenvolvimento da medicina ocidental é a necessidade de *arrancar* substâncias contidas no corpo. Donde o uso abundante de diversos procedimentos de evacuação: a sangria, o purgante, a provocação de vômitos etc.[29]

Quando se desenvolveram as explicações psicológicas para os transtornos mentais, uma das ideias diretrizes foi calcada na concepção de coisas escondidas no interior de si, que é preciso colocar para fora para curar. Aqui não se trata mais de confessar pecados, de expulsar um demônio ou de evacuar um excesso de sangue, mas de *arrancar* significações escondidas, lembranças esquecidas, emoções bloqueadas e pulsões reprimidas.

A cura pela rememoração

A ideia da utilização terapêutica do relembrar acontecimentos só foi sistematizada no século XIX. Encontramos em magnetizadores já do século XVIII relatos de curas decorrentes da revelação de segredos penosos, mas será preciso esperar os anos 1860 para que Moriz Benedikt, um neurologista austríaco, elabore um tratamento psicológico fundado na exploração de segredos e de acontecimentos traumatizantes do passado.[30]

A partir de 1864, Benedikt, chefe do serviço de neurologia da Policlínica Geral de Viena, lançou a ideia de que a histeria é frequentemente causada por uma perturbação psicológica da vida sexual e não, como se acreditava na época, por uma disfunção somática do útero ou da sexualidade. Em seguida, ele desenvolveu a tese de que não apenas a histeria, mas todos os transtornos mentais e até mesmo certas doenças físicas têm sua origem em "segredos patogênicos", tais como traumas sexuais na infância, frustrações sexuais, paixões contrariadas, ambições decepcionadas. Consequentemente, o papel do médico é ajudar o paciente a revelar esta "segunda via" no "interior do eu".

Inicialmente, Benedikt utiliza a hipnose para facilitar a exploração dos acontecimentos passados que estão na origem dos transtornos mentais. Alguns anos depois, abandona esta técnica. Como outros pesquisadores de sua época, constatou que a hipnose favorecia sugestões e mistificações, e que seus resultados eram efêmeros. Estima, então, que a exploração da vida inconsciente deve se efetuar no estado de vigília, demonstrando "coragem moral".

A teoria e a prática de Benedikt desempenharam um papel capital nas concepções de seu amigo Joseph Breuer — na época em que este último tratava a sua célebre paciente Anna O. —, de Freud — que recebeu de Benedikt a sua carta de introdução ao estágio com Charcot — e de Adler — que trabalhou em seu serviço.

Para Breuer, os transtornos mentais — ao menos aqueles que na época eram qualificados de "histeria" — são "conversões" de emoções que não puderam ser eliminadas pela via normal da ação. Ele pensou que o tratamento consistia em duas operações: a tomada de consciência dos acontecimentos passados e a descarga (*Entladung*) de afetos bloqueados. Chamou o seu procedimento de "método catártico".

Freud retomará não tanto a concepção de Breuer como a de Benedikt.[31] Com efeito, segundo o pai da psicanálise, a ab-reação das emoções não é um fator essencial de cura. O tratamento que ele vai instaurar é antes de tudo um processo intelectual, que repousa sobre dois postulados: "Para que um sintoma se produza é preciso que seu sentido seja inconsciente. O sintoma não pode provir de processos conscientes. Aliás, o sintoma desaparece tão logo o processo inconsciente se torna consciente."[32]

Notemos, entretanto, que Freud reconheceu a importância de um fator afetivo no tratamento, mas não se tratava da liberação de afetos presos, cara a Breuer. A força motora de uma terapia, dirá ele, é o amor do terapeuta, um amor que não é nada senão o ressurgimento do amor pela mãe ou pelo pai. Em outras palavras, o paciente se cura graças a uma "transferência positiva". Por outro lado, "quando a transferência se torna negativa, os resultados terapêuticos são varridos como fogo de palha ao vento".[33] Muito justamente, Freud se pergunta ao escrever isso se os resultados terapêuticos sobrevindos graças à transferência positiva não são simplesmente um efeito da sugestão.

O tratamento de Freud, vedor da alma

Freud sempre sublinhou que a profundidade da qual falava não tinha nada a ver com as concepções místicas ou românticas do inconsciente, do gênero das de von Hartmann ou de Jung. Ele escreve: "A nossa noção de inconsciente é deduzida da teoria do recalcamento. O recalcamento é para nós o protótipo do inconsciente."[34] Para explicitar a sua concepção, ele não hesita em falar em termos espaciais:

> Comparemos, portanto, o sistema do inconsciente a um grande salão de entrada, no qual os impulsos mentais se empurram uns aos outros, como indivíduos separados. Junto a este salão de entrada existe uma segunda sala, menor — uma espécie de sala de recepção —, na qual, ademais, a consciência reside. Mas, no limiar entre as duas salas, um guarda desempenha sua função; examina os diversos impulsos mentais, age como censor, e não os admitirá na sala de recepção se eles lhe desagradarem.[35]

O LIVRO NEGRO DA PSICANÁLISE

Concretamente, quem são os "habitantes" (as *moções da alma*) do inconsciente que causam os transtornos mentais e devem entrar no salão para que o "proprietário" possa curar? Segundo Freud, são as recordações recalcadas, as significações simbólicas desconhecidas, os jogos de palavra e, no final das contas, as forças em conflito. Passemo-los em revista.

• *As recordações recalcadas*

No início de sua carreira, Freud utilizou o método de Benedikt e de Breuer: encontrar os acontecimentos, escondidos ou esquecidos, e que estariam supostamente na origem dos transtornos. Ele diz ter constatado que os transtornos "histéricos", as obsessões e as compulsões se explicam sempre, *sem nenhuma exceção*, pelo recalcamento de recordações sexuais vividas na primeira infância. Em 1897, declara abandonar esta teoria — dita "da sedução" — pela "teoria da fantasia": as recordações recalcadas de experiências sexuais não seriam senão cenas imaginadas na ocasião das atividades autoeróticas. Para a grande maioria dos freudianos, a psicanálise começa nesse momento preciso: quando Freud não busca mais acontecimentos do passado, mas recordações de fantasias.

Olhando de mais perto, Freud jogou com os dois quadros até o final de sua vida. Ele continuou buscando acontecimentos da infância, como mostram suas apresentações de caso, por exemplo, o de Dora ou o do Homem dos Lobos. Em 1937, no último texto que dedica à questão, escreve: "Os sintomas são substitutos de esquecimentos [...] O analisando deve ser levado a rememorar algo que viveu e recalcou. [...] A tarefa do analista é adivinhar ou, mais exatamente, *construir* o que foi esquecido a partir de índices que escaparam ao esquecimento."[36]

• *Tudo tem uma significação simbólica*

As significações simbólicas são um outro elemento essencial. A título de exemplo, tomemos um comportamento adotado por aproximadamente um quarto da população: o tabagismo. Segundo Freud, esta toxicomania, da qual tentou várias vezes se livrar, é o substituto inconsciente da masturbação.[37] Sublinhemos, de passagem, que Freud, apesar do conhecimento da significação "profunda" dessa dependência, nunca conseguiu se livrar dela!

O PODER DE SEDUÇÃO DA PSICANÁLISE

Para o psicanalista, a abstenção tabagística não é — contrariamente ao que pensa o psicólogo científico — uma questão de esforços bem visados,[38] mas apenas uma questão de significações a desvelar. Quando o psicanalista Peter Gay, autor de uma biografia elogiosa de Freud, explica por que o Mestre jamais conseguiu parar de fumar, evoca simplesmente uma análise muito pouco profunda:

> O gozo que fumar proporcionava a Freud, ou antes, sua necessidade invete-rada, devia ser irresistível, pois, no final das contas, cada cachimbo constituía um irritante, um pequeno passo em direção a uma outra intervenção e a no-vos sofrimentos. Sabemos que ele reconhecia o seu vício e considerava o fato de fumar um substituto desta "necessidade primitiva": a masturbação. Evi-dentemente, a sua autoanálise não havia alcançado certos estratos.[39]

Quais são esses estratos mais profundos? Segundo a psicanalista Odile Le-sourne, Freud fumava "a fim de dominar a morte", a fim de "não mais se deixar tomar pela morte, mas de fazê-la entrar em si lentamente e metodi-camente de maneira a controlá-la e observar os seus efeitos".[40] Mais recen-temente, o psicanalista Philippe Grimbert interpreta o tabagismo como uma defesa contra a angústia de castração:

> No menino tornado adulto, o cigarro é o substituto do falo da mulher (a mãe) no qual acreditou quando era criança e ao qual não quer renunciar, pois isso seria aceitar a iminência da castração. O cigarro, exibido como um falo e vindo obturar o vazio do orifício bucal associado ao sexo feminino, perma-nece o sinal de um triunfo sobre a ameaça de castração e uma proteção contra essa ameaça. Pois provavelmente não é poupado a nenhum ser masculino o sentimento de terror da castração quando vê o órgão sexual feminino.[41]

(Deixo ao leitor masculino a responsabilidade de verificar a aplicabilidade da última frase em seu próprio caso. Segundo Grimbert, trata-se de uma lei universal.)

O LIVRO NEGRO DA PSICANÁLISE

- *Os jogos de palavras*

Freud pensa que o uso inconsciente de certas palavras explica certos transtornos e que a sua tomada de consciência é terapêutica. Por exemplo, o Homem dos Ratos diz um dia que ele é gordo demais (*zu dick*) e tenta emagrecer. Interpretação de Freud: seu rival se chama Richard e às vezes é chamado pelo apelido de Dick. Tentando ser menos "dick", ele mata inconscientemente seu concorrente.[42] Podemos deduzir que se o Homem dos Ratos fosse francês ele não teria apresentado o mesmo sintoma, visto que esse jogo de palavras não seria possível? Os analistas não se deixam impressionar por essa objeção. Por exemplo, Grimbert afirma: "Evidentemente, Freud não pôde escutar 'gare!' (atenção!) em *cigare* (charuto), 'arrête!' (pare!) em *cigarette* (cigarro), nem mesmo *'t'abat!'* (te abata!) em *tabac* (tabaco) e fumou até a morte, ignorando essas advertências implícitas, jogos de sentido que a língua alemã não permitia."[43] Segundo esse raciocínio, os franceses deveriam fumar menos do que os alemães, simplesmente por uma questão de jogo de palavras.

A decriptagem por "palavras-pontes" ou "pontes verbais" (Freud escreve *Wort-Brücke*) foi abundantemente utilizada por Lacan, que fala de "decomposição significante". Segundo a sua "teoria da supremacia do significante", o inconsciente é regido pelas propriedades fonéticas das palavras enquanto tais, mais do que pelas significações às quais as palavras remetem. Desde então, a prática psicanalítica se parece com um jogo de trocadilhos, um jogo fácil, ao alcance de todos, que funciona em qualquer situação.

Quando Janine Chasseguet, então presidente da Sociedade Psicanalítica de Paris se arrisca a fazer uma apresentação na Escola Freudiana de Paris — presidida por Lacan —, ela conta o sonho de um de seus pacientes: ele se encontrava "em um pequeno chalé que a massa do Mont Blanc acaba destruindo". Chasseguet acrescenta: "Digo então que minhas associações me levavam a pensar — assim como eu imaginava as dos analistas presentes — em um ataque contra o seio da mãe que, por retorsão, sufoca o menino, sensação apoiada provavelmente em experiências precoces de nutrição."

Reação dos analistas da escola rival: "Essas afirmações desencadearam um protesto indignado acompanhado de risos de desdém e escárnio. Lançaram-me *'cha-let'*. (Foi isso que, parece, eu deveria ter compreendido. Eu havia

ingenuamente talvez pensado que o pequeno chalé representava o Ego me-
droso da criança em face da massa gigante do seio sobre o qual ele havia
projetado toda a sua agressividade.) Me disseram também que eu era 'anti-
quada' (*sic*) e que era evidente que eu estava bloqueando minhas análises."[44]

• *As pulsões em conflito*

Definitivamente, para Freud, o trabalho terapêutico incide essencialmente sobre o conflito entre as pulsões sexuais e o superego. Em sua prática, era sobretudo disso que se tratava. Assim, Kardinner, um dos pioneiros
da psicanálise nos Estados Unidos, nota, ao termo de sua análise didática
com Freud:

> Comparando as minhas notas com as de outros alunos, percebi que a ho-
> mossexualidade inconsciente, assim como o complexo de Édipo, fazia parte
> da rotina de uma análise. (...) Uma vez que Freud havia descoberto o com-
> plexo de Édipo e conduzido o paciente até a sua homossexualidade incons-
> ciente, não restava muita coisa a fazer. Elucidava-se o caso do paciente e
> deixava-se a este a tarefa de juntar as coisas da melhor forma que pudesse.
> Quando ele não conseguia, Freud lhe lançava um estímulo aqui ou ali a fim
> de encorajá-lo e de apressar as coisas.[45]

Olhando de perto, constatamos que a profundidade freudiana se reduzia
sempre a algumas mesmas pulsões e complexos: a libido reprimida, a inveja do pênis, a homossexualidade recalcada, as fixações orais e anais, o
esquema "familialista", os complexos de Édipo e de castração. Ao final de
sua vida, Freud afirma que "a última rocha, quase inatacável", que se encontra no ponto mais profundo da alma, é, para a mulher, o desejo do
pênis e, para o homem, o medo de uma posição feminina em relação a
outros homens. Ele escreve:

> Em nenhum ponto de nosso trabalho analítico se sofre mais da sensação
> opressiva de que todos os nossos repetidos esforços foram em vão, e da
> suspeita de que estivemos "pregando ao vento", do que quando estamos

tentando persuadir uma mulher a abandonar seu desejo de um pênis, com fundamento de que é irrealizável, ou quando estamos procurando convencer um homem de que uma atitude passiva para com outros homens nem sempre significa castração e que ela é indispensável em muitos relacionamentos na vida. A supercompensação rebelde do homem produz uma das mais fortes resistências transferenciais. Ele se recusa a submeter-se a um substituto paterno, ou a sentir-se em débito para com ele por qualquer coisa, e, consequentemente, se recusa a aceitar do médico seu restabelecimento.[46]

Para concluir, a referência à profundidade da alma não é uma descoberta da psicanálise. Ela não é a via real da psicoterapia.

Do ponto de vista científico, a metáfora da profundidade é perigosa, mas é extraordinariamente eficaz para o grande público: toda essa representação épica do inconsciente — do "trabalho" subterrâneo de pulsões e fantasias — contribui para veicular a convicção de que apenas a psicanálise vai verdadeiramente ao fundo das coisas. É quase ontológico: o que é verdadeiro está escondido, a superfície é o domínio das ilusões. Freud, que era um notável escritor (lembremos que ele ganhou o prêmio Goethe de Literatura[47]) e um "gênio", não da ciência, mas da propaganda,[48] explorou habilmente o poder evocador dessa metáfora. Ele se beneficiou "profundamente" do mito platônico da caverna. Como escreve Raymond Boudon, "não se indicará nunca suficientemente a que ponto esse mito, que permite avançar sobre a fé da sabedoria antiga que o real é o que não se vê e que o que se vê é irreal, foi implícita ou explicitamente solicitado para legitimar as teorias mais absurdas".[49]

Milhares de pesquisas desenvolvidas nos últimos cinquenta anos sobre as teorias comportamentais e cognitivas mostram que o tratamento da maioria dos transtornos psicológicos não requer um parteiro das "verdadeiras formas", mas um especialista das leis do comportamento, que ajude àqueles que o desejam a se servir delas para novas condutas libertadoras. Aqueles que se sentem no fundo de um buraco raramente têm interesse em "cavar" ainda mais "profundamente". Mais do que uma pá, eles precisam de uma escada, cujos principais degraus são a aprendizagem da pilotagem cognitiva e o engajamento em atividades que permitam modificar substancialmente modos de pensar (ver mais adiante, última parte).

Há um modo de falar da profundidade que produz poderosas mitologias. Muitas pessoas inteligentes e instruídas, mas pouco em relação à psicologia científica, são suas vítimas. Um certo número de psis vive disso, confortavelmente.

Notas

1. Carta do dia 14/2/1901, em S. Freud e E. Jones, *Correspondance complète*, Paris, PUF, p. 94.
2. *Freud, Jugements et témoignages*. Textos apresentados por R. Jaccard, Paris, PUF, 1976, p. 266.
3. "Das Interesse an der Psychoanalyse" (1913), *in Gesammelte Werke*, Fischer, VIII, p. 398.
4. A palavra "psicanálise" foi utilizada pela primeira vez por Freud em um artigo de 1896. Os primeiros (pequenos) artigos de Freud que tiveram um conteúdo psicológico datam de 1888.
5. W. James, *Principles of Psychology*, Nova York/Londres, Holt/Macmillan, 1890, vol. 1, p. 163. Para uma discussão da concepção do inconsciente em James (nos *Principles* e em outras obras ulteriores), ver J. Weinberger, "William James and the unconscious", *Psychological Science*, 2000, 11, p. 439-45.
6. L. Whythe, *The Unconscious before Freud*, Nova York, Basic Books, 1960, trad. *L'inconscient avant Freud*, Payot, 1971; F. Sulloway, *Freud, Biologist of the Mind*, Nova York, Basic Books, 1979, trad. *Freud, Biologiste de l'esprit*, Paris, Fayard, 1981, reed. 1998; H. Ellenberger, *The Discovery of the Unconscious*, Nova York, Basic Books, 1970, trad., *Historie de la Découverte de l'inconscient*, reed. Paris, Fayard, 1994.
7. Y. Brès, "Faut-il réhabiliter Hartmann?", *Psychanalyse á l'université*, 1978, 3, p. 465; *Critiques des raisons psychanalytiques*, Paris, PUF, 1985, p. 142.
8. Lembremos que, no vocabulário de hoje, os "moralistas" que estão aqui em jogo são mais psicólogos do que pessoas que fazem moral. Esses moralistas escrevem sobre ética, mas sobretudo sobre os costumes de seu tempo ("moralista" vem do adjetivo latino *moralis*, "relativo aos costumes") e, mais geralmente, sobre o funcionamento das condutas humanas.

9. A. Schopenhauer, *Le monde comme volonté et comme représentation* (1819), Paris, PUF, 1992, cap. 42, "Vie de l'espèce", p. 1.260-7.

10. F. Nietzsche, *Aurore*, 1881, § 523, *in Oeuvres philosophiques complétes*, Paris, Gallimard, IV, 1970.

11. Para exemplos de pesquisas científicas do século XIX sobre os processos inconscientes, *cf.*, por exemplo, J. Van Rillaer, *Psychologie de la vie quotidienne*, Paris, Odile Jacob, 2003, p. 154-63.

12. A. Comte, *Cours de philosophie positive* (1842). *Chapitres I e II* (1830), reed., Paris, J. de Gigord, 1933, p. 43-4.

13. "Some elementary lessons in Psychoanalysis" (1938), reed. em *Gesammelte Werk*, Fischer, XVII, p. 142.

14. E. Roudinesco, *Pourquoi la psychanalyse?*, Paris, Fayard, 1999, p. 39.

15. J. Lacan, *Le Séminaire. VIII. Le transfert*, Paris, Seuil, 1991, p. 125, trad. *O Seminário. Livro 8*, Rio de Janeiro, Jorge Zahar Editor, p. 107.

16. M. Klein, *Essais de psychanalyse*, trad. Paris, Payot, 1948, p. 263.

17. "Zur Geschichte der psychoanalytischen Bewegung" (1914), *Gesammelte Werke*, Fischer, X, p. 63.

18. O. Rank, *Das Trauma der Geburt*, Viena, 1924, trad. *Le traumatisme de la naissance*, Paris, Payot, p. 184.

19. Carta do dia 4 de fevereiro de 1924. *In* S. Freud e S. Ferenczi, *Correspondance*, Paris, Calmann-Lévy, t. III, 2000, p. 143.

20. S. Ferenczi, *Versuch einer Genitaltheorie*, 1924, Leipzig, trad. *Thalassa. Essai sur la théorie de la génitalité*, Paris, Payot, 1972.

21. *Ibidem*, trad., p. 45.

22. *Ibidem*, trad., p. 92.

23. *Ibidem*, trad., p. 93.

24. Carta do dia 11 de maio de 1924. *In* S. Freud e S. Ferenczi, *Correspondance*, Paris, Calmann-Lévy, t. III, 2000, p. 413.

25. G. Bachelard, *La formation de l'esprit scientifique*, Paris, Vrin, 1947, p. 38, 78.

26. A metáfora está sendo utilizada aqui como na expressão "a profundidade do campo visual".

27. Freud escreve, por exemplo, em *Das Unbewussten* (1915): "Todos os atos e todas as manifestações que observo em mim e que não consigo ligar ao resto da minha vida psíquica devem ser julgados como se pertencessem a uma outra pessoa e devemos explicá-los atribuindo-lhes uma vida psíquica." Em *Gesammelte Werke*, Fischer, X, p. 268, trad. *Méthapsychologie*, Paris, Gallimard, coll. Idées, 1968, p. 71.

O LIVRO NEGRO DA PSICANÁLISE

28. *Écrits*, Paris, Seuil, p. 437 (itálicos de Lacan), trad. *Escritos*, Rio de Janeiro, Jorge Zahar Editor, p. 438.

29. C. Quetel e P. Postel, *Les fous et leurs médecines, de la Renaissance au XXᵉ siècle*, Paris, Hachette, 1979.

30. Benedikt, personagem desconhecido do grande público, é considerado muito importante pelos historiadores da psicoterapia e da psiquiatria. *Cf.*, por exemplo: H. Ellenberger, *op. cit.*; H. Ellenberger, *Médecines de l'âme*, Paris, Fayard, 1995, p. 123-42; M. Borch-Jacobsen, *Souvenirs d'Anna O. Une mystification centenaire*, Paris, Aubier, 1995, p. 67-78, 111-8.

31. Em suas primeiras publicações, Freud reconhece a sua dívida para com Benedikt quanto à explicação dos transtornos pelos conflitos interiores enraizados no passado, a terapia pela rememoração de conflitos e a importância de analisar as fantasias e os devaneios diurnos. Ver *Gesammelte Werke*, Fischer, I, p. 86 (1894); II, p. 495 (1900). Se ele não continuou a citá-lo, talvez tenha sido para parecer mais original do que era e sem dúvida porque Benedikt havia publicado uma crítica severa ao livro de Fliess, *As relações entre o nariz e os órgãos genitais femininos*, a respeito do qual Freud havia dito, quando de sua publicação, que ele constituía "a própria base da psicanálise".

32. S. Freud, *Vorlesungen zur Einführung in die Psychoanalyse* (1917), reed. *In Gesammelte Werke*, Frankfurt, Fischer, XI, p. 289. Retornaremos a essas afirmações no capítulo sobre as terapias cognitivo-comportamentais. Precisemos desde já que, segundo a psicologia científica, inúmeros transtornos psicológicos têm sua origem em acontecimentos perfeitamente conscientes — por exemplo, uma agressão — e que uma operação intelectual — tornar consciente o inconsciente — não basta para fazer desaparecerem os transtornos psicológicos solidamente estabelecidos.

33. S. Freud. "Abriss der Psychoanalyse" (1940), reed. *In Gesammelte Werke*, Fischer, XVII, p. 102. Trad. *Abrégé de psychanalyse*, 10ª ed., Paris, PUF, 1985, p. 44.

34. "Das Ich und das Es" (1923), *Gesammelte Werke*, Fischer, XIII, p. 241.

35. "Vorlesungen zur Einführung in die Psychoanalyse" (1917), *Gesammelte Werke*, Fischer, vol. XI, p. 305, trad. "Leçons d'introduction à la psychanalyse", *Oeuvres complètes*, Paris, PUF, 2000, XIV, p. 305. Trad. brasileira, "Conferências introdutórias sobre psicanálise", *Edição standard brasileira das obras completas*, Rio de Janeiro, Imago, vol. XI, p. 347.

36. "Konstruktionen in der Analyse" (1937), reed. *in Gesammelte Werke*, Fischer, XI, p. 43, 45 (itálicos de Freud).

O PODER DE SEDUÇÃO DA PSICANÁLISE

37. S. Freud, *Aus den Anfängen der Psychoanalyse*, Londres, Imago, 1950, p. 256 — "Die Sexualität in der Aetiologie der Neurose", reed. *in Gesammelte Werke*, Fischer, I, p. 506.

38. Para saber mais sobre a perspectiva científica, ver, por exemplo, H.-J. Aubin, P. Dupont, G. Lagrue, *Comment arrêter de fumer?*, 2004, Paris, Odile Jacob.

39. P. Gay, *Freud. Une vie*, trad. Paris, Hachette, 1995, citado *in* P. Grimbert, *Pas de fumée sans Freud. Psychanalyse du fumeur*, Paris, Colin, 1999, p. 223.

40. O. Lesourne, *Le Grand Fumeur et sa passion*, Paris, PUF, 1984, p. 22.

41. P. Grimbert, *op. cit.*, p. 139.

42. Freud escreve em suas notas, publicadas após a sua morte: "Esta é uma descoberta minha e ele não sabe apreciá-la." No texto destinado aos leitores, ele afirma que o próprio paciente descobriu essa significação! Para as citações e as referências, *cf.* J. Van Rillaer, *Les Ilusions de la psychanalyse*, Bélgica, Mardaga, 1981 (4ª ed., 1996), p. 132.

43. P. Grimbert, *op. cit.*, p. 110.

44. J. Chasseguet-Smirgel, *Les Psychanalystes et l'argent*, La Nef, 1977, 65: 171.

45. A. Kardiner, *Mon analyse avec Freud*, trad. Paris, Belfond, 1978, p. 92, 125.

46. "Die endliche und die unendliche Analyse" (1937), reed. *in Gesamelte Werke*, XVI, p. 98, trad. *Résultats, idées, problèmes*, Paris, PUF, 1985, vol. 2, p. 267. Trad. brasileira, "Análise terminável e interminável", *Edição standard brasileira das obras completas*, Rio de Janeiro, Imago, vol. XXIII, p. 286.

47. Freud se decepcionou: ele esperava o prêmio Nobel de Medicina.

48. H. Eysenck, *Decline and Fall of the Freudian Empire*, reed. Londres, Pelican Books, 1986, p. 208. Trad. *Déclin et chute de l'empire freudien*, Paris, F.-X. de Guibert, 1994, p. 234.

49. Prefácio ao livro de N. Stern, *La Fiction psychanalytique*, Bélgica, Mardaga, 1999, p. 8.

3. A exceção francesa

A França é, junto com a Argentina, o país mais freudiano do planeta.
Depois de ter resistido durante muito tempo às ideias psicanalíticas, o
Hexágono se tornou, especialmente com Jacques Lacan, Serge Leclaire e
Françoise Dolto, uma "terra freudiana". Ela assim permaneceu, enquanto nos outros países a psicanálise declinava inexoravelmente, tornando-
se uma prática entre outras, às vezes bastante marginal, e cujo ensino se
dá nas faculdades de letras e de filosofia mais do que nas faculdades de
medicina ou de psicologia.

Hoje os psicanalistas são ainda claramente dominantes no setor
da saúde mental, quer seja no hospital ou na universidade. Dão o tom
na mídia. E conseguiram recentemente até mesmo fazer com que um
ministro da Saúde, Philippe Douste-Blasy, recusasse e censurasse o
relatório que o seu predecessor havia financiado a pedido da associação de pacientes, simplesmente porque esse relatório inferia a fraca
eficácia terapêutica da psicanálise, comparada com outras psicoterapias.[1] O genro de Jacques Lacan qualificou esse fato de "conto de fadas". O diretor da Saúde achou a história menos engraçada e se
demitiu. Mas o ministro sabia quem ele bajulava: cerca de 8.000 psicanalistas franceses (as estimativas variam entre 8.000 e 14 mil). Esta
situação é única no mundo.

CRÔNICA DE UMA GERAÇÃO:
COMO A PSICANÁLISE TOMOU O PODER NA FRANÇA

Jean Cottraux

As recordações são escritas na areia do tempo. E esse depoimento, como qualquer outro, será subjetivo. Esforçar-me-ei, entretanto, por fundamentá-lo em alguns documentos, que são marcadores estáveis de uma história ainda em movimento.

Recordações de uma outra França

Este relato começa em 1967. Nessa época, sob o governo de Charles de Gaulle, a França era próspera, quase sem desemprego, sem televisão em cores, sem carros queimados nos subúrbios, sem radares para perseguir os delinquentes da estrada, sem *reality shows* nem telefones celulares para vender tolices. Cada qual devia permanecer em seu lugar. O rei desprezava a Corte, cuja história vazia de barulho e furor o *Canard enchaîné*[2] contava escrupulosamente toda semana. A Corte desprezava a Cidade, que, por sua vez, desprezava a Província. Frequentavam-se pouco os psis: isso era uma marca inconfessável de fraqueza. E os psis não eram as estrelas da televisão: isso não seria conveniente.

Todos os olhares estavam voltados para Londres, a Meca da renovação cultural. Os Beatles eram mais célebres do que Jesus Cristo, estrela, entretanto, de uma comédia musical. Antonioni tinha acabado de filmar o mais "pop" dos filmes "in". Tratava-se de *Blow-up*, história de um fotógrafo de moda que, por acaso e sem o saber, fotografa um assassinato. A novidade dessa desconstrução do olhar era celebrada pelos intelectuais, sob a influência de Michel Foucault, enquanto outros não viam nela senão uma reportagem sexy sobre as novas cores da moda em *Carnaby Street* e a Pop Music. Depois da "Nouvelle Vague" cinematográfica, tudo devia ser novo: o romance, a cozinha, a esquerda, a direita, a música, os pais, os filhos e até mesmo o Espírito Santo. Entretanto, fora o comprimento dos cabelos e o corte das calças, que agora arvoravam de amplas patas de elefante, nada mudava. Enfim, era o tédio total.

A psicanálise à conquista da psiquiatria

Foi sobre esse pano de fundo que a psicanálise começou a sua irresistível ascensão na França. Nessa época, eu acabara de voltar do serviço militar, meu lugar no internato do CHU[3] de Lyon me permitia escolher a especialidade que eu queria. Neurocirurgia? Eu não era suficientemente hábil. Neurologia: bastante interessante e em pleno desenvolvimento. Mas por que não a psiquiatria? Ela era verdadeiramente um continente pouco explorado, uma espécie de faroeste da medicina, aberto a novos ventos. Largava o rigor neurológico que havia aprendido por um maior contato humano e entrava na psiquiatria sem preconceitos nem cultura prévia.

De fato, de contatos humanos eu seria servido além de qualquer conta. Tão logo coloquei os pés no hospital psiquiátrico do Vinatier, me mostraram que a psiquiatria era algo especial: uma espécie de sacerdócio. Não podemos tratar os outros sem estarmos nós mesmos curados. Havia um uniforme: o terno de veludo cotelê. E só havia um tratamento possível: a psicanálise. Era necessário, portanto, acreditar nela e a ela aderir por toda a sua vida. Qualquer outra abordagem era um engodo; qualquer outra explicação, uma resistência à verdade; qualquer discussão sobre o valor do Evangelho freudiano, suspeita de esconder concepções profundamente reacionárias. Aqueles cujo irredentismo levava a valorizar outros tratamentos corriam o risco de ser simples manobras da farmacologia. Assim, eu chegava, com 25 anos, em um meio já impregnado de filosofia analítica. Vários internos haviam começado sua análise no início de seus estudos de medicina e estavam, por essa razão, predestinados a se tornarem psiquiatras. A igreja psicanalítica estava no caminho para conquistar o Estado psiquiátrico por intermédio desses internos e do exemplo que esses davam aos outros.

Com efeito, ter sido analisado ou estar fazendo análise dava o direito de falar e de interromper qualquer argumentação com um: "Eu posso falar, pois sou analisado", seguido de uma interpretação profunda das resistências do contraditor. Os professores ou os chefes de serviços hospitalares de psiquiatria eram quase todos analistas, analisados ou analisandos, qualquer que fosse sua idade. O que lhes permitia escutar os outros com o sorriso fino e distanciado daqueles que sabem muito sobre as motivações ocultas de seus interlocutores.

Todos aqueles que trabalharam em hospitais psiquiátricos sabem que as reuniões de equipe são frequentemente interrompidas por pacientes, que abrem bruscamente a porta. Antes, dizia-se que os pacientes estavam ansiosos por saber o que os membros da equipe estavam falando, ou temerosos com um complô que fazia parte de suas vidas delirantes. Desde a era psicanalítica, passou a ser de bom-tom dizer: "O paciente tem fantasias de cena primitiva e se pergunta o que seus pais estão fazendo no quarto." Infelizmente, o enunciado desse clichê interpretativo jamais permitiu que um paciente saísse do hospital. Ele dava, entretanto, a ilusão de compreender e dominar a situação. Eu aprendi, como todo mundo, a falar psi.

O forte do hospital era a apresentação de pacientes a dois psicanalistas experientes, Jean Bergeret e Jean Callier. Eles faziam um show, chamado por eles próprios de "número de sapateado". Nós devíamos apresentar, a cada semana, um paciente ou uma paciente em público durante uma entrevista não diretiva. Esta apresentação era seguida de discussões com os dois mestres, eloquentes e afáveis, e pela assistência em um clima pouco hierarquizado e agradável.

Esse espetáculo fascinante era um remédio para o *blues* rasteiro dos jovens psis que precisavam encarar a cronicidade dos pacientes. A realidade do hospital era cinza, frequentemente dura, a violência às vezes reinava. A exclusão social dos pacientes era manifesta. Era preciso a cada dia fazer um trabalho de médico prescrevendo medicamentos, ser o DRH de equipes pouco fáceis e, sobretudo, se esforçar por ter uma prática social bastante diretiva que favorecesse a reinserção de pessoas destruídas pela doença e pela rejeição. Esta realidade brutal tinha o seu antídoto: a psicanálise, que explicava tudo e "deveria ser aplicada em todos os lugares, começando pelos membros da equipe".

De fato, a psicanálise era inaplicável nos psicóticos e na maioria dos outros pacientes hospitalizados. Por outro lado, ela era o grande negócio da vida daqueles que tratavam os pacientes.

Entretanto o fato de que médicos, psicólogos e certos enfermeiros estivessem em análise fazia com que os serviços fossem frequentemente desertados. É preciso compreender que uma análise toma ao menos oito horas por semana (quatro horas, mais quatro horas de trajeto, no melhor dos casos), visto que vários faziam sua análise em Paris ou em Genebra, o que levava ainda a mais tempo subtraído do trabalho e frequentemente recuperado com dificuldade. O custo da análise obrigava a encontrar um trabalho além daquele da função de interno, o que também mobilizava tempo e energia. Eu conheci casais de jovens psis em que apenas um deles podia pagar uma análise: quem seria analisado antes se tornava uma questão de discórdia.

Além disso, estar em análise levava a se concentrar em um sistema de crenças e de leitura orientadas em um único sentido, o que diminuía as competências em outros domínios do tratamento: a farmacologia, a biologia, a terapia de grupo ou a terapia de família, ou qualquer outra forma de psicoterapia.

Em sua vertente positiva, a psicanálise funcionava como um ideal que aumentava a autoestima dos psis desiludidos e lhes permitia exercer uma psiquiatria social pragmática, desenvolver estruturas intermediárias como lares e centros de pós-cura ou ainda dispensários de setor, hoje transformados em "centros médico-psicológicos" (ou CMP). Mas essa prática social pouco tinha a ver com a do divã.

A EXCEÇÃO FRANCESA

Depois de um ano de fidelidade ao "número de sapateado", era possível aceder a um curso teórico, muito bem-feito por nossos dois mentores. Depois, eles gentilmente nos observavam que era preciso tomar "resoluções definitivas" em face de uma psicanálise pessoal e didática se quiséssemos verdadeiramente fazer parte, um dia, do clã. "Procure no divã o seu destino de analista", era a palavra de ordem. E todos nós estávamos, após esses dois anos, persuadidos de seu valor.

A irresistível ascensão da psicanálise na França após maio de 1968

Maio de 1968 caiu como uma bomba nos hospitais e nas universidades. Ele foi marcado por uma tentativa de tomada de poder pelos psicanalistas na psiquiatria universitária. Era a época de reuniões improvisadas onde cada *lobby* manipulava o movimento estudantil para afirmar suas ambições. Os psicanalistas não ficaram a dever a esse respeito. Eles andavam de vento em popa, pois a psicanálise era vista como uma prática contestatória da sociedade e tinha entre os líderes do movimento seus aficionados.

Em Lyon, uma efêmera colega de psiquiatria tentou se instalar. Os psicanalistas, com cara de conspiradores, já distribuíam entre si as cadeiras dos mandarins destituídos. Tratava-se, evidentemente, dos psicanalistas "*ès qualités*": a saber, psicanalistas didáticos, aqueles que Lacan havia chamado em seus *Escritos*[4] de "Beatitudes". Estes não tinham dúvida alguma de seu valor, o que lhes permitia contestar o valor dos outros. Naquela época, um analista didático tinha valor de bispo e distribuía generosamente, segundo seus interesses, a água-benta da Corte. O jogo era ainda mais cômico de observar na medida em que os psicanalistas se serviam do movimento de esquerda quando eles próprios eram, a rigor, de direita. Pouco importa. A arte de utilizar as circunstâncias revelava neles um sentido evidente da política e das competências sociais adquiridas nas intrigas de serralho de suas sociedades.

Ao longo de uma reunião nacional entre psicanalistas e universitários em neuropsiquiatria, o tom se tornou tão ácido que uma célebre Beatitude parisiense apostrofou em público veneráveis professores, perguntando aos presentes: "Vocês se tratariam com essas pessoas?"

Em Paris, a sala de Jean Delay, que, junto com Pierre Deniker, descobriu o Largactil, foi degradada pelos estudantes, o que levou à fuga desta grande figura para a literatura. A França ganhou um escritor, mas perdeu um cientista de grande talento. Mas, após algumas semanas do que o general de Gaulle chamou de "*chienlit*" (bagunça), cada qual "voltou para casa em seu automóvel", como cantou Claude Nougaro.

Os acontecimentos de maio de 1968 levaram à separação, enfim, entre a psiquiatria e a neurologia, o que representava um progresso. Mas essa separação foi feita em nome da psicanálise. No espírito do ministro da Educação Nacional, Edgard Faure, e de sua conselheira, sua filha Sylvie Faure, psicanalista, e também do grande público, eram ambas ligadas. A psiquiatria se liberava da tutela neurológica para sofrer a orientação mais sutil da corrente psicanalítica.

Os novos universitários de psiquiatria, que haviam sentido passar o perigo, cortejavam os psicanalistas, que lhe distribuíam cadeiras, vagas de professores associados ou a direção de seminários de formação nos cursos de psiquiatria. Eles lhes forneciam, assim, uma imensa esfera de influência: a possibilidade de impregnar a juventude com seu catecismo.

Mas alguns mantinham uma lembrança amarga da contestação, o que os impelia a desenvolver a psiquiatria biológica, a epidemiologia e as terapias comportamentais. Por um lado, eles satisfaziam uma concepção mais científica de sua disciplina, comparável àquela que emergia havia dez anos nos países anglo-saxônicos. Por outro lado, eles causavam divisões para melhor reinar, fazendo as facções rivais se baterem. Tudo era, evidentemente, coberto por um discurso consensual. As referências elogiosas ao freudismo eram uma passagem obrigatória em qualquer tese ou artigo. A função de turiferário de um culto da personalidade não tem nada de complicado quando a comparamos com um verdadeiro trabalho de pesquisa.

Em inúmeras universidades, os psicanalistas mais ativos não puderam se enroscar no confortável serralho da psiquiatria universitária. Eles tiveram que se contentar com as faculdades de psicologia. Conseguiram ali impor uma equação simples: a psicanálise é a psicologia clínica e a psicopatologia.

A EXCEÇÃO FRANCESA

Fora dela, não há salvação. De fato, eles recrutavam nos bancos da faculdade seus próprios pacientes em análise. É preciso saber que um professor de psicologia ganha muito menos do que um professor de medicina ou um médico de hospital: dependendo das categorias, os salários podem ser o dobro. Os psicanalistas universitários médicos, e sobretudo psicólogos, não têm interesse algum em que pesquisas novas modifiquem as convicções estabelecidas, pois eles tiram uma grande parte de sua renda (*cash*, evidentemente) da psicanálise, da qual são os ardentes propagandistas.

Mas o efeito mais importante de maio de 1968 sobre a cultura psi foi o lançamento da corrente lacaniana. Em 1963, Lacan deixou a Associação Psicanalítica Internacional para fundar uma escola de psicanálise "galicana" e contestatória do *establishment* psicanalítico. Ele era marginal. Maio de 1968 foi sua revanche. Os ex-esquerdistas deprimidos com o fracasso de seu movimento se lançaram de corpo e alma na psicanálise lacaniana julgada mais de "esquerda" do que a psicanálise clássica. É preciso dizer que Lacan se beneficiou de um gigantesco equívoco por parte dos psicanalistas da Sociedade Psicanalítica de Paris. Dois dentre eles, sob o pseudônimo de André Stéphane, publicaram em 1969 um livro intitulado *L'Univers contestationnaire*,[5] que afirmava, entre outras coisas, que o movimento de maio de 1968 representava o exercício da pulsão anal nos participantes. Essa obra dizia, em um estilo menos imagético, a mesma coisa que o general de Gaulle, que falava em "bagunça" a propósito desses acontecimentos de maio de 1968. Eis um trecho que parece se beneficiar igualmente da influência do pensamento de Salvador Dalí, visto que a analidade nele se torna "cósmica".

A analidade cósmica de maio de 1968

"A Bíblia (a Gênese) considera que o homem é feito para 'povoar a terra e dominá-la' e a palavra possuir (*possedere* = sentar-se em cima), designando uma das funções essenciais da analidade, corresponde à atividade anal da criança em seu sentido mais estrito. Sabemos, aliás, que os animais utilizam para delimitar seu *território* (seu universo) o mesmo método excremencial.

O LIVRO NEGRO DA PSICANÁLISE

Ora, os acontecimentos de maio de 1968 apresentam indubitavelmente um certo aspecto que não pode deixar de nos fazer pensar nesta analidade cósmica. A produção incessante de cartazes, os rabiscos nas ruas, nas paredes, a abundância dos slogans, o fluxo verbal contínuo, a algazarra ensurdecedora, toda essa literatura de manifestos, folhetos, panfletos etc. extravasam sobremaneira a eficácia prática real buscada. Tudo isso nos parece corresponder a uma tomada de possessão de caráter excremencial."

O método que acabamos de descrever é evidentemente emprestado da revolução cultural chinesa, mas a espontaneidade com a qual foi adotada e generalizada prova que ela corresponde a um nó estrutural comum aos contestadores de todos os países.[6]

Depois dessa brilhante interpretação, a Sociedade Psicanalítica de Paris ficou definitivamente com uma imagem ultrapassada diante dos jovens psis. Alguns deixaram os divãs clássicos para se deitar nos divãs lacanianos.

O lacanismo atingiu então o seu ápice. Por intermédio do Mestre na Escola Normal Superior, de Serge Leclaire em Nanterre e na televisão, e de Françoise Dolto no rádio, a França se lacanizou insensivelmente. Todos os níveis do público estavam cobertos por esse trio carismático, que progressivamente impôs uma psicanálise "à francesa". Esta tomava emprestado dos escritores católicos franceses clássicos um estilo pomposo; dos poetas simbolistas, obscuridades eruditas; e do grupo surrealista, do qual Lacan havia feito parte em sua juventude, um agudo sentido da provocação. Este conjunto era servido com considerações abstratas indo da linguística às matemáticas modernas, e passando por uma releitura dos Evangelhos freudianos. Havia tudo nela para seduzir.

O gospel se difundiu nas faculdades de letras e de ciências humanas. Vários professores abraçaram como segunda profissão a de psicanalista lacaniano e, assim como seus homólogos psiquiatras ou psicólogos, tiveram as mesmas motivações econômicas para que a ideologia analítica perdurasse o maior tempo possível. Assim, mais ou menos no ano 2000, foi atingido o número recorde de mais de 3 mil psicanalistas lacanianos contra aproximadamente 700 psicanalistas "clássicos".

Não era mais concebível fazer uma tese de filosofia sem lacanizar. Não se podia ensinar inglês na faculdade sem solicitar uma interpretação lacaniana de James Joyce. Uma tese sobre Céline deveria se preocupar com o vazio significante do enunciado precipitado sobre a enunciação. A publicidade se inspirava na "dialética do desejo". Uma obra de referência sobre a informática fazia alusão à "cadeia significante". Um bom discurso político devia dizer que "os desejos haviam caído na cilada do imaginário". A França, antes devota da religião, encontrava-se definitivamente madura para ser devota da psicanálise.

Os visitantes

Lyon caminhava suavemente no sentido dessa história. Lacanianos e clássicos confrontavam-se ali timidamente. Os psicanalistas dominavam a faculdade de psicologia e a faculdade de letras. A psiquiatria era mais eclética e manejava tanto a carpa psicanalítica quanto o coelho biológico.[7]

Jacques Lacan

Em 1967, Lyon recebeu a visita de Jacques Lacan, que ali fez uma conferência intitulada "Lugar, origem e fim do meu ensino".[8] Lacan chegou como uma estrela na estação de Perrache, tirou lentamente uma moeda de sua axila para dá-la ao carregador de bagagens: "Tome, meu bravo", e depois se dirigiu para o comitê de recepção dirigido por Gilles Deleuze, então professor de filosofia na faculdade de letras, que o acolheu com fervor: "Ah, caro mestre, você não sabe a importância de sua vinda a Lyon." "Eu sei, eu sei...", respondeu Lacan, nobremente.

Ele falou, em pé atrás de uma mesa, em um longo monólogo em grande parte improvisado. Um gravador providencial imortalizou o show e permitiu publicá-lo. Eis algumas pérolas da longa cadeia significante que o Mestre tirou do escrínio de seu inconsciente para expor diante de olhos maravilhados.

O significante lacaniano[9]

Será a psicanálise pura e simplesmente uma terapêutica, um medicamento, um emplastro, um pó de pirlimpimpim, tudo que cura? À primeira vista, por que não? Só que a psicanálise não é absolutamente isso.

Aliás, convém confessar que, se assim fosse, caberia perguntar por que nos submeteríamos a ela, pois realmente, de todos os emplastros, é um dos mais enjoados.

A psicanálise, por meio de todas as suas lábias, tem bons pés e bons olhos, chegando a gozar de uma espécie de respeito, de prestígio, de efeito de imponência absolutamente singular, ainda mais se pensarmos no que são as exigências do espírito científico.

Acontece de algumas vezes os pacientes dizerem coisas verdadeiramente astuciosas, e é o próprio discurso de Lacan que estão dizendo. Salvo que, se não tivessem escutado Lacan antes, não teriam sequer escutado o doente, e teriam dito: "Mais um desses doentes mentais que saiu dos trilhos."

Sua vida sexual [*sa vie sexuelle*], conviria escrever isto com uma ortografia particular. Aconselho-os vivamente sobre o exercício que consiste em transformar as formas como se escrevem as coisas. *Ça visse sexuelle*,[10] eis mais ou menos onde estamos.

Aliás, isso chega a ponto de a mulher inventar um para ela, um falo, o falo reivindicado, unicamente por se considerar castrada, o que ela justamente não é, a coitadinha, pelo menos no que diz respeito ao órgão, ao pênis, porque ela não o tem absolutamente. Que ela não nos conte que tem um pedacinho, não adianta nada.

É raríssimo que uma coisa feita na universidade possa ter consequências, uma vez que a universidade é feita para que o pensamento nunca venha a ter consequências.

Françoise Dolto

A vinda de Françoise Dolto, alguns anos mais tarde, acabou antes como um fiasco em Bourg-en-Bresse. Ela nos contou uma bela história, mas completamente inverossímil. Durante uma análise, uma jovem originária das Ín-

A EXCEÇÃO FRANCESA

dias começa a falar com ela em hindustani, língua que a paciente jamais havia falado e cujo sentido ignorava. Françoise Dolto anota foneticamente esta frase, a confia a um tradutor, e divina surpresa: trata-se de um diálogo entre o pai e a mãe da paciente que ela teria escutado no dia de seu nascimento. Dolto toma essa narrativa literalmente, sem se dizer que provavelmente se tratava de uma falsa recordação, ou de uma hábil fabulação, pois é impossível nessa idade registrar uma sequência linguística tão precisa. Entretanto ninguém ousou contradizer uma mulher tão calorosa como Françoise Dolto, que parecia uma vovó que oferece geleia às crianças. Mas de qualquer modo nós achamos que nesse dia ela havia ido um pouco longe demais.

Bruno Bettelheim

Uma visita muito esperada foi a de Bruno Bettelheim em 1975. O seu livro *La forteresse vide* [*O forte vazio*] havia sido um grande sucesso de vendas, um programa de televisão lhe foi dedicado. Em um filme de François Truffaut — *L'Argent de poche* (1976) — podemos ver um bravo professor lendo *La forteresse vide* para compreender melhor as crianças. Os próprios pacientes conheciam Bruno Bettelheim, que adulavam ou odiavam segundo o que retinham de suas palavras.

Bettelheim tinha então 71 anos. Exprimia-se em um francês perfeito. Nessa época, ele não passava a imagem de um homem arrogante. Confessou que tinha apenas um diploma de estética da Universidade de Viena e apresentou o seu trabalho com crianças autistas com simplicidade em uma discussão desordenada. Ele não era reconhecido como psicanalista pela Associação Psicanalítica Internacional. A impressão que deixou em nosso pequeno grupo foi a de um supereducador. Guardei na memória uma de suas reflexões práticas, repleta de bom-senso: "A melhor maneira de julgar o valor de uma instituição psiquiátrica é visitar seus banheiros."

A conferência que ele fez na universidade ficou bastante cheia. Entretanto, deu lugar à oposição curta, mas firme, de Régis de Villard, professor de pedopsiquiatria. Ele o interpelou a respeito do fato de que os pacientes que tratavam não eram autistas e que seus resultados sofriam de pouca avaliação objetiva. A resposta foi evasiva. De fato, Régis de Villard havia passado uma temporada nos Estados Unidos, com Leo Kanner, que havia descrito o autismo infantil. Para este grande clínico e pesquisador, que desenvolvia então as primeiras tentativas de reeducação sensorial de crianças verdadeiramente autistas, "o forte Bettelheim estava vazio". Bruno Bettelheim continuou seus seminários mas teve, infelizmente, um acidente cardíaco durante um jantar na casa de Paul Girard, professor de neuropsiquiatria. Após alguns dias de repouso e tratamentos eficientes, ele voltou para os Estados Unidos.

O que me espanta, retrospectivamente, é o charme dessas três pessoas, que conseguem, enfim, fazer com que seja admitida qualquer ideia, por mais problemática, errada ou controvertida que seja. O talento literário deles era grande, assim como o seu poder de convicção, mas também a fé dos espectadores. Havia ali um forte efeito de sugestão quase hipnótica devido a uma imensa presença pessoal, constantemente retransmitida pelos seminários, livros e pela mídia.

Por que e como se abandona a ordem monástica psicanalítica

A propagação da fé psicanalítica lembrava o método do doutor Knock, da peça de Jules Romains, que coloca na cama toda a população de um vilarejo persuadindo-os de que "um homem que está bem é um doente que se ignora". Sendo todos mais ou menos neuróticos, deveríamos todos, cedo ou tarde, nos deitar no divã.

Como todo mundo, eu havia marcado um encontro distante para uma análise. A qualidade didática de meu analista me permitiria mais facilmente entrar no serralho da Sociedade Psicanalítica de Paris, a qual era ligada à Associação Psicanalítica Internacional. O prazo de espera era de dois a três anos, mas era melhor visar alto. Eu havia feito o que se chamava de "primeira volta na pista", que consistia em encontrar três analistas em Paris, que davam uma espécie de sinal verde.

Eu pensava que iria encontrar na psicanálise algumas revelações sobre o que eu era e aumentar a minha capacidade de tratar os pacientes. Minha análise aconteceu entre 1972 e 1976, enquanto o movimento analítico estava em plena ascensão na França, nas universidades, nos hospitais, na mídia e nas editoras. Saía aproximadamente um livro novo por semana, o que era mais do que o suficiente para ocupar o meu tempo de leitura. Nesse tempo, a maré da fé estava alta, e era legítimo pensar que a psicanálise iria reformar duradouramente a prática psicológica e psiquiátrica: era preciso então investir tanto na compreensão dos textos quanto no desenvolvimento pessoal no divã.

Mas progressivamente eu iria perder a fé. A fé não se perde como um guarda-chuva. Foi um processo lento, em que os acontecimentos exteriores foram mais importantes do que o que se dizia ou se calava na análise. Em primeiro lugar, após um ano, me dei conta de que havia passado por todos os problemas potenciais e que girava manifestamente em torno do mesmo lugar. Nos três anos seguintes, houve em Lyon, no pequeno mundo dos analisandos, uma epidemia de suicídios ou de descompensações psicóticas: duas jovens internas se suicidaram de maneira inesperada, uma outra teve um acesso delirante, um teve uma tentativa de suicídio muito grave e, enfim, um jovem colega em análise em Paris, com Jacques Lacan, se suicidou.

As reações no meio me chocaram mais ainda do que os próprios fatos. Os comentários mostravam decepção não a propósito da psicanálise, mas dos suicidas: "Eles eram, sem dúvida, psicóticos", enquanto nada permitia afirmar isso. Essa substituição de sintomas não levava a nenhuma colocação em causa do próprio método. Ela não levava à conclusão de que outros meios terapêuticos poderiam tê-los ajudado mais. Enfim, passava-se à outra coisa, e era melhor não se falar disso, pois se tratava de questões privadas, estritamente limitadas ao domínio do consultório do analista. Além disso, não se devia colocar em causa o método, pois estávamos numa "ilha de consciência psicanalítica" cercada de inimigos por todos os lados.

Era, entretanto, usual fazer nos serviços autópsias psicológicas para compreender os processos que haviam conduzido ao suicídio e melhorar a sua prevenção. Não sei se o grupo muito fechado dos psicanalistas examinou essa questão. Podemos observar que em casos de acidentes mesmo as companhias aéreas mais cínicas praticam "a estratégia da pedra tumular", que consiste em melhorar a segurança a partir dos resultados da pesquisa.

Evidentemente, seria excessivo responsabilizar inteiramente a psicanálise pelas mortes prematuras: sabemos que o grupo dos psis é globalmente um grupo de risco. Inúmeros companheiros de Freud também se suicidaram. Entretanto não conheço nenhuma pesquisa epidemiológica séria que tenha abraçado o problema para tirar dele lições que ajudem a evitar a repetição de tais catástrofes.

É certo também que a psicanálise, mesmo nas pessoas inicialmente de boa saúde, leva a fases depressivas ligadas à frustração, ao silêncio e ao desenvolvimento dos fenômenos transferenciais que conduzem o analisando a funcionar de um modo cada vez mais irracional. Ele se vê então mais frágil diante de acontecimentos da vida que em outro momento teria suportado melhor. Para alguns analistas, a depressão é até mesmo uma fase necessária ao bom desenvolvimento do tratamento, pois ela permite a maturação psicológica. Entretanto, ninguém adverte o futuro analisando do risco. No mínimo, fazendo o balanço desses suicídios, eu podia chegar à conclusão provisória de que a psicanálise não era um método particularmente eficaz para prevenir os riscos da depressão.

Uma outra hipótese me veio à mente alguns anos depois. Nos anos 1990, enquanto eu era responsável por uma unidade de tratamento da ansiedade, uma jovem interna, que estava havia pouco em análise, deu sinais evidentes de depressão e me falou de ruminações obsessivas relativas à sua culpabilidade. Após refletir com um outro responsável, foi-lhe proposto consultar, privadamente, um farmacólogo. Este prescreveu um antidepressivo, que levou a uma melhora significativa. Entretanto, ela desejava se curar pela psicanálise e apenas por ela. Sugeri-lhe por isso mesmo consultar outro analista, o que ela fez. Mas, tomada pela dependência de sua transferência, voltou ao primeiro analista, que lhe aconselhou frequentar, paralelamente, um grupo de terapia coordenado por ele. O que é uma prática bem pouco habitual. Ela decidiu parar com o antidepressivo e seguir esse plano terapêutico: suicidou-se. Tudo se passou como se ela tivesse preferido se matar a matar a teoria de seu analista, passando a uma outra forma de tratamento ou a um outro analista.

Mas outros acontecimentos me fizeram duvidar. Depois de uma estada no Québec, descobri que outras formas de psicoterapia existiam e traziam resultados interessantes. Várias estadas no serviço de Pierre Pichot no Hospital Sainte-Anne me colocaram em contato com as terapias comportamentais ensinadas por Mélinée Agathon. Adotei uma prática mista, fazendo terapias analíticas ou comportamentais, dependendo do caso. Aconteceu-me até mesmo, após o agravamento de um de meus casos de terapia analítica, seguido de duas tentativas de suicídio medicamentosas, passar rapidamente à terapia comportamental, com um sucesso validado pelo tempo. O paciente me observou, corretamente, que teria sido melhor se tivéssemos começado imediatamente pelo segundo método, já que o primeiro havia agravado sua depressão.[11]

Meu chefe, Jean Guyotat, também me encorajava a seguir o caminho das terapias comportamentais. Ele emitia, em particular, sérias dúvidas quanto à eficácia da psicanálise, sendo ele próprio psicanalista. Sem convicção, fiz uma segunda "volta na pista" com três analistas, para ter acesso aos tratamentos supervisionados. Anotaram meu importante trabalho pessoal e me aconselharam a continuá-lo e voltar após algum tempo depois de purgatório. Permaneci um ano e meio ainda em análise, depois decidi colocar um fim a um ritual que se tornou sem objeto. Anunciei essa decisão a meu analista, declarando que iria aumentar meu salário com o dinheiro que lhe dava todos os meses. Sua resposta, divertida, foi simplesmente: "Se você vê as coisas dessa maneira..." Ao menos estávamos de acordo.

Sombras vienenses

Tendo passado quatro anos e meio num divã, posso testemunhar o tédio mortal que me inspirava a redescoberta simulada das teorias de Freud, conhecidas de antemão tanto pelo analista quanto pelo analisando. Com as suas repetições, a psicanálise se torna um roteiro de vida que se conclui incessantemente com o retorno do mesmo e com a justificação de um texto inalterável. Com o tempo, ele pode se transformar em adesão filosófica e se traduzir pela utilização de uma linguagem de iniciados, que significa que participamos de uma mesma aventura grandiosa. A leitura de livros, o discurso cotidiano dos serviços psis e o clima cultural participam da formação desse sistema de crenças.

Às vezes eu releio as obras de Freud e faço a triagem do que ainda é válido quando se exerce o seu próprio pensamento: o direito de inventário e o livre exame nunca se casaram bem com o dogmatismo. Romper com a psicanálise é romper com um discurso que pouco a pouco impregna e dirige o pensamento e a ação depois de ter imprimido seus esquemas na memória. É preciso um ou dois anos para se livrar dela e recuperar a liberdade de pensamento.

Se a pesquisa de si é a pesquisa de Freud, é melhor visitá-lo. Viena acolhe frequentemente congressos, mas nem sempre nos divertimos neles. Andando nas ruas, o turista pode fazer a peregrinação até o número 19 da Bergasse, onde o apartamento de Freud se tornou um museu. Ele é bem acolhido ali. O divã do mestre foi substituído por uma foto em tamanho natural. Setembro em Viena tem o charme das fachadas do passado, e a ronda do *Strassenbahn* sobre o Ring conduz para fora do tempo. Cada vez que volto a Viena, não penso muito mais em Freud ou ainda menos em minha estada no divã, do qual tenho poucas lembranças. Escuto em minha mente a música de Alban Berg: os cromatismos descendentes ao final do concerto *À la mémoire d'un ange* [À memória de um anjo]. Ou ainda *Abendstern* de Schubert. A música de uma cidade se mantém mais do que suas palavras.

"O tempo do desprezo"

Depois de uma estada com Isaac Marks em Londres em 1976, em Los Angeles com Robert Liberman em 1977, eu estava pronto para desenvolver as terapias comportamentais e cognitivas sob a forma de uma consulta de terapia comportamental, depois de uma unidade de tratamento da ansiedade no hospital neurológico de Lyon, com um cargo de psiquiatra num hospital.

Em 1979, publiquei o primeiro livro escrito por um francês sobre as terapias comportamentais: *Les Thérapies comportamentales, stratégies du changement.*[12] Deixei-me levar nele a algumas insolências juvenis sobre a eficácia da psicanálise e de seus derivados. Tive uma honra que poderia muito bem ter passado sem: a de ter na *Revue française de psychanalyse*[13] uma crítica de Jacques Hochmann, professor de pedopsiquiatria em Lyon, que terminava assim um texto, que soando como uma chamada à ordem e indicando a todos onde estava a verdade e o caminho certo.

> Todo psicanalista sem dúvida se encontrou um dia diante de sujeitos que lhe pareceram totalmente opacos, incapazes de fornecer um material interpretável e de associar sobre suas produções, paralisados por um sofrimento intolerável desde que se tratasse de exercer seu pensamento para a observação e a compreensão de seu aparelho mental. As linhas de clivagem entre as diferentes estruturas da nosografia psiquiátrica ou psicanalítica não permitem agrupar tais pacientes "antianalisandos" sob uma etiqueta particular. Eles participam tanto do pensamento operatório dos psicossomáticos, quanto do hiper-realismo dos esquizofrênicos, como também da impotência para fantasiar de certos deprimidos. Como categoria de acolhimento provisória proponho: a tolice, que não tem, aliás, nenhuma relação com o nível atingido pelas *performances* intelectuais na vida corrente. Na falta de saber realizar o sonho de Freud de uma liga entre o ouro e o couro, é preciso prever uma terapia tola para os tolos, ou mesmo uma terapia "atoleimante", que evite aos homens a dor de pensar? O comportamentalismo teria então o mérito da franqueza, ele mostraria sem disfarces o que outras abordagens mais ou menos codificadas dissimulam sob uma máscara humanista ou personalista, quando não simplesmente farmacológica.[14]

Não se poderia ser mais desdenhoso com aqueles pacientes que não têm o bom gosto de melhorar ou que se tornam mais graves durante uma psicanálise, assim como com os colegas que tomam a liberdade de pensar diferente. Na história da psicanálise, desde o seu início, a cada vez que se manifesta um rival, vemos reflorescer esse estilo. Ele reapareceu em 2004, quando saiu o relatório Inserm sobre a eficácia das psicoterapias, apesar de ele se mostrar bastante moderado em suas conclusões e mais ainda em seu tom.

Felizmente, nem todo mundo tinha tanta arrogância. Foi-me fácil montar em 1981 um curso universitário oferecendo um certificado, que se tornou em seguida um curso que oferece um diploma universitário de terapia comportamental e cognitiva. O decano J.-P. Revillard resolveu a questão em trinta minutos, aprovou meu plano e me disse que a única coisa que eu precisava fazer era ter êxito. O projeto foi votado sem dificuldade por um conselho da universidade que não incluía nenhum psiquiatra. Hoje esse curso interuniversitário acolhe a cada ano 120 estudantes de diversas nacionalidades, distribuídos por três anos, e formou, desde o seu começo, aproximadamente 1.000 pessoas.

Além dos conflitos?

De nada serviu aos psicanalistas desprezar e caricaturar as outras abordagens da doença mental. Todo mundo perdeu com isso.

Em primeiro lugar, os pacientes. A prática francesa das psicoterapias eficazes ganhou um sério atraso que se traduz por estatísticas desfavoráveis de morbidez e de consumo excessivo de medicamentos psicotrópicos. Desviados da pesquisa, vários psis não deram ao nosso país o lugar que ele deveria ter: a França está no vigésimo lugar em matéria de publicações científicas psis. Desanimados com um sistema inatingível, pesquisadores de valor deixaram a França pelo Canadá ou pelos Estados Unidos. Mas os pacientes se tornaram muito menos pacientes e estão mais bem informados: todo o saber científico está hoje disponível, em tempo real, na internet.

Os psicanalistas, embora bastante numerosos e ainda influentes, perderam muito. Eles são cada vez menos credíveis, e mesmo a mídia que lhes é favorável ousa dizê-lo.[15] Cabe a eles modificarem suas ideias e suas práticas, o que já fazem seus colegas anglo-saxões.

Os terapeutas comportamentalistas e cognitivistas perderam tempo e energia. Minoritários, eles foram obrigados a fazer face ao ostracismo de uma psicanálise triunfante. Mas isso não corroeu a sua convicção de terem razão, ainda mais visto que se apoiavam em dados científicos, com certeza discutíveis, como o são todos os dados científicos, entretanto mais sólidos do que uma teoria onisciente. Sobretudo se essa teoria não se apoia, enfim, senão na eterna dependência de pessoas que sofrem e no exercício organizado de um poder carismático que atingiu todas as camadas da *intelligentsia* francesa durante mais de trinta anos.[16]

A psicanálise certamente contribuiu para a evolução da psiquiatria para um maior humanismo dos anos 1950-1960. Mas a sua ascendência sobre a psicologia, a psiquiatria, a educação e a cultura francesa se aloja em um nicho histórico protegido. Há muito tempo, ela não corresponde mais às necessidades da França atual. Os próprios psicanalistas reconhecem seu fracasso no relatório da Associação Psicanalítica Internacional.[17] O relatório Inserm[18] sobre a eficácia das psicoterapias, do qual participei, destacou uma vez mais o valor das terapias comportamentais e cognitivas. Esse relatório, violentamente criticado, chega a conclusões próximas daquelas dos relatórios efetuados sobre o mesmo tema em outros países, particularmente o da OMS em 1993[19] e o do Departamento de Saúde britânico em 2001.[20]

A censura psicanalítica do relatório Inserm

Eu estava cansado das minhas reflexões, quando um telefonema de uma jornalista do *Le Monde* me avisou de uma notícia surpreendente. No dia anterior, 5 de fevereiro de 2005, durante uma reunião no "fórum dos psis" dirigida por Jacques Allain-Miller e na presença da nata do lacanismo, o ministro da Saúde, Philippe Douste-Blazy, havia acabado de censurar o relatório Inserm. Ele havia anunciado que o retiraria do site do Ministério da Saúde e "que não me escutariam mais falar disso". O ministro foi ovacionado nessa noite. Mas ele chocava as associações de pacientes — a Unafam e a Fnapsy — que haviam solicitado esse relatório. Ele colocava em maus lençóis a direção geral da Saúde, que havia comandado esse relatório e aprovado as suas conclusões um ano antes. Ele insultava o Inserm, que havia realizado o relatório com o dinheiro do contribuinte.

Com meus camaradas de escrita, acabava de realizar o sonho de todo intelectual francês: escrever um livro censurado por um ministro de direita. Nós nos sentíamos assim na companhia de Flaubert, Baudelaire, Aragon,

Vercors e Henri Alleg, que tinham conhecido o mesmo destino em circunstâncias bem mais dramáticas, e por isso podíamos nos sentir lisonjeados. Pensei mesmo, por um instante, em agradecer ao ministro sua gentileza, pois ele remetia nosso modesto relatório a seu verdadeiro destinatário: o público, que sempre soube que aprendemos muito com os livros que lhe querem esconder.

As reações da mídia não se fizeram esperar.[21] Interrogou-se a respeito da versatilidade do ministro e de seu espírito científico. Com efeito, ele acabava não apenas de contestar o trabalho de seus próprios serviços, mas também o conjunto da pesquisa mundial sobre o tema. Além disso, seu sentido democrático parecia questionável, pois ele decidia o que os franceses deveriam ler ou não, e do que eles deveriam falar. O triunfo do ministro foi de curta duração.

Toda ideologia triunfalista acaba por encontrar uma realidade que um dia abalará suas ilusões. Aqueles que são os "embaixadores" dessa realidade são os "resistentes" que aprenderam a sobreviver num meio ambiente difícil do qual não eram os mestres. Mas se um dia esses sobreviventes se tornam, por sua vez, os mestres, é melhor renunciarem ao triunfalismo. Acredito que é preferível se concentrar num trabalho paciente que permita afrontar os transtornos que conhecemos melhor, mas ainda parcialmente. É preferível que esse trabalho se desenvolva com os meios atuais da ciência e levem em consideração os fatores psicológicos derivados ao mesmo tempo da história pessoal, da biologia e do meio ambiente social, cujos efeitos pessoais são visíveis todos os dias. Para esse desenvolvimento, todas as boas vontades são necessárias.

Para onde foram os "triunfos da psicanálise"? Existem verdadeiramente triunfos em psicoterapia?

Na Antiguidade, quando um general romano tinha uma grande vitória, o Senado e o povo de Roma organizavam um triunfo para o seu retorno à cidade. O general vitorioso desfilava na frente, mas, dois passos atrás dele, um escravo repetia incessantemente: "A glória é efêmera."

Notas

1. "Inserm. Psychothérapie: Trois approches évaluées", Parecer Coletivo Inserm (O. Canceil, J. Cottraux, B. Falissard, M. Flament, J. Miermont, J. Swendsen, M. Teherani, J. M. Thurin), Inserm, 2004.
2. Título de jornal semanal satírico francês. (*N. T. B.*)
3. Centro Hospitalar Universitário. (*N. T. B.*)
4. J. Lacan, *Écrits*, Paris, Seuil, 1966.
5. A. Stéphane, *L'Univers contestationnaire. Étude psychanalytique*, Paris, Payot, 1969, p. 258-9.
6. A. Stéphane, *ibidem.*
7. Referência à expressão francesa "*mariage de la carpe et du lapin*" [casamento da carpa com o coelho], que quer dizer "casamento absurdo". (*N. T. B.*)
8. J. Lacan, "Place, origine et fin de mon enseignement", Conferência, Hospital do Vinatier, Bron, 1967. Documento datilografado a partir de uma gravação. Bulletin de liaison du CES de psychiatrie (CHU de Lyon), abril-maio, 1981, p. 23-38.
9. J. Lacan, "Place, origine et fin de mon enseignement", *op. cit.*, trad. brasileira, "Lugar, origem e fim do meu ensino", em *Meu ensino*, Rio de Janeiro, Jorge Zahar Editor, 2006.
10. Nota do tradutor brasileiro do texto de Lacan (André Telles): "*Através do jogo ortográfico, Lacan evoca a presença do Isso (Ça), bom como a de um aparafusamento (visse).*"
11. J. Cottraux, *Les Thérapies cognitives: comment agir sur nos pensées?*, Paris, Retz, 2001.
12. J. Cottraux, *Les Thérapies comportamentales, stratégies du changement*, Paris, Masson, 1979.
13. J. Hochmann, "Aspects du scientisme: les thérapies comportamentales", *Revue française de psychanalyse*, 3-4, 1980, p. 673-90.

14. J. Hochmann, *ibidem*.
15. U. Gauthier, "Peut-on guérir en travaillant sur son comportement? L'échelle ou la pelle", *Le Nouvel Observateur*, 16 de dezembro de 2004.
16. J. Cottraux, *Les Visiteurs du soi. À quoi servent les psys?*, Paris, Odile Jacob, 2004.
17. P. Fonagy e col., "An open door review of outcome studies in psychoanalysis", 2002, documento disponível: ipa@ipa.org.uk (taper: research).
18. "Inserm. Psychothérapie: Trois approches évaluées", *op. cit.*
19. N. Sartorius, G. de Girolamo, G. Andrews, A. German e L. Eisenberg, "Treatment of mental disorders. A review of effectiveness", Washington, WHO, American Psychiatric Press, 1993.
20. "Treatment choice in psychological therapies and counselling. Evidence based practice guideline", Department of Health, Londres, fevereiro de 2001, disponível em www.doh.gov.uk/mentalhealth/treatmentguideline.
21. S. Blanchard, "L'Inserm choqué", *Le Monde*, 10 de fevereiro de 2005.

Lacan só publicou o seu primeiro livro aos 65 anos de idade. São, essencialmente, trinta anos de ensino (no Hospital Sainte-Anne, depois na École Normale Supérieure e na Faculdade de Direito do Panthéon) que lhe permitiram marcar profundamente os espíritos. Os scripts de seus cursos foram progressivamente estabelecidos sob o nome de "seminários", que continuam a ser publicados mais de vinte anos após sua morte.

Lacan é a maior figura psi dos anos 1970, que veem na França o pendor de uma geração de intelectuais para a psicanálise, com um longo atraso com relação aos países anglo-saxões. Seu estudo do "campo freudiano" se apresenta então como um retorno à verdade original: a psicanálise suspeitada de evoluir para uma "ortopedia do ego" tinha, segundo ele, necessidade de sangue novo. Lacan fez milhares de discípulos, recebendo para sessões cada vez mais curtas e mais caras os jornalistas e os artistas mais conhecidos. Guru, mito, impostor, gênio... As palavras se embaralham quando se trata de Lacan. Utilizando-se de qualquer meio, sem levar em conta se são ou não pertinentes — a filosofia, a linguística, a lógica —, ele é o criador de uma teoria cuja elaboração e lógica Mikkel Borch-Jacobsen hoje descreve.

LACAN VENTRÍLOQUO[1]

Mikkel Borch-Jacobsen

Lacan era um psicanalista? Sim, evidentemente — mas o que é um psicana-lista? Sugeri anteriormente que a psicanálise tem a particularidade de ser tudo e qualquer coisa, e isso se aplica eminentemente a Lacan. O lacanismo é uma maravilhosa ilustração do caráter oportunista e camaleônico da psi-canálise. Lacan pretendeu empreender um "retorno a Freud", corrigindo os múltiplos desvios de seus colegas em relação à "verdade" e à "letra" freudia-na. Basta, entretanto, ler um de seus escritos para se dar conta de que seu "Freud" não tem rigorosamente nada a ver com o Freud histórico e até mesmo o contradiz em pontos absolutamente essenciais (o que seus colegas e rivais não deixaram de sublinhar, evidentemente). Freud era (ao menos no nível de seu discurso explícito) um positivista típico do fim do século XIX, enquanto Lacan não nutria senão desprezo pelo empirismo em geral. Freud dava uma base biogenética para suas teorias, Lacan recusava qualquer bio-logismo. Freud concebia o narcisismo como um amor por si mesmo, Lacan, como uma alienação num *alter ego* imaginário; Freud falava de "pulsões", Lacan zombava da noção de "instinto". Freud falava de "satisfação do dese-jo", Lacan afirmava que o desejo só se satisfaz na insatisfação, na falta e no fracasso. Freud falava do "objeto" da pulsão, Lacan não conhecia senão um objeto fundamentalmente "perdido". Freud via na interdição paterna um obstáculo ao desejo edipiano. Lacan, ao contrário, fazia da Lei a sua própria condição. E assim sucessivamente.

O LIVRO NEGRO DA PSICANÁLISE

Entretanto, Lacan afirmava, com grande impertinência, tirar as suas teorias do próprio texto freudiano, lançando seus discípulos em uma busca burlesca do trecho preciso em que Freud teria falado da "forclusão", do significante ou do "objeto *a*". Eles poderão procurar durante muito tempo. Os conceitos de Lacan não vêm de Freud, mas de outros lugares: de Hegel, de Kojève, de Heidegger, de Sartre, de Blanchot, de Bataille — entre outros. Não se deve buscar em outro lugar a razão de seu extraordinário sucesso na França (e de seu doloroso fracasso nos países anglo-saxões, pouco afeitos à "filosofia continental"). Se Lacan fascinou e recrutou tantos intelectuais franceses, foi porque lhes serviu, com a marca "psicanálise", ideias vindas do próprio *Zeitgeist* (espírito da época) deles. Surpreendente truque do qual vários ainda não se recuperaram. Visto que Lacan era ele próprio um intelectual perpetuamente à espreita do que se fazia de novo, rapidamente compreendeu que a psicanálise não tinha nenhuma chance de "pegar" na França se não lhe fosse feita uma faxina filosófica integral, suscetível de atrair uma clientela formada nos "três H" (Hegel, Husserl, Heidegger) e alérgica a qualquer forma de biologismo, de positivismo ou de "cientificismo".

Leiam os textos dos anos 1930-1940, dedicados à elaboração da teoria do "estágio do espelho" e da constituição imaginária do eu, e vocês se espantarão com suas ressonâncias hegelianas: o eu que se constitui por reflexão especular, que se aliena em um *alter ego* imaginário com o qual entra imediatamente em uma "luta de prestígio" etc. Tudo isso é uma reedição da dialética do reconhecimento hegeliana, misturada com elementos vindos da psicologia da criança (Henri Wallon, Charlotte Bühler). Quanto à ideia de que o eu é um objeto, ela vem diretamente do ensaio (ele próprio profundamente hegeliano) de Sartre sobre *A transcendência do ego*: a consciência, sendo sempre "consciência-de", não pode se apreender senão à distância dela própria, sob a forma de um ego-objeto transcendente que a paralisa. Nada a ver, evidentemente, com o ingênuo "narcisismo" de Freud, para quem o ego era um dado, um "reservatório de libido cedida e retirada dos objetos".

Mesma coisa com os textos dos anos 1950-1960, em que aparecem os conceitos de "sujeito", "desejo", "falta-a-ser", "palavra plena", "simbóli-

218

co", "real", "gozo". Todas essas noções têm suas raízes em uma filosofia do sujeito entendido como negatividade radical que Lacan tirava, como vários outros na época, dos cursos de Alexandre Kojève sobre a *Fenomenologia do espírito* de Hegel, curso que Raymond Queneau havia publicado em 1947 (Lacan havia assistido a esses cursos nos anos 1930, mas parece que só tirou verdadeiramente proveito deles a partir desse momento). Isso vale particularmente para o "desejo" lacaniano, que não tem nada a ver com o *"Wunsh"* (desejo) freudiano e traduz, com efeito, o *Begierde* (outro termo para desejo) hegeliano, revisto e corrigido por Kojève em seu comentário da dialética do Senhor e do Escravo. O desejo, dizia Kojève, não se torna verdadeiramente humano senão quando nega a si mesmo como desejo animal, biológico (como "necessidade", traduzirá Lacan) de tal ou qual outro objeto empírico e toma por "objeto" um não objeto: o desejo de um outro *sujeito* humano. O desejo humano é um desejo do desejo do outro, em outras palavras, um desejo puro, vazio, sem objeto, e é por isso que ele não pode se manifestar e se fazer reconhecer como tal senão em uma "luta mortal de puro prestígio", em que o homem coloca em jogo a sua vida biológica de modo puramente gratuito e "soberano" ou, como dizia também Bataille, *por nada*.

Todos esses traços se encontram em Lacan: "o desejo do homem é o desejo do Outro", um desejo de nada e de morte, que nenhum objeto — e especialmente esse objeto que é o eu imaginário — poderá satisfazer. O sujeito do desejo (ou seja, simplesmente o sujeito, o "para-si") é uma negatividade transcendente radical que se nega e se supera constantemente como objeto "em-si"; "ele não é o que é e é o que não é" (Hegel citado por Kojève e por Sartre). Quanto à linguagem, para a qual Lacan se voltou cada vez mais a partir do início dos anos 1950, relendo Saussure à luz mais uma vez de Hegel, Kojève e Blanchot, ela é a paradoxal manifestação dessa negatividade, visto que abole e "mata" a coisa (o "Real") da qual fala, inclusive o próprio sujeito falante. Quanto mais o sujeito tenta se dizer em sua verdade, mais fracassa, se perde e se ausenta, e mais manifesta que a verdade é esse próprio fracasso. A linguagem é a *aletheia* (Heidegger) do sujeito, seu abissal aparecimento-desaparecimento: "Eu, a verdade, eu falo."

Tudo isso, que tentei descrever em detalhes em meu livro sobre Lacan,[2] não é, em si, incômodo. Ninguém pensa em censurar Lacan por ter gostado de filosofia e por ter se inspirado naquilo que se fazia de mais perspicaz no pensamento de seu tempo, mesmo que ele tivesse tendência a não citar as suas fontes. Ninguém o censura, tampouco, por ter sido fiel a Freud (em todo caso, não eu). O que é preciso lhe censurar é, ao contrário, o fato de ter sustentado que era fiel a Freud e apresentado a sua filosofia heteroclítica como a verdade *da psicanálise*. Uma coisa, com efeito, é propor ideias e livros para a apreciação do público, como faz qualquer filósofo: nesse caso, Lacan teria aparecido como um simples epígono. Uma outra coisa é fazer falar a "boca de sombra" do inconsciente e lhe fazer pronunciar teses que acabamos de ler no último livro de Heidegger ou de Blanchot: "eu, a verdade, eu falo" etc. A posição de discurso é, evidentemente, completamente diferente. Em um caso, o autor assina as suas próprias ideias e se responsabiliza por elas. No outro, ele se faz o ventríloquo de alguém, ao mesmo tempo que nega não ter nada a ver com isso: procedimento de padre e de fundador de religião.

Lacan afirmava: "Freud nos diz que x" — depois ele propunha uma interpretação inventada por si próprio, frequentemente influenciada pela filosofia do momento. Ou, ainda, declarava: "A prática analítica nos ensina que y", "Todo analista, se tem experiência, sabe que z" — depois fazia passar facilmente qualquer conceito novo. Se Freud lia suas teorias biogenéticas nos sintomas e sonhos de seus pacientes, Lacan lia neles Kojève, Saussure e Frege: mesma projeção especulativa, mesma propensão a apresentar ideias e hipóteses sob a forma de "fatos observados" ou de "prática analítica" (ao menos quanto a esse ponto de vista, Lacan foi, de fato, o fiel discípulo do fundador). Como os seus ouvintes não iriam se encantar ao reencontrar a sua filosofia preferida no "inconsciente", legitimada pela "psicanálise"? E como não iriam se convencer de que esta era a ciência das ciências, visto que ela parecia já ter antecipado as formulações mais recentes do pensamento? A "psicanálise" se tornava tudo, invadia tudo — mas isso se dava, mais uma vez, porque Lacan enxertava nela qualquer coisa.

Eis, afinal, o que é incômodo: não o fato de Lacan ter sido um filósofo, mas que ele tenha denegado essa condição, revestindo os últimos conceitos da moda da autoridade de uma "prática analítica" completamente mítica. Os intelectuais franceses teriam pago tão caro para buscar a verdade de seus desejos em seu divã se soubessem que podiam encontrar a mesma sabedoria nas edições de bolso de Kojève, Heidegger ou Blanchot?

Notas

1. Notas organizadas por Catherine Meyer.
2. *Lacan, le Maître absolu*, Paris, Flammarion, 1990; segunda edição revista, coleção "Champs", 1995.

No mundo anglo-saxão a psicanálise lacaniana não suscita mais muito interesse nos departamentos de psiquiatria e de psicologia das universidades, mas sim em certos departamentos de letras ("comparative literature") e de filosofia. Filip Buekens examina os argumentos dos letrados anglo-saxões que justificam a obscuridade do discurso lacaniano.

POR QUE LACAN É TÃO OBSCURO?[1]

Filip Buekens

Leitores de Lacan forneceram as explicações mais curiosas para a impenetrabilidade de seu discurso. Vários desses argumentos são *sublimações*: mecanismos de defesa e mesmo uma glorificação das correntes de pensamento manifestamente estranhas, uma forma de surrealismo conceitual que enfeitiçou muita gente e não apenas psicanalistas. Essas adesões mostram a que ponto leitores e intérpretes se deixaram enganar pelo mestre.

Por exemplo, Judith Gurewich não hesita em falar do caráter "revolucionário" de Lacan. Se suas "brilhantes" formulações não são compreendidas, é simplesmente por causa de "preconceitos".[2] Mas que preconceitos são esses? O fato de adotar um ponto de vista crítico em relação a alguém que tem a ambição de apresentar uma teoria? Podemos dizer que uma crítica razoável é *ipso facto* a expressão de preconceitos? A obscuridade reside nas teorias complicadas às quais o herói faz alusão ou nos "conceitos técnicos da lógica"?

A esse respeito, Suzanne Barnard escreve: "Seus argumentos giram frequentemente em torno de referências filosóficas (por exemplo, a teoria das ficções de Bentham) e de teorias (por exemplo, a teoria do número, a teoria dos jogos, a topologia) relativamente obscuras."[3]

Esse uso pressupõe evidentemente que os aspectos idiossincráticos estejam claros para os iniciados. O problema é precisamente que a utilização que Lacan faz da lógica e das matemáticas supõe que você *não* faça referência às interpretações clássicas da lógica e da teoria dos conjuntos. Deveríamos nos fundamentar nas estranhas interpretações que Lacan faz ele próprio destas. Não são essas disciplinas em si que fazem dele um pensador idiossincrático, mas as curiosas interpretações que ele lhes dá. A lógica e a teoria dos conjuntos são disciplinas perfeitamente transparentes... Salvo na versão lacaniana. Mesmo entre os intérpretes experientes de Lacan reina uma total disparidade no que concerne à significação de suas formulações lógicas.

Uma outra estratégia consiste em apresentar sua obra como um "rébus",[4] como o seriam, se concordamos com Freud, os sonhos:

> Podemos caracterizar os escritos de Lacan desta maneira, pois a sua substância concerne à natureza do inconsciente, tal como Freud o compreendeu, esta dimensão da experiência humana que transcende a essência do discurso consciente, racional, e que só emerge na consciência através de clarões difratados que tomam diversas formas — a forma de um rébus, por exemplo, no caso de um sonho. Ao dizer que a obra de Lacan, em sua substância, é um rébus, queremos sugerir que ela se relaciona com um campo cuja verdadeira natureza escapa ao encurtamento que opera uma apresentação racional.[5]

Seus textos seriam "essencialmente uma demonstração concreta, *via* expressão verbal, dos caminhos perversos do inconsciente tal como ele faz a sua experiência".[6]

Mas por que aquele que tem a ambição explícita de elaborar uma teoria sobre um tema intrinsecamente difícil e mesmo obscuro deveria escrever de modo obscuro? Uma teoria sobre um fenômeno X não deve retomar as características de X para ser verificável, refutável, consistente ou correta. Existem várias teorias filosóficas e lógicas concernentes a *coisas vagas* e a *conceitos imprecisos* (a partir de quando alguém é calvo ou rico?) que não deixam de ser apresentadas de modo claro e bem argumentado. No final das contas, se essas razões são justificadas, como explicar que Freud, que fez supostamente descobertas decisivas sobre o inconsciente, tenha feito *apresentações de uma clareza exemplar*? O argumento lacaniano implica que Freud, pelo próprio fato de ter es-

A EXCEÇÃO FRANCESA

crito de modo compreensível, não compreendeu nada do inconsciente! Notemos que a metáfora do rébus, introduzida pelo próprio Freud, induz ao erro: um rébus supõe, exatamente como as palavras cruzadas ou os hieróglifos (comparações retomadas por Lacan), que haja uma solução para o rébus (para as palavras cruzadas, para os hieróglifos) e que possamos reconstruí-la. (A interpretação é uma descoberta e não uma construção.)

Madan Sarup escreve:

> Os escritos de Lacan são um rébus porque o seu estilo imita o seu objeto de estudo. Não apenas ele explica o inconsciente, como também tenta imitá-lo. O inconsciente se torna não apenas o objeto de estudo, mas, no sentido gramatical, o sujeito, o locutor do discurso. Lacan acredita que a linguagem fala o sujeito, que o locutor, antes de ser o mestre, é o sujeito da linguagem.[7]

A obscuridade é aqui justificada pela referência interna às proposições sobre a linguagem e o sujeito: "a linguagem fala o sujeito", "o locutor não é o mestre da língua que fala". A linguagem de Lacan seria a linguagem do inconsciente que utilizaria o canal de enunciação denominado "Lacan". Ela imitaria o inconsciente de Lacan.

O fato de que Lacan *imitaria* a linguagem do inconsciente (do inconsciente que fala?) implica que Lacan tem uma concepção adequada do inconsciente (você só pode imitar *corretamente* um fenômeno se dispuser de uma concepção adequada do fenômeno a ser imitado). Mas o que acontece se Lacan tiver compreendido mal ou apenas de modo parcial o inconsciente? O que o seu estilo exuberante imitaria então?

Em segundo lugar, supondo-se que o estilo barroco de Lacan seja uma imitação do inconsciente ou, mais forte ainda, que o próprio inconsciente enuncie a sua teoria (Lacan sendo um cabo acústico de uma teoria do inconsciente, formulada por seu próprio inconsciente?), isso não basta para justificar seu estilo e seus estranhos raciocínios. Por que Lacan pode falar dessa forma quando quer apresentar uma teoria?

Em terceiro lugar, o caráter impenetrável do objeto e a apresentação da teoria não são intrinsecamente ligados, senão todo projeto de parafrasear a teoria de Lacan de modo compreensivo daria uma *falsa imagem* de sua teoria.

Em quarto lugar, a estrutura da argumentação de Sarup apresenta um problema fundamental: a obscuridade lacaniana é justificada a partir de um ponto de vista interno à teoria lacaniana. Sarup defende a obscuridade através de proposições lacanianas: "a linguagem fala o sujeito", "o locutor é sujeito à linguagem". Seu raciocínio é o seguinte: pelo fato de a linguagem falar o sujeito, a teoria de Lacan "é falada pela linguagem do inconsciente", ao menos em seu caso; como o inconsciente é um rébus, os escritos de Lacan também devem ser um rébus. A objeção segundo a qual várias dessas proposições são *defendidas* e *argumentadas* por Lacan não se sustenta: seria necessário demonstrar que essas proposições são corretas. O estilo obscuro de Lacan está, no melhor dos casos, *de acordo* com o que ele escreve sobre o inconsciente, mas esse acordo não justifica evidentemente esse estilo. E quando Lacan tem *a intenção* de apresentar a sua teoria de um modo barroco, sua escolha se funda em considerações *racionais*, e *não podemos dizer, neste caso, que é o seu inconsciente que tem a palavra*. As intenções são sempre estados conscientes e razoáveis, que testemunham decisões de um agente.[8]

No final das contas, esta proposição implica que para poder compreender Lacan *é preciso supor que ela seja verdadeira*. Aquele que não aceita essa declaração — fundada na teoria de Lacan — rejeita ao mesmo tempo a teoria na qual ela é baseada. Se o conteúdo de uma teoria só se compreende na medida em que o leitor aceita que ela seja verdadeira, o leitor pode se considerar, a justo título, encurralado. Uma exigência mínima de uma teoria é que ela permaneça compreensível mesmo se posteriormente pareça falsa ou insuficientemente argumentada.

Samuel Weber[9] apresenta ainda uma aplicação bizarra de uma afirmação intrateórica. Segundo Lacan, sendo a significação determinada "contextualmente", a significação de significantes pode, no melhor dos casos, ser estabelecida *a posteriori*. Uma questão notoriamente difícil é estabelecer de modo preciso a significação, na teoria de Lacan, do termo "significante". Com efeito, Lacan fala dele de modo bastante obscuro. A justificativa seria, segundo Weber, o que dissemos acima: *o caráter retroativo da determinação de significações*:

O termo "significante" — no sentido formal: uma palavra — não tem uma significação simples ou claramente determinada. O que ele designa e indica — enquanto configuração de diferenças — engendra o sentido retroativamente, como resultado da "designação" como tal. (...) Se esse processo designado pelo significante constitui uma condição de possibilidade da palavra, na qualidade de uma unidade significante que, por sua vez, é um constituinte indispensável do conceito, o significante não pode ser apreendido em termos de um conteúdo particular, só podendo ser representado de modo formal, pelo que Lacan chama de um "algoritmo". Essa fórmula indizível pode ser escrita: $f(S)1/s$.[10]

A estratégia é clara. Quando conceitos essenciais do pensamento lacaniano são obscuros (aqui, o significante), os lacanianos dispõem de uma explicação intrateórica: a significação desse termo só se torna compreensível "em um sistema de diferenciações com outros significantes" e, visto que não dispomos de uma visão de conjunto desse sistema de significantes — cada significação sendo dependente do contexto e o contexto sendo indeterminado —, não podemos verdadeiramente apreender a significação do termo "significante". O problema colocado pelo argumento de Weber é que a *verdade* das proposições lacanianas é pressuposta para *justificar* uma interpretação específica. Mas o que acontece se as interpretações de Lacan não forem corretas? Ou se essas proposições só forem válidas para as associações livres durante uma sessão de psicanálise?

Malcolm Bowie, um especialista inglês em literatura, começa um livro sobre Lacan com os seguintes enunciados:

Lacan é um teórico das paixões humanas que manifesta uma grande hostilidade em relação à linguagem "teórica". O desejo é o objeto de estudo da psicanálise, mas há sempre algo que falta quando o psicanalista escreve a esse respeito... Pouco importa a energia dispensada para "articular o desejo" — digamos, ao construir uma teoria —, ele sempre escapa às frases, aos diagramas e às equações. Mas, insiste Lacan, as teorias não devem ser silenciosas a respeito daquilo que lhes escapa.[11]

O argumento é, portanto, que *pouco importa a precisão com a qual você quer escrever sobre os desejos, o objeto de sua pesquisa "escapará" irremediavelmente à teorização*. Consideramos que esse argumento não deveria fazer com que se renunciasse a uma abordagem teórica. Com efeito, *toda* descrição teórica de um fenômeno realiza uma abstração de aspectos ou de propriedades do objeto de estudo. Se o argumento é correto, ele implica que uma teoria sobre a poesia experimental deveria ela própria apresentar esse caráter experimental ou que uma teoria sobre experiências fenomenais (a dor, por exemplo) só é correta se for uma perfeita evocação da dor. Esta é uma exigência *absurda*. A ambição de uma teoria é descrever e explicar um fenômeno, e não *duplicar*, de uma ou outra maneira (incoerente), seus aspectos estranhos, inesperados ou enigmáticos. A atitude hostil de Lacan em relação ao discurso teórico se encontra, aliás, em contradição com suas ambições "científicas" explícitas.[12] Enfim, não há razão alguma para fazer de uma teoria que revela o inconsciente uma teoria geral da comunicação e muito menos uma teoria da linguagem das teorias sobre o inconsciente.

Quando Lacan enuncia que fala e escreve enquanto analista e que não está, portanto, ligado às exigências de um discurso "teórico", ele se encontra em contradição com a afirmação de que a psicanálise lacaniana é uma teoria *científica* e que, de todo modo, ele articula uma teorização do inconsciente. É evidente que um terapeuta, em sua prática, pode se contentar em utilizar conceitos teóricos sem enunciá-los. Por outro lado, não há razão alguma para aceitar que os textos de Lacan devem ser lidos como textos ou manuais de terapia.

Uma outra justificativa para a obscuridade lacaniana se encontra no prefácio de Judith Gurewich ao livro de Alain Vanier: "A decifração de seus escritos árduos requer não apenas esforços intelectuais, mas também processos inconscientes. A compreensão começa a se manifestar quando os leitores-analistas reencontram em seu próprio trabalho o que se expressa de modo sibilino no texto."[13]

O primeiro argumento de Gurewich se apoia na hipótese fundamental de Lacan segundo a qual o sujeito, precisamente, não é o senhor dos seus processos inconscientes e não pode, portanto, se associar à decifração do código lacaniano. A implicação dessa hipótese é que, visto que nossos processos inconscientes ocorrem o tempo todo, inclusive quando lemos Lacan, a compreensão de Lacan deveria, por isso, ser facilitada. Mas por que experimentamos tanta dificuldade em compreender Lacan, se nosso inconsciente está sempre trabalhando? Será porque o nosso inconsciente, que deveria assimilar a significação escondida de seus textos, recusa-se a nos fornecê-la? Se esse for o caso, será que nós não queremos saber como o inconsciente assimila esses textos e por que ele nos recusa a sua compreensão? Enfim, por que uma teoria do inconsciente deveria se dirigir ao meu inconsciente?

Se o segundo argumento é correto, apenas os psicanalistas consumados têm acesso à significação escondida dos textos lacanianos, e os outros leitores, por definição, não podem entrar nesse processo. Do ponto de vista empírico, é discutível: há inúmeros não clínicos da psicanálise que compreendem (ou declaram compreender) Lacan. Por outro lado, o argumento joga com o duplo sentido da palavra "compreender", o que o invalida. Com efeito, há uma diferença importante entre a) compreender uma teoria, os conceitos e as proposições que se encontram nela e b) a capacidade de reconhecer fenômenos e sintomas se baseando no conhecimento de uma teoria. O argumento utilizado aqui é que só se pode compreender uma teoria e seus conceitos caso se a reconheça em sua própria prática dos fenômenos descritos pela teoria — em outras palavras, b) é uma condição necessária de a). Mas a relação é precisamente inversa: quando se fala do *reconhecimento de um fenômeno em termos de uma teoria que dá conta dele*, é preciso *em primeiro lugar compreender a teoria* que permite esse reconhecimento. Afirmar que o reconhecimento de fenômenos nos termos de uma teoria (das observações guiadas pela teoria) é uma *condição necessária* para compreender a teoria é uma confusão conceitual.

A objeção segundo a qual Lacan não apresenta uma teoria é contrariada pelo próprio Mestre, mas também pelo estatuto que dão os intérpretes dos textos lacanianos: mesmo quando começam dizendo que Lacan fala enquanto terapeuta, eles acabam sempre com uma explicação da *teoria* (chamada às vezes de *metapsicologia*), que se encontra na base de seu discurso. O termo "teoria" não pode ser eliminado de suas análises. Podemos seguramente aceitar a "teoria" (por exemplo, em Malcolm Bowie) segundo a qual a significação (literária, estética) de um texto ou de um fenômeno psíquico não pode ser inteiramente apreendida em um contexto teórico e conceitual. Esse enunciado desqualifica apenas uma concepção extrema da teorização, que tomaria um sistema conceitual fechado como o modelo de uma teoria exaustiva da ciência ou de fenômenos psíquicos. Bowie critica, com razão, tal concepção. Mas esta seria uma razão para descrever Lacan como antiteórico? Esse problema atravessa toda a obra de Lacan: por um lado, seria necessário escapar das convenções da linguagem teórica; por outro lado, todos os meios são bons para fazer da psicanálise uma ciência plena. Não há solução para esse dilema. As razões para escapar da linguagem teórica não se sustentam e o curioso cientificismo de Lacan está destinado ao fracasso.

Lacan precisa de novos conceitos? Pelo fato de seu objeto de estudo ser relativamente novo, ele acredita que estes lhe são obrigatórios. Aquele que lê Lacan deve aprender uma nova língua: o "outro", o "real", o "significante" etc. Com certeza, uma teoria do inconsciente, assim como qualquer teoria nova ou revolucionária, deve introduzir novos conceitos, e estes não devem se reduzir a conceitos familiares. Freud foi, da mesma forma, confrontado com esse problema, mas isso não o levou a escrever de modo obscuro (cabe repetir que basta pegar um livro de Freud para mostrar a possibilidade de escrever de modo claro e notavelmente didático para introduzir novos conceitos). Todo desenvolvimento de um novo campo teórico se acompanha da introdução de conceitos ou de novas significações para conceitos em uso. Na prática, isso não deveria colocar grandes problemas: basta trabalhar cuidadosamente, evitar as ambiguidades e falar de modo coerente. Lacan não leva em consideração esses princípios. Tomemos uma comparação: podemos perfeitamente compreender as teorias de Newton e de Einstein, por mais que elas se situem em paradigmas diferentes. Afirmar que Lacan se refere a um "paradigma único" não desculpa a sua obscuridade.

Concluo que os elogios ditirâmbicos dirigidos a Lacan não têm justificativas racionais. Os argumentos dos lacanianos são, assim como vários raciocínios do próprio Mestre, conceitualmente incoerentes e, para qualquer pessoa dotada de razão, completamente rejeitáveis.

Notas

1. O presente texto é um trecho de um livro a ser publicado em holandês, *Proefvlucht in het luchtledige. Over de filosofische irrelevantie van Lacan en het Lacanisme* (Ensaio sobre o vazio: a não pertinência filosófica de Lacan e do lacanismo). Agradeço ao professor Jacques Van Rillaer por ter me proposto contribuir com essa obra e por ter traduzido o meu texto.
2. J. Gurewich, em A. Vanier, *Lacan*, Nova York, The Other Press, 2000, p. 8.
3. S. Barnard, "Introduction", em S. Barnard e B. Fink (eds.), *Reading Seminar XX. Lacan's Major Work on Love, Knowledge and Feminine Sexuality*, Albany, State University of New York Press, 2002, p. 3.
4. Ver, por exemplo, J. Lacan, *Écrits*, Paris, Seuil, 1966, p. 470: "O sonho é um rébus [diz Freud]. Que mais teria precisado acrescentar, para que não esperássemos dele as palavras da alma?" Malcolm Macmillan mostrou a que ponto a metáfora do rébus é falaciosa (*Freud Evaluated*, Cambridge, MIT Press, 1997, p. 660).
5. J. P. Muller e W. J. Richardson (eds.), *Lacan and Language. A Reader's Guide to "Écrits"*, International Universities Press, s. I., 1982, p. 2-3.
6. *Ibidem*, p. 3. Encontramos considerações semelhantes em Bice Benvenuto e Roger Kennedy, *The Works of Jacques Lacan*, Londres, Free Association Books, 1986, p. 13.
7. Madan Sarup, *Lacan*, Nova York, Harvester Wheathsheaf, Modern Cultural Masters, 1992, p. 80.
8. Para uma teoria das intenções, ver Donald Davidson, *Essays on Actions and Events*, Oxford, OUP, 1980.
9. S. Weber, *Return to Freud. Jacques Lacan's Dislocation of Psychoanalysis.* Cambridge, Cambridge University Press, p. 63-4.
10. *Ibidem*, p. 64.
11. M. Bowie, *Lacan*, Cambridge, Harvard University Press, 1991, p. 1.
12. *Cf.* J.-C. Milner, *L'Oeuvre claire*, Paris, Seuil, 1995.
13. J. Gurewich, em A. Vanier, *op. cit.*, p. 7.

A formação psicanalítica é ainda uma passagem obrigatória para inúmeros psiquiatras que começam a carreira. Sob a forma de uma ficção autobiográfica cheia de humor, Frédéric Rosenfeld, um jovem psiquiatra de Lyon, conta a sua "desconversão", após 13 anos no meio analítico.

O FUTURO DE UMA DESILUSÃO,
OU COMO SE CURAR DA PSICANÁLISE EM DEZ LIÇÕES

Frédéric Rosenfeld

Um paciente me solicita para uma terapia: chamemo-lo de Frédéric. A queixa desse jovem médico hospitalar é atípica e vaga: "Doutor", diz ele em tom baixo, "algumas dúvidas perturbam a minha realização profissional já há bastante tempo. Não sei o que fazer."

Antes de perguntar mais a esse respeito, deixo-o falar de si.

Escutar a história do paciente

Frédéric fixa a origem das perturbações na época do serviço militar. Na época, estudante de medicina, mergulhou na leitura da *Introdução à psicanálise* de Freud, que achou apaixonante e inovadora. Seguiram-se os *Três ensaios sobre a teoria da sexualidade*, *Psicopatologia da vida cotidiana* e inúmeros outros livros do mesmo autor. Quando retornou à vida civil, Frédéric iniciou a sua especialidade de interno em psiquiatria em um hospital de Lyon e, como os serviços de orientação analítica são majoritários neste local, começou a conhecer, em sua própria prática, a escola freudiana.

Suas viagens o levam em peregrinação a Viena e a Londres. Duas cidades que esclarecem muito sobre a vida do pai da psicanálise. Ali ele contempla o divã, a poltrona, os óculos, o chapéu, os figurinos antigos de Freud e várias outras relíquias que já viu em inúmeras obras. Ele conhece bem as grandes linhas da vida do célebre vienense, que julga corajoso, inovador e perseverante. Seus escritos embebem discretamente seu pensamento, e ele pode até mesmo citar certos trechos em alemão. Além disso, há dois anos participa de um grupo de supervisão coordenado por um renomado psicanalista de Lyon.

De 1999 a 2001 frequenta os cursos de sexologia em Lyon. Através deles, descobre que, se a psicanálise fornece um esclarecimento pertinente sobre os transtornos sexuais, o tratamento deles resulta frequentemente de outras abordagens terapêuticas (Gestalt, TCC,[1] terapias corporais, hipnose, terapias estratégicas, medicamentos etc.).

Detectar a queixa

Hoje, assim como outros colegas, Frédéric se inspira nos conceitos freudianos em sua prática. Mas há algum tempo ele não se sente bem: sua confiança nesses conceitos está se enfraquecendo. "A psicanálise fornece um esclarecimento pertinente aos pacientes quanto ao conhecimento deles próprios e à sua realização?", pergunta-se ele. Dúvidas obsedantes o preocupam no que concerne à sua eficácia profissional, mas o questionamento dos dogmas analíticos o atormenta. Quando se autoriza a perguntar se o freudismo pode causar e manter um sentimento de incurabilidade no paciente, a vida punitiva da culpabilidade o tortura e emudece seus pensamentos.

Entretanto Frédéric se diz principalmente médico: convencido de que sua realização passa pelo sentimento de ser um "psi" eficaz, quer encontrar uma técnica que funcione. Ao mesmo tempo, pergunta-se se não é exigente demais. Será que deve se resignar a acompanhar os pacientes sem desejar curá-los, como fazem alguns colegas?

Conceber o problema

Pergunto a esse paciente atormentado e exigente consigo próprio qual ajuda espera. Ele me diz mais ou menos isto: "Minhas perlaborações me levaram a nutrir em algum lugar uma ambivalência cujo benefício secundário é que evito me confrontar à escolha na medida em que esta é metáfora da castração, e agora seria necessário que meus recalcamentos fossem superados ao mesmo tempo que, se o ideal do Eu desaparecer, sua sombra vai se abater melancolicamente sobre o meu Eu, e isso seria terrível, não? Sei que você compreende isso." Não me desconcerto e, depois de algumas questões miradas com tato e paciência, obtenho: "Gostaria de ser eficaz, mas me preocupa fazer uma escolha."

Eis que tudo me parece mais claro! Frédéric deseja uma ferramenta para tratar seus pacientes e ao mesmo tempo hesita em deixar a psicanálise. Quando lhe submeto essa hipótese de trabalho, seus olhos se iluminam e ele murmura num suspiro: "Sim, é exatamente isso!" Desde então, escolho tratar dele iniciando as etapas de uma TCC clássica.[2]

A fim de circunscrever bem as suas dificuldades, construo primeiramente com Frédéric uma *análise funcional*. Esse termo, sem ligação com a psicanálise, designa uma concepção do problema com a ajuda de esquemas e listas. Sua elaboração exige várias consultas, pois é capital que o paciente e eu trabalhemos juntos uma compreensão comum de seu problema. Com efeito, será graças a hipóteses compartilhadas que saberemos agir com método e eficácia.

A análise funcional que utilizo com maior frequência é a grade SECCA (Situação, Emoções, Cognições, Comportamentos, Antecipação) de Cottraux, que compreende duas partes: a sincronia e a diacronia.

A sincronia: a instantaneidade do problema atual

Depois da definição do problema alvo, ela compreende cinco itens:

— Problema alvo: qual técnica psicoterápica escolher para tratar eficazmente meus pacientes?

— Situação (*o paciente descreve a situação ou as situações que se encontram na origem da infelicidade*): presença de pacientes sempre em situação de sofrimento apesar de minha abordagem psicanalítica.

— Emoções (*nesse item, Frédéric enuncia seus sentimentos quando é confrontado à situação-problema*):
- cansaço, sufocação, falta de vontade;
- sentimentos cada vez maiores de incerteza, dúvida e ineficácia;
- hesitações ansiosas, clivagem dolorosa;
- esperança de uma outra solução, desejo de aliviar seus pacientes.

— Cognições (*são os pensamentos, recordações e imagens que vêm a Frédéric na situação*):
- "Tenho vontade de ajudar essa pessoa a ficar melhor!"
- "Apesar de compreenderem seus problemas, os pacientes vão mal..."
- "Se isso não funciona, é porque não tenho experiência suficiente: devo continuar. Mas talvez eu não seja bom..."
- "Se não acredito mais nela, que desapontamento! Mas se paro, quanto tempo perdido."
- "E a que igreja me ligarei depois?"

— Comportamentos (*são as atitudes que Frédéric adota na situação-problema*):
- continua a sua prática, mas com menos entusiasmo;
- diminui suas leituras freudianas;
- começa a olhar para outras técnicas psicoterápicas.

— Antecipação (*são os pensamentos e os pontos de vista sobre o futuro do paciente enquanto espera encarar de novo a situação-problema*):
- "Se continuo, não vou ter êxito..."
- "Se continuo, terei uma prática eficaz e gratificante?"
- "Será que não preciso me contentar em escutar os pacientes sem nutrir a esperança de melhorá-los? Droga!"

A diacronia: a história do problema

A diacronia leva em conta, assim como na psicanálise, o passado do paciente, com a diferença de que o terapeuta não se refere a ele o tempo todo na terapia. Não esqueçamos que as TCC são baseadas no aqui-e-agora dos problemas! O interesse da diacronia é coletar elementos que esclareçam o desencadeamento e a manutenção da infelicidade. Quatro partes compõem essa subdivisão:

— Os *dados estruturais* exploram a herança familiar e a personalidade do paciente a fim de detectar nesse campo o que pôde constituir o solo de seu problema.

Nos dados familiares de Frédéric, destaco uma sucessão de médicos em quatro gerações do lado paterno, e um caso do lado materno.[3] Por outro lado, Frédéric apresenta alguns traços de personalidade narcísica:[4] estariam eles na origem de sua atração pelo brilho freudiano ou, antes, seriam eles sua consequência?

Destaco também traços da personalidade dependente e "evitadora", como testemunham suas dificuldades para escolher e sua fidelidade contrariada a um sistema intelectual. Vejo nesses traços a influência da impregnação analítica, mas isso é apenas uma hipótese.

— Os *fatores históricos de manutenção* são representados pelos elementos que puderam conservar o problema.

Em Frédéric, encontro:
• os antecedentes pessoais e familiares de profissões médicas;
• a prática em psiquiatria desde 1995;
• seu desejo persistente de melhorar seus pacientes;
• suas leituras freudianas e suas viagens a Viena e a Londres;
• sua atração pelo brilho intelectual da psicanálise;
• sua participação nas reuniões de trabalho de inspiração freudiana.

— Os *fatores desencadeantes* reúnem as hipóteses do paciente e do terapeuta sobre os possíveis fatores causais.

Frédéric e eu retemos suas leituras durante o serviço militar.

— Os *fatores que precipitaram os transtornos* são os elementos suscetíveis de agravar a infelicidade do paciente.

Evocamos a constatação cada vez maior da ineficácia pessoal, em face do desejo sempre intacto de melhorar eficazmente os pacientes.

Fazer um diagnóstico

Essa operação demanda frequentemente várias sessões, sobretudo para o caso delicado de Frédéric! Mas, mesmo que a sua infelicidade seja atípica, a sua formulação permanece sensata: não obstante a sua maneira de encarar as coisas ou as fórmulas às vezes desconcertantes, que acredito terem sido herdadas de sua prática, ela não evoca um delírio.

Além disso, diante da presença de transtornos persistentes, que infiltram dolorosamente os pensamentos e os comportamentos de meu paciente em importantes domínios de sua existência, oriento-me para o diagnóstico de *transtorno da personalidade*. Para o caso tão atípico de Frédéric, proponho o neologismo *transtorno de personalidade psicanalítica egodistônica*.

Medir a infelicidade e sua evolução

A fim de apreciar a eficácia da terapia, Frédéric deverá preencher questionários ou *escalas de avaliação* várias vezes durante a terapia. Essas escalas às vezes se parecem com os testes de revistas (*"Você é o homem ideal?"*, *"Teste sua sedução em vinte questões"*), mas elas são validadas por estudos científicos bastante rigorosos. Evidentemente, não se trata de reduzir os seres humanos a números e a quadros! Na verdade, as escalas permitem realizar estudos científicos e fornecer resultados cuja avaliação é um bom reflexo da eficácia terapêutica.

Tratar passo a passo em uma colaboração paciente-terapeuta

Após a análise funcional e o diagnóstico, a terapia segue seu curso segundo um procedimento rigoroso:

— Sessão após sessão, Frédéric e eu elaboramos "tarefas delimitadas". São espécies de deveres a serem realizados fora do consultório sob a forma de escritos ou ações comportamentais, sempre feitas sob medida para o paciente. Essas tarefas trazem o cerne real da mudança terapêutica.

— Na consulta seguinte, Frédéric me traz um relatório das tarefas a fim de que julguemos os avanços. Se a tarefa não é pertinente ou se não foi feita, discutimos a esse respeito a fim de adaptá-la melhor ou de planejar uma outra.

— Ao fim de cada sessão, o paciente resume os pontos importantes. Depois, pergunto-lhe seu *feedback*, solicitando suas opiniões e suas críticas, a fim de adaptar minha tática passo a passo.

Agir

Neste momento, como Frédéric está com dificuldades para fazer uma escolha, proponho-lhe a seguinte tarefa: "Faça a lista das diversas soluções possíveis sem omitir nenhuma, mesmo aquelas que lhe parecem difíceis ou absurdas. Depois, para cada solução, liste as vantagens e os inconvenientes a curto e a longo prazos. Aqui também não censure nenhuma ideia! A quantidade fará a qualidade dessa tarefa."

Na sessão seguinte, Frédéric já está mais sereno; encontrou quatro soluções para o seu problema. Peço-lhe que repertorie as vantagens e os inconvenientes de cada solução e lhes atribua um valor de importância entre 0 e 100 (0 = sem importância, 100 = muito importante). Eis seus resultados:

O LIVRO NEGRO DA PSICANÁLISE

Soluções	Vantagens	Inconvenientes	Soma das vantagens	Soma dos inconvenientes
S1 Continuo na mesma via	• Me dou uma chance para atingir meu objetivo 50 • Serei gratificado 50 • Terei um melhor impacto terapêutico 30 • Meu trabalho será mais estimulante 30	• Não tenho certeza que atingirei meu objetivo 100 • Mesmo assim, não sei se serei gratificado com isso 100 • Isso corre o risco de demorar ainda muito tempo 100	160	300
S2 Largo	• Não esquentarei mais a cabeça 90	• Viverei isso como uma dolorosa perda de tempo 100 • Perderei meu entusiasmo para trabalhar 90	90	190
S3 Mantenho minha direção e ao mesmo tempo projeto alhures	• Não abandono a minha esperança de curar as pessoas 90 • Posso continuar a enriquecer intelectualmente 100 • Isso me permitirá fazer uma escolha mais tranquilamente 90 • Se a outra prática funcionar, terei um sentimento de sucesso 100 • E farei um trabalho mais estimulante 100	• Isso demandará de mim um pouco de energia para procurar 30	480	30
S4 Desisto da ideia de curar as pessoas	• Não esquentarei mais a minha cabeça 20 • Não sentirei mais desânimo 10	• Sentirei despeito 100 • Isso não responderá às minhas expectativas 100 • Terei perdido o meu tempo 100	30	300

Essa simples formatação tem importantes consequências no meu paciente. Em primeiro lugar, ele se sente aliviado, pois não percebe mais o seu problema como um magma informe e opaco, mas como uma paisagem quase límpida de escolhas a fazer. Consequentemente, ele se conscientiza de que um problema pode ser concebido em termos de soluções potenciais, cada qual tendo o seu lote de vantagens e inconvenientes. A partir de então, ele escolhe revisar a vergonha tóxica que nutria em relação à sua ambivalência ("É um sintoma neurótico! É a minha castração...", dizia ele antes), que lhe parece mais inteligível agora.

Assim, por essa simples tarefa de reflexão, meu paciente escolhe a terceira solução. Através de algumas fórmulas adaptadas chamadas de *reforços*, consolido esta atitude nova e construtiva: "O que é muito importante para você é que esse método lhe permitirá progressivamente ser mais autônomo na gestão de suas dificuldades. Você acaba, aliás, de mostrar que é capaz disso, e, além disso, no tocante a um problema que você julgava difícil!"

Agora decidimos orientar as tarefas seguintes para a ação: Frédéric deverá fazer uma lista das etapas a serem realizadas para concretizar a sua escolha, avaliando-as segundo um grau de dificuldade compreendido entre 0 e 100 (0: nada difícil, 100: muito difícil).

Na sessão seguinte, Frédéric não espera que eu me sente para expor seu trabalho. Eis a sua lista:

Tarefas	Angústia estimada
Inscrever-me no curso de TCC em Lyon	5
Ler obras que tratam de práticas não analíticas	5
Coletar a opinião de colegas que utilizam outras práticas	30
Ler obras críticas sobre a psicanálise	50
Discutir com psicanalistas sobre a sua prática e as suas expectativas	50

Como está muito cedo para se inscrever no curso de terapias cognitivas, Frédéric escolhe ler algumas obras. Análise transacional, terapias comportamentais e cognitivas, técnicas de comunicação e terapias estratégicas são alguns dos domínios que descobre. Em *feedback*, reconhece que essa tarefa é muito útil: além do prazer cada vez maior e do incômodo cada vez menor, ela o leva a conhecer outros horizontes terapêuticos.

Agora que está menos atormentado para agir, Frédéric está pronto para uma prova mais difícil: explorar a validade da psicanálise através dos escritos críticos. Ele me confessa que sempre se proibiu de fazer isso, por medo de não mais acreditar. Como esse projeto me parece corajoso, mas temerário, prescrevo a simples tarefa de pesquisar fontes bibliográficas.

Na consulta seguinte, Frédéric está diferente. Parece mergulhado em suas reflexões, seu olhar está oscilante. Conta-me o resultado de suas pesquisas: percorrendo um *site* da internet do qual gosta, o do *Círculo zetético*,[5] que pega febrilmente, no artigo *Divan le terrible* [Divã, o terrível], as referências de um livro: *Lês Illusions de la psychanalyse,* de Jacques Van Rillaer. Indo além da tarefa prescrita, decide abrir a caixa de Pandora percorrendo essa obra de título tão sulfuroso. Preocupado com esta tarefa arriscada, efetuo uma discreta técnica de relaxamento respiratório sobre mim mesmo; depois lhe pergunto seu *feedback*. Frédéric se diz tocado por sua leitura febril e acrescenta: "Esse livro é verdadeiramente a enzima de minha renegação!"

As sessões seguintes são o teatro de um processo típico em TCC e frequentemente emocionante para o terapeuta: o paciente se autonomiza em seu processo de cura observando-se e prescrevendo para si mesmo suas tarefas! Assim, continuando sua leitura, Frédéric começa a redigir uma tumultuada carta para Van Rillaer. Nela, detalha sua aventura e seu fracasso, e confronta com tato o autor a respeito de suas afirmações sobre a irrefutabilidade dos princípios freudianos e de seu abandono da psicanálise. Aberto e disponível, o autor lhe envia uma longa resposta, da qual retenho o seguinte trecho: "É preciso renegar inteiramente [a psicanálise]? Talvez seja um pouco como a religião. Podemos não acreditar mais na existência do Deus da Bíblia e manter os valores cristãos [ou judaicos], continuar a gostar do canto gregoriano." Depois desse livro, Frédéric iniciou *La Gestion de soi* [*A gestão de si*] do mesmo autor, verdadeiro fermento de sua conversão às TCC, segundo suas palavras. Para o nosso propósito, retém desse livro a seguinte frase: "Uma psicoterapia eficaz é uma aprendizagem metódica de novos comportamentos, e não uma operação de extração de espécies de tumores psicológicos."

Em *feedback*, Frédéric me diz o quanto essas tarefas são frutíferas, visto que remanejam várias de suas convicções e que, contrariamente ao que poderia se esperar, não induzem nem angústia nem deslocamento de sintomas. Entretanto, ele sente um retorno da aversão pela psicanálise e, como não quer guardar rancor por essa escola (na qual evoluem alguns de seus amigos), não sabe mais a quem dar e de quem tirar a razão. Confessa-me tristemente: "Estou na ambivalência neurótica..." Como esse pensamento reaparece, decidimos trabalhá-lo através de uma tarefa cognitiva. Pergunto-lhe primeira-

A EXCEÇÃO FRANCESA

mente qual é o seu grau de adesão a essa asserção: ele diz acreditar 90% nela. Depois lhe prescrevo a tarefa de classificar em um quadro seus argumentos a favor ou contra a psicanálise.

Eis o trabalho que traz na sessão seguinte:

Argumentos favoráveis	Argumentos desfavoráveis
• Freud foi corajoso e inovador 30	• Inúmeras fontes desmentem isso 100
• É humano se deixar enganar por uma paixão[6] 80	• Uma paixão pode induzir atitudes contestáveis, sobretudo se atinge os pacientes! 60
• Os outros têm o direito de ser passionais como eu próprio posso ser 100	• O meio analítico é às vezes hermético e dogmático 90 • Certas escolas evocam uma religião, um partido político ou uma seita[7] 95
• Algumas pessoas puderam se beneficiar da análise 50	• Os benefícios provêm talvez de processos terapêuticos não específicos 50 • Depoimentos sugerem que a análise não é benéfica, podendo até mesmo ser nociva[8] 70
• Se ela não funciona, ao menos leva a um enriquecimento interior 20	• Será que, por isso, vale a pena? 100
• *Se non è vero, è ben trovato... 30* • Ao menos, é uma obra lírica poderosa, à altura da *Ilíada* e da *Odisseia* 40	• Não é com uma ficção mitológica que se constrói um tratamento 90
• A psicanálise dá bons modelos clínicos e metapsicológicos 70	• A análise é raramente fundada em provas, mas antes em postulados autoalimentados, em tautologias às vezes centenárias, em construções metafóricas ou em analogias às vezes superficiais 90
• Se estou denegrindo Freud tanto quanto o elogiei antes, sou tão delicado quanto um aiatolá 40	• Manifestar um olhar crítico é uma atitude saudável, se tomamos em consideração a opinião do interlocutor 100 • Ele pensou menos nisso do que eu! 80
• A maioria dos psicanalistas são pessoas que buscam verdadeiramente ajudar outras pessoas 100 • É difícil criticar ou abandonar aquilo de que já gostamos: sei algo a esse respeito 90	
• Os relatos clínicos estão de qualquer forma aí para argumentar a favor da validade da psicanálise 75	• Fontes demonstram falsificações, invenções e censuras 90
Total = 725	Total = 1.015

Reinterrogo Frédéric sobre o seu postulado: *"Estou na ambivalência neuró-tica."* Consciente de que é importante pesar os contrários, ele cifra agora a sua adesão de 5%. Reforço esse progresso: "Este exercício permite isolar os motivos de sua incerteza. E, além disso, a ambivalência tem lados positivos: ela evita tomadas de posições absolutas ou intolerantes, e pode enriquecê-lo ponderando seus pontos de vista."

Agora que meu paciente se sente mais à vontade, ele quer trabalhar sobre a validade da psicanálise enquanto ferramenta terapêutica. Ora, como assiste regularmente a sessões de supervisão coordenadas por um psiquiatra que é também psicanalista, escolhe solicitá-lo com vistas a questioná-lo sobre a sua prática e as suas expectativas. Escreve-lhe esta carta:

Lyon, 3 de junho de 2002
Senhor,

Gostaria de encontrá-la para um conselho pessoal. Além de minha participa-ção nos grupos de quarta-feira, esta solicitação convoca o meu interesse pela psicanálise como um todo e, de modo um pouco enfático, a percepção do mundo da qual ele me embebeu.

Ao descobrir Freud, senti a obra poderosa de um poeta da alma, corajoso e inovador, com uma intuição às vezes genial; percebo-o menos dessa forma atualmente. Desde então entrei num questionamento circular sobre a psica-nálise: por permitir se conhecer, ela seria uma ferramenta de "ouro puro", podendo levar até mesmo a um bem-estar regozijador? Pois estou mais inte-ressado em ajudar as pessoas a ficarem melhor do que a saber mais; indepen-dentemente do método.

Assim, após recolher experiências e sentimentos que o senhor me fornece-rá, a minha decisão não engajará senão a mim mesmo: a responsabilidade por resolver queimar ou não o que antes adorei será minha.

Na expectativa de sua resposta, queira aceitar minhas respeitosas saudações.

A EXCEÇÃO FRANCESA

Com grande gentileza, o analista recebe Frédéric e lhe confirma o que ele já sabia, ou seja, sua abertura às abordagens não analíticas e particularmente às TCC. Mas a conversa não o convence a continuar no freudismo.

Atualmente, uma outra situação-problema. Frédéric tem consciência de que a escuta analítica lhe dá uma tendência a interpretar os fatos e as afirmações de seus contemporâneos; ele deseja suavizar essa atitude. Concordamos então a respeito da tarefa seguinte: em um quadro com duas entradas, anotará os fatos que observa em seu cotidiano, a interpretação que lhes dá e a sua porcentagem de adesão. Os objetivos dessa tarefa são:

- objetivar se o comportamento interpretativo é sistemático;
- desenvolver atitudes mais simples e menos orientadas;
- diferenciar os fatos das interpretações.

Na sessão seguinte, meu paciente traz o seguinte quadro:

Fatos	Interpretações e porcentagem de crença
• A enfermeira X está irritada há uma semana	• Alguma coisa não vai bem entre o casal neste momento? 50%
• A paciente D me diz com veemência que não suporta nenhum dos tratamentos que lhe foram propostos nos últimos meses	• Ela busca fazer com que seu médico fracasse clivando o tratamento, e permanecer depressiva por uma atitude masoquista, na qual se misturam a auto e a heteroagressividade 80%
• A médica delegada do laboratório X está com um ar descontente	• Ela deve estar tensa! Vai ter uma *burn-out syndrome*! 70%
• A paciente C não gosta de dar apertos de mão quando sua mão está suada	• Ah, é sem dúvida porque ela não se gosta... falha narcísica? 60%
• O paciente G começa a delirar no meio da sessão	• Ele tenta clivar a progressão da sessão, que contém algo que lhe é insuportável 90%
• O paciente R deseja que eu viva eternamente, enquanto eu acabei de lhe dizer rudemente para não irromper no escritório durante a nossa reunião de médicos e enfermeiros	• Ele faz sempre isso. Está apresentando uma formação reativa muito agressiva ao nosso encontro 90%
• O paciente M fica girando o dedo em sua boca durante a entrevista	• Esse paciente perverso adota essa atitude regressiva oral de conotação abertamente sexual e provocadora para destruir a relação médico-paciente 90%

Quase estupefato, Frédéric toma consciência de que suas reflexões seguem quase que sistematicamente o sentido [fatos e interpretação], e deseja rapidamente "se despsicanalisar" desta tendência (*sic*). Elaboramos esta tarefa:

• considerar o maior número possível de hipóteses alternativas para suas interpretações;
• refazer a porcentagem de crença na interpretação inicial.

Na sessão seguinte, Frédéric traz a seguinte grade:

Fatos	Hipóteses alternativas	Interpretações do início e porcentagem revisada
• A enfermeira X está irritada há uma semana	• Talvez ela esteja com problemas de saúde? Ou com seus filhos? Ou financeiros? Ou dormiu mal?	• Alguma coisa não vai bem entre o casal neste momento? 20%
• A paciente D me diz com veemência que não suporta nenhum dos tratamentos que lhe foram propostos nos últimos meses	• O problema talvez seja a defasagem entre a sua demanda e o que lhe é oferecido como resposta; seria preciso ver com ela, colocando-lhe a questão.	• Ela busca fazer com que seu médico fracasse clivando o tratamento, e permanecer depressiva por uma atitude masoquista, na qual se misturam a auto e a heteroagressividade 5%
• A médica delegada do laboratório X está com um ar descontente	• Como eu poderia saber por que ela está assim? Tenho poucos elementos para verificar minha hipótese! • Posso, talvez, perguntar-lhe gentilmente?	• Ela deve estar tensa! Vai ter uma *burn-out syndrome*! 20%
• A paciente C não gosta de dar apertos de mão quando sua mão está suada	• Ela aprendeu boas maneiras? Ou ela gosta de ser polida com os outros? Ou ela tem uma autoestima e não quer denegrir a sua imagem? Etc.	• Ah, é sem dúvida porque ela não se gosta... falha narcísica? 0%
• O paciente G começa a delirar no meio da sessão	• A sessão a angustia ou não retém suficientemente a sua atenção? Ou o seu tratamento é inadequado? Ou subdosado? De qualquer modo, a minha prescrição medicamentosa ou a minha técnica merecem ser reavaliadas	• Ele tenta clivar a progressão da sessão, que contém algo que lhe é insuportável 20%

A EXCEÇÃO FRANCESA

• O paciente R deseja que eu viva eternamente, enquanto eu acabei de lhe dizer rudemente para não irromper no escritório durante a nossa reunião de médicos e enfermeiros	• Talvez ele não tenha ódio algum: e como eu poderia saber se ele próprio não sabe!? Ou, talvez, ele esteja incomodado e busque se desculpar agindo assim? Poderia lhe perguntar gentilmente mais tarde...	• Ele faz sempre isso. Está apresentando uma formação reativa muito agressiva ao nosso encontro 20%
• O paciente M fica girando o dedo em sua boca durante a entrevista	• Nesse paciente, que é também débil, talvez isso seja apenas um modo de se assegurar, porque ele está incomodado? Ou é um tique antigo que perdeu todo valor?	• Esse paciente perverso adota essa atitude regressiva ora de conotação abertamente sexual e provocadora para destruir a relação médico-paciente 10%

Frédéric se dá conta de como suas interpretações são um tique intelectual que pode entravar a sua abertura para os outros e para o mundo. Ele acrescenta: "Bom, é bom interpretar, mas há lugar para outras interpretações e até mesmo para a ausência total de interpretação! Apenas ao tomar consciência da fragilidade do sistema intelectual que as engendra, comecei a abandonar a interpretação por outra coisa. Em um segundo tempo, as ações que realizei graças às tarefas mantiveram essa progressão: foi como se elas cavassem um novo campo em meu pequeno cérebro. Um campo que leva à mudança! Pois bem, a esse respeito, peguei uma frase simpática de *La Gestion de soi*. Escute isto: *"A realização de novas ações leva a novas formas de pensar e experimentar."* Nada mal, hein?

Nada mal!... Algumas outras tarefas virão, que darão sempre lugar à *experiência ativa e ao aprendizado de novas atitudes*, mentais ou comportamentais. Pois talvez seja assim que as mudanças nascem e duram na memória de nossa paisagem interior.

Em seus últimos *feedbacks*, Frédéric me dirá que aprendeu a ser seu próprio terapeuta e a se livrar de um duplo fardo. O primeiro, seu problema de escolha, era o evidente motivo de sua vinda. O segundo, mais infiltrativo, era uma dependência de uma forma de expressão mental e emocional que uma outra corrente de pensamento lhe havia inculcado e que agora não o satisfazia mais. A liberação desse segundo fardo — cuja presença lhe tinha primeiramente escapado — o levará a dizer que nas TCC as curas vêm às vezes como um suplemento...

A terapia terminará pouco depois de sua inscrição no curso de TCC de Lyon.[9] Ao longo desse ensino, ele realizará uma monografia sobre um caso singular. Uma monografia que começa assim: "Um paciente me solicita para uma terapia; chamemo-lo de Frédéric..."

Notas

1. Terapias comportamentais e cognitivas.
2. Ver o capítulo de J. Van Rillaer na quinta parte.
3. Que eu saiba, nenhum estudo constata a transmissão genética de tal antecedente.
4. *Cf.* F. Lelord e C. André, *Comment gérer les personalités difficiles?*, Paris, Odile Jacob, 1998.
5. Ver http://www.zetetique.ldh.org.
6. *"A psicanálise é uma paixão, não uma ciência."* (Karl Kraus.)
7. *"Aquele que a psicanálise apaixonou, ela não o larga mais."* (Ludwig Binswanger.)
8. *"A psicanálise inventa as doenças que afirma curar."* (Karl Kraus.)
9. Cujo ciclo ele termina este ano.

TERCEIRA PARTE A psicanálise e seus impasses

1. A psicanálise é uma ciência?

Freud nunca deixou de repetir, como bom positivista do final do século XIX: a psicanálise é uma ciência baseada, em última instância, na "observação" imparcial dos dados clínicos. Os psicanalistas de hoje em dia não gostam de ser lembrados dessas declarações do fundador da psicanálise, porque sabem muito bem que as suas pretensões científicas não resistem um só instante ao exame dos epistemólogos e filósofos da ciência. Alguns, inspirados em Jürgen Habermas e Paul Ricoeur, recomendam portanto jogar fora as pretensões "cientificistas" de Freud e admitir que a psicanálise é uma ciência humana (uma "hermenêutica") que se propõe a compreender o sentido dos sintomas e do comportamento e não a encontrar explicações causais, à maneira das ciências da natureza. Outros, na esteira de Lacan, estimam que, se a psicanálise não é considerada ciência segundo os critérios habituais, é simplesmente porque tais critérios são inexatos ou insuficientes. Afinal, é simplíssimo: não é a ciência que questiona a psicanálise, mas sim a psicanálise que abala a ciência. Basta pensar! Sem falar da última tréplica que consiste em chamar a postura científica de neurose, como fazia Lacan.[1]

No entanto é preciso perguntar, a partir do momento em que a psicanálise se apresenta como teoria do psiquismo humano e fala de leis supostamente universais que, ademais, constituem a base do tratamento psicoterápico: a teoria psicanalítica pertence ao domínio da ciência?

O LIVRO NEGRO DA PSICANÁLISE

Como, por exemplo, provar ou refutar a pedra angular do edifício freudiano que é o complexo de Édipo? Recordemos a questão: se um menino adora a mamãe e teme o pai, dirão que ele é a ilustração perfeita desse processo universal. Se outro menino rejeita a mamãe mas é muito apegado ao pai, dirão que rejeita o seu "édipo", sem dúvida por medo da castração, ou então que cria um "édipo negativo". Na década de 1920, o psicólogo Adolf Wohlgemuth resumia assim esse raciocínio: coroa, eu ganho; cara, você perde.

O epistemólogo Karl Popper[2] denunciou a ausência de cientificidade desse tipo de afirmativa. Para ele, a psicanálise não é uma ciência e sim uma disciplina que seduz devido ao seu aparente poder explicativo; ela age "à guisa de conversão intelectual, de revelação que permite descobrir uma verdade nova, oculta aos olhos daqueles que ainda não foram iniciados".[3] Tudo é muito diferente na ciência, que procede em duas etapas: primeiro, divulgam-se hipóteses (por exemplo, a existência, no desenvolvimento afetivo da criança, do complexo de Édipo); em seguida, submetem-se tais hipóteses a testes rigorosos, capazes de confirmá-las ou invalidá-las. Se a observação mostra que o efeito previsto não se produz, a teoria é simplesmente refutada. Assim nasceu o "critério da refutação", que supostamente distingue o processo científico da pseudociência. Segundo Popper, para que uma disciplina seja verdadeiramente científica é preciso que determine as condições para que possa ser refutada ou "falseada", como dizem os anglófonos, e aceite pôr-se à prova. A psicanálise, pelo contrário, imunizou-se cuidadosamente contra toda e qualquer refutação possível graça a sofismas que lhe permitem ter sempre razão, sejam quais forem os fatos opostos que se lhe apresentem. Ela é "irrefutável", "infalseável". É uma pseudociência, do mesmo modo, diz Popper, que o marxismo.

Segundo outro epistemólogo, Adolf Grünbaum, os enunciados de Freud são realmente refutáveis; mas são... falsos. A psicanálise, portanto, não é uma ciência, mas não pelas razões apresentadas por Popper. Assim, a crer em Freud, a psicose paranoica se deve à homossexualidade reprimida. Este enunciado é imediatamente refutável; pode-se mostrar especificamente que a tolerância dada à questão da homossexualidade

A PSICANÁLISE É UMA CIÊNCIA?

em nossa sociedade não se traduziu numa diminuição da taxa de pacientes vitimados pelo delírio de perseguição, o que invalida a tese freudiana e, acrescenta Grünbaum, a tese de Popper sobre Freud. A psicanálise, aos olhos de Grünbaum, não é uma pseudociência "irrefutável", mas uma teoria científica de boa estirpe cujas previsões, infelizmente, foram refutadas, como Freud às vezes admitiu.

É exatamente a respeito dessa famosa "honestidade" que um terceiro epistemólogo, o anglo-saxão Frank Cioffi, se interroga. Para ele, não é porque uma teoria não é comprovável ou se recusa a levar em conta uma refutação que forçosamente será pseudocientífica, como queria Popper; a história da ciência é cheia de exemplos de pesquisadores que tiveram toda a razão de não se desencorajarem pela aparente invalidação da sua teoria. Inversamente, o fato de poder refutar-se uma teoria não impede, ipso facto, que ela seja pseudocientífica, como queria Grünbaum (com quem Cioffi duelou várias vezes). A astrologia, por exemplo, foi refutada mil vezes, mas os seus adeptos continuam a encontrar mil "confirmações" das suas teorias. Eis, segundo Cioffi, o único critério válido de pseudocientificidade: a má-fé — o silêncio mantido sobre as refutações, o recurso a confirmações imaginárias, a manipulação dos dados e até mesmo a mentira pura e simples.[4]

A psicanálise é uma pseudociência porque é uma teoria de má-fé. Cioffi observa que as teses de Freud foram há muito tempo invalidadas, e os historiadores puseram em evidência a manipulação de dados a que ele recorria, mas os defensores da psicanálise mantêm-se obstinadamente encerrados em sua prisão de vidro. No domínio científico, quando se revela um erro ou manipulação experimental, como no caso dos "raios N" de Blondlot ou da fraude cometida por Sir Cyril Burt para promover a sua obra sobre a hereditariedade da inteligência,[5] basta, em geral, desconsiderar de uma vez por todas a teoria baseada nessas experiências. Não na psicanálise. Acrobatas do pensamento, os psicanalistas não dão atenção às refutações mais explosivas que lhes sejam apresentadas. Tiram sempre do chapéu um novo coelho para justificar os maus hábitos de Freud. Essa má-fé é sintoma de um cinismo disposto a justificar tudo, até mesmo o injustificável, para preservar "a causa". Nesse sentido, ela remete mais à política que ao debate científico ou intelectual e demonstra a imensa violência das "guerras freudianas" (Freud wars) nos países anglo-saxões de uns vinte anos para cá.

Cioffi é veterano nessas guerras freudianas; o tom belicoso que caracteriza o texto que vamos ler o demonstra: mistura de argumentação sem concessões no estilo da filosofia analítica com humor cáustico. Assim como os historiadores críticos da psicanálise, para os quais a reflexão filosófica sobre a "mentira" freudiana teve efeito libertador, Frank Cioffi não alimenta ilusões sobre a boa-fé dos seus interlocutores. Denuncia com audácia os "cães de guarda da psicanálise". Com energia pouco comum na França, compara a má-fé dos freudianos à de todos os crentes obstinados nos totalitarismos do século XX, que nenhuma prova e nenhum argumento racional desviavam do dogma. É com textos como esse que se pode medir o fosso aberto, há vinte anos, entre a França e o resto do mundo...

EPISTEMOLOGIA E MÁ-FÉ: O CASO DO FREUDISMO[6]

Frank Cioffi

Os detratores de Freud são difamadores?

Sigmund Freud talvez tenha sido um grande homem, mas não foi um homem assim tão honrado. Grande pela imaginação e eloquência, desonrou-se ao dirigir um movimento dogmático em cujo interesse não deixou de cometer perjúrio. É possível que tenha sido atingido, de tempos em tempos, pela tendência que tinha de negar os seus ideais. Numa carta a Jung, em que propõe meios para impedir que sejam ouvidas as vozes dissidentes dentro do seu movimento ("Como diretor [do *Zentralblatt*], posso [...] bloquear tudo o que não lhe convier"), consola-se ao observar que, "se pudéssemos ver o que se passa no interior dos outros grandes movimentos, não seria mais apetitoso".[7]

O dogmatismo ingênuo não é desonroso. Difundir teorias não refutáveis ou agarrar-se a teses refutáveis apesar de todas as provas disponíveis pode ser um tanto estúpido, ou mesmo repreensível, mas não é desonroso. Então em que Freud e seus discípulos se desonraram? Como esse juízo pode ser desprovido de caráter calunioso? Em que critérios se baseiam para afirmar que Freud não se enganou, simplesmente, mas se tratava de um hipócrita mentiroso? Por que isso é importante e não só para os seus biógrafos?

Porque a psicanálise é uma ciência testemunhal. O crédito que se atribui a Freud e aos analistas em geral não se baseia nas garantias que oferecem, mas nas que dizem ter. Portanto, têm de ser dignos de confiança.

O mito da honestidade extraordinária de Freud e o seu significado

A *History of Medical Psychology,* de Gregory Zilboorg, ilustra bem a base da tradição hagiográfica que trata da honestidade de Freud. Zilboorg, não satisfeito em contar o mito convencional do "desejo imenso de Freud de conhecer a verdade", reforçou-o com o testemunho de um professor de teologia da Université de Fribourg: "Freud é um buscador fanático da verdade, e acredito que não hesitaria em revelá-la mesmo que isso lhe custasse a vida".[8] Se bem que existam provas numerosas, nas publicações de Freud, da falsidade dessa afirmativa, talvez se pudesse desculpar quem se esquece delas porque, com raras exceções, nem os detratores mais venenosos de Freud questionaram a integridade dele.

Em contrapartida, essa desculpa não serve para as gerações seguintes de bajuladores de Freud que fingem conhecer bem o *corpus* freudiano. Em *A vida e a obra de Sigmund Freud,* Ernest Jones evoca "a honestidade absoluta e a total integridade" do pai da psicanálise,[9] embora com certeza soubesse que tais qualidades estavam longe de ser absolutas e totais, pois o seu próprio relato da vida de Freud o comprova. Quando o filósofo Walter Kaufman nos diz "Freud tinha um senso de honestidade elevadíssimo e não conheço nenhum homem, nenhuma mulher, que seja mais honesto do que Freud",[10] como autor de uma obra inteirinha sobre Freud ele devia estar mais bem-informado. Em 1992, J. O. Wisdom, filósofo popperiano das ciências, escreveu: "Homem mais honesto do que Freud raramente pisou o chão da nossa terra."[11] As suspeitas de idealização e mesmo de adulação servil que pesam sobre esses testemunhos a favor da honestidade de Freud reforçaram-se mais tarde com o fato de que as frequentes rasteiras de Freud na verdade não são mais contestadas, inclusive entre os adeptos da psicanálise. O que pensar do tanto que as provas dessas disparidades foram ignoradas durante tanto tempo?

A PSICANÁLISE É UMA CIÊNCIA?

Algumas mentiras de Freud

Mentira nº 1: Freud descobriu o complexo de Édipo com base em falsas recordações de sedução parental

Um argumento que lança dúvida sobre a credibilidade de diversos relatos retrospectivos de Freud sobre o modo como descobriu o complexo de Édipo circula há uns trinta anos.[12] Nesses relatos Freud afirma que, no início da sua atividade, fora levado a crer, erradamente, que todos os seus pacientes tinham sido agredidos sexualmente na infância; é o que chamamos de "teoria da sedução". Se tantos admiradores de Freud conhecem a teoria da sedução e sabem que ele admitiu que se tratava de um erro, não apreenderam as consequências desastrosas desse erro, pois acreditaram na história falsa que Freud contou sobre as razões que o levaram a cometê-lo. A falsidade é que ele tenha baseado a sua convicção errada de que os pacientes tinham sido agredidos sexualmente na infância nas recordações que pareciam lhes surgir durante o tratamento psicanalítico.

Na realidade, Freud não baseou essas cenas de agressão sexual nas recordações dos seus pacientes, mas sim na interpretação dos seus sonhos, das livres associações e das imagens fragmentadas das quais faziam parte no decorrer da análise. Foi isso, somado ao postulado de Freud segundo o qual os sintomas, de um jeito ou de outro, teriam de representar o trauma original, que o levou a crer que tinham sido agredidos sexualmente, e não as suas recordações. Por que as consequências dessa falsa declaração são desastrosas para a pretensão de Freud de reconstruir os anos perdidos da infância? Porque quando se compreende que, ao substituir as agressões sexuais sofridas na infância pelas fantasias perversas e incestuosas, Freud utilizou exatamente o mesmo material, adquirido com o mesmo método, que o tinha levado a falsas conclusões de agressão sexual na infância, a teoria da sexualidade infantil perde toda a credibilidade. Foi para impedir essas consequências prejudiciais que Freud obrigou-se a afirmar, de modo mentiroso, que baseara a sua primeira etiologia das neuroses, a teoria da sedução, nas recordações de agressão sexual dos pacientes.

O LIVRO NEGRO DA PSICANÁLISE

Eis os argumentos que ele a princípio apresentou para comprovar a tese da "sedução" nos artigos sobre o tema: a sedução "deixou marca indelével no histórico do caso, no qual é representada por uma multiplicidade de sintomas e características específicas que não permite nenhuma outra explicação". Como distinguir este raciocínio, cujos resultados Freud foi obrigado com tanta frequência a desautorizar, daquele em que baseou a etiologia pós-sedução das fantasias incestuosas e perversas e da sua repressão?

Num dos seus diversos relatos retrospectivos sobre os fundamentos da etiologia sexual infantil que substituiu a sedução, o que Freud diz é impossível de distinguir do que disse a favor da tese desautorizada da sedução. Em 1923, ele fala das "experiências esquecidas da infância" que se sucedem à sedução como causa específica das neuroses e que constituem "a solução de um quebra-cabeça (...). Quando se consegue organizar as peças desordenadas, cada uma das quais representa uma parte inteligível do desenho, de modo que a imagem passa a fazer sentido e não há mais nenhum buraco (...), aí sabemos que o quebra-cabeça foi montado e não há outra conclusão possível."[13] Em 1896, Freud admitira a sedução infantil com base em "interconexões sutis, embora substanciais, da estrutura intrínseca da neurose".[14] Tendo considerado errada a reconstrução da sedução, ainda assim pediu aos leitores que admitissem a boa fundamentação da reconstrução de fantasias infantis devido às "provas incontestáveis fornecidas pela estrutura da neurose".[15] O método da remontagem do quebra-cabeça foi o mesmo com o qual deduzira a teoria desautorizada da sedução. A sua vontade de dissimular, portanto, é compreensível. Mas por que as suas alegações mentirosas ainda são divulgadas?

Esta questão é levantada não só pela produção de jornalistas literários como também por especialistas pretensamente sérios, como Peter Gay, historiador eminente que, na biografia de Freud, fala dos "relatos horríveis" de pacientes do psicanalista, e Adolf Grünbaum, que evoca "as recordações aparentemente vivas e, sem dúvida, reprimidas que Freud fizera ressurgir em seus pacientes histéricos durante a análise".[16] Muito tempo depois, foi destacado que as "recordações aparentemente vivas" das quais fala Grünbaum são incompatíveis com a seguinte observação de Freud: "os meus pacientes me asseguram categoricamente a sua incredulidade".[17]

A PSICANÁLISE É UMA CIÊNCIA?

Os textos mais conhecidos não se limitam apenas a atribuir aos pacientes recordações que não tinham; chegam a fazer dessas recordações a base da convicção de Freud sobre a realidade da sedução. Entretanto, no caso dos motivos que o conduziram a incriminar a sedução infantil, inicialmente Freud afirmara: "Temos por princípio não adotar a opinião dos pacientes sem profundo exame crítico."[18] No mesmo artigo, ele sustenta que, assim como a medicina legal "o médico pode determinar a causa de um ferimento mesmo que não disponha de nenhuma informação por parte da pessoa ferida", no quadro de histeria é possível ir "dos sintomas ao conhecimento das suas causas".[19] Noutro artigo sobre a sedução, ele escreve, a respeito das convicções dos pacientes quanto à etiologia da sua doença: "Eu me consideraria culpado de credulidade repreensível se não tivesse as provas mais convincentes".[20] Entre essas "provas mais convincentes" figuravam as considerações sobre o quebra-cabeça descritas anteriormente.

Em seu artigo sobre a apresentação deformada da teoria da sedução, Israëls e Schatzman perguntam: "Por que ninguém se deu conta mais cedo?"[21] Como explicar a obstinação com que as falsas alegações de Freud sobre o que o levou à teoria errada da sedução foram repetidas? Trata-se somente de uma exegese inconsiderada ou há outra explicação? No final do século XX, Kurt Eissler, fundador e secretário dos Arquivos Freud, escreveu um livro sobre a teoria da sedução que contém um capítulo intitulado "Incoerências e incongruências dos artigos de 1896 de Freud sobre a teoria da sedução".[22] Para os que não conheceram a sua fama de eminente defensor da retidão de Freud no seio da comunidade psicanalítica americana, digo simplesmente que é como se o papa divulgasse uma encíclica intitulada "Incoerências e incongruências dos relatos do sepulcro vazio dos Evangelhos". Uma das conclusões de Eissler consiste em dizer que "Freud foi injusto com os seus antigos pacientes. Nas suas publicações da época não se encontram em lugar nenhum mulheres que acusem o pai" e "Freud esqueceu os casos em que fez pressão para constrangê-los a aceitar as suas interpretações".

Eissler comentara várias vezes a teoria da sedução sem se afastar da opinião geral e, portanto, sentiu-se obrigado a explicar o aspecto tardio desta severidade súbita. Eis o seu argumento: "Esses três artigos são escritos com tamanho brilho, convicção e persuasão que é preciso lê-los várias vezes, com atenção, para descobrir as contradições que encerram e as fraquezas da sua fundamentação."[23]

Outro meio, ainda que desconcertante, de fugir das consequências desastrosas de uma análise exata das divergências entre os textos originais de Freud sobre a sedução e o seu exame retrospectivo foi apresentado pelo psicanalista Jean Schimek, que admitiu essas divergências mas recusou-se a deixar-se desencorajar. Schimek afirmou que, se "o exame dos textos de Freud de 1896 permite supor que o trauma sexual de origem não se baseava nas recordações recuperadas pelos pacientes mas foi reconstruído por Freud (...), esta não é uma conclusão surpreendente nem condenatória".[24] Mas, como os textos posteriores de Freud contradizem diretamente os primeiros, como esta conclusão pode não ser condenatória? Se, como sustenta Schimek, "o trauma sexual de origem não se baseava nas recordações recuperadas pelos pacientes mas foi reconstruído por Freud", como Freud pôde, em seguida, fingir que estivera "inteiramente disposto a admitir como verdadeiras e etiologicamente importantes as alegações dos pacientes, segundo as quais estes atribuíam os seus sintomas a experiências sexuais passivas durante os primeiros anos da infância" sem que isso nos surpreenda e o condene? Há desculpas para a teimosia de Nathan Hale, Adolf Grünbaum, Janet Malcolm, Peter Gay e outros, como achou o próprio Eissler? Talvez. Mas falta explicar por que Elisabeth Thornton,[25] Isolde Vetter,[26] Allen Esterson[27] e Malcolm Macmillan,[28] entre outros, não sucumbiram ao "brilho, convicção e persuasão" de Freud, ao contrário de Hale e dos seus semelhantes. É racional suspeitar que nesta inconsciência há mais do que simples negligência. Na minha opinião, em muitos casos os verdadeiros motivos lembram aqueles que levaram tantos intelectuais progressistas da década de 1930 a não ver, no desenrolar dos processos de Moscou, nada que levasse a pensar que os acusados não estivessem sendo tratados de modo justo. A ideia de que a análise retrospectiva da teoria da sedução pelo próprio Freud não seja digna de confiança era simplesmente inconcebível e talvez por isso as incoerências passaram despercebidas por tanto tempo. Mas por que, uma vez assinaladas, tais incoerências não foram retificadas? Esta pergunta resume o problema clássico de todos os casos suspeitos de terem sido sufocados: quantos sabiam? quando souberam? É um problema semelhante àquele enfrentado pe-

A PSICANÁLISE É UMA CIÊNCIA?

los historiadores que tentam determinar o crédito que se pode dar aos protestos retrospectivos de ignorância dos que garantiram a integridade de Stalin e Vychinski na época dos processos de Moscou.

Como escreveu retrospectivamente Louis Fischer, eminente defensor de Stalin que negou a fome na Ucrânia, "não é fácil livrar-se do ponto de vista ao qual nos apegamos durante quinze anos".[29] Se Fischer achou que o seu longo apego à experiência soviética poderia desculpar o seu "silêncio táci-to" sobre o verdadeiro caráter dos processos de Moscou e da fome na Ucrâ-nia, não é extravagante sugerir que motivo comparável possa explicar, em parte, as análises obsequiosas da teoria da sedução por tantos comentadores passíveis de estar mais bem-informados.

Eis alguns exemplos da relação afetiva característica que empurrou os freudianos a se agarrar à sua posição. Em sua autobiografia, Wilhelm Stekel descreveu-se como "apóstolo de Freud", que era o seu "Cristo".[30] Encontra-mos o mesmo tom esotérico em Hanns Sachs, integrante do círculo de Freud, que diz de *A interpretação dos sonhos*: "Ao terminar o livro, encon-trara a única coisa pela qual tive vontade de viver; muitos anos mais tarde, descobri que foi a única coisa com a qual podia viver."[31]

No livro de Eissler, admite-se, no tocante aos pacientes da "sedução" de 1896, que "o fato de advertir que algumas recordações vão ressurgir e a necessidade de exercer restrições reduzem a nada a probabilidade de obter dados confiáveis".[32] Mas esta concessão não impediu que Eissler continuas-se a sustentar que Freud descobrira o modo de "reconstruir os processos que levavam das experiências infantis ao sintoma neurótico do adulto",[33] o que mostra, mais uma vez, a força da paixão freudiana. Como os "dados" fornecidos pelos pacientes não são ligados a fatos mas a fantasias, parece que a sua confiabilidade foi misteriosamente restabelecida e que podem ser utilizados para sustentar o complexo de Édipo e a etiologia sexual infantil, nos quais Eissler conservou comovedora fé.

Mentira nº 2: era uma vez uma mocinha chamada Anna O.

O destino de um dos argumentos a favor da desonestidade de Freud é ainda mais importante que a mentira propriamente dita. Ele mostra até onde irão os bajuladores para preservar o mito do espírito escrupuloso de Freud. Este não deixou de apresentar, como prova do poder terapêutico da psicanálise, mesmo no seu estado mais rudimentar, o caso de uma paciente, Anna O., que, como ele sabia, teve de ser internada numa clínica depois do seu "tratamento pela palavra". Em suas memórias autobiográficas, em que fez, como sempre, alusão ao "sucesso" desse tratamento, escreveu: "Breuer conseguiu libertar a paciente de todos os seus sintomas. Ela se restabeleceu e viveucomboasaúde;defato,tornou-secapazdetrabalharconvenientemente."[34] Em *A vida e a obra de Sigmund Freud*, Ernest Jones afirma: "Um ano depois que parou de tratá-la, Breuer confiou a Freud que ela se desarranjara totalmente e que ele desejava que ela morresse, pois só assim se libertaria de tanto sofrimento."[35] A diferença entre a descrição de Freud e a afirmativa de Jones seria de espantar mesmo se não repetissem sem parar que Freud era o mais honesto dos homens, cuja integridade não poderia ser contestada senão pelos piores caluniadores.

Quais foram as reações diante desta revelação desconcertante de que as numerosas alegações de Freud sobre o tratamento de Anna O. eram falsas? Elas variam.

Num artigo da *Partisan Review* que toma o partido de Freud, Nathan Hale, historiador da psicanálise, respondeu às acusações formuladas em *Souvenirs d'Anna O.*, de Borch-Jacobsen. Negou que Freud tivesse mentido ao dizer que Anna O. estava curada. Freud dissera simplesmente que Anna O. fora libertada de alguns dos seus sintomas. Quando Borch-Jacobsen protestou e respondeu que esta concepção era simplesmente incompatível com os textos, a *Partisan Review* decretou que o assunto era obscuro demais para interessar aos leitores e recusou-se a publicar a carta dele. Esta historinha não responde, em parte, à pergunta feita por Elaine Showalter em sua crítica a *The Memory Wars,* de Frederick Crews,[36] a saber: por que se considera que os defensores de Freud não estão tão somente enganados, mas que são "dissimulados e insolentes"? Por mais tortuoso que possa parecer a alguns, Nathan Hale é um modelo de simplicidade direta se comparado a Elisabeth Roudinesco, cujo ato de malabarismo pós-modernista desfigura a análise da história de Anna O. Eis como Roudinesco concilia a falsidade da história do tratamento de Anna O. com a sua divulgação pelos freudianos. Esta história, embora fictícia,

A PSICANÁLISE É UMA CIÊNCIA?

testemunha uma verdade histórica à qual não se pode opor a simples argumentação da "realidade" dos fatos. Com efeito, quando se acredita demais na transparência do acontecido, corre-se o risco de denunciar a atividade fabuladora como intencionalidade mentirosa (...). A verdade dessa história liga-se, portanto, à sua lenda e remete à maneira como o movimento psicanalítico conta a si mesmo as fantasias iniciais de um nascimento.[37]

Elisabeth Roudinesco teria vindo em socorro das mentiras divulgadas pelos nazistas e stalinistas distinguindo "atividade fabuladora" de "intencionalidade mentirosa"? Teria permitido a estes últimos afirmar que a alegação de Stalin para criar o Exército Vermelho "testemunha uma verdade histórica à qual não se pode opor a simples argumentação da 'realidade' dos fatos"? Ou permitido aos nazistas que espalharam o mito da "punhalada nas costas" sobre a derrota da Alemanha na Primeira Guerra Mundial se protegerem atrás da ideia menos arriscada de que a sua verdade reside na maneira como o movimento nazista contou as lendas do seu nascimento?

Mentira nº 3: a teoria da sexualidade infantil de Freud foi confirmada pela observação direta das crianças

Freud repetiu muitas vezes que as suas teses relativas à vida sexual infantil tinham se confirmado na observação direta das crianças, o que deixava em situação embaraçosa os defensores da sua retidão que não fossem assim tão ousados. Num artigo de 1923, destinado a uma enciclopédia, ele afirma que, pela "observação sem preconceitos do comportamento das crianças (...), obtém-se a confirmação direta de toda a base factual da nova concepção".[38] Na edição de 1910 de *Três ensaios sobre a teoria da sexualidade*, ele escreve: "A observação direta confirmou plenamente a conclusão à qual chegou a psicanálise, o que prova igualmente a confiabilidade deste método de pesquisa."[39] Encontram-se as mesmas alegações no caso da confirmação das suas teorias sobre a sexualidade infantil pela observação direta no ensaio intitulado *Contribuição à história do movimento psicanalítico*.[40] Até que ponto isso é repreensível? Alguns afirmarão, talvez, que as alegações de Freud segundo as quais as suas hipóteses sobre a sexualidade infantil finalmente se confirmaram pela observação direta são verdadeiras e que a interpretação que faz do que o pai do pequeno Hans lhe contou sobre o comportamento do filho constitui uma observação "sem preconceitos" e "direta". Mas Freud afirmou que as "observações" das quais falava justificavam o método psicanalítico. As "observações" relativas ao pequeno Hans não eram elas mesmas produto do método psicanalítico? Servir-se delas com este fim é agir como o homem da piada de Wittgenstein que tenta confirmar o que leu no jornal comprando outro exemplar do mesmo jornal.

Certo dia, Ernest Jones desculpou um esquecimento taticamente vantajoso de Jung observando que fora, provavelmente, "inconsciente". Freud respondeu que "o homem honrado não saberia ter um inconsciente assim". Eis uma anedota que, se não constitui exemplo de mentira, ilustra bem o tipo de inconsciente que o homem honrado não deveria ter. Em 1912, Freud achou que Adler tentava calar as críticas relativas ao "protesto viril" apresentando-o como corolário do seu "complexo de castração", aparentemente bem estabelecido. Como Freud gerou esta situação embaraçosa? Ele declarou: "Parece-me impossível fundamentar a origem das neuroses numa base tão estreita quanto o complexo de castração (...). Conheço casos de neurose em que o complexo de castração não tem nenhum papel patogênico e nos quais sequer aparece."[41] No entanto, depois de pôr Adler em xeque, o complexo de castração foi devolvido à posição central e Freud esqueceu que tratara pacientes em que o "complexo de castração" não tinha "nenhum papel patogênico". Num ensaio de 1928, ele afirmou aos leitores, a respeito da influência do complexo de castração: "A experiência psicanalítica tornou estas questões precisamente indubitáveis, e aprendemos a reconhecer aí a chave de todas as neuroses."[42]

Os bajuladores de Freud, não querendo tachar tudo isso de desonestidade, preferiram, sem dúvida, falar, como Nathan Hale, do "entusiasmo" do homem e da sua "falta de circunspecção" e fingir que "ir a ponto de falar de 'charlatanismo' e 'desonestidade' é prova das intenções tendenciosas dos críticos".[43]

Pode-se pensar que a publicação de mentiras deliberadas pelo próprio Freud só tem importância para biógrafos. Na verdade, o que importa é que os relatos do seu trabalho clínico, que constituem a base das provas da autenticidade dos fenômenos psicanalíticos e da confiabilidade do método psicanalítico, não são dignos de confiança.

Mentira nº 4: Freud não tinha nenhuma ideia preconcebida sobre a influência da sexualidade quando começou a analisar os seus pacientes, de modo que a aparente corroboração não poderia dever-se à sugestão.

Eis outra afirmativa candidata a mentira: "Nenhuma opinião preconcebida me levou a identificar o fator sexual na etiologia da histeria." Esta observação, feita no último artigo de 1896 sobre a sedução, tem como objetivo nos garantir que o material produzido pelos pacientes não poderia ter sido contaminado pelas expectativas de Freud, já que elas não existiam. Mas, num artigo anterior sobre a sedução ("Further Remarks on the Defence of Neuropsychoses"), Freud faz referência a "publicações precedentes" nas quais Breuer e ele afirmaram que "os sintomas da histeria só podem ser compreendidos quando reduzidos a experiências traumáticas, estando estes traumas psíquicos ligados à vida sexual do paciente".[44] E mais cedo ainda, em 1888, ele escreveu: "Os estados funcionais ligados à vida sexual têm grande papel na etiologia da histeria."[45]

Embora existam muitas outras provas da duplicidade de Freud e dos seus defensores, os que não se convenceram com os exemplos que dei até aqui provavelmente não se sensibilizarão com mais nenhum.

Alguns até acharão os exemplos que dei supérfluos e não pertinentes, não porque não acreditem, mas porque não veem relação com o respeito devido a Freud. Como disse o maior stalinista britânico da sua época quando as revelações de Kruschov o obrigaram a admitir a veracidade dos crimes de Stalin, são apenas "manchas solares". Esta afirmação pode ser facilmente repetida a favor da apologética freudiana. Se, como sustenta Eissler, a psicanálise pode realizar "a libertação do Ocidente dos sentimentos de culpa provocados pelos dois Testamentos",[46] as suas mentiras não se reduziriam a simples "manchas solares"?

Justificações das mentiras de Freud:
a mentira a serviço da verdade

Alguns admitem as mentiras de Freud mas perdoam-nas devido às verdades que ainda assim nos foram transmitidas e às suas consequências benéficas. Este raciocínio não é novo. Um historiador americano, revoltado com a recusa de Speer de admitir que estava a par da "solução final" e convencido de que ele mentia quando recusou-se a assistir a uma conferência sobre o assunto, modificou o relato dos debates para que Himmler parecesse dirigir-se diretamente a Speer. Um filósofo canadense da ciência atribuiu a Freud as mesmas circunstâncias atenuantes:

> Freud (...), como muitos teóricos zelosos, falsificou, sem dúvida, as provas em favor da teoria. Freud mostrava um engajamento apaixonado pela Verdade, a verdade profunda, subjacente, como valor. Este engajamento ideológico é totalmente compatível com o fato de mentir deslavadamente — e pode até exigi-lo.[47]

Há também os que parecem querer tornar supérflua toda verdade diante da grandeza moral da visão freudiana. Esta posição também encontra análogos na história da apologética soviética. Em seu período stalinista, André Malraux declarou: "Assim como a Inquisição não diminuiu em nada a dignidade fundamental do cristianismo, os processos de Moscou não reduziram em nada a dignidade fundamental do comunismo."[48]

Um romancista inglês, convencido de que a cena primitiva à qual Freud se refere no caso do Homem dos Lobos nunca aconteceu, afirmou que, ainda assim, ela possuía "um gênero de verdade diferente, mais profunda". Isso lembra a "dignidade fundamental" compensatória de Malraux.

Tenho a impressão de que, como é impossível para os freudianos defenderem que as descobertas de Freud são verdadeiras, no sentido de terem sido apresentadas e aceitas, eles se apressam a descobrir que elas têm "um gênero de verdade diferente, mais profunda" e uma "dignidade fundamental".

A PSICANÁLISE É UMA CIÊNCIA?

Freud era um pseudocientista? Eis a questão

Ele achava que Rank estava errado de propagar ideias que não tinham sido devidamente testadas.[49]

É lamentável que a palavra *ciência* tenha sido utilizada na rixa sobre os pretensos conhecimentos de Freud, embora seja interessante lembrar que foi usada pela primeira vez pelo próprio Freud e retomada pelos seus detratores para retorquir as suas pretensões. Os leitores serão poupados da racionalização enfadonha das imperfeições de Freud caso entendam claramente que a acusação que devem refutar não consiste em dizer que Freud era um mau cientista, mas que era um intérprete tendencioso dos fenômenos que pretendia explicar. Seria mais exato qualificar Freud de pseudo-hermeneuta e a psicanálise de pseudo-hermenêutica.

Há uma questão à qual alguns dão mais importância que à honestidade de Freud ou de seus discípulos e que transforma todas as dúvidas relativas a essa honestidade em digressão sem importância. É a questão de saber se uma hipótese é comprovável e foge, assim, à acusação de pseudocientificidade. Grünbaum aplicou-a à psicanálise e deduziu que, ao contrário do que afirma Popper, que a considera não refutável e, portanto, pseudocientífica, a psicanálise é refutável e, portanto, não é pseudocientífica. Mas a refutabilidade de uma teoria não pode provar que ela não é pseudocientífica. Se assim fosse, a astrologia solar, que para muitos é o paradigma da pseudociência — e que Popper cita como exemplo —, não teria este *status*, já que com certeza ela é suscetível de verificação empírica e foi até mesmo considerada refutada.

A ineficácia da mudança de teoria contra a acusação de dogmatismo

Consideremos o argumento pelo qual Freud, por ter mudado manifestamente de ideia quanto a algumas questões, não pode ser tachado de pseudocientista. A decisão de Hitler de elevar os japoneses à condição de arianos amarelos prova que a versão nazista da teoria das raças não era pseudocientí-

273

fica? Os que se baseiam neste critério para desculpar Freud acham mesmo pertinente citar os casos em que Freud mudou de ideia sem mostrar que tal mudança se baseava em novas observações? E por que não pensaram em levar em conta os exemplos mais famosos de teses freudianas que provocaram acusações de dogmatismo, como o complexo de Édipo?

A ineficácia da desculpa da refutabilidade como critério de pseudociência

A história da ciência está cheia de exemplos de defensores de uma teoria que se apegaram a ela apesar de dados visivelmente contrários e a quem afinal se deu razão. Não é uma simples questão de tenacidade.

Às vezes, a acusação foi mais grave. No que diz respeito a Freud, ele foi acusado de anunciar a confirmação de uma teoria quando sabia obrigatoriamente que não tinha condições de fazê-lo.

O próprio Karl Popper às vezes se confundiu na questão da relação entre o ato de evitar a refutação e o *status* pseudocientífico de uma teoria, já que a anedota que conta para corroborar o seu critério para evitar a refutação corrobora, na verdade, outro critério, que consiste em considerar a capacidade de uma teoria explicar dados contraditórios como nova confirmação dessa teoria. Popper conta que, quando apresentou um contraexemplo da teoria da neurose de Adler, este encontrou uma explicação, acrescentando que era a sua "experiência mil vezes repetida" que lhe permitia fazê-lo. Popper, então, respondeu: "E agora suponho que o senhor tenha uma experiência de mil e um casos."[50]

Na verdade, o que Popper condena em Adler não é que evite a refutação, mas que considere a engenhosidade para explicar a refutação evidente da sua teoria como nova confirmação dela. ("E agora suponho que o senhor tenha uma experiência de mil e um casos.") Portanto, Adler é acusado não só de fugir da refutação como de confirmação falaciosa. A mesma consequência deriva da "onda de confirmações" da qual se queixa Popper.[51] Não é unicamente a não refutabilidade da teoria que está em pauta, mas também as alegações falaciosas de confirmação.

A PSICANÁLISE É UMA CIÊNCIA?

Um exemplo de confirmação falaciosa

Certo dia ouvi uma anedota sobre J. Edgar Hoover, fundador do FBI, na qual, quando decidiu pôr sob escuta um suspeito de subversão, preparou duas pastas, uma rotulada "subversivo", para os casos em que as conversas ouvidas fossem comprometedoras, e outra rotulada "subversivo esperto", para quando não o fossem.

Já se imputou a Freud a mesma prática, mas, antes de determinar se a acusação é bem fundamentada, temos de determinar qual é a moral da história de Hoover. A moral não é, como podem pensar os refutacionistas, que Hoover deveria declarar o indivíduo sob vigilância "inocente não subversivo" devido à ausência de conversas comprometedoras. Esta questão fica para ser avaliada. O que se pode censurar em Hoover, assim como em Freud (e em Adler na anedota de Popper), não é que não tenha inocentado o suspeito na ausência de conversas comprometedoras, mas que o tenha considerado culpado apesar da ausência de provas.

No caso de Freud, os seus detratores censuram-no por ter anunciado que a sua teoria fora confirmada pela experiência quando tudo o que tinha o direito de afirmar era, no máximo, que não tinha encontrado exceção que não pudesse explicar. Suspeita-se — e é isso que os freudianos deveriam esclarecer — que, se os analistas, em seu conjunto, não encontraram exceção, é porque a teoria freudiana não definiu claramente o que é uma exceção. Sobre o caso Dora, Freud escreveu: "Posso apenas repetir, agora e sempre — porque nunca tive prova em contrário — que a sexualidade é a chave do problema das psiconeuroses e das neuroses em geral."[52]

Para os detratores de Freud, se esta afirmação é falaciosa e não simplesmente errada é porque a teoria freudiana não dá nenhuma definição suficientemente exata do que poderia ser uma "prova em contrário". Nessas condições, não surpreende que Freud tenha declarado, depois de trinta anos de prática, que toda a sua experiência "mostrou que as neuroses vêm de energias sexuais pulsionais".[53] É quando está relacionada com este gênero de declaração que a noção de não refutabilidade pode ser questionada e que as suas consequências são mais prejudiciais.

No suplemento literário do *Times,* o crítico do terceiro volume dos *Collected Papers* de Freud observou a seu respeito:

> Ele escreve como se tivesse a seu favor toda uma doutrina aprovada. Em consequência, aquilo que parece mais evidente ao leitor desavisado arrasta-se longamente e as analogias mais grosseiras são apresentadas de modo breve e, por assim dizer, peremptório, como se o autor fosse um cientista que fizesse referência a alguma coisa tão óbvia quanto o peso atômico dos elementos químicos.

Considerar esta objeção como sendo de não refutabilidade chega a desnaturá-la. Ela parece adequar-se melhor à noção de confirmações falaciosas.

A questão terapêutica pode pôr à prova a etiologia infantil de Freud?

O que pensar do argumento de Adolf Grünbaum de que Freud podia pôr à prova as suas reconstruções e etiologias infantis por meio do efeito terapêutico observado nos pacientes que as aceitavam?[54] O sucesso terapêutico não pode conferir nenhuma refutabilidade às teses psicanalíticas que não sejam refutáveis por si sós, assim como as curas de Lurdes não podem confirmar nem refutar a doutrina da Imaculada Conceição.

A questão da probidade é determinante?

Quais são as consequências da desonestidade dos que difundiram a teoria freudiana para o seu *status* científico? Morris Eagle enuncia claramente a tese que me parece ser ao mesmo tempo errônea e perniciosa. Afirma que o que conta não são "as práticas metodológicas e a atitude dos analistas (Freud, inclusive) tomada individualmente", mas sim "a estrutura lógica independente da teoria psicanalítica", ou seja, "a possibilidade de considerar ou não algumas proposições psicanalíticas hipóteses autênticas".[55] Adolf Grünbaum, que compartilha desse ponto de vista, escreveu:

O valor científico das hipóteses de Freud para o estudo do homem não depende da sua honestidade intelectual nem da sua retidão metodológica. Mesmo que todos os psicanalistas fossem desonestos (...) isso não impediria que os não analistas avaliassem e utilizassem a sua teoria.[56]

Esta vontade de dar destaque às propriedades lógicas da teoria não explica por que se deveria dedicar energia à avaliação de uma teoria da qual temos boas razões para desconfiar. As teorias não são como o Everest. Não se faz uma avaliação difícil delas simplesmente porque existem. Precisamos ter razão para acreditar que são bem fundamentadas. Em 1913, um médico que, num artigo sobre Freud, comentou as suas convicções quanto à veracidade das alegações do psicanalista, escreveu: "Negar as provas dessas descobertas psicanalíticas sobre as fantasias sexuais infantis é o mesmo que negar a integridade intelectual de Freud e dos seus discípulos."[57] Está certo. Não admiti-lo e obstinar-se em fazer disso uma questão de lógica é um caso de "deformação profissional".

Isso nos desvia da questão central que é saber se os argumentos apresentados para dar crédito à teoria freudiana são suficientemente confiáveis para justificar o estudo mais aprofundado. Os próprios analistas, inclusive Freud, reconhecem que as provas que podem apresentar para esta avaliação não constituem a base das suas convicções. Estas se apoiam em especificidades da situação analítica que não podem ser submetidas a exame; são fatores imponderáveis. Quanto ao caso do Homem dos Lobos, Freud escreveu: "É bem-sabido que não se descobriu nenhum meio de introduzir na reprodução de uma análise, seja de que modo for, a força de convicção que emana da análise propriamente dita."[58]

Catecismo

Freud é um pseudocientista? É.

Isso é porque as teorias não são refutáveis? Não (embora algumas delas não sejam refutáveis).

É porque se recusou arbitrariamente a capitular diante das refutações apresentadas? Não (embora tenha às vezes se recusado arbitrariamente a capitular diante das refutações).

Então por que Freud é um pseudocientista?

A principal razão que permite qualificar Freud de pseudocientista é a seguinte: ele declarou ter posto à prova — e, portanto, ter fornecido provas capazes de legitimar de modo convincente — teorias que não eram refutáveis ou, quando refutáveis, não tinham sido postas à prova. São as alegações falaciosas de que teorias não refutáveis ou não postas à prova foram comprovadas que permitem, na melhor das hipóteses, qualificar Freud e os seus discípulos de pseudocientistas (se bem que o termo pseudo-hermeneuta seria mais feliz e mais justo).

Os defensores de Freud são "dissimulados e insolentes"?

Elaine Showalter disse sobre Frederick Crews que este considera que os freudianos "em desacordo com ele não estão simplesmente enganados, mas são dissimulados e insolentes".[59] Por que razões ela considera este julgamento severo? O que há de mal em mostrar que os partidários de Freud "não estão simplesmente enganados, mas são dissimulados e insolentes"?

A acusação de insolência, formulada por Crews, foi sempre feita aos psicanalistas por outros psicanalistas. Em 1952, Edward Glover, membro eminente da Sociedade Psicanalítica Britânica, descreveu "uma sequência típica":

> Um analista de alto coturno, cujo prestígio é reconhecido, apresenta num artigo um ponto de vista novo ou uma pretensa descoberta no domínio teórico ou clínico (...). Há grandes chances de que, sem a mínima verificação, esta visão ou a pretensa descoberta se espalhe e seja citada várias vezes até atingir o status de conclusão reconhecida.[60]

Pode-se assim indagar como distinguir essas "pretensas descobertas" dos elementos autênticos dos quais o próprio Glover pensava dispor? Mais de dez anos depois, o analista Roy Grinker recordou as "reiterações e reformulações deformadas e repetidas da literatura freudiana e os estereó-

A PSICANÁLISE É UMA CIÊNCIA?

tipos debilitantes apresentados como fatos inegáveis",[61] fazendo mais uma vez a mesma pergunta sem lhe dar resposta. Na década de 1980, outro analista, Marshall Edelson, admitiu:

> As teses concorrentes (...) são frequentemente apresentadas e reapresentadas, como se a sua simples expressão em termos retóricos cada vez mais convincentes pudesse eliminar a pergunta; ou são eliminadas e resolvidas localmente num processo mais sociopolítico que científico.[62]

Edelson não especificou como essas teses sociopolíticas deviam ser identificadas e distinguidas das outras.

Por que as consequências dessas divergências incessantes e insolúveis entre analistas não foram compreendidas? Alguns pensarão que, entre a incapacidade dos apologistas de gerenciar adequadamente a questão incontestável desses desacordos incessantes e insolúveis e a conclusão de que lidamos com espíritos ardilosos ou culposamente obtusos, não há o que escolher. Outros não, o que revela a natureza ilógica da pergunta.

Por que as nossas suspeitas sobre o espírito "insolente" e "ardiloso" dos defensores de Freud raramente podem ser mais do que suspeitas

Embora se suspeite que os defensores de Freud sejam culpados de má-fé, em geral não se pode provar isso. Mas essas suspeitas são comparáveis às que pesaram sobre os defensores dos descalabros da Rússia de Stalin. Naquela época a credulidade deles tornou-se moralmente repreensível? No que diz respeito à lenda da honestidade de Freud, embora seja difícil saber onde traçar a fronteira, há casos em que podemos ter certeza de que foi cruzada.

Alguns defensores de Freud talvez racionalizem a sua desonestidade, como fizeram os jornalistas criptocomunistas da década de 1930 que justificaram a vontade de não noticiar a fome na Ucrânia afirmando que os jornalistas que o tinham feito "não tinham visão de conjunto". Em seu livro sobre

Freud, Richard Wollheim repetiu as afirmativas de Freud de que, longe de ter uma ideia preconcebida sobre o efeito patogênico da sexualidade, ele hesitara em adotar esta tese. Além disso, destacou uma citação de Freud, tirada da contribuição dada a um dicionário médico de 1888, que ilustrava a lentidão com que chegara a tal conclusão.[63] Mas Wollheim interpretou mal o trecho citado e omitiu a seguinte observação que figurava na mesma página: "Os estados funcionalmente ligados à vida sexual têm grande papel na etiologia da histeria (e de todas as neuroses)."[64] Em consequência, antes mesmo do surgimento da psicanálise, Freud estava convencido da influência patogênica da sexualidade. Chamei a atenção de Wollheim para essa omissão. É o gênero de omissão que seria pouco caridoso atribuir a motivações tendenciosas. Mas, no que diz respeito aos vários defensores de Freud, lidamos com erros que lhes foram explicitamente mostrados várias vezes. Quando foi publicada nova edição do seu livro com uma introdução na qual poderia facilmente restabelecer a verdade, Wollheim manteve a alegação falsa.[65] Ele esqueceu o erro? Teria, talvez, "mentido em nome da verdade" e justificado esta evasiva como os jornalistas criptocomunistas, com o pretexto de que eu "não tinha visão de conjunto"? A caridade inspira uma resposta, e a franqueza, outra.

Parece-me legítimo concluir, quanto à complacência com que vários apologistas reagiram aos argumentos a favor da desonestidade de Freud, que, mesmo que os testemunhos tradicionais sobre a honestidade deste fossem aberrações como a miríade de homenagens ao humanitarismo de Josef Stalin, isso não mudaria muito a estima que lhe é devida. A revelação dos logros e subterfúgios de Freud será assimilada e considerada simples "mancha solar".

Notas

1. "Concluo que o discurso científico e o discurso histérico têm quase a mesma estrutura", *Télévision*, Paris, Seuil, 1973, p. 36.
2. K. Popper, *Conjectures and Refutations*, 1963, 3ª ed., Londres, Routledge and Kegan Paul, 1969, p. 35. Trad. *Conjectures et réfutations*, Paris, Payot, 1985, p. 61.
3. *Ibidem*.
4. Sobre isso tudo, ver Frank Cioffi, *Freud and the Question of Pseudoscience*, Chicago, Illinois, Open Court, 1998.
5. Ver M. J. Nye, "N-Rays: An episode in the history and psychology of science", *Historical Studies in the Physical Sciences*, vol. 2 (1980), p. 125-55; N. Hawkes, "Tracing Burt's descent to scientific fraud", *Science*, 1979, p. 205, 217, 673-5; ver também W. Broad e N. Wade, *La Souris truquée. Enquête sur la fraude scientifique*, Paris, Seuil, 1987.
6. Texto traduzido do inglês para o francês por Anne-Carole Grillot.
7. S. Freud, *Correspondance Freud-Jung* (1974), Paris, Gallimard, 1975.
8. G. Zilboorg, *A History of Medical Psychology*, Nova York, Norton, 1941, p. 499.
9. E. Jones, "Les Années de maturité", *La Vie et l'oeuvre de Sigmund Freud* (1958), vol. 2, Paris, PUF, 2000.
10. W. Kaufmann, *Discovery of the Mind*, McGraw-Hill, 3, 1980.
11. J. O. Wisdom, *Freud, Women and Society* (1971), New Brunswick (EUA) e Londres (GB), Transaction Publishers, 1992.
12. F. Cioffi, "Was Freud a liar?" (1974), *Freud and the Question of Pseudoscience*, *op. cit.*, *Unauthorised Freud*, Nova York, Viking, 1998.
13. S. Freud, "Remarks on the Theory and Practise of Dream Interpretation" (1923), *Standard Edition*, vol. 19, p. 116.
14. S. Freud, "Heredity and the Etiology of the Neuroses" (1896), *Standard Edition*, vol. 3, p. 153.

15. S. Freud, "Remembering, Repeating and Working-through" (1914), *Standard Edition*, vol. 12, p. 149.
16. A. Grünbaum, "Is Freudian psychoanalytic theory pseudo-scientific by Karl Popper's criterion of demarcation?", *American Philosophical Quarterly*, 1979, p. 135.
17. S. Freud, "The Aetiology of Hysteria" (1896), *Standard Edition*, vol. 3, p. 204.
18. *Ibidem*, p. 191.
19. *Ibidem*, p. 192.
20. *Ibidem*, p. 153.
21. H. Israëls e M. Schatzman, "The seduction theory", *History of Psychiatry*, 4, 1993, p. 56.
22. K. Eissler, *Freud and the Seduction Theory*, Madison, Connecticut, International Universities Press, 2001, p. 107.
23. *Ibidem*.
24. J. Schimek, "Fact and fantasy in the seduction theory: a historical review", *Journal of the American Psychoanalytical Association*, 35, 1987, p. 937-65.
25. E. Thornton, *The Seductive Fallacy*, Londres, Paladin, 1986.
26. I. Vetter, "Die Kontroverse um Sigmund Freuds sogennante Verführungstheorie", tese de psicologia, Universidade Católica de Eichstatt, Bayern, 1988.
27. A. Esterson, *Seductive Mirage*, Chicago, Open Court, 1993.
28. M. Macmillan, *Une analyse de Freud*, Paris, Les Empêcheurs de Penser en Rond, 1992.
29. D. Coate, *The Fellow-Travellers*, Londres, Weidenfeld and Nicolson, 1973, p. 123.
30. W. Stekel, *The Autobiography of Wilhelm Stekel*, Nova York, Liveright, 1950, p. 106; citado em R. Webster, *Le Freud inconnu* (1995), Paris, Exergue, 2001, p. 343.
31. H. Sachs, *Freud mon maître et mon ami* (1944), Paris, Denoël, 2000, p. 1.
32. K. Eissler, *op. cit.*, p. 115.
33. K. Eissler, *op. cit.*, p. 6.
34. S. Freud, *On the History of the Psycho-Analytic Movement* (1914), *Standard Edition*, vol. 14, p. 29.
35. E. Jones, *La Vie et l'oeuvre de Sigmund Freud* (1958), vol. 1, p. 248, *op. cit.*
36. E. Showalter, "Critics of *The Memory Wars* (F. Crews)", *New York Review of Book*, 1995.
37. E. Roudinesco, *Histoire de la psychanalyse en France*, 1, Paris, Seuil, 1986, p. 31.
38. S. Freud, "Psycho-Analysis" (1923), *Standard Edition*, 18, p. 244.
39. S. Freud, "Three Essays on the Theory of Sexuality" (1905), *Standard Edition*, 7, n° 2, p. 193.
40. (1914), *Standard Edition*.

A PSICANÁLISE É UMA CIÊNCIA?

41. S. Freud, "On narcissism: An introduction" (1914), *Standard Edition*, 14, p. 92-3.
42. S. Freud, "Dostoievsky and Parricide" (1928), *Standard Edition*, 21, p. 184.
43. N. Hale, "Freud's Critics", *Partisan Review*, LXVI, 2, 1999, p. 245.
44. S. Freud, "Further Remarks on the Defence of Neuropsychoses" (1896), *Standard Edition*, 3.
45. S. Freud, "Hysteria" (1888), *Standard Edition*, Londres, Hogarth Press, vol. 1, 1966, p. 51.
46. K. Eissler, *op. cit.*, p. 8.
47. I. Hacking, *L'Âme réécrite* (1995), Paris, Les Empêcheurs de Penser en Rond, 1998.
48. I. Deutscher, *Le Prophète hors-la-loi* (1963), Paris, 10-18, 1998.
49. E. Jones, "Les dernières années", *La Vie et l'oeuvre de Sigmund Freud*, *op. cit.*
50. K. Popper, *Conjectures et réfutations*, *op. cit.*, p. 35.
51. *Ibidem*.
52. S. Freud, "Fragment of an Analysis of a Case of Hysteria" (1905), *op. cit.*, vol. 7, p. 114-5.
53. S. Freud, *Three Essays on the Theory of Sexuality* (1905), *Standard Edition*, vol. 7, 5ª ed., 1922.
54. A. Grünbaum, *Les Fondements de la psychanalyse* (1984), Paris, PUF, 1997.
55. M. Eagle, Critique de *Skeptical Engagements* (Frederick Crews), *Contemporary Psychology*, vol. 33, nº 5, 1998, p. 104.
56. Comunicação pessoal.
57. M. Wright, "The psychology of Freud and its relation to the unconscious", *The Medical Magazine*, 1914, p. 145.
58. S. Freud, *From the History of an Infantile Neurosis* (1918), *Standard Edition*, vol. 17, p. 13.
59. E. Showalter, Crítica de *The Memory Wars* (Frederick Crews), *The Guardian*, 12 de junho de 1997.
60. E. Glover, *Technique de la psychanalyse* (1952), Paris, Bibliothèque des Introuvables, 1999, p. 403.
61. R. Grinker, "Préface de *Sigmund le tourmenté, une tragédie en trois actes* (Percival Bailey)" (1964), Paris, La Table Ronde, 1972.
62. M. Edelson, *Psychoanalysis: A Theory in Crisis*, Chicago, University of Chicago Press, XIV-XV, 1989.
63. R. Wollheim, *Freud*, Londres, Fontana, 1971, p. 33.
64. S. Freud, "Hysteria", *op. cit.*
65. R. Wollheim, *op. cit.*, 1992.

2. A psicanálise é uma psicoterapia?

Se pesam sérias dúvidas sobre o status científico da psicanálise, o mesmo acontece com o seu valor terapêutico; também é profunda a discordância dentro da própria comunidade psicanalítica. Freud defendia a ideia de que o objetivo da psicanálise é curar as neuroses, enquanto para Lacan a cura não passaria de um "benefício por acréscimo". Alguns chegam a falar de "fuga para a cura".

Então a psicanálise é ou não é um método de tratamento cujo objetivo seria tratar o espírito e o corpo? A questão é importante para todos os que a ela recorrem para aliviar o seu sofrimento. E se a psicanálise pretende curar, temos então o direito de pedir um relatório: funciona mesmo? Em que casos? Funciona melhor ou pior que outros tipos de terapia? É mais rápida? Mais durável? Em resumo, tudo o que um trabalho de avaliação permite medir.

A PSICANÁLISE CURA?

Jean Cottraux

Os cientistas tentam eliminar suas teorias falsas, tentam fazer com que morram em seu lugar. O crente, quer seja animal ou humano, perece com as suas crenças errôneas.

Karl Popper

A própria palavra "psicanálise" não designa, de modo algum, o tratamento, porque fala de analisar o psiquismo, dissolvendo as resistências que impediriam a pessoa de conhecer-se a si mesma. Esta tradição data, aliás, do budismo zen, de Platão e dos pré-socráticos. Portanto, seria inútil abrir um processo contra a psicanálise em nome da ordem médica, já que o seu propósito não é tratar e muito menos curar. Ninguém exige que um filósofo ou um padre cure. Se tudo isso fosse verdade, o meu capítulo terminaria aqui.

Mas o problema se baseia numa dupla ambiguidade: a psicanálise às vezes pretende tratar, no sentido médico da palavra, e as filosofias e religiões podem ter efeitos terapêuticos, embora não tenham, em princípio, a intenção de tratar.

De onde vem a palavra psicanálise?

Como tantas vezes em suas primeiras obras, Freud aproveita do irmão-inimigo Janet a expressão "análise psicológica" para transformá-la em "psicanálise". Janet chamava de "análise psicológica" a reconstituição cuidadosa da história do indivíduo e das suas motivações que permitisse explicar as modalidades normais e patológicas do seu modo de agir. Graças a esta análise psicológica, poderia aplicar em seguida o que chamava de "medicamentos do espírito"[1] e que hoje denominamos "psicoterapias".

Em seguida, Freud posiciona-se de maneira às vezes ambígua como "descobridor único" do inconsciente — embora vários outros o tivessem precedido no caminho, em especial Janet[2] — mas também como terapeuta.

Você disse curar?

A psicanálise é um tratamento?

Exploração indefinida ou tratamento do espírito perturbado? Disciplina-mor do autoconhecimento ou método terapêutico? Desenvolvimento pessoal ou terapia? Os psicanalistas têm sabido jogar muito bem com essa ambiguidade. Quando interpelados sobre a eficácia do seu empreendimento terapêutico, respondem que o objetivo final é o autoconhecimento. Quando lhes pedem que justifiquem os conhecimentos adquiridos por esse método, dizem que o seu resultado terapêutico é a prova mais evidente deles e que a sua medida são os testemunhos de casos individuais definitivamente curados. A essa dupla linguagem se acrescenta, às vezes, a arrogância diante de outros tratamentos psicológicos e dos tratamentos farmacológicos. Estes últimos até servem para tratar, mas não para curar. A psicanálise mudaria as estruturas mentais, enquanto os outros métodos somente deslocariam os sintomas. Entretanto, os outros capítulos deste livro não permitem afirmar que se encontre a cura com muita frequência, nem mesmo nas mãos especialmente esclarecidas do pai da psicanálise. Assim, o mito da substituição de sintomas nas outras formas de psicoterapia, principalmente nas terapias comportamentais e cognitivas, não durou muito.[3]

A PSICANÁLISE É UMA PSICOTERAPIA?

Em nossos dias, a questão dos resultados da psicanálise diz respeito não só ao mundo dos psicanalistas como também ao grande público. Este é mais bem informado e deseja compreender o que o espera no divã, além de avaliar as alternativas para um método longo e caro.

Desde o princípio, Freud foi menos censurado por suas ideias, consideradas banais e próximas das de Charcot e Janet, do que pela pouca eficácia do seu método.[4] Durante o século XX, a controvérsia continuou, apesar da marcha triunfal da psicanálise. Desde a década de 1960, as contestações foram bem mais numerosas e levaram ao surgimento de outras formas de psicoterapia na maioria dos países democráticos, principalmente os Estados Unidos e os países da Europa. Não foi assim na França, que continuou a ser, junto com a Argentina e o Brasil, um dos bastiões de uma influência psicanalítica praticamente sem rival até data recente.

A controvérsia de Paris sobre a eficácia das psicoterapias

Na França, esse questionamento teve o seu apogeu em fevereiro de 2005, num longo debate que poderíamos chamar de "controvérsia de Paris". É bem conhecida a famosa controvérsia de Valladolid, organizada no século XVI pelo papado e pela Igreja espanhola para decidir se os ameríndios tinham alma. Na controvérsia de Paris, tratava-se de saber se era possível pesar a alma e medir-lhe os estados.

O instrumento do destino foi o ministro da Saúde Douste-Blazy. Durante uma assembleia da Escola Lacaniana da Causa Freudiana, marcada havia muito tempo, ele anunciou a retirada do relatório "Três terapias avaliadas" — realizado pelo Inserm (Institut National de la Santé et de la Recherche Médicale) — do site do seu ministério. Esse relatório fora encomendado pela Direção Geral da Saúde e por duas associações de pacientes, a Unafam (Union Nationale des Amis e Familles de Malades Psychiques) e a Fnapsy (Fédération Nationale des Associations de Patients et Ex-patients "Psy"), com a intenção de tornar mais transparentes as indicações e a responsabilidade psicoterápica. O mais estranho foi que o próprio ministro tinha validado o relatório um ano antes, por intermédio do diretor-geral da Saúde. O ministro, num arroubo muito aplaudido, declarou: "O sofrimento psíquico não é avaliável." Seria preciso então in-

O LIVRO NEGRO DA PSICANÁLISE

terromper imediatamente todas as pesquisas de psicologia e psiquiatria e deixar de medir a dor, embora ele mesmo o exigisse?

Esse foi o resultado de um ano de polêmica em que os tigres de papel se esforçaram por destruir, por todos os meios, a imagem do relatório. Foi também o desenlace de intensa campanha da Escola da Causa Freudiana junto ao ministro. Este também acrescentou: "Os senhores não ouvirão mais falar disso." E foi exatamente o contrário que aconteceu. O modesto relatório, assim como o cadáver da peça de Ionesco *Amédée ou Comment s'en débarrasser*, pareceu maior depois de morto do que quando estava vivo.

William Dab, diretor-geral da Saúde, pediu demissão. Depois enfrentaram-se, na controvérsia, de um lado a Escola da Causa Freudiana e, do outro, as associações de pacientes, o Inserm, o Sindicato de Psiquiatras Universitários, as associações de terapia comportamental e cognitiva e muitos outros. A Associação Psicanalítica Internacional, por meio do seu presidente, professor Daniel Widlöcher, pronunciou-se contra a retirada do relatório Inserm e a favor da avaliação, ao mesmo tempo que fazia reservas ao relatório.[5]

O nosso país estava diante do primeiro e bem argumentado questionamento francês do poder terapêutico da psicanálise. No entanto, o relatório do Inserm não tratava da psicanálise no sentido estrito da palavra; ele avaliava a eficácia das terapias psicanalíticas breves, da terapia familiar e das terapias comportamentais e cognitivas. As suas conclusões foram especialmente comedidas. Foram estudados 16 transtornos. As TCC — terapias comportamentais e cognitivas — demonstraram efeito positivo em 15 dos 16; as terapias familiares, em cinco; as terapias de inspiração analítica, num só deles. Era o transtorno de personalidade, no qual as TCC também se mostraram eficazes. Foram propostas indicações bem definidas para cada transtorno, o que permitiu às várias correntes dividirem o terreno em função dos seus polos de excelência. O relatório também permitia aos pacientes optarem com base em boas informações. As terapias psicanalíticas podiam gabar-se de ser boa indicação em pelo menos 30% da demanda psicoterápica de pacientes com transtorno de personalidade, isolado ou associado à depressão, ou com transtorno de ansiedade.

De fato, foi um crime de lesa-majestade: "Queriam destronar a disciplina-mor", ou melhor, "Um grupo de choque tomou o Inserm de assalto".

A PSICANÁLISE É UMA PSICOTERAPIA?

Por ser um dos oito membros dessa comissão, pude testemunhar que não tínhamos nada de "Sete Samurais" nem de "Doze Condenados". Ficamos até lisonjeados por nos considerarem guerreiros de elite. Na verdade, elaboramos o relatório com muito esforço durante um ano e meio, com discussões intermináveis e contraditórias; tivemos de fazer a leitura soporífera de mil artigos e manusear áridas fórmulas matemáticas. O fato de nos elevarem do nível de modestas formigas ao de heróis dos quadrinhos fez com que o nosso círculo nos visse enfim com outros olhos e compreendesse os tesouros de coragem escondidos por trás da nossa aparência grisalha de pais tranquilos. Ousamos resistir ao todo-poderoso pensamento analítico!

A nossa comissão não foi a primeira da França. Uma comissão real, em 1784, nomeada por Luís XVI, estudou o magnetismo animal de Mesmer. Este último afirmava curar tudo mandando os pacientes que sofriam de problemas nervosos segurar uma corda ligada a ímãs mergulhados numa tina que supostamente punha-os em contato com um fluido vital. A comissão demonstrou, com o primeiro estudo controlado feito no mundo, que os resultados de Mesmer deviam-se ao efeito da pura sugestão. Ainda assim, durante mais de um século houve quem continuasse acreditando nas virtudes do magnetismo.[6] Dois membros da comissão, Lavoisier e Guillotin, terminaram os seus dias no cadafalso da Revolução. Outro membro, Benjamin Franklin, voltou à América a tempo de ali terminar os seus dias em paz. Seria preciso, assim, prever a emigração rápida para o outro lado do Atlântico?

Felizmente, numerosas vozes se elevaram para defender o relatório censurado por um ministro volúvel. A feição da França é tal que aqui a censura é sinal absoluto de qualidade ou de verdade. Estávamos no panteão dos livros censurados. O humilde relatório transformou-se rapidamente num objeto cultuado cujos adversários se apressaram a colocar em seus próprios *sites* na internet, com medo de serem tomados por censores retrógrados.

Progressivamente, ampliou-se o conflito entre os partidários da medicina científica baseada em provas e os censores da Escola da Causa Freudiana, que se apresentavam como defensores das liberdades individuais. Sem dúvida, esqueciam que, entre as liberdades, há a do conhecimento, a da escolha bem informada e a da liberdade de sobreviver por meio dessa informação. Pessoalmente, como sobrevivente há mais de sessenta anos do diagnóstico

291

errado de um mandarim da faculdade de medicina de Lyon, tenho tendência a questionar quem se supõe sábio.

Os psicanalistas da Causa Freudiana se queixaram de ser perseguidos pelo complô de uma corrente científica internacional cujo centro só poderia ser a Universidade Laval, de Québec, cujo lema "Hoje Québec, amanhã o mundo" revelava a vontade de vingança colonizadora da Bela Província contra a França, madrasta esquecida. Não se privaram de zombar das terapias breves, sintomas do mundo entregue ao gozo imediato do instante em detrimento do aprofundamento espiritual do qual eles se consideravam os únicos fiadores. Com base na sua própria autoridade, consideravam que não tinham de prestar contas a ninguém, ainda menos a terceiros institucionais universitários e, menos ainda, a terceiros pagantes.

Sem perceber que essa posição altaneira remetia-os às miragens do imaginário que denunciavam em seus textos, fustigaram os cientistas com o açoite de São Paulo, quando escreveu aos coríntios: "A ciência será abolida." Assim como os Pais da Igreja, manifestaram zelo inquisitorial na tentativa de extirpar a tripla libido: *libido sciendi, sentiendi et dominandi.* Assim, faziam-se de salvadores de um mundo que só ia de Pai a pior. Com esse discurso obscurantista, asseguravam-se do saber freudiano para gratificar um gozo secreto cujos efeitos perversos denunciavam nos outros. A prova foi substituída pelo prestígio da verdade e da autoridade advindas do texto sagrado marcado pelo ritual: "Lacan disse", repetido por um coro de zelotes. É claro que outros psicanalistas, muito mais lúcidos, chamaram a atenção deles para este farisaísmo, mas sequer foram ouvidos.

Agitando continuamente as fitas verdes do Misantropo com a flexibilidade da espinha dorsal de um Tartufo, anunciaram a volta do desejo antes de perceber que, à sua volta, só havia deserto. O aspecto cômico da situação parecia fugir-lhes, embora fosse visível para os pacientes, os meios de comunicação, os cientistas e os numerosos psicanalistas que observavam com fatalismo essa virada imprevista do destino. Assim, desiludidos do mundo mas sempre iludidos por si mesmos, preconizaram o reinado da nova virtude: a deles.

Embora se recusassem a medir, mediam sem o saberem. Como bons retificadores de erros, não se privavam jamais de julgar publicamente os outros psicoterapeutas com uma escala de dois graus: lacaniano ou canalha. É preciso notar que as palavras francesas *lacanien* e *canaille* (lacaniano e canalha) são quase inversos fonéticos uma da outra. Assim, estávamos diante do pensamento "dicotômico", ou seja, em preto e branco, que caracteriza todas as crenças fundamentalistas.[7] De certo ponto de vista, o lacanismo parece um ressurgimento do jansenismo do século XVII. Tem muito em comum com os senhores de Port-Royal: o estilo pomposo, o sarcasmo virtuoso e o gosto pela linguística.

Essas rixas internas do mundo dilacerado dos psicanalistas franceses não tinham muito a ver com o que o comum dos mortais pergunta a um psicoterapeuta: Como está indo o tratamento? Vou me curar? Vou melhorar? Em quanto tempo e a que preço?

Além da balbúrdia midiática, como anda o domínio psicanalítico na França? Uma pesquisa realizada pela corrente da psicoterapia humanista mostrou, aliás, que 41% dos pacientes ignoram a escola à qual pertence o seu psicoterapeuta. A mesma pesquisa disse que 20% dos entrevistados seguiam a terapia comportamental e cognitiva. Somente 12% dos que faziam psicoterapia seguiam a psicanálise.[8]

Diante da insistência em impor um ministério das almas, é preciso perguntar se a psicanálise tem outros objetivos além da perpetuação de uma Igreja.

Quais são os objetivos do tratamento psicanalítico?

Várias concepções de psicanálise enfrentaram-se no decorrer dos cem anos da sua existência. Ela foi considerada alternadamente instrumento terapêutico ou método filosófico de desenvolvimento pessoal. É possível situar a psicanálise no domínio terapêutico e é aí que o jugo da realidade vem abençoar o asno que carrega as relíquias das boas intenções: quais são os critérios do sucesso?

É a melhora do funcionamento global do indivíduo? É o desaparecimento de um conjunto de sintomas ansiosos depressivos ou psicóticos? Ou é simplesmente uma peregrinação íntima que permite atingir a verdade de si mesmo? As obras publicadas a respeito são contraditórias e pouco explícitas.

O LIVRO NEGRO DA PSICANÁLISE

- O ponto de vista de Freud sobre a avaliação

Freud, num ensaio redigido no fim da vida, *Análise terminável e interminável*,[9] propôs critérios. Começa afirmando, de modo humorístico: "A análise termina quando o analista e o paciente param de se encontrar para as sessões." O que pode significar, de maneira técnica, quando o psicanalista e o paciente analisaram o que deve conduzir a análise a seu termo. Esta é, em todo caso, a exegese que os psicanalistas costumam fazer desse propósito sibilino do mestre: o fim da análise é analisado assim como o restante do percurso.

Freud acrescenta, de modo mais sério, que duas condições devem ser "aproximadamente" satisfeitas:

O *primeiro critério* é que o paciente não sofra os sintomas e tenha dominado a ansiedade e as inibições. Quanto a isso, todo médico ou psicoterapeuta estaria de acordo.

Segundo critério: o analista deve julgar que pensamentos recalcados suficientes tornaram-se conscientes porque resistências suficientes foram vencidas. Enfim, não há necessidade de temer a repetição dos processos patológicos em causa.

Se alguma dificuldade externa não permite atingir esses objetivos, é melhor falar de uma psicanálise "incompleta" do que de psicanálise que não terminou. Nada se diz, nesse texto, que permita medir o que é ou não suficiente. Observemos, de passagem, que o paciente não é juiz do fim da sua análise, mas que o julgamento do analista é considerado, segundo o pai da psicanálise, critério geral de sucesso e de fim do tratamento. Aqui estamos no terreno da opinião autoautorizada de um sujeito psicanalista que supostamente sabe o que é melhor para o outro.

Um *terceiro critério*, mais ambicioso e igualmente proposto: o analista teve influência tão profunda sobre o paciente que não há mais mudanças suplementares a obter, em caso de continuação da análise. Observemos ainda, de passagem, que se trata da influência de uma pessoa sobre outra, não de um trabalho em comum. Naquela época, parece que não se distinguia bem o trabalho em colaboração e a persuasão por uma autoridade forçosamente boa. Sem dúvida, é preciso ver o efeito da imagem de mandarim dos médicos da época sobre os seus pacientes. Nisso, Freud segue os passos de Charcot, o seu mestre tão admirado, com forte poder sugestivo. Este critério parece saído do campo social de outra época. Simplesmente, os psicanalistas deveriam lembrar-se desse trecho ao criticar a hipnose e outras formas de psicoterapia por utilizarem o "cobre da sugestão" em vez do "ouro puro da psicanálise".

Freud propõe um *quarto critério* ainda mais ambicioso e ainda mais mal definido: seria possível esperar um nível de normalidade psíquica absoluta que permaneceria estável, como se todos os recalques do paciente tivessem sido resolvidos e todas as lacunas da sua memória tivessem sido preenchidas. Neste caso, assistiríamos ao que hoje chamamos de "prevenção das recaídas ou recidivas do transtorno tratado". Seria, portanto, a famosa cura que a psicanálise pode realizar.

Esse critério baseia-se na atualização das lembranças enterradas, que métodos breves como as TCC ou o EMDR (Eye Movement Desensitization and Reprocessing, ou "dessensibilização e reprocessamento através dos movimentos oculares") — estes, sim, verificados em estudos controlados[10] — fazem bem mais depressa sem recorrer à teoria nem ao método psicanalítico.

- *Os variados pontos de vista dos psicanalistas pós-freudianos e as dificuldades da pesquisa*

Atualmente, a pesquisa da verdade psicanalítica varia segundo as teorias. A superação do complexo de Édipo é o objetivo freudiano clássico. Mas Melanie Klein[11] propôs um modelo diferente centrado na elaboração da posição depressiva e da posição esquizoparanoide, que ela considera uma das passagens obrigatórias do desenvolvimento psicológico da criança.

Hartmann,[12] autor americano, descreveu a esfera do eu livre de conflitos. Segundo ele, o processo cognitivo desprovido de conflitos, mais do que os conflitos entre as pulsões, o eu e a realidade, seria o motor do desenvolvimento da personalidade normal.

Em contrapartida, outros psicanalistas disseram que a psicanálise tinha como objetivo tratar o sofrimento psíquico e, nisso, unem-se ao conjunto dos psicoterapeutas. O sofrimento se exprime por sintomas e disfunções relacionais. Mas muitas vezes a transferência aumenta o sofrimento e os sintomas, principalmente os depressivos. Existe aí um problema ético: com que direito se transforma um simples problema psicológico em neurose de transferência, que corre o risco de durar anos, e com que benefícios?

Curar é curar? A teoria ameaçadora da "fuga para a cura".

Será que o paciente vai se curar de outra coisa além das emoções do seu eu, preso na rede da transferência negativa ou positiva para o analista? Ou será que esta é a fuga para a cura? A cura sempre foi suspeita em muitas obras psicanalíticas porque seria testemunha de uma fuga em relação ao evidenciamento das coisas menos agradáveis escondidas no fundo do inconsciente. Em outras palavras, levantar-se do divã e partir, mesmo depois de um período que o paciente julgasse razoável, seria quase uma fobia. Com essa fobia do verdadeiro eu (forçosamente ignóbil ou inquietante) o indivíduo busca evitar uma verdade que fere o seu amor-próprio. Entretanto, nada nem ninguém permite dizer que verdade é essa, a não ser que esteja obrigatoriamente escondida e que o indivíduo seja suspeito, para não dizer culpado, de querer livrar-se dela facilmente. Assim, a cura não passaria de um sintoma, e o exercício do livre-arbítrio e do julgamento pessoal, de uma miragem.

Esta dialética em que um é senhor e o outro escravo pode ir até a manutenção do vínculo por injunções paradoxais, ainda reforçadas pelo conformismo ambiente da cultura psicanalítica midiatizada. Assim, os analistas menos escrupulosos dizem ao paciente que, durante anos, foi acompanhado sem sucesso: "Se partir, você deixará aqui alguma coisa importante." Não há aqui o elogio da dependência, que, com frequência, é o caso de pessoas sensíveis, sofredoras ou simplesmente submissas à autoridade? Não há também uma sugestão destinada a manter alguém na prisão do sintoma transformado em laço que o prende ao analista? Você é livre para partir, mas o sofrimento que resultará dessa partida vai privá-lo para sempre de alguma coisa importante, que é você mesmo. É outra maneira de dizer: "A psicanálise é o caminho, a verdade e a vida; e deste caminho, eu, o analista, sou o senhor." É fácil reconhecer nesta mensagem o que os analistas mais lúcidos denunciam como discurso perverso.

A PSICANÁLISE É UMA PSICOTERAPIA?

É verdade que às vezes os pacientes sofrem o jogo de processos internos e externos de evitamento que não lhes permite enfrentar recordações e histórias singulares e terríveis. É o caso das histórias traumáticas, antigas ou atuais. Mas, depois de vários anos de análise, se os pacientes não se recuperam, não há dúvida de que o analista não soube ajudá-los. Seria boa prática encaminhá-los a outros. Nesse caso, a verdadeira resistência está do lado do analista, que se recusa a mudar as suas próprias teorias para não mudar a si mesmo.

Se há resistência, é provável, em vista do que sabemos hoje depois do trabalho realizado pelas TCC, que ela venha da passividade do método psicanalítico. Ela justifica um cômodo clientelismo, vestindo-o com trajes de teoria ornados com os nomes famosos de Freud e Lacan. Esses dois tiveram pelo menos a honestidade de às vezes reconhecer os seus erros e ter a liberdade como valor essencial.

O caminho rumo ao homem santo: a psicanálise lacaniana integrista

A psicanálise lacaniana[13] reúne cerca de 3.000 psicanalistas no mundo, principalmente na França e na América do Sul. Essa distribuição não se deve ao acaso; são países onde a fé católica continua em alta. Lacan defendeu que a cura é dada por acréscimo, como prêmio inesperado ou graça divina que se manifestaria com o desaparecimento dos sintomas.

Mas serão esses os sintomas de que falam os médicos, os psiquiatras e os planos de saúde? Eles consistem, principalmente, na atualização pela análise de formações inconscientes, segundo uma teoria especialmente sofisticada. Para nos convencermos, basta ler "Le sinthome",[14] em que Lacan comenta a obra de James Joyce.

Sinthome, em francês, é a ortografia antiga da palavra moderna *symptôme*, ou sintoma. É aquilo que liga o imaginário, o real e o simbólico (a linguagem) na última teoria lacaniana. Para ele, o "sinthoma" é o nome do pai, aquele que mantém, por um nó sutil, o nó borromiano, tanto o imaginário quanto o simbólico e o real. O pai, assim, torna-se o santo homem. Por isso não é preciso atacar o sintoma, mas sim procurar nele o pai. Portanto, estamos num caminho que é o da busca do pai celeste. Em *O triunfo da religião*,[15] Lacan definiu-se como "filho de padre". No final do seu percurso terrestre, passou a atacar sem misericórdia a psicanálise, cujas pretensões terapêuticas ridicularizava.[16] Basta ler esse trecho de um dos seus últimos seminários para perceber isso.

> Como vocês são gentis de se incomodar assim para que eu tenha o que lhes dizer. Este meu seminário eu não estava com nenhuma vontade de fazer. Chamei este ano de Momento de Concluir. O que tenho a lhes dizer, eu vou lhes dizer: é que a psicanálise deve ser levada a sério, embora não seja uma ciência.
>
> Como demonstrou abundantemente um tal Karl Popper, não é mesmo uma ciência, porque é irrefutável. É uma prática, uma prática que vai durar o que durar. É uma prática de tagarelice.[17]

Freud, ateu, estava claramente, mais do que Lacan, do lado da laicidade e da ciência. Aliás, Lacan, em *O triunfo da religião*,[18] não se priva de tachar Freud de "materialismo grosseiro" para atrair os aplausos de uma plateia bem-pensante. Então, Sigmund Freud, um cientista como os outros? Há razões para que ele se revire no túmulo.

Mas também é possível adivinhar os excessos que a filosofia lacaniana autoriza: culto do chefe, falocracia ou teocracia brutal. O caráter antiquado dessa concepção da função paterna na época do Pacto Civil de Solidariedade, de famílias monoparentais, do Orgulho Gay e das mães solteiras foi ressaltado recentemente por psicanalistas mais afinados com os problemas do nosso tempo.[19]

E os que buscam o pai divino podem abrir mão do tempo pai-rdido (père-du) no divã. Basta-lhes juntar-se às fileiras da Igreja Católica que tem a seu favor, pelo menos, a escuta duas vezes milenar dos corações feridos. Alguns trabalhos de avaliação, aliás, permitem apresentar provas do efeito psicoterápico de várias formas de religião monoteísta sobre a depressão.[20]

Por outro lado, a ciência, apesar dos seus defeitos e possíveis abusos, surge como única verdade universal diante das religiões sempre mais provincianas. Mas a religiosidade permanecerá como saudade antiga no canto da lareira e continuará a assombrar até mesmo e principalmente os espíritos fortes.[21]

Avaliar? A liberdade de saber e escolher

Avaliar é preciso, porque todo mundo faz a sua própria avaliação a partir de concepções pessoais que podemos chamar de "crenças" ou "esquemas" de pensamento preestabelecido: aquilo que os psicólogos chamam de "atitude" e que, em termos mais triviais, chamamos de "preconceito". É possível defender, como Popper,[22] Kuhn[23] e Planck,[24] que todas as teorias científicas são ou serão falsas um dia. São simples paradigmas que produzem resultados e estes são mais ou menos prováveis em seus efeitos práticos e, portanto, estatisticamente mensuráveis.

Avaliar é preciso, porque constitui o único limite à presunção. Todas as escolas de psicoterapia, dado o mercado ilimitado do sofrimento, podem adotar a postura cômoda do guru midiatizado.

Avaliar é preciso, antes de mais nada, porque os pacientes têm direito a tratamentos eficazes. Todos os que desejam a psicoterapia devem estar a par do que esta vai utilizar para o seu bem-estar e os elementos da escolha têm de ser explicados. Esse problema surgiu de forma dramática num caso famoso nos Estados Unidos, cujo processo ficou conhecido como Osheroff contra Chestnut Lodge, que mostra a importância dos critérios de diagnóstico na psiquiatria.

O doutor Osheroff contra a clínica de Chestnut Lodge

O Dr. Raphaël Osheroff tinha 42 anos quando foi internado em Chestnut Lodge, no estado de Maryland, onde foi diagnosticado como portador de transtorno de personalidade narcísica. Ali ficou durante sete meses, tratado com psicoterapia analítica quatro vezes por semana, com sintomas marcantes como agitação, perda de peso, insônia e problemas psíquicos que exigiam cuidados médicos. Apesar dos pedidos insistentes da família, decidiu-se não usar medicamentos e continuar a psicoterapia analítica individual intensiva. O seu estado se agravou ainda mais e, no final dos sete meses, a família transferiu-o para a Silver Hill Foundation, onde um tratamento que combinava neurolépticos e antidepressivos fez o paciente melhorar em três semanas. O médico da fundação considerou que o paciente não sofria de transtorno de personalidade, mas sim de depressão maior com elementos psicóticos. Depois da alta no verão de 1979, o paciente retomou a prática médica e foi acompanhado como paciente ambulatorial, com psicoterapia e medicamentos. Em 1982, o Dr. Osheroff processou Chestnut Lodge. O caso deveria ser julgado em outubro de 1987. Mas, antes que o processo chegasse ao tribunal, os dois lados fizeram um acordo amigável. Até ser publicado o caso,[25] o paciente não tivera recaída.

A psicoterapia é avaliável?

Em sessenta anos de pesquisa, os métodos de avaliação produziram dados sobre todos os principais transtornos psicológicos listados nas classificações. A psicanálise e principalmente as suas derivações, as terapias analíticas, estão entre os tratamentos psicológicos avaliados.

• Medicina baseada em provas

A ideia de medicina baseada em provas impôs-se progressivamente em todos os domínios terapêuticos. Sackett, em 1996, definiu a medicina baseada em provas como "uso consciencioso, explícito e judicioso do que estiver mais bem provado na hora de tomar decisões sobre o tratamento de cada paciente".[26]

De imediato, surge uma pergunta: a cura é mito ou realidade? A reflexão moderna voltou a centrar-se mais na noção de saúde e bem-estar do que na de cura. Nesse ponto de vista, numerosos autores insistiram no fato de que, para obter resultado satisfatório para o paciente, não basta modificar sintomas e síndromes, mas é preciso melhorar também a qualidade de vida e o funcionamento social.[27]

A PSICANÁLISE É UMA PSICOTERAPIA?

Como avaliar a eficácia das psicoterapias?

Desenvolver um programa de pesquisa é correr o risco de ver crenças refutadas; é por isso que alguns psicoterapeutas temem a avaliação a ponto de fazer dela o seu bicho-papão. Como mostrou Karl Popper,[28] a pesquisa científica é menos busca da "verdade" do que criação de mecanismos cujo objetivo é progressivamente eliminar erros e aprofundar as melhores teorias. O pesquisador é um tipo de inspetor Columbo que expõe à prova dos fatos a sua intuição, ou melhor, as suas crenças.

* *Os métodos que permitem a avaliação*
Numerosos fatores podem influenciar o decorrer da psicoterapia: a natureza e o grau do transtorno, a presença de fatos da vida, o efeito placebo, o método terapêutico utilizado, a boa ou má aliança terapêutica ou mudanças biológicas inesperadas ou despercebidas. Como descobrir o efeito propriamente dito do tratamento?

Os estudos de caso individuais constituem o ponto de partida. As estatísticas calculadas sobre séries de casos podem avaliar o resultado de um terapeuta ou de um grupo de terapeutas da mesma prática. Mas essas estatísticas globais nada permitem concluir sobre a eficácia do tratamento em relação à evolução espontânea ou a outro tratamento.

Na verdade, os estudos controlados é que trazem a convicção. O seu princípio básico é sortear os participantes num grupo homogêneo de pacientes para dividi-los em dois grupos: o grupo de estudo, que recebe a psicoterapia cuja eficácia se quer avaliar, e o grupo "controle" ou "testemunho". Critérios como os do DSM-IV[29] e a sua compatibilidade com os critérios do ICD-10[30] permitem selecionar grupos homogêneos de pacientes que sofrem do mesmo transtorno. Formar o grupo controle para avaliar um método psicoterapêutico gera problemas específicos. Já se propuseram várias soluções para resolvê-los.[31]

Para mensurar os resultados, há numerosas escalas de avaliação validadas. Elas permitem quantificar sintomas, comportamentos, pensamentos, emoções, a personalidade e os processos psicoterápicos.[32] A avaliação não redutora precisa ter critérios e parâmetros múltiplos.

A relação terapêutica também deve ser levada em conta. A noção de aliança terapêutica deve-se a Freud.[33] Ele a definiu como "compreensão empática; afeição e amizade são os veículos da psicanálise". Na terapia analítica, a aliança terapêutica refere-se aos aspectos mais racionais da relação terapêutica. Contrasta com a transferência e com as suas comoções e dependência. Elas se devem à regressão ao passado, aos processos inconscientes e ao pensamento infiltrado de fantasias irracionais.

• *Como interpretar os resultados? O problema da prova*

Considera-se que um tratamento psicológico é válido para uma dada perturbação psíquica quando equipes independentes entre si conseguem reproduzir os mesmos resultados numerosas vezes em estudos controlados.

Quando já se realizou grande número de estudos controlados com resultados às vezes contraditórios, chega a hora de dar sentido ao conjunto desses dados obtidos com tanto esforço. A metanálise foi inventada[34] para estudar de maneira global o efeito das psicoterapias. Consiste em reagrupar os estudos, codificar os resultados e calcular "o tamanho do efeito terapêutico". O tamanho do efeito reflete a diferença entre o grupo tratado e o grupo controle no final do tratamento.

A Anaes,[35] que hoje se tornou a mais alta autoridade de saúde na França, propôs três níveis de prova. O grau A corresponde à eficácia demonstrada. O grau B reflete a presunção de eficácia. Enfim, o grau C mostra apenas nível fraco de comprovação. Há sistemas análogos de classificação nos países anglo-saxões.[36]

Quais são os resultados da psicanálise e da terapia psicanalítica?

O leitor encontrará uma exposição mais técnica e detalhada numa obra anterior[37] e no relatório Inserm de 2004. Com efeito, o relatório do Inserm não diverge em nada dos trabalhos de avaliação anteriores, principalmente o relatório da OMS[38] e o relatório do Departamento de Saúde britânico.[39]

A PSICANÁLISE É UMA PSICOTERAPIA?

• *A psicanálise a longo prazo*

O presidente da Associação Psicanalítica Internacional encomendou um relatório; o seu principal autor é o psicanalista Peter Fonagy.[40] A partir do conjunto de dados publicados relativos à psicanálise e às terapias analíticas, a conclusão é simplesmente o impasse atual da pesquisa: nada parece provado de maneira científica. O relatório pede mais trabalhos, com o objetivo de passar do estágio de convicção íntima ao de validação científica.

Conclusões do relatório da Associação Psicanalítica Internacional[41]

Não há estudo que permita concluir inequivocamente que a psicanálise é eficaz em relação a um placebo ativo ou a outra forma de tratamento. Não há métodos disponíveis que possam indicar, de maneira incontestável, a existência de um processo psicanalítico.

A maior parte dos estudos tem limitações importantes que poderiam fazer os que criticam a disciplina a não levar em conta os seus resultados. Outros estudos têm limitações tão graves que até um avaliador simpático à psicanálise tenderia a não levar em conta os seus resultados.

Como psicanalistas, sabemos todos que a psicanálise funciona. A nossa própria experiência de análise provavelmente basta, na maioria dos casos, para nos persuadir da sua eficácia.

• *As terapias psicanalíticas breves*

Elas têm objetivos claramente enunciados e quantificáveis: melhorar os sintomas e o funcionamento global do indivíduo. Realizam-se individual e presencialmente, com metas e num prazo limitado (em geral, um ou dois anos). O relatório Inserm[42] reconheceu a eficácia demonstrada pelas psicoterapias psicanalíticas nos transtornos de personalidade. Em algumas indicações, as terapias psicanalíticas breves foram testadas com estudos controlados pouco numerosos ou estudos de coortes que tornam impossível tirar conclusões positivas nos transtornos ansiosos, na depressão e nos estados psicóticos. Por outro lado, num único estudo há dados positivos no estresse pós-traumático (presunção de eficácia).

Conclusão

A psicanálise será uma montanha teórica que finalmente pariu um ratinho terapêutico? Os resultados da pesquisa controlada confirmam apenas pouquíssimas indicações: especificamente, os transtornos de personalidade, nos quais não é a única a se destacar; as TCC também são indicadas. Portanto, caminhos diferentes levam a Roma. Enfim, ela só parece ser realmente eficaz na forma alterada de terapia analítica breve.

Se a psicanálise de longo prazo quer permanecer no domínio dos tratamentos, é preciso que disponha de meios para estudar os seus efeitos de maneira quantitativa. Isso não é tecnicamente impossível. Há toda uma corrente partidária deste *aggiornamento* no interior da Associação Psicanalítica Internacional, que enfrenta forte resistência por parte dos tradicionalistas.

À espera de uma reunificação do reino da psicoterapia, improvável a curto prazo, ninguém está proibido de pensar que diversas formas de terapia possam coexistir pacificamente na França com respeito mútuo pelas diferenças. Isso é possível vislumbrar, assim como o barco retido na tempestade busca o farol.

Notas

1. P. Janet, *Les Médications psychologiques*, Paris, Flammarion, 1919. Reed., Paris, CNRS, 1980.
2. P. Janet, *L'Automatisme psychologique*, Paris, Alcan, 1889.
3. J. Cottraux, *Les Visiteurs du soi. À quoi servent les psys?*, Paris, Odile Jacob, 2004.
4. H. F. Ellenberger, *Histoire de la découverte de l'inconscient*, Paris, Fayard, 1994.
5. *Science Friction*, France Culture, programa apresentado por M. Alberganti em 12 de março de 2005.
6. R. Darnton, *La Fin des lumières: le mesmérisme et la Révolution*, Paris, Odile Jacob, 1995.
7. A. T. Beck, *Prisonniers de la haine*, trad. J. Cottraux, H. Dupont e M. Milliery, Paris, Masson, 2002.
8. S. Ginger, "Le vrai visage de la psychothérapie", États généraux de la psychothérapie, documento na internet, Paris, 4 e 5 de maio de 2001.
9. S. Freud, "Analyse terminée et analyse interminable" (1937), *Standard Edition*, Londres, The Hogarth Press, XXIII, 1964, p. 216-53.
10. M. L. Van Etten e S. Taylor, "Comparative efficacy of treatments for post-traumatic stress disorder: a meta-analysis", *Clin. Psychol. Psychother.*, 5, 1998, p. 126-44.
11. M. Klein, *Love, Hate and Reparation*, Londres, Hogarth Press, 1937. Trad. *L'Amour et la haine*, Paris, Payot, 1968.
12. H. Hartmann, *La Psychologie du moi et le problème de l'adaptation*, Paris, PUF, 1968.
13. J. Lacan, *Écrits*, Paris, Seuil, 1966.
14. J. Lacan, "Le sinthome", *Le Séminaire*, Livre XXIII, Paris, Seuil, 2005.
15. J. Lacan, *Le Triomphe de la religion* (precedido do *Discours aux catholiques*), Paris, Seuil, 2005.

O LIVRO NEGRO DA PSICANÁLISE

16. J. Lacan, "Place, origine et fin de mon enseignement", Conferência, Hôpital du Vinatier, Bron (1967), documento datilografado com base em gravação. Bulletin de liaison du CES de psychiatrie (CHU de Lyon), abril-maio, 1981, p. 23-38.

17. J. Lacan, "Une pratique de bavardage. Le séminaire de Jacques Lacan", *Ornicar?*, 19, 1979, p. 5-9 (texto em francês aprovado por Jacques-Alain Miller).

18. J. Lacan, *op. cit.*

19. M. Tort, *Fin du dogme paternel*, Paris, Aubier, 2005.

20. H. G. Koenig, L. K. George e B. L. Peterson, "Religiosity and remission of depression in medically ill older patients", *American Journal of Psychiatry*, 155, 4, 1998, p. 536-52.

21. R. Debray, *Le Feu sacré*, Paris, Fayard, 2003.

22. K. Popper, *La Connaissance objective*, Bruxelas, Éditions Complexe, 1978.

23. T. S. Kuhn, *The Structure of Scientific Revolutions*, Chicago, University of Chicago Press, 1962.

24. M. Planck, *Scientific Autobiography and Other Papers*, Nova York, Philosophical Library, 1949.

25. G. L. Klerman, "The psychiatric patient's right to effective treatment: implications of Osheroff v. Chestnut Lodge", *American Journal of Psychiatry*, 174, 4, 1990, p. 409-27.

26. G. E. Gray, *Evidence Based Psychiatry*, Arlington, American Publishing Inc., 2004.

27. N. Sartorius, G. De Girolamo, G. Andrews, A. German e L. Eisenberg, "Treatment of mental disorders. A review of effectiveness", OMS, *American Psychiatric Press*, Washington, 1993.

28. K. Popper, *op. cit.*

29. American Psychiatric Association, Diagnostic and Statistical Manual (DSM-IV), APA, Washington, DC, 1994.

30. Organização Mundial da Saúde, "The ICD-10 classification of mental and behavioural disorders", Organização Mundial da Saúde, Genebra, 1992, p. 141-2.

31. Relatório Inserm, *op. cit.*, 2004.

32. M. Bouvard e J. Cottraux, *Protocoles et échelles d'évaluation en psychiatrie et en psychologie*, Paris, Masson, 1996.

33. S. Freud, "On beginning the treatment: further recommendations on the technique of Psychoanalysis" (1913), *Standard Edition*, 12, Londres, Hogarth Press, 1958.

34. M. L. Smith e G. V. Glass, "Meta-analysis of psychotherapy outcome studies", *American Psychologist*, 32, 1977, p. 752-60.

A PSICANÁLISE É UMA PSICOTERAPIA?

35. Agence nationale d'accréditation et d'évaluation en santé (ANAES). "Diagnostic et prise en charge en ambulatoire du trouble anxieux généralisé." Recomendações para a prática clínica. Paris, 2001: resumo publicado na internet: http://www.anaes.fr

36. Relatório Inserm, "Psychothérapie: Trois approches évaluées", Estudo coletivo (O. Canceil, J. Cottraux, B. Falissard, M. Flament, J. Miermont, J. Swendsen, M. Teherani, J. M. Thurin), Inserm, 2004. Resumo *online*: www.inserm.fr

37. J. Cottraux, *op. cit.*, 2004.

38. N. Sartorius *et al.*, *op. cit.*

39. Department of Health. Treatment Choice in Psychological Therapies and Counselling, "Evidence Based Practice Guideline", Londres, fevereiro de 2001, www.doh.gov.uk/mentalhealth/ treatmentguideline

40. P. Fonagy *et al.*, *op. cit.*

41. P. Fonagy *et al.*, "An open door review of outcome studies in psychoanalysis", 2002. Documento disponível: ipa@ipa.org.uk

42. Relatório Inserm, *op. cit.*, 2004.

3. A psicanálise é uma ferramenta de autoconhecimento?

Segundo muitos psicanalistas, a análise é antes de tudo um instrumento de autoconhecimento, um método de exploração do íntimo, até mesmo uma experiência quase mística de autorrevelação.

Nessa viagem interior, as associações livres, assim como a descrição dos sonhos são, de certo modo, os raios X do espírito: permitem superar as resistências, elevar a laje da repressão e voltar às causas da patologia. Mas é preciso que essa ferramenta de exploração seja confiável... É o que Malcom Macmillan põe vivamente em questão.

DESAFIO À METODOLOGIA DA PSICANÁLISE[1]

Malcolm Macmillan

Para que serve a psicanálise? É feita para atenuar os problemas dos saudáveis ou para curar doentes mentais? Sabemos de fato que não se trata, de modo algum, de uma terapia, pois simplesmente não há dados que a distingam das suas concorrentes como terapia. Por outro lado, há muitos dados que mostram que, sejam quais forem as mudanças que provoca como terapia, elas não se devem aos pretensos ingredientes essenciais do "processo psicanalítico". Seja como for, ninguém, nem mesmo Freud, tem posição definida sobre o valor terapêutico da psicanálise.

A psicanálise tocaria portanto as grandes questões da origem e do desenvolvimento do comportamento humano? Será ela uma psicologia geral que nos ajude a compreender o comportamento humano no sentido mais amplo? Não creio que seja o caso, porque a psicanálise não é uma teoria única nem mesmo o núcleo de uma teoria em volta do qual se articulem diversos prolongamentos, como um bando de ratinhos em torno da estrela dançarina. A psicanálise nos oferece uma miríade de teorias, cada uma delas a se esforçar por ocupar a frente do palco, todas valsando com músicas diferentes que em geral não combinam com o tema original de Freud. Como fazer para escolher uma delas? Se essas teorias são guias mais ou menos aceitáveis de uma realidade verdadeira — e, nesse caso, a realidade verdadeira é a realidade das pessoas

311

—, como escolher aquela da qual tirar verdadeiro alimento intelectual? Alguns consideram que isso está fora do tema, mas nas minhas conclusões tentarei defender que esta é a questão mais importante.

O fato de não haver resposta clara para a pergunta "para que serve o saber psicanalítico?" é consequência de defeitos fundamentais e irremediáveis das técnicas de coleta de dados e de sua interpretação, consequência comum a todas as escolas de psicanálise. Para mim, a psicanálise só pode ser seriamente considerada meio de investigação dos processos mentais se os analistas das diferentes escolas aceitarem um desafio em três partes.

- Todos eles têm de poder demonstrar como superar o fator "sugestão" na coleta de dados;
- têm de nos convencer de que resolveram o indeterminismo fundamental que preside a interpretação desses dados;
- e têm de nos indicar como fazer uma escolha racional entre as suas interpretações e as das outras escolas.

Até que isso se realize, creio que o que passa por "psicanálise" é de fato o mero conhecimento daqueles que se dedicam a esse artesanato clínico e elaboram teorias sobre a sua prática.

A associação livre e a sua meta

A associação livre é o método básico utilizado pela psicanálise para a coleta de dados. Foi elemento central no objetivo clínico de construir "uma imagem dos anos esquecidos do paciente", devendo ser "confiável e, em todos os aspectos, completa".[2] A associação livre era utilizada para reunir o material bruto a partir do qual essa imagem seria elaborada. O material propriamente dito era feito de alusões a fatos passados da vida do paciente, contidos em ideias evocadas durante o tratamento ou nos fragmentos de recordações semelhantes contidos nos sonhos.

Portanto, qual é o método? Primeiro é preciso notar que a expressão *associação livre* é tradução imperfeita do alemão *"freier Einfall"*. A expressão alemã faz referência às ideias mais interessantes, aquelas que abrem caminhos ou brotam na consciência.[3] Como precondição fundamental, Freud exige dos seus pacientes uma franqueza fundamental. Enquanto participam do que está sendo analisado, os pacientes devem abolir todo julgamento sobre o que lhes vem ao espírito e retransmitir tudo. A sinceridade é a regra fundamental da psicanálise, e o paciente que se submete a ela e conta tudo o que lhe passa pelo espírito pratica o método da associação livre.[4]

Freud desenvolveu a associação livre procurando a causa dos sintomas, dos sonhos ou dos atos falhos. Quando os pacientes contam o que lhes vem ao espírito, surgem assim os fios das ideias, importantíssimos para a compreensão do fenômeno pesquisado.[5] Ainda assim, essas ideias não são contínuas nem ordenadas; a ordem das recordações é caótica, as sequências têm lacunas e os pacientes dão explicações insuficientes para pensamentos que no entanto parecem intactos. As lacunas revelam a presença de processos psicológicos inconscientes que simplesmente são tão imperceptíveis em sua natureza quanto os processos físicos impossíveis de observar em ciências como a física e a química. A associação livre é o método utilizado pelos analistas para identificar este incognoscível analítico, empregado do mesmo modo que os métodos experimentais dos físicos. Sugerir esses processos "incognoscíveis" e depois inseri-los entre os que são conscientes vai preencher as lacunas.[6] A frase final e inacabada de Freud na última página da sua última obra diz: "Levando-se em conta o caráter especial das nossas descobertas, o nosso trabalho científico em psicologia consistirá em converter os processos inconscientes em processos conscientes e preencher assim as lacunas da percepção consciente."[7]

Freud declara que a livre associação e as deduções que daí se seguem fazem da psicanálise uma ciência natural. A confiabilidade e a validade da associação livre são, claramente, elementos fundamentais desta afirmativa.

Confiabilidade e validade da associação livre

Freud sustenta que, dentro dos limites do erro experimental, as informações recuperadas pela associação livre são válidas e confiáveis. A afirmativa de validade é explícita e vigorosa; por outro lado, a de confiabilidade, embora também vigorosa, fica um pouco menos explícita. Ainda assim, a associação livre permitirá aos analistas acumularem, essencialmente, o mesmo tipo de dado, que constituiria a verdade do paciente, não a do analista.

Freud não cessou de afirmar o argumento da validade. Mesmo quando a técnica da associação livre ainda estava em seus primórdios, observou: "Não estamos em condições de forçar nada ao paciente [...] nem de influenciar os produtos da análise."[8] Depois que a associação livre tornou-se a sua marca registrada, Freud afirmou que ela garantia, em grande parte, que "nada" "das expectativas do analista" viesse a se imiscuir na estrutura da neurose.[9] E também, pouco tempo antes de morrer, ressaltou o fato de que o perigo que um paciente fosse induzido a erro pela sugestão "foi com certeza imensamente exagerado".[10]

Quanto à confiabilidade, Freud descarta as divergências entre analistas sobre o que eles obtêm com esse método. Essas divergências resultam da formação insuficiente ou da incapacidade de conservar a atitude científica, mas, a exemplo das discordâncias entre pesquisadores no início da utilização do microscópio, elas não têm "grande importância a longo prazo".[11] O método psicanalítico dá informações tão confiáveis quanto as fornecidas pelo microscópio.

As hipóteses em que Freud baseia as suas afirmações podem ser resumidas da seguinte maneira.

- Em primeiro lugar, Freud adota o ponto de vista de Meynert, que afirma que *o encadeamento das associações é interno e fisiológico*. Com exceção da ajuda para que o paciente supere a resistência diante dos afetos desagradáveis que poderiam romper o encadeamento, nenhuma sugestão de Freud, direta ou indireta, pode desviar o fio das associações deste ponto final fisiologicamente determinado.[12]
- Em segundo lugar, Freud assimilou a conclusão totalmente errônea de Charcot, que sustenta que os fenômenos da histeria e da hipnose têm raízes fisiológicas e não são frutos da sugestão.[13]
- Em terceiro lugar, Freud acha que nada que venha ao espírito do paciente está fora do tema ou desligado do sintoma, do sonho ou do ato falho observado. Ele tira da sua certeza o que chamei de "hipóte-

ses interligadas" para propor os elos, ainda que não sejam verdadeiramente apresentados.[14]

- Em quarto lugar, Freud tem a mesma opinião de Meynert, segundo a qual há uma "identidade", no sentido lógico da palavra, entre associações, relações lógicas e elos causais. O encadeamento de associações que começa no nível consciente está logicamente ligado às origens inconscientes descobertas no final.[15]

- E, por último, Freud explicita a conclusão tirada de uma experiência de Charcot sobre o trauma artificial, segundo a qual o conteúdo sensorial deve remeter ao sintoma. Batiza essa propriedade de "qualidade determinante" da causa e em seguida não para de pesquisá-la com aquela mesma vontade que utiliza para não levar em conta as lembranças de alguns pacientes que não a possuem.[16]

Todas as versões modernas da psicanálise afirmam referir-se à associação livre e utilizar o método quase do mesmo modo que Freud. Ainda que haja diferenças na utilização, as hipóteses continuam as mesmas de Freud. E aqui também não são questionadas.

A sugestão sob acusação

As acusações contra o papel excessivo da sugestão na psicanálise assumem duas formas, muitas vezes confundidas. A primeira afirma que, quaisquer que sejam os resultados obtidos com a psicanálise, eles se devem à sugestão; a segunda sustenta que os dados reunidos com a associação livre, método tipicamente psicanalítico, são influenciados maciçamente pelas sugestões transmitidas inconscientemente pelo psicanalista ao paciente. Embora eu comente rapidamente a primeira acusação, a segunda é a minha preocupação principal.

A utilização da "sugestão" para explicar os efeitos terapêuticos tem uma longa história. Encontra-se um elo indireto com a psicanálise no relatório da Comissão Real Francesa sobre o magnetismo animal praticado por Franz

O LIVRO NEGRO DA PSICANÁLISE

Anton Mesmer. As experiências tinham mostrado que os fenômenos de Mesmer, manifestos ou não, dependiam somente da fé do sujeito na realidade do magnetismo dos fluidos. Os membros da Comissão, portanto, atribuíram os efeitos à *imaginação*, que hoje em dia chamamos de "sugestão". Embora a Comissão não tenha realizado nenhuma pesquisa sobre a terapia de Mesmer, a sua conclusão poderia aplicar-se aqui: "O magnetismo animal pode com efeito existir sem ser utilizado, mas não pode ser utilizado se não existir."[17]

Enquanto sugestão hipnótica verbal direta, a "sugestão" tem ligação imediata com a psicanálise. Quando Freud e Breuer tiveram de defender-se da acusação de que o pretenso sucesso terapêutico de Breuer com Anna O. (na verdade, Bertha Pappenheim) devia-se à sugestão, eis o sentido de sugestão que tinham em mente: Anna O. fora curada antes que surgissem as curas baseadas na sugestão.[18] É também neste sentido que Freud mais tarde se defende das acusações de que a eficácia terapêutica da psicanálise devia-se à sugestão,[19] mas é preciso notar que ele acrescenta aí um biombo protetor: as curas baseadas na sugestão estão ligadas à transferência para o analista dos sentimentos positivos que o paciente sentia pelo pai ou pela mãe. Essa explicação multiplica o mistério por três.

- Em primeiro lugar, há a afirmação implícita de que somente a psicanálise produz verdadeiras curas.
- Em segundo lugar, admitir essa afirmação supõe que se aceitam todas as proposições teóricas de Freud sobre a libido e os sintomas.
- E o terceiro mistério: ainda que os analistas não estejam de acordo sobre as manifestações da transferência, é preciso aceitar o seu papel terapêutico.[20]

O indeterminismo da interpretação e da construção

Freud dá sentido às informações colhidas por meio da associação livre com o que chama alternadamente de decifração, tradução ou interpretação dos elementos individuais do material bruto.[21] Mas há um indeterminismo fundamental que distorce tanto a interpretação quanto a identificação dos fatores que modelam o paciente. Entre as duas, é impossível julgar a confiabilidade do quadro final.

As analogias da linguagem

Desde a publicação de *Estudos sobre a histeria*, Freud utiliza a analogia linguística para transmitir a essência da interpretação psicanalítica dos sintomas.[22] Anos depois, disse que a interpretação dos sonhos é totalmente análoga à decifração de textos antigos.[23] Em 1857, a Sociedade Real da Ásia fez uma "experiência decisiva" quando, ao obter um acordo entre quatro tradutores independentes de novas inscrições cuneiformes, justificou o que já fora feito e, assim, abriu a porta a trabalhos futuros. Freud defende que as interpretações de sonhos, praticadas por "analistas corretamente formados", também são válidas e confiáveis.[24]

No entanto, não existe nenhum acordo significativo entre os diversos psicanalistas sobre a interpretação de sonhos parecidos. Os estudos oficiais não mostram sequer um acordo mínimo, um resultado que corresponderia à divergência inacreditável que subsiste em torno do significado dos sonhos dos pacientes de Freud, como Dora.[25] Os psicanalistas atuais não são tão talentosos quanto Freud pensava ou a técnica de interpretação é difícil demais de aprender? É pouco provável. Até a análise dos dados clínicos mais complexos demonstra que é possível haver o acordo, desde que existam conceitos bem definidos e regras bem estabelecidas para classificar esses fenômenos.[26] Talvez, então, Freud não tenha deixado nenhuma regra? O caso é esse mesmo, mas, em seguida, embora alguns tenham se disposto a formulá-las, como Grinstein em 1983, constata-se que não houve consenso sobre o fato de concordarem ou não com as de Freud. O mesmo se aplica aos estudos realizados sobre a transferência, dos quais falei acima: há concordância quanto às regras, mas não quanto àquilo a que se aplicam. Haverá alguma coisa na interpretação propriamente dita que torna impossível todo e qualquer acordo?

Consideremos o que permitiu que os tradutores da escrita cuneiforme entrassem em acordo. A decifração dos signos cuneiformes partiu da hipótese de que algumas inscrições referiam-se a monarcas das regiões geográficas onde essas inscrições tinham sido descobertas. As mensagens

O LIVRO NEGRO DA PSICANÁLISE

começavam e terminavam com fórmulas de cortesia que respeitavam as convenções linguísticas da região concernente. Graças a essa substituição, conseguiu-se dar sentido a alguns grupos de caracteres cuneiformes antes de começar a experiência.

É exatamente nesse ponto que a analogia de Freud não se aguenta mais em pé. Para que se possam comparar os elementos manifestos de um sonho aparentemente sem significado com caracteres cuneiformes, os analistas deveriam ter alguma coisa que correspondesse aos nomes conhecidos e às fórmulas de cortesia em uso. Ora, eles não têm nada disso. Para tecer a metáfora, Freud nem sempre insistiu na vantagem da inscrição bilíngue.[27] Entretanto, os comentaristas simpatizantes de Freud observam que, na ausência de um segundo roteiro, o conteúdo latente do sonho é somente uma construção interpretativa e que interpretar sem esse segundo roteiro é como tentar resolver uma equação com duas variáveis.[28]

Admitamos que o conteúdo manifesto do sonho seja verdadeiramente uma língua que possa ser traduzida. Por enquanto, chamemos este conteúdo manifesto de primeiro roteiro e chamemos a "língua" do inconsciente ou do conteúdo oculto de "segundo roteiro". Apesar do esforço dos lacanianos, como observa Timpanaro[29], a gramática, a sintaxe, o léxico e as regras desse segundo roteiro são totalmente desconhecidos. Entre os seus elementos evidentes, nada corresponde aos substantivos ou às "saudações" já conhecidas. Dessa ignorância verdadeiramente fundamental decorre um indeterminismo não menos importante que a utilização dos dados fornecidos pela associação livre. De fato, a "tradução" psicanalítica constrói o sentido do manifesto, ou primeiro roteiro, em vez de descobri-lo no oculto, ou segundo roteiro.

Construções e narrativas

O indeterminismo da interpretação psicanalítica aplica-se igualmente aos supostos fragmentos da história infantil esquecida do paciente, tipo de interpretação que Freud chamou de "construções".[30]

Quando apresentadas aos pacientes, supunha-se que as construções verdadeiras provocassem a recordação de acontecimentos reais que o paciente tivesse reprimido. Quando uma interpretação decorria de uma associação ou de um número limitado delas, a construção envolvia, em geral, um fato completo. Mas as construções são, por natureza, indeterminadas, e eis aí o problema. Não temos nenhum critério de avaliação em que possamos nos basear para julgar a confiabilidade de construções simples ou de séries interligadas, utilizadas para a elaboração dos discursos narrativos dos pacientes.

Esse indeterminismo é ilustrado pela famosa construção que Freud impôs a um paciente conhecido com o nome de Homem dos Ratos. Quando esse paciente tinha apenas seis anos, Freud supôs que o seu pai o tinha "fustigado violentamente" por uma impropriedade ligada à masturbação ou o tinha proibido de se masturbar ameaçando-o de morte certa ou até de lhe cortar o pênis.[31] Seja qual for a construção que lhe foi realmente apresentada, o paciente recordou-se, supostamente de súbito, que a mãe sempre lhe falara de um caso, do qual não tinha nenhuma recordação, em que o pai lhe batera, mas não devido à masturbação nem por nada que fosse sexual. Primeiro é preciso observar que as recordações desse paciente não são reprimidas nem vêm da sua memória propriamente dita e que Freud se serviu do relato da mãe para confirmar a sua construção da história do filho. E, ainda mais importante, o conteúdo desse relato do Homem dos Ratos não se parece em nada com o acontecimento elaborado por Freud. Pode-se perguntar quantas semelhanças deve haver entre a construção e as recordações para considerar que ela merece confiança ou convicção de verdade.

Existem quatro outras questões levantadas por Cioffi e Spence. Como Cioffi afirmou a princípio, em 1961, durante o seminário *Por que continuamos ainda a debater Freud?*, todos temos a sensação do que constitui uma interpretação inverossímil, mas nem esta sensação nem os padrões oficiais da interpretação nos ajudam a decidir, dentre várias interpretações mais ou menos plausíveis, qual é a verdadeira. E nenhum desses padrões pode ser formulado.[32] Do mesmo modo, Spence[33] observou que as explicações narrativas — em essência, histórias construídas — eram muito adaptáveis a tudo que se ajustasse a elas.

Um exemplo ilustra bem o ponto de vista de Spence. São os comentários de Farrell ao estudo de Freud sobre Leonardo da Vinci. Apesar dos erros enormes e bem conhecidos que Freud cometeu sobre o grande artista e a sua obra, Farrell concluiu: "Devemos ser-lhe reconhecidos [a Freud] por nos oferecer um relato simplificado do caso de Leonardo."[34] Esses erros de fato não incomodaram Farrell, assim como não afetaram os narradores analíticos.

A argumentação de Cioffi é ilustrada sutilmente pela releitura de Bremer do estudo freudiano do Moisés de Michelângelo,[35] que, segundo Ricoeur, exemplificava com muita clareza os métodos de interpretação de Freud, muito embora não fosse um "caso". Bremer afirma que a construção de Freud baseia-se "em várias ideias fundamentais errôneas", sendo a mais importante que utiliza o discurso da *primeira* subida de Moisés ao monte Sinai, depois da qual ele quebra as Tábuas da Lei, mais que o da *segunda* subida, em cujo final Moisés recebe as segundas Tábuas da Lei.[36] Bremer observa que nenhum aspecto da estátua está em contradição com a segunda subida, mas que, pelo contrário, há muitos aspectos em contradição com a primeira. No mesmo ano, Bergmann[37] observa, quase por acaso, ser uma pena, para a interpretação de Freud, que o Moisés de Michelângelo tenha chifres, porque, segundo o Êxodo, ele só os adquiriu depois da segunda subida, depois que Deus lhe apareceu.[38] Assim como as Tábuas virgens que Moisés segura, esses chifres indicam que Michelângelo representou Moisés na segunda subida.[39]

A história bíblica e os fatos relativos a Leonardo da Vinci são referentes ou critérios exteriores que permitem escolher entre as interpretações. Em consequência, a questão não é saber se a interpretação do Moisés de Bremer é mais plausível ou convincente do que a de Freud, mas se é mais fiel aos fatos. A posição é parecida com as construções psicanalíticas propriamente ditas. Sem critério exterior, não há como julgar se oferecem um relatório completo e honesto da história do paciente, que Freud considerava ser a meta da análise. Logicamente, é como se fosse preciso decidir a veracidade da tradução: em lugar nenhum existe um segundo roteiro nem o seu equivalente. E isso não se deve a que não se possam formar psicanalistas que interpretem ou utilizem regras para analisar comportamentos complexos, mas principalmente porque não existe nenhum critério com o qual possam afiar o seu talento de tradutores, intérpretes ou pintores dos passados enterrados.

A PSICANÁLISE É UMA FERRAMENTA DE AUTOCONHECIMENTO?

A associação livre e as várias escolas

Se todos os psicanalistas têm acesso aos mesmos dados e se os métodos de coleta de dados e de interpretação de Freud são tão confiáveis e válidos como ele afirmava, por que há várias escolas de psicanálise? A associação livre permite aos diferentes analistas coletarem essencialmente os mesmos dados? As diferentes escolas surgem simplesmente porque os psicanalistas selecionam ou encarregam-se de grupos diferentes do conjunto de dados, pesam ou interpretam os componentes de modo diverso, criando assim cutras construções? Ou o método é tão incapaz de combater as sugestões do analista que, na verdade, age como um tipo de conduto para transmiti-las?

A interpretação: Freud e Jung

Em 1912, o nascimento da psicologia analítica de Jung talvez seja o mais convincente exemplo que revela, partindo de interpretações diferentes das mesmas observações, o surgimento de diferentes escolas. Entre os pontos de discórdia importantes está a rejeição de Jung da natureza exclusivamente sexual do conceito de libido criado por Freud, assim como o questionamento da generalidade da explicação da repressão da libido. Em vez dela, Jung prefere o conceito de energia psíquica generalizada. Segundo a minha leitura, não existe nenhum fato que pudesse marcar a diferença entre o conceito de energia psíquica de Jung e o de libido segundo Freud. Tomemos, por exemplo, a descrição feita por Jung de uma cerimônia da primavera que seria celebrada entre os wachandis, povo nativo do oeste da Austrália, ao norte de Geraldton. A cerimônia fazia parte de um ritual destinado a renovar a fertilidade da terra:

Eles cavam um buraco no chão e o arrumam, com ajuda de arbustos, para que se pareça com as partes genitais de uma mulher. Depois dançam a noite toda em torno desse buraco, mantendo as lanças diante de si, como um pênis em ereção. Enquanto dançam, jogam a lança no buraco e gritam "Pulli nira, pulli nira, wataka!" (Não é buraco, não é buraco, é b[oceta]!)[40]

O LIVRO NEGRO DA PSICANÁLISE

Jung supõe que os dançarinos convenciam-se, por autossugestão, de que o buraco era realmente uma vulva, ilusão mantida pelo fato de que não olhavam o verdadeiro sexo de uma mulher. O buraco, portanto, não é *signo* do aparelho genital feminino, mas *símbolo* de uma verdadeira terra-mulher que tem de ser fecundada. Mais tarde, Jung citará a cerimônia como exemplo do que chama de canalização ou direcionamento de uma energia psíquica não específica dirigida de tal modo de expressão que faz da fertilização da terra o verdadeiro objetivo.[41]

Em que a interpretação de Jung é diferente da de Freud? Acho que Freud teria interpretado esse ritual como exemplo de magia benéfica, sexualmente motivada, através da qual a fertilização da terra seria magicamente influenciada pelos simulacros de ato sexual, danças, lançamento de lanças e gritos.[42] Comportamento diretamente motivado pela pulsão sexual ou energia global canalizada ou dirigida através de uma atividade que evoca o sexo? Qual seria a diferença entre os dois?

Do mesmo modo, quem poderia escolher facilmente entre as explicações de Freud e de Jung sobre as consequências do recalque na esquizofrenia? Em seu estudo dos sintomas da paranoia de Daniel Schreber, Freud[43] declarou que Schreber recalcara a atração homossexual pelo psiquiatra retirando ou afastando de si a libido. Esse desejo, em seguida, tomou a forma de delírio no qual o psiquiatra sentia desejo sexual por ele. E a libido, já afastada da realidade exterior, levara-o a perder o contato com a realidade e a criar o seu próprio universo de fantasias sexuais. Jung bem via que, para Freud, o recalque/retirada da libido de Schreber é que levou à perda do senso de realidade. Então escreveu a Freud que essa perda não podia "ser reduzida ao recalque da libido" (definida como fome sexual) e declarou que tivera dificuldade "durante anos" para aplicar este aspecto teórico da libido à esquizofrenia.[44]

Na época, Jung não forneceu muitos detalhes sobre as bases do seu descontentamento. Depois observou que esse recalque da libido só explicava a perda do interesse erótico, não a de todo interesse em geral. Jung notou que o próprio Freud tinha levantado o problema de saber se era pela via única da energia libidinal que os indivíduos se ligavam ao mundo à sua volta ou se era pela energia do impulso instintivo do Eu — o "interesse" do instinto de conservação. Mas finalmente decidiu que os sintomas de Schreber eram

322

A PSICANÁLISE É UMA FERRAMENTA DE AUTOCONHECIMENTO?

principalmente, e talvez inteiramente, explicáveis pela retirada da libido.[45] Jung optou por uma explicação tirada de uma teoria que levava em conta as formas de energia que se teriam separado do original durante o seu desenvolvimento. Segundo ele, a energia psíquica é dedicada, a princípio, à satisfação das necessidades básicas, como a alimentação, antes de ser canalizada para várias atividades autônomas, como o sexo e a relação do indivíduo com a realidade, qualquer uma das duas suscetível de ser afetada pela regressão sem que a outra seja atingida.[46]

Quais fatos, clínicos ou não, permitiriam escolher uma das duas explicações? A mudança ulterior de Freud quanto à teoria do impulso instintivo, atribuindo o senso da realidade à energia do impulso instintivo do Eu, facilitou a sua decisão? A questão é logicamente idêntica à de Karl Abraham ao reconstruir um subestado sádico-oral infantil sem nada além dos sintomas do complexo oral dos seus pacientes esquizofrênicos. Ali, os processos de desenvolvimento que ele imaginava eram "dificilmente acessíveis à observação direta".[47]

Pode-se fazer a mesma indagação a respeito da escolha entre as diversas correntes da psicologia analítica de Jung, como as debatidas nos capítulos 9, 10 e 11 da compilação de Young-Eisendrath e Dawson. Todas se baseiam, principalmente, em interpretações diferentes, se bem que seja claro que algumas delas dizem respeito a preferências puramente pessoais, como a opção de Young-Eisendrath quanto à *anima* e ao *animus*.[48] Nem aí nem em outro lugar evocam-se indícios clínicos ou de observação para justificar a escolha.

Fatos clínicos I: Anna Freud e Melanie Klein

Interpretações diferentes de casos clínicos simples também tiveram papel importante no conflito que contrapôs Anna Freud e Melanie Klein quando da publicação de uma versão de teoria psicanalítica desta última. As diferenças de técnica também contribuíram para a discordância. Entre 1941 e 1945, a Sociedade Britânica de Psicanálise tornou-se palco de *Discussions of Scientific Controversies* sobre a maneira como Anna Freud e Melanie Klein viam a psicanálise da criança.[49] A divergência teórica básica era bastante clara: Sigmund Freud defendera que o supereu se formava a partir da resolução do

323

O LIVRO NEGRO DA PSICANÁLISE

complexo de Édipo, no final do estágio fálico do desenvolvimento (por volta dos 5 anos), postura que sua filha Anna também adotou, enquanto Melanie Klein colocou essa etapa nos 12 primeiros meses. Chegada à Grã-Bretanha em 1926, Melanie Klein baseou as suas análises de crianças e adultos na interpretação direta dos comportamentos. E passou a preconizar a transferência para ela mesma da hostilidade muito precoce do jovem paciente contra a mãe. Nessa época, em Viena, Anna Freud extraía a sua técnica da hipótese de que a criança não podia estabelecer relação de transferência, estando as interpretações, portanto, de acordo com esse limite. Anna Freud chegou à Grã-Bretanha em 1938 com a família depois de ter sido forçada pelos nazistas a exilar-se, e uma tensão cada vez maior logo se instalou entre os dois campos de discípulos. Em 1940, a discórdia chegou ao ponto máximo e a Sociedade Britânica de Psicanálise realizou uma série de debates destinada a resolver as diferenças.

Todos concordavam com a ideia de que as *Discussions* deveriam ter natureza científica, embora fosse evidente que as tensões refletissem principalmente desentendimentos existentes sobre a formação dos analistas.[50] Apesar da afirmação relativa à importância dos fatos e da objetividade, o mais espantoso nesses debates foi a ausência quase total de concordância sobre os fatos, sendo até os mais simples quase impossíveis de distinguir da interpretação. Um diálogo entre Anna Freud e Sylvia Payne constitui um bom exemplo. A filha de Freud achava que, durante o estágio narcísico e autoerótico dos seis primeiros meses de vida, a criança não considerava a mãe objeto: a criança tinha apenas "os rudimentos mais grosseiros da relação com o objeto". No contraexemplo, Sylvia Payne invocou a recusa da criança de ser alimentada com mamadeira por quem não fosse a mãe ou alimentada ao seio por uma ama. Segundo ela, a criança sabia muito bem a diferença entre os "objetos".[51]

Anna Freud concordava que havia uma diferença de comportamento, mas creditava-a à forma como a satisfação era oferecida, mais do que à diferença de "objeto". Foi assim que aconteceu o seguinte diálogo:

Dra. Payne: Parece-me que é apenas uma diferença de nível.

Anna Freud: Se observarmos com atenção, parece ser, por natureza, radicalmente diferente.

Dra. Payne: Mas eu também observei com atenção.

Dra. Glover: (...) as alterações do comportamento não significam que exista uma relação com o objeto propriamente dita.

Dra. Payne: Em estado embrionário, se preferir.

Anna Freud: Para mim, a diferença parece qualitativa e não quantitativa.[52]

A discussão terminou sem que se resolvesse esse problema factual relativamente simples.

Mas o debate reanimou-se quase de imediato com a discussão de uma questão mais complexa. Tratava-se de saber se havia fantasias durante o primeiro ano de vida e quais seriam os seus conteúdos. Glover resumiu assim um debate bem pouco conclusivo: "Há controvérsias sobre a questão da existência de fantasias durante os doze primeiros meses aproximadamente. Quanto às que ocorrem depois, a sua existência não é contestada. No entanto, a controvérsia se aplica ao conteúdo que lhes atribuímos."[53]

Em seguida às *Discussions,* poucos analistas que observavam crianças confirmaram as vias desenvolvimentistas construídas sobre a base das conclusões tiradas de observações clínicas de crianças ou de adultos. Por quê? Numa reavaliação das *Discussions,* Baudry[54] observou a falta de compreensão da maneira como os dados se relacionam com a teoria. Isso combina com o fracasso da história recente da psicanálise infantil clinicamente orientada: ela não conseguiu citar todos os fatos que poderiam esclarecer ou confirmar as teorias psicanalíticas modernas do desenvolvimento da criança.[55] As observações de Bowlby[56] sobre a psicanálise enquanto disciplina desenvolvimentista correspondem a esse insucesso: "em parte alguma a psicanálise é mais fraca" do que nos conceitos desenvolvimentistas, fraqueza que ele atribui ao fato de "pôr em evidência" a construção em relação à observação desenvolvimentista. Brody[57] atribui também aos analistas o fracasso da confirmação das teorias desenvolvimentistas, porque eles se baseiam em técnicas "verbais e associativas", ou seja, na associação livre. Um pouco mais tarde, as opiniões de Pine[58] e de Wolf, além dos debates com os colegas de Wolf, concordaram com esse ponto de vista, assim como uma avaliação mais recente de Westen que trata do desenvolvimento através da obra de Freud.[59]

Fatos clínicos II: Freud e a feminilidade

O que se pretende que seja observação clínica também está na origem de vários pontos de vista sobre a sexualidade feminina que surgiram nas décadas de 1920 e 1930. Em 1925, Freud apresentou a tese de que toda libido é masculina e que a mulher, em essência, é um homem que entra no complexo de Édipo do mesmo jeito que o homem e sai dele como homem castrado. Entretanto, esse "nascimento" é parcial, porque o seu supereu é frágil, a sua libido, descontrolada, a capacidade de sublimação, mais fraca que a do homem e a vida psicológica, dominada pelo desejo do pênis do qual está privada. As teses desenvolvimentistas de Freud causaram problemas junto a numerosos analistas e, antes do início da década de 1930, apesar da discordância sobre as origens e consequências dessas teorias, muitos relataram casos em que a menina mostrava pretensamente atitudes hostis para com a mãe antes de ter chegado à fase edipiana. O próprio Freud finalmente aprovou essa análise e atribuiu a hostilidade da menina à convicção de que fora a mãe quem a privara do pênis.[60]

No entanto, aí também a falta de concordância quanto aos fatos relativamente simples do comportamento feminino e das características psicológicas continua a ser o aspecto mais notável desse período de opiniões diversificadas.[61] Não existe, por exemplo, nenhum fato que comprove que as meninas se masturbem a não ser esfregando o clitóris ou que o supereu feminino seja mais ou menos rígido que o supereu masculino. Nem mesmo que as mulheres tenham senso moral menos elevado ou possuam capacidade de sublimação inferior à dos homens. As divergências são ainda mais numerosas hoje do que naquela época no caso de problemas mais complexos, como o ponto de partida do desenvolvimento e o processo de desenvolvimento propriamente dito. Não se propôs nenhuma solução desses problemas, nem mesmo pelos psicanalistas e simpatizantes que qualificam de "problemática" a teoria de Freud sobre a sexualidade feminina. Eles também acusam o ponto de vista masculino de ser a fonte da confusão das formulações originais, incluindo aí os psicanalistas que elogiaram a perspicácia clínica de Freud aplicada às mulheres. Mas é evidente que ninguém critica o seu método[62] nem observa que, desde o princípio, as teses originais de Freud não se basearam em fatos clínicos, mas na visão estereotipada das mulheres, e ele confia à psicanálise a missão de descascá-la. Dada essa meta final estereotipada, o ponto de partida "masculino" de Freud exigia praticamente um processo de desenvolvimento complicadíssimo, com o qual seria pouco provável que os analistas estivessem de acordo, sobretudo por ser a associação livre tão suscetível à influência do terapeuta.[63]

Fatos clínicos III: Freud e Édipo

Freud sempre descreveu o complexo de Édipo como núcleo das neuroses; eis a Bíblia que distinguia o verdadeiro analista do falso.[64] Como então Basch[65] pôde defender, diante de um magote de convidados da Sociedade Americana de Psicanálise que se inclinavam sobre a reavaliação do complexo de Édipo, que o seu papel, como princípio de base, "limitava [agora] o que se podia descobrir com a ajuda do método clínico da psicanálise"? Há um indicador numa das observações de Freud sobre o complexo de castração que dá fim ao complexo de Édipo do menino e o inicia na menina. Freud ironizava o desempenho dos virtuoses da "arte do esquecimento", os analistas que trabalharam "dezenas de anos" sem nunca encontrar o menor "sinal" da existência do complexo de castração.[66]

Teriam eles realmente passado ao largo do complexo de Édipo e do complexo de castração? Isso seria coerente com os recentes debates sobre o complexo caso as suas conjeturas teóricas impedissem que os dados edipianos fossem produzidos. Segundo Simon,[67] a teoria do complexo de Édipo sensibilizava o analista e gerava tamanha possibilidade tendenciosa de escuta que tornava extremamente difícil a questão de saber como os dados clínicos poderiam confirmar a teoria. E ele se mantém muito pessimista quanto ao fato de que sejam confirmadas um dia. Basch também perguntou se não estava na hora de fazer as teorias psicanalíticas do complexo de Édipo se adequarem à "experiência clínica atual". Quase todas as críticas e reservas feitas durante esse debate de especialistas foram aprofundadas seis anos mais tarde por Simon.[68] Depois de ressaltar o problema da definição do complexo de Édipo, Simon nota a dificuldade epistemológica decorrente da interação das expectativas teóricas com as observações clínicas. Isso torna "difícil, até mesmo impossível, especificar o que constitui os dados para saber se o complexo de Édipo é ou não central".[69]

Fatos clínicos IV: Freud contra Rank e Ferenczi

O conflito que opôs Freud e Rank a respeito da tese deste último sobre o trauma do nascimento constitui talvez *o caso mais claro* do modo como os fatos reunidos com a associação livre são gerados pelas diferenças de técnica e orientação teórica. Rank e Ferenczi tinham decidido tentar a "experiência" de limitar a duração dos seus tratamentos. Num momento específico da transferência, algum deles anunciava ao paciente quanto tempo ainda lhe restava para melhorar. Conforme a data limite se aproximava, Rank observou que os pacientes repetiam "o próprio nascimento, na maior parte bem fielmente, com todos os detalhes", e a cura então chegava.[70] Ao utilizar essa mesma técnica de limitar a duração, Ferenczi fez as mesmas observações e obteve resultados terapêuticos semelhantes.[71]

Parece que Freud nunca teve pacientes que se recordassem do nascimento e as suas críticas às teses de Rank não se inspiram em nenhuma prova clínica.[72] Segundo ele, essas reminiscências eram fantasias, o que Ferenczi, por sua vez, acabou concluindo.[73] Como poderíamos escolher entre essas duas conclusões de origem clínica? A sugestão aí se imiscuíra? Rank sustentava que fora levado às suas conclusões pela "técnica de associação [livre] e de interpretação de Freud".[74] Por outro lado, quando Glover levanta a questão do papel da sugestão na terapia, ressalta "a rapidez com que alguns analistas foram capazes de descobrir 'traumas do nascimento' em todos os seus pacientes algum tempo depois da publicação do livro de Rank [...] e antes que caísse oficialmente no esquecimento".[75] As críticas de Freud assinalaram a sua ruína.

Conclusão...

Pelo menos até época bem recente, nem os defensores da psicanálise freudiana nem os seus críticos psicanalíticos puseram em questão a objetividade do método. Todos pensavam que ela estabelecia alguns fatos básicos de maneira razoavelmente sólida. Os raros analistas que tinham dúvidas não questionaram o método e nunca procuraram saber se era ele que criava os seus dados.[76] Além disso, todos afirmaram poder controlar cuidadosamente o nível de sugestão passível de se imiscuir, mas nenhuma dessas afirmações era confirmada por provas.[77]

Se, desde o princípio, o conhecimento da psicanálise foi colocado à disposição dos pacientes ou clientes para levá-los a encontrar um sentido na vida, a questão de saber se o que eles descobrem é verdadeiro não é pertinente. Até os sistemas de crenças mais estranhos dão esse gênero de satisfação a algumas pessoas em determinados momentos. Mas se a psicanálise é uma psicologia geral cujo primeiro objetivo é responder às grandes questões do comportamento e da sua evolução e que pode até, eventualmente, nos permitir influenciar de modo positivo essa evolução, então a questão de saber se é verdadeiro ou falso o que ela nos diz é muito mais importante.

Nesse aspecto, a confirmação da psicanálise por meio de critérios exteriores, como destacou Cioffi[78] de maneira tão convincente, daria fim definitivo aos debates sobre a validade da associação livre, da interpretação e da construção. Entretanto, mesmo onde isso seria possível a maior parte dos psicanalistas não busca esse tipo de confirmação. Em consequência, sem referentes externos, não somente a utilidade da psicanálise permanecerá limitada como os efeitos da sugestão e do indeterminismo na coleta e na interpretação de dados clínicos continuarão. É exatamente porque a psicanálise não tem regras para a interpretação e a construção — o que lhe dá encanto — que um amador pode fazer interpretações tão convincentes quanto as de um profissional.[79] A presença de referentes externos continua a ser o único elemento capaz de transformar a montagem de conhecimentos psicanalíticos numa coisa intelectualmente interessante, talvez até de importância prática. Sem essa intervenção, continuará a ser o que é hoje, um jogo de salão no qual (quase) todo mundo ganha e obtém recompensas pelas suas histórias.

Notas

1. Texto traduzido do inglês (Austrália) para o francês por Agnès Fonbonne e publicado originalmente em M. C. Chung e C. Feltham (orgs.), *Psychoanalytic Knowledge and the Nature of Mind*, Londres, Palgrave, 2003.
2. S. Freud, "Constructions in analysis" (1937), *Standard Edition*, 23, Londres, Hogarth Press, 1964a, p. 258.
3. S. Freud, "Five lectures on psycho-analysis" (1910), *Standard Edition*, 11, p. 9-55, Londres, Hogarth Press, 1957a, p. 29; "Introductory lectures on psycho-analysis", *Standard Edition* (1916-1917), 15-16, p. 1-496, Londres, Hogarth Press, 1963, p. 47.
4. S. Freud, "An autobiographical study" (1925), *Standard Edition*, 20, p. 7-74, Londres, Hogarth Press, 1959, p. 40.
5. S. Freud, "On dreams" (1901), *Standard Edition*, 5, p. 633-86, Londres, Hogarth Press, 1958, p. 635-6.
6. S. Freud, "An outline of psycho-analysis" (1940), *Standard Edition*, 23, p. 144-207, Londres, Hogarth Press, 1964, p. 196-7.
7. S. Freud, "Some elementary lessons in psycho-analysis" (1940), *Standard Edition*, 23, p. 279-86, Londres, Hogarth Press, 1964b, p. 286.
8. J. Breuer e S. Freud (1895), "Studies on hysteria", *Standard Edition*, 2, p. 19-305, Londres, Hogarth Press, 1955, p. 295.
9. S. Freud, "An autobiographical study", *op. cit.*, p. 41.
10. S. Freud, "Constructions in analysis", *op. cit.*, p. 262.
11. S. Freud, "An outline of psycho-analysis", *op. cit.*, p. 197.
12. M. Macmillan, *Freud Evaluated: The Completed Arc*, Cambridge, MA: MIT Press, 1997, p. 107-9.
13. *Ibidem*, p. 37-47; 64-8.
14. *Ibidem*, p. 100-5.
15. *Ibidem*, p. 106-7.

A PSICANÁLISE É UMA FERRAMENTA DE AUTOCONHECIMENTO?

16. *Ibidem*, p. 55-62, 208-10, 218-22, 284-5.

17. J. S. Bailly (org.), "Rapport des Commissaires chargés par le Roy de l'examen du magnétisme animal", Paris, Imprimerie Royale, 1784; M. M. Tinterow, *Foundations of Hypnosis: From Mesmer to Freud*, Springfield, Illinois, Thomas, p. 82-128, trad. 1785, repub. 1970, p. 126.

18. J. Breuer e S. Freud, "On the psychical mechanism of hysterical phenomena: Preliminary communication" (1893), *Standard Edition*, 2, p. 3-17, Londres, Hogarth Press, 1955, p. 7.

19. S. Collins, "Freud and The riddle of suggestion", *International Review of Psycho-Analysis*, 7, 1980, p. 429-37.

20. M. Macmillan, *op. cit.*, 1997, p. 575, 622, 654; M. Macmillan, "Partisan Reviewing", disponível em http://www.hbs.deakin.edu.au/psychology/reviewing, 1999. M. Macmillan, "[Author's response] The reliability and validity of Freud's methods of free association and interpretation", *Psychological Inquiry*, 12, 2001a, p. 167-75 ; M. Macmillan, "[Target article] Limitations to free association and interpretation", *Psychological Inquiry*, 12, 2001b, p. 113-28.

21. S. Freud, "Constructions in analysis", *op. cit.*, p. 261.

22. J. Breuer e S. Freud, "Studies on hysteria" (1895), *op. cit.*, p. 129.

23. S. Freud, "The claims of psycho-analysis to scientific interest" (1913), *Standard Edition*, 13, p. 165-90, Londres, Hogarth Press, 1953, p. 177.

24. S. Freud, "Introductory lectures on psycho-analysis", *op. cit.*, p. 229-32.

25. M. Macmillan, *op. cit.*, 1997, p. 256-63, 278-80, 575, 659-63, sobre pesquisas específicas e exemplos.

26. Ver os estudos sobre a transferência de L. Luborsky e P. Crits-Christoph, *Understanding Transference: The Core Conflictful Relationship Method*, 2ª ed., Washington, American Psychological Association, 1998; M. S. Berk e S. M. Andersen, "The impact of past relationships on interpersonal behavior: Behavioral confirmation in the social-cognitive process of transference", *Journal of Personality and Social Psychology*, 79, 2000, p. 546-62.

27. S. Freud, *The Aetiology of Hysteria* (1896), *Standard Edition*, 3, p. 191-221, Londres, Hogarth Press, 1962, p. 192; "The claims of psycho-analysis to scientific interest", *op. cit.*, p. 177; "Constructions in analysis", (1937), *op. cit.*, p. 259-60.

28. D. Foulkes, *A Grammar of Dreams*, Nova York, Basic Books, 1978, p. 45; D. P. Spence, "When interpretation masquerades as explanation", *Journal of the American Psychoanalytic Association*, 34, 1986, p. 3-22. Ver também F. Weiss, "Me-

O LIVRO NEGRO DA PSICANÁLISE

aning and dream interpretation", em R. Wollheim (org.), *Freud: A Collection of Critical Essays*, Nova York, Doubleday/Anchor, 1974, p. 53-69.

29. S. Timpanaro, *The Freudian Slip: Psychoanalysis and Textual Criticism*, trad. K. Soper, Londres, NLB, 1974, 1976.

30. S. Freud, "Constructions in analysis", *op. cit.*, 1964, p. 261.

31. As duas construções diferentes vêm do caso publicado e das notas originais, "Notes upon a case of obsessional neurosis" (1909), *Standard Edition*, 10, p. 155-318, Londres, Hogarth Press, 1955, p. 205, 263-5. Ver também F. Cioffi, *Psychoanalysis, Pseudo-Science, and Testability*, em G. Currie e A. Musgrave (orgs.), *Popper and the Human Sciences*, Dordrecht, Nijhoff, 1985, p. 13-44; A. Esterson, *A Seductive Mirage: An Exploration of the Work of Sigmund Freud*, Chicago, Illinois, Open Court, 1993, p. 62-7.

32. Os argumentos da conferência de Cioffi de 1961 estão atualmente em F. Cioffi, *Freud and the Question of Pseudo-Science*, Chicago, Illinois, Open Court, 1998, p. 1-92 e p. 281-2, 292-5.

33. D. P. Spence, *Narrative Truth and Historical Truth: Meaning and Interpretation in Psychoanalysis*, Nova York, Norton, 1980; "Narrative truth and theoretical truth", *Psychoanalytic Quarterly*, 51, p. 43-69, 1982.

34. S. Freud, "Leonardo da Vinci and a memory of his childhood" (1910), *Standard Edition*, 11, Londres, Hogarth Press, 1957b, p. 63-137; B. Farrell, "Introduction to S. Freud's *Leonardo da Vinci and a memory of his childhood*", Harmondsworth, Middlesex, Penguin Books, 1963; ver também M. Macmillan, *op. cit.*, 1997, p. 582-3.

35. S. Freud, "The Moses of Michelangelo" (1914), *Standard Edition*, 13, p. 211-36, Londres, Hogarth Press, 1953; "Postscript to The Moses of Michelangelo" (1927), *Standard Edition*, 13, Londres, Hogarth Press, 1953, p. 237-8.

36. Êxodo, 31-32, vs. 33-34.

37. M. S. Bergmann, "Moses and the evolution of Freud's Jewish identity", em M. Ostow (org.), *Judaism and Psychoanalysis*, Nova York, Ktav Publishing, 1976, p. 112-42.

38. Êxodo, 33-34. Provavelmente Michelângelo representou Moisés com chifres porque, na tradução latina do Êxodo feita por São Jerônimo (a partir do hebraico), assim ele foi glorificado. A interpretação de São Jerônimo não está necessariamente errada, como às vezes se diz. Anos antes, Aquila fizera a mesma opção na sua tradução para o grego, e Jerônimo e ele eram conhecidos, pela sua obra, como especialistas em hebraico. Mas o hebraico é tão peculiar e ambíguo que não há nenhuma

A PSICANÁLISE É UMA FERRAMENTA DE AUTOCONHECIMENTO?

certeza sobre o sentido literal das frases hebraicas e menos ainda na sua tradução. J. Bowker, *The Targums and Rabbinic Literature: An Introduction to Jewish Interpretations of Scripture*, Cambridge, Cambridge University Press, 1969, 1979; R. Mellinkoff, *The Horned Moses in Medieval Art and Thought*, Berkeley, Califórnia, University of California Press, 1970; W. H. Propp, "The skin of Moses face — Transfigured or disfigured?", *Catholic Biblical Quarterly*, 49, 1987, p. 375-86 ; M. Macmillan e P. J. Swales, "Observations from the refuse-heap: Freud, Michelangelo's Moses, and psychoanalysis", *American Imago*, 60, 2003, p. 41-104.

39. M. Macmillan e P. J. Swales, *op. cit.*

40. Hoje em dia a transliteração seria "buli-nyidá, buli-nyidá, vardagá!".

41. C. G. Jung, "On psychic energy" (1928), em W. McGuire (org.), trad. R. F. C. Hull, *The Collected Works of Carl Gustav Jung*, 2ª ed., 8, Londres, Routledge e P. Kegan, p. 3-66, 1969, p. 42-3.

42. S. Freud, "Totem and Taboo" (1912), *Standard Edition*, 13, p. 1-161, Londres, Hogarth Press, p. 79-81.

43. S. Freud, "Psycho-analytic notes on a case of paranoia (Dementia paranoides)" (1911), *Standard Edition*, 12, Londres, Hogarth Press, 1958, p. 9-82.

44. W. McGuire (org.), "The Freud/Jung letters: The correspondence between Sigmund Freud and C. G. Jung" (cartas 282J de 14 de nov. de 1911 e 287J de 11 de dez. de 1911), Princeton, Nova Jersey, Princeton University Press, 1974.

45. S. Freud, "Psycho-analytic notes on a case of paranoia (Dementia paranoides)", *op. cit.*, p. 74.

46. C. G. Jung, "Symbols of transformation: Two" (1952), em McGuire (org.), trad. R. F. C. Hull, *op. cit.*, p. 132-7; "The theory of psychoanalysis" (1955), *op. cit.*, 4, p. 83-226, 1970, p. 119-22.

47. K. Abraham, "The first pregenital stage of the libido" em K. Abraham (1916), *Selected Papers on Psycho-Analysis*, p. 248-9, Londres, Hogarth Press, 1927. Ver também M. MacMillan, *op. cit.*, 1997, p. 339-52, 357-8, 529-31.

48. P. Young-Eisendrath e T. Dawson, *The Cambridge Companion to Jung*, Cambridge, Cambridge University Press, 1997.

49. P. King e R. Steiner (orgs.), *The Freud-Klein Controversies 1941-1945*, Londres, Tavistock, 1991.

50. *Ibidem*, p. 87-9, 90, 99-100, 216, 925-6.

51. *Ibidem*, p. 417-25, 434-5. Nota da tradutora francesa: a palavra "objeto" designa pessoas.

52. *Ibidem*, p. 435-6.

O LIVRO NEGRO DA PSICANÁLISE

53. *Ibidem*, p. 437-8.

54. F. Baudry, "Revisiting the Freud-Klein controversies fifty years later", *International Journal of Psycho-Analysis*, 75, 1994, p. 367-74.

55. C. Geissmann e P. Geissmann, *A History of Child Psychoanalysis* (1992), Londres, Routledge, 1998.

56. J. Bowlby, "Psychoanalysis as a natural science", *International Review of Psycho-Analysis*, 8, 1981, p. 243-56.

57. S. Brody, "Psychoanalytic theories of infant development and its disturbances: A critical evaluation", *Psychoanalytic Quarterly*, 51, 1982, p. 526-97.

58. F. Pine, *Developmental Theory and Clinical Process*, New Haven, Connecticut: Yale University Press, 1985.

59. D. Westen, "The scientific legacy of Sigmund Freud", Psychological Bulletin, 124, 1998, p. 333-71. M. Macmillan, "[Author's response] The reliability and validity of Freud's methods of free association and interpretation", *op. cit.*; "[Target article] Limitations to free association and interpretation", *op. cit.*; J. Weinberger e D. Westen, "[Commentary on Macmillan 2001a] Science and psychodynamics: From arguments about Freud to data", *Psychological Inquiry*, 12, 2001b, p. 129-32.

60. M. Macmillan, *op. cit.*, p. 504-5.

61. Ilustrado, recentemente, por R. Grigg, D. Hecq e C. Smith, *Female Sexuality: The Early Psychoanalytic Controversies*, Nova York, Other Press, 1999.

62. N. Chodorow, "Freud on women", em J. Neu (org.), *The Cambridge Companion to Freud*, Cambridge, Cambridge University Press, 1991, p. 224-48.

63. M. Macmillan, *Freud Evaluated: The Completed Arc*, *op. cit.*, p. 504-8; 531-533. Ver também H. Nagera, "The four-to-six-years stage", em S. I. Greenspan e G. H. Pollack (orgs.), *The Course of Life, Middle and Late Childhood*, III, Madison, Connecticut: International Universities Press, 1991, p. 1-11; B. Simon, "Is the Oedipus complex still the cornerstone of psychoanalysis? Three obstacles to answering the question", *Journal of the American Psychoanalytic Association*, 39, 1991, p. 641-68; A. Green, "Has sexuality anything to do with psychoanalysis?", *International Journal of Psycho-Analysis*, 76, 1996, p. 397-411.

64. S. Freud, "Introductory lectures on psycho-analysis" (1916-1917), *op. cit.*, p. 337.

65. A. H. Modell e M. H. Sacks, "The Oedipus complex: A reevaluation", *Journal of the American Psychoanalytic Association*, 33, 1985, p. 201-16.

66. S. Freud, "Some psychical consequences of the anatomical distinction between the sexes" (1925), *Standard Edition*, Freud, 19, p. 248-58, Londres, Hogarth Press, 1961, p. 253, nota 4.

A PSICANÁLISE É UMA FERRAMENTA DE AUTOCONHECIMENTO?

67. Modell and Sacks, *op. cit.*

68. B. Simon, *op. cit.*

69. B. Simon e R. B. Blass, "The development and vicissitudes of Freud's ideas on the Oedipus complex", em J. Neu, *op. cit.*, p. 161-74.

70. O. Rank, *The Trauma of Birth* (1924), Nova York, Harper Torchbooks, 1973, p. 5; *Review of Inhibitions, Symptoms and Anxiety, Mental Hygiene*, 11, 1927, p. 181-8.

71. S. Ferenczi, "Contra-indications to the 'active' psycho-analytical technique" (1925), em S. Ferenczi, *Further Contributions to the Theory and Technique of Psycho-Analysis*, 2ª ed., Nova York, Brunner/Mazel, 1980a, p. 217-30. S. Ferenczi, "Psycho-analysis of sexual habits" (1925), em S. Ferenczi, *Further Contributions to the Theory and Technique of Psycho-Analysis*, *op. cit.*, p. 259-97.

72. S. Freud, "Inhibitions, symptoms and anxiety" (1926), *Standard Edition*, 20, p. 87-172, Londres, Hogarth Press, 1959.

73. S. Ferenczi, "Present-day problems in psycho-analysis", *Archives of Psycho-Analysis*, 1, 1927, p. 522-30; "Gulliver fantaisies", *International Journal of Psycho-Analysis*, 9, 1928, p. 283-300.

74. O. Rank, *op. cit.*, p. 214.

75. E. Glover, "The therapeutic effect of inexact interpretation: A contribution to the theory of suggestion", *International Journal of Psycho-Analysis*, 12, 1931, p. 397-411. P. King e R. Steiner, *op. cit.*, p. 855.

76. C. Brenner, "Psychoanalysis and science", *Journal of the American Psychoanalytic Association*, 16, 1968, p. 675-96 ; J. A. Arlow e C. Brenner, "The future of psychoanalysis", *Psychoanalytic Quarterly*, 57, 1988, p. 1-14; ver também M. Macmillan, *op. cit.*, 1997, p. 624-6, 659-63.

77. R. R. Holt, "[Review of] Freud Evaluated : The Completed Arc", *Psychoanalytic Books*, 8, 1997, p. 397-410 ; "The literary critics take on Freud: An assessment of their critiques", *in* R. M. Prince (org.), *The Death of Psychoanalysis: Murder? Suicide? or Rumor Greatly Exaggerated?*, Northvale, Nova Jersey: Jason Aronson, 1999, p. 265-304; M. Macmillan, "Letter to the Editor", *Psychoanalytic Books*, 9, 1998, p. 133-9.

78. F. Cioffi, "[Commentary on Macmillan 2001b] The rationale for psychoanalytic interpretation", *Psychological Inquiry*, 12, 2001, p. 161-6.

79. M. Macmillan, *op. cit.*, 1997, p. 618-9.

4. Como a psicanálise se vacinou contra a crítica

Como pôr à prova uma teoria que, toda vez que seus erros, fraquezas ou impasses lhe são apontados, refugia-se nos recônditos inacessíveis do inconsciente? Diante das críticas de psiquiatras e psicólogos científicos que contestam a sua eficácia, diante dos questionamentos dos epistemólogos que duvidam da sua validade e dos historiadores que denunciam as suas mentiras, os freudianos elaboraram um arsenal sofisticado que lhes permite neutralizar a crítica (contestar a psicanálise seria por si só um sintoma), responder a ela ou ainda lançar em descrédito os seus detratores.

O inconsciente é uma arma formidável que funciona como processo imunológico, destruindo toda e qualquer objeção que ameace o sistema.

Assim, é provável que alguns freudianos condenem este livro por revelar a "resistência" e, portanto, a neurose dos autores que se recusam a aceitar as "revelações" freudianas.

OS MECANISMOS DE DEFESA DOS FREUDIANOS

Jacques Van Rillaer

Freud sempre se sentiu perseguido ou, pelo menos, sempre teve o sentimento de não ser valorizado à altura do que merecia, mesmo quando as suas ideias se difundiram num ritmo impressionante.[1] Desde os primórdios da psicanálise, pôs em funcionamento um sistema de defesa muito engenhoso e eficaz mas que apresenta, para os especialistas, numerosas falhas. Passaremos em revista as principais estratégias defensivas da psicanálise, a começar pelas mais antigas. Examinaremos em seguida os argumentos dos seus discípulos e terminaremos com a última descoberta, a estratégia política dos lacanianos franceses.

"Sermos tão criticados é a prova de que é verdade o que dizemos"

Em 1895, em suas conferências e artigos, Freud afirma que a fonte de *todos* os problemas neuróticos (histeria, obsessões, "neurose de angústia") e de *todas* as neurastenias (mais ou menos equivalentes ao que hoje chamamos de "depressões") está *sempre* na vida sexual. Colegas seus criticam essas generalizações: Krafft-Ebing, o famoso sexólogo, alega que o fator sexual tem, *com certeza, um grande papel* nos problemas mentais, mas que não se pode generalizar para *todos* os casos; Holländer diz também que a sexualidade é *importantíssima*, mas que outros fatores podem estar em jogo, como o excesso de trabalho nos casos de neurastenia.

Freud responde ter observado que a sexualidade era "o" fator essencial *"em todos os casos, sem exceção"*.[2] As críticas dos seus colegas, totalmente justificadas, não o levam de modo algum a relativizar a sua afirmação. Ele se sente "atacado" e *deduz daí* que tem razão. Escreve ao seu confidente Wilhelm Fliess: "A hostilidade que me demonstram e o meu isolamento poderiam fazer supor que descobri as maiores verdades."[3]

Durante toda a sua carreira, Freud repetirá que quando se tem a verdade se é mais atacado e que, quando se cometem erros, se é menos criticado. Eis uma amostra dessa argumentação:

> Em 1907: "A cada nova experiência de zombaria a nosso respeito, cresce a minha certeza de que temos nas mãos algo grandioso."[4]
> Em 1915: "Considero *Luto e melancolia* a melhor e mais útil contribuição de toda a série; espero, portanto, que seja a mais violentamente rejeitada."[5]
> Em 1932: "Eu teria sido muito mais bem tratado se as minhas teorias contivessem uma percentagem bem maior de erros e absurdos."[6]

Não é preciso ser epistemólogo para entender que nem o sucesso de uma teoria nem a resistência por ela provocada são, por si sós, provas de validade ou de erro. Ainda assim, o argumento da "resistência à verdade" tornouse a principal defesa de Freud e seus discípulos. Três temas explicariam a rejeição da psicanálise: o inconsciente, a sexualidade e o determinismo. Na realidade, foi o modo específico como Freud os tratou que suscitou as críticas, em geral justificadas.

"Resistir à psicanálise é resistir ao inconsciente"

Freud apresentava-se como ponto culminante de revoluções intelectuais que vão de Copérnico a ele, passando por Darwin. Ele explica que é autor do terceiro maior atentado contra a megalomania do gênero humano. Copérnico, ao demonstrar que a Terra não é o centro do universo, infligiu a "vexação cosmológica". Darwin, que situa o homem na linhagem animal, o fez sofrer a "humilhação biológica". E ele mesmo, Freud, infligira à humanidade "a mais sensível" das feridas narcísicas: a "vexação psicológica". "A aversão e as resistências" das quais a psicanálise é alvo resultariam, em essência, do fato de que ela revelou que "o eu não é senhor de sua própria casa", e mais exatamente que "a vida pulsional da sexualidade não será em nós inteiramente domada e que os processos psíquicos são em si inconscientes".[7]

Várias contribuições a esta obra mostram que Freud não é o descobridor do inconsciente. Desde há uns trezentos anos, os filósofos e depois os psicólogos admitiram que nossos comportamentos, a todo instante, fazem parte de processos sobre os quais não refletimos ou cuja existência ignoramos. Entre as "resistências" ao inconsciente *de Freud*, algumas são totalmente justificadas. Como dizia o filósofo Alain, "não há inconveniente em empregar correntemente a palavra inconsciente", mas há erros a evitar: "O mais grave desses erros é crer que o inconsciente é um outro Eu; um Eu que tem os seus preconceitos, paixões e truques."[8] É exatamente o erro do austríaco famoso.[9]

"Resistir à psicanálise é recalcar a sexualidade"

A psicanálise seria objeto de ataques estúpidos ou mal-intencionados porque mostra a importância da sexualidade.

Lembremos que Freud não é o primeiro a destacar essa importância. Ele mesmo escreve, num dos primeiros artigos em que afirma o papel primordial do fator sexual em todas as neuroses: "Essa doutrina não é inteiramente nova; deu-se certa importância ao fator sexual na etiologia das neuroses em todas as épocas e todos os autores."[10]

Henri Ellenberger mostrou muito bem que na época de Freud havia muito interesse pelos problemas sexuais. A maior parte das resenhas de *Três ensaios sobre a teoria da sexualidade* (1905) foi positiva, o que se explica pelo

O LIVRO NEGRO DA PSICANÁLISE

fato de que o conteúdo não tinha nada de muito revolucionário![11] Até psica-nalistas honestos e bem informados admitiram essa realidade.[12]

A maioria das críticas feitas a Freud a respeito da sexualidade recaem sobre o fato de que, segundo ele, a sexualidade é "a" chave de *toda* psico-patologia, mas também de *todos* os fenômenos psicológicos normais (desde os sonhos até os lapsos, passando pelas obras de arte) e das instituições so-ciais. As críticas não são todas de indivíduos pudibundos nem de recalcados sexuais. Algumas vêm de psicólogos e sexólogos que têm vivo interesse na sexualidade e falam dela sem nenhuma vergonha.[13]

Por outro lado, é incontestável que a insistência de Freud na sexualida-de suscitou, em muita gente, uma atração considerável pelas suas teorias. O próprio Freud disse a Binswanger: "Sempre pensei que se lançariam imedia-tamente sobre a minha doutrina os porcos e os especuladores."[14] Sem a in-sistência na sexualidade, a psicanálise, sem dúvida, teria obtido bem menos sucesso. O prazer sexual é um dos mais intensos que existem. Interessa à grande maioria das pessoas, da infância à idade avançada.

"Os que criticam a psicanálise recusam a ideia do determinismo"

Freud afirma que "o psicanalista distingue-se pela crença especialmente ri-gorosa no determinismo da vida da alma".[15] Esta seria uma das principais fontes da rejeição à psicanálise.

> Dois obstáculos se opõem ao reconhecimento dos avanços do pensamento psicanalítico: primeiro, não ter o hábito de contar com o determinismo, ri-goroso e válido sem exceção, da vida anímica; em segundo lugar, não conhe-cer as particularidades pelas quais os processos anímicos inconscientes se diferenciam dos processos conscientes que nos são familiares.[16]

O postulado de que todo fenômeno procede de uma ou várias causas não choca, muito pelo contrário, os cientistas, para quem toda explicação visa a determinar as condições do surgimento dos fenômenos. Em maté-

342

COMO A PSICANÁLISE SE VACINOU CONTRA A CRÍTICA

ria de psicologia, o conhecimento de leis empíricas (relações de concomitância ou de causa e efeito) amplia as nossas possibilidades de escolha e facilita a gestão dos nossos próprios processos psicológicos, com vistas a atingir os objetivos que escolhemos. Todo cientista, psicólogo ou não, é de certa maneira *determinista*.

A versão *freudiana* do determinismo é criticável porque desemboca sempre nos mesmos determinantes (a sexualidade e o esquema familiar[17]) e porque supõe um inconsciente que elabora conteúdos complicadíssimos à revelia da pessoa que será o seu palco. Explicitemos este último ponto com um exemplo.[18]

Freud escreve que, depois de terminar o seu livro sobre os sonhos, disse a um amigo que não mudaria nada, "ainda que contenha 2.467 erros". Segundo Freud, "o inconsciente se apressou a determinar esse número que foi liberado pela consciência". E apresenta uma página de cálculos complicados em que questiona, entre outras coisas, um general reformado, encontrado em 1882, quando Freud tinha 24 anos. Como agora tem 43, o inconsciente *deve ter pensado* em 67, *já que* corresponde a 24 + 43. O número completo — 2.467, composto dos dois anteriores, 24 + 67 — significaria que, "no seu inconsciente", Freud se encontra ainda 24 anos antes da aposentadoria. Conclusão da "reconstrução": "Pode-se dizer com razão que até o número 2.467, lançado sem refletir, encontra a sua determinação no inconsciente."

O mínimo que se pode dizer é que a conclusão do jogo das associações deveria permanecer como hipótese. Ora, Freud e seus discípulos não exprimem nenhuma dúvida. Lacan escreve, sobre o tema da interpretação de números lançados ao acaso:

Para aquele que não aprofundou a natureza da linguagem, a experiência de associação de números poderá mostrar diretamente o que é essencial perceber aqui, a saber, a potência combinatória que organiza as ambiguidades, e para aí reconhecer o impulso próprio do inconsciente. Com efeito, se os números obtidos pela clivagem da sequência de algarismos do número escolhido, com o seu casamento em todas as operações da aritmética, ou mesmo com a divisão repetida do número original por um dos divisores, os números resultantes se revelam, dentre todos, simbolizantes na própria história do sujeito, o que já era latente na escolha da qual partiram.[19]

Os psicanalistas cometem o "erro do homúnculo"[20]: postulam um ser dentro de nós que, sem que nada saibamos dele, tem os seus desejos, desenvolve as suas próprias intenções, pensa coisas complicadíssimas e faz operações matemáticas.

Por outro lado, a concepção do determinismo ao estilo de Freud chega a ser um *pessimismo quanto à terapia e à gestão de si mesmo*. Somente os raros privilegiados capazes de pagar a longa cura freudiana viriam a tornar-se clarividentes quanto aos mecanismos do inconsciente e poderiam libertar-se dos automatismos alienantes.

É sem dúvida para mascarar essa fonte *legítima* de crítica à psicanálise que alguns freudianos dão hoje uma versão "libertadora" da doutrina. No jargão de Elisabeth Roudinesco, ela se torna: "O sujeito freudiano é um sujeito livre, dotado de razão, mas cuja razão vacila no interior de si mesma. (...) Freud fez da sexualidade e do inconsciente o fundamento da experiência subjetiva da liberadade."[21]

"O nosso avanço é confirmado pelo que observamos clinicamente"

Os pontos de partida das pesquisas científicas são os mais variados: uma observação fortuita, um acontecimento inexplicável, um sofrimento pessoal, uma polêmica... Na psicologia, a prática clínica é uma das principais fontes de hipóteses. Todavia raramente a psicoterapia basta para determinar conhecimentos confiáveis. Bem mais que a experimentação, está sujeita a numerosos erros e ilusões. Os pacientes são irremediavelmente influenciados pelo contexto em que falam e, mais ainda, pela teoria do terapeuta.[22] Para produzir teorias psicológicas sólidas, é necessário formular hipóteses de maneira operacional e refutável e realizar, em seguida, *numerosas observações concretas e minuciosas*, levando em conta *as regras da metodologia científica*.

Freud, Adler, Stekel, Jung, Rank, Reich, Ferenczi e outros eram, antes de tudo, clínicos. Todos construíram teorias que se contradizem mutuamente. Somente a pesquisa científica permite manter, entre as hipóteses, aquelas que mais se aproximam da realidade.

Até onde sei, Freud só escreveu uma vez que a pesquisa científica pode confirmar ou refutar uma teoria psicanalítica: quando Rank publicou um livro em que afirma que o trauma do nascimento é o acontecimento mais importante da vida inteira. Ele escreve então a Ferenczi:

> Seria preciso exigir imediatamente, antes de qualquer aplicação extensa, a prova estatística de que os recém-nascidos, ou os bebês nascidos com dificuldade, em estado de asfixia, manifestam em média, na sua infância, disposição maior à neurose ou, pelo menos, à produção de angústia. A observação de crianças nascidas de cesariana, portanto com um trauma do parto rápido e fraco, deveria também ser levada em conta, de maneira positiva ou negativa. No lugar de Rank, eu não teria publicado a teoria antes de realizar essa pesquisa.[23]

Não tendo havido essa prova pelos fatos, Freud e seus fiéis lugares-tenentes vão utilizar, com o dissidente, as duas estratégias clássicas da psicanálise para responder a todas as objeções ou para "refutar" as teorias que discordam da doutrina estabelecida: a ausência (ou insuficiência) de análise didática e a psiquiatrização.

"Quem critica a psicanálise é porque não foi (ou foi mal) psicanalisado"

Em 1914, Freud escreveu que Rank é "o seu colaborador mais fiel" e manifesta "compreensão extraordinária da psicanálise".[24] Em 8 de abril de 1923, escreve ainda a Abraham: "Fico muito honrado ao me convencer de que os meus paladinos, ou seja, o senhor, Ferenczi e Rank, abordam sempre, em suas obras, coisas fundamentais." Infelizmente, no ano seguinte Rank publica a sua própria versão da psicanálise. Freud lhe diz que não teria escrito O *trauma do nascimento* se tivesse sido psicanalisado. Rank responde: "Em

O LIVRO NEGRO DA PSICANÁLISE

todo caso, depois de todos os resultados que já vi entre os analistas analisados, só posso chamar isso de acaso."[25] Freud fica furioso e exclama: "Eis quem ultrapassa tudo."[26] Ferenczi, nessa época ainda amigo de Rank, escreve ao mestre: "O que não posso aprovar de jeito nenhum é a afirmação de Rank sobre as vantagens de não ser analisado. Essa frase contradiz *toda* a psicanálise e, se for aceita, reduzi-la-á a um tipo de *adivinhação* poética."[27]

Entre os primeiros psicanalistas, vários — como o fiel Abraham — não tinham sido analisados, enquanto outros — Stekel, Ferenczi — foram-no *por algumas horas*. Jones escreveu que foi "o primeiro psicanalista a se fazer analisar".[28] A publicação recente das suas cartas revela que parte da sua análise foi uma punição. "Em agosto de 1923, depois que Jones chamou Rank de 'escroque judeu', o Comitê Secreto destinado a proteger a doutrina freudiana reuniu-se sem ele e lhe 'ordenou' que realizasse uma análise didática com Ferenczi em Budapeste."[29]

Dada a ausência de pesquisas científicas, a análise didática tornou-se, a partir da década de 1920, critério essencial da validade das teorias dos analistas. Quando os analistas entrassem em conflito, a duração dessa análise didática seria, às vezes, argumento decisivo.[30]

Jones escreveu a Freud, em 16 de maio de 1927, a respeito do livro da sua filha sobre a psicanálise de crianças: "Para mim é penoso não conseguir concordar com nenhuma das tendências do livro de Anna e não posso deixar de pensar que, com certeza, elas se devem a resistências imperfeitamente analisadas."[31]

Freud respondeu, em 31 de maio: "Quando dois analistas têm opiniões divergentes sobre um ponto, a hipótese de que o ponto de vista errado de um venha do fato de que ele foi insuficientemente analisado e deixa-se, portanto, influenciar pelos seus complexos para confundir a ciência será justificada em muitos casos."

Ao saber que Jones continua a criticar-lhe a filha, Sigmund lhe escreve em 23 de setembro:

O senhor levanta em Londres uma campanha em boa e devida forma contra a análise de crianças de Anna, na qual a censura por não ter sido suficiente-

346

COMO A PSICANÁLISE SE VACINOU CONTRA A CRÍTICA

mente analisada, censura que o senhor me repetiu numa carta. Fui obrigado
a lhe observar que esta crítica é tão perigosa quanto pouco lícita. Quem,
para dizer a verdade, será então suficientemente analisado? Posso lhe assegurar que Anna, por exemplo, foi analisada durante mais tempo e com mais
profundidade que o senhor.

De fato, Freud analisara a filha, em cinco ou seis sessões por semana, de
1918 a 1922 e de 1924 a 1929.[32]

Freud psicanalisou a filha. É o que se chama de análise "incestuosa",
procedimento em princípio proibido. Mas Freud está acima das regras
que ele mesmo ditou. E também quanto à didática: ele não pediu a um
colega que o analisasse. Aliás, Freud não considerava que tivesse colegas,
somente alunos. "A psicanálise é criação minha. Durante dez anos, fui o
único a me ocupar dela. (...) Ninguém pode saber melhor do que eu o
que é a psicanálise."[33]

Se supusermos que as teorias de Freud e as de outros, como Abraham,
são corretas, ainda que tenham sido produzidas por analistas não analisados, poderemos questionar seriamente a importância da análise didática.
Diante dessa objeção, os freudianos se defendem dizendo que Freud fez
uma "autoanálise" e que, seja como for, ele era um gênio que não tinha
necessidade de ser analisado para falar a verdade.

Jung não deixou de pôr o dedo no tendão de aquiles do argumento da
análise didática: se esse passo é condição necessária da clarividência analítica, pode-se duvidar das interpretações do criador da análise.

Em 1912, as relações entre Freud e Jung azedaram. Ao notar um lapso
de escrita de Jung, Freud chamou-lhe a atenção. Jung reagiu de imediato:
"Não sou totalmente neurótico — que bom! Na verdade, fui analisado *lege
artis* e com toda a humildade, o que foi muito bom para mim. O senhor sabe
muito bem até onde o paciente pode ir na autoanálise; ele não sai da neurose — assim como o senhor."[34] A resposta de Freud mostra que Jung tocara o
ponto mais nevrálgico: "Aquele que, quando se comporta anormalmente,
grita o tempo todo que é normal desperta suspeitas de que lhe falta a intuição da doença. Assim, proponho ao senhor que rompamos imediatamente as
nossas relações particulares."[35]

A cura, especialmente na forma "didática", aumenta a clarividência? Em certos pontos, sem dúvida, mas ela é, com certeza, uma forma de condicionamento que cega outros. A maioria dos analisados que passam um período mais ou menos longo no tratamento fala, pensa e interpreta estritamente em função da doutrina do analista.[36]

A cura tem efeitos "comportamentais" e "éticos"? O próprio Freud era pessimista a esse respeito:[37]

Em 1913: "O fato de a psicanálise não ter tornado melhores e mais dignos os próprios analistas, de não ter contribuído para a formação do caráter, é para mim uma decepção. Provavelmente eu estava errado de esperar por isso."

Em 1915: "Sempre me espantei com a baixeza dos homens, mesmo dos analistas; mas por que os homens e mulheres analisados deveriam ser melhores? A análise permite uma certa unidade da personalidade, mas em si e por si não torna ninguém bom."

Em 1928: "Às vezes me desconcerta que os próprios analistas não sejam radicalmente alterados pelo seu relacionamento com a análise."

Em 1935: Em meio à multidão de analistas, "muitos, oh! são de um estofo humano pouco modificado pela análise."

"Os que criticam a psicanálise precisam ser tratados"

Freud e os seus fiéis escudeiros defenderam a sua teoria contra a de Rank com o argumento da didática e da psiquiatrização. Vamos ilustrar o uso da segunda defesa com o diagnóstico de Karl Abraham numa carta a Freud:

Retrospectivamente, gostaria de dizer que o processo neurótico preparou-se em Rank no decorrer de vários anos. Ao mesmo tempo que ele compensava as tendências negativas com um trabalho hiperconsciencioso, a necessidade de solidariedade amistosa conosco diminuiu mais e mais e o comportamento despótico e tirânico foi mais e mais confirmado de todos os pontos de vista.

COMO A PSICANÁLISE SE VACINOU CONTRA A CRÍTICA

Ajunte-se a isso a importância crescente dada ao dinheiro, acompanhada de suscetibilidade cada vez maior e de atitude hostil. Portanto, uma regressão evidente à fase sadicoanal. (...) Rank enveredou, irresistivelmente, ao que parece, por um caminho mórbido.[38]

A tática da psiquiatrização foi utilizada pelos psicanalistas depois do início do movimento. Em *Les Illusions de la psychanalyse*, dediquei cinco páginas[39] a exemplos de "diagnósticos" de Freud de discípulos dissidentes (Adler, Stekel, Jung, Bleuler, Hirschfeld) e psiquiatras ou psicólogos que faziam críticas (Bratz, Morton, Prince, Hellpach e outros). Contento-me aqui em citar brevemente alguns desses rótulos: resistência homossexual, ambivalência obsessiva, inconsciente pervertido, eu paranoico, imbecilidade afetiva, estupidez arrogante, rixas homossexuais, delírio de grandeza, loucura completa.

De fato, é interessante analisar os motivos psicológicos e políticos ou os contextos históricos e sociais de uma teoria. Isso permite *explicar a gênese da teoria*, mas *não avaliar o seu grau de cientificidade*. O valor científico de uma teoria é determinado unicamente com verificações empíricas de consequências que possam ser testadas. Por exemplo, pode-se explicar a onipresença do tema da sexualidade na teoria freudiana com o fato de que Freud, a partir de 1893, sofre importantes frustrações sexuais,[40] mas somente observações metódicas permitiriam confirmar ou refutar a teoria.

Freud teve a sabedoria de escrever (uma só vez, me parece) que "o fato de que uma doutrina é psicologicamente determinada não reduz em nada a sua validade científica".[41] Ele mesmo e os seus discípulos ridicularizaram constantemente esse princípio epistemológico elementar até os dias de hoje. Em 1997, as reações à publicação de *Impostures intellectuelles*, de Sokal e Bricmont, constituíram exemplos espantosos. Assim, Philippe Sollers, numa entrevista ao *Nouvel Observateur* intitulada "Resposta aos imbecis", "argumentou": "As suas vidas privadas merecem investigação: O que amam? Que reproduções têm na parede? Como é a mulher deles? Como todas essas belas declarações abstratas se refletem na vida cotidiana e sexual?"[42]

Há freudianos que acham que aniquilam as objeções atribuindo-as ao *ódio*.[43] Este argumento, do modo como é formulado, pressupõe que o ódio seja uma "coisa" no interior de cada um que precede as razões apresentadas, as quais não passariam de expressões arbitrárias.

Na verdade, há críticas sem ódio. Fazer críticas não significa, automaticamente, sentir ódio. Por outro lado, alguns ódios são legítimos, especialmente quando provocados pelo espetáculo recorrente de má-fé, arrogância e manipulação de quem sofre. As ideias enunciadas por qualquer um que sinta ódio não são desprovidas de valor epistemológico devido à presença deste sentimento. Do mesmo modo, os enunciados de um devoto não são *ipso facto* clarividentes, senão todas as religiões integristas falariam a verdade. Repetimos que o valor de uma objeção é questão de lógica e verificação metódica. Não basta remeter às particularidades psicológicas de quem a enuncia para refutá-la ou confirmá-la.

"A psicanálise não trata os sintomas, mas age profundamente sobre as causas"

Freud desenvolveu a sua teoria com base num modelo médico: assim como os sinais visíveis da tuberculose se explicam por um bacilo escondido no interior do corpo, os problemas psicológicos se explicariam por recordações de acontecimentos ou de fantasias recalcadas no interior do inconsciente. Uma metáfora que acompanha e reforça o esquema, ao longo de toda a obra freudiana, é a da máquina a vapor, invenção que marcou profundamente os homens do século XIX. Freud compara o aparelho psíquico a uma panela ("*Kessel*") cheia da energia que emana das pulsões.[44] Segundo ele, os problemas mentais são, de certa forma, o vapor que escapa por uma válvula. Modificar comportamentos sem reduzir a tensão no interior do sistema é tapar a válvula, é aumentar a tensão interior e provocar imediatamente o surgimento de "sintomas de substituição", com o vapor saindo por outro buraco.

Ainda hoje, a maioria dos freudianos segue o modelo da panela. Afirmam que mudar comportamentos — sempre qualificados de "sintomas" — não tem a mínima possibilidade de levar à mudança duradoura e sempre faz mais mal do que bem. Na verdade, nos milhares de páginas

COMO A PSICANÁLISE SE VACINOU CONTRA A CRÍTICA

publicadas pelos psicanalistas — que, em essência, não passam de pará-frases e glosas da revelação freudiana — *procura-se em vão uma só pesquisa séria, baseada em fatos registrados com método, que demonstre empiricamente essa teoria.*

Ressaltemos que Freud, na época da sua plena maturidade, escreveu que a sua terapia não era uma "terapia causal", mas se situava "num nível inter-mediário": é verdade que não ataca os sintomas, diz ele, mas não pode, entretanto, mudar a verdadeira causa das neuroses, ou seja, "as disposições pulsionais".[45] Ele explica que só a ação química sobre a libido seria uma verdadeira terapia causal! Mais tarde, dirá ainda: "Regra geral, a nossa te-rapia é forçada a se contentar em trazer mais depressa, com mais certeza e menos despesa, a boa solução que, em circunstâncias favoráveis, se produ-ziria espontaneamente."[46]

Sem afirmar que nada psíquico é mensurável nem avaliável, a questão é, desde já, examinar se as reações com sofrimento (fobias, compulsões, alco-olismo etc.) desaparecem mais depressa e de modo mais durável com a ajuda da psicanálise ou com outras "circunstâncias favoráveis", como, por exemplo, o uso de terapias comportamentais. A resposta a essa pergunta se encontra na quinta parte da presente obra.

"A psicanálise é um bastião contra o totalitarismo"

Freud não era especialmente democrático. Escreveu que "não se pode abrir mão do domínio da massa por uma minoria, porque as massas são inertes e desprovidas de discernimento"[47] e que "os homens são, em média e em gran-de parte, uma canalha miserável"[48] (essa palavra foi muito utilizada por La-can e, portanto, pelo seu genro J.-A. Miller). O seu sistema de pensamento favorece a "subjetivação" ou a "superindividuação" de todos os problemas psicológicos: a explicação final sempre se encontra no caminho "interior", nos eternos elementos da "alma" (libido, pulsões de vida e morte, complexos de Édipo e de castração, inveja do pênis) e na vivência da primeira infância. No fim da vida, Freud escreveu ainda que o fator traumático que causa a neurose se situa entre o segundo e o quarto anos de vida.[49]

O LIVRO NEGRO DA PSICANÁLISE

Compreende-se, desde já, as críticas de psicólogos científicos (que dão importância às interações com o ambiente e não somente àquelas da primeira infância), sociólogos e marxistas.

Em junho de 1949, a revista marxista *Nouvelle Critique* publicou um texto que ficou famoso: "A psicanálise, ideologia reacionária". Ali explicava-se que a psicanálise, sob a capa de cientificidade, é na realidade um instrumento político. Ela despolitiza o indivíduo, faz do revoltado um "neurótico" e serve de ópio para a classe média. "A psicanálise vem reforçar a psicotécnica ordinária num trabalho policial que funciona a serviço do patronato e do ocupante americano, com vistas à eliminação dos indóceis e dos resistentes."[50] É divertido constatar que, desde a publicação do relatório do Inserm sobre as psicoterapias em 2004, os lacanianos utilizam sem cessar o mesmo vocabulário, contentando-se em substituir "psicanálise" por "TCC".

Durante a década de 1970, Lacan conseguiu interessar os intelectuais marxistas. Uma das razões era o seu discurso anti-institucional, que Turkle chamou de "protestantismo psicanalítico". Para Lacan, "a única regra deve ser que não há regras estabelecidas, (...) o analista só é autorizado por si mesmo. (...) A psicanálise é mais uma vocação do que uma carreira, e nenhuma instituição pode garantir a força que exerce interiormente o apelo da vocação do indivíduo."[51]

O sucesso do lacanismo se atém, em grande parte, à glorificação do desejo individual. Philippe Julien, um dos fundadores da Association pour une École de Psychanalyse, resume a "ética" que daí deriva: "A ética da psicanálise não é a da fé do dever no serviço prestado ao bem-estar físico, psíquico e social, mas a da lei do desejo, que é a arte de conjuminar o erótico e a cortesia."[52]

Hoje um certo número de lacanianos apresenta a psicanálise como bastião contra o totalitarismo.[53] A crer neles, os psicanalistas seriam sempre e por toda parte os heróis da liberdade e da resistência à opressão. Elisabeth Roudinesco chega a dizer que "a psicanálise foi, sempre e por toda parte, proibida de ser ensinada e praticada por todos os poderes ditatoriais, a começar por aquele imposto pelos nazistas. (...) Vários representantes [da psicanálise] foram perseguidos, *exterminados*, *torturados* devido às suas ideias."[54] Ela esquece o que escreveu cinco anos antes: "As ditaduras milita-

COMO A PSICANÁLISE SE VACINOU CONTRA A CRÍTICA

res não impediram a expansão da psicanálise na América Latina (notadamente no Brasil e na Argentina)."[55] Com efeito, a Argentina, sob o regime dos generais, era nada mais nada menos, segundo a expressão de Serge Leclaire, "o Eldorado da psicanálise".[56] E. Roudinesco não cita *um único nome* de psicanalista exterminado ou torturado unicamente devido à sua qualificação de psicanalista (houve, evidentemente, psicanalistas judeus exterminados, porque eram judeus).[57] Lembremos também que vários psicanalistas, como Boehm e Müller-Braunschweig, uniram-se à causa nazista e continuaram a trabalhar como psicanalistas dentro do Instituto Göring.[58]

François Roustang, que viveu durante anos a aventura lacaniana, escreveu sobre os pretensos efeitos subversivos da psicanálise: "A psicanálise atrapalha o poder absoluto, mas não mais, ou talvez bem menos, que alguns homens da Igreja incapazes de suportar a escravidão, que um sindicato estimulado pela justiça, que um grupinho de estudantes decididos que não temem a morte."[59]

Após passar anos dentro de uma associação de psicanálise e depois numa associação de terapia comportamental, posso testemunhar o fato de que, nas duas correntes, encontra-se um grande leque de atitudes políticas. Os anátemas politicistas que hoje lançam os lacanianos, principalmente contra as terapias que obtêm os melhores resultados, não passam de uma forma de propaganda que não corresponde em nada às práticas objetivamente observáveis. Será preciso recordar que o país do mundo onde a corrente cognitivo-comportamental é mais desenvolvida, a Holanda, é um dos países mais democráticos do planeta? O último mecanismo de defesa encontrado pelos lacanianos é, provavelmente, o menos digno de crédito dentre os que acabamos de passar em revista.

353

Notas

1. Freud apresenta características de personalidade paranoide e contribuiu para o desenvolvimento de uma psicologia suspeitosa, para não dizer paranoica. (cf. John Farrell, *Freud's Paranoid Quest: Psychoanalysis and Modern Suspicion*, Nova York, New York University Press). Ele mesmo admitiu a analogia dos sistemas interpretativos do psicanalista e do paranoico: em ambos os casos, escreveu, pequenos sinais são explorados e combinados para formar explicações. E acrescenta, com sabedoria: "Só podem nos preservar desses perigos o grande alicerce das nossas observações, a repetição de impressões semelhantes provenientes dos domínios mais diversos da vida da alma" ("Leçons d'introduction à la psychanalyse" [1917], *Œuvres complètes*, XIV, Paris, PUF, 2000, p. 64).
2. "Mécanisme des représentations de contrainte et des phobies" (1895), *Œuvres complètes*, Paris, PUF, III, p. 89.
3. "Carta de 16 de março de 1896", S. Freud, *Naissance de la psychanalyse*, Paris, PUF, 1969, p. 143.
4. "Carta a Jung, 26 de maio de 1907", em *Correspondance Freud-Jung*, Paris, Gallimard, 1975.
5. "Carta a Abraham, 4 de março de 1915", em *Correspondance Freud-Abraham*, Paris, Gallimard, 1969.
6. "Carta de 3 de maio de 1936", em S. Freud, *Correspondance 1873-1939*, Paris, Gallimard, 1966, p. 467.
7. "Eine Schwierigkeit der Psychoanalyse" (1917), *Gesammelte Werke*, XII, p. 11. Trad. "Une difficulté de la psychanalyse", *L'Inquiétante Étrangeté et autres essais*, Paris, Gallimard, 1985, p. 186.
8. Alain, *Éléments de philosophie*, Paris, Gallimard, 1941, p. 146.
9. Há uma apresentação do inconsciente "pré-freudiano" e uma crítica do inconsciente freudiano no capítulo "A mitologia da profundidade" e em J. Van Rillaer, *Psychologie de la vie quotidenne*, Paris, Odile Jacob, 2003, p. 149-222.

COMO A PSICANÁLISE SE VACINOU CONTRA A CRÍTICA

10. "La sexualité dans l'étiologie des névroses" (1898), *Œuvres complètes*, Paris, PUF, 2000, III, p. 217.

11. *À la découverte de l'inconscient*, trad., 1974, p. 249-57 e 425-32.

12. F. Laplassotte, "Sexualité et névrose avant Freud: une mise au point", *Psychanalyse à l'université*, 3, p. 203-26, 1977.

13. Ver, por exemplo, Gérard Zwang, um dos sexólogos mais respeitados da França e um dos críticos mais severos de Freud (*La Statue de Freud*, Paris, Robert Laffont, 1985, 954 p.).

14. L. Binswanger, *Discours, parcours, et Freud*, Paris, Paris, Gallimard, 1966, p. 277.

15. "De la psychanalyse" (1910), *Œuvres complètes*, Paris, PUF, 1993, X, p. 36.

16. *Ibid.*, p. 52. Quanto à tradução de *"seelisch"* por "animique" ("anímico"), ver o quadro "La Psychanalyse: une psychologie de l'âme?" no capítulo "La mythologie de la profondeur".

17. Como boa freudiana, E. Roudinesco escreveu: "A família está — nós o sabemos graças à psicanálise — na origem de todas as formas de patologias psíquicas: psicoses, perversões, neuroses etc.", em *Pourquoi la psychanalyse?*, Paris, Fayard, 1999, p. 167. Assim, pouco importam os fatores biológicos e econômicos, o que se vê na escola ou na TV; *tudo* é sempre culpa dos pais.

18. "Zur Psychopathologie des Alltagslebens" (1901), *Gesammelte Werke*, IV, p. 270.

19. J. Lacan, *Écrits*, Paris, Seuil, 1966, p. 269. Na minha obra *Les Illusions de la psychanalyse* dediquei dez páginas a expor e analisar a célebre interpretação do número 426718, citado por um paciente a quem Freud pedira que enunciasse um número ao acaso.

20. Para mais detalhes, ver J. Bouveresse, *Philosophie, mythologie et pseudoscience. Wittgenstein lecteur de Freud*, Paris, L'Éclat, 1991, p. 50-53.

21. E. Roudinesco, *Pourquoi la psychanalyse?*, *op. cit.*, p. 82, 88.

22. Cf. o capítulo supra de M. Borch-Jacobsen sobre sugestão e o meu sobre condicionamento freudiano.

23. "Carta de 26 de março de 1924", em S. Freud e S. Ferenczi, *Correspondance*, Paris, Calmann-Lévy, 2000, p. 154.

24. "Zur Geschichte der psychoanalytischen Bewegung" (1914), *Gesammelte Werke*, Fischer, X, p. 63.

25. Cf. S. Freud e S. Ferenczi, *Correspondance*, *op. cit.*, p. 183.

26. Cf. E. Jones, *La Vie et l'oeuvre de Sigmund Freud*, Paris, PUF, III, 1969, p. 78.

O LIVRO NEGRO DA PSICANÁLISE

27. "Carta de 1º de setembro de 1924", em S. Freud e S. Ferenczi, *op. cit.*, p. 190 (com destaque de J. V. R.).

28. E. Jones, *op. cit.*, III, p. 72.

29. S. Freud e E. Jones, *Correspondance*, Paris, PUF, 1998, p. 611.

30. F. Perrier conta que os psicanalistas franceses da primeira geração foram analisados durante seis meses por Rudolf Loewenstein, disso encarregado pela Associação Internacional (*op. cit.*, 1985, p. 95). Quanto a Lacan, E. Roudinesco explica que Loewenstein, o seu analista didático, considerava-o "inanalisável", enquanto Lacan julgava que Loewenstein não era "inteligente o bastante" para analisá-lo. Lacan obteve o título de analista contra a recomendação dele (*Jacques Lacan*, Paris, Fayard, 1993, p. 108).

31. S. Freud e E. Jones, *Correspondance*, *op. cit.*, 1998.

32. Cf. D. Lynn e G. Vaillant, "Anonymity, neutrality and confidentiality in the actual methods of Sigmund Freud", *American Journal of Psychiatry*, 155, 1998, p. 168.

33. "Zur Geschichte der psychoanalytischen Bewegung", *op. cit.*, p. 44.

34. "Carta de Freud a Jung, 18 de dezembro de 1912".

35. "Carta de Freud a Jung, 3 de janeiro de 1913".

36. Ver o capítulo "O condicionamento freudiano".

37. Três das quatro citações que se seguem foram obtidas em A. Delrieu, *Sigmund Freud. Index thématique*, Paris, Anthropos, 2001, p. 1075. A de 1928 foi extraída de uma carta a Laforgue, de 5 de fevereiro de 1928, publicada na *Nouvelle Revue de Psychanalyse*, 15, 1977.

38. "Carta de Freud a Jung, 20 de outubro de 1924".

39. *Op. cit.*, p. 64-7.

40. Nessa época Freud já tinha seis filhos, cujos nascimentos tinham se sucedido rapidamente, e não queria mais procriar. Por exemplo, ele escreve a Fliess: "Nós [eu e minha mulher] vivemos agora em abstinência" ("Carta de Freud a Fliess, em 20 de agosto de 1893"), e ainda, quatro anos mais tarde: "Uma pessoa como eu não tem mais necessidade da excitação sexual. Todavia permaneço sereno" ("Carta de Freud a Fliess, em 30 de outubro de 1897"). (Para as outras citações, ver *Les Illusions de la psychanalyse*, *op. cit.*, p. 237.) Jung não deixará de fazer a psicanálise do pai da psicanálise. Escreverá, por exemplo: "Quando do nosso primeiro encontro, a amargura de Freud já tinha me chamado a atenção. Durante muito tempo ela me foi incompreensível, até que entendi que estava ligada à sua atitude perante a sexualidade" (*Ma vie*, Paris, Gallimard, 1966, p. 177).

41. "Das Interesse an der Psychoanalyse" (1913), *Gesammelte Werke*, VIII, p. 407.

COMO A PSICANÁLISE SE VACINOU CONTRA A CRÍTICA

42. Citado em A. Sokal e J. Bricmont, *Les Impostures intellectuelles*, 2ª ed., Paris, Le Livre de Poche, nº 4.267, 1999, p. 24.

43. O argumento foi utilizado notadamente contra Sokal e Bricmont. O eminente filósofo Jacques Bouveresse dedicou um capítulo inteiro para demonstrar esse absurdo, em *Prodiges et vertiges de l'analogie*, Paris, Raisons d'agir, 1999, p. 109-24.

44. "Neue Folge der Vorlesungen zur Einführung in die Psychoanalyse", *op. cit.*, p. 80.

45. "Vorlesungen zur Einführung in die Psychoanalyse" (1917), *Gesammelte Werke*, Fischer, XI, p. 452.

46. "Hemmung, Symptom und Angst" (1926), *Œuvres complètes, op. cit.*, p. 269.

47. *L'Avenir d'une illusion* (1927), Paris, PUF, Quadrige, 1995, p. 8.

48. "Carta de 2 de dezembro de 1927 a Arnold Zweig", *Correspondance Freud-Zweig*, Paris, Gallimard, 1973, p. 36.

49. *L'homme Moïse et la religion monothéiste* (1939), Paris, Gallimard, 1989, p. 161.

50. Citado por A. Chayon, *in* "Freud", *Les Cahiers de Science et Vie*, número especial 22, 1994, p. 89. Para uma crítica marxista da psicanálise, ver M. Legrand, *Psychanalyse, science, société*, Bélgica, Mardaga, 1983.

51. S. Turkle, *La France freudienne*, Paris, Grasset, 1982, p. 35.

52. P. Julien, "L'approche freudienne de Lacan", *in* M. Elkaïm (org.), *À quel psy se vouer?*, Paris, Seuil, 2003, p. 31.

53. É o caso de P. Marie e J.-P. Winter, no número especial do *Nouvel Observateur*, "La psychanalyse en procès", novembro de 2004, p. 23 e 55.

54. *Temps modernes*, nº 627, 2004, p. 244 (destaque meu).

55. *Pourquoi la psychanalyse?, op. cit.*, p. 172.

56. S. Leclaire e A. P. U. I. P., *États des lieux de la psychanalyse*, Paris, Albin Michel, 1991, p. 215.

57. Ressaltemos que um número impressionante de pioneiros das terapias comportamentais são judeus: Hans Eysenck, Israël Goldiamont, Arnold Goldstein, Marvin Goldfried, Mark Isaacs e muitos outros. Se morassem na Alemanha nazista, teriam o mesmo destino que os psicanalistas judeus.

58. F. Kaltenbeck, "Un trauma. Les psychanalystes et le nazisme", *L'Äne. Le magazine freudien*, 10, 1983, p. 27.

59. *... Elle ne le lâche plus*, Paris, Minuit, 1980, p. 175.

QUARTA PARTE As vítimas da psicanálise

1. As vítimas históricas

Horace Frink, um dos fundadores da Sociedade Psicanalítica de Nova York, foi vítima direta das manipulações do pai da psicanálise. Vários anos depois de sua morte, a filha, Helen Kraft, investigou-lhe a história; encontrou a sua correspondência com Freud, com Doris (a esposa) e com Angelika Bijur (a amante) e reconstituiu o quebra-cabeça de uma manipulação sórdida: Freud comportou-se com o seu pai e a sua família como um manipulador de títeres, pensando apenas em seu próprio interesse.

Em 1987, quando Helen Kraft doou a correspondência aos arquivos do Hospital Johns Hopkins, onde o pai foi tratado a partir de 1924 pelo psiquiatra Adolf Meyer, essa história foi revelada ao público.

A HISTÓRIA TRÁGICA E VERÍDICA DE HORACE FRINK, MANIPULADO EM NOME DA CAUSA[1]

Lavinia Edmunds

Em fevereiro de 1921, Horace Frink parte para a Europa a fim de realizar uma análise com Sigmund Freud. Já com 38 anos, fazia parte daquela multidão de jovens intelectuais irresistivelmente atraídos pelo número 19 da Bergasse, em Viena, para ali estudar sob a férula do "mestre", como o chamavam os aprendizes. Frink é um dos que aspiram a formar-se na Arte pagando 10 dólares a hora de divã para ali desenterrar sonhos e fantasias. Em parte, Freud ensina a psicanálise simplesmente aplicando-a aos alunos.

Frink acha o processo fascinante. Fica em Viena de março a junho, quatro meses, confia a Meyer, loucamente felizes e irreais: "Da primeira noite da minha chegada até aquele dia de junho em que parti, acordei todas as noites, em geral à mesma hora, e assim fiquei, deitado, de olhos abertos, de uma a três horas. (...) Estava muito feliz e falante e alegre como nunca..."

É a experiência extasiante da viagem, somada a Viena, que se oferece quando a noite chega. Frink, que mora no hotel, gosta de vestir o *smoking* para dançar ou assistir à ópera.

Entre todos esses jovens americanos, Freud mostra preferência por Frink, talvez pelo seu senso de humor mórbido. Numa carta enviada a A. A. Brill, um dos seus discípulos americanos, Freud escreve, a respeito do seu protegido, que ele "mostra sinais excepcionais de profunda compreensão e aprendeu tanto sobre a própria neurose [que tem] muitas esperanças em seu futuro de terapeuta". Abraham Kardner, outro aluno psicanalista, dirá mais tarde a Paul Roazen, historiador da psicologia, que Frink era bem mais brilhante e agradável que todos os outros. Além disso, destaca Roazen, Frink não é judeu, particularidade que Freud, judeu, acha importante para ultrapassar as fronteiras do círculo de intelectuais nova-iorquinos.

De volta a Nova York, Frink mergulha no movimento e tenta instalar-se para começar a praticar. Angelika Bijur, herdeira riquíssima de banqueiros, faz parte da alta sociedade e é casada com um homem mais velho, Abraham Bijur. Alguns anos mais tarde, em 1912, torna-se paciente de Frink e os dois se apaixonam. No divã, a moça aprende o que significa autorrealização. "A corte que me fez o doutor F. libertou-me da prisão onde estava encerrada sozinha", declarou a Meyer. "(...) Conforme eu me descobria, ele parecia, por sua vez, encontrar-se e me desejava."

Durante a análise de Frink, Freud encorajara essa liberdade sexual. Mais tarde, em 1921, numa carta enviada ao analista de Abraham Bijur para justificar a sua conduta, Freud explica:

> Simplesmente li no espírito do meu paciente e compreendi que amava a Sra. B., que a desejava ardentemente e não tinha coragem de se declarar. (...) Tive de explicar-lhe quais eram as suas dificuldades e não neguei que considerava como direito de todo ser humano procurar a satisfação sexual e o amor via um modo de realizá-los. Com a esposa, Frink não encontrara nem um nem outro.

Mas Frink encontra-se no mais profundo desespero. Deve divorciar-se para desposar a ex-paciente? Depois das seis primeiras semanas de sessões, atormentando-se junto ao grande psicanalista, decide-se a pedir a mão de Angelika. "Depois dessa decisão, ou pelo menos dessa tentativa de decisão, passei por uma fase muito conflituosa", confiou mais tarde a Meyer. "Não conseguia me resignar a abandonar os meus filhos."

Numa mensagem a Meyer, Angelika recorda-se de Frink em estado de depressão depois do primeiro período de análise com Freud:

AS VÍTIMAS HISTÓRICAS

Em julho, após cinco meses de análise, encontrei-me com o Dr. F. em Viena, depois de cartas suplicantes em que me dizia que precisava de mim para terminar com êxito a sua análise. Desde que cheguei, encontrei-o num estado que sei, atualmente, ser de depressão. Freud aconselhara-o a me chamar, porque, segundo ele, ele se curaria antes mesmo que eu chegasse. Quando encontrei Freud, ele me aconselhou a me divorciar em nome da minha própria existência, que ainda não terminara (...) e porque, se eu deixasse agora o Dr. F., ele não conseguiria mais voltar ao normal e provavelmente desenvolveria uma homossexualidade extremamente recalcada.

Angelika segue as instruções e é em companhia do amante que, em julho, encontra o marido em Paris. Ela lhe explica que estão apaixonados e pretendem casar-se com a bênção de Freud. Durante todo o encontro, escreveu Angelika mais tarde, Frink ficou simplesmente sentado, "como entorpecido". Com o choque, Abraham Bijur fica louco de furor. Alguns dias antes, ele e a esposa tinham feito amor e Angelika lhe dera um par de abotoaduras de pérola no valor de 5.000 dólares. O trio volta a Nova York, mas não no mesmo navio.

Durante a travessia, Frink reorganizou as ideias. Mal desembarcou, procurou diretamente a esposa para anunciar que queria o divórcio. Doris escreveu mais tarde que faria qualquer coisa para que Horace fosse feliz.

Mas, com a mesma rapidez com que se erguera, o projeto de Frink e Angelika começa a desmoronar. Tanto um quanto o outro duvidam da sensatez de desfazer os respectivos casamentos, da sua compatibilidade como casal e da sombra ameaçadora da saúde mental de Frink. Numa carta que lhe escreveu em 12 de setembro de 1921, Freud tenta ser tranquilizador:

Eis o que respondi a uma longa mensagem de desespero da Sra. B.: "Não é um erro, seja gentil e paciente. Espero que não tenha sido sibilino. Ela desejava saber se eu tinha certeza do seu amor por ela ou se eu devia admitir que tinha me enganado. Veja que não mudei de ideia e acho que a sua história é perfeitamente coerente [...]

O LIVRO NEGRO DA PSICANÁLISE

É verdade que vocês se prejudicam ao considerar que estou errado, mas insisto em que tenho razão [...]

Quanto à sua esposa [Doris], não duvido das suas boas intenções, mas as suas cartas são distantes e sensatas. Estou convencido de que, depois que a tempestade passar, ela voltará a ser como antes.

A Sra. B. tem um coração de ouro. Diga-lhe que não deve sentir rancor pelo trabalho analítico porque ele seria fator de complicações sentimentais. Ele apenas revela as dificuldades, mas não as cria (...). Não creio que seja útil o senhor continuar a análise (...) O seu trabalho terminou (...).

Frink fica extasiado. Como ressalta Angelika a Meyer, ele simplesmente venera Freud; a sua atitude é "a de uma criança diante da imensa sabedoria do pai, como demonstram a aceitação e a obediência a todas as opiniões de Freud. Na época, eu tinha a sensação de que Freud encarnava a mais alta autoridade. Tinha confiança total nele e era feliz...". Quando lê a carta de Freud, Horace Frink escreve imediatamente a Angelika para lhe anunciar que acabara de receber a aprovação das próprias mãos daquele a quem os dois tinham confiado a alma: "Angie, querida, envio-lhe uma cópia da mensagem de Freud que, espero, vai aliviá-la tanto quanto me aliviou. Quero guardar o original, talvez possa um dia interessar aos nossos netos. Estou tão, mas tão feliz!"

No entanto, naquele outono, Horace, que ainda trabalha como psicanalista, volta a ser atacado pela culpa. Chora com frequência e queixa-se de ter perdido toda atração sexual por Angelika. Quando escreve ao Mestre (Freud acabara de saber que tinha câncer na boca) para pedir conselhos, este responde numa carta de 17 de novembro: "Estou longe demais para ter alguma influência (...)."

Dois divórcios iminentes e o segundo casamento rápido de um psicanalista de renome com uma ex-paciente logo se transformariam em escândalo. Para evitá-lo, Frink pede à esposa que saia provisoriamente da cidade para instalar-se, incógnita, noutro lugar com os dois filhos. Segundo Ernest Jones, em *Vida e obra de Sigmund Freud*, "em Nova York corriam os boatos mais loucos e um deles afirmava que o próprio Freud quisera casar-se com a dama em questão".

AS VÍTIMAS HISTÓRICAS

Infeliz e inocente, Doris Best não diz nem aos vizinhos para onde vai. Seu casamento está destruído, Horace deixou-a por uma ligação sem futuro e ela recusou-se a fazer análise com ele. Deprimida mas conciliadora, Doris precisa admitir a ruptura, o erro e a arte de ser econômica, mudando-se de hotéis para apartamentos mobiliados, tendo ao seu lado Helen, ainda bebê, e Jack, o filho mais velho.

Bem menos solidário, o marido de Angelika continua com raiva. Prepara-se para denunciar ao mundo inteiro o crime moral de Frink sob a forma de uma carta aberta a Freud, divulgada em todos os jornais nova-iorquinos:

Dr. Freud,

Recentemente, dois pacientes seus, um homem e uma mulher, vieram me informar que foram vê-lo para que o senhor lhes dissesse claramente se concordava com o seu casamento ou se dele discordava. Por enquanto, esse homem está casado com outra mulher, é pai de duas crianças e ligado à ética de uma profissão que exige não extrair privilégios da confidencialidade devida aos pacientes e à sua descendência imediata. A mulher que agora quer desposar é antiga paciente sua. Ele afirma que o senhor autoriza o divórcio e o novo casamento, ainda que o senhor nunca tenha conhecido a esposa legítima nem analisado os sentimentos e interesses dela, aí incluídos os seus reais desejos. A mulher que ele quer desposar é minha esposa (...). O que o senhor pode saber em meu lugar? Como pode o senhor fazer esse diagnóstico que vai arruinar a felicidade e a vida familiar de um homem e de uma mulher, sem conhecer sequer as vítimas, sem verificar sequer se merecem tal punição, sem lhes perguntar se não existiria solução melhor?

(...) Seria o senhor um charlatão, caríssimo doutor? Responda-me, por favor, essa é a mulher que amo (...).

Felizmente, talvez, para Frink, Bijur morre de câncer em maio de 1922, antes que a carta seja publicada. O seu psicanalista envia uma cópia a Freud, que lhe responde que essa missiva era estúpida e simplesmente encorajava a hipocrisia da opinião pública americana.

Entrementes, Doris Best Frink foi a Reno, em março, para pedir o divórcio. E, embora as duas mulheres não tenham se encontrado, Angelika fez a mesma viagem alguns dias depois.

Um pouco mais tarde, nesse mesmo ano, o estado de Frink se agrava e Freud decide aceitá-lo de volta na análise. O seu protegido retorna então a Viena pela segunda vez, de abril a julho de 1922. Desse período ele recorda uma sensação *"nebulosa"* e *"percepções homossexuais"*, principalmente em relação a Angelika, que lembra *"um homossexual, um homem, como um porco"*. Dois meses mais tarde, Angelika e Horace participam, assim como Freud, da VII Conferência Internacional de Psiquiatria em Berlim. Nessa ocasião, Freud dá a Angelika uma foto sua, dedicada a *"Angie Frink, como lembrança do velho amigo Sigmund Freud, setembro de 1922"*, dirigindo-se a ela como se já fosse esposa legítima de Horace.

Em outubro, o casal está em Paris, mas Frink não para de debater-se com a culpa e a depressão. Freud então lhe concede mais três semanas de tratamento, durante as quais o paciente fica mais deprimido do que nunca. Por insistência de Angelika, chegou a pedir que um médico velasse por ele todas as noites. A moça está muito preocupada com o estado do amante e logo descobre que não só ele sofre de episódios maníaco-depressivos como é atacado pela doença desde 1908 (como Frink, aliás, afirmará mais tarde a Meyer). Em tratamento pela terceira vez, Frink é vítima de alucinações e se lembra até de *"delírios"*. Como um leão enjaulado, anda de um lado para o outro sobre o tapete persa do consultório do Mestre, inundado de bibelôs, arrancando as gárgulas que às vezes brotavam das paredes. De volta ao quarto de hotel, o seu humor muda de uma hora para outra, passando *"da alegria à depressão, da cólera ao medo e a todo tipo de emoção"*. Até a sua banheira lhe parece um túmulo.

Mas esse estado depressivo desaparece de repente. Em seguida, Angelika escreve a Meyer:

Em 23 de dezembro, Freud declarou rudemente que a sua psicanálise tinha terminado, que o Dr. F. utilizava-o agora para manter a sua neurose, que devia casar-se, ter filhos e logo estaria vivendo feliz nas condições que ele mesmo conquistara.

AS VÍTIMAS HISTÓRICAS

Os dois amantes se casam em Paris, em 27 de dezembro de 1922. Frink recorda-se de ter-se sentido "estranho e irreal". O jovem casal parte em lua de mel para o Egito. De volta a Nova York, evita-se o escândalo público, embora a maioria dos membros da Sociedade Psicanalítica de Nova York não tenha se enganado quanto ao estado de saúde mental de Frink nem quanto a casamento tão questionável. Mal saído da análise, malgrado a preferência marcante de Freud pelo nome do protegido para presidente do círculo, Frink não obtém o voto de todos os americanos da Sociedade.

Freud, que busca sem descanso meios de se tornar conhecido nos Estados Unidos, teme que o caso de Frink, se for publicado, venha a manchar o brilho do movimento. A partir de novembro de 1921, numa carta que envia ao ex-paciente, declara: "Pedi a Angelika que não repetisse a estranhos que aconselhei-a a casar-se com o senhor porque estava deprimido. Isso daria uma falsa ideia de conselho compatível com a análise e, provavelmente, acabaria voltando-se contra seu o bom desenrolar." Freud sabe perfeitamente que precisa de um líder adaptado ao movimento psicanalítico americano e Frink é o seu candidato predileto. Bastou citar a opção do Mestre e o seu frágil protegido foi eleito presidente da Sociedade Psicanalítica de Nova York, por unanimidade, em janeiro de 1923, enquanto ainda estava em lua de mel.

Um mês depois, com o retorno do casal, Frink luta por manter-se equilibrado e, apesar de tudo, faz algumas conferências na Sociedade sobre as últimas descobertas do trabalho de Freud. Em 26 de abril, devia fazer uma declaração sobre a técnica psicanalítica quando lhe avisam que Doris, a ex-esposa, está prestes a morrer de pneumonia. Ele pega, então, o primeiro trem para Chatham, no estado de Nova York, onde Doris e os filhos tinham se instalado, mas o médico responsável impede que entre no quarto. Doris Best morre em 4 de maio.

"Depois da morte", recorda-se a cunhada de Doris, "deixamos que ele entrasse. Ele ficou sentado ao lado da cama durante meia hora enquanto aguardávamos na sala de espera. Quando desceu, fitava um ponto fixo à sua frente e saiu da casa sem dizer palavra, sem sequer nos olhar. Nunca mais o vimos nem nada soubemos dele."

A guarda dos filhos foi concedida a Horace e Angelika. Pouco tempo depois, Frink mergulha ainda mais fundo no estado de confusão e se mostra agressivo com a nova esposa. Certa noite, sai de casa sem dizer palavra; numa outra ocasião ele a deixa com um olho roxo. Rapidamente, Frink torna-se indesejável na Sociedade Psicanalítica e, em março de 1924, o presidente interino lê publicamente uma carta explicando a ausência de Frink por razões de saúde mental. Nesse mesmo mês o ex-paciente de Freud é internado por vontade própria na Clínica Psiquiátrica Phipps. Ao recordar o período vienense, Horace e sobretudo Angelika começam a achar que são vítimas, e não beneficiários, da psicanálise. Quando ela informa Freud da degradação do casamento, o Mestre lhe responde por telegrama: "Muito desolado. Mas foi o dinheiro que os fez fracassar." Já ocorrera a Angelika que, ao encorajar o casamento, Freud esperava obter recursos para manter o movimento psicanalítico nos Estados Unidos. Em novembro de 1921, ele escrevera a Frink:

> Permita-me sugerir, ainda assim, que a sua ideia pela qual a Sra B. [Angelika, nota da tradutora francesa] perdeu em parte a beleza pode ser interpretada como perda de parte do seu dinheiro [...]. Quando o senhor deplora não perceber a sua homossexualidade, deixa supor que ainda não tem consciência da fantasia de fazer de mim um homem rico [...]. Se tudo der certo, transformemos essa doação imaginária numa verdadeira contribuição para o financiamento da psicanálise [...].

Angelika confessa a Meyer que o dinheiro era efetivamente um problema no casamento. Ela ficara contente de sustentá-lo quando ele ainda trabalhava em suas pesquisas; financiara a análise do marido com Freud, sem contar as suas próprias sessões, que constituíram, na época, a maior parte da receita do amante durante dois anos. E é ela que paga atualmente as faturas do hospital. Depender financeiramente da esposa irrita Frink.

Sentindo-se maltratada por Freud (sentimento que cresceu com o passar dos anos), Angelika tenta ser mais perspicaz com Meyer. Forte, com opiniões sobre tudo, ela inunda o psiquiatra suíço com longas cartas nas quais exprime o seu ceticismo em relação à psicanálise ("Até agora nunca encontrei psicanalista que não me parecesse claramente neurótico, perdido em suas teorias e incapaz de se entender com a vida..."). Quer saber quando e como o marido estará curado, porque, dependendo da resposta, terá de organizar a vida de modo diferente.

Meyer se irrita com a determinação dessa mulher de se intrometer em tudo. Cheio de pressentimentos sombrios, procura delimitar um território neutro para o paciente, longe da esposa, até a reconstrução das suas emoções. A única visita que Meyer permite que Angelika faça ao marido, num hotel de Baltimore, é uma catástrofe. Frink não consegue superar o abatimento. Freud, contudo, mostrou-se muito positivo quanto a esse aspecto depressivo, como se pudesse utilizá-lo, de um modo ou de outro, para curar outras pessoas. Em 20 de fevereiro de 1922, Freud chega a lhe escrever:

> Pois é um jogo, em sua totalidade; o seu sadismo recalcado volta e toma então a forma de humor muito sutil, tão cínico quanto inofensivo. Pessoalmente, nunca me causou medo. O senhor joga torturando-se a si e aos que o cerca, e avança, assim, progressivamente, no caminho que o conduzirá à "boa solução".

Em seu esforço por manter Frink em terreno "neutro", Meyer consegue que ele passe o verão longe, primeiro num sanatório e depois num rancho no Novo México. Frink aprecia o ar livre, as sestas e os novos conhecidos, mas pouco a pouco começa a ter ideias suicidas.

Em 31 de julho, o advogado de Angelika, por ordem de sua cliente, faz chegar a Meyer uma carta: "A Sra. Frink está firmemente decidida a recuperar a sua liberdade." Exasperado, Meyer escreve, em 12 de agosto, ao psicólogo Kirby e declara que está contrariado com a atitude da Sra. Frink:

O LIVRO NEGRO DA PSICANÁLISE

Ela atribui todos os problemas a essa ideia vaga, provavelmente exagerada, de que o marido seria homossexual. Para mim é muito delicado lidar com essa simplificação extrema de uma filosofia tão vasta quanto a dominação, dominação que ela claramente amou quando a questão ainda não eram as relações simples entre marido e mulher. Mas acho que ela descartou essa lembrança. Escrevo "delicado" em relação ao freudismo, mais que à Sra. F.

De volta à clínica no outono, Meyer anuncia a Frink a decisão de Angelika de divorciar-se dele. "Ele teve muita dificuldade para conter as lágrimas", escreveu F. I. Wertheimer, médico-residente da instituição. Nos dias que se seguiram, o paciente ficou muito transtornado e chorou diversas vezes. Wertheimer diz que Frink declarou certo dia: "Queria ter ficado com a minha primeira esposa. Se ela ainda fosse viva, eu voltaria para ela."

Quanto mais avança o processo de divórcio, mais Horace se afunda na depressão. Ele vai para Nova York encontrar os advogados e toma uma superdose de vários soníferos em 27 de outubro, na casa do velho amigo e médico Swepson Brooks, que o hospeda durante a sua estada na cidade. Mais revigorada do que nunca, Angelika entende o ocorrido como tentativa vulgar de fazer as pazes e avisa ao seu advogado que considera a morte por suicídio idêntica à morte causada pela pneumonia. Segundo ela, é a mesma coisa. Ela quer sair disso.

Frink tentou suicidar-se outras vezes, das quais uma foi bem convincente. Apesar do comportamento *"infernal"* da esposa, Frink declara: "Há muito a dizer em sua defesa, ela mesma não deve estar muito bem e casar-se com um deprimido com certeza traz o seu quinhão de nuvens sombrias."

E ainda assim, Angelika paga a conta. Dessa vez, Frink é internado no Hospital McLean, em Waverly, no estado de Massachusetts. Em 9 de dezembro de 1924, F. H. Packard, seu psicólogo, escreve a Meyer afirmando que o paciente apresenta sinais de melhora e começa até a concretizar algumas emoções que Freud lhe inspira:

AS VÍTIMAS HISTÓRICAS

Ele é muito amargo em relação a Freud. Afirma que Freud não entendeu nada sobre as psicoses, que o campo da psicanálise se limita às neuroses e que Freud sabia disso. Segundo ele, Freud jamais deveria tentar cuidar dele quando estava na fase psicótica. O tratamento e os conselhos que lhe dera eram todos prejudiciais, aplicados em detrimento dos interesses do paciente (...). A sua mulher era tão feroz quanto ele sobre Freud e, de certo modo, sobre o marido (...).

Meyer mantém contato com o ex-paciente. Em 1925, acompanha-o à audiência do divórcio e depois escreve: "Frink quis apertar a mão da esposa, mas Angelika recusou-se firmemente." No final da audiência, Meyer levou cortesmente a moça à estação e depois acompanhou Horace até o quarto.

Depois de recuperar os filhos, Frink praticou um pouco de psicanálise em Nova York até a ocorrência de novo episódio maníaco-depressivo em 1927. No ano anterior instalara-se com os filhos numa pequena pensão em Hillsdale, não muito distante da terra dos seus ancestrais, no estado de Nova York. Segundo a filha, Helen Frink Kraft, viveu esse período de maneira bem pacífica, sem acidente depressivo maior, a não ser no último ano de vida. A família vivia da pensão imposta pelo tribunal a favor das crianças quando do julgamento do divórcio. Helen guarda boas lembranças do pai ao volante do carro, regateando nos antiquários de Berkshires.

Embora não tenha escrito mais livros e tenha praticado muito pouco a sua profissão, Frink parecia feliz e não mencionava jamais à família o papel que Freud tivera em sua vida. A família mudou-se para Chapel Hill, onde Jack, o filho mais velho, entrou para a Universidade da Carolina do Norte. Ali o pai fez algumas conferências, aceitou alguns pacientes e depois, em 1935, casou-se com Ruth Frye, professora que conhecera em Southern Pines.

Horace Frink morreu de problemas cardíacos em 19 de abril de 1936, com 53 anos. Encontraram um maço de cartas de amor ao lado da cama. Uma delas está escrita com a letra de Doris e tem carimbo vienense:

Depois da sua partida ontem à noite, tive vontade de fazer as malas para segui-lo. Desejo tanto que consiga uma solução que lhe traga paz e bem-estar. Mas, se prefere que as coisas fiquem assim, saiba que aceito de boa vontade todos os sacrifícios, acreditando que, apesar dos meus esforços, jamais estarei à altura do que você espera. (...). Embora não possa lhe falar, sinto que você sofreu muita tristeza e estou ansiosa por que encontre a felicidade (...). Mas não consigo acreditar que ela esteja onde pensa Freud (...). Ser aos seus olhos o que você deseja que eu seja me daria definitivamente a maior alegria do mundo (...).

Nota

1. A versão original deste artigo foi publicada com o título "His Master's choice" ("A escolha do mestre") na revista do Hospital Johns Hopkins; foi lá que, a partir de 1924, Horace Frink foi tratado pelo Dr. Adolf Meyer. Esse texto foi traduzido do inglês para o francês por Agnès Fonbonne.

Violando as regras da análise redigidas por ele mesmo, Freud psicanalisou a própria filha, Anna. Esta, a princípio aluna, logo se tornou uma das mais famosas psicanalistas de crianças. Marcada irremediavelmente pelo único homem da sua vida, o pai, ela se destaca como um tipo de virgem sagrada da psicanálise, herdeira do fundador genial e guardiã do templo. Patrick Mahony descreveu as condições e as consequências deploráveis dessa "análise incestuosa".

FREUD, TERAPEUTA FAMILIAR[1]

Patrick Mahony

Freud inventou a primeira terapia familiar quando, por bem e sobretudo por mal, treinou a filha num tratamento incestuoso e impossível.

As atividades de Sigmund Freud como escritor, assim como as da filha, permaneceram durante muito tempo intimamente ligadas à análise doméstica, um episódio estranho e notável da história da psicanálise, seja qual for o ponto de vista. A primeira análise de Anna durou de outubro de 1918 ao verão de 1922, no ritmo de seis sessões por semana, sessões que se prolongavam até as dez horas da noite.[2] Apenas um mês antes de iniciar o tratamento da filha, Freud[3] explicava, numa conferência, que a análise devia ser praticada na privação e na abstinência.[4] Se bem que visasse abertamente às técnicas de Ferenczi, esse conselho pode ser reinterpretado num contexto mais amplo: seria uma crítica à aventura familiar na qual Freud estava a ponto de embarcar e aos seus riscos. Não obstante o que tenha produzido de positivo, essa análise foi, em essência, uma encenação de Édipo, representada dos dois lados do divã; do lado negativo, teve como resultado, notadamente, que Anna, vítima das suas inibições quanto ao amor-objeto, entregou-se a uma vida inteira de privação.

A análise incestuosa de Anna encontrou seu derivativo num ensaio publicado em 1923, *Fantasias de espancamento e devaneios*, texto que lhe permitiu também entrar na Sociedade Psicanalítica de Viena. Essa iniciativa bem que merece o nome de "Vienagate". O fato de Anna Freud ter publicado um

O LIVRO NEGRO DA PSICANÁLISE

artigo oriundo do seu Édipo em maio de 1922, uns seis meses antes que ela mesma começasse a receber pacientes, demonstra em parte o caráter único do texto: talvez pela primeira (e única?) vez na história da psicanálise, o artigo pelo qual um candidato deveria ser julgado baseava-se, embora ela afirmasse o contrário,[5] em sua própria análise, sendo presidente de honra da banca examinadora nada menos que o seu próprio pai e analista. As questões éticas que envolvem esse texto, excessivamente carregado de efeitos culpabilizantes de um rito de passagem profissional, puderam contribuir bastante para a relação conflituosa que Anna alimentou, durante toda a vida, com a escrita.

Outra particularidade do ensaio de Anna é que ele se baseia ao mesmo tempo nas interpretações do pai durante a análise e no ensaio deste último intitulado *Uma criança é espancada*[6], que parece fundir-se em parte com a análise da filha. Pode-se dizer, portanto, que o artigo autobiográfico que Anna propôs quando da sua candidatura à Sociedade Psicanalítica era, ao mesmo tempo, uma obra que reescrevia o trabalho do pai-analista e a sua própria versão do relato biográfico que ele fizera dela.

Freud redigiu *Uma criança é espancada* em 1919, quando o primeiro ano de análise de Anna já estava bem avançado. Aos meus olhos, o "presente contínuo" usado na tradução do título para o inglês (*A Child Is Being Beaten*, ou seja, uma criança está sendo espancada) reflete a atividade clínica paralela de Freud e Anna. Com efeito, ele estava mesmo a espancá-la. Ao representar em casa a cena do retorno do recalcado e ao adaptar à sua posição ao mesmo tempo paterna e profissional a teoria da sedução, Freud provocou na filha um processo de sedução iatrogênica e de violação. As fantasias desta de ser espancada viram-se redobradas.

Entre 5 e 6 anos, explica-nos Young-Bruehl na confiável reconstituição que faz da juventude de Anna Freud, a menina fantasia várias vezes uma cena de amor incestuoso com o pai. Essas fantasias, submetidas à regressão ao estágio sadicoanal, afloraram à superfície sob a forma de fantasias em que era espancada, durante as quais ela se masturbava. Entre 8 e 10 anos, as fantasias de ser espancada foram substituídas, apesar de alguns retornos intermitentes, pelo que ela chamava de "belas histórias", nas quais um malfeitor jovem e frágil, do sexo masculino, via-se à mercê de um homem mais velho e mais forte do que ele. Depois de certo número de cenas em que a

380

AS VÍTIMAS HISTÓRICAS

tensão crescia e o rapaz era ameaçado de castigo pelos seus erros, vinha finalmente o perdão. Como seria de esperar, a autora nos explica que essas "belas histórias" tinham não só estrutura semelhante às fantasias de espancamento como às vezes se transformavam em fantasias de espancamento propriamente ditas, acompanhadas de gratificações masturbatórias que perduraram pelo menos até os seus 18 anos.[7]

A continuação do nosso relato não fica atrás em termos de estranheza histórica. Sophie Freud, mãe de Ernst e do irmão caçula, morreu em Hamburgo em janeiro de 1920. Anna, então, passou muito tempo naquela cidade para cuidar dos sobrinhos. Perpetuou a tradição dramática familiar tentando fazer-lhes, ao seu modo e amadoristicamente, uma análise enquanto brincava com eles, como se tivesse dentro de si o demônio da repetição descrito pelo pai. Tudo isso foi um modo de Anna apagar-se e voltar-se para o pai. A sua análise prosseguiu, mesmo a distância, durante aquele verão,[8] em começos do qual o pai concluiu *Além do princípio do prazer*.

Um ano depois do final dessa primeira análise, Sigmund Freud sofreu a primeira operação para tratar-se do câncer. Anna promete então nunca mais abandoná-lo.[9] Entretanto, não foi essa capitulação ascética que em 1924 estaria, segundo ela, na origem da retomada do tratamento — desse mórbido acasalamento psicanalítico. Anna sente, em vez disso, que deve voltar à análise devido ao ressurgimento das suas fantasias de ser espancada e das "belas histórias". Como explica a Andreas-Salomé, retoma a análise na primavera de 1924 devido à "intrusão ocasional e inconveniente de devaneios aos quais se soma a intolerância crescente, às vezes física além de mental, das fantasias de ser espancada e das suas consequências (ou seja, a masturbação), que ela não aceita mais".[10]

Em começos de 1925, enquanto Anna acumula as funções de enfermeira e paciente, Freud escreve *Algumas consequências psíquicas da diferença anatômica entre os sexos*, terminado durante o verão que passa na companhia de Anna e Andreas-Salomé. Este último fazia as vezes de segundo analista para Freud e a filha; deste modo, assim como Anna, prodigaliza a Freud os seus conselhos enquanto ele redige o seu ensaio. Tanto a terapia propriamente dita quanto o relatório escrito envolviam, assim, três pessoas num tipo de valsa analítica.

As particularidades da análise de Anna não param aí; o próprio Freud admite que as afirmativas de ordem geral sobre a psicologia feminina contidas em seu artigo baseiam-se na observação "de um certo número de casos".[11] Isso significa, com toda a clareza, a análise da filha, que terminara havia pouco tempo. Quando Freud, doente, aceitou em setembro o pedido de Anna para ler o seu texto no Congresso Internacional de Psicanálise,[12] eis o que a nossa representante analista e masoquista teve de pronunciar na tribuna:

> Quando uma mulher toma consciência da ferida infligida ao seu narcisismo, ela desenvolve, à guisa de cicatriz, o sentimento de inferioridade. Quando supera a relação entre a ausência de pênis e a punição que se lhe inflige e percebe a generalidade dessa característica sexual, começa a partilhar do desprezo que os homens sentem por um sexo que lhes é inferior nesse domínio tão essencial e faz tudo para ser homem, no mínimo por defender essa opinião. (...)
>
> Quando, mais tarde, o apego da filha ao pai desmorona e ela precisa abandonar este sentimento, ele pode dar lugar a um processo de identificação. A menina pode então voltar-se para o seu complexo de masculinidade e, em certos casos, fixar-se nele. (...)
>
> O supereu da mulher nunca é tão inexorável, tão independente, tão separado das suas origens emocionais quanto aquele que se exige de um homem.
>
> Os traços de caráter que os críticos sempre usaram contra as mulheres — elas têm o senso de justiça menos desenvolvido que os homens, sofrem mais para se submeter às grandes exigências da vida, são influenciadas com mais frequência em seus julgamentos pelos sentimentos de afeição ou hostilidade — deveriam ser, todos, postos na conta das diferenças de formação do supereu. (...) Não devemos nos deixar distrair por tais conclusões, pelos argumentos das feministas que querem nos obrigar a considerar os dois sexos perfeitamente iguais em posição e valor.[13]

Na leitura dessas observações, podemos nos perguntar que sentimentos teriam afetado Anna enquanto lia esse artigo e como este foi recebido pelo público. Entretanto, não precisamos procurar muito longe: a biografia de

AS VÍTIMAS HISTÓRICAS

Freud escrita por Jones (1957) nos traz um depoimento em primeira mão: "O grande evento do Congresso foi a novidade de Freud ter encarregado a filha Anna de ler um artigo escrito especialmente para a ocasião. Esse sinal de atenção de sua parte, somado ao conteúdo do artigo e *ao modo como foi lido*, foi apreciadíssimo por todos."[14]

Na minha opinião, os papéis múltiplos que Anna desempenhou na gestação do ensaio do pai — sujeito, colega que o beneficiava com suas críticas e depois, finalmente, porta-voz — contribuíram para solidificar o seu complexo de masculinidade e a aprisionaram numa identificação esmagadora e ambivalente pelo pai doente embora todo-poderoso, identificação cujos elementos transferenciais negativos e eróticos subtraíram-se fundamentalmente à análise. A reversibilidade dos papéis de terapeuta e paciente ficou irremediavelmente combinada com as diferentes facetas de uma colaboração complexa e etérea (o lugar ocupado por Anna Freud em *Uma criança é espancada* [1919] e *Algumas consequências psíquicas...* [1925], este incluído por Freud em *Fantasias de ser espancado* [1922]). Não há nada de espantoso no fato de as encenações dos dois convergirem por apoiar-se em outra pessoa, no caso um amigo da família que desempenha praticamente o papel de analista clínico.[15] Eles recorrem, portanto, a Andreas-Salomé, que Anna utiliza, além disso, como consultor indispensável em *Fantasias de ser espancado*[16] e a quem Freud pede conselhos em *Algumas consequências psíquicas...*

Um novo episódio começa no outono de 1925: Anna não está sendo analisada, e Dorothy Burlingham, separada do marido, chega a Viena com os quatro filhos. Dois deles vão fazer análise com Anna Freud (os outros dois seguirão o exemplo alguns anos mais tarde). Nessa época, com vergonha do apego bastante súbito que sente por Dorothy Burlingham e incapaz de falar sobre isso com o pai, Anna eleva Max Eitington à condição de analista epistolar. Para coroar tudo isso, Anna faz com que, a partir de 1927, o pai receba Dorothy como analisanda; a história dessa amizade feminina crescente parece não ter acontecido frente a frente no apartamento dos Freud, mas indiretamente, a partir do divã do analista.[17] Todas as testemunhas concordam ao dizer que nasceu uma relação de gemelidade (ou de espelho) entre Anna e Dorothy. Esta última instalou-se no número 19 da Berggasse em 1929 e tinha uma linha telefônica direta entre o seu quarto e o de Anna, para o caso de querer falar-lhe durante a noite.[18] Para perpetuar a desastrosa terapia familiar inaugurada pelo pai, Anna tentou analisar os filhos da sua confidente mais íntima.

A análise de Dorothy terminou quando Freud morreu. Ela mudou-se com Anna Freud para Mansfield Gardens, 2. Entrementes, os quatro filhos de Dorothy Burlingham casaram-se e mudaram-se para os Estados Unidos. Desde então, ver a mãe não foi mais natural nem espontâneo: "A única razão das suas visitas era retomar a análise." Embora adultos, os jovens, ainda por cima, foram submetidos à lei de coabitação ditada por Anna Freud: enquanto ela estivesse presente em Mansfield Gardens, os Burlingham podiam ali ficar e dormir, mas não os seus cônjuges.[19] Dois deles foram, de qualquer modo, fracassos terapêuticos: um fez análise de 1925 até a morte, 45 anos mais tarde — concorrente sério do Homem dos Lobos;[20] uma das filhas, que Anna considerava o caso "mais coroado de sucesso" dos dez primeiros que analisara, tomou certa noite uma superdose de medicamentos em Mansfield Gardens, nos aposentos da mãe e da analista, e morreu duas semanas depois. O que esse drama poderia ter de perturbador, de *inquietante estranheza*, não impediu, contudo, que a mãe consienciosa comparecesse à sessão de psicanálise na manhã seguinte.[21] Um caso tão infeliz parece confirmar a moral da Bíblia que diz que os pecados dos pais voltam para assombrar as gerações seguintes.

Notas

1. Traduzido do inglês para o francês por Marie-Cécile Politzer. Este texto foi publicado pela primeira vez em *Freud and the History of Psychoanalysis*, T. Gelfand e J. Kerr (orgs.), The Analytic Press, Inc., 1992.

2. Cf. E. Young-Bruehl, *Anna Freud: A Biography*, Nova York, Summit books, 1988, p. 115; *Anna Freud, une biographie*, trad. J.-P. Ricard, Paris, Payot, 1991; P. Roazen, *Freud and His Followers*, Nova York, Knopf, 1975, p. 438-40.

3. S. Freud, "Le thème des trois coffrets", *Standard Edition*, 12, Londres, Hogarth Press, 1958, p. 289-301.

4. E. Young-Bruehl, *op. cit.*, 1988, p. 158-68.

5. E. Young-Bruehl, *op. cit.*, Nova York, Summit books, 1988, p. 103.

6. S. Freud, "A child is being beaten", *Standard Edition*, 17, p. 175-204.

7. E. Young-Bruehl, *op. cit.*, Nova York, Summit books, 1988, p. 59-60, 104-5.

8. P. Gay, *Freud, A Life for Our Times*, Pan Macmillan, 1988, p. 436; *Freud: Une vie*, Paris, Hachette, 1991.

9. E. Young-Bruehl, *op. cit.*, Nova York, Summit books, 1988, p. 118-20; 1989, p. 397.

10. E. Young-Bruehl, *op. cit.*, Nova York, Summit books, 1988, p. 122.

11. S. Freud, *Standard Edition*, 19, p. 258.

12. E. Young-Bruehl, *op. cit.*, p. 398.

13. *Ibidem*, p. 253-8.

14. E. Jones, *The Life and Work of Sigmund Freud*, Nova York, Basic books, 1957, p. 112 (itálico nosso).

15. E. Young-Bruehl, *op. cit.*, p. 111; P. Gay, *op. cit.*, p. 437.

16. P. Gay, *op. cit.*, p. 437.

17. E. Young-Bruehl, *op. cit.*, p. 137

18. M. J. Burlingham, *The Last Tiffany: A Biography of Dorothy Tiffany Burlingham*, Nova York, Macmillan, 1989, p. 182, 205-6.

19. M. J. Burlingham, *op. cit.*, p. 305.
20. P. Mahony, *Les Hurlements de l'Homme aux loups, Paris*, PUF, 1995.
21. M. J. Burlingham, *op. cit.*, p. 250, 310.

2. Pais e filhos, as primeiras vítimas

Ao inserir os pais no âmago do seu mecanismo, a psicanálise disparou um vasto sistema de alarme no qual as crianças são finalmente, por ricochete, as vítimas. Como os primeiros anos são decisivos na história da criança, os pais ficam, a partir daí, convencidos de que estão investidos de um poder gigantesco: são responsáveis pelo estado psíquico da progênie, têm o poder de fazer dos filhos seres equilibrados ou angustiados crônicos, pessoas que terão vida afetiva frutífera ou passarão anos nos consultórios dos psicoterapeutas. A amplitude da responsabilidade tem mesmo que amedrontar! Entre o pai e o filho embutiu-se, desde então, um intermediário inevitável: o inconsciente. Tudo o que posso dizer ou fazer como pai é suscetível de modelar essa entidade misteriosa, num ou noutro sentido.

A psicanálise assumiu valor de ordem: responde, às vezes com ditames totalmente contraditórios, a todos os SOS educativos dos pais jovens que querem "agir direito" para que o filho seja "psicologicamente correto". Resultado: os pais se angustiam e os filhos muitas vezes ficam presos na recusa da realidade, na "intolerância à frustração" que traça o caminho da sua própria desgraça.

Didier Pleux lamenta que o bom-senso parental tenha cedido lugar a imperativos psicológicos muitas vezes pouco adaptados à criança. Longe das hipóteses freudianas, estabelecendo-se uma boa compreensão emocional entre pais e filhos, pode-se devolver à educação os seus títulos de nobreza, na escuta, no amor e no respeito ao outro.

EDUCAÇÃO E PSICANÁLISE

Didier Pleux

No princípio, a psicanálise interessava-se essencialmente pela psicopatologia do adulto. Ao longo da carreira, Freud quase não cuidou da criança. Não há registro em sua obra senão do caso do Pequeno Hans, aliás Herbert Graf, com quem teve contato em 1907 devido à fobia de cavalos.[1] Graças à psicanálise, o menino curou-se da fobia, como escreveu Freud a Jung em 1908. Na verdade, Freud só viu a criança durante alguns instantes; foi por intermédio do pai que o pequeno Hans foi "tratado".

Nesse início do século XX que viu eclodir a psicanálise, alguns pais próximos a Freud tentaram educar os filhos de modo "preventivo", aplicando os preceitos psicanalíticos para evitar na criança as neuroses e traumas que poderiam pôr em risco a sua felicidade futura. Foi este, notadamente, o caso do jovem Rolf, que serviu de cobaia à tia, Sra. Hug-Hellmuth; ela tornou-se a primeira psicanalista de crianças. Rudolf, apelidado de Rolf, foi descrito pela tia como instável, ardiloso, sujeito a pulsões criminosas. Graças à sua educação tingida de freudismo, a Sra. Hug-Hellmuth curou a criança; pelo menos, foi o que disse a Freud. A mãe do pequeno Rolf faleceu quando ele tinha 8 anos. Aos 18, Rolf tentou roubar a tia e estrangulá-la. Pode-se imaginar melhor educação preventiva?

Freud declarou em 1907: "É nas mãos da educação psicanaliticamente esclarecida que repousa o que se pode esperar da profilaxia individual das neuroses."[2] O caso Hans, como o de Rolf, tende a provar que essa prevenção por meio da aplicação dos preceitos da psicanálise à educação é duvidosa.

Outros grandes nomes da psicanálise de crianças insistiram no interesse do conhecimento psicanalítico, sempre com o louvável objetivo de fazer com que o futuro homenzinho não sofra. Mas a teoria logo tornou-se unívoca: se a criança tem problemas, se apresenta perturbações do comportamento, necessariamente isso vem de um "bloqueio afetivo". E esse bloqueio vem da relação com os pais, logo da educação. Assim diz Melanie Klein, considerada uma das fundadoras da psicanálise de crianças. Ou Bruno Bettelheim, que culpará, por sua vez, milhares de mães de crianças autistas[3] e que muitos pais leram com paixão de tanto que ele sabia, como Françoise Dolto, unir o bom-senso educativo à teoria psicanalítica.[4] Outros ainda, como René Spitz, divulgaram as consequências da carência materna durante os 18 primeiros meses da criança, causalidade hoje contradita pelas teorias da resiliência, assim como por pesquisadores como Jerome Kagan.[5] Quanto a John Bowlby, aluno de Melanie Klein, a sua teoria do apego enuncia claramente as responsabilidades: se a relação com a mãe não é boa, haverá numerosas patologias devidas, entre outras, à angústia de separação da criança.[6]

Dessas diversas concepções da evolução afetiva da criança somente esboçadas aqui, eis o que transparece: é na relação com os pais, sobretudo com a mãe, que se desenvolvem as patologias dos filhos. Daí a ideia de que a educação tem de responder à teoria que trata esses problemas: a psicanálise. Tudo se passa como se a psicanálise utilizasse a patologia das crianças para melhor afirmar as suas crenças sobre educação.

No entanto ficamos aí num discurso entre especialistas, com lógica perfeita em relação ao pensamento psicanalítico: o papel da mãe é decisivo na construção psíquica inconsciente da criança. É, finalmente, com Françoise Dolto que o discurso psicanalítico se interessa pela criança "normal". É verdade que a formação dela baseou-se na observação de crianças doentes; Françoise Dolto recebeu casos muito patológicos no Centro Claude-Bernard do Hospital Trousseau (de 1940 a 1978) e no Centro Étienne-Marcel (de 1962 a 1985). Mas também se interessa por temas mais banais, pelo bebê que não apresenta nenhum problema específico, por questões de alimentação, lim-

PAIS E FILHOS, AS PRIMEIRAS VÍTIMAS

peza, relação entre irmãos e irmãs, por tudo o que constitui o cotidiano de numerosos pais. De um só golpe, a psicanálise entra no domínio educativo: como se deve fazer para "construir" psiquicamente, afetivamente, um bebê, uma criança feliz, sem neurose? E, à guisa de consequência, troca-se o discurso do especialista por um discurso para o grande público.

Aí é que mora o perigo: o que até então não passava de afirmações de especialistas será amplamente difundido. As ideias, que não passavam de hipóteses saídas da psicopatologia, serão repisadas como verdades educativas. A evolução dos textos e das transmissões radiofônicas de Françoise Dolto é testemunha disso.

Em sua tese de 1938, "Psicanálise e pediatria", ela redige 130 páginas sobre a parte clínica e só apresenta casos de grande banalidade: alguns problemas de atraso e lentidão na escola, instabilidade, criança colérica e os dois terços de problemas de xixi na cama. Naquela época (o pequenino não era considerado "pessoa" por inteiro, é bom lembrar), é provável que a enurese pudesse traduzir outros sofrimentos e que a teoria psicanalítica respondesse algumas perguntas. Mas há um amálgama com outros distúrbios: criança instável, mentirosa, desmotivada na escola; todo comportamento "desviante" tem um sentido oculto, é o sintoma revelador de um distúrbio mais profundo. Em *O Caso Dominique* (1971), Françoise Dolto volta a ser especialista em patologia infantil para mencionar um transtorno psiquiátrico. Mas os últimos textos, que se seguiram aos programas de rádio de grande sucesso, *A causa das crianças* e *A causa dos adolescentes* (1985), voltam a dirigir-se a um público bem amplo. Trata-se, a partir daí, de fazer a prevenção e inculcar o que, psicanaliticamente, é preciso fazer na educação. Caso contrário, os pais correm grandes riscos; alguns capítulos de *A causa dos adolescentes* tratam disso: "Suicídio de adolescentes: epidemia oculta", capítulo 10; "Uma droga para cada um: falsos paraísos e pseudogrupo", capítulo 11; "Xeque-mate ao fracasso escolar", capítulo 12. Caso se force demais o adolescente, nessa época em que é tão "frágil", ele pode tornar-se delinquente, drogar-se, tentar o suicídio e ter mau desempenho escolar. A partir daí, os pais querem tranquilizar-se e precisam seguir os conselhos educativos, mesmo que às vezes sejam estranhos, de uma mulher que fala no rádio com tanto calor, humanidade e bom-senso.[7] Depois do enorme sucesso dos programas radiofônicos, Françoise Dolto con-

O LIVRO NEGRO DA PSICANÁLISE

sagrou-se, a partir de 1978, em atividades de formação e conferências e participou cada vez mais de vários programas de rádio e de televisão. Criou as suas "Casas Verdes" a partir de 1979. O que até então não passava de discurso de especialistas em psicopatologia vai tornar-se discurso educativo.

A partir daí, a educação e a psicanálise tornaram-se uma só.

Nossos filhos são criados dentro da "verdade" psicanalítica

A psicanálise, que a princípio era uma hipótese de compreensão da psicopatologia do adulto e depois da criança, guia desde então a maior parte dos pais; substituiu o discurso educativo.

O que é educação? Não encontro melhor definição que a do dicionário francês *Littré*: "Ação de criar, de formar uma criança (...). Conjunto de habilidades intelectuais ou manuais que se adquirem e conjunto de qualidades morais que se desenvolvem." A educação é bem compreendida em seu aspecto dinâmico, "desenvolvimentista", dirão os especialistas: os pais vão amar, acompanhar, proteger mas também formar, instruir, aconselhar, propor, proibir. Para a psicanálise, por outro lado, tratava-se originalmente apenas de prevenir patologias para lutar contra o determinismo que ela mesma instalara. Toda atitude parental, todo comportamento da criança é "psicologizado", analisado, decodificado. Findo o bom-senso, a espontaneidade, será necessário compreender, decodificar o "sentido".

A maioria das obras de divulgação científica propõe uma única abordagem da criança e do seu desenvolvimento afetivo, a psicanalítica: Marcel Rufo, escrevendo com Christine Schilte, Aldo Naouri, Claude Halmos, Edwige Antier, Maryse Vaillant, Nicole Fabre, Caroline Eliacheff são os autores mais conhecidos. Sempre o mesmo determinismo — tudo acontece nos primeiros anos, naquela primeira relação que liga a criança aos pais e à mãe em particular —, os mesmos conceitos e o mesmo temor de agir mal, de "estragar" a construção afetiva do filho.

Françoise Dolto, escritora dos anos 1970, ainda é atual, talvez mais do que nunca. Escrevem-se até livros para explicar aos pais as suas teses, como o de J.-C. Liaudet, *A criança explicada aos pais (segundo Dolto)*.

PAIS E FILHOS, AS PRIMEIRAS VÍTIMAS

Os meios de comunicação

Eles veiculam teses freudianas como se fossem revelações que não sofrem nenhum questionamento. E isso é normal, já que, pelo menos na França, este é o discurso hegemônico. Na imprensa feminina, na imprensa para os pais, na imprensa nacional, encontra-se sempre "O conselho do psicanalista". Uma criança que pega catapora "é reveladora", um menino disléxico é "um problema com o pai", o bebê que sofre de refluxo gástrico "rejeita o seio materno e, portanto, exprime o seu problema relacional com a mãe".

Cito este trecho do artigo de um jornal diário,[8] "E se reescutássemos Dolto?". Sobre as palavras de Françoise Dolto — "No inconsciente, o ser humano sabe tudo desde bem pequeno (...)", Edwige Antier, pediatra da mídia, comenta: "Françoise Dolto era visionária. Os estudos científicos sobre o comportamento pré-natal confirmaram o inacreditável: o recém-nascido está programado para entender as emoções da mãe."

E citam-se resultados relativos à aceleração do ritmo cardíaco de bebês de peito durante a conversa da mãe com uma parteira em que foi lembrado o parto doloroso. Quantas crianças foram avaliadas nessa pesquisa científica? Mais um caso isolado.

Que o feto seja sensível ao estresse da mãe, com certeza; que seja capaz de reconhecer a voz da mãe e a língua que ela fala, os estudos também o comprovaram; mas imaginar que escuta e entende uma conversa dentro da cavidade uterina já recai no pensamento mágico.

Um recente caderno, "Especial Pais",[9] testemunha igualmente essa hegemonia do pensamento freudiano. Nos artigos de 13 "especialistas", há 6 psicanalistas, 6 psicólogos, pediatras ou psicoterapeutas de linha psicanalítica e uma só representante das abordagens cognitivo-comportamentais: Gisèle George,[10] psiquiatra pediátrica reconhecida, cujo discurso é desnaturado sob o título "A oposição permite afirmar a personalidade". Ela, que exige um sistema educativo com recompensas e sanções quando necessário, viu-se reintegrada à psicologia "clássica": não fique contra a criança que se opõe; aceite que ela desenvolva o seu "Eu". Isso é verdade, mais uma vez, quando se trata de uma criança desvalorizada, com fraca autoestima. Mas não no caso das outras, aquelas que chamo de crianças onipotentes.

O LIVRO NEGRO DA PSICANÁLISE

O leitor, na verdade, não é avisado desse desvio ideológico. Contudo seria justo e honesto dizer: "Vocês vão ouvir o que se diz há cem anos na psicanálise, exceto na página 66, que é o depoimento de uma comportamentalista." Esse é um trabalho jornalístico? A culpa é deles? Não; quando se escreve sobre um tema, o automático é fazer os especialistas intervirem; isso é normal. Mas os especialistas pertencem, quase todos, à mesma escola; os jornalistas sabem disso? Do rádio aos jornais, é sempre o mesmo pensamento único.

Trecho de um programa de rádio de novembro de 2004: "Temos sempre em nós uma segunda pessoa que luta contra a nossa pessoa consciente (...) por exemplo, a criança que não faz mais nada na escola talvez esteja respondendo a uma segunda pessoa que a proíbe de ir bem na escola: você não deve ter sucesso para não ultrapassar a irmã mais velha que é boa aluna, ou então você precisa fracassar na aula para não dominar o pai que não estudou..." E o animador diz: "Mas essa segunda pessoa dentro de nós pode ir contra aquilo que a gente quer? (...)" A resposta é definitiva: "É uma pessoa inconsciente, difícil de encontrar, só a psicanálise pode nos levar a ela (...)."

Pediatras e psicanalistas

Para os profissionais, a grade de leitura psicanalítica é necessariamente satisfatória. Recordo-me do meu fascínio com *O caso Dominique*[11] quando estudava psicologia. Como não se entusiasmar com esse adolescente libertado da esquizofrenia em 12 sessões? Encontrei o livro e reli todas as minhas anotações nas margens: "essencial", "força do inconsciente", "um édipo frustrado".

O inconsciente lá estava, onipresente. Por trás dos comportamentos mais aberrantes, existia sempre uma explicação oculta, um "sentido" que descobríamos pouco a pouco. Tínhamos a impressão de entrar num mundo até então inacessível e isso parecia claríssimo. Aliás, num dos sites dedicados a Françoise Dolto um título fala disso mesmo: "O milagre Dolto." E o autor nos recorda essa história da criancinha psicótica para quem a máquina de costurar da mamãe era o símbolo da ausência do pai. Não há nada no real, tudo se passa simbolicamente, na construção invisível do inconsciente, e só alguns iniciados poderão nos dar a chave da revelação.

PAIS E FILHOS, AS PRIMEIRAS VÍTIMAS

Portanto, as dificuldades de aprendizagem se explicam, prioritariamente, pela deficiência na construção da personalidade da criança, por uma ligação desfavorável com a mãe. A hipótese pedagógica é apenas secundária. Os especialistas preferem entender que transtornos como o "déficit de atenção" e as atitudes de fracasso traduzem um "supereu rígido e patológico", que a "inibição" está ligada à patologia fóbica e que os "distúrbios de memória" correspondem a determinadas estruturas histéricas, que as "ruminações intelectuais" assinalam uma disfunção obsessiva e que o sintoma de agressividade relacional na escola está ligado com frequência à organização depressiva da personalidade.

Quanto às dificuldades de aprendizagem de matemática, ou discalculia, ainda são interpretadas como patologia da "relação"!

Hoje os pais procuram, sem tabu, profissionais de saúde mental, psicólogos, psiquiatras pediátricos, antes reservados às crianças que sofriam de patologias. Depois que aprenderam que havia "outra coisa" que se construía apesar ou por causa da sua educação, dirigiram-se aos que "sabem". Na nossa cultura, se a criança "tem um problema" é porque há alguma coisa por trás; os professores alertam os psicoterapeutas à menor desmotivação escolar, os pais correm a consultar o especialista para que ajude o filho a se alimentar melhor, a dormir cedo, a se concentrar mais nos estudos... em suma, para remediar o seu não saber educativo. O inconsciente está em jogo, isso não lhes diz respeito.

Na escola

O conteúdo dos estudos de psicologia da década de 1970, fosse em educação especializada, ciências da educação, psicologia ou psicopatologia, girava em torno da psicanálise. Hoje, quando se consulta pela internet os programas adotados nos IUFM (Instituts Universitaires de Formation des Maîtres), nos Institutos Regionais de Trabalhadores Sociais e em diversas universidades, não se vê muita mudança. Há aberturas; as neurociências, notadamente, recuperam os seus títulos de nobreza; mas quando se trata de psicopatologia não há referência a outras abordagens além da psicanalítica. No último ano da universidade (em filosofia e letras), o aluno só aprenderá uma única coisa: somente a psicanálise trata dos problemas psíquicos. Quer se torne professor, assistente social, educador ou psicólogo, só conhecerá o discurso único. Se decidir tornar-se jornalista, só recordará o ensinamento único, daí o discurso freudiano de numerosos redatores e entrevistadores da área de psicologia nas revistas ditas especializadas, que, pela maioria dos seus artigos, não passam de revistas de psicanálise aplicada, muitas vezes por ignorar outras abordagens.

Há cerca de uma década, fui convidado por um IUFM e ali critiquei Françoise Dolto; não houve mais nenhum convite, apesar de três obras sobre desmotivação escolar e educação. Depois, há dois anos, tive o atrevimento de interpelar um responsável pedagógico do IUFM da minha região num programa de televisão regional: porque ainda ensinam Dolto? A minha pergunta não recebeu resposta, somente olhares desaprovadores dos convidados e apresentadores. Tive a sensação de ser reacionário! Entretanto contestar o pensamento único não é bastante revolucionário?

Como Françoise Dolto analisa a desmotivação escolar? Vejamos o caso de Sébastien, 10 anos:[12] "Criança muito nervosa, indisciplinada, mentirosa, autoritária. Não aprende nada nas aulas, a professora não consegue mais aguentá-lo (...)." Os conselhos: "Não lhe dizer duas vezes [à criança] que se levante para ir à escola. Se não se levantar, tanto pior (...)."[13] Se há um bloqueio, não se deve forçar a criança... Talvez, no caso de algumas crianças. Mas não no caso de muitas outras. O problema de Sébastien viria da culpa devida aos atos de masturbação:

> Tratava-se de uma angústia de castração. (...) Sébastien projeta sobre os outros a responsabilidade, (...) acumula sentimentos de culpa que, somados à sua angústia de castração, buscam o alívio que ele encontra na punição provocada pelas cenas ridículas devidas a indocilidades pueris e negativismo sistematizado.

Outro caso: Didier, 10 anos e meio,[14] que sofre de "atraso escolar considerável (...)". Na leitura, ficamos sabendo que o pequeno Didier teve, a princí-

PAIS E FILHOS, AS PRIMEIRAS VÍTIMAS

pio, boa avaliação do seu potencial e que as sessões de apoio e revalorização tiveram boa participação no "desbloqueio" e na atualização da sua capacidade. A interpretação logo surge: o prognóstico de Didier é bom,

> mas do ponto de vista sexual, a puberdade estando próxima, Didier não nos parece capaz, com a mãe que tem, de resolver a questão a não ser pela homossexualidade manifesta. Isso no caso mais favorável, porque para ele a homossexualidade representa a única modalidade inconscientemente autorizada pelo seu supereu, calcado sobre o supereu materno.

Isso quase poderia ser cômico, mas é sério.

> O édipo tardio vai mal na escola (...) numerosos problemas escolares têm assim a sua origem em desejos edipianos não resolvidos.[15]

O que nos diz a teoria psicanalítica sobre a escolaridade da criança? Que não há adaptação à escola se o complexo de Édipo persiste. Também nos diz que uma criança de 6 anos que entra na classe de alfabetização pode investir no escolar porque a sua sexualidade ficará em surdina nesse período de "latência". Que estranha "latência"! Como se tudo acontecesse sem choques nessa idade, quando, bem ao contrário, a criança pequena entra num período de "turbulência": primeiras conquistas difíceis na escola, competição com os colegas, saída da primeira infância.

Mas atenção! Se a criança ainda está apegada demais à mãe (o que é muito frequente nessa idade), significa que ainda não desinvestiu as suas "relações edipianas" e que será incapaz de ter uma nova "relação de objeto" com a professora. Será preciso, portanto, consultar um psicanalista para consertar para todo o sempre a questão edipiana, senão a criança se afundará nas disfunções.

Os pais caem facilmente na armadilha analítica: toda dificuldade escolar revela um problema no plano relacional. Então, que se faça tudo de outro jeito e se proceda à análise funcional do problema para examinar a disfunção escolar em sua totalidade. Seria, portanto, uma abordagem:

O LIVRO NEGRO DA PSICANÁLISE

— **operatória**: como a criança aprende? Com que ferramentas? Como as usa?

— **contextual**: onde e com quem se dá a disfunção?

— **afetiva** ou "**conativa**": que atitude tinha a criança antes das dificuldades de aprendizagem? Como ela se motiva ou se desmotiva?

— e **educativa**: qual é a influência da educação parental sobre a aceitação das restrições escolares?

Sou psicólogo cognitivista e sei muito bem que a operação, como a chamamos (operar, atuar sobre o meio ambiente, tem muita relação com a aprendizagem), é interacional (na relação com os outros), afetiva (na vivência emocional) e instrumental (com as "ferramentas" do funcionamento operatório ou mental).

Em casa

A psicanálise impregnou de tal modo a nossa cultura que a maioria dos pais considera verdade inquestionável a existência do complexo de Édipo e das diversas fases que marcam o desenvolvimento da criança. A alimentação (seio ou mamadeira), o controle da evacuação, o nascimento de outra criança, tudo é questão essencial, hora de não escorregar sob o risco de deixar para sempre cicatrizes indeléveis no inconsciente da criança.

Os nossos filhos seguiriam um percurso determinado. Todos nós, pais, educadores, psicoterapeutas e crianças (nas aulas de filosofia), aprendemos que há fases incontornáveis do desenvolvimento psíquico: fase oral, anal, edipiana, fálica e a famosa crise da adolescência. E, não importa o que façamos, não é a nossa ação, mas a problemática inconsciente que determinará o sucesso nessa ou naquela fase, a integração inconsciente de uma fase de evolução ou a vontade de regredir. Alguma coisa nos escapa.

Uma concepção datada

Françoise Dolto foi médica pediatra na década de 1970. Vamos recordar o contexto. Pela primeira vez, ouvíamos um especialista nos dispensar daquele respeito absoluto aos pais até então ensinado. Como não aderir a

PAIS E FILHOS, AS PRIMEIRAS VÍTIMAS

quem quer que contestasse, enfim, a sacrossanta família? Marx viera com a sua vontade de revoltar-se contra o sistema capitalista e a exploração do homem pelo homem; Freud nos abrira os olhos para o recalque sexual geral das décadas precedentes; só nos restava vencer os ditames familiares, o autoritarismo do *pater familias* e de todo tipo de matronas.

Françoise Dolto conheceu a geração dos atuais quinquagenários, os tapas na cara, às vezes por dá cá aquela palha, que voavam em casa. Ela sofreu essa falta de comunicação, essa ausência de diálogo, quando gostaria tanto de poder falar e compartilhar. Ela se lembra do medo na boca do estômago quando chegava a hora de mostrar o boletim. Sabe até que ponto podia ser duro não existir numa refeição em família, ter de sofrer as zombarias e observações cáusticas dos adultos. Alguns pais já tinham percebido a sensatez do respeito à criança e sabiam aliar autoridade (não se faz o que se quer quando se é criança) a tolerância educativa (torne-se o que você tem de se tornar). Esses não tinham necessidade de lição educativa da parte de psicanalistas. Mas as crianças que cresceram no pós-guerra foram negadas muitas vezes pelo mundo da gente grande. Quando adultas, só lhes era possível concordar com as propostas dessa médica que dizia em voz alta o que tinham sofrido em voz baixa: a criança existe, precisa de um olhar positivo para crescer e florescer. A partir daí, os novos pais tudo fariam para que o filho fosse feliz, reconhecido, autônomo.

Como muita gente da minha geração, admirei essas novas teorias. A própria Dolto foi vítima dessas mães rejeitadoras: falava de como sofreu com a morte da irmã mais velha, Jacqueline. À perda da irmã somou-se, ainda por cima, a reflexão cáustica da mãe, que preferiria que fosse ela, a pequena Françoise então com 12 anos, que tivesse morrido. Um trauma afetivo real e, mais tarde, o encontro com a interpretação psicanalítica que explicaria tudo: a mãe agressiva na origem do mal-estar da jovem Françoise Dolto. Quem não teve, num momento ou noutro, essas feridas causadas por grosserias dos pais? Naquela época, eram muitíssimas: frequentemente, a criança era o bode expiatório das tensões familiares e tinha de sofrer com o mundo adulto para forjar o caráter.

Para Françoise Dolto, a partir daí tudo seria feito para proteger a criança vítima do mundo adulto e do seu abuso de poder. E isso a filha, Catherine Dolto-Tolich, resume muito bem:

Ter sabido impor a sua visão da criança como sujeito desejante desde a concepção, fazer ouvir o sofrimento dos pequenos devolvendo-lhes assim a dignidade, apresentar como noção primordial o respeito à sua pessoa, constitui a vitória dela sobre a criança sofrida que foi.

O que diz a psicanálise sobre a criança?

As "fases" da evolução da criança

O Inconsciente, com as suas fases evolutivas, é o mesmo para todos; para cada um, uma leitura única.

Todo mundo já ouviu falar das fases oral, anal, fálica. Como destaca Jacques Van Rillaer, essa teoria não é desprovida de interesse nem de benefícios:[16]

— a fase oral, durante a qual predomina a zona bucal, permite lembrar a importância do modo de se alimentar;

— a fase anal, caracterizada pelo surgimento dos dentes, pelo reforço da musculatura e pelo controle da função dos esfíncteres, contribui para suprimir os sentimentos de vergonha ligados à defecação;

— a fase fálica, *dominada pelo pênis e pelo clitóris*, elimina a culpa dos jogos sexuais das crianças.

Sendo assim, o que nos garante que essas hipóteses são fundamentadas? Onde estão as observações, os estudos que validem essas proposições? É a pergunta feita por Jacques Lecomte:[17]

Esses axiomas, perfeitamente hipotéticos e que jamais receberam a menor demonstração experimental, são contudo utilizados correntemente pelos psicanalistas; foram até adotados pelo grande público. Pode-se supor que o seu sucesso deriva do fato de que Freud os apresentou não como hipóteses a serem confirmadas ou desmentidas, mas como realidade incontestável.

Pouco importa aos psicanalistas que não haja hormônio sexual secretado por todo o corpo e, portanto, nele circulando. Pouco lhes importa também que

PAIS E FILHOS, AS PRIMEIRAS VÍTIMAS

se possa achar muito estranha esta afirmação peremptória feita por Freud: "As glândulas sexuais não são a sexualidade."[18]

Falar de "sexualidade oral" também não faz sentido, dada a ausência de substância sexual no nível da boca. Mas, fiel aos seus empilhamentos de noções inconfirmáveis, Freud afirma que a necessidade de satisfação que o lactente exprime quando mama é boa prova de que "essa necessidade pode e deve ser qualificada de sexual".[19]

A noção de sexualidade infantil não apresenta nenhum elemento científico.

Como é igualmente lamentável que tantas outras etapas do desenvolvimento da criança se encontrem reduzidas, ou mesmo esquecidas, diante desse desenvolvimento psicossexual incontornável! O que pensar da socialização da criança, subentendida durante o período de latência: não é uma encruzilhada importante da evolução da criança em sua relação com o outro? O mesmo no caso da aquisição do juízo moral, da época do aprendizado escolar etc. É isso o que choca: tudo o que é real fica em segundo plano, o que importa é dizer que a construção psicológica se faz fora da realidade, inconscientemente, em momentos básicos da evolução sexual, em fases nas quais todo fiasco gerará recalque, logo patologia. Tudo é "lógico" para os freudianos: as fases da evolução da criança só obedecem à hipótese única da supremacia da libido no desenvolvimento. Somente o aspecto pulsional é levado em conta.

Outra obrigação se apresenta: todo ser humano tem de evoluir seguindo essas fases numa cronologia absoluta, senão há neurose! O que fazer dos "deslocamentos horizontais" (todo indivíduo, em todo modelo geral, assinala a sua especificidade pela fase que lhe é proposta) e dos "deslocamentos verticais" (o homem não evolui segundo o modelo desejado e mostra com frequência precocidades e atrasos de amadurecimento)?

Como se pode definir um modelo geral de desenvolvimento psíquico da criança? As crianças têm temperamentos diferentes, código genético diferente; não podemos negligenciar todas essas disparidades. Além do meio social que sempre interage com ela e que não poderia ser o mesmo para todos, além da sua própria experimentação nesse meio, não podemos deixar de falar do temperamento, daquilo que é inato. Não é questão apenas de temperamentos introvertidos ou extrovertidos, mas também de atitude. Entre as atitudes infantis de ansiedade, desvalorização ou intolerância às frustrações, quanta diferença! E quantas atitudes diferentes dos pais são necessárias!

Alguns dirão que o modelo não passa de um esquema, que cada ser humano atravessa essas fases diferentes de acordo com o seu amadurecimento; assim, segundo o humor do especialista, acharemos complexos de Édipo precoces, aos três anos, ou tardios, na adolescência... Mais uma vez, tudo é feito para corresponder à teoria e evitar todas as críticas; o modelo se torna "específico" e, portanto, não é mais "geral"!

O inconsciente do seu filho

Eis aqui, mais ou menos, o discurso induzido pelas teorias psicanalíticas: pais, vocês não podem ver o seu filho do jeito que ele é. O que ele faz, o que ele lhes mostra, é apenas aparência; outra pessoa, essa sim verdadeira, é construída paralelamente à realidade. E essa identidade inconsciente é forjada nos primeiríssimos anos da infância, para não dizer durante os primeiros meses, dias ou momentos da concepção.

De Melanie Klein[20] a René Spitz[21] e Françoise Dolto, o determinismo reina entre os fundadores da psicanálise de crianças: "Todo fato vivido por uma pessoa, quando se lhe atribui sentido, fica nela inscrito de modo indelével."

Essa frase de Dolto retoma a hipótese freudiana incontornável: os traumas fragilizam o ser humano, marcam-se no inconsciente. E, para Françoise Dolto, a história humana começa desde a concepção.

> As crianças ouvem tudo, elas se recordam (...) desde as primeiras horas (...). No inconsciente a criança sabe tudo. As palavras vão diretamente ao inconsciente.
>
> Aos 16 meses, tudo está formado no inconsciente.
>
> Nós, psicanalistas, temos a prova de que a criança registra as palavras desde as primeiras horas (...) encontramos isso na psicanálise, nos sonhos.[22]

PAIS E FILHOS, AS PRIMEIRAS VÍTIMAS

Contudo, sabe-se hoje[23] que, embora o bebê seja capaz, desde o nascimento, de reconhecer a voz da mãe, só consegue chegar à linguagem bem mais tarde: são de 7 a 10 meses para ter o amadurecimento cortical que lhe permita os primeiros balbucios — etapa essencial do desenvolvimento da palavra — e de 9 a 17 meses para a descoberta do sentido das palavras. Como poderia ser capaz de acompanhar uma conversa de adultos? A ideia é bonita, mas totalmente irreal.

Entretanto, crenças não precisam de provas. Quando se trata da psicanálise, a veracidade das propostas nunca é exigida. É o contrário nas outras disciplinas. Eu me lembro da crítica do meu orientador quando preparava a minha tese e me insurgia um pouco contra a diferença de tratamento para com os doutorandos. Queixava-me de que um só caso bastava para validar a tese de um doutorando em psicopatologia (opção psicanalítica) enquanto de mim exigiam grupos de controle engenhosamente padronizados para verificar algumas hipóteses de trabalho em psicologia desenvolvimental. Não era a mesma coisa; a psicopatologia não exigia as novas normas experimentais do doutorado. Eu estava no domínio científico: para mim, era inevitável operacionalizar as minhas hipóteses de trabalho para validá-las... Quanto aos outros doutorandos, nada de apresentar provas...

Por trás do "nada é instinto, tudo é linguagem" de Françoise Dolto entende-se que a criança não deveria ser considerada um bichinho vestido, que ninguém pensaria em questionar. Mas a criança também manifesta comportamentos pulsionais muito primários que os pais precisam regrar e que não procedem de um sentido oculto. A criança que reclama constantemente da comida não revela, forçosamente, um déficit afetivo; outra que constantemente exige brinquedos nem por isso revela uma demanda relacional. As crianças, com muita frequência, são vítimas do princípio do prazer e, se deixarmos, é bem possível que não parem de comer, brincar, que recusem todo e qualquer freio ao seu desejo de onipotência e, sobretudo, a toda restrição ou frustração futura.

Isso não é encerrar a criança na situação de "perverso polimorfo"; é simplesmente ser lúcido a respeito da maturidade da criança: ela ficará madura, mas isso não se fará rápida nem naturalmente. Isso se fará com a educação

403

dos adultos. "O homem, isso se estorva"; essa reflexão do pai de Albert Camus[24] definiu bem quem já não é mais criança e o que é realmente: um homem em formação, mas ainda não adulto. Portanto, não pode "estorvar-se" sozinho (frustrar-se voluntariamente para acomodar-se ao princípio da realidade). Isso já é difícil para os adultos; então por que deixar a criança gerir sozinha as pulsões e o seu princípio do prazer?

Pelos seus atos, a criança sempre quer dizer alguma coisa? Às vezes sim, mas nem sempre. Que médico já não encontrou uma criança que se recusava a ir dormir ou comer depois de uma mudança de residência mal organizada? Que pai não sofreu a angústia da noite de domingo com o filho antes da famosa volta às aulas na segunda-feira? E o que dizer das dores de barriga antes das provas? Mas, com muita frequência, não existe nenhum sentido oculto por trás de comportamentos ou atitudes infantis aparentemente significativos. Uma criança pequena pode berrar no supermercado unicamente porque quer a guloseima que lhe foi recusada. Outra pode inventar histórias na hora de dormir porque não quer deixar o mundo adulto e os seus prazeres, como, por exemplo, um programa de televisão. Na refeição, pode rejeitar um prato novo porque não quer comer nada além de coisas doces e macias. O mesmo no refeitório; pode recusar a comida da escola porque não gosta do que lhe oferecem, não porque evite uma situação relacional angustiante. A criança pode negligenciar uma matéria na escola porque é excelente na matéria de que gosta e não dá atenção àquela que não aprecia. A mesma coisa nas atividades de lazer: pode recusar um esporte porque não gosta do treinador e não porque sofra de alguma rejeição do adulto ou dos colegas. A lista seria comprida demais[25] para marcar o que pertence ao sofrimento real da criança ou à simples intolerância às frustrações.

As consequências para os pais

O medo de ser mau pai ou má mãe

A psicanálise e as suas certezas sobre o desenvolvimento psicoafetivo da criança têm grande participação na permissividade parental. E não porque se exigiu dos pais que deixassem as crianças fazer de tudo e favorecessem a usurpação do poder familiar pelos filhos; é mais sutil do que isso. Acontece o seguinte: os pais recebem noções que lhes são jogadas como verdades inquestionáveis, de modo que não se fala mais de "bom-senso educativo" nem de intervir para realmente proibir, para frustrar a criança, se necessário.

Embora haja coisas positivas em algumas afirmações freudianas, vejo nelas, com mais frequência, o verdadeiro cadinho da permissividade parental, já que os limites educativos se anulam diante do Inconsciente todo-poderoso.

Se, como pai, aceito essa crença na onipotência do inconsciente, sinto-me obrigado a fazer tudo de melhor para o desenvolvimento harmonioso do meu filho. Além disso, temo que qualquer incidente, desde a gravidez, tenha repercussões determinantes para o futuro. A partir daí, não estou mais sozinho com o meu bebê: cada um dos meus gestos será vivido e interpretado a seu modo e isso fora de toda e qualquer realidade. Só me resta, como pai, evitar qualquer fato que só aumentará a infelicidade inconsciente do meu filho. Não mais o bom-senso educativo, e sim a busca incessante de não ferir o amadurecimento psíquico inconsciente do meu filho. O autoritarismo mudou de campo.

Não é mais o pai que detém o poder absoluto; é a própria criança que, com o seu inconsciente, filtra, integra, interpreta tudo o que se faz, um novo Grande Irmão em funcionamento: o inconsciente da criança ouve tudo, vê tudo, percebe tudo, até as coisas mais recônditas, as mais íntimas. O inconsciente da criança acaba de alienar a liberdade individual do pai e da mãe, que não ousarão mais ser pais e escutarão de boa vontade os conselhos da psicanálise para não prejudicar a sua progenitura. É exagero?

"Basta portanto que a mãe 'esqueça' a gravidez por algumas semanas para que a criança corra o risco de ficar psicótica."[26] Nenhum pai nem mãe pode resistir ao canto de sereia do "sentido". Quantos não se sentem impotentes no momento de ensinar o controle da excreção por medo de provocar na criança distúrbios irreversíveis, já que não se trata de um simples aprendizado, mas da relação pais-filhos?

O cocô é um pênis em ereção, daí a angústia de castração.

O xixi na cama é a relação com a mãe.

O irmão morde o caçula, é importante não contrariá-lo! É uma reação de angústia (...) ele quer comê-lo! (...) A criança deve obedecer a si mesma.[27]

E se eu não abraço tais crenças, o que me acontece? Ser natural? De jeito nenhum! Pais, todos os seus gestos indicam atos inconscientes, coisas insuspeitáveis. Retomemos algumas reflexões de Dolto.

A primeira, a respeito do pai que se irrita com a mediocridade do resultado escolar do filho:[28] "O pai que faz isso tem complexo de inferioridade; não suporta que o filho vá mal na escola."

Se você é um pouco carinhoso demais:

A mãe que fala e escuta é mais importante que a mãe que beija.

As crianças mal suportam as mães que beijam.

A criança não precisa ser beijada.

Beijar é comer!"

Depois dos 3 anos, não é bom beijá-la.[29]

Vocês, pais perversos, têm de controlar as suas pulsões canibalescas ou incestuosas. Tudo deve ser medido pela régua do inconsciente da criança: entre a escassa afetividade de alguns pais do início do século XX e as novas injunções do programa de rádio da década de 1970, qual a diferença real? Não dar livre curso à afetividade sob pena de... Discurso retomado por Edwige Antier:[30] "Beijar a boca da criança é abuso!" Haverá incesto por toda parte? Qual a relação entre o beijinho nos lábios da criança e o ato puramente sexual? A psicanálise confunde beijocas e beijos langorosos?... O principal é responder ao dogma: a criança seria prisioneira dos seus desejos incestuosos, vocês, pais, também o foram; portanto proíbam-se toda espontaneidade afetiva, que só pode ser ambiguidade!

PAIS E FILHOS, AS PRIMEIRAS VÍTIMAS

É péssimo a criança na cama dos pais (...) inconscientemente, isso pode ser muito perigoso.[31]
A perversidade também consiste em criar o filho com a ideia de dar prazer aos pais e satisfazê-los (...).

Françoise Dolto não para de repetir: "Os pais têm todos os deveres e nenhum direito, nem mesmo o de serem amados."

Quanto às famílias "fechadas", Liaudet não hesita em falar de um "pequeno perfume de incesto"[32]... Que não se faça um filho só para si, tudo bem; mas desejá-lo também para a sua felicidade, para ser amado em troca, será assim tão patológico?

E para melhor assinalar esse direito da criança, não faltam conselhos com casos concretos. Este, por exemplo, do pequeno Patrice, de 10 anos, que é "lento e muito nervoso":[33] "Se Patrice não acabou de almoçar ao mesmo tempo que os outros, ele que leve consigo o seu prato, termine de comer num canto e depois leve-o sozinho para a cozinha. Se não quer comer tudo, basta deixar no prato; isso não incomoda ninguém (...)."

Esses conselhos podem traduzir-se em outras crenças educativas parentais: "Deixemos que faça, esperemos que ele se dê conta sozinho." Vem daí o reforço desse pensamento absoluto tão frequente em certos pais: não se deve ser exigente com a criança... Quando você impõe alguma coisa ao filho, cria-se o conflito. Ora, para os seguidores de Dolto o conflito significa que alguma coisa não funciona direito.

O medo de "frustrar" a criança

Impomos aos nossos filhos muitos desejos nossos totalmente inúteis e sem nenhum valor formativo moral. Deixemos a criança o mais livre possível, sem lhe impor regras sem interesses.[34]

A criança que está bem consigo mesma vive "sempre em movimento, ela se ocupa, constrói, desmonta, ela passa por todas as fases afetivas, fala sem parar; nunca se entedia, sempre tem alguma coisa para fazer. Explora sem parar o mundo à sua volta, procurando avançar os seus limites, tentando experiências novas e às vezes proibidas; ela não tem medo".[35]

Em resumo, a criança sem restrições é uma criança que desabrocha: a felicidade se ganha na extroversão, na afirmação de si, na oposição, na exploração sem limites, na confiança absoluta em si mesmo. Isso era verdade para uma criança da década de 1950 que finalmente exprimia o desejo, a linguagem, o "fazer", mostrava "algo mais". Mas tudo isso se tornou denominador comum, muitas vezes excessivo, nas nossas crianças do século XXI. E o Outro nisso tudo? Era demasiado na época de Dolto, é insuficiente nos dias de hoje. Assim, eu preferiria: "A criança bem consigo mesma brinca, fala, é curiosa, afirma-se como indivíduo, mas também sabe obedecer, aceitar as restrições, o tédio, e reconhece e respeita o outro, seja ou não um dos seus pais", esse famoso laço entre o eu e o outro. O eu não saberia construir-se em prejuízo do outro, assim como o respeito ao outro não deve acontecer em detrimento da autoestima.

Pelo contrário, fortes suspeitas recaem sobre a criança esperta: "Todos conhecemos essas crianças encantadoras, muito espertas, muito educadas, muito 'seguras de si', mas incapazes de tomar uma iniciativa."[36]

Quantas vezes encontrei pais entristecidos por ter um filho obediente, que não criava problemas! "Disseram que é mau sinal!" Enquanto isso, a criança manhosa, ofensiva, desobediente é sinal de boa saúde. Ser tímido na pré-adolescência é, além disso, símbolo de mal-estar e não expressão da maturação social mais lenta num temperamento mais sensível, menos "extrovertido".

O medo de projetar os seus próprios problemas sobre a criança

Dizem que a criança reage de modo inconsciente às repreensões e os pais temem, com razão, provocar coisas "insuspeitáveis", enquanto é preciso vigiar os próprios atos conscientes que poderiam revelar recalques bem misteriosos... Essa velha crença também tem vida dura: não importa o que façamos na educação, sempre repetiremos a história da nossa própria infân-

PAIS E FILHOS, AS PRIMEIRAS VÍTIMAS

cia. E se não estou consciente do meu tipo de apego (aquele que vivi nas minhas primeiras "relações objetais", principalmente com a minha mãe), se não sei que fui marcado por algumas atitudes dos meus pais (apego inseguro, por exemplo, a pais pouco presentes ou incoerentes), arrisco-me a projetar essa "falta" sobre os meus filhos e, portanto, vou agir para preencher as minhas próprias carências. Tudo se explica, mais uma vez, "psicologicamente". Mas, como destaca Boris Cyrulnik, simpático às hipóteses cognitivistas, sobre uma eventual transmissão de afetos:

> É difícil, nesse tipo de transmissão, dizer que uma única causa provoca um único efeito, já que uma ferida materna pode transmitir impressão talvez modificada pela história paterna e depois pelas reações emocionais da família ou da vizinhança e, enfim, pela descrição que a cultura fará dessa ferida.[37]

Os esquemas cognitivos que aprendemos na primeira infância podem ser questionados por uma tomada de consciência racional e de novas experiências de vida.[38] A teoria do apego, tal como concebida pela psicanálise, mostra, mais uma vez, determinismo.[39]

É preciso dizer sempre a verdade à criança

Pelas mesmas razões, os psicanalistas nos fizeram crer que é preciso dizer sempre a verdade à criança.[40] Não dizer tudo é correr o risco dos piores distúrbios, segundo Françoise Dolto: "Isso provocará nela a cisão entre vitalidade biológica e vitalidade social. Não se pode mentir para o inconsciente; ele sempre sabe a verdade."[41]

E esses numerosos pais que tudo explicam, tudo revelam e se incomodam caso exista algum mínimo segredo de família, culpados por não falar? Às vezes é bom dizer a verdade, mas às vezes é ruim, caso ela constranja o pai ou mãe a dizer coisas que preferiria esquecer e caso se ache, muitas vezes com bom-senso, que se deve preservar o filho de certas realidades adultas.

Mas não há esquecimento consciente e voluntário para a psicanálise; esquecer é recalcar, é a prova do sentido que não se vê e que, necessariamente, será destruidor para o inconsciente do filho, que tudo sabe. Você não contou, logo é culpado.

Algumas crianças compreenderam isso muito bem; exigem a verdade cotidiana e logo se transformam em pequenos inquisidores, esse outro abuso do poder infantil.

O medo de estragar a bondade natural da criança

Marc Le Bris costuma propor aos alunos de 10 anos que reflitam sobre um romance de Henry Winterfeld chamado *Les Enfants de Timplebach*,[42] que conta a história de crianças que dirigem uma aldeia depois do desaparecimento dos adultos. Ele lhes pergunta o que fariam num caso semelhante: sem pais na aldeia, sem adultos com poder de proibir, corrigir e sancionar. Todas as vezes o cenário é o mesmo: as crianças não organizam nada muito positivo e só pensam em destruir, quebrar os vidros e o máximo de material possível nas casas e na escola. É claro que isso nos recorda o romance *O senhor das moscas*, de William Golding.

A criança não é "naturalmente boa", assim como não é "naturalmente má"; na maior parte do tempo, ela se revela um ser que dará livre curso aos seus impulsos num mundo onde o adulto e o proibido estiverem ausentes, num mundo de liberdade total. A autonomia se adquire em patamares até a idade adulta; oferecê-la cedo demais constitui o maior dos romantismos. Não se trata de denegrir a criança, como fizeram gerações de pais, mas de ser lúcido: não há nada inato que faça alguém ser "bom", assim como não há nada que faça alguém ser "mau". Mas é preciso levar em conta a imaturidade da criança para prepará-la para o princípio da realidade que o seu princípio do prazer não quer ver. Isso se chama educar. Afirmar que a criança é geneticamente boa só serve para fazer cair pesada suspeita sobre tudo o que poderia atrapalhar essa evolução romântica; é, de fato, denegrir todas as ações parentais, anular a educação.

O medo de impor a lei familiar

Para muitos, a lei dita "familiar" deve ser apenas temporária, durante o período da primeira infância. Assim, os pais abandonam toda autoridade quando a criança é adolescente: as sanções "domésticas" são inúteis nessa idade. Voltam-se, portanto, para a sociedade, que tem de regulamentar os excessos dos filhos: a lei da coletividade vai obrigar e punir. Numa certa idade, pensam, a lei familiar não deve ser normativa e sancionante para a criança.

A minha experiência junto a crianças e adolescentes me ensinou que não se deve dissociar as duas leis; é preciso incluir, na educação da criança, o que será o princípio da realidade (você não pode fazer o que quer, verdadeiro direito familiar com obrigações e deveres de cada um) e não esperar a lei social para descobrir, meio tarde, o direito e o elo eu-outro que estimula o juízo moral. A lei é, sim, uma questão de família, não apenas uma história de código civil ou penal, uma questão de sociedade. Se há discordância entre as duas leis, a lei "exterior" arrisca-se a ser mal-entendida; muitas vezes, é o que acontece quando a criança recusa as regras da creche, da escola e, mais tarde, a regra social em geral. Portanto, parece indispensável que haja um único aprendizado do princípio da realidade com o seu componente "eu-outro", para habituar a criança a se acomodar ao real, a aceitar que não está sozinha e que não pode reagir ao seu único princípio de prazer imediato.

O medo de prejudicar a criança frágil

Existe outra crença tenaz: a criança é frágil. Assim, é preciso evitar todos os conflitos, para não prejudicá-la. Todas as atitudes conflituosas são banidas. Reescutei com toda a paciência a primeira compilação do programa *Lorsque l'enfant paraît*. Eis alguns trechos, evidentemente bem selecionados:

> Aos 9 anos, devem conquistar a autonomia, não são mais crianças!
> Uma canção pessoal para cada criança.
> Não se deve falar da escola fora da escola.

A criança autoritária tem sempre um sentido: é porque tem ciúmes da irmã menor.

Educativo é quando a criança quer fazer como o adulto, senão é "treinamento".

Nunca diga nada à criança sem ter certeza do que diz (...) não insista (...) deixe-a se ela diz que sabe a lição.

Em caso de divórcio, pedir conselho à criança; se ela corre para a mãe, é com ela que se sente mais segura.[43]

Contudo o confronto parental muitas vezes é necessário, até mesmo indispensável para impedir a passagem às vias de fato de algumas personalidades agressivas ou intolerantes às frustrações. "É preciso, antes de tudo, entender o impacto parental antes de questionar a própria responsabilidade da criança ou do adolescente."[44]

O medo de ser uma mãe sufocante

O pensamento psicanalítico não é muito progressista: as mães transmitem ternura e segurança, os pais, autoridade e virilidade. Cada um no seu lugar; nem pensar em autoridade materna ou ternura paterna; os sexos não se misturam. A psicoterapeuta Anne Bacus explica: "(...) o pai, através de todo um sistema de autoridade baseado numa relação de força física e moral, será aquele que dará ao filho caráter, poder de controle e também uma autoafirmação positiva e sólida."[45]

Assim, cabe ao pai afirmar a lei! À pergunta "E os papéis não podem ser invertidos?", Françoise Dolto responde:

Não, não podem ser invertidos. A mãe tem enorme poder sobre o filho. Ela o carrega, ela o alimenta, é ela que, com os cuidados maternos quando ele é bebê, o faz sentir-se vivo, sentir-se, ser etc. Se, além disso, ela assume a autoridade, se não há nenhum outro referente, se ela faz tudo, isso quer dizer que ela é a própria imagem da onipotência absoluta. A criança não tem mais a quem recorrer. Só pode grudar-se nela e submeter-se totalmente ou identificar-se com ela e tornar-se uma espécie de tirano onipotente.[46]

PAIS E FILHOS, AS PRIMEIRAS VÍTIMAS

No entanto as mães podem desempenhar esse papel de autoridade quando o pai não pode. O que a criança quer é autoridade, pouco importa o sexo. Pelo contrário, as expectativas do tipo "quem faz a lei?" engendram, com muita frequência, a ausência de poder parental, etapa decisiva antes da tomada do poder pela própria criança.

Segundo Françoise Dolto, o pai é o salvador, que permite à criança emancipar-se da "sufocante tutela materna". Sempre essa angústia dos psicanalistas em ver as crianças esmagadas pela fusão materna e à qual Marcel Rufo também faz eco.[47] Isso é realmente atual? O problema de muitas crianças acontece nesse ponto e, com tanta frequência, com esse temor à dependência da mãe? E se tiverem necessidade de exigências, de proibições, quer sejam de origem materna ou paterna? Nas minhas consultas, quando um dos cônjuges desempenha o papel de autoridade, seja a mãe ou não, não vejo nenhum problema de desenvolvimento nem de comportamento. Por outro lado, quando os pais não sabem "quem" deve dar provas de autoridade, um esperando isso do outro, a criança aumenta a sua onipotência.

As mulheres se emanciparam e por vezes obtiveram melhor inserção social, mas conservaram, com enorme frequência, a gestão da casa e da educação; e eis que lhes acrescentam o fardo complementar da admoestação injusta: "Perversa, você vai deixar os seus filhos doentes se os amar demais!" Que sorte tenho de ser homem! E o que dizem os psicanalistas sobre os homens?

O papel do pai é o contraponto perfeito do papel da mãe, diz Aldo Naouri:[48] "Ou seja, o papel da mãe é dar satisfação ao filho." Mas ele acrescenta que é preciso deixar essa relação privilegiada para permitir a autonomização da criança. Mais uma vez, é a mãe que está na origem de todas as disfunções. E é o pai, o salvador, que quebra essa relação fusional para que a criança se desenvolva. Entretanto encontrei muitas mães celibatárias que educavam perfeitamente o filho e podiam desempenhar os dois "papéis" corretamente, ainda que admitissem que é pesado carregar sozinha o fardo da educação. Não é a virilidade que lhes faz falta, nem a paternidade, mas simplesmente a divisão de tarefas.

Qual é a solução preconizada por alguns profissionais? Mulheres, voltem a ser amantes e o seu homem ficará ainda mais virilizado. Então verão o milagre: a criança sentirá o macho e voltará facilmente aos trilhos![49]

As consequências para as crianças

De "a criança é uma pessoa" à "criança-rei"

Françoise Dolto foi indispensável enquanto tentou mudar o rumo da cultura tradicional das famílias entre a década de 1940 e a de 1960. Sem ela, não haveria contrapeso à clonagem educativa que se recusava a ver a criança como indivíduo por inteiro. Com os acontecimentos de maio de 1968 e a sua justa contestação, só poderíamos aderir àqueles que, como ela, rejeitavam a educação tradicional, essa fabricação de objetos que só visava, com as camisas cinzentas e a autoridade dos adultos (pais ou professores), aniquilar toda veleidade de individualismo.

Ela simplesmente inaugurou a época da desconfiança com os fatos inescapáveis da educação: a autoridade adulta tornou-se abuso de poder e a frustração educativa rimará sempre com castração.

Contudo, nas décadas de 1970 e 1980, as coisas começaram a mudar: a criança, com muita frequência, é desejada e esperada, a família oferece bem-estar material a muitos, com um conforto de consumo até então ignorado, a escola acrescenta o desejo de igualdade, o questionamento das pedagogias tradicionais. O princípio do prazer vai, aos poucos, tomar o poder, com as consequências que eu já tinha vislumbrado.

A criança de "vanguarda" não corresponde mais ao antigo e mal-amado personagem Foguinho de Jules Renard; os pais a respeitam, escutam e estimulam, sob risco de se perderem. O famoso contrassenso se instala: a criança é naturalmente boa e se constrói com amor, não com frustração.

Enquanto as crianças de quarenta ou cinquenta anos atrás eram vítimas do excesso de frustrações, as nossas crianças atuais só as tiveram raramente e algumas desenvolveram não só a onipotência da qual já falei como também essa vulnerabilidade extraordinária ao princípio da realidade: ficaram mais frágeis. Daí as saudades de alguns, que defendem o retorno aos "bons e velhos métodos". E há também crianças ou adolescentes que nos gritam o seu desespero ou a sua esperança de não fazer mais o que querem: "Pelo menos, numa pensão eu não farei a minha lei (...)"; "Só entrando para o exército é que me senti livre (...) chega de discussões sem fim para me explicar tudo, quando eu só queria um sim ou não, bem claro!" As vítimas da permissividade exigem frequentemente a volta do autoritarismo, da versão cruel da autoridade.

Ouço aqui os defensores da teoria psicanalítica: "Você não entendeu Françoise Dolto: o seu objetivo sempre foi limitar os desejos das crianças, educá-las com proibições." Leio a seguinte citação do sociólogo G. Neyrand:[50]

> Com efeito, os pacientes trazem aos psicanalistas essas "faltas de faltas" e essas "faltas de rompimentos" que Dolto chamava de "carência de castrações simbólicas", cuja teoria ela tentou elaborar e que demonstrou que, como veículo do tempo e daquilo que permite ao menino adiar a realização dos seus desejos, é promessa que sustenta o menino em seu "ir avante".[51]

Depois de várias leituras, começo a entender o essencial: é preciso a castração simbólica para a criança se desenvolver. Como de hábito, a proibição vai se construir simbolicamente, sem necessidade de frustrar realmente; o inconsciente está em ação. Que assim seja!

E eis aí o perigo: Françoise Dolto "faz sentido" no contexto da década de 1970, mas está bem ultrapassada no mundo atual. Ao contrário da sua vontade de ajudar a criança, as suas propostas se tornam, em vista das crianças de hoje, não só obsoletas como também incoerentes e até perigosas. Duvido que ela mesma apresentasse as mesmas teses hoje em dia. Assim, discípulos de Dolto, façam-lhe esse favor! Digam bem alto que essas propostas não são mal-interpretadas nem incompreendidas, digam que faziam sentido em outra época.

Da criança-rei à criança tirana

As patologias infantis mudaram. Faz uns dez anos eu tratava no meu consultório de crianças ou adolescentes ansiosos e até deprimidos. Na minha sala de espera, via principalmente rostos temerosos. Num menino que se recusava a se integrar na escola, encontrava na maioria das vezes, de forma subjacente, a dificuldade de deixar o meio familiar, o medo de se ferir com os outros, a recusa de socialização ou a angústia mórbida diante do princípio da realidade.

Hoje, os que recebo demonstram, na maioria, sólida autoestima, inteligência sem falhas, muitas vezes superior à média, um meio familiar que não tem nada de especial: sem rejeição, sem jogos sujos no ambiente mais próximo, sem contexto social desestabilizador. As investigações não revelam traumas precoces, influência desfavorável no plano afetivo, encontro com adultos "castradores" do lado da escola. Em resumo, parecem ter tudo para funcionar bem, "tudo para serem felizes", como destacam os pais que vêm à consulta. "Ele teve todo o amor que poderia receber"; "Nosso casamento vai bem"; "Tentamos sempre conversar com ele, nos comunicar... fizemos tudo para que tivesse o máximo possível de concordância. E o resultado?..."

O resultado? Dependendo da idade, a criança recusa a se adaptar à escola, provoca a rejeição dos colegas. Em casa, tudo é pretexto para a guerra: recusa das pequenas tarefas domésticas, brigas constantes com os irmãos, exigências que se tornam imensas, contestação permanente de toda autoridade, vontade de impor os seus desejos sobre todos os aspectos do cotidiano: alimentação, hora de dormir, compra de roupas, lazer etc. A instabilidade reina em seus compromissos, sejam quais forem: abandono rápido de toda atividade que seja mais difícil, desejo de tentar tudo, consumo por impulso. Para coroar o todo, a tendência a só gozar de um prazer imediato que se torna quase viciante: *videogames*, internet e até mesmo, afinal, maconha e a busca permanente de paraísos artificiais.

Alguns colegas psicanalistas bem que viram essa evolução[52] da criança rumo à verdadeira tirania infantil. Qualificá-las de "crianças tiranas" não é forte demais quando se vê até que ponto usurpam o poder familiar. Assumiram o comando, prendem os pais com comportamentos coercivos para obter tudo o que querem: as crises de nervos desmesuradas em tenra idade, a recusa da escola em geral, os gritos diante de qualquer exigência, as ameaças em casa para fazê-los ceder. Isso sem falar de adolescentes que, se não forem detidos no desenvolvimento da sua onipotência, podem mostrar patologias mais graves: passa-se da enurese de provocação da criança à anorexia adolescente, das doenças diplomáticas às chantagens de suicídio... E não posso esquecer os vícios que aterrorizam os pais, a provocação com atitudes de marginalização se não obtêm de imediato a sua liberdade.

A palmada, resposta inadaptada

Hoje, diante da tomada de consciência da necessidade de restabelecer a autoridade, o par de tapas foi legitimado, banalizado e até reivindicado por alguns autores.[53] Não estou de acordo; é preciso combater as palmadas, que sempre marcam a explosão emocional e a impotência dos pais. Para manter-se no terreno educativo, propor um castigo é melhor do que a violência. O tapa na cara devido ao copo quebrado nunca foi tão eficaz quanto varrer os cacos de vidro ou fazer a criança comprar um copo novo. É mais justo situar-se no registro do "comportamento" do que no da "personalidade".

Quem se recusa sistematicamente a punir acaba explodindo com uma rejeição maciça ao filho. A reação emocional gera, em seguida, um bom reforço na criança: se faço alguma coisa inadequada, você me bate, logo não sou bom, e vou provar que mereço esse sentimento de "objeto mau". A partir daí, a criança continua com provocações e travessuras, reforça as reações negativas dos pais, exagera e assim por diante. O que deve estar em jogo não é a relação, mas a educação. Ora, educação é ensinar comportamentos adaptados. É também uma aprendizagem, mesmo que seja apenas comportamental.

As crianças tiranas estão nuas e sofrem

Quando encontro essas crianças ou adolescentes no início da consulta, a minha ambivalência é grande: oscilo sempre entre a atitude empática, respeitosa dos "seus" sofrimentos, e a inveja ao seu "fechar o bico". Quando alguns deles começam a jogar comigo, coisa que têm hábito de fazer com adultos que esboçam uma aparência de autoridade, entendo a atitude dos pais coléricos ou ansiosos. Quanto aos outros, que enveredam frequentemente pela linha de que "a vida não me dá nada", às vezes temo que passem às vias de fato, convencidos que estão da inutilidade da vida. Mas, uma vez passadas essas reações emocionais, logo percebo o sofrimento deles. Por trás das chantagens, das ameaças, da falsa segurança, dos olhos que logo se molham, descobrem-se declarações deprimentes sobre o cotidiano, principalmente na adolescência: o "bode" depois da maconha, o nojo das relações sexuais frequentes demais, muitas vezes sem sentimentos, só por "diversão", a angústia de repetir o ano, de ver os estudos afundarem quando se tem um potencial formidável. É um sentimento de fracasso: tiveram tudo, fizeram tudo, ficaram adultos antes da hora, mas os seus olhos perdidos sabem me dizer que essa maturidade é falsa. Brincaram de adulto e vão se encontrar na realidade depois de queimar etapas. Não têm armas para lutar com esse mundo; ficaram vulneráveis. As crianças-reis ou tirânicas estão nuas.

"Empurraram-nos para uma derrota certa..." Recusaram tudo o que fosse restrição, mas a escola não dá nada de graça. No fim do segundo grau, a faculdade selecionará e decidirá depois de todos esses anos de permissividade. "Até a 3ª série, tudo ia bem, eu tinha notas ótimas sem estudar..." Só lhes propuseram um corte predeterminado, um lugar onde a sua capacidade não seria mais explorada: o isolamento e a amargura se acentuaram, os comportamentos ofensivos e a dependência de produtos "para esquecer" se exacerbaram. Assim, ao se fechar em atitudes de autoderrotismo, numa vontade infalível de recuperar a qualquer preço o princípio do prazer imediato, passam a se tornar delinquentes, a se marginalizar, até chegar ao desejo de recusar o real e dar-lhe fim. Nem todas as crianças-reis são sedutoras como o Tanguy do cinema,[54] que se beneficiam de um contexto familiar social onde tudo ainda é possível. Os outros tiranetes só têm poder artificial e a sua onipotência logo se transforma em impotência, em abandono.

Os contrassensos na escola

Aprender sem pressão

Como os problemas na escola vêm sempre de uma disfunção psíquica inconsciente, os pais não ousam mais intervir: nada de pressão, nada de punição, nada sequer de comentários. É assim que Edwige Antier sinteti-

PAIS E FILHOS, AS PRIMEIRAS VÍTIMAS

za essa ideia:[55] "É efetivamente importantíssimo não fazer pressão dema-siada sobre os ombros das crianças. Com pressão demais, arriscamo-nos a fragilizá-las psicologicamente."[56]

Isso é verdade no caso de perfis ansiosos ou desvalorizados![57] Mas não, com certeza, em crianças de baixo desempenho que sofrem de into-lerância às frustrações; essas exigem pressão e consequências caso as dis-funções continuem, a não ser que toda consequência educativa diante de um trabalho escolar malfeito de propósito (é o caso dos meus alunos que têm potencial mas recusam conscientemente as exigências da aprendiza-gem) seja vivida como tortura predileta de pais perversos: "Se ele volta da escola com nota baixa em matemática, acho que não é com castigos que ele vai aprender a resolver uma equação ou um problema. Como já disse, toda criança tem em si o gosto pelo esforço."[58]

Isso é falso; numerosas crianças não têm essa aceitação inata da frustra-ção e é aí que os pais têm de intervir, sem ceder à ideia romântica da crian-ça naturalmente boa e autônoma.

Acredito que consultar um psicólogo torna-se realmente necessário quando a criança repete ano. Sabem, para a criança a repetência representa uma coisa terrível.[59]

Sim, caso seja uma criança cujas dificuldades de aprendizagem estão pro-fundamente ligadas aos sentimentos de autoderrotismo ou de profunda desvalorização. Não, se nos dirigimos a alunos que sabem muito bem que só estava em jogo a falta de esforço, a essas crianças e adolescentes que, aliás, não hesitam em exigir a reprovação, conscientes de que terão ca-rências demais no nível do saber adquirido. Sabem que não podem con-tinuar passando de ano facilmente; o fracasso surgirá de qualquer modo, com mais frequência no final do ensino fundamental, quando, em geral, ninguém dá nada de graça!

Aprender somente com prazer

Françoise Dolto é muito clara e firme quanto a isso: o ambiente escolar, com as suas estruturas, os seus programas e o seu pessoal, é inadequado para a expectativa do jovem "aprendiz". Até então, nada de muito novo, sobretudo quando sabemos que esse questionamento do ambiente escolar é lógico em relação à vivência dela, que pôde se beneficiar da escolarização em casa e num curso particular, com matérias ensinadas sob medida até o fim do ensino médio. Nessa escola "sob medida para a criança", ela apreciava, principalmente, o respeito ao indivíduo, ao seu ritmo de aprendizagem, ao prazer que sentia nessa ou naquela matéria.

Quando se examina com mais atenção o seu famoso livro *A causa das crianças*, quais são os ingredientes indispensáveis da escolarização harmoniosa? E, principalmente, o que é preciso evitar? Toda regra ou ensinamento coletivo dobra ou "desvia" o aprendiz. Assim, a pontualidade e a obrigação de acompanhar as matérias impostas só revelam a onipotência do professor e, sobretudo, a vontade social de dobrar o indivíduo na sua especificidade: "O gregarismo não é humano; reduz o ser humano a um animal social. Da horda ao rebanho. As escolas são os apriscos de ovelhas de Panurge."[60]*

É claro que já tínhamos toda a filosofia da pedagogia individualizada, do aprendizado pelo prazer que deve recusar toda restrição grupal e toda frustração.

Por que é sempre necessário atribuir a responsabilidade dos fracassos a uma causa externa, que os psicólogos anglo-saxões chamam de "lugar de controle externo"? Por que não admitir que as consequências dos meus atos são responsabilidade minha (lugar de controle interno)? Propor constantemente adaptar a escola a esses alunos só reforça a irresponsabilidade deles: "O que não é dado na escola é pesquisado noutros lugares fora do obrigatório. O principal defeito da instrução pública é ser obrigatória. O que é obrigatório assume a característica de trabalho forçado. A prisão existe sempre (...) nos espíritos."[61]

---

* Panurge, personagem de Rabelais, para vingar-se de um mercador com quem brigou, compra-lhe uma ovelha e joga-a no mar; todas as outras ovelhas do mercador seguem a primeira e se afogam voluntariamente. (*N. T. B.*)

A escolaridade, segundo Françoise Dolto, devia atender, antes de tudo, à exigência de uma "escola sob medida", com os seus três princípios fundamentais: formação personalizada com horários e temas sob medida, participantes mais educadores do que professores e aprendizagem que, em primeiro lugar, deve ser um "prazer". A motivação da criança começa com o desejo de fazer, com o "não frustrante". As dificuldades da aprendizagem seriam, na maioria das vezes, a tradução de um mal mais profundo; o fracasso escolar teria sempre um sentido. A busca do "porquê" leva à teoria do "mecanismo de defesa" ou da "reação de defesa". Se a criança apresenta distúrbios de aprendizagem e comportamento desmotivado, isso revela, antes de tudo, um mal-estar, um problema de identidade, uma profunda angústia relacional. Toda aprendizagem, portanto, deve levar ao prazer; não somemos sofrimento ao sofrimento.

Daí o mito da pedagogia e da motivação pelo prazer, da autodisciplina como remédio para todas as injustiças da escola de antes de 1968.[62] Mais uma vez, tudo bem dentro desse contexto, mas hoje o prazer estará realmente excluído da vida das crianças? E os alunos estarão maduros o bastante para se autodisciplinar?

Aprender sem mestre

"Na sala de aula, é necessário que as relações pedagógicas levem os alunos a perceber que cabe a eles estabelecer, por si sós, as suas convicções matemáticas e, para isso, tomar iniciativa, pôr em funcionamento os meios de que dispõem e basear-se nas trocas que fazem entre si."[63]

Que *saia* o professor e toda aprendizagem: suspeita-se, portanto, que toda instrução que venha de cima seja um saber castrador.

Esses pedagogos parecem ter interpretado bem a obra de Piaget e o seu famoso "Tudo o que se ensina à criança impede que ela o descubra". Embora seja verdade que a pedagogia ativa é importante para a motivação do aluno, é preciso, acima de tudo, não esquecer as crianças que não têm ninguém para ajudá-las em casa; essas sofrem por não ter sido instruídas e não conseguem chegar à descoberta espontaneamente, sem a mediação de um adulto e sem os conhecimentos adquiridos e inevitáveis antes de toda aprendizagem. Aliás, Piaget era o instigador das solicitações de aprendizagem e das descobertas dos seus próprios filhos: ele os observava em tenra idade em suas "operações", mas sabia também dispor deste ou daquele estímulo ao alcance da mão. Não tinha uma classe de trinta alunos para fazer a "remediação cognitiva"! Coloque a criança num ambiente de vida sem estímulos e ela corre o risco de andar em círculos e não mais assimilar novos saberes nem se acomodar a novos contextos. O equilíbrio majorante, em outras palavras, o fato de questionar os conhecimentos adquiridos com a experiência e reajustá-los aos dados novos para chegar ao novo saber, não ocorrerá.

Em resumo, se o professor não instrui, não há a primeira assimilação. E se ele não provoca o conflito cognitivo, ou seja, o desequilíbrio daquilo que já foi adquirido, não saberá provocar a aquisição exponencial de conhecimentos. Falando claramente, deixar a criança redescobrir a roda é não só correr o risco de que ela nunca a descubra como, sobretudo, o melhor meio de deixá-la na idade da pedra.

O mito do superdotado relapso

Há uma outra crença atualmente difundida quando surge alguma dificuldade escolar: talvez a criança seja superdotada: "De fato, a consulta a um psicoterapeuta permitirá à criança fazer um balanço psicológico e intelectual. Esse tipo de conduta permite, por exemplo, detectar crianças disléxicas ou superdotadas. Dessas últimas, mais de 40% não conseguem se adaptar ao sistema nacional de educação."[64] O círculo se fecha: nada se faz em casa para remotivá-la na escola e busca-se um profissional que só tem como resposta as suas próprias certezas: se a criança não está psiquicamente doente, é porque está fraca, é disfuncional (disléxica, por exemplo) ou, simplesmente, superdotada. Nada é jamais citado sobre o funcionamento operatório do aluno, o seu modo de aprender, o seu processo de aprendizagem,[65] a sua atitude diante da dificuldade[66]. Quando se pensa nas numerosas dislexias falsas[67] que enchem os consultórios dos fonoaudiólogos e em todos esses pseudossuperdotados que os psicólogos escolares não deixam de me enviar todos os anos...

Superdotados existem, mas, ao contrário do que se diz com tanta frequência, o seu potencial é homogêneo: todas as suas competências são concretizadas no aprendizado escolar e eles têm "bom desempenho". Na maior parte do tempo, sabem se adaptar ao mundo escolar (ainda que exista um bom número de aberrações, admito). A verdadeira inteligência está bem ali: cognitiva (com o seu potencial operatório) e conativa (com o seu equilíbrio afetivo, ou inteligência "emocional"). Quando um dos dois componentes está ausente, não é que a criança seja "superdotada" ou que a escola seja inadaptada; talvez a criança é que esteja inadaptada! Não estou falando, é claro, dos geninhos patológicos que exacerbaram o seu QI porque era só o que conseguiam fazer.

Conclusão

Felizmente, nem todas as crianças vão mal nem todos os pais estão desarmados diante da educação da sua progenitura. Felizmente, a população de crianças tirânicas não é um fenômeno majoritário.[68] Felizmente, muitas crianças vão bem, adaptam-se corretamente à escola, adoram gozar a vida mas também sabem projetar-se no futuro. Muitas outras souberam equilibrar a justa busca individualista com valores profundamente humanistas. Menos politizados, sem dúvida, do que antigamente, muitos jovens não hesitam em lançar-se a ações humanitárias, caritativas ou de proteção do meio ambiente; alguns chegam a saber agir e não ficam na verborragia "revolucionária" dos alojamentos de estudantes dos seus pais. "Fazem" e falam menos. Essa juventude nos dá aulas e nos deixa otimistas com o futuro.

Por outro lado, algumas crianças com autoestima mais frágil estagnam na sua ansiedade e nos seus sentimentos de desvalorização, guardam a sua problemática, esperam quem lhes ensine a resiliência. Outras ainda, sem dúvida menos favorecidas, continuam a sofrer numerosos maus-tratos. A tirania de algumas não deve esconder o sofrimento de outras. Simplesmente sofrem em silêncio, não exigem nada, não vão a consultas; é preciso, portanto, continuar vigilante e saber ouvi-las por trás da balbúrdia das crianças onipotentes.

Mas aquelas que chamo de "crianças tiranas" parecem engrossar as fileiras e reclamam não apenas amor, mas também e sobretudo exigências, instruções, acompanhamento, proteção, autoridade, proibições, o "real". Assim, é desejável contestar as contribuições da psicanálise à educação. Os pais, assim como os filhos, não precisam de todo esse "sentido".

Mas seria absurdo querer apagar todas as contribuições da psicanálise da criança; as suas hipóteses, em seu tempo, puderam devolver às crianças uma existência por inteiro. Ela estimulou numerosas perguntas e algumas respostas justificadas: a criança não pode desabrochar num clima de negação, de submissão, de obediência cega ao autoritarismo dos pais. Foi uma época em que ela se submetia, por todos os lados, a um só pensamento único sobre educação: o indivíduo tem de dobrar-se à realidade adulta e aceitar os seus fundamentos e valores, pouco importando a sua singularidade.

A época que precedeu o final da década de 1960 assistiu a uma revolta justa: já era tempo de falar em princípio do prazer numa sociedade sufocante em que, além de alguns privilegiados da "*Dolce Vita*", a vida parecia principalmente um fardo pesado de carregar. Mas as coisas mudaram. Não é mais o princípio do prazer que é negado, mas o princípio da realidade, com as suas restrições e desprazeres. Sabemos que a nova geração sofre as seduções da sociedade dos mercadores; não sofre de falta de comunicação, menos ainda de carências em nível de prazer imediato. Algumas crianças ou adolescentes, não todos, são muito vulneráveis à realidade: a mediação entre eles e as frustrações do real se impõe. Precisam de educação, e a psicanálise da criança só soube trazer uma resposta obsoleta.

Notas

1. É preciso saber que, por trás da lenda, esconde-se uma realidade bem diferente. Os pais, Max Graf, musicólogo, e Olga König, atriz, fizeram análise quando Herbert (Hans) nasceu em 1903. Decidiram educar o filho segundo os princípios freudianos e ensinaram-lhe tudo sobre a teoria da sexualidade. Assim, depois das "fases libidinais" de Freud, evitando todo "recalque", o menino só poderia desabrochar. Para Freud, foi uma vitória: *se os pais aplicam a teoria psicanalítica no seu modo de educar, as crianças serão protegidas de neuroses futuras*. Ele decide publicar alguma coisa sobre o assunto, mas o pequeno Herbert Graf, modelo de educação freudiana em 1907, apresenta problemas e se torna o caso Hans, "modelo de perversidade" em 1908. Freud diagnostica uma "histeria de angústia", que hoje chamamos simplesmente de "fobia": o menino teme ser mordido por cavalos. Segundo Freud, este é o sintoma do complexo de Édipo mal resolvido: Herbert deseja a mãe, quer tomar o lugar do pai e teme, portanto, a castração.

2. "L'intérêt de la psychanalyse" (1913), trad. em *Résultats, idées, problèmes*, vol. 1, Paris, PUF, 1984, p. 213.

3. Cf. R. Pollak, *The Creation of Dr. B: A Biography of Bruno Bettelheim*, Nova York, Simon and Shuster, 1997.

4. B. Bettelheim, *L'amour ne suffit pas*, Paris, Fleurus, 1970.

5. J. Kagan, *Des idées reçues en psychologie*, Paris, Odile Jacob, 2000.

6. J. Bowlby, *Attachement et perte*, Paris, PUF, 1978.

7. *Lorsque l'enfant paraît*, programa radiofônico da France Inter, década de 1970.

8. *Le Parisien*, 6 de outubro de 2004.

9. *Féminin Psycho*, "Spécial parents", setembro, outubro e novembro de 2004.

10. G. George, *Mon enfant s'oppose*, Paris, Odile Jacob, 2000, reed. 2002.

11. F. Dolto, *Le Cas Dominique*, Paris, Seuil, 1977.

O LIVRO NEGRO DA PSICANÁLISE

12. F. Dolto, *Psychanalyse et pédiatrie*, Paris, Seuil, 1971.

13. *Ibidem*.

14. *Ibidem*.

15. J.-C. Liaudet, *Dolto expliquée aux parents*, Paris, L'Archipel, 1998, e J'ai Lu, 2001.

16. J. Van Rillaer, *Les Illusions de la psychanalyse*, Bélgica, Mardaga, 1980.

17. *Science et Vie*, n° 885, junho de 1991, p. 56.

18. Citado por G. Mendel, *La Psychanalyse revisitée*, Paris, La Découverte, 1988, p. 201.

19. S. Freud, *Abrégé de psychanalyse*, *op. cit.*, p. 14.

20. M. Klein (1882-1960): psicanalisou crianças em Budapeste antes de se instalar em Berlim e depois em Viena, onde trabalhou independentemente de Anna Freud. Em seguida, emigrou para Londres. Interessou-se pelas fantasias da amamentação e imaginou as pulsões arcaicas, o que provocou escândalo nos meios médicos ingleses. Segundo ela, se a criança chupa o dedo isso se deve à fantasia de morder e devorar o membro do pai e os seios da mãe. A criança imagina que o ventre materno contém numerosos pênis do pai e de crianças concebidas sob a forma de excrementos.

21. R. Spitz (1887-1974): psiquiatra e psicanalista de origem húngara, formado em Viena, fez carreira nos Estados Unidos. Observou a amamentação e descreveu as fases do desenvolvimento psíquico. É conhecido pelas noções da "boa mãe" e "mãe má".

22. Programa *Lorsque l'enfant paraît*, *op. cit.*

23. B. de Boysson-Bardies, *Comment la parole vient aux enfants*, Paris, Odile Jacob, 1996.

24. A. Camus, *Le Premier Homme*, Paris, Gallimard, 1994.

25. D. Pieux, *De l'enfant roi à l'enfant tyran*, Paris, Odile Jacob, 2002.

26. *Ibidem*.

27. Programa *Lorsque l'enfant paraît*, *op. cit.*

28. *Ibidem*.

29. *Ibidem*.

30. *France Inter*, outubro de 2004.

31. *Ibidem*.

32. J.-C. Liaudet, *op. cit.*

33. F. Dolto, *Psychanalyse et pédiatrie*, *op. cit.*

34. Programa *Lorsque l'enfant paraît*, *op. cit.*

35. J.-C. Liaudet, *op. cit.*, p. 184.

PAIS E FILHOS, AS PRIMEIRAS VÍTIMAS

36. J.-C. Liaudet, *op. cit.*, p. 80.

37. B. Cyrulnik, *Parler d'amour au bord du gouffre*, Paris, Odile Jacob, 2004, p. 175.

38. A. Ellis, *Reason and Emotion in Psychotherapy*, Nova York, Lyle Stuart, 1962.

39. J. Kagan, *op. cit.*

40. S. Tisseron, *Nos secrets de famille*, Paris, Ramsay, 1999.

41. F. Dolto, citada por Pascale Frey, *Dolto expliquée aux enfants*, Lire, fevereiro de 1999.

42. H. Winterfeld, *Les Enfants de Timplebach*, Paris, Hachette, 1957.

43. *Lorsque l'enfant paraît, op. cit.*

44. *Ibidem.*

45. *Féminin Psycho, op. cit.*, p. 58.

46. *Ibidem.*

47. *Détache-moi. Se séparer pour grandir*, Paris, Anne Carrière, 2005.

48. *Féminin Psycho, op. cit.*, p. 56.

49. A. Naouri, *op. cit.*

50. *Le Nouvel Observateur*, "Spécial Enfants", 2004, p. 10.

51. C. Schauder, *Lire Dolto aujourd'hui*, Ramonville Saint-Agne, Érès, 2004.

52. C. Olivier, *L'Ogre intérieur*, Paris, Fayard, 1999.

53. C. Olivier, *L'Enfant roi, plus jamais ça!*, Paris, Albin Michel, 2002.

54. *Tanguy*, filme de É. Chatiliez, 2001. (Comédia francesa em que o filho adulto insiste em continuar morando com os pais, que tentam de tudo para fazê-lo ir embora.)

55. E. Antier, *Élever mon enfant aujourd'hui*, Paris, Robert Laffont, 2004.

56. *Féminin Psycho*, "Spécial Parents", novembro de 2004, p. 32.

57. D. Pleux, *"Peut mieux faire": remotiver votre enfant à l'école*, "Guides pour s'aider soi-même", Paris, Odile Jacob, 2002, 2004.

58. *Féminin Psycho, op. cit.*, p. 32.

59. *Ibidem*, p. 32.

60. F. Dolto, *La Cause des enfants*, Paris, Robert Laffont, 1985.

61. F. Dolto, *ibidem.*

62. *L'École des parents*, abril de 1969.

63. *Apprentissages mathématiques*, Paris, ERMEL Hatier, 1981, p. 26.

64. E. Antier, em *Féminin Psycho*, novembro de 2004.

65. D. Pieux, *Styles cognitifs et dysfonctionnements opératoires*, 1991.

66. *"Peut mieux faire", op. cit.*

67. C. Ouzilou, *Dyslexie, une vraie fausse épidémie*, Paris, Presses de la Renaissance, 2001.

68. Como psicólogo cognitivista, guardo muito bem na memória esta proposição de Korzybski (em *Une carte n'est pas le territoire*, Paris, L'éclat, 1998): "Tomamos consciência de que o essencial no nosso 'pensamento', tanto na vida cotidiana quanto na ciência, tem caráter hipotético, e essa consciência de cada instante nos deixará prudentes em nossas generalizações."

3. O drama do autismo

Durante mais de quarenta anos, Bruno Bettelheim foi considerado, pelo grande público internacional, um dos psicanalistas mais influentes do mundo, um intelectual vienense que, nas palavras de um dos seus admiradores, era "um dos poucos herdeiros freudianos autênticos do nosso tempo". Mas, como escreve Richard Pollak em Bruno Bettelheim ou la Fabrication d'un mythe, une biographie,[1] *ele era um comerciante de madeira que inventou para si um glorioso passado acadêmico depois de emigrar para os Estados Unidos em 1939. De impostura em impostura, Bettelheim afirmou ter frequentado o círculo freudiano, curado crianças autistas em Viena, interrogado 1.500 detentos para o seu famoso estudo psicológico do comportamento nos campos de concentração e assegurou que devia a sua libertação de Buchenwald à intervenção de Eleanor Roosevelt.*

A Escola Ortogênica Sonia Shankman, situada no campus *da Universidade de Chicago, acolhe crianças que sofrem de distúrbios afetivos; Bettelheim foi seu diretor durante trinta anos. Em seus livros, ele reivindica a cura de "centenas" de crianças que temiam pela vida caso ficassem com os pais. As histórias de casos positivos, redigidas com pseudônimo, aumentam a sua fama e as estatísticas cuidadosamente elaboradas sustentam as afirmativas de que Bettelheim conseguiu reintegrar 85% dos jovens pacientes à vida normal.*

O LIVRO NEGRO DA PSICANÁLISE

Em sua biografia, Richard Pollak mostra como o "Dr. B.", como era chamado na Escola Ortogênica, costumava perder o sangue-frio e maltratava, física e emocionalmente, as crianças, enquanto nos artigos e livros e do alto da sua tribuna de conferencista afirmava que essas punições eram proibidas. Ele também nos explica como Bettelheim plagiou algumas partes de Psicanálise dos contos de fadas,[2] *famoso livro seu que conquistou numerosos prêmios literários, entre os quais o National Book Award.*

BETTELHEIM, O IMPOSTOR

Entrevista com Richard Pollak

Richard Pollak cresceu na vizinhança da Universidade de Chicago, onde Bettelheim se instalou na década de 1940 para ocupar a direção da Escola Ortogênica. O seu irmão Stephen Pollak, sem dúvida autista, foi acompanhado por Bettelheim. Quando este lhe declarou que Stephen se suicidara, Pollak começou a suspeitar que o analista não era o herói terapêutico que a imprensa adulava. Afirmou que era mentira; o irmão teria morrido acidentalmente ao cair de um vão de escada quando brincava com Bettelheim num celeiro de feno.

Depois do suicídio de Bettelheim em 1990, Richard Pollak partiu para pesquisar os fatos escondidos atrás da sua estátua. Descobriu a história do menino criado pela família vienense num lar enuviado durante anos pela sífilis do pai. Bettelheim sentia-se desgraçado, execrava a visão deficiente e, depois da morte do pai, mal suportou ter de abandonar os estudos na Universidade de Viena para assumir o comando da madeireira da família, com apenas 23 anos. Pela vida afora Bettelheim foi consumido pela depressão e sentia-se estrangeiro, judeu que se desdenhava a si mesmo e compensava isso culpando alto e bom som os judeus da Europa de se terem lançado nos fornos do Holocausto sem um único gesto de revolta.

O LIVRO NEGRO DA PSICANÁLISE

Começaremos a nossa entrevista[3] perguntando a Richard Pollak se não ficou surpreso ao descobrir que boa parte da grande fama de sabedoria e perspicácia do psicoterapeuta Bruno Bettelheim na verdade baseava-se em mentiras.

Fiquei mesmo surpreso. Pela fama que tinha como professor da Universidade de Chicago e depois de tê-lo conhecido com meus pais, sabia que Bettelheim podia ser arrogante e dogmático. Mas, quando comecei a minha pesquisa, não sabia absolutamente que era um dissimulador crônico e, nas palavras de um dos seus colaboradores, que mentia "o tempo todo". Bem pelo contrário, parecia-me óbvio que os seus livros baseavam-se em pesquisas sólidas e que as técnicas terapêuticas que aplicava na Escola Ortogênica eram mesmo as que os seus adeptos e os meios de comunicação diziam ser. Pensava realmente que o seu *status* de autor de referência e de terapeuta heroico de crianças autistas e com transtornos era bem-merecido.

Depois, no começo da minha pesquisa, dei com as quatro páginas do *curriculum vitae* que Bettelheim enviara a uma pequena universidade para moças no Illinois, onde começou a ensinar na década de 1940 depois de emigrar para os Estados Unidos. No currículo, ele afirma ter dedicado 14 anos, em vez dos seis habituais, aos estudos universitários em Viena, sem mencionar que os abandonara durante dez anos para cuidar da madeireira da família. Declarou também ter obtido vários doutorados *summa cum laude* em filosofia, história da arte e psicologia, embora os registros universitários revelem apenas um doutorado em filosofia sem nenhum louvor. Do mesmo modo, ele descreve como, sob o comando de grandes artistas, pintava, esculpia em argila e trabalhava em madeira no *Kunstgewerbeschule* de Viena. Além disso, nesse currículo Bettelheim afirma que "tornou-se membro da Sociedade de Música Moderna sob a orientação pessoal de [Arnold] Schoenberg".

Sempre de acordo com o currículo, Bettelheim trabalhou dois anos como assistente do *Kunsthistorisches Museum*, participou de escavações arqueológicas durante seis meses e encontrou antiguidades romanas. A partir de 1927 tornou-se "membro do conselho de administração da Comissão Habitacional de Viena até a demissão de todos os integrantes antifascistas". Enquanto isso, dirigiu seminários para os alunos do primeiro ano e supervisionou as suas pesquisas em história da arte e filosofia na universidade, onde também dava cursos a adultos — cursos adaptados para pessoas desprovi-

O DRAMA DO AUTISMO

das de meios materiais. Nesse mesmo currículo, ficamos sabendo que dirigiu o setor de obras de arte da Biblioteca da Baixa Áustria e, como assessor da Associação de Estudos da História do Teatro, aproveitou para supervisionar o ensino de Artes nas escolas Montessori de Viena. Achou tempo até para publicar dois livros sobre a sua tese.

A essa ficha impressionante, Bettelheim acrescenta "sólida formação em todas as ciências humanas, assim como em psicologia social, e experiência de ensino nessas matérias, inclusive psicologia tradicional e psicopatologia". Além disso, é "membro de uma associação de psicólogos e educadores profissionais cuja pesquisa gira em torno dos problemas de desenvolvimento de crianças e adolescentes".[4] Em 1945, num depoimento sob juramento no tribunal de Nuremberg, Bettelheim afirmou que, durante os 12 anos que precederam a anexação da Áustria pelos nazistas em 1938, "realizou trabalhos de pesquisa em psicologia e ciências da educação". Não achei nada que provasse isso e nenhuma das outras declarações do seu currículo era verdadeira. Regina Alstadt, a primeira mulher com quem se casou na década de 1930, me confirmou isso. (Por estranha ironia da sorte, enquanto Bettelheim reinventava os seus louros acadêmicos os nazistas destruíam os verdadeiros: em 3 de julho de 1941, os administradores da Universidade de Viena comunicaram à hierarquia berlinense que o diploma de Bettelheim, assim como o de outros judeus, tinha sido anulado devido aos seus "crimes" contra o Terceiro Reich.)

Como Bettelheim conseguiu se sair bem com mentiras tão ousadas? Ninguém da universidade nem da comunidade de psicanalistas de Chicago teve a ideia de contestar as suas invencionices?

Não. Olhando agora para trás, isso parece espantoso, mas no início da década de 1940, quando Bettelheim começou a ficar conhecido na universidade, não surpreende que todos tendessem a acreditar no que ele contava sobre o passado. Afinal de contas, era um judeu perseguido que acabara de passar mais de dez meses em Dachau e Buchenwald. Como tantos outros imigrantes judeus caçados pelo Terceiro Reich durante os seus primeiros anos, Bettelheim chegou aos Estados Unidos sem tostão. Precisava desesperadamente de trabalho assalariado e os que podiam ajudá-lo tendiam a dar-lhe ouvidos caridosos e acreditar na sua palavra. Mesmo no caso pouco

O LIVRO NEGRO DA PSICANÁLISE

provável de que a direção da Universidade de Chicago quisesse confirmar o currículo de Bettelheim e a autenticidade das suas declarações, seria difícil consegui-lo, devido aos bombardeios das forças aliadas que começavam em Viena. Além disso, muitos acadêmicos ficaram impressionados com Bettelheim, menos pelas 14 páginas do seu currículo do que pela atitude bem vienense que exibia e pela aura freudiana que o acompanhava. Naquela época, os Estados Unidos ainda sofriam de complexo de inferioridade cultural em relação à Europa, mesmo numa universidade tão importante quanto a de Chicago; e a evidente segurança de Bettelheim, assim como os supostos sucessos vienenses, davam certo exotismo à sua presença no *campus*.

Quando ele percebeu que ninguém contestaria as suas qualificações, Bettelheim inventou outras. Desde o princípio, fingiu dever a sua libertação de Buchenwald à intervenção de Eleanor Roosevelt, juntando, na época, o nome de Herbert Lehman, governador do estado de Nova York, à sua lista de salvadores. Não existe nenhuma prova de que qualquer um deles tenha agido em seu favor. Bettelheim foi libertado na primavera de 1939 ao mesmo tempo que centenas de outros presos, porque os oficiais nazistas temiam que o tifo e outras epidemias que devastavam o campo de concentração chegassem a Weimar e contaminassem as comunidades vizinhas. Hitler chegou até a concordar com o êxodo, declarando oficialmente a anistia desses prisioneiros em 20 de abril de 1939, dia do seu quinquagésimo aniversário. Apesar desses fatos fáceis de demonstrar, a história da intervenção de Eleanor Roosevelt virou praticamente fato consumado de tanto que Bettelheim a repetiu com o passar dos anos. Trinta anos depois de chegar aos Estados Unidos, o *New York Times Magazine* dedicou um artigo admirativo, com chamada de capa, sobre a carreira de Bettelheim e o modo como Eleanor Roosevelt e Herbert Lehman, que "conheciam a extensão do seu trabalho" em Viena, tinham contribuído para a sua libertação de Buchenwald.

Os meios de comunicação, o pessoal da Escola Ortogênica, os colegas do corpo docente da universidade e a maioria dos membros da comunidade psicanalítica, todos acreditavam nas afirmações de Bettelheim segundo as quais frequentara o círculo de Freud. Numa história que repetiu durante anos, contava como apresentou a sua candidatura ao Instituto de Psicanálise de Viena. Dizia ter sido ouvido por três pessoas: Paul Federn, psicanalista e íntimo de Freud, Anna Freud e uma terceira pessoa de quem não se lembrava. Em 1989, um ano antes de morrer, contou essa história mais uma vez diante de uma plateia de psicanalistas em Boston. Nesta versão, o próprio Freud entrou na sala, durante a entrevista, e lhe perguntou qual era a sua formação. E Bettelheim aproveitou para prestar contas exatas dos seus sucessos vienenses. "Eu lhe disse que começara os meus estudos de literatura para me consagrar, em seguida, à história da arte e obter, por fim, o doutorado em teoria da Estética. Sigmund Freud respondeu: 'É exatamente o necessário para encorajar o desenvolvimento da psicanálise. Precisamos de gente com vasta formação humanista, bem mais que de formação médica.'" Noutra versão desse encontro, Bettelheim afirmou que, depois da apresentação de Anna, Sigmund Freud declarou: "Não é preciso me apresentar nenhum Bettelheim." E acrescentou: "Quando estudante, Freud frequentava a casa do meu avô. Ficou amigo de um dos meus tios, com o qual fez o serviço militar."[5] Se esse encontro realmente aconteceu, Bettelheim nunca falou dele à primeira esposa. Na verdade, os arquivos do Instituto de Psicanálise de Viena não contêm nenhum vestígio da sua candidatura, ainda que resumidamente.

Em seus livros, Bettelheim menciona várias vezes que acompanhou crianças autistas em Viena. É verdade?

Não. Mas essa declaração foi mais decisiva ainda que o seu vínculo duvidoso com Freud para o avanço da sua carreira nos Estados Unidos. No princípio, Bettelheim disse que tratara uma menina americana chamada Patsy durante os sete anos em que ela morou com ele e a esposa Gina, na década de 1930. Também nesse caso os jornalistas e a maioria dos colegas de Bettelheim aceitaram a história sem fazer perguntas. Na verdade, foram Gina e Editha Sterba, analista de Patsy, que cuidaram da menina e a acompanharam. Mas depois que Bettelheim percebeu que ninguém questionaria essa versão, acabou por minimizar o papel das duas mulheres e até, com mais frequência, apagar totalmente a sua presença para embelezar ainda mais o seu discurso. Em *O coração informado* (1960), escreveu ter morado com "duas crianças autistas" em Viena; a coabitação fazia parte do tratamento. Repetiu-o em *A fortaleza vazia* (1967) e também numa entrevista publicada pela revista *Newsweek,* quando da publicação do livro. "Fiquei fascinado pelos seus problemas", disse à revista. Em *Sobrevivência,* publicado em 1979, Bettelheim escreveu que trabalhou e morou com "algumas crianças autistas" antes do Anschluss. Em *Uma vida para seu filho: pais bons o bastante* (1987), disse: "Ao aplicar métodos de educação que considerava bons, baseados nos princípios psicanalíticos, tentei curar uma e talvez duas crianças autistas que moraram comigo, em minha casa, durante vários anos."[6] Talvez contasse essas lembranças como se desafiasse os outros a pegá-lo em flagrante delito da mentira. Assim, em *Un lieu où renaître* (1974), Bettelheim mistura as histórias dos casais, aquele que formou primeiro com Gina, em que não houve filhos, e a sua união com Trude Weinfeld, com quem teve três filhos depois do casamento em 1941. "Antes do nascimento dos nossos próprios filhos, minha esposa e eu (...) cuidamos de uma criança vítima de autismo infantil (e considerada 'incurável') para descobrir se essa nova disciplina, a psicanálise, poderia ajudá-la. Alguma coisa nessa menina e em mim fez com que eu me sentisse profundamente preocupado com ela."[7]

Patsy, cujo nome completo é Patricia Lyne, foi a única criança que Gina e Bruno Bettelheim acolheram em sua casa, em Viena, e ela nunca foi diagnosticada como autista. Editha Sterba, que a acompanhou na década de 1930, não poderia fazê-lo porque só em 1943 a palavra "autismo" foi inventada, nos Estados Unidos por Leo Kanner e na Áustria, ao mesmo tempo e por puro acaso, por Hans Asperger, para descrever as crianças fechadas dentro do seu universo e incapazes de se comunicar com o mundo que as cerca. "Embora Patsy estivesse longe de ser normal, acho que ela não poderia ser chamada de autista", explicou-me Gina. Ao contrário da maioria das crianças autistas, Patsy conseguia realizar algumas ações complicadas da vida cotidiana, como pegar o bonde para ir à escola todos os dias. Muitas crianças autistas nem falam ou só emitem algumas palavras e sons com pouco ou nenhum significado para o interlocutor. Embora muito introvertida, Patsy falava de modo coerente quando chegou a Viena, o que tornou possível as três sessões semanais que tinha com Editha Sterba.

O DRAMA DO AUTISMO

Bettelheim finalmente escreveu que Patsy era "praticamente muda" no início da vida e que só pronunciou as primeiras palavras depois de um ano e meio de tratamento. Segundo ele, esse progresso resultou de um jogo simples que fazia com ela, um tipo de "iu-huu, cadê, achei!", em que ele fingia não vê-la e em seguida a encontrava. Durante semanas, explica Bettelheim, quanto mais o jogo avançava mais Patsy sentia prazer, terminando até por deixar-se acariciar quando da "descoberta". Foi assim, durante um desses carinhos afetuosos, que a menina pronunciou "a primeira frase", que foi: "Me dê o esqueleto de George Washington." Bettelheim explica essas palavras lembrando o drama da vida de Patsy, oriundo "do fato de seu pai ser totalmente desconhecido não apenas para ela, mas também [...] para a mãe". "[A] frase significava que ela precisava de um pai; por ser americana, só podia esperar do Pai da Nação a solução do seu problema. Como o pai desconhecido era o 'esqueleto no armário' da sua vida, foi o esqueleto que ela me pediu."[8] Sem dúvida alguma Patsy sentia falta da presença do pai, mas provavelmente porque se lembrava dele, assim como a mãe, aliás. Ao contrário do que Bettelheim tenta fazer crer ao jornalista que o entrevista, Patsy não foi fruto de nenhuma "relação furtiva" vivida pela mãe quando estava bêbada. Na verdade, o pai de Patsy era um americano chamado Elmer Ward Lyne que se casou com Agnes Piel em 19 de setembro de 1922. Patsy nasceu 18 meses mais tarde e o casal divorciou-se em 1928, quando a menina tinha 4 anos. Três anos depois, Agnes levou a filha a Viena na esperança de curá-la, no círculo de Freud, dos seus problemas emocionais.

Para Bruno Bettelheim, no início da década de 1940, o caso de Patsy é uma corda a mais do seu violino. Os diretores da Universidade de Chicago se convenceram não só de que ele era um trabalhador aguerrido com excelente qualificação em psicologia, adquirida na Universidade de Viena, como também que tratara em sua casa, durante vários anos, pelo menos uma criança gravemente perturbada que, segundo alguns, sofria daquela doença misteriosa e recentemente descoberta chamada "autismo". Bettelheim escreveu que foi graças à sua experiência com essa menina autista que a Universidade de Chicago pediu-lhe que assumisse a direção da Escola Ortogênica, coisa que o ex-comerciante de madeira fez em 1944.

Durante os trinta anos em que Bettelheim dirigiu a Escola Ortogênica, forjou-se a sua fama internacional de acompanhar e, em vários casos, curar crianças atingidas pelo autismo. Até que ponto essa fama é merecida?

Não há dúvida nenhuma de que, no início, Bettelheim e as suas jovens colaboradoras no estabelecimento dedicaram-se verdadeiramente a encontrar uma solução para curar o autismo, misturando psicanálise com outros métodos terapêuticos. Mas quase nunca tiveram sucesso. Segundo Jacquelyn Sanders, que foi chefe de serviço na escola durante anos e sucedeu o famoso diretor quando este se aposentou, Bettelheim mergulhava o seu pessoal num clima de esperança e vigilância intelectual que dava a todos a convicção de conseguir milagres se trabalhassem bastante. Desse ponto de vista, os seus esforços para ajudar as crianças autistas foram "um lamentável fracasso". Retrospectivamente, Jacquelyn Sanders acha que, se a expectativa das educadoras fosse mais modesta, poderiam contentar-se com um progresso mais lento em vez de esperar ingenuamente avanços espetaculares. "As crianças autistas eram as mais difíceis de administrar e só obtínhamos resultados muito medianos", contou-me Jerome Kavka, que era psiquiatra consultor do estabelecimento. "Durante um ano, supervisionei o trabalho de uma educadora que tentava fazer uma criança autista falar; nunca conseguimos uma só palavra que fosse."

Em meados da década de 1960, os arquivos da Escola Ortogênica demonstram que Bettelheim não aceitava mais crianças autistas. Segundo Howell Wright, responsável pela pediatria na universidade e que se encarregava da assistência médica aos jovens pensionistas, em parte Bettelheim desistiu porque o tratamento desses moradores custava caro demais para "resultados nunca atingidos".[9] As páginas de *A fortaleza vazia*, principal obra de Bettelheim sobre o tratamento do autismo naquela instituição, transmitem, entretanto, uma mensagem bem mais otimista. Ele diz que as crianças autistas têm o mesmo potencial de desenvolvimento que as crianças comuns e o trabalho realizado na Escola Ortogênica permitiu "a reintegração completa" de algumas à sociedade. Bettelheim acrescenta que trabalhou com 46 jovens autistas que, todos eles, "melhoraram notavelmente".[10] Durante os cursos que dava na universidade, costumava exibir o seu sucesso aos alunos extasiados. Um deles me declarou que "ele falava de curas milagrosas com bastante triunfalismo".[11]

No final da década de 1980, D. Patrick Zimmerman, coordenador de pesquisas da Escola Ortogênica, realizou um estudo dos arquivos relativos às fichas de admissão e saída da entidade. Entre o verão de 1956, época em que a Fundação Ford concedeu a Bettelheim uma verba de 342.500 dólares para pesquisar o autismo, e 1963, última parcela da sua utilização, a escola aceitou 48 crianças. Seis delas, quatro meninos e duas meninas, foram diagnosticadas como autistas pelos pais, pelo órgão de assistência social e por diversos terapeutas. Das 220 crianças acolhidas pela Escola Ortogênica entre 1944 e 1973, início e fim do reinado de Bettelheim, somente 13 chegaram com diagnóstico de autismo. Dado que não se pode ter acesso aos relatórios do pessoal educativo nem às informações contidas nas pastas das crianças, principalmente aos laudos dos psiquiatras, é impossível apresentar alguma hipótese sobre o diagnóstico de autismo desses 13 residentes. Assim mesmo, não houve nenhuma avaliação exata das outras crianças internadas com diagnósticos diferentes, como esquizofrenia, desenvolvimento atípico, depressão ou diagnósticos "indeterminados". Algumas crianças foram reclassificadas como "autistas" porque Bettelheim achava mesmo que o eram ou porque precisava delas para a sua estatística? Jacquelyn Sanders recorda que diagnosticaram como autistas, "por acordo mútuo", alguns dos seus jovens pacientes, mas também se lembra de que Bettelheim também apresentava diagnósticos "retrospectivamente".

Os diagnósticos incisivos de Bettelheim tendiam a ser severos, mas com frequência esta é a única coisa que os distingue dos da psiquiatria da época. Em *Psychoses of Childhood*, resumo da literatura especializada publicado em 1979, Barbara Fish e Edward Ritvo escrevem que, durante todos os anos em que Bettelheim dirigiu a Escola Ortogênica, tendia-se a diagnosticar o autismo segundo critérios insuficientes, tanto na Grã-Bretanha quanto nos Estados Unidos. Os pesquisadores tomam como exemplo crianças profundamente retardadas, vítimas, antes de tudo, de graves lesões cerebrais. Fish e Ritvo também ressaltam que a definição de autismo de Kanner, feita na década de 1940, foi um avanço importante por basear-se num conjunto de sintomas bem distintos. Mas, como constatou o próprio Kanner, o seu conceito de autismo infantil "foi banalizado por alguns a ponto de perder a especificidade, servindo a palavra, portanto, de pseudodiagnóstico multiuso aplicado a enfermidades sem relação entre si."[12]

Kanner apelidou *A fortaleza vazia* de "o livro vazio", mas antes da sua publicação em 1967 certo número de profissionais já começara a suspeitar das "interpretações poéticas" de Bettelheim e contestar o que um deles chamou mais tarde de "reflexões tantas vezes desregradas e conjeturas extravagantes [...] além da falta de circunspecção quando considera certas coisas evidentes".[13] Sob o fogo de tais ataques, Bettelheim respondeu de maneira dogmática. Em 1962, um psicólogo e um pediatra, que fizeram um estudo sobre a educação de crianças com transtornos, escreveram que, a partir da obra de Bettelheim, era impossível afirmar que as crianças da Escola Ortogênica pudessem adaptar-se a uma escola mais comum. "Uma centena delas já o fez", retorquiu Bettelheim, sarcástico, aos dois escritores. A um sociólogo que exprimiu dúvidas sobre as estatísticas de *A fortaleza vazia* e sugeriu que as crianças talvez não estivessem tão mal quanto ele dizia, Bettelheim disparou que em toda a literatura ainda não encontrara casos "que possam ser considerados mais graves que os de Laurie, Marcia, Joey, Anna, Eve ou Andy", casos que descreveu no livro como prova da eficácia do seu tratamento. A quase totalidade de *A fortaleza vazia* tinha de ser aceita com base na palavra única de Bettelheim. Assim como *Só amor não basta* e *Évadés de la vie*, obras anteriores sobre a Escola Ortogênica, *A fortaleza vazia* não fornece a origem das suas fontes de modo sistemático. Este fato não incomodou em nada um jornalista de Chicago que, numa série de reportagens elogiosas sobre o trabalho de Bettelheim com as crianças autistas da escola, louva o seu diretor como "cientista implacável e crítico sem concessões de toda pesquisa descuidada e superficial".[14] Peter Gay, historiador da Universidade de Yale, escreveu na *New Yorker* que Bettelheim fez um estudo do autismo "com profundo cuidado". *A fortaleza vazia* foi aclamado por toda a imprensa americana, inclusive o *Sunday New York Times* e o *New York Times,* tendo este último chamado o livro de "análise inovadora". Perto do Natal de 1967, *A fortaleza vazia* foi classificado pela *Time* como um dos vinte ensaios mais notáveis do ano.

No final de 1969, o livro já vendera mais de 15 mil exemplares, número bem respeitável na época, ainda mais para uma obra a respeito de um tema tão árido. Centenas de pais desesperados de crianças autistas lançaram-se sobre o livro na esperança de que o grande especialista vienense, sempre com "Dr." antes do nome, esse escritor tão elogiado pelas suas "vitórias espetaculares", os ajudasse enfim a entender e enfrentar o terrível isolamento no qual se fechavam os seus filhos e a dilaceração que provocava na família. Mas o que encontraram foi uma antologia de admoestações: eles é que eram responsáveis pelo autismo dos filhos, porque os rejeitaram. "Ao longo do livro todo, defendo que o fator que lança a criança no autismo infantil é o desejo dos pais de que ela não exista"[15], escreve Bettelheim.

Em parte, Bettelheim forjou a sua abordagem na observação do comportamento psicológico em Dachau e Buchenwald. De fato, ele compara as mães de crianças autistas aos guardas nazistas dos campos de concentração. Como chegou a fazer analogia tão cruel?

Durante anos, Bettelheim sempre disse e escreveu que o seu envolvimento na cura das crianças da Escola Ortogênica vinha da experiência nos campos de concentração, da cólera diante de tantas vidas estragadas, fosse atrás de barras de ferro ou de arames farpados psíquicos. Queria oferecer às crianças uma vida feliz e esperava que, ao trabalhar para a integração delas, trabalhasse também a favor da dele mesmo. Ao pôr-se a serviço da vida, cumpria como lhe era possível a sua obrigação para com aqueles que não tiveram a mesma sorte e morreram nos campos de concentração. Bettelheim defende que só os antigos prisioneiros capazes de um novo recomeço puderam "superar completamente a influência destrutiva dos campos".[16] Como sugere Zimmerman em 1993, numa análise da obra de Bettelheim, o seu trabalho com as crianças foi influenciado e limitado, consequentemente, pela sua própria experiência de ex-deportado que, nos primeiros anos na direção da Escola Ortogênica, "transforma-se aos olhos do público de homem de negócios da alta burguesia vienense em 'psicanalista' autodidata".[17] Bettelheim reconhece que os pacientes com problemas mentais, especialmente as crianças, provocam facilmente fantasias megalomaníacas de filantropia, mas a sua "formação psicanalítica" evita essa armadilha.

Quando chegou a Dachau em 1938, escreve ele, tinha certeza de que não havia nada melhor que a psicanálise para libertar o indivíduo e guiá-

O LIVRO NEGRO DA PSICANÁLISE

lo para uma vida melhor. Mas Bettelheim saiu de Buchenwald, em 1939, com sérias dúvidas e questiona, assim, um dos dogmas mais importantes da disciplina, ou seja, de que "a influência do círculo familiar é determinante para a formação da personalidade e que a da sociedade em geral é comparativamente desprezível".[18] Uma vez nos campos de concentração, diz ele, compreendeu bem depressa que o ambiente podia perturbar totalmente a personalidade e provocar mudanças bem mais rápidas e radicais que a psicanálise. Se, diz ele, a personalidade dos presos podia desagregar-se com a barbárie dos campos, um meio caloroso e acolhedor pode ter papel importantíssimo na reconstrução da psique. Foi assim que vislumbrou a Escola Ortogênica como espelho invertido do universo concentracionário, como lugar de amor em que as portas se fechassem à agressão do mundo externo mas estivessem sempre abertas às crianças que para ali quisessem voltar.

Este esquema campo-escola viria a tornar-se o pilar do pensamento de Bettelheim e levou-o a fazer a comparação entre crianças e prisioneiros, acrescentando que esse paralelo era "tão surpreendente e inesperado" que a princípio hesitou em publicar a sua descoberta.[19] Contudo divulgou-a em 1956, quando redigiu "A esquizofrenia como reação a situações extremas". O artigo repetia o ensaio muito citado e publicado em 1943 sobre a psicologia dos campos de concentração, *Comportamento individual e de massa em situações extremas*. Ali, defende que as psicoses infantis se devem ao desenvolvimento de forças espontâneas produzidas por uma "ansiedade mortal". E, quando se interroga sobre a deflagração desse processo, Bettelheim explica que, nos campos de concentração, encontrou nos colegas presos todas as fases do autismo e da esquizofrenia, comportamentos que atribui ao domínio absoluto dos guardas SS. Segundo ele, as crianças autistas e esquizofrênicas da escola estão sob o mesmo jugo. "[R]egularmente", diz, a criança experimenta "o sentimento subjetivo de que viveu permanentemente numa situação extrema, de que está absolutamente indefesa diante de ameaças de morte".[20] Com o passar dos anos, Bettelheim vai voltar ao tema, evocando, entre outros, *Todesfuge* ("Fuga da morte"), poema de Paul Celan sobre os campos de extermínio que faz referência recorrente ao "leite negro": "Leite negro da aurora

O DRAMA DO AUTISMO

bebemos nós à noite, bebemo-lo ao meio-dia, pela manhã, bebemo-lo à noite, bebemos e bebemos... A morte é um senhor da Alemanha."

A maioria dos críticos vê nessa imagem uma alusão às nuvens de fumaça que saíam dos fornos crematórios. Mas Bettelheim defende que é o símbolo da mãe que destrói o filho. Quem quer que seja obrigado a beber o leite negro da aurora ao crepúsculo, seja prisioneiro ou criança, seja em Auschwitz ou no conforto luxuoso do berço "(onde [o bebê] é submetido aos desejos de morte inconscientes da mãe, que pode ter a aparência de mãe conscienciosa), nas duas situações a alma viva tem por senhor a morte".[21]

Assim como em *Comportamento individual e de massa em situações extremas*, em 1943, Bettelheim tenta reforçar as suas conclusões e outras "descobertas" do seu ensaio de 1956 com declarações *ex cathedra*, generalizações e casos pitorescos. Nos campos de concentração, escreve, observa-se "o equivalente a um catálogo de reações esquizofrênicas".[22] Os detentos são vítimas de alucinações e delírios; são deprimidos, catatônicos, megalomaníacos e apresentam tendências suicidas, com passagem às vias de fato. Bettelheim afirma categoricamente que "o enfraquecimento da memória não poupava ninguém e as emoções eram superficiais e inadequadas".[23] Mostra-se desdenhoso diante da copiosa literatura sobre a psicologia dos campos de concentração publicada depois do seu ensaio de 1943. Em 1949, por exemplo, a psicanalista Edith Jacobson publicou um estudo clínico das detentas. As suas conclusões estão longe do aspecto doutrinário e peremptório das de Bettelheim. Em geral, diz ela, no caso das mulheres que chegaram aos campos com comportamentos estáveis, não se observou nenhuma desintegração da personalidade. O artigo de Edith Jacobson foi publicado em *Searchlights on Delinquency*, coletânea de 34 estudos psicanalíticos que Bruno Bettelheim criticou no *American Journal of Sociology*. Ele escreveu ter considerado enriquecedor o artigo de Edith Jacobson, mas não fala do seu conteúdo nem admite que esse estudo — nem outros, publicados depois — põe em dúvida as suas teorias sobre os campos de concentração publicadas seis anos antes. Como de hábito, os leitores têm de confiar nele, como já confiaram nos

O LIVRO NEGRO DA PSICANÁLISE

casos dos diagnósticos de autismo ou de esquizofrenia das crianças da Escola Ortogênica que assim ficaram, como os prisioneiros dos campos de concentração, por temer pela vida.

Durante anos, Bettelheim fez desta afirmativa o seu *leitmotiv*. As crianças autistas comportam-se como muitos detentos que viu nos campos de concentração porque também reagem a uma situação extrema. Sofrem desse tipo de impotência que caracteriza os "muçulmanos", expressão forjada nos campos para definir os prisioneiros que abandonavam toda a esperança. As crianças da Escola Ortogênica que não têm tônus muscular e arrastam os pés nos dormitórios são exatamente iguais a esses "muçulmanos"; as que sofrem de marasmo infantil, de caquexia por falta de nutrição, são a imagem dos prisioneiros que se recusavam a comer; as que giram constantemente os olhos lembram também os detentos que evitavam cruzar os olhos com os dos guardas; as crianças vítimas de estereotipia, que se entregam a outras manias compulsivas, são semelhantes aos prisioneiros submetidos a fantasias delirantes. Prisioneiro ou criança, ambos se esforçam por mascarar a realidade de uma ameaça imediata, os SS nos campos de concentração num caso, a mãe em casa no outro. O tema do renascimento é a ideia central da equação campo-escola de Bruno Bettelheim. Através da regressão autística ou esquizofrênica dos jovens pacientes, ele reconhece o chamado para renascer, para recomeçar no caminho de uma vida melhor. Compara isso aos sonhos dos colegas presos que, em sua própria regressão, fantasiavam com frequência um reinício da vida caso recuperassem a liberdade.

As teorias psicogênicas de Bettelheim que consideram os pais responsáveis pelo autismo dos filhos ainda têm muita influência hoje em dia?

Não. Nos Estados Unidos, na Grã-Bretanha, no Japão e em quase todo o mundo, as teorias de Bettelheim sobre o autismo foram completamente desacreditadas com o passar dos anos. Hoje, nesses países, os médicos e a comunidade terapêutica concordam que o autismo é um distúrbio do desenvolvimento cuja origem está ligada à genética, a lesões cerebrais ou a anomalias do cérebro. Nesses países, nenhum terapeuta ou médico sério acredita mais que os pais, principalmente as mães, possam ser culpados do autismo dos filhos por rejeitá-los, como Bettelheim insistiu tão cruelmente durante anos. Enquanto isso, na França Bettelheim continua a ser quase um herói[24] e parece que um bom número de psiquiatras e psicanalistas franceses continua a pensar que os pais têm parte da responsabilidade pela patologia dos filhos, que são sempre culpados por esta ou por aquela razão, ainda que isso não seja mais dito com tanta crueza. Chega a ser escandaloso que a psiquiatria psicanalisante de um país tão desenvolvido continue tão atrasada no tratamento do autismo.

Notas

1. R. Pollak, *Bruno Bettelheim ou la Fabrication d'un mythe, une biographie*, Paris, Les Empêcheurs de Penser en Rond, 2003.
2. Julius Heuscher é, em grande parte, o verdadeiro autor.
3. Entrevista a Catherine Meyer e Agnès Fonbonne; tradução para o francês de Agnès Fonbonne.
4. *Curriculum vitae* de Bruno Bettelheim, documentos de M. A. Cheek.
5. D. J. Fisher, "An interview with Bruno Bettelheim", *Los Angeles Psychoanalytic Bulletin*, outono de 1990.
6. B. Bettelheim, *Pour être des parents acceptables*, trad. Théo Carlier, Paris, Robert Laffont, 1988, p. 778.
7. B. Bettelheim, *Un lieu où renaître*, trad. Martine Laroche, Paris, Robert Laffont, 1975, p. 21.
8. Bruno Bettelheim, *Pour être des parents acceptables*, op. cit., p. 939.
9. R. Pollak, *Bruno Bettelheim ou la Fabrication d'un mythe*, op. cit., p. 292.
10. B. Bettelheim, *La Forteresse vide*, trad. Roland Humery, Paris, Gallimard, 1976, p. 507.
11. Conversa com Judy Stacey.
12. L. Kanner, prefácio de *Infantile Autism*, de B. Rimland.
13. P. Hobson, "On psychoanalytic approaches to autism", *American Journal of Orthopsychiatry*, vol. 60, n° 3, julho de 1990.
14. *Chicago Sun Times*, 30 de agosto de 1976.
15. B. Bettelheim, *La Forteresse vide*, op. cit., p. 171.
16. B. Bettelheim, "La schizophrénie en tant que réaction à des situations extrêmes", *Survivre*, Paris, Robert Laffont, 1979, p. 157.
17. D. P. Zimmerman, *The Clinical Thoughts of Bruno Bettelheim: A Critical Historical Review, in Milieu Therapy: Significant Issues and Innovative Applications*, J. Goldsmith e J. Sanders (orgs.), Nova York, Haworth Press, 1993, p. 28.

18. B. Bettelheim, *Le Coeur conscient*, Paris, Hachette Littératures, "Pluriel", 1983, p. 42-3.
19. B. Bettelheim, *Survivre, op. cit.*, p. 145.
20. B. Bettelheim, "La schizophrénie en tant que réaction à des situations extrêmes", *Survivre, op. cit.*, p. 149-50.
21. B. Bettelheim, *Survivre, op. cit.*, p. 142.
22. Bruno Bettelheim, *Survivre, op. cit.*, p. 148.
23. *Ibidem.*
24. Nota do editor francês: Bruno Bettelheim foi "descoberto" e "adotado" pelo público francês em 1974 graças ao filme *Portrait de Bruno Bettelheim*, de Daniel Karlin, apresentado a vários públicos durante uma greve da Office de Radiodiffusion-Télévision Française (ORTF). Na época, o filme provocou um verdadeiro debate que muito contribuiu para a fama de Bettelheim na França. Desde então alguns livros seus ainda são vendidos regularmente em todo o país.

4. Feridos pela psicanálise

Os depoimentos que se seguem contam o percurso de indivíduos sofredores; para aliviar o seu mal-estar, bateram à porta de um psicanalista. Aqui, falam da sua decepção, às vezes da sua cólera. O que buscavam, não o conseguiram encontrar.

Seria um abuso acusar a psicanálise de única responsável pelo seu destino e imaginar que outra abordagem terapêutica teria forçosamente curado alguns deles. A história de um ser é composta de múltiplas cenas; e, em questão de tratamento psíquico, todo triunfalismo é indecente, tanto que a psiquiatria, até hoje, com muita frequência é impotente para curar.

Gostaríamos que esses depoimentos fossem considerados documentos sem valor como demonstração mas que tornam audível a voz dos indivíduos; o ponto de vista não de especialistas, mas de quem precisa de tratamento. Por trás da discussão do sofrimento psíquico, além das contestações e discordâncias, o que está em jogo é a vida de numerosos seres.

Como mostram os textos, nesse contato com a psicanálise surgem, ainda assim, queixas e temas recorrentes: a culpa, a família esfacelada, a relação com o dinheiro, a sensação de ser mantido à distância de um saber ou processo sobre o qual não se tem controle, o sentimento de que, depois de tanto cavar para encontrar a causa, não se sabe mais como sair do buraco.

A PESCADORA, O GIRINO E A GÓRGONA

Agnès Fonbonne

Final da década de 1980.

Estou sentada numa salinha, o meu Victor de 10 meses grudado no seio esquerdo. O homem bonito sentado à minha frente dá uma olhada rápida no meu filho... "É isso o garotão que ainda mama na sua mãe?", pergunta, sorrindo. Isso o quê, meu senhor? Bem que queríamos saber, a criança não anda bem, e dizem que na sua clínica tem uma senhora-pra-essas-crianças, embora até agora ninguém tenha dito o que a criança tem...

Tenho 32 anos e três filhos, dentre os quais um enigma. Pertenço àquela geração na qual se incutiu que nenhuma vida faz sentido sem recorrer ao inconsciente, que a menor iniciativa sua é regrada necessariamente pelos ditames do seu desconhecido íntimo. Sou social e politicamente formatada com esse modo de pensar. Vivo, rio, beijo, penso e voto na esquerda de acordo com esse protocolo. Conhece-te a ti mesmo! Sou moderna, mas o velho ditado conserva todo o seu encanto. Num mundo tranquilo onde nada acontece, haverá aventura mais bela do que observar as suas obscuras profundezas? Mal os conheço, esses abismos de minh'alma, mas sei que existem, que me sustentam e que podem também me fazer afundar. Sem a sua profundidade, nada poderia fazer. Todo mundo os tem, todo mundo sabe.

O "espírito psicanalítico" é como a *Marselhesa* que eu cantava no pátio da escola para a distribuição dos prêmios aos melhores alunos, não é coisa que se discuta. É mais que uma cultura, mais que um patrimônio. É a sabedoria do combinado com antecedência que abunda em nosso inconsciente, tem filhotes em todos os interstícios da vida, no mais ínfimo recanto do sono, no oco de qualquer dorzinha de barriga. Largamos o seio da mãe devido ao "espírito psicanalítico". Aprendemos a andar graças a Ele e mantemo-nos de pé por Ele. Isso não se controla. Simplesmente é. Em toda parte, o tempo todo. Com Ele fazem-se e desfazem-se gerações inteiras. Em Seu nome, tudo se diz (ou ao contrário, aliás, dependendo do caso...), e o encantamento já dura mais de um século.

Entretanto o sortilégio quebrou-se, manhoso, na minha terceira gravidez. E a linda filosofia de repente se transformou em máquina de triturar...

A minha barriga nova e desejada concretiza o sonho burguês básico de um belo casal rock'n'roll. Dos nossos quatro filhos, esse terceiro foi aquele que realmente programamos, aquele pelo qual interrompi a contracepção de mulher livre em suas escolhas. Como nos livros, nós o quisemos com antecedência, planejamos o futuro. Victor teria de ser rei...

O nosso menininho nasceu muito prematuro depois do rompimento da bolsa amniótica no final de quatro meses e meio. Declinei o aborto terapêutico por questões de amor e recusei o uso de aparelhos de manutenção da vida para preservar a sua liberdade. Quer viva ou morra, a escolha dele será a minha; estamos ligados pelo coração. Pari, dois meses depois, um camarão de 900 gramas, cinzento, sem carapaça nem antenas, mas já tão amado... A continuação é memorável e pouco gloriosa. Depois de meses no hospital e de palavras doces ao nosso Jesus na manjedoura, depois de meses de perambulação e também de questionamento, anunciaram-nos uma criança imperfeita.

Autismo.

Uma baita palavra-lixeira para um bebê do mesmo metal pesado! Esse diagnóstico que eu já antevia, nós o obtivemos, com muita luta, de um psiquiatra de verdade, médico da mente e do corpo, que domina um conhecimento bem diferente daquele dos grandes especialistas da velha Europa em cujas mãos caímos no princípio. Por enquanto, então, sei que dei à luz um erro afetivo de primeira linha, como defendia um certo Bruno Bettelheim. Segundo ele, obrigo o meu rebento a se esgueirar de través, a se fechar na solidão dos seus balanços rituais. Sou uma mãe que rejeita ou devora... com certeza, as duas coisas. O amor inominável que lhe devoto está envenenado. Sou uma mãe tóxica. Estraguei o meu filhote, impedi a sua saída do covil... O rebento não funciona direito! Mas, madame, a senhora é a mãe! O que a senhora fez a ele para ser punida assim? E a sua própria mãe? Fale-me sobre ela...

Tive confiança neles. De olhos fechados, segui essa linha sinuosa que desenhavam sob os meus pés. E esperei docemente pelo futuro meu e de Victor, que os nossos corações enfim se cruzassem num encontro feito de palavras reconstruídas. Como os reencontros à cabeceira dos divãs...

No entanto, durante quase dois longos anos, Victor e eu fomos dados de comer aos vampiros. Fugimos antes de estancar a sede deles, antes que alterassem ainda mais a sua ferida de bebê para sempre desfigurado. Mas os seus arranhões me deixam uma cicatriz bem no coração. Daquelas que a gente não esquece e trata com vinagre para conservar todo o seu fogo. Não os perdoarei. Nunca mais. Quanto a Victor, ele é incapaz de dizê-lo. Mas sem dúvida aprofundaram esse atraso do qual ele jamais se recuperará.

Victor é perfeitamente anormal. Uma anormalidade bem franca, evidente à primeira vista; ele baba de alegria, grita como um mudo e come tudo o que não se come. Mas a diferença é um acidente de nascença gravíssimo, a banalidade da luta ardorosa pela vida! Escolhi o menino, ele conservou a sua vida, com isso veio a deficiência, porque ela existe, porque não dá para ser de outro modo.

Mas Freud não o curará, longe disso! Se não fôssemos vigilantes, Victor se juntaria ao rebanho dos inocentes, internado nesses pátios dos milagres institucionais onde a piscina, a equitação e a massinha de modelar tornam-se hidroterapia, equoterapia e ergoterapia. Onde até a torta de maçã da oficina de padeiro empesteia o hospital! Não queríamos o equídeo, doutor, nem o crepe Suzette recheado de intenções curativas, com moças-pra-cuidar-dessas-crianças escondidas atrás de cada porta, disfarçadas de cereja do bolo! Mas, antes de escolher essa recusa, foi preciso voltar à primeira casa do percurso do combatente, aquela cujo jugo ainda é imposto a todo pai ou mãe de crianças incomuns, porque está só e totalmente perdido.

Victor e eu, portanto, nos inscrevemos para sofrer, como recrutas. Eu, através desse pretenso desdém que me designa como culpada, e ele porque sofreu, como dizem, a minha indignidade de mãe má. Eu o quis assim, continua a sussurrar o burburinho. Mas não tenho mais nada a provar. Avanço com o estandarte remendado da culpada. Avanço porque estou convencida da qualidade do meu amor por ele. Avanço também porque é necessário. Porque tenho dois pés impacientes, quatro filhos e um coração que transborda! Mas avanço principalmente porque eles dizem mais absurdos ainda.

É assim. Sou a mãe de uma criancinha que derrapa como ninguém... Não fica de pé, não sustenta a cabeça, não aguenta a vida, não pediu para nascer. Vejam a vilã! Leio como faminta, ninguém vai se aproveitar de mim. Cruzo os conselhos a granel de Winnicott, Minkowski e Dodson, os da minha avó querida, de Dolto, das amigas, de Bettelheim e da padeira. Sei tudo sobre como levar a vida. E logo descubro as minhas lacunas para poder levar a vida. Indicam-me as minhas incapacidades. Deduzem-se responsabilidades sem lhes anunciar a cor. Tenho medo, preciso de ajuda, de orientação. E descubro sozinha um lugar que dizem ser mágico. Ninguém me obriga a me jogar na goela do lobo; eu é que mergulho, orgulhosa de ter encontrado o lugar-remédio onde socorrer o meu filho. Empurro a porta secreta que ninguém jamais usara à minha volta. É de um templo secreto, um CAMPS, ou seja: Centro de Ajuda Médico-Social Precoce... E olha... Lá, com certeza, vão Ajudar o Centro do meu Precoce a viver um universo Social sem muito Médico... E grudo como língua na boca de quem se ama. Agarro com força o meu bebê junto ao meu corpo. E viria a menstruar dali a duas semanas.

Tentativa de ilusão

Assim, começamos com duas sessões por semana. E desse modo tomei o caminho sagrado da Redenção, em nosso calhambeque velho e cansado, o meu Victor na cadeirinha e o meu esqueleto no armário.

No começo, é bastante agradável. Descubro a palavra que se afrouxa, a escuta atenta e o olhar da senhora-pra-essas-crianças. Por acaso, pergunto-lhe em que se formou: psicomotricista de formação, hoje é terapeuta, ou seja, uma pessoa que trata... normalmente. Mas quem, o quê e como? O espírito psicanalítico assim o exige: não faço a pergunta. Ela se parece com Anna Magnani. Os seios, o preto, a presença esmagadora. Mal entro em sua salinha, coloco o meu bebê mole sobre o grande tapete plastificado que recobre o chão. Um rolo acolchoado se estende num canto. É tudo. Então começamos a falar. De tudo, de nada. De coisas de mulher. Troca de amabilidades, boas ou más. Falo e adoro falar.

Conto-lhe as nossas histórias. Mas são apenas histórias. Ela me interrompe de vez em quando e faz perguntas nem sempre claras... Intromete-se aos pouquinhos na minha vida. E eu deixo. A sua prática autoriza-a a isso e permito-lhe que me penetre sem titubear. Estou aqui para me crucificar. E ela está lá para olhar e escutar. Cada um no seu papel. Às vezes, contudo, ela se revela sem doçura e pisoteia os canteiros do meu pudor enquanto olho o meu filho imóvel no chão. Quando ela surpreende esse instante evidentemente mágico em que o amor que lhe dedico é de uma evidência gritante, parece querer quebrá-lo para que seja suportável: "Acho que ele não está muito bem hoje..." A Magnani é uma *voyeuse* frustrada. Começo a percebê-la como terrorista e às vezes surpreendo-a como deficiente afetiva. Como alguém pode ser tão frígido? Que profissão é essa que cutuca as crianças e proíbe que a gente as toque? Tenho a impressão confusa de que ela se alimenta da minha ternura materna e estraga-a com um único olhar. Como se o *strip-tease* fosse insuportável quando visto tão de perto. No entanto ela saboreia essa intimidade impalpável e a devora, tranquilamente perversa. Como grande inquisidor, até me arranca soluços que sufoco pudicamente. É tão fácil conseguir isso sob tortura! Fale-me de você...

O que dizer fora do domínio da carne, da epiderme, do transbordamento emocional? Há meses só vivo para esse menino arrancado da morte com tanto carinho e que tanto se agarra à vida. Eu o aqueço com a minha ternura, com o meu leite, sustento-o com toda a minha energia. Depois do nascimento, ele retoca o meu amor maternal, amassa-o e transforma-o. Tornei-me a esponja dos seus mínimos murmúrios. Também estou grávida de algumas semanas. "É preciso andar depressa", anuncia Magnani sem mais explicações. Não sei que sombra ameaçadora paira sobre o seu aviso, mas a partir de agora a costeleta nas minhas entranhas tem de pô-la em surdina, a mulher e a criança que nasceu primeiro! Tenho um bebê mal-ajambrado do lado de fora e um inacabado do lado de dentro. Num magma afetivo e hormonal como esse, como não ser manipulada e esfolada viva? Com progesterona às toneladas, passo às confissões com facilidade desconcertante.

Durante todo esse tempo, sempre deitado de costas, Victor passa agora a levantar as pernas para agarrar os pés calçados com sapatinhos macios. Desamarrar o cadarço torna-se uma preocupação vital, repetida e estereotipada. Com os dedos minúsculos, ele puxa o cordão e o tange como a corda de um violão. Cada gesto seu parece lhe dar um prazer inefável. Observei há muito tempo essa felicidade imperturbável que o domina a cada tremor da sua batata da perna.

A pergunta cai, absurda e incisiva, como uma guilhotina. "Esse cadarço é curioso... o que ele diz a você?" Lembro que me impus o silêncio. Não responder a tanta estupidez humana. Não fazer o jogo dela. Não reafirmar as suas certezas.

Por que ela não quer as mesmas coisas que eu? O seu espírito de geladeira não a impede, até aí, de perceber o aspecto original da sensualidade? Victor está inteiramente dedicado àquilo que o faz vibrar. Expõe, nu e cru, o sentimento perfeito do toque, da pele e da sensação sobre ela. O calor, o frio, o sopro nos olhos, minha mão sobre os seus rins tão pequenos... Durante horas inteiras sob as árvores, encolhido no carrinho, olha sem nenhum gesto as folhas se mexerem. Sozinho, o movimento acima da cabeça o levanta de repente, vivo, todo esse verdor móvel e inspirado, a

FERIDOS PELA PSICANÁLISE

leve brisa que lhe acaricia o rosto e além disso faz farfalhar a fronde. Victor é um receptáculo do movimento e da vibração.

A Magnani nega o sensorial, o leve, o puro. Parece ter esquecido toda a voluptuosidade da criança. A analogia sem firulas entre cadarço e cordão umbilical lhe parece límpida. É preciso que sangre! E vamos lá para a pesca por atacado. Eu simplesmente não consigo acreditar. Nem mesmo Freud ousaria tanta facilidade!

Mas ela, sim! Ela me empurra para a interpretação. "O que isso lhe recorda, esse laço desfeito?" A mim? Nada! Nadica, mesmo! É um simples cadarço que ele adora desamarrar porque é um dos poucos gestos que domina e lhe dá prazer. Eu quase riria se não fosse tão sinistro e previsível. Nada digo nem rio porque ela me olha bem dentro dos olhos, sem sorrir, e porque amo o meu filho. Entro no seu jogo de azar porque ainda tenho um pouco de psicoespírito. "Ora, uma ruptura umbilical prematura... Lembra? Ele nasceu de seis meses e meio..." Os olhos dela estão dentro da minha cabeça, bem no fundo da memória. Estou com os ouvidos grudados nela. "Já lhe aconteceu abandonar um homem que ainda amava?..." Com isso arregalo os olhos e a boca numa súplica muda. Tudo menos isso! É verdade que houve aquele varapau de que me lembro, faz tanto tempo... eu o larguei, louca de amor, para não morrer inteiramente... Mas o que ele tem a ver com o peixe? E como é que ela se arranja se, de repente, sou só balbucios? Gaguejo, as lembranças, as imagens voltam... Montparnasse, La Coupole e Ele, que nunca saberá que não o esqueci. "Então você ainda o amava quando se separou dele?" Baixo os olhos. No espaço de um instante, bebo as suas palavras indistintas e lenientes. Estou a ponto de cair, de me fundir às suas palavras. A fontezinha jorra discreta dos meus olhos e o nariz também escorre, mas não chego a oferecer essa água aos seus moinhos, esse grão para moer. Ela evoca sem saber, ela supõe e interpreta. A Magnani se transforma na falsa vidente da comédia *Madame Irma*. Vê Victor tomar o lugar desse antigo amante, abandonado depressa demais, cedo demais, mal demais! Amei o meu filho dentro de mim, na fusão do meu ventre, e não me permitiria amá-lo do lado de fora, agora que nasceu. A sua presença me traria sensações insuportáveis... Meu bom Deus! Mas é claro...

Mas com quem estou me metendo? O que quer essa bruxa? O que ela quer provar com isso? Que nunca é fácil amar, que a Vida faz o seu caminho e leva todo mundo a crescer? E depois, e daí? O meu garotinho no chão, o que ele tem a ver com os amores murchos da sua velha mãe? Isso vai lhe ensinar a andar, com certeza! O que sinto me pertence; não lhe cederei um centímetro do meu território particular. A sua prática malévola chama-se estupro mental. Freio as quatro rodas de uma vez só. Não falamos a mesma língua. Ela perde o pé, divaga, refaz a minha vida e rejubila-se. Já não escuto mais. A mão sobre o baixo ventre, respiro profundamente para que ela nunca mais me toque e prometo baixinho a Victor que não voltaremos mais aqui. Seja como for, tenho muitos lenços de papel.

Uma saudável desilusão

Enquanto conversamos, Victor suga avidamente os dedos, únicas porções gostosas ao alcance da boca, esperando o fim do debate com essa infinita paciência que o caracteriza na época. O menor dos seu barulhos discretos é comentado com uma frase bem escolhida: "Agora é a vez de mamãe falar, a sua vez vai chegar!"

Com frequência o meu olhar desliza sobre ele, no meio do tapete. Crucificado e calmo, espera que o tempo passe, impassível ao bate-papo, concentrado no cadarço esquerdo. Esse discurso provoca pesadelos. Só ele merece atenção. Só ele precisa de todos os tratamentos da Terra. A urgência aí está, sob os olhos dessa mulher absurda, e não nas sinuosidades absconsas que ela exibe como tesouros de guerra.

Victor precisa aprender a sentar-se, a ficar de pé, a balbuciar e a comer enfim as patas da girafinha de borracha. Como todos os coleguinhas da sua idade! O que viemos fazer aqui? O que faz essa bela equipe pluridisciplinar de psicomotricistas, cinesiterapeutas e educadores que nunca encontramos? Por que Victor não tem direito a isso, ele que só pede para crescer bem? Ainda não conheço todos os seus sombrios segredos de bebê imaturo, mas imagino as possibilidades de despertar, de estimular. Ainda mais do que tudo, precisa que o toquem, que falem com ele, que o façam rir e que o cativem. Passo nisso dias inteiros, mas parece que não basta. Os dois irmãos também ficam em casa. Tentam-no como um diabinho, acariciam-no e carregam-no como um gatinho. Mas as suas mãos são inativas e insuficientes. Victor não os olha, ou quase. Mantém-se perdido na sua folhagem e continua a olhar coisas que ninguém mais vê. Até os barulhos lhe são estranhos. Já bati palmas milhares de vezes às suas costas, milhares de vezes sacudi esse chocalho em suas orelhas mudas. Ele nem pisca. O que é preciso fazer para ajudá-lo? Onde estão esses profissionais da diferença que conhecem o gesto que salva e vão ensinar Victor a entrar na vida? A Magnani é o vestíbulo? O que ela faz com ele? Conosco? Quando, hesitante, abordo o assunto, ela se evade com um gesto. Não, não, é preciso deixar que ele tome a iniciativa, dar-lhe tempo, esperar que queira, que deseje. Surgiu finalmente a palavra! O Desejo!

Mas o desejo o meu lobinho não conhece. Basta observá-lo na sua manjedoura ou, como dizem, na sua incubadora, esticando-se como um felino ao menor carinho em suas costas famélicas. Ficou bastante elegante à custa de alongamentos e estiramentos. E essa primeira ida ao seio com um quilo e duzentos, com a sonda de entubação, contra os conselhos médicos, mas quando o viram tão beatífico contra mim não ousaram mais atrapalhar depois. O desejo de viver ele também o tinha, pregado ao meu ventre, quando se recusou a ser expulso vivo e ficou enrolado como bola no oco do meu flanco, esperando a tempestade passar. Sem falar dos três meses de luta no inferno tecnológico do serviço de neonatologia, onde os bebês se agarram como piolhos amorosos aos fios eletrônicos da sobrevivência.

Que desejo mais possante ainda falta à Magnani para que ela autorize o meu menino a entrar no reino dos vivos? Espera que ele fale? Ela nunca ou quase nunca o toca. Quando é preciso fazê-lo, usa pinças, mal o olha e deita-o logo, como se recusasse que ele possa sentir prazer. Isso a desgosta? É o quê essa frieza de magistrado? Não gosto que o tratem assim. Victor merece mãos suaves e amantes, mãos que transmitam doçura e que pousem nele justamente com vontade e desejo. Ela parece não sentir nada disso por ele. Nem mesmo sei se tem filhos, se conhece o que isso faz com a alma.

No entanto, durante meses, Victor e eu somos o âmago de diatribes sem fim. Às vezes o pai vem, quando o tempo lhe permite ou quando me falta coragem. Os filhos mais velhos me reclamam em casa. Também são pequenos ainda. Mas acreditam na ressurreição, fazem perguntas, convidam-nos às vezes até o tratamento, quando Magnani quer. Eles vêm ver, ouvir, dizer coisinhas tímidas de suas bocas espessas. Mas o que é que essa mulher faz, arriscam eles ao sair? Ora, exatamente, meus amores, também não sabemos! Ela espera que o tempo se perca para tocar o cheque no fim do mês, com toda certeza... O pai volta das sessões cheio de raiva. Xinga e descompõe a charlatã. A gente se deixa mesmo enrolar. Um psicanalista na vida raramente é bom para a paz no lar! A gente se deixa enrolar porque tem dúvidas. A gente duvida de nós, dela, de tudo. Nós nos acusamos. O instinto não vale mais nada diante da barbárie cerebral!

Nunca se fala dessa brutalidade, desse terrorismo sutil do pensamento! Diante de um psicanalista, é preciso ficar em estado de vigilância permanente. É preciso reconstituir os discursos dolorosos, sofrer os silêncios, os mutismos embaraçosos e embaraçantes. Tantas vezes doce. E suportar o branco cegante entre as frases como pimentas para nos arrancar as tripas e as palavras. O tom está dado. Vai fazer sentido e versar sobre o significante. Os psicanalistas são necrófagos distintos, comedores de merda respeitados pelo inconsciente coletivo. Há também aquela estética da sua violência verbal. Esquecer-se na explosão venenosa daquilo que nos colam nas têmporas. Não entender mais nada porque ressoa e aceitar essa perdição. Essa gente com certeza satisfaz o ego sem saber. Também se deleitam com incongruências bem saboreadas. Há "eu amo você porque me faz bem", mas existe também "se abrir isso aí, não me escapa mais". Com a nossa matrona, a estética é raríssima, mas bastante eficaz. Ela tem pouca imaginação e limitado senso poético, mas a violência e o toque cínico às vezes atingem o objetivo, gratuitamente, em nome da terapia. A dama sabe bater onde mais dói. Não é nada bonito quando a gente vê a quem ela se dirige... mas é o trabalho dela! A sua mestria como parteira de palavras lhe dá um vigor tenaz. Será que ela sabe que tortura? Quando a gente tenta o mesmo nível de troca, quando sabe que não vai escapar, quando percebe antes o que o outro vai dizer, como buscar o diálogo sem que ele vire duelo? E no que se transforma o elemento terapêutico numa troca assim? Quem precisa ser tratado? Magnani não tem cura...

O meu menininho espalhado como um paralítico sem muletas não dá a mínima! No assoalho de plástico, não ouve a insensibilidade. Não fala e nunca falará porque a sua mãe não passa de uma cadela! Quando, usada, pego-o de volta no final das sessões, fujo como uma ladra com ele nos braços; jamais poderei amá-lo autenticamente diante da nossa megera... Reencontramo-nos no carro, na penumbra propícia do estacionamento. Sento-me atrás e lhe dou o seio. Longamente. Saboreio o nosso encontro de depois. Às vezes, Magnani o deixa chorar no tapete. A sua atitude não autoriza nenhuma concessão. Sou tão obediente que não protesto de jeito nenhum e olho-o a se cansar de sofrer no chão. Qualquer incursão da minha parte será malvista. O animal se exprime, é preciso deixá-lo dizer. Choro secretamente com ele. Nesses momentos, protejo-o da minha compaixão e murmuro-lhe carinhos com doçura. Nunca deixei nenhum dos meus filhos chorar. É preciso que esse, do qual mais senti falta e a quem falta tanta coisa, seja exatamente aquele que não tem o seu choro respeitado!

Fora das nossas trocas guerreiras, não acontece nada de agradável para Victor. Às vezes ela sai da sala, passa diante de mim, sentada numa cadeirinha de madeira, e instala-se no chão ao lado dele, sem no entanto quase nunca olhá-lo. Ele aproveita, assim, para sugar gulosamente a ponta da echarpe preta que às vezes lhe passa sob o nariz. E ela acha isso intenso.

À medida que o tempo passa, as sessões "progridem" ou se tornam "bom trabalho". Eu não vejo acontecer nada e a minha barriga começa a se mexer. Victor, nunca.

De vez em quando, Magnani aparece com objetos remendados, sempre os mesmos. Tem uma boneca suja, feiosa e tão grande quanto ele e uma garrafa velha de água mineral, pequena, vazia e sem rótulo. Não pergunto para que serve isso porque sem dúvida não vou entender a resposta, mas as suposições vão de vento em popa. A bruaca decrépita talvez seja ele, ou eu, ou a irmãzinha que tenho na barriga, mas Victor não a quer, é evidentemente grande e pesada demais para ele... Quanto à garrafa transparente, objeto fálico talvez, com certeza é este lado de fora e este lado de dentro que ele não diferencia bem, se é que entendi a lição. Claro que Victor se apaixona pelo frasco precioso que segura com facilidade quando ela o entrega e no qual colocou, certo dia, uma única conta de madeira clara. Assim preparado, o objeto se transforma no mais simples dos chocalhos. Victor não deixa de sacudi-lo com todas as suas forças e contempla satisfeito a trajetória da bola, cuja velocidade, espantosamente, ele consegue dominar. Antes de reconhecer aí um subterfúgio ao vento, à folhagem e ao movimento vibratório, extasio-me ao vê-lo enfim descobrir a felicidade de manipular um objeto de verdade. Magnani quebra a minha alegria: nem pensar em ter o mesmo utensílio em casa! Isso é só aqui! Em casa, vai bagunçar tudo e pode ser prejudicial. Victor aperta a garrafa na testa, nos olhos, na língua, olha-a de soslaio, com fascínio, e ficamos assim durante longos minutos a observá-lo, eu de olhos úmidos e ela com atenção, admirando com doçura a mãe e o filho a exibir sua emoção. No final de cada sessão, o objeto mágico é subtraído gentilmente ao som do já-acabou-você-trabalhou-bem-por-favor-obrigado de sempre e sabiamente guardado num pequeno armário ao alto. Victor compreendeu bem onde isso acontece...

Certo dia, a sujeita decidiu pegá-lo no colo de verdade. Ela o eleva no ar, instala-o sem remorsos na primeira fila do proscênio e o aproxima com maldade do armário. Na altura da porta, a mão a poucos centímetros de um puxador tão redondo e grosso quanto uma tangerina, Victor espera no seu poleiro vivo o gesto que a sua motricidade fina não lhe permite para atingir o objeto do desejo. E Magnani aguarda um milagre de Victor. Sem barulho, ele olha a porta do armário, começa a se agitar, estende a mão para a bola que evidentemente não pode agarrar e muito menos puxar. Magnani espera. Ele a olha, eles se olham. Ele espera muito, crispa os dedos na madeira, começa a soluçar com os últimos recursos encorajadores e calmos da sua mentora: "Você pode chegar lá, Victor, já está quase..." Tão comunicativas quanto palavras de verdade, as lágrimas não servem de nada. Frustrado, abatido e desencorajado, Victor adormece sobre os ombros da dominadora, deixando assim a nu um desejo tragicamente mutilado. "Ele ainda não está pronto", afirma Cruella, calmamente. "É preciso esperar. Ele é que escolherá o momento certo."

Fervo de ódio, estou grávida e sou genitora de uma diferença. Que ser humano, desde que seja um pouco humano, ousaria agredir assim a delicadeza dessas maternidades? A minha flor da pele é tão gritante quanto a incapacidade dela de resolver seja o que for. Mas eu, eu não faço mal a ninguém e não pedi nada. Em todo caso, ela... Obrigada pelo presente, madame Eu-sei-tudo, obrigada por só amar a desestabilização para melhor estabelecer o seu poder manipulador! A cólera me sobe, só que muda. Por quem ela nos toma? O que acha de um processinho por falta de atendimento a um bebê em perigo? Seria adequado!

O divórcio

Certo dia, cortei o cabelo. Bem curtinho, tipo reco. É prático e atraente. Não tinha mais tempo de vê-los crescendo.

Foi o começo do ódio declarado à Senhora Magnani. Passamos para o outro campo. Provoco com prazer porque adquiri a certeza de que ela é a Malvada e que nunca serei nada além de uma boa mãe, que uma "mãe boa o bastante", como disse o outro grosseirão do Winnicott. Exibo um bebê marciano, um ventre fértil e um crânio espetado que ela se autoriza a comentar na sessão seguinte. Intimidade fatal! Você não é minha mãe nem minha amiga! Esse cabelo espetado quase se transforma na minha primeira pintura de guerra. Uma cabeleira tão rasa desestabiliza um pouco, deixa com menos cara de mãe... mas dá na mesma hora um clima de briga de rua.

Quanto mais o tempo passa, mais Victor nos parece surdo como uma porta. O pai e eu sugerimos exames. Pedir à Lua seria mais simples. Mas aqui há todo o material e pessoal habilitado para isso. Já não é fácil explicar ao meu Victor que a sua mãe é a última das meretrizes, mas se além disso ele não escuta... O pediatra responsável técnico não parece convencido com a minha solicitação. Tergiversa durante reuniões intermináveis de síntese, das quais nunca participamos... os pais teimam, o que fazer? Magnani assume um ar consternado para explicar que ela não apoia a nossa abordagem. Para ela, não se trata disso... A gente não liga e insiste. Conseguimos a façanha inacreditável de conseguir que façam com Victor um simples audiograma. Como de hábito, ele não atende às expectativas. As suas reações são lentas e mal-adaptadas. Mas a sua prematuridade com certeza distorce o resultado, explica o técnico. É preciso esperar que amadureça um pouco mais, que fique mais forte. Magnani arvora uma expressão triunfante. Insistimos mais. Com certeza existem exames verdadeiramente objetivos que já possam ser feitos, não é? Sim, são potenciais evocados auditivos, mas não fazemos isso aqui. Podem nos dar um endereço, claro? Não, não temos mais. Teremos de nos virar sozinhos. Assim, telefonamos para cá e para lá e conseguimos o melhor otorrino especializado nesse tipo de exame. O resultado não tem rodeios: surdez grave, 60 decibéis a menos nos agudos.

Ao ler o relatório, Magnani assume um ar aflito para nos explicar que as coisas são bem mais complicadas do que parecem. Na verdade, veja, não é porque o seu filho tem uma deficiência nos agudos que ele não escuta... Há parâmetros bem mais importantes do que os números... Algumas crianças selecionam a informação sonora... Só ouvem o que querem... Ah, tá bom! Nisso também Victor não está pronto para escutar! É preciso pelo menos escutá-lo! Sempre nos recusam o diagnóstico de autismo com o pretexto de que não passa de um rótulo sem interesse, e eis que agora negam os dois lindos rótulos do meu Toto que, contudo, estão bem colados... Acho que é melhor ouvir isso do que ser surdo...

É loucura o que a gente aprende em épocas de penúria. Meu marido e eu vislumbramos todas as possibilidades de deficiência, para sempre frustradas por um discurso de total negação da realidade. Nem sabemos se Victor andará um dia, se viverá normalmente. Preenchemos as lacunas e massageamos as equimoses enquanto eles ainda procuram provas e encontram culpados.

Aqui ninguém nos desperta a dúvida, nunca ouvimos a proposta salvadora que aliviará as nossas interrogações. Mas certo dia um médico do estabelecimento nos puxa para uma sombra do corredor, como malfeitores, para nos aconselhar enfaticamente a dar as costas a essa inépcia e nunca mais voltar. Trata-se do futuro de Victor. Aqui não há nada de bom para ele, é preciso não lhes dar mais ouvidos e ir embora o mais depressa possível. Juramos não contar nada; ele se arrisca a perder o emprego. Surpresos, prometemos, mas entendemos também que há perigo em ficar.

Por um triz

À custa de se arrastar entre reuniões e associações, entre colóquios e consultas especializadas, à custa de ler e buscar informações, um belo dia acabamos descobrindo um lugar possível, num belo abrigo não muito longe do mar. Lá há tudo o que é necessário para o Pequeno Príncipe. Vibrações de cadarço potência 1.000. Gangorras, cores, bolas, cheiros, texturas, materiais que espetam, que arranham. Suaves também. Há túneis de almofadas macias para se perder lá dentro. Motores que vibram nas costas, músicas para ouvir inteiramente nu sobre peles de cordeiro recém-nascido. Há um oceano sensorial, palavras reconfortantes e café sempre quente. E há Rose. Ela é jovem e fervorosa pela causa dos pequenos deficientes. No Québec, formou-se com outras teorias e a escola da qual vem ensinou-lhe gestos diferentes. Essa moça, para nós, inova.

De um dia para o outro, Victor está entre as suas grandes mãos quadradas, empurrado, encorajado, estimulado, exausto mas extasiado. Passa a sorrir com mais frequência, aprende a olhar as bolhas sopradas diante do seu nariz, começa a querer agarrá-las, vira-se para pegá-las e um dia acaba ficando de quatro. Ele adora esse lugar acolhedor que ele mesmo descobre em cada pausa. Depois da vibração, Victor inventa o movimento, os grandes olhos abertos para a vida. Essas iniciativas que tanto esperávamos tinham-lhe sido proibidas, por falta de desejo... Não ajudá-lo, não estimulá-lo e, sobretudo, não encorajar as veleidades que demonstrava. Como poderia desejar alguma coisa se não lhe despertavam a vontade? Já há trinta anos, um pouco pelo planeta todo, arrancam-se esses bebês solitários do encerramento e do silêncio. Faz muito tempo que o mundo moderno deu as costas às práticas psicanalisantes de um passado jurássico. Só a França permaneceu fiel a elas. Com algumas exceções. E estamos no Santo dos Santos. Aqui tratam as pessoinhas autistas de outro modo e não se espera deles o surgimento do fogo sagrado. Tudo está preparado para despertar um Victor calmo demais, para tirá-lo da sua folhagem que se mexe e afastá-lo para uma bola de madeira que rola na garrafa. Dão-lhe os estímulos sensoriais que ele adora e propõem outros, usam os seus gestos ritualizados para lhe ensinar atos que lhe serão úteis mais tarde. E lhe oferecem, sobretudo, o presente inestimável de poder pedir mais com a ajuda de um gesto simples que ele nunca mais esqueceu. Desejo...

Essas primeiras semanas foram complexas e saudáveis. Dali a alguns dias, foi preciso retificar o tiro. Esquecer Magnani e o seu cinema patético. Para ela, o luto foi terrível. Soubemos mais tarde que ela fez um grande escândalo sobre essa gente que cometia o ultraje irreparável de "tocar" a criança que ela cozinhava havia 18 meses. Ameaçou interromper as sessões de Victor em nome da profanação. A sua rixa de mafiosa caiu de borco, ela foi a nossa boa fuga...

Giramos nos calcanhares sem remorsos e sem adeus. Os que seguiram os nossos passos tornaram-se nossos amigos de luta. Passei da sombra para a luz, do obscurantismo para o conhecimento infinito do meu filho. Mas a nossa aventura não se resume a lembranças de sinistra memória e estamos longe de ter acabado com o espírito psicanalítico. O seu alcance perverso e muitas vezes mentiroso continua a dominar todas as engrenagens institucionais e os poderes públicos até o educador especializado recém-saído da escola.

Nesse início de século, onde este país, a cada dia, eleva cada vez mais a psicanálise ao nível de sistema cultural, onde o conceito de *lobby* psicanalítico nunca foi tão real, onde não há nenhum canal de televisão que não transmita o seu programa psicológico, onde viver e morrer não é mais concebível sem comitê de apoio, onde seitas e gurus criticam-se entre si, talvez fosse de bom alvitre pensar no enterro definitivo do grande Mestre austríaco. Sem dúvida, Freud sofria do complexo assustador de ter sido privado, durante a vida, de um útero e de um "pai" com peitos. Culpa de quem?

Victor já tem 18 anos. É autista, surdo e epilético. Sou mãe e amo-o. Simples assim.

QUINZE ANOS DE CRENÇA FREUDIANA

Paul A.[1]

Lembro-me que há 15 anos Freud me surgiu como escritor da máxima importância. Parecia-me fundamental lê-lo, no mesmo nível de Sartre e Proust. Por que esses três nomes? Será que fui influenciado pela escola, por um programa de rádio ou televisão, por um colega mais velho? Não saberia dizer. Tudo isso era como se fosse evidente.

As primeiras manifestações da depressão corresponderam à minha descoberta de Freud. Mas só retrospectivamente eu soube que era um episódio depressivo, que, aliás, me faria repetir o ano na escola secundária. Nessa época, eu não tinha como identificar o meu mal-estar e considerava Freud um pensador que fizera descobertas essenciais sobre o ser humano, sobre essa coisa que se chamava "inconsciente" e que me parecia bem misteriosa. Foi pouco depois, num filme de Woody Allen, que associei Freud à ideia de terapia e a terapia à depressão.

Assim, aos 16 anos eu lera *A interpretação dos sonhos*, leitura que, devo dizer, muito me incomodou. Aliás, é uma impressão da qual nunca me afastei; sempre achei o estilo de Freud alambicado, um tiquinho pedante, com o tom de quem se acha um pouco superior ao leitor, principalmente pelo uso de subentendidos. Em seguida, foi exatamente a impressão que tive no contato com psicanalistas.

Mesmo assim, acabei dando um nome ao meu mal-estar: neurose. E me divertia de vez em quando "tratando-me" com autoanálise, esforçando-me por encontrar essa outra noção misteriosa, o complexo de Édipo, que eu tinha de adotar, não sem resistência, aliás. O meu melhor amigo lia outros livros de Freud e conversávamos regularmente sobre a psicanálise. Entretanto o meu interesse de jovem secundarista aproximou-se mais do marxismo, da revolução, dos ideais de maio de 1968 que as manifestações de estudantes em 1986 tinham revivido um pouco.

Entre os 16 e os 20 anos, o meu humor brincou de ioiô de acordo com as estações. Enquanto a primavera me trazia uma exaltação que me fazia ver o futuro com confiança e se prolongava alegremente pelo verão, o outono me deixava sombrio e no inverno ficava sem energia, triste e desesperado. Foi também nessa época que surgiram regularmente as náuseas que me atacavam sem aviso e que bem depois identifiquei como relacionadas à crise de pânico. Só me deixaram aí por volta dos 24 anos, para voltar bem depois, durante um breve período.

Lembro-me do meu primeiro ano na universidade como período em que o meu humor passou a oscilar do mais sombrio ao mais alegre, às vezes de um dia para o outro. Mas, durante o verão de 1991, depois de um rompimento amoroso, tudo ficou sombrio durante muitíssimo tempo, uma sombra nunca antes conhecida. Diante de tamanha dilapidação moral, tive o meu primeiro encontro com uma psicóloga da universidade. Vi-me diante de uma mulher toda vestida de preto, que não dizia palavra, claramente agastada com a minha presença e que, por assim dizer, parecia ainda mais deprimida do que eu. A impressão foi tão glacial que me curei durante vários meses da vontade de consultar um psicoterapeuta. Entretanto, na verdade o meu estado não melhorou; continuava grudado no fundo da depressão.

Estudava filosofia. Algumas matérias às vezes se tingiam de psicanálise. Sempre me lembrarei daqueles dois professores que afirmavam que, embora a psicanálise ainda não tivesse sido reconhecida como ciência, as suas teorias eram agora aceitas por todos. Parece-me que, a partir dessas afirmativas, com essa confiança ingênua do estudante na palavra sagrada dos professores, passei a me autoanalisar de maneira ainda mais rigorosa. Acabei responsabilizando os meus pais pelo meu mal-estar, mas progresso no meu estado não houve nenhum. Atribuí esse fracasso a um defeito do método: era preciso consultar um especialista e encontrar na minha infância a causa dos problemas que me sobrecarregavam. Eu era desconfiado o bastante para não me entregar nas mãos de qualquer um; queria uma garantia científica. Foi então que descobri que existiam psiquiatras psicanalistas. A aliança da medicina oficial com a psicanálise dava-me a confiança necessária para iniciar a terapia. Enfim, ia descobrir o método que me libertaria das minhas angústias! Estava cheio de esperança.

Perguntei ao meu psiquiatra qual era a sua linha, ele respondeu que era lacaniano. Recordo ter sentido então um certo orgulho: seria tratado por um lacaniano e eu mesmo fazia, além do curso de Filosofia, outro de Letras Modernas com professores lacanianos. Foi como se eu entrasse num tipo de elite... Ainda assim, fui desencantado bem depressa. O psiquiatra me mandou tomar Prozac durante dois anos, sem efeito concreto. O engraçado é que a cada consulta eu tinha de pagar o preço de duas e assinar duas consultas em vez de uma no formulário de reembolso da Previdência Social... Quanto ao método de introspecção que devia me levar à cura, não vi, no fim das contas, muita diferença daquele que já praticara sozinho. Diante de um psicoterapeuta mudo como um peixe, vomitava o fruto do meu "trabalho", recordando o passado, interpretando associações de ideias que me vinham aqui e ali. O que era isso senão a tentativa de tornar necessário, segundo a doxa freudiana, o que não passava de fruto do acaso? Resultou daí rejeição ainda maior dos meus pais, o que contribuiu para aumentar a minha angústia.

No que diz respeito à terapia propriamente dita, na verdade não ofereci muita resistência; assim como em meu caminho de estudante, tinha mesmo de pesquisar exatamente o que queriam que eu pesquisasse. A "sugestão", portanto, consistia em algo bem mais terra-a-terra. Lembro-me que certa vez o psiquiatra me falou de um tipo de "suplemento terapêutico"; respondi-lhe, com humor, que não via razão para gorjeta, a julgar pela sua situação — um lindo consultório no Marais, em Paris. Isso não o fez rir, mas a pergunta nunca mais reapareceu. Certo dia, estava de férias a 100 quilômetros de Paris e ele mandou que eu comparecesse na hora marcada, senão seria obrigado a reconsiderar a minha vontade de me curar. Outra vez, deixou bem claro que era melhor para a minha saúde que eu modificasse os meus projetos de férias em julho para tirá-las ao mesmo tempo que ele, em agosto.

O LIVRO NEGRO DA PSICANÁLISE

No final da terapia, surpreso por nunca ter sido diagnosticado, perguntei ao meu psiquiatra qual era, no fim das contas, o problema de que eu sofria. Ele prometeu me dizer na sessão seguinte. Tive direito a um diagnóstico sem explicação: "psicastenia", termo vago da psiquiatria francesa, desconhecido dos dicionários, que seria para mim um mistério durante muito tempo. Eis uma definição inspirada de Janet, criador do conceito, que acabei de achar: "A psicastenia manifesta-se pela dúvida, pelo escrúpulo, por inibição, indecisão, rigidez meticulosa e racionalização moral. Todos os atos tornam-se intermináveis ('sentimento de incompletude') e abstratos (perda do 'senso do real')." O meu psiquiatra ficaria bem surpreso se soubesse que, um ano depois desse diagnóstico, eu obteria o mestrado de Filosofia com menção honrosa, sendo a tese redigida em um mês e meio, durante as férias, com saídas todas as noites regadas a muitos brindes e ainda por cima alguns bons banhos de sol...

A única coisa que me foi útil durante esses anos foi um gráfico inventado por mim que certo dia mostrei ao psiquiatra. Elaborei-o com a intuição secreta de que poderia ser útil alguns anos depois, o que acabou acontecendo. Reproduzia um tipo de histórico do meu humor: os breves pontos altos e as fases baixas que se eternizavam. A despeito desse documento, o diagnóstico possível de transtorno bipolar nunca foi citado.

Calculei o quanto custaram esses dois anos: 8.000 euros, dois terços reembolsados pela Previdência Social. Para um trabalho que poderia ter sido feito em duas horas e cuja pertinência nem o próprio psiquiatra via...

O que me fez interromper a "terapia"? O desgaste e o custo das sessões, mesmo reembolsado, que havia muito se mostrava pesado demais para o meu orçamento de estudante, o que não deixava de me... deprimir, para variar. Mas também a constatação de que essas sessões não melhoravam em nada o problema da depressão. Enfim, foi um pouco o fim do meu período "lacaniano" na universidade; achava absurdo que estudássemos *Madame Bovary* do ponto de vista freudo-lacaniano, no mínimo por questões de coerência histórica. E depois perguntei-me até que ponto, na filosofia, os lacanianos compreendiam o que diziam tanto os professores quanto alguns alunos literalmente "laçanizados".

FERIDOS PELA PSICANÁLISE

Mas, ao contrário do que eu achava na época, a minha história com a psicanálise não tinha terminado. Alguns anos depois, morava com uma companheira. Encontrara um certo equilíbrio que, retrospectivamente, considerava bastante precário. Depois de fatos dolorosos em sua própria vida, essa mulher, vamos chamá-la de Sophie, entrou em depressão. Depois de alguns meses dificílimos, Sophie decidiu iniciar a análise com um psiquiatra psicanalista. Lembro-me que na época achei a ideia boa; é difícil explicar por que não tentei dissuadi-la. É verdade que, embora a minha "terapia" não tivesse nenhum resultado, também não me fizera mal e, na minha lógica, nada impedia que fizesse bem a Sophie. Por outro lado, sempre respeitei a crença dos outros, e Sophie estava convencida de que um fato ocorrido na sua primeira infância era a causa do seu estado; pelo menos, isso ela consertaria! Enfim, não tinha nada a opor à psicanálise como tratamento; na época não tinha nenhuma noção de psicologia e não sabia nada sobre outras psicoterapias.

Eis então Sophie tratando-se com uma lacaniana, sempre no Marais, em Paris. Ela parecia feita da mesma massa do lacaniano que me "tratara" alguns anos antes, mas com as suas maniazinhas particulares; assim, embora médica, recusava-se a receitar remédios. Desse modo, Sophie tinha de ir à médica que a tratava e pagar nova consulta reembolsada pela Previdência Social... Outro defeito de Dodo, como Sophie gostava de chamar afetuosamente a sua terapeuta: um suplemento em dinheiro vivo a cada sessão, pela boa causa, a cura.

Alguns meses mais tarde, lendo Houellebecq, uma página ressoou em mim de modo a minar definitivamente tudo o que ainda me restava de crença no freudismo e no parafreudismo: "Impiedosa escola de egoísmo, a psicanálise ataca com grande cinismo boas moças um tanto confusas para transformá-las em megeras ignóbeis, de um egocentrismo delirante, que só podem provocar nojo legítimo. (...) Mesquinharia, egoísmo, tolice arrogante, ausência completa de senso moral, incapacidade crônica de amar: eis o retrato completo da mulher 'analisada' (...). A sua psicanálise transforma-a, de modo irreversível, em verdadeira escória, sem tripas e sem consciência (...). Certa noite, ao voltar da sessão, ela anotara esta frase de Lacan: 'Quanto mais forem ignóbeis, melhor.' (...) um programa; mas ela ia pô-lo em prática ponto por ponto."[2]

O LIVRO NEGRO DA PSICANÁLISE

Com a adorável Sophie, a psicanalista fez progressivamente e ponto a ponto o que o narrador de *Extensão do domínio da luta* descreve em sua companheira, e isso quase desde a primeira sessão. Queria compreender como um idílio, embora precário, pôde transformar-se num pesadelo assustador. Pesquisando, acabei descobrindo o que era o transtorno bipolar. Entre os antidepressivos e as sessões de psicanálise, o humor de Sophie não parava de ir de um extremo a outro, o que é chamado de "transtorno misto", mistura de mania e depressão. Em resumo, eu diria que Sophie rompia comigo na segunda-feira, apaixonava-se por outro homem na terça e voltava para mim na segunda da semana seguinte, sem parar, enquanto isso, de passar de uma certa euforia à angústia profunda e vice-versa, chegando mesmo a apresentar esses sintomas juntos... Depois soube por ela mesma que a sua psicanalista logo a fizera refletir sobre "o sentido da nossa relação".

Depois que Sophie se separou definitivamente de mim e, em todos os aspectos, conseguiu me deixar meio louco, fiz pesquisas que me permitiram dar nome ao sofrimento da minha ex-companheira. Mostrei-lhe os sintomas, escritos preto no branco, que correspondiam perfeitamente a alguns episódios que eu testemunhara. Ela se aconselhou com a psicanalista, que declarou que com certeza ela não era maníaco-depressiva e, aliás, nem um pouco deprimida... Pouco tempo depois, Sophie rompeu definitivamente todas as relações comigo. A partir daí não tive mais notícias.

Essas pesquisas devidas a Sophie me levaram a refletir sobre os meus próprios sintomas. Ainda hesito em saber se sou portador ou não de transtorno bipolar tipo 2. Constatei, além disso, que as estações do ano têm influência sobre o meu humor. Finalmente, sei que conheço mais sobre os transtornos bipolares que a maioria dos psicanalistas da França. Não tenho mais nenhuma confiança neles: tive quatro em três anos. Só um não me pareceu ser freudiano. Faço uso deles de vez em quando para obter conselhos sobre essa ou aquela possibilidade de diagnóstico, sobre esse ou aquele tratamento, porque sei que, sozinho, é bem fácil a gente se perder. Presto muita atenção no que me dizem, não acredito em nada e fujo se tentam me fazer falar sem intervir. Progredi mais na luta contra o meu mal em um ano, tirando as minhas informações principalmente de pesquisas, percorrendo o DSM IV,[3] discutindo com outros pacientes interessados na medicina científica,

472

iniciando-me também na psicologia, do que em 15 anos de racionalizações freudianas. Consegui uma lâmpada de luminoterapia, por exemplo, não reembolsada pela Previdência Social, no entanto bem mais eficaz e ah, bem menos cara, no meu caso, que essas horas e horas passadas na frente de um analista! Quanto tempo perdido para chegar até aqui! Quanto sofrimento poderia ter sido evitado!

Mas o que, com certeza, jamais perdoarei na abordagem psicanalítica é que ela separa as pessoas, desfaz os laços familiares e sociais; coloca os pacientes num tipo de bolha que os isola do mundo, mais ou menos como se fosse uma seita, e torna esse mundo responsável pelo mal-estar — pais, cônjuge etc. A partir daí, não admira que o "sujeito" deva fazer anos e anos de análise, numa "reconstrução" interminável.

Notas

1. Respeitamos o anonimato que essa testemunha nos pediu.
2. M. Houellebecq, *Extension du domaine de la lutte*, Paris, J'ai lu, 1999, p. 103-4.
3. O DSM (*Diagnostic and Statistical Manual*) é o manual de diagnóstico da Associação dos Psiquiatras Americanos, publicado desde 1980 (estamos hoje na 4ª edição).

5. Um caso exemplar: a toxicomania

A devastação da psicanálise no domínio do autismo já é conhecida. Por outro lado, sabemos muito menos até que ponto as teorias freudianas foram prejudiciais para os toxicômanos. Durante quase vinte anos, a psicanálise levantou um muro de resistência contra os tratamentos eficazes das adições, ofuscada pela onipotência das suas teorias.

COMO AS TEORIAS PSICANALÍTICAS IMPEDIRAM O TRATAMENTO
EFICAZ DE TOXICÔMANOS E CONTRIBUÍRAM PARA A MORTE
DE MILHARES DE INDIVÍDUOS

*Jean-Jacques Déglon**

Há mais de trinta anos, cuido de toxicômanos. Tive o privilégio de participar, na Europa, do desenvolvimento de diversas terapias das adições. Sofri fracassos e também obtive sucessos; hoje, às vésperas da aposentadoria, posso exprimir livremente uma opinião crítica sobre algumas abordagens terapêuticas.

Com o distanciamento, é forçoso constatar que a psicanálise, conjugada ao peso da moral, dos preconceitos, do desconhecimento e dos interes-

---

* A droga é um velho inimigo que Jean-Jacques Déglon conhece há muito tempo. Em pleno período hippie, esse jovem médico recém-formado na Universidade de Lausanne seguiu, de mochila às costas, o "caminho de Katmandu". Percorreu Nepal, Índia, Afeganistão e Paquistão tentando resolver um enigma: por que os hippies europeus foram para o Oriente, em busca de um paraíso improvável, para cair no inferno da droga? Depois de vários meses ao lado de jovens toxicômanos, o Dr. Déglon aceitou, em 1970, a primeira vaga de professor especializado em medicina das adições em Lausanne.

Em seguida, terminou a sua formação em Genebra, mas não estava satisfeito; a abstinência de curta duração é um fracasso, as psicoterapias analíticas às vezes são perigosas. Entretanto havia um outro tipo de tratamento, em que se usa a substituição por metadona. Mas as instituições psiquiátricas se opunham. Em 1976, Déglon abriu consultório particular e fez os primeiros tratamentos com metadona, que tiveram sucesso imediato. Tornou-se, assim, pioneiro dos tratamentos de substituição. Criou a Fundação Phénix, sem fins lucrativos, que hoje administra em Genebra, com mais de sessenta colaboradores, cinco programas de tratamento médico-psíquico-social para pacientes dependentes de drogas ou álcool ou que sofrem de adições comportamentais (jogo patológico, dependência de internet, adições ao esporte, ao trabalho e ao sexo).

O LIVRO NEGRO DA PSICANÁLISE

ses particulares, impediu, durante longos anos, a utilização de tratamentos eficazes por toxicômanos. Na França, cerca de 10 mil vidas poderiam ter sido poupadas se não houvesse, durante quase vinte anos, um muro tão alto de resistência: todo ano, lamentamos centenas de superdoses mortais entre heroinômanos, sem contar todos os que morreram de Aids. Veremos que grande parte desses milhares de mortes poderia ter sido evitada com a política de redução de riscos e a disponibilização precoce das terapias chamadas "de substituição".

Foi preciso coragem de um punhado de praticantes combativos e o engajamento de alguns médicos do mundo para sacudir o bem guardado coqueiro da psicanálise, onde reinavam psiquiatras renomados e influentes. Essa mobilização e a nomeação de novos ministros da Saúde, como Bernard Kouchner, permitiram à França, felizmente, recuperar em poucos anos o enorme atraso, arrebentando o cadeado da psicanálise e libertando abordagens eficazes como os tratamentos médicos com metadona e buprenorfina (Subutex).

Saído da cultura psicanalítica, só aos poucos conscientizei-me dos efeitos tantas vezes catastróficos dessa abordagem no tratamento das toxicomanias. A prática clínica foi o meu guia: ao constatar os repetidos fracassos dos tratamentos psicanalíticos de toxicômanos, a princípio fui tateando antes de me voltar para outros tipos de terapia, que adotei em função dos resultados constatados. A primeira etapa dessa evolução foi o questionamento da técnica psicanalítica baseada no princípio da "neutralidade benevolente".

Os anos de 1970, reinado da psicanálise

Como os meus camaradas, impregnei-me muito cedo da cultura psicanalítica privilegiada pelos serviços psiquiátricos universitários. Durante a minha formação, era mais do que recomendado aos médicos residentes da Psiquiatria que se submetessem à psicanálise chamada de "didática". As restrições de tempo (4 a 5 horas por semana durante vários anos) e dinheiro (o equivalente hoje em dia a mais de 100 euros por sessão, não reembolsados pelos planos de saúde) me fizeram hesitar. O meu salário modesto de médico jovem dificilmente me permitiria tamanho investimento. Sem conhecimento

UM CASO EXEMPLAR: A TOXICOMANIA

aprofundado desse terreno, era difícil para mim apreciar o benefício da análise. Pedi, portanto, conselhos ao meu chefe, professor de Psiquiatria, que me respondeu claramente: "Déglon, antes de ler é preciso aprender o alfabeto!" Consciente do interesse da análise pessoal para melhor conhecer os meus próprios problemas e não projetá-los sobre os meus futuros pacientes e, devo acrescentar, com a preocupação também de facilitar futuros empregos junto a chefes sensíveis à formação psicanalítica dos candidatos, submeti-me assim durante cinco anos à psicanálise.

Se for preciso fazer um balanço retroativo dessa terapia, eu diria que, em nível pessoal e profissional, obtive benefícios concretos que mereceram o investimento de tempo e dinheiro. Mas, embora seja importante que os terapeutas tenham bem claro o seu próprio funcionamento psíquico, essa abordagem não basta para entender todos os problemas psíquicos e muito menos para tratá-los. É esse, especialmente, o caso das dependências. Por outro lado, essa formação psicanalítica que marcou os meus anos de jovem psiquiatra e modelou a minha atitude psicoterápica também contribuiu, indiretamente, para as dificuldades que tive a princípio com os jovens toxicômanos.

O problema da neutralidade benevolente

A doutrina psicanalítica ortodoxa impõe aos terapeutas que mantenham estrita "neutralidade benevolente" e evitem toda tomada de posição, todo preconceito ou julgamento. Qualquer transgressão desse esquema, qualquer manifestação emocional, qualquer tomada de posição direcionadora são considerados *"actings"* ou "encenações" reprováveis, verdadeiros erros profissionais.

Durante muito tempo impus a mim mesmo essa regra de ouro sem me dar conta de que não era suportada pelos meus pacientes toxicômanos ou frágeis no plano psiquiátrico e que provocava reações graves contrárias ao bom desenrolar do tratamento.

Diante de terapeutas não diretivos, muitos deles percebem essa neutralidade como passividade, fraqueza ou falta de interesse, para não dizer de afeição. Para alguns, isso faz reviver, dolorosamente, a falta paterna que so-

O LIVRO NEGRO DA PSICANÁLISE

freram. Outros, em função da fragilidade da sua identidade e dos limites internos mal estruturados, têm necessidade de um ambiente diretivo. Angustiados com essa relação terapêutica neutra demais para eles, os toxicômanos com mais necessidade de segurança costumam reagir com múltiplas provocações, com o objetivo inconsciente de provocar reações afetivas, sejam quais forem, já que para eles o pior é a indiferença do terapeuta. Se a sua necessidade de amor e segurança não for satisfeita, a escalada de violência pode levar à necessidade de "rodar a baiana". Muitos psicólogos e médicos, isolados em seus consultórios, passaram por essa dolorosa experiência.

Essa necessidade de um ambiente que lhe dê segurança, a busca da presença terapêutica ativa, a necessidade de atitudes calorosas e de proteção, como seria de esperar do pai ideal, tornam difícil e até contraindicada a terapia psicanalítica ortodoxa, sobretudo se não há, conjuntamente, tratamento clínico de substituição.

Assistência ilusória à pessoa em perigo

A doutrina psicanalítica baseia-se na ideia de que, *a princípio*, é preciso resolver os problemas inconscientes, fontes presumidas da toxicomania, para, *secundariamente*, esperar que se reduza o desejo de drogas. A questão do uso abusivo é negligenciada. O interesse dos terapeutas concentra-se nos conflitos psíquicos.

Infelizmente, os toxicômanos não podem esperar os anos necessários para levar a cabo a cura analítica porque, como provam os novos dados científicos, *o uso repetido da droga perturba cada vez mais o cérebro e agrava a dependência, tornando cada vez mais imprevisível o tratamento*. Sobretudo, o risco elevado ligado à heroinomania (superdoses, Aids, prisão etc.), com o seu cortejo de mortes, persiste quando o uso de heroína não é imediatamente suspenso.

O estudo da alcoologia já comprovou, há muito tempo, a ação tóxica do álcool sobre o cérebro e as suas consequências para o desenvolvimento da dependência e das recaídas habituais ao menor gole. Ninguém pode negar, hoje em dia, a toxicidade do álcool, fator principal da patologia do

480

UM CASO EXEMPLAR: A TOXICOMANIA

alcoolismo, atualmente bem conhecida. Levar à psicoterapia analítica os doentes do álcool mantendo a neutralidade benevolente com relação aos seus abusos revela-se perigoso para eles. Como dizia um alcoólico: "No fim de alguns anos de psicanálise, os pacientes acabam se conhecendo bem e entendendo a sua pulsão pelo álcool, mas morrem de cirrose do fígado."

É comum que, para obrigar o analista a sair da neutralidade e, às vezes, também porque ficam perturbados com interpretações prematuras ou falsas que provocam forte angústia, os toxicômanos fiquem cada vez piores e tomem cada vez mais drogas para aliviar o sofrimento. Continuar com a psicanálise nessas condições, principalmente se o analista é o único a intervir, é perigoso. Do ponto de vista médico e ético, não se pode aceitar que alguém seja mantido na dependência de substâncias estupefacientes enquanto a análise resolve os seus problemas inconscientes supostamente na raiz do problema. Deixar que continue a se drogar é expor essa pessoa a risco fatal, com a deterioração da sua qualidade de vida, quando ela veio pedir ajuda. Observamos vários falecimentos nessas condições.

Em 1981, o Dr. Léon Wurmser, professor de Psiquiatria na Universidade de Baltimore, nos Estados Unidos, acompanhava toxicômanos na terapia analítica, mas somente se, ao mesmo tempo, se submetessem ao tratamento com metadona para suprimir as doses de heroína. Estimava, com razão, que a abstinência total de drogas era absolutamente necessária para obter algum resultado na terapia, qualquer que ela fosse: "Nenhum tratamento terá sucesso, nenhuma psicologia em profundidade terá possibilidade de fazer surgir, com exatidão, as correlações atuais ou as correlações dinâmicas profundas enquanto o paciente estiver sob influência de drogas (naturalmente, também sob a influência do álcool), com exceção da metadona galenicamente estável e ministrada com fins terapêuticos."

Na realidade, é forçoso constatar que a maior parte dos toxicômanos interrompe cedo demais a terapia analítica, de modo voluntário ou indireto, devido a hospitalizações de emergência, encarceramento ou superdoses. Ainda que essa interrupção permita a adoção de tratamentos mais adequados, pode-se lamentar a ruptura do vínculo terapêutico, que deve ser prioridade de todo terapeuta, ainda mais quando se sabe até que ponto os pacientes dependentes já sofreram tantas rupturas afetivas graves.

O LIVRO NEGRO DA PSICANÁLISE

Esse risco de complicações, de problemas comportamentais e de falecimento explica a relutância dos psiquiatras e, sobretudo, dos psicanalistas a aceitar pacientes toxicômanos, muitas vezes erradamente considerados instáveis, perigosos, manipuladores, traficantes de receitas e, principalmente, maus pagadores. Infelizmente, dos mais de 200 psiquiatras instalados em Genebra, somente dois ou três, não psicanalistas, continuam a tratar heroinômanos, com frequência usando metadona. A melhor formação deveria limitar todos esses preconceitos e encorajar o máximo de terapeutas a aceitarem esses pacientes, no plano médico-farmacológico e, ao mesmo tempo, no plano psicoterápico.

A prudência dos psicanalistas experientes não deve, aliás, ser criticada, mas louvada: eles conhecem as indicações e os limites da sua terapia. Alguns aprenderam muito com fracassos mais ou menos amargos. Recusar-se a intervir num terreno que conhecem mal, com um método terapêutico mal-adaptado às necessidades e possibilidades dos pacientes, parece-me sábio e medicamente ético. Também é oferecer a esses últimos a possibilidade de beneficiar-se de outro tipo de tratamento com maior possibilidade de sucesso.

A dependência, problemática mais pessoal que social

Comecei minha carreira na medicina das adições faz 35 anos, quando aceitei a primeira vaga de médico residente especializado no domínio da dependência química no Instituto de Medicina Social e Preventiva da Universidade de Lausanne. Logo criei os primeiros centros de atendimento a toxicômanos.

Na verdade, fiquei perplexo com os repetidos depoimentos de usuários de drogas explicando o seu recurso ao paraíso artificial devido à incapacidade de suportar o ambiente social, familiar e escolar, considerado repressor e deprimente, talvez devido à sua imensa sensibilidade que, na época, liguei à frequente educação não diretiva. Ao pôr em primeiro lugar as suas queixas, achei que era necessário oferecer-lhes lugares de vida privilegiada, portos seguros de paz na forma de comunidades terapêuticas e centros de atendimento ambulatorial, no estilo das *free clinics* americanas.

UM CASO EXEMPLAR: A TOXICOMANIA

Mas, depois de um ou dois anos de tratamento nos centros de atendimento de Lausanne, percebi, em retrospecto e com mais experiência, até que ponto eu caíra na armadilha de todos esses depoimentos e queixas "sociais" aos quais dera tanta importância.

De fato, percebi que a maior parte desses jovens sofria de um problema psíquico subjacente sem disso terem consciência: ansiedade, depressão, problemas psiquiátricos, hiperatividade com déficit de atenção e concentração etc. Muitos deles, vulnerabilíssimos, com identidade mal definida, que se deprimiam facilmente ao menor choque afetivo, podiam ser classificados na categoria de pacientes *borderline* ou "fronteiriços". Como era angustiante demais para esses indivíduos admitir a sua fragilidade ou os problemas psíquicos que davam origem ao seu padecimento, projetavam a causa do sofrimento na família, na sociedade, na escola etc. É um mecanismo clássico de defesa, ainda mais em adolescentes, caracterizado pela negação: "Se sinto mal-estar com a vontade de me drogar, não é por acaso", e a projeção: "É culpa da minha família, do ambiente social etc."

Desde então, ficou claro para mim que a reação social, ou seja, a criação de centros de tipo socioeducativo ou de comunidades terapêuticas, não era a solução mais adequada para a maioria dos casos. Principalmente, não era a mais eficaz. É verdade que o tratamento institucional capaz de dar segurança, sem problemas afetivos, financeiros, de moradia, com educadores calorosos e possibilidades de atividade e lazer, permitiu à maioria dos heroinômanos ali abrigados, durante a sua estada, um equilíbrio psíquico satisfatório com boa qualidade de vida e abstinência de drogas. Até os Centros do Patriarca,* muito criticados na época devido aos seus aspectos sectários, foram momentaneamente úteis para toxicômanos com dependência grave.

O problema é o fato de que causas genéticas e biológicas frequentes explicam em parte as afecções psíquicas que é comum observar em toxicômanos, principalmente depressões maiores recidivantes. Essa comorbidade traz con-

---

* Centros de tratamento de toxicomania (e hoje também de Aids) fundados na França, na década de 1970, por Joseph Engelmajer, mais conhecido como Lucien; hoje são cerca de 300 centros em toda a Europa e nas Américas. A entidade foi acusada de ter pouco sucesso terapêutico, de mau uso de verbas públicas e de atentar contra a liberdade e a integridade dos internos. (*N. T. B.*)

O LIVRO NEGRO DA PSICANÁLISE

sigo o sofrimento psíquico que está na base da toxicomania. Infelizmente, os problemas psiquiátricos subjacentes não são curados pelo ambiente institucional e pelas medidas socioeducativas, apenas amainados provisoriamente, devido à ausência de estresse, ao ambiente seguro e tranquilizador e à ausência de drogas. A grande maioria dos toxicômanos, por não permanecer a vida toda no centro residencial, recai rapidamente quando sai da instituição protetora. Têm de enfrentar outra vez o estresse e as dificuldades sociais, profissionais e afetivas. São tentados pelas ofertas de heroína por parte de antigos colegas, ansiosos por levar de volta ao rebanho do vício a ovelha desgarrada pela abstinência. Por essas razões, a maior parte deles volta a mergulhar nas drogas, à custa de uma dependência ainda mais grave.

O costumeiro fracasso das medidas socioeducativas propostas durante alguns anos me desencorajou. Tomei consciência da importância da fragilidade e do sofrimento psíquico dos toxicômanos, assim como dos seus mecanismos de defesa: a negação e a projeção. Tomei consciência de que era necessário considerá-los "pacientes" propriamente ditos, ou seja, pessoas que buscam atenuar com as drogas o seu sofrimento psíquico.

Desde então, a resposta terapêutica não era mais fechá-los por algum tempo nos centros, mas tratar "a causa profunda" dos seus problemas. Para isso, eu precisava terminar a minha formação psiquiátrica para entender a base das moléstias psíquicas e me treinar nas melhores técnicas psicoterápicas. Foi assim que passei alguns anos em Genebra, no Serviço Universitário de Psiquiatria de Adolescentes. O responsável, com formação psicanalítica como a maioria dos quadros das instituições psiquiátricas genebrinas, privilegiava essa abordagem.

Fui marcado pelo ensino médico científico de orientadores que exigiam fatos bem comprovados antes de fazer o diagnóstico. Por exemplo, durante um curso de pediatria o professor nos mostrou uma criança que estava em observação devido a distúrbios não diagnosticados. O psiquiatra pediátrico que a tinha examinado observara que, várias vezes durante o tratamento, o jovem paciente fora beber água na torneira. No seu relatório, o especialista notara tendências ansiosas e necessidade de compensação oral. Na verdade, era uma sede patológica: exames posteriores

484

confirmaram o diabete insípido na base do problema. Essa apresentação teve como objetivo nos deixar atentos ao perigo de psiquiatrizar os sintomas sem antes excluir todas as causas clínicas possíveis.

No serviço onde eu trabalhava logo ficou visível que faltava rigor a algumas hipóteses psicanalíticas. Eu acompanhava um adolescente psicótico ao qual ministrava, com sucesso, a cada três semanas injeções neurolépticas de efeito retardado. Numa sessão de psicoterapia familiar, em coterapia com o responsável pelo serviço, o jovem paciente mostrou-se muito agitado e delirante. Depois, ao fazer o relatório da sessão, o meu orientador interpretou as razões desse comportamento patológico com relação a algumas afirmativas dos pais. "O senhor não acha que é mais provável que seja porque a injeção neuroléptica está uma semana atrasada?" Eu já estava dividido entre a abordagem médica biológica e a terapia analítica.

Em seguida, já médico, chefe da clínica de psiquiatria de adolescentes, dirigi, em Genebra, o primeiro ambulatório de toxicômanos: o *Drop In*. Sempre devido à cultura psicanalítica dominante no serviço, favorecíamos, com os meus colaboradores, as terapias psicodinâmicas, ainda assim acompanhadas do uso de ansiolíticos ou antidepressivos. Estávamos muito atentos para respeitar principalmente o sacrossanto mandamento da neutralidade benevolente.

Pelas razões já expostas, enfrentamos surtos de violência dos pacientes, que não suportavam a nossa neutralidade benevolente. Além disso, nessa época, o principal assunto nos congressos sobre toxicomania era a violência nas instituições. Precisei de muito tempo para extirpar de mim os princípios psicanalíticos e livrar-me da culpa de dar "rugidos", de exprimir sentimentos, de ousar gestos de afeição e empatia. O que era considerado pela doutrina psicanalítica ortodoxa *actings* contraindicados era, pelo contrário, especialmente terapêutico para os toxicômanos, os jovens psicóticos, os *borderline* e numerosos outros pacientes.

É preciso dizer que naquela época a medicina das adições ainda estava em seu início e que não fora publicado nenhum manual de tratamento de toxicômanos. Tivemos de aprender tudo sozinhos, na prática, à custa de experiências dolorosas, numerosos fracassos, suicídios e superdoses. Os nossos resultados continuavam desesperadamente medíocres. A nossa psicoterapia, embora menos analítica, mal modificava a fome de heroína dos toxicômanos em tratamento. No fim do dia, sentia-me cansadíssimo depois de numerosas sessões nas quais vários pacientes, sob o efeito da heroína, "tirando meleca" na poltrona, pareciam me dizer: "Mas doutor, é tão bom, como é que o senhor quer me tirar disso?" Os psicotrópicos clássicos receitados não só faziam pouco efeito como, muitas vezes, tinham ação contrária, reforçando o efeito sedativo das drogas.

Provisoriamente deprimido pelo fracasso, cansado dos toxicômanos, abri então consultório particular, com a clientela psiquiátrica habitual.

A dependência é uma problemática pessoal; mas qual?

Até fins da década de 1980, a causa principal das diversas adições (heroinomania, alcoolismo, abuso de tranquilizantes etc.) era atribuída, pela maior parte dos psicanalistas mas também por psiquiatras, a uma problemática pessoal de tipo psíquico. Depois de um trauma de infância, um conflito familiar, uma ruptura afetiva, um abuso sexual, violências físicas ou morais, o jovem sofredor ficaria tentado a recorrer às drogas para acalmar as suas angústias profundas, com o risco da dependência toxicomaníaca.

Esse modelo de pensamento espalhou-se há décadas até o grande público. Ainda culpabiliza numerosos pais. É comum, depois da primeira conversa com uma família que faz uma consulta devido ao problema de um dos filhos com as drogas, ouvir o pai ou a mãe perguntar: "Doutor, o que fizemos de errado? Temos de confessar que, quando ele tinha 4 anos e estava dormindo, fomos ao cinema e, quando voltamos, ele estava chorando muito." Para esses pais, a fonte da toxicomania do filho é esse choque emocional, esse medo do abandono. Para outros, seria uma briga, um divórcio, um período no internato etc.

Esse modelo de causa psíquica, em geral familiar, impôs-se há muito tempo para explicar não só o abuso de drogas como também muitos outros problemas, como transtornos de comportamento, delinquência, homossexualidade, hiperatividade infantil com déficit de atenção e concentração, problemas de ereção, estados psicóticos etc. Daí vem a moda da terapia

UM CASO EXEMPLAR: A TOXICOMANIA

familiar, praticada na França há bastante tempo, em grande escala, nos serviços de assistência social.

Quando se observa qualquer família no microscópio psiquiátrico, é fácil achar elementos que permitam acusar um ou outro dos seus membros: "Claro, com uma mãe assim ou um pai assado, é normal que esse adolescente tenha virado toxicômano, delinquente ou homossexual."

Sem negar a importância, às vezes imensa, dos fatores psicossociais, do estresse ou dos choques psíquicos para a origem complexa e multifatorial das adições, é necessário ser muito prudente e cumprir exigências científicas rigorosas. Para julgar a pertinência de um fator dado na origem (ou na etiologia) de um problema, como, por exemplo, o choro daquela criança deixada só, é preciso analisar um grupo suficiente de famílias que estejam no mesmo caso. Com toda a certeza, não se encontrará uma média estatística mais elevada de toxicômanos, delinquentes, homossexuais ou esquizofrênicos nessa população. É por isso que adotei o hábito de desculpabilizar os pais, explicando-lhes as numerosas razões capazes de contribuir para o desenvolvimento da adição.

Os novos conhecimentos científicos da genética e da neurobiologia abalam as certezas terapêuticas da psicanálise

Desde sempre existe a tendência a explicar as causas desconhecidas de uma moléstia por meio de problemas psíquicos. Depois de esgotar os meios de diagnóstico à disposição, se o médico não consegue entender um estado clínico patológico ele encaminha de bom grado o paciente a um psicoterapeuta, ainda mais quando os sintomas desagradáveis indicam origem psíquica (toxicomania, bulimia, angústia, depressão, transtornos obsessivos, fobias, impotência, síndrome de hiperatividade infantil etc.).

Um exemplo notável é o da impotência. Por desconhecimento dos complexos mecanismos biológicos da ereção, durante décadas as disfunções eréteis foram tratadas com psicoterapia, na maioria dos casos com fracasso. As causas psíquicas eram avaliadas em 80%. Os psicoterapeutas se esforçaram, geralmente em vão, por interpretar, em gerações de pacientes, o medo da penetração, a mãe castradora, a vagina dentada etc. Até o dia em que, depois da experiência cardiovascular de uma nova molécula, descobriram que a ação vasodilatadora do Viagra facilitava a ereção. O interesse dos pesquisadores, em conjunto com novas técnicas de pesquisa, permitiu descobrir os mecanismos muito complexos da função erétil. Hoje sabemos que numerosas razões biológicas podem perturbar a ereção, como o diabete, o fumo e as drogas, a ponto de as causas psíquicas dos transtornos eréteis serem estimadas atualmente em apenas 20%. Uma receita de Viagra para facilitar a vasodilatação, associada à psicoterapia de tipo cognitivo-comportamental, que tem melhor desempenho, revela-se hoje bastante eficaz nesses casos. Assim, o progresso da ciência relegou ao esquecimento as abordagens psicanalíticas da impotência.

A convicção profunda veiculada pelo pensamento psicanalítico é, portanto, que usar drogas não passa de sintoma de um conflito psíquico ou de um problema afetivo. Assim, convém resolvê-lo com o tratamento analítico, e depois, espontaneamente, o uso da droga, sem mais razão de ser, desaparecerá.

Infelizmente, a pressão da pulsão obsessiva pela droga caracteriza a toxicomania, como se fosse uma barragem prestes a ceder. A predisposição genética, a personalidade frágil e a comorbidade psiquiátrica, principalmente de transtornos depressivos, assim como o impacto das disfunções neurobiológicas, pesam demais nessa balança toxicomaníaca. O trabalho analítico, sozinho, por mais bem-conduzido que seja, é demasiado insuficiente; vêm daí os fracassos frequentes. Portanto, fica ainda maior o perigo de que, deprimido, o interessado recaia com mais gravidade, correndo o risco de superdose fatal ou contaminação pelo vírus da Aids. Assim, é preciso contraindicar os tratamentos que acabam em recaídas, quer sejam abordagens psicanalíticas, quer sejam tratamentos de privação rápida de uma ou duas semanas que visem à abstinência total dos heroinômanos.

Durante muito tempo, por razões morais e não científicas, era preciso que o heroinômano expiasse a sua busca pervertida de prazer com a privação rápida da droga que fosse o mais dolorosa possível. A teoria dizia que quanto mais o tratamento fosse penoso, menores seriam os riscos de recaída. A realidade nunca demonstrou essa afirmação. A sucessão de privações curtas, como praticávamos no princípio, seguidas rapidamente de recaídas cada vez mais graves, revelou-se fatal para numerosos toxicô-

UM CASO EXEMPLAR: A TOXICOMANIA

manos, cada vez mais deprimidos com a incapacidade de manter uma abstinência duradoura. Acidentes, suicídios, superdoses, doenças devastadoras e, sobretudo, a Aids levaram à morte bom número dos meus pacientes. Tornou-se insuportável ver morrerem todos esses jovens aos quais eu me apegava. Acima de tudo, o meu sentimento de impotência me deprimia. Foi por essa razão também que abandonei as minhas funções oficiais para abrir o consultório particular.

Nem psicanálise, nem privações curtas: um tratamento que leve em conta os fatores neurobiológicos

Pouco antes, em 1975, tive o privilégio de conhecer o médico-diretor do programa de metadona de Porto Rico, em visita à Suíça. Falei-lhe do pouco sucesso da abstinência dos heroinômanos, do fracasso habitual da psicoterapia com esses pacientes, do meu sentimento de impotência e desencorajamento. Ele me consolou informando-me de que, desde o final da década de 1950, os americanos já tinham constatado o fracasso sistemático dos tratamentos de desintoxicação rápida e dos tratamentos psicoterápicos dos heroinômanos. Tinham-se criado, com elevado custo, vários centros especializados para tratar esses jovens, como o Hospital Riverside, estabelecimento de 141 leitos com uma equipe de 51 psicoterapeutas. Em 1956, uma avaliação demonstrou que, dos 247 pacientes internados no ano anterior, 86% sofreram recaída, 11% morreram e somente oito pacientes, ou seja, 3%, mantinham-se abstinentes. Depois de estudos suplementares, foi avaliado que os oito indivíduos abstinentes nunca tinham sido realmente dependentes de opiáceos. Tinham sido presos por tráfico de drogas e preferiram a hospitalização à prisão. Os outros centros especializados, como o Hospital Lexington, registravam o mesmo fracasso constante.

Por essa razão, a partir de 1962 as autoridades americanas encarregaram o professor Vincent Dole, especialista em doenças metabólicas da Universidade Rockefeller, de Nova York, de realizar estudos visando a definir novas possibilidades terapêuticas para estabilizar os heroinômanos de forma duradoura. Com efeito, apesar do tratamento psicoterápico, só era possível afastar da droga uma minoria ínfima, muitas vezes à custa da alteração da qualidade de vida com prognóstico desfavorável.

Convencido da importância dos fatores neurobiológicos no desenvolvimento e manutenção das adições e diante das descobertas recentes nesse terreno, o professor Dole testou diversas moléculas que podiam fixar-se nos receptores morfínicos, sobre os quais agem as morfinas naturais fabricadas pelo cérebro. Uma substância revelou-se notável para estabilizar os heroinômanos: a metadona. Tomada por via oral, com ação que dura mais de 24 horas, não provoca, na dosagem adequada, euforia nem sedação nos toxicômanos dependentes de opiáceos. Um grupo de indivíduos sob ação da metadona submeteu-se a testes psicomotores destinados à seleção de pilotos de avião; tiveram melhor resultado de que os candidatos a piloto porque estavam menos estressados.

Foi assim que logo nasceram e se desenvolveram nos Estados Unidos os tratamentos chamados "de substituição" por metadona. No final da década de 1960 foram publicados vários estudos científicos notáveis e avaliações objetivas que demonstravam o grande interesse pelos tratamentos com metadona.

Enquanto isso, uma observação importantíssima desconcertou os especialistas. Com a metadona, quase todos os pacientes conseguiam manter abstinência duradoura das drogas, recuperar uma boa qualidade de vida e sair totalmente da delinquência. Mas com o fim do tratamento, mesmo efetuado lentamente, com ou sem psicoterapia e tratamento social conjunto, recaíam com grande frequência ou perdiam o equilíbrio, com o risco de adotar um alcoolismo devastador e de ressurgirem os transtornos psiquiátricos. Ainda sem saber explicar as razões, os especialistas americanos falaram então de uma disfunção duradoura do sistema das endorfinas (as morfinas naturais) ou dos seus receptores e propuseram tratamentos de longo prazo que mostraram ser os mais eficazes.

Hoje em dia, graças aos numerosos trabalhos científicos publicados nesses últimos anos, tais hipóteses foram confirmadas. *Foi possível provar que o uso crônico de drogas como heroína e cocaína modifica o funcionamento do cérebro*. Devido à superexcitação repetida, causada em parte pela liberação exagerada de dopamina, neuromediador que estimula a zona cerebral do prazer, ou de glutamato, outro neuromediador envolvido nos processos

UM CASO EXEMPLAR: A TOXICOMANIA

cognitivos (memória, atenção, concentração, capacidade de tomar decisões etc.), induzem-se mecanismos de defesa genética. Genes normalmente inativos são "despertados" e dão ordens para suprimir os receptores sobre os quais agem esses neuromediadores. É como se o cérebro, para se proteger quando há flechas demais, tirasse uma parte dos alvos. Do mesmo modo, a sensibilidade desses sistemas é cada vez mais modificada.

O drama é que quando o toxicômano abandona as drogas o seu cérebro "blindado" reage mal ao nível reduzido de neuromediadores num número reduzido de receptores e sofre um estado deficitário de longa duração, difícil de aguentar, o que explica as recaídas. De fato, depois de dadas as ordens genéticas é difícil revertê-las, e são necessários meses e até anos para reequilibrar essa disfunção neurobiológica. A psicanálise sozinha não só é inoperante nesses transtornos como também perigosa, pela incapacidade de limitar rapidamente o uso excessivo e venenoso das drogas.

Portanto é preciso agir o mais depressa possível com medicamentos eficazes, como a metadona e a buprenorfina, que estabilizam esses circuitos desregulados, antes que os danos sejam duráveis e até permanentes. *Agora também sabemos que o fracasso sistemático das suspensões breves da droga não se deve à fraqueza de caráter dos pacientes, mas a essas razões clínicas e biológicas.* Assim, o tratamento estabilizador é necessário durante um período mais ou menos longo para a maior parte dos heroinômanos gravemente dependentes. Depois de resolvida a maior parte dos problemas psicossociais e reduzido, com o tempo, o reflexo condicionado das drogas, pode-se vislumbrar a retirada lentíssima dos medicamentos "de substituição", tendo como objetivos a manutenção da qualidade de vida adquirida e a abstinência de estupefacientes.

Por que tanta resistência a terapias eficazes?

Na França, foram necessários mais de vinte anos para que se ousasse lançar programas de substituição em grande escala. Em 1973, somente duas equipes aceitaram receitar metadona para uns vinte heroinômanos, nos hospitais de Sainte-Anne e Fernand-Vidal. Em 1993, oficialmente só 52 pacientes se tratavam com o medicamento, numa estimativa de 300 mil heroinômanos ativos.

O LIVRO NEGRO DA PSICANÁLISE

Por que tamanho atraso, já que todas as provas de sucesso já tinham sido publicadas antes de 1970 em várias revistas científicas de prestígio nos Estados Unidos e os resultados das experiências francesas foram encorajadores? Um dos meus colegas respondeu, ironicamente: "É porque os franceses não se dão ao trabalho de ler inglês e estudar os trabalhos americanos, sentindo-se, junto com Lacan, na vanguarda mundial da Teoria."

Embora esse atraso trágico se deva, com efeito e em grande parte, à influência preponderante da cultura psicanalítica, ele também está ligado à obsessão de alguns especialistas em toxicomania, muito divulgados pela mídia e íntimos do governo, de considerar que grande parte dos heroinômanos são socialmente controlados pela metadona estatizada.

É preciso dizer que, *tanto do ponto de vista esclarecido quanto para os especialistas, a toxicomania não era considerada doença. Portanto, não faria sentido receitar medicamentos.* Assim, a metadona foi considerada por muitos uma ferramenta de controle social, cuja única justificativa só podia ser a proteção da propriedade privada e o controle dos toxicômanos. Como os especialistas não queriam a substituição, o governo impediu-a durante anos.

Uma luta feroz já opunha, há muito tempo, os psicanalistas aos psiquiatras clínicos que ousavam receitar psicotrópicos aos seus pacientes. O medicamento mata a palavra, denunciavam os primeiros. Entendemos que a metadona foi demonizada, alvo de suspeitas errôneas de dar o mesmo prazer que a heroína e de sufocar os gritos de revolta de uma parte da geração jovem.

Também em Genebra, o governo, a direção das instituições psiquiátricas, os meus orientadores, a maioria dos meus colegas e até a opinião pública opunham-se ferozmente ao tratamento com metadona. Embora interessado em termos pessoais e motivado para usar esses tratamentos no serviço onde trabalhava, fiquei perplexo com a relutância dos meus superiores. Depois de abrir o consultório particular, os meus antigos toxicômanos começaram a invadi-lo, desejando que eu continuasse a acompanhá-los. Livre nas minhas decisões terapêuticas, comecei então a receitar metadona, escaldado pelos fracassos na supressão da droga e na psicoterapia por si só. Bem depressa, os sucessos ultrapassaram todas as minhas expectativas: com a dose individual adaptada de metadona, os pacientes ficavam calmos, predispostos e pontuais. A maior parte conseguiu afastar-se da heroína de

492

UM CASO EXEMPLAR: A TOXICOMANIA

modo duradouro, abandonar a deliquência e reinserir-se no plano social e profissional. Impressionados com o novo equilíbrio e com o estado de saúde muito melhor, os seus colegas toxicômanos solicitaram, por sua vez, o tratamento no meu consultório, depois de ter passado por numerosos fracassos terapêuticos anteriores. Assim, contratei progressivamente a minha antiga enfermeira da psiquiatria, depois um psicólogo, um médico assistente, uma laboratorista e uma secretária.

Foi assim que surgiu em Genebra, em 1977, um dos primeiros programas europeus de uso da metadona. Em seguida, com o acréscimo de assistentes sociais, o consultório médico se transformou em fundação sem fins lucrativos: a Fundação Phénix. Hoje essa instituição conta com mais de 60 colaboradores, entre os quais 4 psiquiatras, 4 médicos residentes e 14 psicólogos.

Nos primeiros anos, heroinômanos muito dependentes, em más condições físicas, psiquicamente perturbados, falavam-nos das sessões de consulta especializada no serviço oficial de psiquiatria. Com os sintomas da abstinência, pediam aos psicoterapeutas um medicamento que os ajudasse. "Em vez disso, fale-me da sua mãe", era a resposta. Dali a meia hora, não aguentando mais, reiteravam o pedido de calmantes: "E o seu pai?", ouviam retrucar. É inútil dizer que não voltavam para a segunda consulta.

O domínio dos psicanalistas no campo das adições nas décadas de 1970 e 1980 chegava a ser um verdadeiro imperialismo ideológico. Esse último, infelizmente, retardou o desenvolvimento dos tratamentos com metadona. Todas as outras abordagens foram condenadas e até proibidas por lei, no caso dos tratamentos de substituição na França. O desconhecimento na época das bases neurobiológicas da toxicomania favoreceu todas as interpretações psicanalíticas. Alguns especialistas, desejosos de marcar o seu território, lançaram teorias sensacionais, como a famosa fase do espelho quebrado, espantosamente pouco criticada. Esses clínicos, ouvindo atentos as queixas dos seus pacientes abstinentes de opiáceos, que lhes falavam da angústia profunda, dos distúrbios do sono e das tendências depressivas, publicaram estudos sobre "a angústia de morte dos toxicômanos" ou "o luto impossível do tóxico". Durante anos, congressos inteiros foram dedicados a essas teorias, brilhantemente apresentadas por psicanalistas baseados, às vezes, no tratamento de um único heroinômano para construir a sua concepção de toxicomania.

O LIVRO NEGRO DA PSICANÁLISE

A maior parte dessas hipóteses desmoronou como um castelo de cartas com a evolução dos nossos conhecimentos de neurobiologia. A clínica da metadona contribuiu para essa evolução.

Vejamos um exemplo significativo. Quando se tomam 100 pacientes tratados com metadona submetidos, sem o seu conhecimento, à supressão rápida demais do medicamento, todos vão se queixar, em algum momento, de angústia profunda, distúrbios do sono, tendências depressivas, fadiga, falta de prazer e dificuldade de memória, atenção e concentração. É a síndrome deficitária, hoje bem conhecida. O aumento da dose de metadona, também sem o seu conhecimento, corrige em 24 horas esses sintomas incômodos, em praticamente todos os casos. Logo, trata-se de uma disfunção biológica, caracterizada pelo retardo dos receptores morfínicos insuficientemente estabilizados por uma dose pequena demais de metadona, problema imediatamente sanado pela correção da dose. Portanto, estamos longe do "luto impossível do tóxico", sendo que os pacientes, no caso citado, nunca souberam que recebiam cada vez menos metadona.

Há vinte anos, Newman, um dos melhores especialistas americanos, já demonstrara que 90% dos heroinômanos bem equilibrados num programa de tratamento com metadona recaíam em trinta semanas, incapazes de controlar a descompensação, quando, num teste duplo-cego (em que nem os pacientes nem o terapeuta sabem de nada), havia a redução de 1 mg por dia, apesar do reforço do tratamento social e psicoterápico.

O atraso na adoção de tratamentos eficazes da heroinomania provocou uma catástrofe humana

Durante vários anos, o sucesso do nosso tratamento médico-psicossocial com uso de metadona deixou muito enciumados e agressivos os meus colegas das instituições psiquiátricas e dos centros de desintoxicação, assim como os responsáveis pelas comunidades terapêuticas residenciais. Confrontados com o seu fracasso constante e difícil de camuflar, alguns temiam a perda das subvenções caso fosse demonstrada a eficácia do tratamento

494

UM CASO EXEMPLAR: A TOXICOMANIA

com metadona. Daí vinha a necessidade de desacreditá-lo de todo modo. Até vozes políticas morais se levantaram para louvar o duro caminho da abstinência e denunciar a via fácil da substituição. Falava-se de concorrência desleal. Se as autoridades da época pudessem, teriam me prendido, como prenderam um confrade belga que receitava aos seus pacientes metadona à vontade, contra a orientação do Conselho da Ordem.

A adoção, na Fundação Phénix, do contrato terapêutico com exigências, a formação de uma equipe mais estruturada, a adaptação individual das doses de metadona, o apoio psicossocial conjunto e a possibilidade do trabalho psicoterápico de tipo cognitivo-comportamental para substituir as abordagens analíticas melhoraram ainda mais o nosso resultado. O uso de heroína reduziu-se em 99%, com a média de 1,3 utilização por mês, e os dias de prisão por ano caíram em 97% em relação ao encarceramento anterior ao tratamento.

Proporcionalmente ao nosso sucesso, a oposição ao nosso tratamento com metadona explodiu entre os partidários das abordagens psicanalíticas e os assistentes sociais. Éramos "traficantes de jaleco branco". Uma semana depois de um artigo que propus em 1981 a um jornal genebrino sobre a importância dos tratamentos com metadona, cartazes com tarjas pretas cobriram os muros da cidade com a frase: "A metadona é uma droga que mata." Na verdade, ela reduziu muito a mortalidade de heroinômanos. Ao mesmo tempo, nos Estados Unidos, outros cartazes mostravam, sob um fundo de cerejeiras em flor, um casal radiante levando uma criança pela mão, com a frase "A metadona harmoniza a vida".

Essa oposição não era apenas suíça. As minhas participações de longa data nos congressos franceses e europeus, onde apresentava os resultados do tratamento com metadona, foram recebidas com frieza bem-educada e até com hostilidade declarada, principalmente dos especialistas da tendência psicanalítica.

O atraso, principalmente na França, da adoção da política de redução de riscos e dos tratamentos eficazes de substituição pode ser considerado uma catástrofe humana. Todas essas razões morais, o peso das práticas psicanalíticas, a falta de conhecimentos científicos embora disponíveis, o medo de alguns especialistas de perder a clientela já escassa, os conselhos negati-

O LIVRO NEGRO DA PSICANÁLISE

vos dados ao governo por especialistas contestados, tudo isso explica que fosse necessário esperar a infeliz epidemia de Aids para que, tardiamente, se adotasse uma política coerente no terreno das adições.

Espantosamente, essa catástrofe sanitária, bem pior que a do sangue contaminado, suscitou poucas reações das autoridades, dos meios de comunicação e do público, como se a vida de um heroinômano não tivesse muito valor. Pior ainda, alguns não ficaram descontentes ao ver corrigir-se espontaneamente e com menor custo o problema da toxicomania. Foi ao perceber que a prostituição barata sem preservativos dos rapazes e moças heroinômanos em busca de dinheiro facilitava a transmissão da Aids na população normal que os assistentes sociais e alguns clínicos gerais em trabalho de campo começaram a inquietar-se e mobilizar as suas forças para tentar modificar as políticas governamentais demasiado rígidas e conservadoras.

Durante mais de vinte anos, só na França, lamentamos todos os anos centenas de superdoses fatais entre os heroinômanos. Enquanto vários países já tinham adotado com sucesso a política de redução de riscos, com a distribuição gratuita de preservativos e seringas esterilizadas, postos de atendimento aos usuários, serviços itinerantes de prevenção e outros centros de acolhimento, em Paris e em outras cidades alguns especialistas continuavam a convencer os ministros preocupados que a distribuição de seringas era perigosa e faria explodir o número dos toxicômanos.

Avaliações posteriores demonstraram o contrário. Os países que instituíram uma política precoce de redução de riscos e adotaram tratamentos de substituição não viram aumentar o número dos seus toxicômanos e puderam regozijar-se com o nível baixo de soropositivos entre eles. Por outro lado, um número enorme de usuários de drogas franceses foi contaminado pelo vírus da Aids durante todos esses anos em que as seringas eram difíceis de conseguir e muito compartilhadas.

Principalmente, a falta trágica de tratamento eficaz, como o tratamento com metadona, obrigou centenas de milhares de heroinômanos franceses a continuar usando a droga, com os riscos descritos. Em outros lugares também, durante muito tempo, foi dificílimo encontrar onde fazer o tratamento de substituição. Na Suíça, embora qualquer médico pudesse receitar metadona obedecendo a algumas condições,

UM CASO EXEMPLAR: A TOXICOMANIA

os pacientes dependentes de opiáceos tinham de telefonar para centenas de médicos antes de encontrar alguém que os atendesse. Bastava anunciar a toxicomania para serem rejeitados. Muitos, por essa razão, permaneceram nas garras da droga.

Com mais de 500 superdoses fatais de heroinômanos, em alguns anos, sem contar todas as mortes devidas à droga mas diagnosticadas como acidentes, incêndios, suicídios, ataques cardíacos, septicemias etc., é possível estimar na França mais de 10 mil mortes ligadas à heroína durante esses últimos anos, principalmente entre os jovens. Essa catástrofe sem precedentes poderia ter sido evitada em grande parte caso se adotasse, bem mais cedo, uma política coerente de redução de riscos e, sobretudo, o tratamento substitutivo em grande escala.

O professor Léon Schwarzenberg, excelente cancerologista, conhecia bem o problema e *a priori* não tinha nada contra a metadona. Quando foi nomeado ministro da Saúde, no governo Rocard, reconheceu imediatamente o atraso da França e propôs o desenvolvimento de programas de substituição em todo o país. Essas propostas provocaram uma onda enorme de protestos indignados, não só por parte de psicanalistas como também de especialistas em toxicomania e alguns jornalistas que refletiam os preconceitos da opinião pública. Isso chegou a tal ponto que o novo ministro foi demitido mal assumiu o cargo. Philippe Bouvard, entre outros, escrevera com a sua pena assassina: "Hoje vão dar metadona aos drogados e amanhã darão crianças aos pedófilos." Essa afirmativa confirma a falsa crença do efeito euforizante desse produto, que provocaria nos toxicômanos um gozo perverso igual ao que se imagina ter a heroína.

Foi preciso que numerosos médicos locais, assistentes sociais engajados, psicólogos e sociólogos militantes lutassem durante anos para impor a mudança da política.

Os psiquiatras e chefes de serviços hospitalares de formação psicanalítica impediram, durante muito tempo, a implantação dos programas de substituição desejados pelas equipes locais, à custa de conflitos violentos. Colegas me convidaram várias vezes para visitar a sua região e convencer

O LIVRO NEGRO DA PSICANÁLISE

os diferentes protagonistas do interesse urgente desses tratamentos. Fiquei perplexo com a extensão das emoções provocadas por essas guerrinhas, com artigos na imprensa especializada.

Foi sobretudo a pesquisa científica, mais ainda que a Aids, que deu o golpe de misericórdia no cadeado psicanalítico, desacreditou os especialistas questionados e convenceu as autoridades da urgência de novas políticas terapêuticas.

De fato, as pesquisas notáveis dos neurobiólogos e dos geneticistas efetuadas nesses últimos anos, as novas possibilidades de pesquisa cerebral, como a neuroimagem, além das experiências com animais, fizeram progredir de modo espetacular os nossos conhecimentos no campo da medicina das adições.

Uma nova substância, a buprenorfina (Subutex) permitiu à França recuperar o seu atraso. A maior segurança desse medicamento em relação à metadona, em caso de mau uso ou superdose, levou as autoridades de saúde pública a autorizarem todos os médicos franceses a receitá-la com bastante liberdade. Em poucos anos, esse tratamento de substituição desenvolveu-se muito, graças ao envolvimento dinâmico dos colaboradores do laboratório responsável, que forneceram informações e formação exemplares aos terapeutas interessados. Hoje em dia, há na França mais de 90 mil ex-heroinômanos beneficiados por esse tratamento e quase 20 mil outros em programas de uso de metadona.

No plano da saúde pública, apesar de alguns abusos, os resultados foram notáveis. Na França, entre 1994 e 2000, a deliquência dos toxicômanos despencou. As superdoses e outras mortes ligadas à heroína caíram em mais de 80%. Paralelamente, o tráfico de heroína, gerador de novas dependências, reduziu-se muito por falta de interessados, estando a maior parte deles em tratamento de substituição, bem equilibrados e abstinentes de drogas.

Com base nessas estatísticas oficiais, mede-se melhor hoje, portanto, o aspecto catastrófico do atraso na adoção de uma verdadeira política de redução de riscos e no desenvolvimento de tratamentos eficazes da toxicomania. O imperialismo ideológico da psicanálise, que durante tanto tempo excluiu todas as outras abordagens, teve grande peso nesse atraso trágico.

QUINTA PARTE Existe vida depois de Freud

1. A revolução das neurociências

"A psicanálise é como o Deus do Antigo Testamento: não admite que haja outros deuses", dizia Freud.[1] *Na verdade, hoje esse monoteísmo do pensamento psicanalítico está seriamente ameaçado. Os que duvidam que a psicanálise seja a única a "possuir a verdade", como pretendia Freud, são cada vez mais numerosos. Quem são, portanto, os heréticos, os desconvertidos intra e extramuros que, há anos, tentam passar por fora do freudismo? São psicólogos científicos, neurobiólogos, psiquiatras, todos tentando avançar, à sua moda, no conhecimento e na compreensão do espírito, do sofrimento e do transtorno mental.*

E é verdade que a ciência do cérebro deu passos de gigante nesses últimos anos, graças ao progresso da psicologia cognitiva, ramo da psicologia científica que trata dos processos mentais (representações, crenças, intenções) e graças também, sobretudo, ao desenvolvimento dos exames cerebrais por imagens, que deram origem a uma verdadeira revolução, equivalente àquela provocada pela utilização da radiografia na medicina. Hoje pode-se ter acesso ao cérebro em atividade e ver o que acontece durante os processos mentais. Podem-se identificar as áreas cerebrais envolvidas nos julgamentos morais ou estéticos, campos antes reservados à filosofia, à ética ou à estética. Podem-se "ver" as emoções se ativarem ou se acalmarem e entender numerosos processos até então considerados imateriais.

O LIVRO NEGRO DA PSICANÁLISE

Entender o cérebro, mas também tratá-lo, porque no campo da patologia a neuroimagem abriu caminho para avanços igualmente espetaculares — e não passa de um começo. Assim, o registro da atividade cerebral de pacientes esquizofrênicos permitiu mostrar que, quando eles se queixam de alucinações auditivas, há realmente ativação das regiões do córtex que costumam cuidar dos sinais da audição. Isso significa que eles realmente "ouvem" as vozes.[2] Do mesmo modo, nos transtornos de ansiedade, verificou-se o papel da amígdala cerebral que, como um sistema de alarme desregulado, mobiliza o indivíduo "à toa", incapaz de deter-se.[3]

E o que nos ensinam as neurociências sobre os sonhos, essa verdadeira pedra angular da teoria freudiana? No final da década de 1950, graças à obra de Michel Jouvet e à sua descoberta do sono paradoxal,[4] nasceu uma nova abordagem dos sonhos, dessa vez biológica, que relegou a teoria freudiana da nossa atividade onírica à qualidade de "farsa". Michel Jouvet mostrou como o caos dos nossos sonhos tinha como objetivo permitir que nos revigoremos e manter a nossa individualidade e não satisfazer um desejo inconsciente que só pode ser decifrado como charada. Outro "mestre dos sonhos", o neurofisiologista Allan Robson, também se opôs a Freud e nos dá outra concepção do sonho; o seu estudo do universo onírico nos leva a descobertas bem mais estimulantes e apaixonantes que as do modelo freudiano.

A PSICANÁLISE AMEAÇADA PELAS NEUROCIÊNCIAS

Joëlle Proust

Fazer o balanço de que parte da teoria freudiana é possível manter hoje em dia pode parecer injusto sob alguns aspectos; não se pode esperar que uma teoria elaborada no século XIX conseguisse prever descobertas feitas mais tarde com meios e conhecimentos de que ela não podia dispor. Entretanto, se cabe fazer o balanço é porque hoje a psicanálise ainda é apresentada como conjunto insuperável de práticas e saberes, chegando-se a pretender que foi "demonstrada" pelo trabalho mais recente das neurociências.[5]

Antes de tentar o balanço, é preciso pronunciar-se sobre a condição epistemológica da psicanálise: filosofia ou ciência? A primeira opção consiste em afirmar que ela se classifica do lado do humano e do espírito (em oposição ao animal e aos determinismos materiais) e que, por isso, está ligada à interpretação e não à ciência. O que se quer dizer com isso é que a psicanálise interessa-se pela maneira como compreendemos a nós mesmos e aos outros e não por processos de causalidade objetiva. A segunda opção, por sua vez, afirma o *status* científico da psicanálise, obedecendo aí à posição claramente adotada pelo próprio Freud quanto ao caráter científico do seu projeto.

As dificuldades da primeira opção são bem conhecidas. O regime de interpretação e o da causalidade não podem ser totalmente heterogêneos, senão a interpretação não poderia aspirar a nenhuma eficácia terapêutica. Sabe-se, por outro lado, que as representações são estados neuronais, ou seja, configurações materiais do espírito-cérebro; é com base nisso que têm eficácia causal. Assim, admitamos que a psicanálise esteja ligada à ciência, como sustenta a segunda opção. Como todas as ciências, precisa ser confrontada com fatos que podem, potencialmente, refutá-la. Adolf Grünbaum,[6] de todos os comentaristas de Freud, foi o que defendeu com mais insistência a necessidade de testar as hipóteses freudianas para chegar a uma avaliação racional; é preciso observar que, ainda que cada caso seja individual, deveria ser possível, por exemplo, formar classes de sintomas e testar as condições causais do seu surgimento. Se, por exemplo, Freud tiver razão quando afirma que o amor homossexual recalcado é causa necessária do aparecimento de delírios paranoicos, deveria ser possível observar uma variação na frequência dos delírios segundo uma sociedade admita ou rejeita a homossexualidade.

Essa avaliação racional nunca foi feita de modo sistemático, porque os psicanalistas veem nas hipóteses de Freud ferramentas estritamente clínicas. Estimam, em geral, que a transferência constitui um meio de verificar a justeza da teoria freudiana. Na transferência, o paciente, na verdade, estaria supostamente repassando para a pessoa do médico o complexo de representações e afetos que caracteriza a sua estrutura edipiana. Mas o que prova essa repetição, caso ela se produza? Se estiver presente, prova no máximo que uma forma de sociabilidade é recorrente no paciente, não que tenha o papel patogênico que se quer que ela tenha. Se a transferência não se manifesta, mais uma vez é difícil concluir o que quer que seja. Como observou Karl Popper, a abordagem clínica favorece as estratégias imunizantes.[7] Se a transferência não se manifesta, sempre se pode usar a hipótese de que o paciente se controla para não ir no sentido que se espera dele. Em consequência, não é a transferência que pode servir de método de validação da teoria psicanalítica.

Na falta de comprovação das hipóteses freudianas, é possível confrontá-las com resultados contemporâneos obtidos nas neurociências e, de modo mais geral, nas ciências cognitivas. Há ou não convergência? Comecemos pela tese que baseia o método da psicanálise numa concepção (dita "econômica") da energia psíquica e dos seus fluxos.

A teoria energética da pulsão é sustentável?

A teoria freudiana das relações entre o psíquico e o somático depende da concepção segundo a qual os neurônios têm de receber de fora a sua excitação. Segundo Freud, é preciso uma excitação somática "periférica" para que o sistema nervoso seja estimulado; o influxo nervoso é, supostamente, uma forma de energia que percorre os neurônios mas que não é criada por eles. Essa energia é investida, ou seja, apega-se a determinadas representações que se tornam representantes da pulsão correspondente. Considera-se que a energia psíquica também obedece aos princípios da termodinâmica, em particular ao princípio da conservação. Pode ser excessiva, insuficiente, acumulada aqui, instável ali. São os destinos variados do seu encaminhamento que explicam, segundo Freud, a formação de complexos como o de Édipo e as suas formas patogênicas, como as neuroses e psicoses.

Ora, hoje em dia sabemos que a energia mental não tem origem extraneuronal; o axônio do neurônio produz o impulso nervoso que se propaga pelas terminações nervosas. A ideia de que a libido organiza a vida psíquica perde, assim, o seu único argumento neurofisiológico. Essa descoberta deveria ter levado à revisão da imagem — e da teoria — do reservatório de energia constituído, segundo Freud, pelas pulsões somáticas. De um golpe só, a explicação pulsional da doença mental — o papel que supostamente os complexos e o retorno das representações recalcadas nela desempenham — fica também desprovida de justificação.

O inconsciente é produto do recalque?

O conceito de inconsciente não sai ileso da revisão. Com efeito, segundo Freud a representação se torna inconsciente porque o sujeito busca expeli-la da consciência. O recalque acontece porque a satisfação de uma pulsão associada a essa representação provocaria desprazer por entrar em conflito com outros objetivos. O inconsciente freudiano, portanto, é produto dinâmico do

O LIVRO NEGRO DA PSICANÁLISE

destino pulsional. Ora, o que as neurociências nos ensinam é que a atividade mental é *essencialmente inconsciente*. Em outras palavras, a grande maioria das operações mentais que o nosso cérebro realiza para extrair informações, armazená-las e depois reutilizá-las não é acessível à instrospecção. Perceber e agir implicam que se realizem operações das quais o sujeito não faz a mínima ideia. Por essa razão, são chamadas de "subpessoais". Um dos resultados mais espantosos da pesquisa sobre as ações foi mostrar que até os atos voluntários mais comuns são iniciados inconscientemente antes de se tornarem objeto de uma "decisão consciente". O neurocirurgião americano Benjamin Libet, na verdade, conseguiu determinar que, por ocasião de um ato simples de flexão deliberada do dedo, o agente torna-se consciente da sua volição 200 milisse-gundos antes que o músculo se contraia, mas 350 milissegundos depois que o cérebro iniciou o planejamento da ação. Assim, o cérebro prepara a ação an-tes mesmo que o indivíduo tenha consciência de que quer executá-la.[8] A consciência, portanto, só pode dar uma contribuição muito tardia à ação cor-respondente: ela consegue envolver-se na interrupção da atividade — restam-lhe 200 milissegundos antes da contração muscular — mas não no seu início. A pergunta que Freud se fazia era por que seria preciso descartar da consciên-cia as representações; a que nós nos fazemos hoje é, principalmente, saber por que algumas representações se tornam conscientes.

Do que se tem consciência quando se tem consciência de ver ou de agir? Aí também os trabalhos em andamento deixam entrever que a consciência não é um espelho fiel que mostraria uma imagem completa, exaustiva e ri-gorosa do que o cérebro "sabe" sobre o seu ambiente ou os seus estados. A consciência não está sempre unificada; às vezes os seus componentes verbais e não verbais (visuais, emocionais, proprioceptivos etc.) transmitem conteú-dos incompatíveis entre si.[9] Esses resultados se explicam pelo que chama-mos de "arquitetura funcional" do cérebro, ou seja, pelo fato de que vários sistemas funcionam paralelamente na obtenção de informações; cada um deles tem acesso privilegiado a tipos específicos de resposta: alguns estão diretamente ligados a um grupo de efetuadores (braço, perna, movimento ocular), outros à expressão linguística. Por exemplo, uma emoção de medo se exprime mais depressa por um movimento de recuo do que por uma frase. Outro exemplo: a observação da ação de outrem leva o indivíduo a preparar-se inconscientemente para executar uma ação do mesmo tipo, enquanto conscientemente o observador imagina as intenções do observado de maneira distanciada e avaliadora.[10] Parece, assim, que a consciência sempre teve acesso limitado às representações que o cérebro utiliza; e não é a consciência que age ou percebe, mas o indivíduo inteiro.

A gênese dos transtornos psiquiátricos

Na histeria de conversão, os pacientes apresentam perturbações somáticas, como a paralisia, que aparentemente não correspondem a nenhuma lesão subjacente. Na psicose, os pacientes têm alucinações auditivas, olfativas e tácteis. Na neurose obsessiva, os pacientes sentem-se obrigados a realizar comportamentos repetitivos e restritivos (lavar as mãos, rituais para dormir etc.). Em todos esses casos, fala-se de sintomas por se tratar de sinais visíveis de uma doença mental subjacente. Mas para Freud os sintomas têm, além disso, uma função simbólica que precisa ser liberada para que a cura aconteça; eles constituem um acordo no qual se encontra uma forma de satisfação do desejo recalcado. Assim, para Freud, há um forte vínculo funcional entre o modo de expressão do sintoma e a sua gênese. Tomemos, por exemplo, a psicose paranoica. Freud estima que, na psicose, o Eu (ego) é inteiramente dependente do Isso (id): deste modo, o indivíduo perde o sentido da realidade e a substitui por uma interpretação delirante. Assim, o conteúdo do delírio deve permitir que se compreenda a gênese da psicose num paciente específico; por exemplo, no caso do presidente Schreber, os temas homossexuais exprimem a função do delírio, que é defender o paciente contra o seu desejo homossexual. A terapia, psicanalítica, portanto, consiste em examinar com o paciente o conteúdo do seu delírio, para permitir-lhe entender o conflito patogênico que lhe dá origem.

Os pesquisadores da psicologia cognitiva consideram, por outro lado, que o conteúdo simbólico do sintoma tem de ser dissociado da sua etiologia.[11] Embora seja normal que o paciente "viva" e interprete o seu sintoma de modo a refletir as suas convicções e motivações, estas não contribuíram diretamente para que o sintoma aparecesse (vimos que o conflito entre pulsões não é a

O LIVRO NEGRO DA PSICANÁLISE

fonte das doenças mentais). As hipóteses causais das diversas patologias mentais colocam-nas no mesmo plano das perturbações neurológicas; a única diferença é a extensão e a complexidade das lesões e/ou das anomalias genéticas envolvidas. Hoje sabemos, por exemplo, que a psicose resulta da conjunção de vários fatores. Entre elas estão as lesões cerebrais precoces (que acabam afetando as estruturas pré-frontais) e, em particular, uma anomalia das redes neurais intracorticais que envolve, por sua vez, uma anomalia da captura da dopamina. Esses fatores podem ter causa viral (o vírus da gripe pode afetar o feto durante o terceiro mês da gravidez) ou obstétrica (como um parto difícil). Suspeita-se, além disso, que a psicose pode surgir em certos "terrenos" genéticos, com vários genes contribuindo para determinar a vulnerabilidade da família. Uma terceira série de causas diz respeito ao ambiente e ao estresse que causa no paciente; as exigências de aquisição de conhecimentos e de interação social e amorosa, mais elevadas na adolescência, seriam responsáveis pelo aparecimento da doença numa idade em que, paralelamente, o lobo frontal atinge a maturidade.[12] O uso de certas drogas que superestimulam o sistema dopaminérgico, como o haxixe, constitui, enfim, em indivíduos vulneráveis, uma excelente via de entrada da psicose. Essas diversas causas não envolvem nenhum tema simbólico específico; o que é pertinente, em termos causais, não é o conteúdo das representações, mas a intensidade da atividade cognitiva e do estresse que o ambiente provoca no indivíduo.

Das perturbações cognitivas da psicose ao delírio psicótico

Um conjunto de trabalhos experimentais permite começar a entender como os ataques cerebrais sofridos por indivíduos psicóticos conseguem perturbar o tratamento das informações e provocar interpretações delirantes. Foi demonstrado, entre outras coisas, que os pacientes que sofrem de psicose apresentam uma anomalia bem específica do controle da ação.[13] Parece que não guardam o registro da intenção que comandou a execução de algumas ações suas. Essa anomalia do uso das representações da ação propriamente dita os levaria tanto a identificar as suas ações como produto de forças estranhas quanto a atribuir a si a responsabilidade pelas ações dos outros. Assim, os

A REVOLUÇÃO DAS NEUROCIÊNCIAS

pacientes vivenciam uma modificação do senso de si mesmos, o que seria de esperar do vínculo entre autoidentificação e capacidade de agir.[14] É instrutivo ver como, ao contrário da opinião atualmente aceita, a dissociação entre eu e outro acontece em níveis de tratamento da informação independentes da expressão linguística.

Rumo a novos caminhos terapêuticos

Os transtornos mentais não estão subordinados à etiologia "edipiana". Isso não significa que a única questão terapêutica seja restabelecer o equilíbrio químico necessário ao bom funcionamento das sinapses. A psicoterapia continua indispensável para permitir ao paciente entender o que lhe acontece e dominar a angústia (patogênica) ligada ao episódio psicótico. Embora a pesquisa de novas psicoterapias mal esteja saindo do berço, alguns princípios diretivos já podem ser identificados.

O diálogo terapêutico deve, em primeiro lugar, *evitar* a anamnese e o exame do delírio e permitir ao indivíduo entender as condições subpessoais da sua experiência: em vez de recordar a história infantil e acentuar a pressão interpretativa, a abordagem é mostrar ao paciente o caráter relativamente banal e comum dos seus problemas.[15] Pôr em evidência características comuns às experiências psicóticas na verdade reduz a tendência do paciente a procurar uma explicação delirante. Permite também conter as interpretações do paciente sem contrariá-las.[16] Finalmente, o retorno a diversas sequências de *experiências* perturbadoras da relação com o outro durante o episódio psicótico (o que é diferente das *interpretações* que se faz delas) permite, por sua vez, reconhecer a irredutibilidade da vivência do paciente, manifestar-lhe empatia e prevenir interpretações místicas ou religiosas.

Outras patologias mentais, como o autismo, a depressão, a fobia e os transtornos obsessivo-compulsivos também foram objeto de pesquisas apaixonantes da neurociência cognitiva; estas provocam revisão análoga da interação terapêutica com o paciente, de modo a levar em conta as suas características cognitivas e afetivas, como testemunha a expansão rápida das técnicas ditas cognitivo-comportamentais. A descoberta recente da plasticidade cerebral, contudo, deveria levar a formas inéditas de tratamento medicamentoso, centradas mais diretamente na restauração das funções perturbadas pela doença. Na verdade, chama-se plasticidade cerebral a capacidade do sistema nervoso (adulto, não só infantil) de se adaptar a circunstâncias novas e encontrar novos meios de aprender competências novas ou recuperar as antigas. Um exemplo espantoso da plasticidade cerebral é a capacidade do cérebro do indivíduo cego de "ver" o mundo circundante por intermédio de uma máquina que lhe dá uma transcrição táctil dos registros visuais feitos por uma câmera.[17] A pesquisa nesse campo mal começou. Deveria permitir que se renovassem profundamente não somente as técnicas de tratamento como também a compreensão do cérebro e da sua relação com o corpo que age.

Conclusão

Em resumo, é difícil que a teoria energética da psicanálise seja compatível com a concepção contemporânea da dinâmica neuronal. O conceito de recalque não foi invocado para explicar a existência de representações inconscientes; pelo contrário, o fato de que essas representações se tornam conscientes constitui um problema científico ainda não resolvido. A destinação das pulsões libidinais não tem o papel que Freud lhe atribuía no surgimento dos transtornos psiquiátricos. No seu aparecimento, o que é pertinente em termos causais não é o sentido "latente" do sintoma, mas a maneira como o cérebro trata a informação perceptiva, emocional ou da memória e controla a execução das ações. Essa nova abordagem deu destaque à importância das aprendizagens implícitas; substitui também os problemas teóricos e as soluções terapêuticas. A terapia dos transtornos psiquiátricos, em futuro próximo, terá de tirar partido da plasticidade cerebral e das novas possibilidades por ela criadas para que se atinjam novos equilíbrios.

Notas

1. Citado por Theodor Reik, *Trente Ans avec Freud*, trad. Bruxelas, Complexe, 1975.
2. M. Jeannerod, *Le Cerveau intime*, Paris, Odile Jacob, 2002, p. 60-1.
3. Christophe André apresenta todos esses dados de modo bastante acessível para os leigos em seu livro *Psychologie de la peur,* Paris, Odile Jacob, 2004.
4. De forma bem resumida, na fase de "sono paradoxal" o eletroencefalograma (EEG) da pessoa adormecida mostra, "paradoxalmente", intensa atividade cerebral. Assim, existem três estados cerebrais demonstrados por Michel Jouvet: vigília, sono lento e sono paradoxal, marcado principalmente por movimentos oculares rápidos, perda de tônus muscular, ereção do pênis e sonho. As áreas frontais, que controlam a lógica, são desativadas e o cérebro emocional é liberado; isso explica o conteúdo emocional e irracional do sonho.
5. G. Pommier, *Comment les neurosciences démontrent la psychanalyse*, Paris, Flammarion, 2004.
6. A. Grünbaum, *La Psychanalyse à l'épreuve*, Paris, L'Éclat, 1993; *Les Fondements de la psychanalyse*, Paris, PUF, 1996.
7. Ver, sobre essa questão, A. Boyer, "La théorie freudienne a-t-elle toujours raison?", *Le Nouvel Observateur*, número especial 56, out.-nov. 2004, p. 68-71.
8. *Cf.* B. Libet, "The neural time-factor in perception, volition and free will", *Revue de Métaphysique et de Morale*, 1992, n° 2, p. 255-72.
9. A. J. Marcel, "Slippage in the unity of consciousness, Ciba Foundation Symposium 174", *Experimental and Theoretical Studies of Consciousness*, Chichester, John Wiley, 1993.
10. G. Rizzolatti G. e V. Gallese, "From action to meaning, a neurophysiological perspective", em J. L. Petit (org.), *Les neurosciences et la philosophie de l'action*, Paris, Vrin, 1997, p. 217-27.

11. *Cf.* B. Maher, "Delusional thinking and perceptual discorder", *Journal of Individual Psychology*, 30, 1974, p. 98-113.

12. Ver, sobre todos esses tópicos, J. Dalery e T. D'Amato, *La Schizophrénie, recherches actuelles et perspectives*, Paris, Masson, 1995.

13. E. Daprati, N. Franck, N. Georgieff, J. Proust, E. Pacherie, J. Dalery e M. Jeannerod, "Looking for the agent, an investigation into self-consciousness and consciousness of the action in patients with schizophrenia", *Cognition*, 65, 1997, p. 71-86.

14. J. Proust, "La pensée de soi", em Y. Michaud (org.), *Qu'est-ce que la vie psychique?*, Université de Tous les Savoirs, Paris, Odile Jacob, p. 121-40, 2002; "Thinking of oneself as the same", *Consciousness and Cognition*, 12, 4, 2003, p. 495-509.

15. *Cf.* H. Grivois e L. Grosso, *La Schizophrénie débutante*, Paris, John Libbey Eurotext, 1998.

16. *Ibidem*, p. 185.

17. *Cf.* P. Bach-Y-Rita, "Substitution sensorielle et qualia", em J. Proust (org.), *Perception et intermodalité. Approches actuelles de la question de Molyneux*, Paris, PUF, 1997, p. 81-101.

2. E os medicamentos?

*Não é nada boa a imagem dos medicamentos do psiquismo: o trata-
mento químico do cérebro provoca temores e desconfiança. Entretanto
a maioria dos terapeutas conhece os benefícios desses medicamentos
diferentes quando receitados com o devido cuidado. Se ninguém questiona os benefícios da química para as patologias graves, como a esquizofrenia, por exemplo, os transtornos ansiosos e depressivos são alvo
de verdadeira guerra de trincheiras: a favor ou contra os antidepressivos? Como é comum na França, o debate logo se torna ideológico.
Alguns chegam a ponto de louvar os benefícios do sofrimento psíquico,
que revelaria a nossa humanidade. Em outras palavras, sofro, logo
existo, e se tomo medicamentos, mesmo que só limitadamente, para
não ser arrasado por uma crise de pânico, ou apenas para conseguir
dormir, transformo-me em máquina neuronal controlada pela indústria psicofarmacológica. Com efeito, os profissionais de saúde concordam hoje em reconhecer o papel complementar de psicoterapia e
medicamentos e, sobretudo, a necessidade da formação rigorosa de
quem os receita, principalmente de clínicos gerais que são, muitas vezes, os primeiros a enfrentar os apelos dos seus sofridos pacientes.*

OS MEDICAMENTOS CURAM OU FABRICAM A DEPRESSÃO?

Philippe Pignarre

O título deste capítulo poderia escandalizar os que conheceram na própria pele o estado depressivo ou tiveram alguma vítima na família. Poderia até fazer crer que a depressão não existe *de verdade*, que é apenas um estado passageiro, um mal-estar, exibido na vitrine por médicos influenciados pela indústria farmacêutica e por esta própria indústria, preocupada em vender sempre mais remédios. Surgiu até a ideia de que a depressão seria uma falsa doença, pelo menos em grande número de casos. Essa posição nos parece insustentável. Mais anda, é insultuosa para todos os que sofrem ou sofreram de depressão.

É daí que precisamos partir: não negar a experiência dos que estão ou estiveram deprimidos.

Aos que dizem que a depressão sempre existiu, respondemos que é verdade. Aos que dizem que o número de deprimidos aumentou consideravelmente nos últimos cinquenta anos porque a depressão é mais bem diagnosticada e identificada pelos médicos, respondemos: é verdade.

É exatamente essa segunda proposição que deve atrair todo o nosso interesse e a partir da qual proponho que comecemos a refletir. Por que e como os médicos podem diagnosticar um transtorno que antes não chamava a sua atenção? É uma questão perturbadora; antes eles se enganavam? Por que esse estado depressivo apresentado pelos pacientes não lhes interessava? Por que, em poucos anos, o que não viam ficou visível?

Só vemos o que aprendemos a ver

Essa não é uma pergunta nova: o filósofo Michel Foucault já era fascinado por perguntas parecidas. Assim, ele mostra o espanto de Buffon, no século XVIII, diante das descrições de uma serpente que outro naturalista, Aldrovandi, fizera dois séculos antes e que lhe pareciam inacreditavelmente fantasistas. Foucault escreveu: "Aldrovandi não era melhor nem pior observador que Buffon; não era mais crédulo que ele nem menos apegado à fidelidade do olhar ou à racionalidade das coisas. Simplesmente *o seu olhar não estava ligado às mesmas coisas pelo mesmo sistema*."[1]

Ele volta a essa questão já nas primeiras páginas de *Nascimento da clínica* ao tentar compreender por que, a partir do século XIX, os médicos passam a ver coisas que antes não viam:

> Não é que tenham conseguido perceber depois de especular por muito tempo, ou por dar mais ouvidos à razão que à imaginação; é que a relação entre o visível e o invisível, necessário em todo saber concreto, mudou de estrutura e fez surgir sob o olhar e na linguagem o que estava aquém e além do seu domínio. Entre as palavras e as coisas, formou-se uma nova aliança.[2]

É comum ver coisas em certos momentos da História que passam despercebidas em outros. Seria fácil demais resolver esse problema dizendo que a realidade é sempre a mesma e que, se vemos mal em certos momentos, ou se vemos coisas além da realidade, isso remete a uma ilusão ou alucinação coletiva. Assim, subentende-se que, além disso, "nós" estaríamos protegidos desse risco. Mas por que estaríamos mais protegidos que os nossos ancestrais?

Caso se recuse essa explicação da ilusão ou da alucinação, será preciso então admitir que o olhar nunca é puro e tem de se armar para ver certas coisas e não ver outras. Eis uma proposição que só pode chocar o nosso senso de "realidade". A realidade não é a terra firme, exatamente aquilo que não muda dependendo de como se olha?

Os filósofos pragmatistas, como William James e John Dewey, abordaram igualmente essa questão. Para eles, o problema é a noção de "realidade".

E OS MEDICAMENTOS?

Isso não quer dizer que a "realidade" não exista, mas que não pode ser o ponto de partida do raciocínio; ela não é uma instância confiável, à qual se possa recorrer facilmente para decidir entre pessoas que discordam. Podem-se tomar como exemplo os cientistas em plena controvérsia. Como é que se contradizem? Nenhum deles pretende falar em nome da "realidade": isso faria todos os colegas rirem. Então em nome de que eles se contradizem? Em nome das "experiências" que fizeram, das quais são um pouco porta-vozes.

Também se pode fazer o seguinte exercício de pensamento: imaginemos que um grego da Antiguidade descreva a realidade que o cerca. Com certeza, começaria a conversar conosco em termos bem parecidos com os que usamos hoje em dia. Mas, se quisesse aprofundar a sua descrição para torná-la interessante, faria proposições que não saberíamos aceitar: por exemplo, introduziria várias divindades sem as quais não conseguiria tomar consciência do real. Do mesmo modo, pode-se imaginar que os nossos descendentes, daqui a 1.000 anos, certamente não descreverão a "realidade" como o fazemos hoje; só que não acreditarão que não temos mais nada a aprender!

William James dá outro exemplo: a Ursa Maior no céu estrelado.[3] Quando se aprende a reconhecê-la, ela surge ao primeiro olhar; sem a aprendizagem, não a vemos. Portanto, ela existe, mas somente para os que aprenderam a vê-la. Tem existência "real", mas "relativa" a uma aprendizagem. Afinal de contas, é uma situação bem comum, que todos os especialistas conhecem: veem o que olhos leigos não veem.

Depressão, antidepressivos: algumas definições

Depois desse rodeio, podemos voltar à questão da depressão. Para começar, o que é depressão? Ela só é definível por meio de uma constelação de transtornos, como os seguintes:
— humor triste;
— perda de interesse e de prazer;
— alterações do apetite;
— distúrbios do sono;
— desaceleração, incapacidade de agir;

O LIVRO NEGRO DA PSICANÁLISE

— fadiga;
— dificuldade de concentrar-se;
— ideias de morte (suicidas).

Cada um desses sintomas pode existir sem os outros. Considera-se que a presença dos dois primeiros sintomas mais três outros constantes da lista permitem confirmar o diagnóstico de episódio depressivo maior. Mas se o paciente só apresenta dois sintomas, diagnosticam-se formas moderadas de depressão, que se revestem de nomes técnicos: distimia, depressão recorrente breve...

Assim, no próprio ato de determinar o objeto da depressão a psiquiatria a desmantela numa pluralidade de sintomas que não são todos obrigatórios. Pela própria definição, a depressão é meio heterogênea.

Tem lá a sua importância observar que essa constelação inconstante de distúrbios que permite descrever a depressão só foi determinada depois da invenção dos antidepressivos.

Mas como agem os antidepressivos? Retomaremos a definição de Nathan Kline, na origem dos primeiros medicamentos desse tipo: são energizantes psíquicos. Aumentam o nível de energia, favorecem a apetência, aumentam a reação aos estímulos, criam o sentimento de otimismo. Esses energizantes psíquicos, que, portanto, talvez seja exagero chamar de antidepressivos, podem, assim, ser muito eficazes no caso de alguns distúrbios que constituem a depressão. Os resultados seriam bons em cerca de 60% dos casos.

De certo modo, só se conseguiram inventar dois tipos de psicotrópicos: de um lado os energizantes, do outro, os calmantes. Esses últimos baixam o nível de vigilância (das benzodiazepinas aos neurolépticos). Pode-se, em seguida, diferenciá-los em função da rapidez da ação, da potência etc. Portanto, não dispomos de psicotrópicos específicos para os vários transtornos mentais... E isso talvez permita entender por que todos os transtornos mentais que não estejam subordinados a essa dupla ação (como transtornos paranoicos ou anorexia) continuam sem tratamento farmacológico.

Os médicos raramente diagnosticavam depressão em seus pacientes antes dos anos 1970 e 1980. Tentemos ver como tudo aconteceu, primeiro do lado dos médicos, depois do lado dos pacientes.

E OS MEDICAMENTOS?

Do lado dos médicos

Todos os observadores ficam incomodados com um fato que não conseguem explicar direito: a onda de diagnósticos de depressão feitos por médicos quando surgiram no mercado os novos antidepressivos. Isso é especialmente verdadeiro no caso da chegada do Prozac® e de outros inibidores de serotonina: uma nova família de medicamentos, com certeza menos eficazes que os antigos, mas com menos efeitos colaterais desagradáveis. A existência de antidepressivos, portanto, talvez tenha agido sobre os médicos. Teria justificado, fortalecido, embasado o diagnóstico de depressão.

Os médicos recebem pacientes que não estão bem — sem que se possa encontrar neles algum problema orgânico — com uma nova pergunta na cabeça: "Não seria possível melhorar o estado deles receitando-lhes antidepressivos?" A partir daí, o olhar do clínico geral estaria *preparado* para ver a depressão. Antes que houvesse antidepressivos disponíveis, o seu olhar flutuava de outro modo, fixava-se em coisas diferentes, retinha outros episódios no discurso variado dos pacientes. Depois, passou a verificar se a depressão não seria um bom caminho para abordar o estado do paciente. Assim, a depressão e a existência de antidepressivos estão interligadas. Os antidepressivos permitem aos médicos não se interessarem mais pelo conteúdo do discurso dos pacientes, mas somente por aquilo que o discurso manifesta (assim, as razões dadas pelo paciente para o seu mal-estar serão ouvidas sem atenção; o que conta são os sintomas e a sua duração).

Com o passar do tempo, o médico abandona a definição teórica e acadêmica da depressão — finalmente sem grande interesse para ele — para assim chamar todos os estados que antes via de forma diferente mas que sabe, pouco a pouco, por "experiência" (encorajado pelas informações distribuídas pelos laboratórios farmacêuticos), que podem melhorar graças ao uso do antidepressivo. Vem daí a fórmula ingênua, mas certamente exata, que se encontra em numerosas obras escritas por psiquiatras: a depressão é aquilo que se trata, ou melhora, com antidepressivos.

Para compreender esse mecanismo, pode-se falar de "nicho ecológico", como faz o filósofo Ian Hacking. Os médicos e os medicamentos antidepressivos criam um meio favorável para o reconhecimento e o tratamento da depressão. Antes isso não existia.

Do lado dos pacientes

Agora precisamos nos situar do lado da experiência dos pacientes. Vão nos dizer que a reorganização do trabalho do médico (provocado pela disponibilização dos antidepressivos) não muda nada: simplesmente são escutados, observados, diagnosticados como antes não o eram. Fazem-lhes novas perguntas, interessam-se por eles de forma inesperada. Isso só deveria mudar as coisas na superfície, não há razão para mudá-las em profundidade. No entanto é preciso observar as coisas com mais atenção.

Para começar, com certeza o paciente ouviu falar de depressão antes mesmo que o médico faça o diagnóstico: pela mídia em geral e no ambiente familiar e profissional. Sem dúvida, é cada vez mais frequente que o paciente já tenha feito ou aceitado o diagnóstico de depressão antes de ir ao médico. Na maioria dos casos, talvez seja até um requisito: não fosse assim, para que a consulta? Por sua vez, esse reconhecimento não deixa de ter os seus efeitos: o paciente se sente libertado da culpa de parte da sua experiência dolorosa. Às vezes, surpreende-se e resiste; não aceita que chamem de "depressão" a experiência que está vivendo; muitas vezes não é esse o sentido que dá espontaneamente às suas emoções do momento. Finalmente, pode se convencer e, finalmente, ir ao médico, o que significa que decidiu pedir uma receita de antidepressivos. Não fosse assim, procuraria um psicólogo.

O paciente aceita dar novo sentido ao seu sofrimento psíquico e inserir essa experiência em alguma coisa reconhecível, banal, aceitável. Aos seus próprios olhos, como aos olhos do médico, torna-se imediatamente parecido com muitos outros. Nesse ponto de vista, a noção de "nicho ecológico" fica igualmente interessante; o paciente poderá mobilizar a experiência dolorosa que viveu num novo ambiente: o do encontro com o médico e depois o do uso de antidepressivos.

Do ponto de vista da experiência do paciente, portanto, só é possível compreender o que lhe acontece colocando-se em seu lugar durante as transformações que viveu. A sua experiência existencial torna-se curável (ou pode ser aliviada) com um medicamento; ele não passa mais por uma experiência desvalorizadora que o torna fora do comum. Portanto, vale a pena aceitar a proposta (procurar um médico, tomar remédios). Quase se pode dizer que, por si só, ela é o primeiro passo para a cura e uma boa razão para que os antidepressivos sejam eficazes. É conhecida a situação penosa dos pacientes considerados deprimidos pelo ambiente familiar e profissional, mas que se entrincheiram na recusa absoluta deste rótulo e, portanto, não vão ao médico.

Portanto, houve uma transformação do paciente. Sem o mecanismo que descrevemos como "nicho ecológico", formado pelo médico e pelos antidepressivos, esses pacientes, evidentemente, teriam outro futuro.

Vemos principalmente o que acabamos de aprender a ver

Voltemos agora às transformações do paciente e coloquemo-nos no ponto de vista do médico e no ponto de vista do paciente, um de cada vez. Tentemos aqui ser mais concretos sobre esse "futuro". Imaginemos um paciente que vai ao médico por insistência da família porque apresenta todos os sintomas da depressão. Será que o médico se contentará em verificar os "critérios" da depressão (humor triste, fadiga, incapacidade de agir, perda de interesse e prazer, autodesvalorização e sentimento de culpa, dificuldade de concentrar-se, ideias suicidas, problemas de apetite e sono)? Ou fará outras perguntas sobre a vida conjugal ou profissional? Caso o faça, levará a sério o que o paciente lhe contará (o que implica que isso tenha alguma importância para o diagnóstico)?

Fiz a experiência numa reunião com psiquiatras na qual apresentamos o tema do assédio moral. Todos os médicos presentes logo se convenceram de que talvez não tivessem feito todas as perguntas necessárias a alguns pacientes seus rotulados depressa demais como deprimidos. Ou então que na verdade não quiseram saber mais quando o paciente tentou lhes falar de uma experiência que vivia, por exemplo, no local de trabalho. O mecanismo no qual o médico se inseria no momento de fazer o

O LIVRO NEGRO DA PSICANÁLISE

diagnóstico levou-o depressa demais a interpretar o que o paciente dizia no próprio quadro de depressão. Queixa-se de perseguição? No "nicho ecológico" onde o médico se instalou, isso pode ser imediatamente interpretado como racionalização *a posteriori* do episódio depressivo. Não foi escutado e levado a sério como tal. Em consequência, seria possível tratar da mesma maneira um paciente vítima de tortura e que apresentará, durante anos, sintomas de depressão. Foi, aliás, o que constatou a psicóloga Françoise Sironi.[4]

O perigoso aqui é que o mecanismo de ação do médico ao fazer o diagnóstico de depressão leva-o a realizar o trabalho do perseguidor: o assédio moral consiste exatamente em convencer a vítima de que tudo é culpa dela, de que tudo o que lhe acontece é resultado apenas da sua incompetência, da sua insuficiência (o que o médico reforçará ao constatar, nesse exato momento, o "sentimento de desvalorização", essencial no diagnóstico da depressão). Tudo está "nela", nada é causado pelo exterior.

Pode-se dizer aqui que esse hábito da psiquiatria, como também da psicologia, de situar tudo no interior do paciente (no seu cérebro ou no seu psiquismo) nos deixou especialmente vulneráveis, incapazes de nos proteger de ataques exteriores do tipo do assédio moral.

No caso do assédio moral identificado como tal, o médico poderia receitar, assim mesmo, o antidepressivo (ou um hipnótico para dormir), mas o contexto no qual o fará e as explicações que dará ao paciente não serão os mesmos. Tomará cuidado para não prolongar a obra do assediador remetendo o paciente à sua interioridade psíquica ou a uma disfunção do cérebro. Pelo contrário, insistirá na importância da questão social e poderá até recomendar ao paciente que procure uma organização sindical, um advogado, uma associação.

Compreendam-me: não quero dizer que todas as depressões sejam, na verdade, assédios morais mal (ou incompletamente) diagnosticados. Simplesmente o que quero destacar é que a existência de sintomas de depressão num paciente não garante, de modo algum, que o rótulo de depressão seja o mais *interessante* do ponto de vista terapêutico e nos dê acesso privilegiado (e incontestável) à *realidade* deste paciente. O nosso olhar estava *preparado*. Muitas vezes, a depressão é o *mínimo denominador comum* de múltiplas experiências muito diferentes que pode ser terrível não levar em conta. Como mínimo denominador comum, a depressão constitui um tipo de ímã.

A maneira como tratamos os outros se reflete em seu futuro; daí, compreende-se como a depressão evolui de acordo com a maneira como se fala dela, como é escutada e como é tratada

Portanto, seria possível complicar ao infinito os diagnósticos de depressão, todos feitos de boa-fé. O que proponho para se pensar é que as palavras utilizadas para fazer esse tipo de diagnóstico (aqui a palavra "depressão") são testemunhas da existência de um nicho ecológico que dita um futuro e que, portanto, é preciso perceber enquanto dura.

Mas agora temos de nos proteger de outra facilidade do pensamento: a experiência dupla do médico e do paciente que aqui descrevo não relaciona um fundo (a depressão) que seria uma realidade perfeitamente compreendida (por todos, em todos os países, em todas as épocas) e a sua manifestação (o modo como esse fundo se exprime) que poderia ter aspectos bem diferentes de acordo, por exemplo, com as diferentes culturas dos pacientes (pacientes africanos tenderiam a se dizer vítimas de feitiçaria). Isso seria pensar que existe um transtorno *objetivo* ao qual se acrescentaria uma maneira *subjetiva* de vivê-lo e de tomar consciência dele. Proponho abandonar esse método e compreender a depressão como experiência que acontece na vida, que se transforma de acordo com a maneira como se fala dela, como é escutada, como é proposto aliviá-la.

Finalmente, foi mais ou menos nisso que alguns psiquiatras, como Boris Cyrulnik, tentaram pensar com a noção de resiliência. Dependendo do contexto em que se avalie um mal-estar psicológico, este pode ser catastrófico ou sem consequências para o indivíduo envolvido. Na depressão, reencontraremos essa ideia, apresentada pela filósofa Isabelle Stengers: a maneira como nos dirigimos aos outros tem consequências sobre o seu futuro.

Como as nossas emoções e os nossos sofrimentos psíquicos são "inseridos na cultura": onde se aprende que não há uma maneira de "cultivar" o sofrimento que seja mais verdadeira ou superior a outra

Antropólogos americanos, como Lila Abu-Lughod, que estudaram as emoções em culturas diferentes, poderiam nos mostrar o caminho.[5] Lila Abu-Lughod contou que nas tribos de beduínos que vivem na fronteira entre o Egito e a Líbia era obsceno manifestar emoções e falar delas como fazemos no Ocidente. Só se pode fazê-lo sob a forma de poesia. Sobre um arcabouço preexistente, cantam-se assim em público as emoções, os sentimentos, e isso é que pode ser compreendido pelos que escutam. Não se trata aí de simples questão de forma; isso tem profundo efeito estruturante sobre o que, aqui, nos habituamos a chamar de "psiquismo", mas que sem dúvida seria melhor descrever com a antiga palavra "alma". Em consequência, esses antropólogos são levados a falar de "política das emoções" para insistir no fato de que as emoções não são naturais, mas "cultivadas" de maneira muito variada e que, assim, se podem obter variedades muito específicas.

Acreditar que o fundo (o mais importante) é o mesmo por toda parte e que só muda a forma (sempre secundária) leva a considerar válida a nossa psicologia em qualquer tempo e em qualquer lugar. É renunciar à ideia de que a nossa psicologia não passa de uma etnopsicologia em meio a outras. Inventamos modos específicos de aculturar as nossas emoções, sentimentos e sofrimentos psíquicos. Foi assim que obtivemos essa variedade específica que é a depressão. A maneira ruim de agir é acreditar que essa etnopsicologia tem relação melhor com a "realidade" que as outras etnopsicologias ou então, como fazem alguns psicanalistas, que é uma máscara em relação à realidade verdadeira que somente eles são capazes de identificar. Teoria científica contra teoria científica. Nos dois casos, isso nos deixa numa situação de guerra: é preciso convencer os outros da nossa superioridade.

Ao contrário, caso imaginemos uma "política dos sofrimentos da alma", não procuraremos mais saber se a nossa maneira de cultivar é verdadeira ou falsa, mas sim quais são as suas qualidades e quais são os seus defeitos. E poderemos assim nos confrontar de maneira civilizada com as outras etno-

E OS MEDICAMENTOS?

psicologias. Poderemos então constatar que os nossos antidepressivos são medianamente eficazes (em cerca de 60% dos casos), talvez aumentem o risco de suicídio em crianças e adolescentes mas continuam muito úteis para vários pacientes. Também nos conscientizaremos de que não sabemos nos proteger do caráter epidêmico de um transtorno definido como depressão e do fato de que isso torna terrivelmente monótona (calmante ou energizante?) o nosso modo de tratar os transtornos mentais e pode nos levar a erros graves (não reconhecer o paciente vítima de assédio moral ou de torturas). Isso nos levará a perguntar o que perdemos ao utilizar essa técnica que nos obriga a não levar em conta o conteúdo das queixas dos pacientes, somente do que elas supostamente manifestam.

Esse debate seria, sem dúvida, mil vezes mais rico do que aquele que opõe, de modo ritual, psiquiatria farmacológica e psicoterapia de inspiração psicanalítica, as duas convencidas de que mantêm relação privilegiada com a realidade.

Notas

1. M. Foucault, *Les Mots et les choses*, Paris, Gallimard, 1966, p. 55.
2. M. Foucault, *Naissance de la clinique*, Paris, PUF, 1963, p. VIII.
3. W. James, *La Signification de la vérité*, Lausanne, Antipodes, 1998, p. 75-6.
4. F. Sironi, *Bourreaux et victimes. Psychologie de la torture*, Paris, Odile Jacob, 1999.
5. L. Abu-Lughod, *Veiled Sentiments. Honor and Poetry in a Bedouin Society*, Berkeley, University of California Press, 1999.

3. As psicoterapias de hoje

Para designar o tratamento do corpo e da psique sem recorrer a medicamentos, Stefan Zweig falava de "cura pelo espírito".[1] As definições da psicoterapia são tão numerosas quanto os deuses da mitologia antiga. Digamos simplesmente que a psicoterapia se propõe a tratar o sofrimento ou a doença psíquica por meios psicológicos. Esses meios psicológicos baseiam-se com mais frequência nas trocas e na palavra. Variam de forma de acordo com as diversas escolas.

Hoje existe uma miríade de psicoterapias; listam-se mais de 210. Algumas são validadas cientificamente, o que não lhes confere a condição de "verdade absoluta", mas indica apenas que os fatos foram cuidadosamente observados para assegurar o resultado. À sua maneira, todas essas "curas pelo espírito" tentam nos ajudar a enfrentar os diversos transtornos psicológicos, como a ansiedade, a depressão, as fobias, a esquizofrenia, a anorexia, os transtornos bipolares, as toxicomanias etc. Sabe-se que uma em cada duas pessoas terá de enfrentar doenças psíquicas na vida, mas somente uma em cinco apresentará alguma forma grave de transtorno psicológico. Antigamente, dizia-se que as pessoas com comportamento anormal estavam "possuídas"; depois se achou que estivessem loucas; mais recentemente, doentes e, hoje em dia, fala-se de transtornos emocionais, cognitivos e comportamentais. Sabe-se igualmente que algumas psicoterapias são tão eficazes quanto os medicamentos. É visível a importância de infor-

mações claras que permitam a todos os que sofrem conhecer as diferentes formas de psicoterapia para escolher a que melhor se adapta ao seu caso.

Na década de 1950, o psicólogo Albert Ellis inventou um método que chamou de "terapia racional emotiva". Segundo ele, os nossos problemas psicológicos resultam de pensamentos "irracionais" que geram transtornos emocionais e ações desafortunadas. Por mais que sejamos inteligentes, sucumbimos a expectativas irrealistas do tipo: "tenho de ser amado e aprovado por todos". Assim, fabricamos a nossa própria infelicidade. O objetivo da psicoterapia de Ellis é que nos aceitemos e aceitemos o mundo como ele é. Ao questionar as nossas crenças "irracionais" ou disfuncionais, podemos reencontrar um nível emocional saudável e gerenciável.

A FORÇA DO CONSCIENTE OU COMO REPENSAR O INCONSCIENTE

Albert Ellis e Didier Pleux

Albert Ellis é reconhecido por seus pares como um dos psicólogos mais influentes do século XX e autoridade mundial no domínio da psicoterapia.

Nascido em 1913, começou a carreira de psicanalista em 1947, depois do doutorado na Universidade de Columbia e da análise didática com Richard Hulbeck. Mas a sua fé na psicanálise logo diminuiu (o exame dos traumas infantis dos pacientes não tinha "nada a ver com o preço do espinafre", disse ele sob a forma de piada). Percebeu que, quando era mais ativo na sua prática, fazendo interpretações e dando conselhos, os pacientes progrediam bem mais do que quando se mantinha passivo. Assim, Ellis mergulhou nas leituras da juventude (Epiteto, Marco Aurélio, Spinoza, Russell), que já lhe tinham permitido resolver as suas dificuldades pessoais, e tirou desse material os elementos necessários para pôr em prática uma terapia eficaz. O diálogo que se segue refaz esse percurso e as descobertas que o marcaram.

Em 1955, Ellis abandonou por completo a psicanálise e concentrou-se no modo como é possível modificar o comportamento dos indivíduos fazendo-os confrontar-se com as suas crenças irracionais. Publicou o primeiro livro em 1957, *Como viver com um neurótico?*, seguido de mais de 70 obras. Assinou cerca de 600 artigos em diversas revistas profissionais. Hoje, atende no REBT (o seu Instituto de Psicoterapia Comportamental Emotiva Racional), em Nova York, e consagra boa parte do tempo a atividades de formação nos Estados Unidos e em outros países do mundo.

O LIVRO NEGRO DA PSICANÁLISE

Como diz o próprio Ellis, foi aprendendo a usar a cabeça e tornando-se um "solucionador de problemas teimoso e obstinado" que conseguiu superar a infância difícil (o Bronx, a doença aos quatro anos, os Estados Unidos em crise na Grande Depressão).

Conheci-o em 1987. Fui aos Estados Unidos fazer minha tese de doutorado. Os colegas americanos me disseram que o que eu procurava já existia havia trinta anos por lá: as terapias cognitivas. Eu redescobrira a roda... depois de muitas decepções no meu país, a França. Entrei no mundo da psicoterapia em 1974, durante um estágio como educador especializado num lar de acolhimento de adolescentes com dificuldades. Na época, não tinha nenhum pressuposto. Era fascinado, como todo mundo, pela teoria freudiana e fui seduzido pelo livro *Liberdade sem medo — Summerhill*.[2] Estava curioso para saber como seria possível ajudar os jovens deliquentes reincidentes que ninguém queria. Dito isso, interessava-me mais pelas ideias de Piaget do que pelas de Freud. Ao mesmo tempo, prosseguia a minha formação e estudava na UER — Unidade de Ensino e Pesquisa — de Psicologia.

No final da década de 1970, a psicanálise conquistou o mundo da educação especializada. O nosso lar também se submeteu à nova moda: atrás do delito escondia-se uma verdade que não conhecíamos. A simples reeducação seria uma ilusão incapaz de tratar o problema a fundo. Entretanto, na época, 80% dos jovens a nós confiados não reincidiam depois de passar uma média de três anos na instituição. Mas diziam-nos que, em profundidade, não estavam bem; só tínhamos tratado o "sintoma". Tentei fazer a minha pesquisa pessoal sobre a "patologia dissocial", mas isso só interessava a poucos.

No lar onde eu trabalhava, caímos pouco a pouco no todo analítico; a partir daí, buscamos sem cessar o "quero mal à minha mãe"[3] dos nossos delinquentes, confiando naqueles que "sabiam": os psicoterapeutas que encontrariam o "porquê" salvador das disfunções dos nossos jovens. A ação educativa tornou-se parte mínima e desprezível diante dos recalques inconscientes que marcavam a deliquência. Criaram-se as terapias em grupo de "sonho acordado dirigido", de Desoille: caso único na França, os adolescentes delinquentes revelavam, em grupo, com desenhos e associações livres, todo um conteúdo inconsciente que deveria permitir-lhes superar a patologia ao conhecer as suas carências, ao dar-lhes nome. Lindo

AS PSICOTERAPIAS DE HOJE

programa, mas os nossos jovens estavam piorando, as reincidências aumentaram, o lar viveu atos violentos nunca vistos antes. Eu era o jovem chefe do serviço educativo, assistia às terapias em grupo, só via nisso as crenças dos psicoterapeutas e nada de concreto: os adolescentes aproveitavam a liberdade de expressão total para praguejar, desenhar histórias em quadrinhos pornô e insultar os psicoterapeutas animadores. Contestei as interpretações "simbólicas" desses grupos e logo fui afastado. Não voltei ao "projeto educativo" (como devíamos chamar o projeto psicoterápico) e pedi demissão no final de 1984.

Portanto, foi nesse momento que parti para os Estados Unidos, onde descobri que a resposta às minhas perguntas existia havia muito tempo.

Mas quem criara essa terapia cognitiva? Albert Ellis, responderam-me, psicólogo de renome, famoso por ter contestado muito a psicanálise. Precisava conhecê-lo.

Dezoito anos mais tarde, Albert Ellis, com 91 anos, festeja os cinquenta anos da criação das terapias cognitivas e conversamos. Silhueta esguia, óculos grandes de aro preto, não perdera nada da sua verve. Eu lhe pergunto...

A origem das abordagens cognitivas

Agora estou com 91 anos. Desde 1930, ainda muito jovem, fazia reservas à teoria da construção da personalidade criada por Freud. Mesmo com 17 anos, não foi difícil para mim ver que esse homem criara *brilhantemente* interpretações clínicas que correspondiam ao seu famosíssimo postulado da teoria edipiana. Via muito bem que os métodos não analíticos eram proveitosos, mais eficazes e mais curtos, mas ainda assim mantinha a crença na eficácia da técnica psicanalítica ortodoxa: era mais profunda, mais introspectiva e, por isso, consideravelmente curativa. Essa crença viria a mostrar-se tenaz.

O LIVRO NEGRO DA PSICANÁLISE

E o senhor pôs lado a lado as duas hipóteses, a do behaviorismo e a da psicanálise: as dificuldades psíquicas não se explicam unicamente pela influência familiar ou ambiental, com as aprendizagens precoces que vêm daí.

Exato. Com 19 anos, eu já lera as obras filosóficas de Gautama Buda, Epicuro, Epiteto, Marco Aurélio, John Dewey e Bertrand Russell e vislumbrei uma nova hipótese: o ser humano constrói em parte as suas reações emocionais, quer sejam ansiosas, depressivas ou hostis. Epiteto chamou a minha atenção com essa frase famosa: "Não são os fatos que perturbam o homem, mas o modo como ele os interpreta." Entretanto isso não bastava... Eu mesmo, nessa época, era vítima de fobias e reestudava o resultado dos métodos comportamentais de Watson: expondo-se às situações fóbicas, sem lhes procurar uma possível causa, é possível livrar-se delas. Eu sempre disse que, se me interessava pela psicologia, era em primeiro lugar para tratar dos meus problemas; nada de muito novo na motivação psicoterapêutica!

Para me curar da fobia de falar em público e abordar as moças, decidi, aos 19 anos, esforçar-me por falar em grupo duas vezes por semana e abordar cem mulheres por mês. Deixei de ser fóbico. Essa cura (nunca houve recaída) forçou-me a partilhar a minha descoberta: ao aliar a filosofia construtivista (eu gero as minhas próprias emoções com os meus pensamentos e posso, portanto, modificá-las) com as abordagens comportamentais (exponho-me ao que mais temo), as disfunções desaparecem. Decidi escrever sobre o assunto, mas por não estar qualificado o meu discurso teve pouco impacto. Então fui estudar psicologia.

Mas a orientação da época era profundamente psicanalítica.

Pois é, e fiz, portanto, a partir de 1947, a análise didática com Richard Hulbeck, famoso analista do grupo Horney, para me tornar psicanalista. Hulbeck praticou a psicanálise freudiana durante 25 anos antes de se afiliar a essa mesma escola. (O grupo Horney tem orientação existencialista e junguiana, mas a análise técnica continua puramente freudiana.) Passei os dois anos seguintes no divã, com o meu analista atrás de mim, sentado e silencioso, enquanto eu fazia associações livres, lembrava uma boa centena de sonhos à espera de uma interpretação e falava sem parar, por um lado, da "transferência" entre as relações com a minha mãe, meu pai e meus irmãos durante a infância e, por outro, das minhas relações sexuais, amorosas, familiares, profissionais e analíticas.

Assim, tornei-me psicanalista, e isso durante seis anos. Trabalhei com pacientes sob a supervisão do meu mentor; utilizei o divã, as associações livres, a análise dos sonhos e a resolução da "neurose transferencial". Infelizmente, o milagre da terapia em profundidade que tanto esperava conseguir com esse procedimento analítico na verdade nunca se concretizou. Acho que posso dizer, com toda a confiança, que era um bom psicanalista jovem nessa época. Com certeza os meus pacientes concordavam, porque me recomendavam espontaneamente aos seus amigos. E os meus resultados terapêuticos eram tão eficazes quanto os dos meus colegas nova-iorquinos.

O senhor mesmo disse que 60% dos pacientes que compareceram às sessões durante um período longo apresentaram evolução real. Por que o senhor não continuou a ser psicanalista?

Mais tarde passei a admitir que alguma coisa não ia bem. Encontrava, frequentemente, resistência ao método psicanalítico: as associações livres eram complicadas para vários pacientes, outros raramente sonhavam e muitas vezes esqueciam o que tinham sonhado. Produziam-se silêncios longos e inúteis (às vezes durante toda a sessão), enquanto eu ficava lá sentado quieto (como manda o costume clássico) segurando de leve uma caneta... Com muita frequência os pacientes criticavam a minha ineficácia e me diziam que estavam cheios daquele absurdo. E eu pensava cá comigo que era por meio dessas pequenas críticas que a transferência do passado simplesmente ressurgia e que os pacientes me revelavam as suas dificuldades com os pais. Resistiam a "ir bem". Muitas vezes, tentava convencê-los, mas comecei a me fazer perguntas.

Era comum eu convencer um paciente de que estava encolerizado não porque o patrão o perseguia ou porque a mulher era amorosa como uma pedra, mas porque detestava o pai ou a mãe e que se referia inconscientemente a eles durante as suas crises. Quando o paciente concordava: "É verdade! Agora vejo com clareza!", eu tinha certeza de que, graças a essa revelação, ele logo se sentiria melhor.

E começou a se impacientar e a questionar a teoria psicanalítica clássica. O senhor não conseguia entender essa espera que o paciente tem de sofrer para aceitar o ponto de vista do psicanalista. É sempre esse desejo de eficácia que o domina?

De fato, procuro mais resultados e mais eficácia. A teoria psicanalítica me agasta: eu me perguntava muito por que não podia ajudar os meus pacientes fazendo avaliações e observações como terapeuta. Por que tenho de favorecer em primeiro lugar uma relação em que a transferência seja fundamental quando a maioria se ri da minha presença e interessa-se principalmente em ouvir interpretações que resolvam os seus problemas?

Com essas perguntas, tornei-me cético acerca da minha função de analista clássico. Voltei-me, a partir daí, para análises não clássicas e não freudianas, que chamo de "psicoterapias".

E decidi abandonar as duas a cinco sessões por semana e adotar uma ou duas, frente a frente. E os resultados surgiram. Para minha grande surpresa, um método mais "superficial" produzia, rápida e profundamente, efeitos de longo prazo. Nessas psicanálises terapêuticas, observei que um bom número de teorias de Sigmund Freud, Sandor Ferenczi, Ernest Jones, Otto Fenichel, Erich Fromm, Karen Horney e outros psicanalistas são utilizadas, mas que as "associações livres" e a análise dos sonhos são abandonadas.

Os analistas freudianos levam um ano ou dois para mostrar ao paciente que ele é muito apegado aos pais e que esse apego provoca transtornos de comportamento no presente. Mas um psicanalista de linha terapêutica faz essa mesma interpretação depois de algumas sessões e liga ativamente o passado do paciente com o seu funcionamento neurótico atual.

Esse aspecto sempre será importante nas abordagens cognitivas. As relações precoces da criança com os pais, com a sua aprendizagem, a sua vivência, geram, na maior parte do tempo, os "esquemas infantis" que podem marcar a personalidade e estimular comportamentos futuros na vida. Esses esquemas (o do "abandono", o da "desconfiança e abuso", o da "vulnerabilidade", o da "dependência", o da "carência afetiva", o da "exclusão") parecem-se muito com os "apegos" da teoria de Bowlby (apego "seguro", "inseguro" etc.). Entretanto esses esquemas infantis não são determinantes na construção psíquica.

Vão coabitar com outras forças: as crenças, o sistema de pensamento em que cada um se forjou com o correr dos anos. Foi isso o que o senhor descobriu?

Foi, mas naquela época nada disso estava claro. Eu me dei conta de que alguns pacientes levam a vida melhor, mas a ansiedade, a depressão, a cólera e até o ódio a si mesmos não melhoravam. Não fiquei satisfeito e percebi novamente que os que se beneficiavam do tratamento mais curto, que compreendiam mais depressa algumas atitudes ligadas ao passado, não conseguiam largar os sentimentos de depressão, ansiedade ou hostilidade.

Estar melhor ou sentir-se melhor?

Como os pacientes compreendiam alguns "porquês" mas nem sempre mudavam as disfunções emocionais (e, portanto, comportamentais), interpelei-os, pedi que insistissem, que tentassem realizar uma verdadeira mudança: "Vejo que você conseguiu tomar consciência intelectual do que o atormenta há tanto tempo, mas falta o *aspecto emocional*." E na maioria das vezes o paciente retorquia: "Concordo. Acho que não vejo as coisas em profundidade. Não tenho essa conscientização do meu estado *emocional*. Como consegui-la?"

A partir daí veio a pergunta que nunca mais o senhor deixou de fazer aos pacientes: quando alguém procura ajuda psicoterápica, o que deseja? Sentir-se melhor (e, temporariamente, sofrer menos com a má gestão emocional do cotidiano)? Ou melhorar e viver em perfeita harmonia consigo mesmo, os outros, com a realidade em seu todo? Nesse ponto de vista mais filosófico, "melhorar" logo significaria melhor gestão emocional dos riscos da vida; por outro lado, "sentir-se melhor" seria uma satisfação provisória que cede assim que a realidade volta a ser demasiado frustrante. Temos a mesma eficácia em curto prazo que os tratamentos farmacológicos ou os vários tipos de adições: a realidade é atenuada, às vezes substituída, mas continua lá. Como é mais duro enfrentá-la, viver esse real sem paliativo! Mas é incontornável para o autêntico bem-estar.

Entender a origem das emoções não basta

Cito Jean-Paul Sartre: "A emoção significa, à sua maneira, o todo da consciência ou, caso nos coloquemos no plano existencial, da realidade humana."[4] Sartre foi precursor das terapias cognitivas? Ele não queria dissociar o emocional da subjetividade do ser humano: a emoção não é o reflexo de um sintoma puro ou de uma desordem; ela assinala o modo como o homem "é" no mundo, o famoso "Dasein". Ela traduz a consciência humana, já que esta é central, é a "orientação para o mundo". Já em 1939 Sartre desconfiou da introspecção psicanalítica e do todo-poderoso inconsciente que só deixa para a consciência um poder fragilizado. Há alguma relação entre a psicoterapia comportamental emotivo-racional, a PCER, e o existencialismo?

A PCER é uma das filosofias existencialistas. Ela acredita que, para compreender os seres humanos, é preciso conhecer a sua própria filosofia sobre eles e o mundo. A maioria das pessoas é existencialmente perturbada porque não sabe se servir da consciência; tem o pensamento torto, e isso de modo quase inato.

A emoção, portanto, é mais que a tradução da disfunção psíquica. A partir daí, como alguém pode se dizer "consciente" e "curado" depois de um trabalho consigo mesmo se um fato mínimo da vida cotidiana o faz recair na angústia ou nas reações coléricas ou depressivas? Fico sempre surpreso com essas pessoas que percorreram um longo caminho para se conhecerem a si mesmas e que explodem com qualquer pretexto; atualmente, vemos isso nas reações desproporcionais de cólera e hostilidade de alguns "terapeutas" contra os que ousam criticar a psicanálise na França. Em alguns, o ódio se revela com tamanha força que chegamos a duvidar da sua própria gestão emocional. Ao contrário do que pensam os não freudianos, não é o dogma que os deixa tão hostis, mas o seu desconhecimento da própria vida emocional, a impotência da pseudogestão, a inconsciência de si mesmo. É verdade que outros se esforçam por negar toda emotividade exacerbada (sem dúvida, é mais fácil, de acordo com o seu código genético); é a "síndrome do lama": nada me atinge, controlo tudo, sei tudo, nenhuma emoção.

AS PSICOTERAPIAS DE HOJE

Pois que me leiam e entendam a distinção entre emoções negativas inadequadas que só geram sofrimento para a própria pessoa e quem a cerca (ansiedade, cólera, depressão) e as emoções negativas adequadas, que são frustrantes e difíceis mas não destrutivas (inquietação, tristeza, irritação, por exemplo). Somos seres humanos falíveis, logo emocionais; não somos robôs. "Melhorar" é reencontrar uma relação emocional gerenciável consigo mesmo e com a realidade. E se essa realidade ficar dura demais, se volta a nos exacerbar emocionalmente, será então desejável retrabalhar-se a si mesmo e não incriminar a realidade, o outro e os seus pretensos gatilhos. Trata-se de avaliar o seu próprio entendimento do mundo, o que determina a "minha existência".

A "tomada de consciência" deve ser mais do que uma "consciência de"; é um questionamento da filosofia de vida de cada um. Assim, é desejável reassumir a responsabilidade emocional por si mesmo; a abordagem cognitiva é um meio para isso. Esse foi o seu questionamento naquele início da década de 1950: os seus pacientes tinham tomadas de consciência com a psicanálise e, principalmente, com o seu método analítico psicoterápico, mas não evoluíam no plano emocional.

Descondicionar[5] os medos

Também encontro o que chamo de refúgio habitual dos terapeutas diante do fracasso: se os pacientes resistem a toda mudança emocional e comportamental, é simplesmente porque não querem melhorar e continuam a punir-se, conservando as disfunções. Mas eu girava no mesmo lugar. A minha nova maneira de ajudar "em profundidade" não tinha a eficácia esperada no plano emocional. Reavaliei algumas afirmativas psicodinâmicas clássicas.

Segundo a teoria psicanalítica, o indivíduo (como o cachorro de Pavlov) é criado para ter medo e, por ter sido assim criado quando é pequeno demais para entender o que aprende, a solução mais eficaz do problema será mostrar-lhe que isso já passou. No entanto, sabendo que foi condicionado pelo medo e percebendo então que não é mais criança e não pode temer as mesmas coisas (como o descontentamento dos pais), o seu medo descondicionado desaparecerá. De um jeito ou de outro, a percepção do processo de condicionamento anularia os seus efeitos e libertaria o indivíduo das neuroses condicionadas. Assim, deveria bastar a tomada de consciência dos condicionamentos da nossa primeira infância para superar certas reações atuais emocionalmente mal-adaptadas. Para que temer o chefe no meu serviço, se agora sei que ele representa, simbolicamente, o aprendizado precoce do medo que vivenciei com o meu pai?

Esse gênero de descondicionamento me deu a ideia (a mim e a outros psicólogos, como John B. Watson, Andrew Salter, Joseph Wolpe e Hans Eysenck) de que, quando os indivíduos perturbados são constantemente forçados a fazer o que temem, acabam percebendo que não é assim tão apavorante quanto achavam. Em consequência, os seus temores são descondicionados e desaparecem.

Desde então, passei a mostrar aos meus pacientes que os temores ligados ao passado e de que acabavam de tomar consciência (como a punição dos pais) não têm mais razão de ser no presente. Para lhes provar que esses temores estavam superados, pedia-lhes que enfrentassem algumas situações que até então lhes causavam medo (algumas situações que podiam provocar rejeição). Tornei-me então um terapeuta mais cético, mais persuasivo e mais diretivo. E descobri que esse tipo de terapia, apesar dos seus limites, era inegavelmente mais eficaz com a maioria dos pacientes, ao contrário dos meus métodos anteriores.

O descondicionamento comportamental não basta

Mas, mesmo depois dessa tomada de consciência, alguns pacientes recusam-se a se expor às situações que temem...

Um dos meus maiores fracassos terapêuticos, por exemplo, foi uma mulher que se recusava a sair para conhecer novos homens, embora quisesse mais que tudo se casar. Sabia, depois de numerosas sessões terapêuticas comigo e mais dois analistas de grande renome, que tinha medo de estranhos (devido a pais "protetores" demais, ansiosos demais). "Vira" também que tinha muito medo de ser rejeitada, porque sempre lhe disseram que era menos bonita e animada do que a irmã mais nova e casada. Convencera-se da terrível dificuldade de assumir as responsabilidades do casamento e assim estava certa (mais uma vez devido ao doutrinamento familiar) de que fracassaria. E admitia que era apegada demais ao pai e não queria deixar esse cotidiano mais acomodado por outro mais arriscado: o casamento. Apesar dessa real compreensão, nunca se dispunha a flertar.

Tentei então compreender essa resistência à mudança. Disse a mim mesmo que essa mulher estava condicionada, tinha medo da rejeição e da responsabilidade do casamento. Que seja; mas por que essa moça de 32 anos, encantadora e inteligente, tinha sempre tanto medo dos relacionamentos? Como era possível que essa mulher, que aprendera tanto sobre o seu caso, entregava-se voluntariamente ao fracasso? Se os seres humanos são condicionados bem cedo na vida para ter medo (da rejeição dos pais, por exemplo), deveriam, teoricamente, recondicionar-se ou descondicionar-se aos poucos quando descobrissem, com o passar do tempo, que aquilo que tanto temiam não é assim tão terrível. Aliás, isso deveria ser mais bem percebido por quem passou pela tomada de consciência psicológica. A partir do momento em que podem dizer conscientemente: "Aprendi a temer a punição dos meus pais na infância, mas a partir de agora sei que não há tanta coisa assim a temer", deveriam superar a ansiedade e não mais se deixar obcecar por ela.

Mas o milagre não acontece! A simples tomada de consciência da origem das disfunções ("por que" tudo começou) e a compreensão dos condicionamentos comportamentais (saber que não se corre mais perigo) não conseguem vencer as crises de angústia, cólera ou depressão. A experiência da vida pode nos mostrar até que ponto os nossos medos infantis são inúteis e irreais, mas mantemos as mesmas reações emocionais, os mesmos sintomas neuróticos.

O autoderrotismo

A partir de então, observei até que ponto alguns pacientes se atolam em seus problemas e adotam comportamentos de autossabotagem, e me perguntei por quê. Por que seres inteligentes, inclusive alguns com intuição psicológica, ficam presos às ideias irracionais sobre si mesmos e os outros? Por que continuam, de maneira ilógica, a criticar-se (provocando, assim, ansiedade, culpa e depressão) e a condenar sem perdão os outros (provocando, assim, cólera e raiva).

Em 1954, finalmente, decidi ligar os meus conhecimentos filosóficos e psicológicos para responder a essas perguntas. Sei muito bem que os seres humanos não são parecidos com o cachorro de Pavlov e que os problemas emocionais são bem diferentes das neuroses experimentais produzidas em ratos de laboratório. O que caracteriza o ser humano é essa faculdade de comunicar-se: a linguagem e a capacidade de criar símbolos ligados a esta linguagem. Em resumo, o ser humano pensa, mas não passa de pensamento. Ele sente a si mesmo e ao mundo de acordo com a sua filosofia de vida.

Para o senhor, a psicoterapia, para o homem, seria então uma maneira de comunicar novamente a concepção de si mesmo e da realidade para avaliá-la, enfrentá-la e até mudá-la. Ela o ajuda a fazer a si mesmo perguntas sobre o que compreendeu, percebeu e sentiu em sua história. O resultado seria uma nova "narrativa". E, como destaca o filósofo Mikkel Borch-Jacobsen, a psicanálise também responde a essa exigência do "redizer" e não pode, nesse aspecto, ser contestada. Cito: "Evidentemente, isso é bastante próximo das teses construtivistas que eu mesmo defendo e, segundo esse ponto de vista, não tenho, a priori, nenhuma objeção a fazer a esse tipo de reformulação narrativa ou hermenêutico-linguística da psicanálise."[6] Com certeza haveria vínculos entre a psicanálise e as abordagens cognitivas quando aquela, em vez de doutrinar, simplesmente facilita a narrativa da história do paciente sem pesquisar "a" verdade, quando estimula a consciência de si ou a metacognição.

Claro, porque boa parte dos nossos pensamentos é aprendida, é condicionada. Assim, elaborei a hipótese de que o ser humano não aprende somente com os pais e com a cultura; ele mesmo gera alguns pensamentos, sentimentos e comportamentos que são considerados "positivos" ou "adequados". Outras ideias, emoções e comportamentos são, ao contrário, "negativos" e "inadequados". O ser humano aprende a avaliar o que aprendeu. Alguns desses valores vêm do meio familiar ou do meio social. *Transformam-se em pensamentos automáticos, em crenças sobre esta ou aquela questão da vida, sobre este ou aquele fato.* Toda a realidade foi codificada pelo nosso primeiro aprendizado, e também pelos seguintes. É nisso que a minha noção de inconsciente, que prefiro chamar de subconsciente, se diferencia do inconsciente freudiano.

Para o senhor, o que é o inconsciente?

Todos os seres humanos têm pensamentos conscientes e inconscientes. Mas os pensamentos inconscientes (não falo aqui de um inconsciente misterioso, mas do pensamento que o exprime) não são tão profundamente enterrados como dizia Freud. Estão apenas sob a superfície do consciente. E, quando esses pensamentos inconscientes são disfuncionais, traduzem-se pelos "é preciso", "tem de ser", "eu devo". Essas injunções da linguagem marcam o pensamento inconsciente, que costuma ser irracional quando provoca problemas emocionais.

E esses "é preciso", "tem de ser", que o senhor chama de "musturbation" (do inglês "must", dever, ter de), são o Abre-te Sésamo do que o senhor prefere chamar de "subconsciente". Essa palavra é usada para devolver ao "consciente" a sua merecida posição e denotar que o famoso inconsciente não domina a consciência, mas pode ser, a qualquer momento, reconhecido e questionado. O inconsciente "cognitivo" revela a nossa vivência, o nosso aprendizado, precoce ou não, e principalmente essa transformação em expectativas, exigências e absolutos do pensamento, muitas vezes irrealistas, que se traduzem nos automatismos do pensamento e geram, por sua vez, emoções e comportamentos inadequados, na maior parte das vezes, para acomodar-se ao real. Mas como o senhor chegou aí?

Posso demonstrar que crianças, adolescentes e adultos aprendem *escolhas e valores*, com os pais e com o ambiente cultural (dirigido pelos meios de comunicação), e que também são predispostos por simpatias e antipatias "naturais". Em consequência, costumam pensar que crenças como "devo ter sucesso de qualquer maneira nesses campos importantes" (esporte, escola, trabalho) e, caso contrário, "o fracasso nessas atividades faz de mim um fracasso total, um incompetente", são reações inteiramente normais. Chegam mesmo a aprender: "Não devo ser privado dos prazeres de que tanto gosto, como o amor, o sexo, a comida e o lazer. Será terrível se isso acontecer! Não consigo aguentar, assim não vale mesmo a pena viver!"

O senhor se refere a essa intolerância bem humana à frustração, à busca permanente do hedonismo em curto prazo, a essa vontade de satisfazer imediatamente o "Eu grandioso" em vez de privilegiar o hedonismo a médio e longo prazos, que na maioria dos casos inclui os outros.

Isso. Na maioria dos casos, é o que aprenderam e no que acreditam; alguns aprendizados, algumas experiências, algumas vivências, algumas injunções parentais, familiares, sociais ou culturais transformam-se aos poucos em pensamentos absolutos e injunções pessoais. É o "acredito realmente no que aprendi, vivi ou senti". Aos poucos, a tirania dos "é preciso", "você deveria" educativos e culturais transforma-os em verdadeiros pensamentos absolutistas pessoais.

Somente a "metacognição" — em outras palavras, a avaliação do nosso sistema de pensamentos, o olhar sobre as nossas "cognições" — permitirá, num primeiro momento, compreender que reagimos a pensamentos construídos sobre nós mesmos e sobre a realidade.

Caso contrário, as pessoas sentem-se perturbadas e agem de maneira patológica.

O ser humano continua a pensar que as situações difíceis ou frustrantes da vida não deveriam existir! Esse ponto de vista talvez fosse útil na época primitiva, mas hoje se revela destrutivo. Insisto no fato de que essa característica, ou seja, a nossa tendência a criar exigências, talvez tenha servido a um objetivo diferente quando surgiu, porque o ambiente era diferente. Para o homem primitivo, tratava-se da sobrevivência; a questão não era pensar nos seus comportamentos, mas reagir imediatamente aos perigos; era a reação "*fight*" (lutar) ou "*flight*" (fugir): diante da adversidade, o mais razoável é enfrentá-la e combatê-la ou então simplesmente evitá-la, fugir para subsistir.

O ser humano passa facilmente dos desejos — ou preferências — racionais e realistas às exigências absolutas. Obter mais daquilo que se deseja e menos daquilo que não se deseja e, em seguida, exigir de modo irracional que as suas necessidades sejam satisfeitas e as aversões suprimidas vai definir a neurose. O neurótico se convence de que os riscos não devem existir, mas que, além disso, esses "fatos ativadores" só deviam ser favoráveis.

Por meio de numerosas repetições conscientes e inconscientes, as pessoas *mantêm pensamentos autodestrutivos sobre si mesmas e sobre o mundo circundante*. Na verdade, o ser humano não é consciente do "âmago" dos seus pensamentos e, quando surge um fato deflagrador ou ativante (A), cai rapidamente vítima das suas crenças irracionais (B ou "*irrational beliefs*") e são essas crenças que o abalam, na maioria das vezes de forma inconsciente. Entretanto ele percebe claramente os fatos deflagradores, mas não vê as ideias irracionais tácitas; costuma atribuir os seus problemas ao fato deflagrador e esquece o impacto importantíssimo das ideias irracionais subconscientes.

FATO ATIVADOR A	CRENÇAS B *(beliefs)*	CONSEQUÊNCIAS C
Recebo uma crítica no trabalho	Sinto-me desvalorizado	Ansioso, meu desempenho piora.
Conscientemente, é o fato "ativador" que provoca o meu ressentimento e a minha atitude C.		

FATO ATIVADOR A	CRENÇAS B *(beliefs)*	CONSEQUÊNCIAS C
Recebo uma crítica no trabalho	Pensamentos subconscientes: Sinto-me desvalorizado Não sou apreciado Preciso ser reconhecido Tenho de ser amado pelos outros para existir.	Ansioso, meu desempenho piora
Inconscientemente, é o pensamento absoluto ("tenho de ser amado para existir") que gera os sentimentos de desvalorização.		

Repensar o inconsciente

Assim, a sua hipótese é que o ser humano muitas vezes aceita as suas "crenças absolutas", essa questão da "musturbation" da nossa educação e da nossa cultura, principalmente porque é assim que nos vemos em termos naturais e biológicos.

Exato. Na verdade, todos os seres humanos, não importa como foram criados, têm tendência natural a transformar os seus desejos e escolhas em crenças absolutas. Mas é possível repensar as exigências, as crenças absolutas, e transformá-las em desejos e preferências de verdade.

O senhor, de qualquer modo, nos propõe repensar o nosso inconsciente: ainda que expectativas, exigências, desejos e medos tenham base profunda por serem biologicamente indispensáveis, exigidos pela cultura ou aprendidos com a família, seria necessário reavaliá-los caso se revelem autodestrutivos ou simplesmente destrutivos.

É isso. A PCER propõe-se a avaliar uma causa dos transtornos psíquicos — o modo de "pensar" os imprevistos da vida — e a confrontar (questionar) as ideias irracionais para que se tornem mais racionais e, portanto, levem em conta o princípio da realidade.

Conscientizei-me de que o comportamento neurótico não era condicionado e doutrinado apenas *exteriormente* desde tenra idade, mas que também podia ser "re"-doutrinado *interiormente* ou autossugerido pela própria pessoa até que esse comportamento se tornasse parte integrante da sua filosofia de vida atual. Os problemas de adultos e adolescentes não estão automaticamente ligados ao *passado*. O ser humano reconstrói e recria, de maneira ativa, o sentimento precoce, as ideias, os sentimentos e os comportamentos *no presente*, ele mesmo se condiciona (seja de forma saudável, seja autodestrutiva).

Desde então, o seu trabalho assume outra tendência.

Induzido a erro pelas teorias freudianas, dei ênfase à "psicodinâmica", mais que às causas filosóficas, e insisti, ainda por cima, no modo de desfazer o passado, mais que no modo de repensar esses fatos passados. Negligen-

AS PSICOTERAPIAS DE HOJE

ciei, como a maioria dos terapeutas da década de 1950, as frases, os significados e as filosofias dos meus pacientes.

Linguagem e pensamento

Gosto especialmente desse ponto de vista: todos podem manter os seus problemas graças aos seus pensamentos interiores (*self-talk*: cognições). Mas acredito, sobretudo, que a fonte dos problemas (essa sabotagem emocional) vem dos pensamentos internos a ruminar as expressões e conversas dos pais. Com efeito, as pessoas entendem ao pé da letra a opinião dos pais: "Não é bom que você se comporte mal. Você precisa mudar"; e, automaticamente, dizem a si mesmas: "*Não devo* me comportar de maneira incorreta. Se o faço, não sou uma *boa pessoa.*" Essas duas ideias são (a) irracionais, (b) demasiado gerais e (c) definitivas... Somente a linguagem, própria do ser humano, pode funcionar assim.

Conheço a sua admiração pela obra de Korzybski[7] e pela semântica geral: a linguagem segue uma lógica "aristotélica", que só raramente leva em conta a forma e o contexto em que se exprime. E Korzybski interpela o homem para que relativize e matize a linguagem e saiba restituir o atual ao seu discurso. O senhor integra essa definição à "disputa" cognitiva quando a questão, para o paciente, é pensar de modo diferente e passar do pensamento dogmático ao pensamento relativizado e racional.

"Por cometer más ações, sou uma pessoa má"; essa proposição, para começar, é demasiado geral, porque uma verdadeira "pessoa má" nunca deixaria de agir mal. Raramente é o que acontece com as pessoas normais. Assim, essa generalização excessiva, retomando a teoria da semântica geral de Alfred Korzybski, é, em parte, "definitiva", porque qualifica como "mapa" (de "pessoa má") o território que descreve, ou seja, uma pessoa que age milhões de vezes, quer os seus comportamentos sejam bons, maus ou indiferentes.

A psicoterapia comportamental emotivo-racional

— Somos condicionados a fugir ou lutar (desde os tempos primitivos); vêm daí a ansiedade e a cólera (o biológico existe).

— Somos condicionados a buscar uma vida melhor, ter o mínimo possível de frustrações, senão nos arriscamos a sofrer de depressão.

— Somos condicionados pelo social e pelo cultural.

— Somos condicionados pelas nossas primeiras relações objetais: pais, irmãos etc.

— Somos condicionados pelas nossas experiências pessoais.

— Esses "condicionamentos" biológicos, culturais, familiares, existenciais transformam-se, inconscientemente, em expectativas, desejos, exigências, pensamentos, crenças automáticas e incontornáveis: diante de cada imprevisto da vida, penso e interpreto automaticamente o que devia ser essa realidade, o que ela devia ser de acordo com o "meu" desejo.

— Esses pensamentos automáticos, na maior parte do tempo inconscientes, seguem uma lógica lógico-matemática, nunca levam em conta o contexto, o princípio da realidade em seu conjunto.

— Esses pensamentos geram as minhas emoções.

— Para Ellis, se o pensamento é flexível, se sabe relativizar, se é "racional", não gera sofrimento. Se, pelo contrário, esse pensamento é dogmático, estimula o sofrimento psíquico por ser irracional, irrealista e só reagir a uma pseudorrealidade aprendida, e não ao princípio da realidade.

— Daí vêm as interações entre pensamentos, emoções e comportamentos. A abordagem cognitiva interessa-se em primeiro lugar pelas cognições para aguardar as reações emocionais e os comportamentos inadequados.

— A "disputa cognitiva": reencontrar uma filosofia de vida racional não basta.

— É útil agir sobre o real para melhor confirmar a nova avaliação do real. (Aspecto comportamental.)

Aqui na França é comum falar em Aaron Beck, mas o senhor, Albert Ellis, é o criador das psicoterapias cognitivas?

Outros terapeutas cognitivo-comportamentais aprovam o meu ponto de vista. Incluem em sua própria prática os métodos cognitivos que defendo

AS PSICOTERAPIAS DE HOJE

ardentemente desde 1955. Assim, William Glasser foi o primeiro, com a sua *"reality therapy"*, em 1965, depois Donald Meichenbaum, Marvin Goldfried, Maxie Maultsby e Arnold Lazarus começaram a publicar textos sobre as *correntes* da terapia cognitiva e comportamental em 1971. Todo esse círculo novo de terapeutas cognitivo-comportamentais seguia a tradição da PCER, incluindo, evidentemente, o enfrentamento (questionamento) das crenças irracionais.

Durante a década de 1970, a PCER e outras formas de terapia cognitivo-comportamental ficaram muito populares e iniciou-se grande número de estudos divididos em dois eixos: 1) As pessoas não se tornam perturbadas naturalmente, mas criam as suas próprias neuroses com crenças irracionais e "disfuncionais" (*irrational beliefs*, CIs). As personalidades neuróticas, *borderline* e psicóticas tendem a adotar e guardar a maior parte dessas CIs, ao contrário das pessoas mais saudáveis e menos perturbadas. 2) Quando a PCER e outros tipos de prática semelhantes são utilizados com pessoas neuróticas (e, em outro nível, com psicóticos e *borderline*), elas ficam menos perturbadas.

A PCER e as terapias cognitivo-comportamentais, graças aos terapeutas, são muito reconhecidas, principalmente nos Estados Unidos e também em outros países, desde meados da década de 1970 até hoje. Aliás, a maioria dos médicos utiliza numerosos aspectos dessa teoria. Paul Wachtel, Marvin Goldfried, Marry Beutler, Josef Harriman e muitos outros criaram o movimento pela terapia integrativa (*integrative therapy*) no final da década de 1970 e no início da de 1980. Esse movimento, hoje, é ainda mais reconhecido e surge como corrente irrevogável do futuro. Os terapeutas integrativos utilizam a maior parte dos elementos da PCER e das TCC em suas práticas.

Aaron Beck declarou a influência da PCER e das terapias "integrativas" na sua prática. Mas parece que teve uma queda maior pela PCER. Em primeiro lugar, porque a PCER foi a primeira a unir a terapia filosófica e cognitiva com a teoria comportamental, em 1955. Em segundo lugar, como demonstrei na primeira edição do livro *Reason and Emotion in Psychotherapy*, de 1962, a PCER apequenava um bom número de conceitos da psicanálise clássica, principalmente a presumida importância do complexo de Édipo, profundamente baseado nos recalques, nas fixações anais e orais, nas "associações livres" e nos sonhos. Todavia a PCER aceitava pensamentos e sentimentos advindos

O LIVRO NEGRO DA PSICANÁLISE

do inconsciente, a importância dos sistemas de defesa do ser humano e o impacto do que é adquirido no meio familiar e social sobre os objetivos e desígnios de adolescentes e adultos. Do mesmo modo, a PCER aceitava as relações interpessoais e um bom número de formulações neoanalíticas de Alfred Adler, Otto Rank, Erich Fromm, Franz Alexander, Thomas French, Karen Horney, Harry Stack Sullivan e outros psicanalistas revisionistas.

"REBT" ou "Rational Emotive Behavioral Therapy": por que esse nome tão impressionante?

O que eu não queria era picotar o ser humano em componentes isolados. Os quatro processos fundamentais da vida, que são os sentidos, os comportamentos, as emoções e as ideias, são holisticamente interativos.[8] Não há como compreender o psiquismo sem avaliar todas as suas interações.

O que talvez as abordagens tradicionais não façam. E é possível conservar ensinamentos da psicanálise?

A psicanálise revelou que os seres humanos, com muita frequência, têm vergonha das suas ideias, dos seus sentimentos e dos seus comportamentos, e que é por isso que tentam suprimi-los ou recalcá-los. Mas não o fazem tanto quanto os psicanalistas acreditam. E, quando o fazem, se lhes mostramos como se livrar dos sentimentos de vergonha podem, então, corrigir os seus pensamentos, quer sejam ideias ou lembranças. Sem dúvida, esta é uma das diferenças fundamentais da abordagem analítica; acho que muitas vezes é necessário acompanhar o paciente num verdadeiro trabalho de tomada de consciência e questionamento de crenças.

Há um aspecto diretivo e pedagógico que pode chocar. Entretanto, a partir do momento em que o psicoterapeuta não ensina o que é preciso "pensar" mas apresenta um método para avaliar melhor os pensamentos, estamos longe dos conselhos dogmáticos de um guru!

O terapeuta tenta libertar as ideias do paciente com uma metodologia próxima do pensamento científico.

Transformar o sistema de crenças em hipóteses para poder refutá-las e questioná-las, no sentido de Karl Popper: para compreender melhor o real e reencontrar uma nova dinâmica de pensamento, novas hipóteses de vida etc.

PCER e filosofia

A PCER sempre foi mais humanista e mais existencialista. Daí vem a integração com ideias de Kierkegaard, Martin Buber, Jean-Paul Sartre, Paul Tillich e outros existencialistas. Charles Hulbeck, meu analista e psicanalista supervisor, vinha do Instituto Horney e foi um dos primeiros terapeutas existencialistas. E foi ele que me encorajou a usar a filosofia existencialista na minha prática.

O senhor sabe que cada indivíduo tem as suas próprias crenças e que aí está toda a sutileza da abordagem psicoterápica: descobrir não apenas o porquê do sistema de ideias, expectativas e exigências sobre si e sobre o mundo em geral, mas também compreender a não contextualidade das crenças absolutas e saber questioná-las em termos intelectuais e "socráticos", e, nas ações, em termos comportamentais.

Posso lembrar algumas "crenças absolutas" recorrentes em vários pacientes, ideias que qualifico de irracionais porque nunca levam em conta o funcionamento humano em geral nem, numa palavra, a realidade. Cito duas: "O que os outros pensam de mim é determinante", ou a busca incessante da "aprovação dos outros", que só leva à dependência e à insatisfação e estimula sentimentos de ansiedade. Quando o ser humano se avalia sob o olhar do outro, torna-se, portanto, existencialmente dependente dele e anula a sua própria identidade. Prefiro a "USA", ou "Unconditional Self Acceptance" (ou seja, autoaceitação incondicional): eu "sou"; o meu valor de ser humano é que é determinante. Mas atenção: a maioria dos pacientes se sente melhor porque o terapeuta dá ouvidos aos seus problemas, respeita-os, demonstra empatia. Assim, obtêm de si mesmos uma aceitação condicionada e não a aceitação incondicional, provocada pela mudança filosófica profunda.

O LIVRO NEGRO DA PSICANÁLISE

Segunda ideia irracional frequente: "Os outros deveriam sempre evoluir como eu quero", ou o desejo irracional de ver a realidade e, sobretudo, o outro funcionando como "eu mesmo". Essa ideia irracional provoca, na maioria dos casos, cólera e sentimentos intoleráveis de frustração; o inferno realmente são os outros. A minha "aceitação incondicional do outro" exprime, pelo contrário, o realismo de aceitar o outro mesmo que nem sempre ele nos convenha.

Aceitar não é amar e também não é estoicismo; é o famoso "acknowledge" inglês: reconhecer que "o outro é". Uma primeira abordagem não fatalista, mas incontornável, para atuar melhor sobre a realidade. A aceitação é apenas uma etapa filosófica para acomodar-se melhor ao outro e ao real e, na maioria das vezes, o melhor caminho para mudar essa realidade; não há nenhum determinismo na aceitação que o senhor concebe.

É verdade, mas é necessário ao ser humano uma boa dose de tolerância às frustrações para aceitar-se e aceitar os outros e a realidade. É todo um trabalho cotidiano, um caminho difícil que só raramente corresponde à expectativa dos pacientes.

Por ocasião da nossa conversa, quando falei a Ellis deste projeto do *Livro negro da psicanálise* e da grande influência da psicanálise sobre a psicoterapia na França, ele ficou perplexo: como a pátria de Sartre pôde tornar-se tão determinista?

Recordo-me daquele "encontro de mentes" em Nova York, faz alguns anos: psicoterapeutas cognitivos e psicanalistas debateram, juntos, as suas respectivas abordagens. Fiquei surpreso com o respeito total entre todos os participantes, com a aceitação de modos de pensar diferentes. Que esse trabalho coletivo possa permitir, enfim, o diálogo entre freudianos e não freudianos; não consigo acreditar, embora questione muitas afirmações da psicanálise, que terapeutas praticantes, especialistas há decênios em escutar o ser humano, não tenham coisas a nos dizer e a nos ensinar. Aguardo com pressa essa "disputa"; não quero me imobilizar nas hipóteses cognitivas, por mais sedutoras que sejam.

Notas

1. *La Guérison par l'esprit: Mesmer, Mary Bakker-Eddy, Freud*, Paris, Stock, 1978.
2. A. S. Neill, *Libres Enfants de Summerhill*, Paris, Maspero, 1970.
3. M. Lemay, *J'ai mal à ma mère*, Paris, Fleurus, 1981.
4. J.-P. Sartre, *Esquisse d'une théorie des émotions* (1939), Paris, Hermann, 1960, p. 16.
5. Para uma definição exata das palavras "condicionamento" e "descondicionamento", consulte-se o capítulo de J. Van Rillaer sobre o "Condicionamento freudiano", p. 390.
6. M. Borch-Jacobsen, debate com G. Fischman.
7. A. Korzybski, *Une carte n'est pas le territoire*, Paris, L'éclat, 1998.
8. É muito interessante o livro de referência de Albert Ellis, infelizmente não traduzido para o francês: *Reason and Emotion in Psychotherapy. A comprehensive method in treating human disturbances*, Nova York, Birch Lane Press, edição revista de 1994.

As descobertas e textos do psiquiatra Aaron T. Beck tiveram impacto considerável no mundo da psicoterapia. Foi no tratamento da depressão que Beck elaborou o modelo que, no jargão científico, é chamado de "cognitivo", modelo que ele confirmou graças aos estudos com grande número de pacientes. Neste texto inédito, ele nos conta como, durante a prática psicanalítica, compreendeu melhor o funcionamento do psiquismo, pôs em prática depois um novo tipo de psicoterapia e, finalmente, verificou a eficácia do tratamento.

A TERAPIA COGNITIVA DA DEPRESSÃO: HISTÓRIA DE UMA DESCOBERTA[1]

Aaron T. Beck

A fase de observação e teoria (1956-1964)

Para permitir-lhes entender melhor a evolução do modelo e da terapia cognitivos, gostaria de apresentar os fatos sob a forma de relato autobiográfico. A terapia cognitiva não foi construída em um dia; percorreu vários caminhos tortuosos antes de chegar à forma atual. É possível apresentar essa evolução como uma sucessão de várias fases, marcadas por algumas surpresas ou anomalias.

Quando revejo as anotações da minha agenda da época (1956), parece que a minha primeira passagem pelo terreno da cognição resultou da interação com um paciente. Na época, eu praticava a psicanálise e a psicoterapia psicodinâmica. M., o paciente que viera me consultar devido à depressão, até então seguira muito bem a regra fundamental da psicanálise. Como a maioria dos meus pacientes na psicanálise formal, obedecera, até onde sei, às instruções de dizer tudo o que lhe passasse pela cabeça. Aprendera a não censurar os pensamentos que o preocupavam e a não deixar nada de lado.

No decorrer das associações livres, M. criticara-me encolerizado durante boa parte da sessão. Depois de uma pausa, conformando-me à doutrina, perguntei-lhe o que sentia. Ele repetiu que se sentia culpado. Pude então interpretar o que pensava ser a seguinte sequência causal: ele se sente encolerizado, exprime a sua cólera e a própria cólera evoca o sentimento de culpa. Em outras palavras, a hostilidade levava diretamente, sem nenhuma variável intermediária, à culpa — de uma emoção a outra. Não havia necessidade de introduzir outros elos nessa corrente causal.

Mas então o paciente me surpreendeu com uma observação que, de fato, ele não fizera antes e que me tinha escapado totalmente. Ele me disse que, durante todo o tempo em que me criticava, tinha consciência, de um modo geral, de outra corrente de pensamento que não exprimira. Essa outra corrente consistia em ideias como: "Eu disse o que não devia dizer... Eu não devia ter dito isso... Estou errado em criticá-lo. Sou mau... não tenho desculpa para ser tão desprezível."

Esse incidente constituiu a minha primeira surpresa, ao mesmo tempo que me pareceu ser uma anomalia. Se o paciente realmente relatava tudo o que lhe passava pela cabeça, como pôde ter um fluxo constante de associações e não relatá-lo? Mais ainda, como essas duas correntes de ideias puderam produzir-se simultaneamente?

A resposta a essa pergunta contém um princípio importante. Pode haver mais de uma corrente de ideias a se desenrolar paralelamente no fluxo de consciência do paciente. A primeira corrente, bem expressa na associação livre, representava o componente mais consciente. A segunda, que se situava mais para a periferia da consciência e em geral não era relatada, correspondia provavelmente ao que Freud descrevera como "pré-consciente".

A formulação que fiz dessa observação foi que os pensamentos autocríticos de M. constituíam uma variável intermediária entre a expressão de cólera e os sentimentos de culpa. Os sentimentos de cólera não ativavam diretamente os sentimentos de culpa, mas levavam a ideias autocríticas. Eram essas últimas e não a cólera que produziam os sentimentos de culpa. Essa noção é contrária à minha antiga compreensão do ditame psicanalítico segundo o qual a cólera leva diretamente aos sentimentos de culpa. Posteriormente, acabei descobrindo que as ideias autocríticas podiam levar a sentimentos de culpa ou tristeza sem que antes houvesse cólera.

Quando verifiquei essa descoberta com outros pacientes, descobri que eles também tinham vivido essa dupla corrente de pensamentos: os relatados e os não relatados. No entanto a maioria deles não estava plenamente consciente da segunda corrente, a que chamei de "pensamentos automáticos".

Quando avaliei esses pensamentos relatados, pude ver por que não tinham sido citados antes. Em primeiro lugar, tendiam a ser muito fugidios. Depois, situavam-se na orla da consciência. Enfim, não faziam parte dos pensamentos que normalmente se verbaliza diante do outro.

Para preparar os meus pacientes a tomar consciência desses pensamentos automáticos, pedi-lhes que anotassem os pensamentos que surgiam imediatamente antes de vivenciarem um sentimento específico (tristeza, alegria, loucura etc.). Quando assim se concentravam, conseguiam quase sempre identificar e relatar os pensamentos automáticos.

Tive a possibilidade de verificar essa ideia com a paciente que entrou depois da sessão de M. Era uma mulher de 25 anos, deprimida, que passou a maior parte da sessão a regalar-me com a descrição das suas escapadelas sexuais. Ela me contava essas experiências com bastante liberdade e não tentava censurá-las. No entanto também me disse que se sentia ansiosa durante boa parte da sessão. Fiz a minha constatação habitual: supus que a ansiedade se devia ao sentimento de vergonha por se expor a uma possível censura da minha parte. Contudo, seguindo o exemplo dado por M., pedi-lhe que se concentrasse em qualquer um dos pensamentos que tivera pouco antes de surgir a ansiedade. Enquanto continuava com a descrição das aventuras sexuais, ela concentrou-se ao mesmo tempo na ansiedade e nos pensamentos que lhe eram mais estreitamente associados. Para minha surpresa, resumiu então os pensamentos automáticos da seguinte maneira: "Eu não me exprimo claramente. Ele se chateia comigo. Provavelmente nem consegue acompanhar o que eu digo. Com certeza acha isso idiota. Não há dúvida de que vai tentar se livrar de mim."

Quando tentei reunir as observações de pensamentos automáticos relatados por esses e outros pacientes e, finalmente, as minhas próprias investigações introspectivas, da minha família e de amigos, comecei a chegar às premissas de uma teoria *cognitiva*.

Na verdade, existem pelo menos dois sistemas de pensamento:

— Um é voltado para os outros e, quando expresso com liberdade, compõe-se de sentimentos e pensamentos que comumente é possível comunicar aos outros. Esse modo de pensar e comunicar-se constitui o "modo conversacional" ou "interativo".

— O segundo modo de pensamento é, aparentemente, o "modo autorreferencial". Consiste em automonitoria, autoinstruções e autorregulação. Inclui também interpretações rápidas, automáticas, de fatos, autoavaliações e previsões. A sua função é a comunicação consigo mesmo, mais do que com os outros. Como descobri em seguida, o sistema de comunicação interna era fonte de muitos problemas dos pacientes e, ao me dispor a escutá-los, pude compreender melhor as suas dificuldades e ajudá-los a resolvê-las. Fui capaz de reconhecer os erros da maneira como os pacientes interpretavam as suas experiências, faziam previsões e formulavam planos de ação.

No caso, essa paciente acreditava que era chata e se exprimia mal. Tentava compensar isso me distraindo. No entanto as suas autoavaliações negativas não mudavam. Continuava a se sentir chata, embora na verdade se exprimisse com facilidade. Como eu compreenderia mais tarde, a *crença* de que era chata configurava a interpretação que fazia do seu comportamento e a expectativa de rejeição por parte dos outros. Entretanto nessa época eu não estava plenamente consciente da maneira como o processo de informação era ditado pelas crenças fundamentais.

À primeira vista, esse tipo de pensamento automático parecia só ter relação com a "transferência", ou seja, só diziam respeito à relação do paciente comigo. No entanto logo descobri que essas reações se generalizavam na maioria das situações. Essa mulher, por exemplo, acreditava que era chata e que se exprimia mal em todas as situações. Em consequência, os seus pensamentos automáticos, ativados mas não relatados espontaneamente antes durante a sessão terapêutica, podiam tornar-se terreno fértil a ser explorado, enquanto os pensamentos facilmente relatados, ou seja, a discussão dos problemas sexuais visíveis, embora tivessem certa importância clínica, não levavam verdadeiramente ao âmago do problema.

A partir daí, treinei os pacientes para observar e expor a corrente de pensamentos não relatados e pude assim obter uma primeira base de dados

AS PSICOTERAPIAS DE HOJE

para a nova abordagem da psicopatologia e da psicoterapia. Esse material me deu dados brutos para construir, ao mesmo tempo, uma teoria e uma terapia da psicopatologia.

Suponho que, parafraseando Pasteur — "no campo da observação, a sorte só sorri aos espíritos bem preparados" —, eu devia estar preparado, nesse ponto específico da minha evolução, para prestar atenção ao que os pacientes diziam e ao que não diziam. Talvez tivesse sido influenciado involuntariamente pelo início da "revolução cognitiva" na psicologia.

A negatividade da depressão impregnava a conversa interna dos pacientes, como na autoavaliação, nas atribuições, nas expectativas, nas deduções e na memória, e manifestava-se numa autoestima fraca, na responsabilização e na crítica de si mesmo, em previsões negativas, interpretações negativas de experiências e lembranças desagradáveis. Observei que, em situações ambíguas, os pacientes deprimidos tendiam particularmente a dar interpretação negativa em casos nos quais a interpretação positiva pareceria mais apropriada. Não só ampliavam as próprias experiências desagradáveis como também eclipsavam ou rotulavam de negativas experiências que outras pessoas considerariam positivas.

Notei também vários erros no pensamento depressivo dos pacientes, que chamei de *abstração seletiva*, *supergeneralização*, *pensamento dicotômico* e *maximização dos aspectos negativos das suas experiências*. Além disso, observei que os pacientes deprimidos tendiam a prever resultados negativos específicos para tarefas específicas que podiam realizar e em geral só esperavam da vida resultados negativos em longo prazo. Pareciam caracterizar-se por grau elevado de aparentes expectativas negativas ("desesperançadas").

Utilizando as escalas de hostilidade desenvolvidas por Saul e Sheppard,[2] tentei medir essa variável nos sonhos que me eram contados por indivíduos deprimidos e não deprimidos. Nesse estudo-piloto básico, descobri, para minha surpresa, que os pacientes deprimidos mostravam *menos* hostilidade em seus sonhos do que os pacientes não deprimidos.

No entanto fiz outra observação inesperada. Embora os pacientes deprimidos tivessem menos sonhos em que desempenhavam papel agressivo ou hostil, apresentavam predominância de sonhos em que eram vítimas de fatos desagradáveis: eram contrariados em seus projetos, frustrados, enganados, denegridos etc.

Uma mulher deprimida, por exemplo, contou o seguinte sonho: "Tinha uma sede terrível. Pus a última moeda que tinha numa máquina de Coca-Cola e só obtive o barulho do gás — nem Coca, nem líquido." Um homem sonhou que estava atrasado para um jantar formal e descobriu que o par de sapatos que planejara usar era formado por dois pés esquerdos. Outra paciente sonhou que telefonava ao terapeuta num momento em que estava muito desesperada. Tudo o que conseguiu foi uma voz gravada e nenhum contato direto.

Uma característica notável foi que os pacientes deprimidos apresentavam, em suas experiências em vigília, os mesmos temas (mas de modo menos dramático) que apareciam no conteúdo manifesto dos sonhos. Ao contrário dos pacientes não deprimidos, os deprimidos tendiam a ver-se como sujeito ou vítima de fatos desagradáveis. Em geral, tendiam a perceber-se como "perdedores" em todos os sentidos da palavra: perdiam alguma coisa de grande valor, eram derrotados, deficientes ou, de algum modo, afastados da sociedade.

Para comprovar esses resultados de maneira mais sistemática, envolvi-me então em dois projetos.

Primeiro projeto

No primeiro projeto, examinei os primeiros vinte sonhos relatados, durante terapias psicodinâmicas, por seis pacientes deprimidos e seis não deprimidos. Naquela época específica eu ainda me apegava ao modelo psicodinâmico da hostilidade invertida, mas mudei levemente a conceituação da seguinte maneira: visto que os pacientes deprimidos voltavam a sua hostilidade contra si mesmos, ela só podia ser vivida de maneira indireta. A hostilidade invertida manifestava-se como autopunição ou alguma outra expressão da sua necessidade de sofrer. Sofrendo, eles mesmos se puniam, ou seja, infligiam a si mesmos a hostilidade. Esse "masoquismo" manifestava-se em sua autocrítica, na busca da rejeição e no desejo de suicídio.

Em consequência, os sonhos em que sofriam — os sonhos de "perdedores" — foram rotulados de "masoquistas". Preparei um manual de

AS PSICOTERAPIAS DE HOJE

avaliação com exemplos para mostrar como os sonhos podiam ser avaliados. Como já conhecia o diagnóstico dos casos, era necessário que outra pessoa avaliasse o sonho, para evitar a minha tendenciosidade. Usando o meu manual de avaliação, meu colega Marvin Hurvich, psicólogo clínico, avaliou às cegas uma amostra aleatória de vinte sonhos relatados em terapia por seis pacientes deprimidos e seis não deprimidos e encontrou diferença significativa entre os dois grupos. Todos os pacientes deprimidos tinham mais sonhos masoquistas que os não deprimidos. A diferença era clara e importante.[3]

Para corroborar esse resultado, entretanto, era necessário reproduzir o estudo com uma amostra maior, utilizando ferramentas mais precisas. Desenvolvemos um sistema para chegar a diagnósticos confiáveis e também para medir a depressão usando índices clínicos e um padrão autoadministrado (que se tornou a Escala de Depressão de Beck[4]). Assim, dedicamo-nos a uma série de estudos para verificar a confiabilidade do diagnóstico dos nossos clínicos e tentar refinar os critérios até atingirmos um grau suficientemente elevado de unanimidade para passar à etapa seguinte.

Assim que dispusemos de um método mais confiável para fazer diagnósticos clínicos e medir a profundidade da depressão com métodos clínicos e psicométricos, estávamos prontos para verificar as nossas hipóteses numa amostra maior de pacientes. Para esse estudo, utilizamos uma amostra de 210 pacientes hospitalizados e ambulatoriais. Cerca de um terço deles era gravemente deprimido, um terço apresentava depressão moderada e um terço não sofria de depressão. Descobrimos que conseguíamos reproduzir os resultados anteriores, já que o grupo com depressão grave relatava mais sonhos masoquistas que o grupo não deprimido.

Até então tudo ia bem nas nossas investigações. Parecia que tínhamos pelo menos a confirmação preliminar da teoria psicanalítica da depressão. No entanto, para completar o estudo era importante abordar a hipótese básica a partir de várias posições, usando técnicas diferentes.

Segundo projeto

O estudo seguinte foi uma experiência controlada usando um paradigma interpessoal de *recompensa* e *punição* verbalmente reforçado. Nesse estudo, o pesquisador exprimia, de modo bem sutil, a sua aprovação ou desaprovação do sujeito caso este último utilizasse determinadas palavras ao escolher respostas num questionário de múltipla escolha. A minha hipótese era que, já que os pacientes deprimidos tinham "necessidade de sofrer", logo aprenderiam as respostas "punidas" e demorariam mais para aprender as respostas recompensadas. Entretanto, ao contrário das nossas expectativas, os pacientes deprimidos mostraram-se especialmente sensíveis ao *feedback*. Aprendiam as respostas *recompensadas* mais depressa do que os pacientes não deprimidos, mas não reconheciam as respostas "punidas" mais depressa do que as recompensadas.

Em consequência, vi-me diante de outra surpresa: a inversão total do que esperava. Segundo os mesmos princípios, realizamos vários outros estudos que também deixaram de confirmar a hipótese do "masoquismo", como investigações de lembranças anteriores e reações a testes projetivos.[5]

Ao tentar reunir todos esses resultados, fiz a mim mesmo a seguinte pergunta: não poderíamos adotar um ponto de vista simplista, ou seja, de que o conteúdo manifesto dos sonhos, em vez de ser a expressão de uma necessidade profundamente enraizada de punição ou de hostilidade invertida, reflete apenas a maneira como os pacientes se percebem a si mesmos e às suas experiências?

Voltemos agora às minhas observações sobre os *pensamentos automáticos*. Ao examinar as descrições que os pacientes faziam do que pensavam quando acordados, percebi que parecia haver uma coerência certeira entre o conteúdo destes dois fenômenos: sonhos e pensamentos automáticos. Desse modo, o primeiro e o segundo conjuntos de observações convergiram. Os pensamentos automáticos negativos dos pacientes constituíam uma *distorção negativa* da realidade; os sonhos também. Além disso, havia continuidade de tema e conteúdo nos dois tipos de ideação. Na vida em vigília, o indivíduo reagia a um fato específico com um pensamento: "Sou solitário" (e me sinto mal). No sonho, esse conceito era dramatizado de forma explícita, provavelmente muito exagerado pela representação em imagens de si mesmo como totalmente sozinho, talvez num lugar bombardeado, num armário ou num hospital, morrendo de alguma doença. Em seus pensamentos automáticos, as pessoas têm ideias como: "Ninguém me ama", "Não sirvo pra nada", "Perdi tudo", "Nunca me acontece nada de bom". Esses pensamentos combinavam com o conteúdo do sonho.

Nesse momento tive pela primeira vez a convicção de que entrava em contato com o *mundo privado dos pacientes* — vendo as coisas, de certo modo, pelos seus olhos. Eles não eram plenamente conscientes dessa visão negativa até ficarem profundamente deprimidos. Mesmo assim, tinham consciência de fenômenos mais notáveis: sentiam-se entediados, inexplicavelmente tristes, não apreciavam as experiências que costumavam alegrá-los. Ao compreender a conexão entre os conceitos negativos e os sintomas, a depressão ficava menos misteriosa e mais administrável.

Esse período de descoberta foi de longe o mais empolgante da minha carreira profissional. Quando juntei os sonhos, os pensamentos automáticos e as imagens, fui capaz de identificar num dado paciente o significado específico dos acontecimentos da sua vida.

A fase de terapia

A minha formulação da depressão provocou a seguinte pergunta: se o deprimido tem uma visão negativa invasiva, o que pode fazer o terapeuta? Pode aliviar o sofrimento modificando as construções negativas da realidade?

Para descrever a próxima etapa, vamos voltar à terceira fonte de informações da qual já falei: os relatos retrospectivos dos pacientes sobre o que acreditavam ter aprendido com a terapia psicanalítica. O que me disseram pode ser resumido da seguinte maneira. Diziam ter aprendido:

— a não acreditar nos seus pensamentos à primeira vista;

— a "refletir", ou seja, a não tirar conclusões apressadas demais: refletir antes de agir e sopesar as consequências dos seus atos;

— a admitir o fato de que exageravam o significado dos acontecimentos; as coisas não eram tão catastróficas quanto pareciam;

— e que era frequente interpretarem erradamente os motivos dos outros, em geral dos cônjuges.

Durante o tratamento psicanalítico, passei por um processo penoso de *interpretação* enquanto os pacientes tinham ideias dessa natureza, com a esperança de que, ao compreender a dinâmica das suas dificuldades, vivenciassem a remissão da depressão. Ocorreu-me a ideia de que a reconstrução das experiências da infância e a interpretação dos conflitos inconscientes não eram necessárias. Talvez fosse bem mais eficaz enfrentar diretamente as distorções dos pacientes e mostrar-lhes como submetê-las à prova da realidade.

Enquanto a minha passagem para a terapia cognitiva ia surgindo pouco a pouco, incorporei estratégias que tinha utilizado na pesquisa, além de técnicas promovidas pela terapia comportamental, disciplina em evolução na época. Apliquei os seguintes princípios:

1. *Atrair o interesse dos pacientes para que vejam as suas interpretações negativas não como realidade, mas como pensamentos ou hipóteses* que podem ser: a) avaliadas em termos de indícios positivos e negativos, de deduções lógicas a partir dos indícios e de explicações alternativas; ou b) sujeitas à comprovação empírica. Dessa maneira, uma paciente que concluísse que ninguém se importava com ela era questionada em termos dos fundamentos dessa conclusão. Em seguida (caso parecesse que ela interpretara alguns fatos de modo errado), pediríamos que verificasse as suas conclusões em interações posteriores (buscar indícios a favor e contra a hipótese, determinar critérios, aplicar a análise lógica aos dados).

2. Ao convencer os pacientes a examinarem e verificarem a validade dos seus pensamentos automáticos (interpretações negativas), pude *fazer com que o seu modo absoluto de pensar* ("as minhas conclusões são absolutamente corretas") *mudasse para um modo questionador* ("serão corretas?").

AS PSICOTERAPIAS DE HOJE

3. *A abordagem global do trabalho com os pacientes era de "empirismo colaborativo".* Esse princípio diminuía o meu papel de autoridade e levava os pacientes a trabalharem em colaboração comigo para investigar a validade das suas crenças. Com o passar do tempo, ficou evidente que a relação interpessoal era muito importante, ainda mais em pacientes que apresentavam transtorno da personalidade. Em consequência, passei a dar importância crescente ao desenvolvimento das relações, da confiança mútua e da sensibilidade.[6]

4. Em meados da década de 1960, conheci melhor a terapia comportamental e acrescentei-lhe numerosos princípios. Concentrei-me especificamente na operacionalização de cada procedimento técnico da terapia cognitiva, exatamente como os terapeutas comportamentais tinham feito em relação às técnicas comportamentais. Apliquei o conceito de solução de problemas a todas as dificuldades dos pacientes, quer fossem problemas do modo de pensar (ou seja, distorções cognitivas), outros sintomas depressivos (falta de energia, tristeza, ideias suicidas) ou "problemas externos" no trabalho ou em casa. Por exemplo, uma estratégia comportamental específica chamada "atribuição de tarefa gradual" foi utilizada para ajudar os pacientes a dominarem os seus sentimentos de falta de energia, anedonia[7] e desejo de ficar inerte. Quando os pacientes conseguiam vencer uma etapa voltada para um objetivo, eram encorajados a enfrentar a etapa seguinte, mais difícil. Os objetivos de cada tarefa, as etapas específicas para atingir os objetivos, as providências para o *feedback* e os critérios para a concretização do objetivo eram todos definidos previamente.

São características dessa nova abordagem:

— ter um plano de ação no início da seção;

— dar *feedback* ao paciente em intervalos específicos, durante e no final da sessão;

— passar o "dever de casa": ler textos sobre a terapia cognitiva, realizar tarefas cotidianas e fazer o balanço dos pensamentos disfuncionais.

Como desenvolvia e aplicava essa abordagem, fiquei satisfeito ao ver que os pacientes começavam a melhorar quase imediatamente e que vários deles não mostravam mais sintomas a partir da sétima ou oitava sessão. Depois da décima segunda sessão, pareceu-me que já tínhamos avançado o bastante para terminar a terapia, desde que voltassem para sessões mensais e depois semestrais de "acompanhamento". Como muitos pacientes demonstraram remissão ao seguir esse regime, fiquei contente ao perceber que de fato desenvolvera uma terapia breve e eficaz para a depressão!

Com o passar dos anos, dei mais ênfase à conceituação de cada caso do que às técnicas cognitivas ou comportamentais específicas. O meu raciocínio foi que, se o terapeuta conseguir formular corretamente o caso, poderá então individualizar as técnicas a serem utilizadas num caso dado de acordo com a sua própria competência e as necessidades do paciente. A formulação do caso baseou-se na elaboração posterior da teoria inicial[8] e insiste no papel:

— das crenças fundamentais (por exemplo, "sou estúpido");

— das crenças condicionais (por exemplo, "se todos conhecerem o meu verdadeiro eu, vão me rejeitar");

— e das estratégias compensatórias ("se eu for engraçado e divertido, todos me aceitarão").

Tentei mostrar como as crenças fundamentais modelavam as reações dos pacientes às situações e deixavam-nos vulneráveis a tipos específicos de estresse.[9]

A fase de avaliação: estudos clínicos da terapia cognitiva

Era importante determinar se os bons resultados que obtive ao aplicar a terapia cognitiva em meus pacientes era um fenômeno idiossincrásico ou se poderiam ser reproduzidos por outros terapeutas. Em consequência, realizamos um estudo intensivo na Universidade da Pensilvânia para avaliar a eficácia respectiva da terapia cognitiva e de um medicamento antidepressivo (hidrocloreto de imipramina) no tratamento de 41 pacientes ambulatoriais deprimidos.[10] No final do tratamento, a terapia cognitiva foi considerada mais eficaz que a imipramina.

A metodologia da terapia cognitiva foi especificada num manual de tratamento de cem páginas, publicado em forma de livro.[11] Os terapeutas fo-

AS PSICOTERAPIAS DE HOJE

ram sistematicamente supervisionados toda semana por três clínicos experientes. No final do tratamento ativo, os dois grupos de tratamento mostraram, em relatórios pessoais, avaliações de observadores e índices dos terapeutas, redução estatisticamente significativa (p < 0,01) da sintomatologia depressiva. A taxa de reação tanto à farmacoterapia quanto à terapia cognitiva ultrapassou os resultados da reação ao placebo registrada nos pacientes ambulatoriais deprimidos.[12]

Dos pacientes submetidos à terapia cognitiva, 78,9% apresentaram sinais de melhora ou remissão completa no final da terapia, enquanto somente 20% dos que usaram farmacoterapia obtiveram o mesmo nível de resposta. Os dois tratamentos obtiveram, como resultado, redução importante nos relatórios subjetivos e nas avaliações com base em entrevistas.

O acompanhamento dos pacientes revelou que, embora numerosos pacientes buscassem tratamento médico sintomático de modo intermitente, os dois grupos ainda mantinham o que tinham obtido no tratamento 12 meses depois do protocolo final. No entanto nos pacientes tratados com a terapia cognitiva a sintomatologia depressiva, nos relatórios pessoais, foi significativamente mais leve do que nos pacientes submetidos a quimioterapia. Além disso, os pacientes tratados com imipramina tiveram taxa duas vezes mais alta de recaídas acumuladas do que os tratados com terapia cognitiva.[13]

Esse estudo, baseado em resultados controlados, foi o primeiro a demonstrar a superioridade das intervenções psicológicas ou comportamentais em relação à farmacoterapia no caso de pacientes ambulatoriais com depressão grave ou moderada. Um estudo posterior, realizado pelo nosso grupo, comparou o efeito da terapia cognitiva sozinha com o da combinação de terapia cognitiva e amitriptilina. Os dois grupos mostraram melhora extremamente significativa e clinicamente importante. Depois de seis meses de acompanhamento, a melhora persistiu. Durante a terapia ou em seu final, não se verificou diferença significativa entre os dois grupos. A adição de amitriptilina à terapia cognitiva não aumentou a eficácia desta última no tratamento da doença.

Numerosos estudos controlados da aplicação da terapia cognitiva da depressão foram realizados mais tarde e resumidos por Keith Dobson numa metanálise.[14] Ele resenhou 28 estudos controlados de depressão unipolar. Efetuaram-se 34 comparações. Os resultados da terapia cognitiva, no final

O LIVRO NEGRO DA PSICANÁLISE

do tratamento, foram significativamente melhores do que os da terapia comportamental controlada, da terapia medicamentosa e de diversas outras psicoterapias.

Outras aplicações da terapia cognitiva mostraram a sua eficácia não só na depressão como também:

— nos transtornos ansiosos em geral;[15]
— nos transtornos de pânico;[16]
— nas bulimias;[17]
— e na dependência de heroína.[18]

Estudos preliminares também demonstraram a eficácia dessa abordagem no tratamento dos delírios de pacientes com esquizofrenia crônica.[19]

Verificação do modelo cognitivo

Para qualificar-se como sistema psicoterápico, toda psicoterapia precisa apresentar:

— um arcabouço conceitual ou teórico e dados empíricos para confirmá-lo;
— um conjunto de estratégias terapêuticas que se articulem com a teoria;
— e a prova da eficácia da terapia.[20] Em 1980, já tínhamos provado a eficácia da terapia cognitiva. Mas que prova confirmava o modelo cognitivo que constituía a base da terapia?

Falta espaço para fazer a descrição completa dos vários projetos de pesquisa realizados para verificar o modelo cognitivo da depressão. Uma das tentativas mais interessantes e potencialmente mais válidas foi a investigação da hipótese de suicídio por "desesperança". No final da década de 1960, avaliamos essa hipótese em vários estudos representativos e descobrimos que a desesperança, mais que a depressão propriamente dita, era o fator determinante das tentativas de suicídio e das ideias suicidas.[21]

Um teste decisivo para comprovar a validade do modelo cognitivo é a sua capacidade de prever os fatos. Será que o modelo cognitivo permitiria prever o comportamento futuro do paciente deprimido com base nas pontuações obtidas nas avaliações cognitivas? Começamos, em 1970, a estudar pa-

AS PSICOTERAPIAS DE HOJE

cientes suicidas hospitalizados para verificar se os mais desesperançados tinham maior probabilidade de suicidar-se mais tarde do que os que não apresentavam tanto esse sentimento. Num estudo de dez anos com 165 pacientes internados no Hospital Geral da Filadélfia devido a ideias suicidas, verificamos que a desesperança permitia a previsão do suicídio real. Entre 1970 e 1975, examinamos os pacientes e fizemos com eles vários testes, inclusive a *Escala de Desesperança de Beck* (*Beck Hopelessness Scale*), além de avaliações clínicas da depressão, e depois os acompanhamos durante mais cinco anos. Dos 11 pacientes que acabaram se suicidando, 10 (90,9%) tinham, na Escala de Desesperança, pontuação ≥ 9. Esse resultado persistiu quando foram utilizadas as avaliações de desesperança feitas pelos clínicos.

Como esse estudo concentrara-se em pacientes hospitalizados, achamos importante verificar se os mesmos resultados se repetiriam com pacientes não hospitalizados. Além disso, achamos importante determinar se os resultados originais podiam ser reproduzidos. Entre 1978 e 1985, no Centro de Terapia Cognitiva, realizou-se um estudo prospectivo com 1.960 pacientes não hospitalizados. A pontuação principal da Escala de Desesperança mostrou-se significativamente mais elevada nos pacientes que acabaram se suicidando que nos não suicidas. Além disso, a mesma pontuação indiscutível da Escala de Desesperança utilizada na amostra de pacientes hospitalizados identificou 16 ou 17 possíveis suicidas.[22]

Em termos de risco relativo, era 11 vezes mais provável que pacientes com avaliação elevada de desesperança se suicidassem do que os que tinham pontuação baixa. Em consequência, o risco relativo de pacientes ambulatoriais desesperançados morrerem mais tarde devido ao suicídio era ligeiramente mais alto do que o risco dos grandes fumantes morrerem de câncer de pulmão.

Nesse estágio dos nossos conhecimentos, parece que o modelo com maior capacidade de explicação é o que estipula que:

— a organização cognitiva não deprimida mostra tendência positiva;

— quando evolui para a depressão, a tendência cognitiva positiva é neutralizada;

— quando a depressão se desenvolve, a tendência negativa passa a funcionar;

— nos casos bipolares, quando a fase maníaca se desenvolve há reversão pronunciada para a tendência positiva exagerada.

Outros estudos empíricos

Realizou-se considerável pesquisa para verificar hipóteses variadas geradas pelo modelo cognitivo da depressão. No exame de 180 artigos, envolvendo 220 estudos desse modelo, Ernst (1985) indicou que 91% deles confirmavam-no e 9% não o confirmavam.

Ele analisou os estudos de acordo com os três aspectos do modelo cognitivo, ou tríade cognitiva (150 confirmavam o modelo, 14 não), os esquemas (31 confirmavam, 6 não) e o processo cognitivo (19 confirmaram, 0 não). Em geral, verificou que quanto mais próximos das observações clínicas estavam os estudos, mais era provável que confirmassem as hipóteses derivadas. Por exemplo, estudos realizados com estudantes confirmavam-nas menos do que estudos com pacientes clinicamente deprimidos. Uma análise crítica mais recente[23] indicou várias deficiências metodológicas em muitos estudos, mas concluiu que em geral havia forte confirmação do modelo cognitivo significativo (negatividade) da depressão.

A hipótese da negatividade

A hipótese mais uniformemente confirmada de todas foi a predominância do pensamento negativo em todas as formas de depressão, sintomáticas ou sindrômicas.[24] Nos estudos anteriores,[25] o tema dos sonhos, as antigas lembranças, as medições da autoimagem e as reações a testes projetivos mostraram a carga pesada do conteúdo idiossincrásico típico dos deprimidos quando comparados a pacientes psiquiátricos não deprimidos. Os testes específicos concebidos para avaliar os componentes da tríade cognitiva[26] foram bem descritos. Eaves[27] demonstrou que o Questionário de Pensamentos Automáticos[28] diferenciava corretamente 97% dos deprimidos entre pessoas normais e que nenhuma destas últimas foi erradamente identificada como deprimida.

A *universalidade* do fenômeno cognitivo foi encontrada em todos os tipos e subtipos de depressão, unipolar e bipolar, reativa e endógena.[29]

Congruência entre a personalidade e os fatores de estresse

Em função das minhas próprias observações clínicas, ou seja, de que os pacientes que davam grande valor a proximidade, intimidade e dependência e tinham crenças aferentes (do tipo "se eu não for amado, jamais serei feliz") eram hipersensíveis a todos os acontecimentos que parecessem representar falta de afeição ou de apoio, sugeri que a congruência entre fatos externos e tipos específicos de personalidade poderia produzir a depressão.

Para verificar essa ideia, o nosso grupo desenvolveu uma escala (a Escala de Sociotropia/Autonomia, *Sociotropy-Autonomy Scale*) para avaliar nos pacientes as dimensões da crença de autonomia e de sociotropia. Os grupos "puros", escolhidos pela pontuação elevada numa dimensão e baixa na outra, foram, com objetivo experimental, denominados sociotrópicos e autônomos. Um certo número de estudos que buscavam verificar as relações entre o "tipo de personalidade" e o fator estressante correspondente só deram confirmação medíocre à hipótese. No entanto, num dos estudos, Hammen e o seu grupo relataram a congruência entre fatos vividos e o tipo de personalidade.[30] Por outro lado, Segal, Shaw e Vella[31] só encontraram congruência entre fatos vividos em pacientes sociotrópicos com recaída.

Conclusão

Em 1976, fiz a pergunta: "Será que uma psicoterapia recém-surgida pode desafiar, no seu próprio terreno, os gigantes que são a psicanálise e a terapia comportamental?" Parecia que o trabalho desses últimos trinta anos confirma o modelo cognitivo da depressão e, em grau cada vez maior, o modelo cognitivo dos transtornos de pânico, de ansiedade generalizada, alimentares e de dependência. Os estudos clínicos mostram a utilidade da terapia cognitiva numa grande variedade de transtornos, principalmente a depressão, os transtornos de ansiedade e os alimentares.

É preciso realizar mais estudos sistemáticos sobre a eficácia da terapia cognitiva no tratamento de grande variedade de psicopatologias. A produção de manuais de tratamento que integrem conceituações cognitivas específicas e estratégias congruentes para os variados estados, como os transtornos delirantes e os de dependência, já preparou o terreno para esses estudos. A terapia cognitiva, aparentemente, já demonstrou a sua capacidade de voar com as próprias asas. Até onde e por quanto tempo voará? Ainda não se sabe.

Notas

1. Este texto, traduzido do inglês para o francês por Anne-Marie Varigault, é a versão revista e ampliada da conferência feita na Universidade de Aberdeen em 2 de setembro de 1988 e reproduzida por gentil autorização do Departamento de Saúde Mental daquela universidade.
2. L. Saul e E. Sheppard, "An attempt to quantify emotionnal forces using manifest dreams: a preliminary study", *Journal of American Psychoanalytic Association*, 14, 1956, p. 486.
3. A. T. Beck e M. S. Hurvich, "Psychological correlates of depression: 1. Frequency of 'rnasochistic' dream content in a private practice sample", *Psychomatic Medicine*, 21(l), 1959, p. 50-5.
4. A. T. Beck, C. H. Ward, M. Mendelson, J. Mock e J. Erbaugh, "An inventory for measuring depression", *Archives of General Psychiatry*, 4, 1961, p. 561-71.
5. A. T. Beck, "A systemic investigation of depression", *Comprehensive Psychiatry*, 2, 1961, p. 163-70.
6. A. T. Beck, A. J. Rush, B. F. Shaw e G. Emery, *Cognitive Therapy of Depression*, Nova York, Guilford Press, 1979. Também publicado em Sussex, Inglaterra, John Wiley and Sons, 1980.
7. Anedonia é a incapacidade de sentir prazer e satisfação. (*N. T. F.*)
8. A. T. Beck, "Thinking and depression: 1. Idiosyncratic content and cognitive distorsions", *Archives of General Psychiatry*, 9, 1964, p. 295-302.
9. Para uma exposição completa, ver os capítulos 2 e 3 de A. T. Beck, A. Freeman *et al.*, *Cognitive Therapy of Personality Disorders*, Nova York, Guilford Press, 1990.
10. A. J. Rush, A. T. Beck, M. Kovacs e S. D. Hollon, "Comparative efficacy of cognitive therapy and pharmacotherapy in the treatment of depressed outpatients", *Cognitive Therapy and Research*, 1(1), 1977, p. 7-37.
11. A. T. Beck, A, J. Rush, B. F. Shaw e G. Emery, *Cognitive Therapy of Depression*, *op. cit.*

O LIVRO NEGRO DA PSICANÁLISE

12. J. B. Morris e A. T. Beck, "The efficacy of antidepressant drugs: a review of research (1958-1972)", *Archives of General Psychiatry*, 30, 1974, p. 667-74.

13. M. Kovacs, A. J. Rush, A. T. Beck e S. D. Hollon, "A one-year follow-up of depressed outpatients treated with cognitive therapy or pharmacotherapy", *Archives of General Psychiatry*, 38, 1981, p. 33-9.

14. K. Dobson, "A meta-analysis of the efficacy of cognitive therapy for depression", *Journal of Consulting and Clinical Psychology*, 57, 1989, p. 414-9.

15. G. Butler, M. Fennell, P. Robson e H. Gelder, "Comparison of behavior therapy and cognitive behavior therapy in the treatment of generalized anxiety disorder", *Journal of Consulting and Clinical Psychology*, 59, 1991, p. 167-75; R. C. Durham e A. A. Turvey, "Cognitive therapy vs behavior therapy in the treatment of chronique anxiety", *Behavior Research and Therapy*, 25, 1987, p. 229-34; W. R. Lindsay, T. V. Gamsu, E. McLaughlin, E. M. Hood e C. A. Elspie, "Controlled trial of treatments of generalised anxiety", *British Journal of Clinical Psychology*, 26, 1984, p. 3-16.

16. D. M. Clark, M. G. Gelder, P. M. Salkovskis, A. Hackmann, H. Middleton e P. Anastosiades, "Cognitive therapy for panic: comparative efficacy", Conferência Anual da Associação Psiquiátrica Americana, 15 de maio de 1990; L. Sokol, A. T. Beck, R. L. Greenberg, E. D. Wright e R. J. Berchick, "Cognitive therapy of panic discorder: a nonpharmacological alternative", *Journal of Nervous and Mental Disease*, 177, 1989, p. 711-6.

17. Fairburn *et al.*, 1991.

18. G. E. Woody *et al.*, "Psychotherapy for opiate addicts: does it help?", *Archives of General Psychiatry*, 40(6), 1983, p. 639-45.

19. R. W. Hole, A. J. Rush e A. T. Beck, "A cognitive investigation of schizophrenic délusions", *Psychiatry*, 42, 1979, p. 312-9; D. G. Kingdon e D. Turkington, "The use of cognitive behavior therapy with a normalizing rationale in schizophrenia: preliminary report", *Journal of Nervous and Mental Disease*, 179(4), 1991, p. 207-11.

20. A. T. Beck, *Cognitive Therapy and the Emotionnál Disorders*, Nova York, International Universities Press, 1976.

21. Ver A. T. Beck, M. Kovacs e A. Weissman, "Hopelessness and suicidal behavior: an overview", *Journal of the American Medical Association*, 1975.

22. A. T. Beck, G. Brown, R. J. Berchick, B. Stewart e R. A. Steer, "Relationship between hopelessness and ultimate suicide: a replication with psychiatric outpatients", *American Journal of Psychiatry*, 147, 1990, p. 190-5.

23. D. A. F. Haaga, M. J., Dyck e D. Ernst, "Empirical status of cognitive therapy on depression", *Psychological Bulletin*.
24. *Ibidem*.
25. A. T. Beck, *Depression: Clinical, Experimental and Theorical Aspects*, Nova York, Harper and Row, 1967.
26. Por exemplo, A. T. Beck, G. Brown, R. A. Steer, J. I. Eidelson e J. H. Riskind, "Differentiating depression and anxiety: a test of the cognitive content specificity hypothesis", *Journal of Abnormal Psychology*, 96(3), 1987, p. 179-83; E. E. Beckham, W. R. Leber, J. T. Watkins, J. L. Boyer e J. B. Cook, "Development of an instrument to measure Beck's cognitive triad: the Cognitive Triad Inventory", *Journal of Consulting and Clinical Psychology*, 54, 1986, p. 566-7; C. J. Crandall e D. L. Chambless, "The validation of an inventory for measuring depressive thoughts: the Crandall Cognitions Inventory", *Behaviour Research and Therapy*, 24, 1986, p. 403-11.
27. G. Eaves, "Cognitive patterns in endogenous and nonendogenous unipolar major depressions", tese de doutorado, Universidade do Texas, Health Science Center, Dallas, Texas, 1982.
28. S. D. Hollon e P. C. Kendall, "Cognitive self-statements in depression: development of an automatic thoughts questionnaire", *Cognitive Therapy and Research*, 4, 1980, p. 383-95.
29. Ver, por exemplo, S. D. Hollon, P. C. Kendall e A. Lumry, "Specificity of depressotypic cognitions in clinical depression", *Journal of Abnormal Psychology*, 95, 1986, p. 52-9.
30. C. Hammen, A. Ellicott e M. Gitlin, "Vulnerability to specific life events and prediction of course of disorder in unipolar depressed patients", *Canadian Journal of Behavorial Science*, 21, 1989, p. 377-88; C. Hammen, A. Ellicott, M. Gitlin e K. R. Jamison, "Sociotropy/autonomy and vulnerability to specific life events in patients with unipolar depression and bipolar disorders", *Journal of Abnormal Psychology*, 98, 1989, p. 1147-59.
31. Z. V. Segal, B. F. Shaw e D. D. Vella, "Life stress and depression: a test of the congruency hypothesis for life event content and depressive subtype", *Canadian Journal of Behavioural Science*, 21, 1989, p. 389-400.

As terapias comportamentais e cognitivas, ou TCC, são hoje uma das principais correntes do tratamento psicológico. Nas publicações científicas do mundo inteiro, são as mais citadas. Ao contrário da psicanálise, não têm fundador e sim ancestrais distantes, os filósofos estoicos — Sêneca, Epiteto e Marco Aurélio. Interessam-se, sobretudo, pelo que é observável, mensurável e modificável, mais do que pelas explicações "mentalistas" do início do século XX. Assim, na terapia não se "trabalha" unicamente com o "porquê", mas também com o "como". Conhecer a origem da ansiedade é um passo interessante e útil, mas, elucidado isso, como mudar, como enfrentar?

Em geral, se fosse preciso definir numa frase o que são as TCC, o mais justo seria dizer que se trata de psicoterapias baseadas em conhecimentos científicos e, portanto, em perpétua evolução, como as ciências biomédicas. Antes de Albert Ellis e Aaron T. Beck, J. B. Watson e B. F Skinner abriram caminho para essa psicologia científica. Antes ainda houve o médico e filósofo francês Pierre Janet, contemporâneo de Freud. Mais tarde, outros autores, como J. Wolpe, H. Eysenck, A. Bandura e J. Young, deram a sua marca a essa abordagem não dogmática da psique, que respeita o indivíduo e está sempre aberta à dúvida e aos questionamentos.

AS TERAPIAS COGNITIVO-COMPORTAMENTAIS:
A PSICOLOGIA CIENTÍFICA A SERVIÇO DO SER HUMANO

Jacques Van Rillaer

Em grande medida, o indivíduo surge como artesão do próprio destino. Quase sempre é capaz de agir sobre as variáveis que o afetam.

Skinner

Durante o século XX, a psicanálise foi referência dominante no campo da psicoterapia. A partir da década de 1950 surgiram muitos outros tratamentos: o *aconselhamento* rogeriano, a análise transacional, a gestalt-terapia, a hipnose ericksoniana etc. Hoje uma das principais correntes é a das terapias cognitivo-comportamentais, chamadas de "TCC", ensinadas em todas as universidades anglo-saxãs, germânicas e do Norte da Europa. Essas terapias definem-se como *tratamentos de problemas psicológicos com base na psicologia científica* ou então como procedimentos metodicamente avaliados que tratam transtornos psicológicos graças à aprendizagem de novos comportamentos e outros modos de pensar, sentir e agir. Não se trata de uma teoria nem de uma escola criada por um personagem "que sabe" ou que é "insuperável";[2] fala-se de freudianos, junguianos e lacanianos, mas não de wolpianos nem de eysenckianos. *As TCC são procedimentos psicológicos que favorecem o bem-estar com base em conhecimentos científicos.* Isso quer dizer que as práticas de hoje não são mais aquelas de cinquenta anos atrás e que não se pode prever como serão daqui a vinte anos. Só uma coisa continuará a defini-las: a busca de cientificidade.

A busca de cientificidade vem, antes de tudo, do desejo de ser o mais eficaz possível na ajuda prestada a quem sofre. Assim como a medicina moderna conseguiu encontrar, graças à utilização do método científico, remédios eficazes para grande número de doenças (em apenas um século fez a esperança de vida passar de 45 para 80 anos), a psicologia moderna, graças a pesquisas científicas, conseguiu resolver uma série de problemas psicológicos graves: agorafobia, crises de pânico, transtorno obsessivo-compulsivo, depressão grave, dependências etc. É claro que o uso da metodologia científica nem sempre produz conhecimentos corretos — os cientistas, aliás, evitam usar a palavra "verdade", que os teólogos e psicanalistas usam e abusam —, mas assim mesmo traz um conjunto de conhecimentos com maior probabilidade de serem válidos e eficazes do que aqueles baseados somente na intuição clínica, na especulação ou no argumento da autoridade.

Em termos ideais, as TCC deveriam chamar-se "(psico)terapias de orientação científica". Infelizmente, a palavra "ciência" costuma ser mal compreendida; tanto leva a crer ingenuamente que o especialista possui a "verdade" quanto provoca resistência nos que imaginam que a pesquisa científica e a escuta respeitosa do indivíduo são incompatíveis. Principalmente na França, o terapeuta que usasse esse vocabulário seria facilmente rotulado de "positivista" ou "cientificista", ainda mais por aqueles que Bouveresse[3] chama de "literaristas" e que hoje vão de vento em popa nos meios de comunicação.

Da psicanálise às terapias cognitivo-comportamentais

O tratamento psicanalítico clássico consiste, para o paciente deitado no divã, em dizer tudo o que lhe passa pela cabeça ("regra das associações livres") durante sessões que têm em média cinquenta minutos.[4] O analista, "num estado de atenção flutuante", escuta com o seu próprio inconsciente, como explica Freud:

> As regras técnicas da psicanálise podem se reduzir a um princípio único. [...]
> Essa técnica é muito simples [*sehr einfach*]. [...] Consiste em manter uma
> atenção igualmente flutuante a tudo o que se ouve. Assim, poupa-se o esfor-
> ço de atenção que não seria possível manter durante horas todos os dias. [...]
> O analista confia inteiramente na sua memória inconsciente ou, em termos
> técnicos, escuta sem se preocupar com o que retém.[5]

Em certos momentos, o analista crê descobrir, por meio do que o paciente
lhe diz, significados inconscientes. Comunica os seus achados, se julgar
oportuno. Dá importância primordial à "transferência" para a sua própria
pessoa dos sentimentos do paciente pelos pais.

Freud dizia que a técnica permitia tratar o que hoje chamamos de
transtornos ansiosos (crises de pânico, fobias, obsessões, compulsões etc.).
Não publicou nada sobre o tratamento das parafilias (em linguagem comum, perversões sexuais) nem das toxicomanias (ele nunca conseguiu se
livrar da própria tabacomania). Sempre escreveu que a psicanálise não
estava em condições de tratar as psicoses, que chamava de "neuroses
narcísicas".[6] Na década de 1920, tentou tratar Carl Liebmann, adolescente psicótico que qualificou de "paranoico superinteligente" e a quem, escreveu, "se fizera muito mal". Freud fala disso na correspondência com
Ferenczi,[7] mas nunca publicou nada sobre o tema, com boas razões: não
obteve nenhum resultado positivo.

O tratamento freudiano é uma abordagem essencialmente intelectual: o
analisando fala, o psicanalista escuta e interpreta; supõe-se que a compreensão do recalcado cure. Lacan acentuou o intelectualismo da psicanálise. Ele e
seus discípulos não se cansavam de repetir: "O sintoma se resolve por inteiro
na análise da linguagem, porque ele mesmo é estruturado como linguagem,
que é linguagem cuja palavra tem de ser emitida."[8]

Até onde sei, na obra de Freud encontram-se duas menções à importância da *ação* na psicoterapia. Primeiro, em *Totem e tabu*, ele escreve, no último parágrafo: "O neurótico, antes de tudo, é inibido na sua ação; nele, o
pensamento substituiu totalmente a ação."[9]

Em seguida, em 1919, quando menciona o caráter indispensável da
ação para tratar as fobias e os transtornos obsessivo-compulsivos:

O LIVRO NEGRO DA PSICANÁLISE

É difícil dominar a fobia quando se espera que o doente seja levado pela análise a abandoná-la. Ele nunca leva à análise o material indispensável à resolução convincente da fobia. É preciso proceder de outra maneira. Tomemos o exemplo dos agoráfobos; há dois tipos, o leve e o grave. Os primeiros com certeza sentem angústia sempre que vão sozinhos à rua, mas não se privam disso, ainda que sozinhos; os outros se protegem da angústia renunciando a sair sozinhos. Com esses últimos, portanto, só se obtém sucesso caso se consiga levá-los, por influência da análise, a comportar-se novamente como fóbicos do primeiro grau, ou seja, a "sair à rua e, durante a tentativa, combater a angústia. [...] A espera passiva parece ainda menos indicada nos casos graves de ações compulsivas" [Zwangshandlungen], que em geral tendem, com efeito, para um processo de cura "assintótica", com duração infinita do tratamento, e assim a análise corre sempre o perigo de trazer à luz muitas coisas e nada mudar.[10]

Um dos raríssimos psicanalistas que levaram a sério esse trecho de Freud é Alexandre Herzberg, psiquiatra que fugiu da Alemanha nazista na década de 1930. Em Londres, no início da década de 1940, desenvolveu princípios que hoje encontramos nas TCC: a necessidade de observar cuidadosamente antes de interpretar, de levar em conta as influências do ambiente e os processos corporais. A sua abordagem terapêutica pretendia ser pluridimensional: atacava um conjunto de variáveis que, ao que se supunha, sustentavam os transtornos.

A sua técnica mais original era a programação de tarefas específicas, de dificuldade crescente, que permitia experimentar novos comportamentos para eliminar os antigos. Por exemplo: colocar-se nas situações temidas de acordo com uma progressão de dificuldade, não falar dos próprios problemas com as pessoas próximas, adotar novas fontes de satisfação. Todas essas medidas eram consideradas essenciais para o tratamento e para a prevenção de recaídas. Herzberg escreveu:

A psicoterapia ativa é uma combinação, ou melhor, uma integração entre psicanálise, persuasão, esforços para influenciar diretamente o meio do paciente e tarefas passadas ao paciente. A abordagem essencial, nessa integra-

582

ção, são as tarefas. A função dos outros três fatores é, principal mas não inteiramente, preparatória.[11]

Herzberg adotava o estilo ativo e até diretivo. Constatara que incitar o paciente a enfrentar progressivamente as situações ansiogênicas (ou seja, geradoras de ansiedade) dava resultado bem melhor que a "cura pela palavra". Observou melhoras satisfatórias, em média após umas vinte sessões.[12]

Os pioneiros das terapias comportamentais

Herzberg morreu prematuramente em 1945. No final da década de 1950, na Universidade de Londres, Hans Eysenck, psicólogo clínico que também fugira da Alemanha nazista, tentou elaborar uma forma de psicoterapia baseada na psicologia científica. Recordou os textos de Herzberg e neles achou inspiração para um tratamento das fobias com confrontos progressivos com o que causava o medo. Com colegas e colaboradores — Beech, Meyer, Shapiro, Yates — experimentou a ideia com sucesso retumbante.

Em 1960, Eysenck publicou, em Londres, o primeiro livro cujo título menciona a expressão "terapia comportamental": *Behaviour Therapy and the Neuroses*.[13] Ali definia terapia comportamental como utilização da teoria moderna da aprendizagem para explicar e tratar os transtornos psicológicos. A obra reúne 36 artigos sobre psicoterapias realizadas no arcabouço da psicologia científica. Os problemas tratados são fobias, obsessões, compulsões, tiques, gagueira, enurese noturna, conversões somáticas etc. As técnicas parecem imediatamente diversificadas.

Não se pode dizer que Eysenck (nem Herzberg) seja "o" criador das TCC. Ao contrário das outras formas de psicoterapia, as TCC *não são obra de um criador*. Nasceram na mesma década de 1950 em vários pontos do planeta, num momento em que a psicologia científica realizava progressos consideráveis. Os primeiros artesãos não se conheciam.

Paralelamente a Eysenck, Joseph Wolpe, psiquiatra sul-africano, pôs à prova os mesmos princípios. No começo, como a maioria dos seus confrades, praticava a psicanálise. Os seus encontros com Leo Reyna, psicólogo

O LIVRO NEGRO DA PSICANÁLISE

experimentalista americano, e com o epistemólogo Karl Popper, durante férias passadas numa universidade californiana, levaram-no a questionar a psicanálise e a voltar-se decididamente para a psicologia científica. Na década de 1950 elaborou um tratamento das fobias que chamou de "dessensibilização sistemática".[14] Essa terapia consiste em aprender comportamentos que reduzem a ansiedade (notadamente a diminuição rápida do tônus muscular e do ritmo respiratório) e ajudam a pessoa a enfrentar, por etapas, as situações ansiogênicas. Mais adiante ilustraremos esse procedimento com o exemplo do tratamento da aracnofobia.

Outro pioneiro importante: Burrhus Frederic Skinner. Esse psicólogo experimentalista da Universidade de Harvard pôde avaliar a ineficácia do tratamento freudiano para problemas graves. Na época em que foi assistente de Boring, este fizera, sem sucesso, análise sob a orientação de Hans Sachs, que fora um dos seis membros do "Comitê Secreto" destinado a velar pela ortodoxia da doutrina freudiana. Depois de 168 sessões, Boring abandonou o tratamento que não o ajudava em nada a sair de uma depressão grave e a reduzir as suas tendências obsessivas.[15] Embora na época a psicanálise fosse, nos Estados Unidos, a psicoterapia por excelência, Skinner rapidamente compreendeu que tinha pouco fundamento científico e era ineficaz nos casos graves.[16]

A principal contribuição de Skinner para o desenvolvimento das TCC foram as pesquisas sobre a análise e a modificação de comportamentos. Ele analisou de modo decisivo como a conduta é determinada pelos efeitos que produz (efeitos que já verificamos, que imaginamos ou que observamos nos outros). A fórmula que resume os seus primeiros trabalhos enuncia-se "S-R-C": uma situação (ou estímulo) provoca uma resposta (ou comportamento) que causa consequências, que retroagem sobre a maneira como reagiremos no futuro ao mesmo tipo de situação.

Durante duas décadas, Skinner fez experiências em laboratório, usando principalmente roedores e pombos. A partir da década de 1950, considerado o maior nome do behaviorismo (ou comportamentalismo), dedicou-se principalmente ao estudo dos comportamentos "internos": linguagem interior, visualização mental, solução de problemas, autogerenciamento etc.[17]

Na década de 1960, alunos de Skinner elaboraram programas de mudança de comportamento que visavam, principalmente, à redução dos transtornos de compulsão alimentar, à eficiência do estudo dos alunos e à melhora das relações conjugais.[18] Um dos princípios da análise dos comportamentos problemáticos foi encará-los como condutas controladas pelos afetos (satisfações diversas, diminuição ou evitação do sofrimento) e produzidas porque o indivíduo não dispõe de condutas mais adequadas. Correlativamente, um dos princípios da modificação de comportamentos era mudar as condições ambientais e ajudar a pessoa a desenvolver modos mais satisfatórios de pensar e agir.

Os pioneiros das terapias comportamentais não ignoraram, de modo algum, as emoções (os primeiros tratamentos visavam a eliminar os temores excessivos) nem as cognições (desde 1954 Wolpe utilizava a visualização mental das situações ansiogênicas). Todavia a sua atenção concentrava-se nos estímulos externos, nas ações e em seus efeitos observáveis.

As terapias cognitivas

Independentemente da versão anos 1960 de terapia comportamental, desenvolveu-se na mesma época a corrente da "terapia cognitiva". A iniciativa deveu-se, principalmente, a Albert Ellis e Aaron Beck, psicanalistas americanos insatisfeitos com a falta de cientificidade do freudismo e com a sua pouca eficácia.[19] Desenvolveram a ideia de que, quando os problemas psicológicos são graves, não basta que o paciente fale, recorde e exprima emoções enquanto o terapeuta escuta, analisa e faz interpretações "profundas". Para eles, era preciso consertar os esquemas de pensamento e as crenças disfuncionais para modificá-los de modo *ativo* e *metódico*.

Cognição: palavra-chave da psicologia contemporânea

- A palavra "cognição" designa tanto uma operação mental (a atividade perceptiva, a recordação, o comportamento para a solução de problemas etc.) quanto o conteúdo cognitivo que daí resulta (elementos percebidos, recordações, soluções para problemas etc.).

Comumente, não estamos conscientes dos processos pelos quais percebemos, interpretamos, construímos os nossos pensamentos e não observamos com a devida distância as cognições que produzimos. Muitas ações nossas, para serem eficazes e rápidas, supõem a abstração de grandes lotes das cognições que permitiram o seu aprendizado. Entretanto, em certas circunstâncias (especificamente em casos de transtornos mentais), é muito útil observar e analisar os processos cognitivos para melhor administrá-los.

• A psicologia cognitiva é o setor da psicologia científica que estuda os processos cognitivos: percepção, categorização, memorização, atribuição causal, formação de imagens mentais, comportamento verbal, solução de problemas etc.

O ponto de partida dessas pesquisas remonta ao surgimento da psicologia experimental: no final do século XIX Wundt fez experiências sobre as ilusões perceptivas, Ebbinghaus, sobre a memória etc. Desde a década de 1960, o interesse pelos processos cognitivos aumentou muito. A obra *Cognitive Psychology*, de Ulrich Neisser (Nova York, Appleton, 1967), teve importante papel histórico.

• A expressão terapia cognitiva foi proposta por Beck, no início da década de 1960, para designar a psicoterapia que dava lugar privilegiado à modificação ativa dos modos de pensar e se esforçava por respeitar as exigências de cientificidade (estudo metódico dos esquemas cognitivos, pesquisas sistemáticas do efeito das intervenções).

Antes da década de 1980 houve muito pouco intercâmbio entre os pesquisadores da psicologia cognitiva e os praticantes da terapia cognitiva ou das TCC. Hoje a interação é cada vez mais frutífera. É representativa a obra de J. M. G. Williams *et al.*, *Cognitive Psychology and Emotional Disorders*, 2ª ed., Chichester, Wiley, 2001.

• A expressão ciência(s) cognitiva(s), surgida nos Estados Unidos no final da década de 1950, designa um conjunto de pesquisas interdisciplinares realizadas por filósofos, psicólogos, linguistas, neurologistas, especialistas em informática etc. O principal objeto é a natureza do pensamento e dos conhecimentos. A ciência cognitiva confere importância à linguagem da in-

AS PSICOTERAPIAS DE HOJE

formação e à metáfora informática. Alguns consideram que a psicologia cognitiva faz parte dela, mas representantes eminentes da primeira, como Neisser, criticam vivamente os abusos do modelo informático e dos programas de inteligência artificial.

A obra *Histoire de la révolution cognitive. La nouvelle science de l'esprit*, de Howard Gardner (trad. Paris, Payot, 1993), que cuida da evolução desse movimento em 1985, mostra a ausência de interação com a terapia cognitiva e com as TCC. Os nomes de Ellis e Beck não são citados.

• A neurociência cognitiva estuda os processos cerebrais que tornam possíveis as operações cognitivas. Michael Gazzaniga (*Neurosciences cognitives*, trad. Paris, De Boeck, 2001) é um eminente representante.

Na década de 1970 essas duas correntes integraram-se na(s) chamada(s) "terapias cognitivo-comportamentais". O uso do singular dá ênfase aos denominadores comuns dos procedimentos; o do plural dá destaque à sua diversidade. Essa expressão se impôs na França, país ocidental onde, mais que em todos os outros, foi maior a rejeição do "behaviorismo" e onde os "comportamentalistas" precisam lembrar o tempo todo que levam sempre em conta as dimensões cognitivas e afetivas. Já nos Países Baixos, por exemplo, os praticantes definem-se simplesmente como "comportamentalistas". Usam a palavra "comportamento" no sentido mais amplo e, evidentemente, levam em conta os diversos aspectos do comportamento.

A princípio, os cognitivo-comportamentalistas dedicavam-se a resolver problemas de conduta claramente circunscritos. Assim, pegavam no contrapé os psicanalistas e terapeutas "não diretivos" que se diziam concentrados nos problemas "profundos" ou de "personalidade", mas que pareciam terrivelmente limitados quando os pacientes lhes pediam ajuda para eliminar condutas especialmente prejudiciais. A partir da década de 1970 os comportamentalistas mudaram de objetivo: em vez de buscar para os seus pacientes soluções exatas para problemas específicos, dedicaram-se a ensinar-lhes estratégias que pudessem ser utilizadas de modo autônomo em grande variedade de situações. O tema do *autogerenciamento* tornou-se central.[20]

As terapias cognitivo-comportamentais: nome propício a mal-entendidos

Desde a década de 1910 os psicólogos que queriam trabalhar de forma científica escolheram a noção de "comportamento" como unidade básica das suas observações. Alma, espírito, vontade, inconsciente e outras entidades mentais não são realidades que se possam estudar objetivamente. Os únicos fatos em que os pesquisadores podiam concordar e tomar como *ponto de partida* dos seus construtos — por exemplo, para teorizar sobre processos inconscientes ou fatores das condutas voluntárias — eram os *comportamentos observáveis* (fala, reações emocionais, gestos, ações), as suas condições ambientais e os seus correlatos fisiológicos. Não se faz ciência sem teoria, mas é preciso a todo momento poder referir-se à realidade empírica.

O comportamentalismo nasceu da rejeição das explicações "mentalistas". Uma das principais razões do seu surgimento foi a recusa de explicar a conduta com entidades mentais impossíveis de observar. Paulo estapeou o vizinho. Pode-se dizer que adotou um comportamento agressivo, mas não se explica muita coisa caso se especifique que deu o tapa *porque* tem "em si" um "instinto de agressão" ou uma "pulsão de morte". Pode-se afirmar, com rigor, que assim agiu porque sentiu uma (im)pulsão para agredir, mas o essencial então é explicar por que sentiu essa tendência e por que, ao senti-la, agrediu fisicamente em vez de adotar outra reação — por exemplo, ironizar ou dar meia-volta. A explicação de um comportamento envolve o exame de seis *variáveis*: os estímulos antecedentes, os processos cognitivos, o estado corporal (por exemplo, o grau de ativação fisiológica), o estado afetivo, o repertório comportamental, as consequências a esperar, levando em conta experiências passadas. Afirmar, como Freud no seu último livro, que os doentes não se curam porque têm necessidade inconsciente de ficar doentes, um *"Krankheitsbedürfnis"*,[21] é contentar-se com uma pseudoexplicação, do mesmo tipo que a *"virtus dormitiva"* apresentada por Molière para "explicar" por que o ópio faz dormir.

John Watson chamou a psicologia que adota esse ponto de vista de *behaviorismo* (em francês, *comportamentalisme*). Não negava, em momento nenhum, a importância dos pensamentos e sentimentos. Terminou o seu célebre manifesto de 1913 escrevendo:

AS PSICOTERAPIAS DE HOJE

Quando os nossos métodos estiverem mais desenvolvidos, será possível lançar-se à investigação de formas de comportamento mais complexas, como a imaginação, o julgamento, o raciocínio e a invenção. Os problemas que deixamos de lado voltarão ao primeiro plano, mas serão vistos sob um novo ângulo, no arcabouço de mecanismos mais concretos.[22]

O comportamento, palavra tantas vezes mal compreendida e desdenhada

A palavra *comportamento* recupera, junto aos psicólogos, dois significados. No *sentido estrito*, designa uma ação manifesta, diretamente observável, que se distingue dos fenômenos psíquicos "internos" (as cognições e os afetos). Na *acepção ampla*, designa toda atividade significativa, direta ou indiretamente observável. Apresenta, portanto, três dimensões:

— um componente cognitivo (percepção, lembrança, reflexão etc.);

— um componente afetivo (prazer, sofrimento, indiferença);

— e um componente motor (ação, expressão corporal).

Deixando de lado os reflexos elementares, todo comportamento apresenta esses três elementos.

Em definitivo, *toda análise de comportamentos exige levar em conta seis variáveis*:

• as suas três dimensões: *cognições*, *afetos* e *ações*;

• o(s) *estímulo*(s) *antecedente*(s);

• a(s) *consequência*(s) prevista(s), conscientemente ou não;

• o estado do *organismo*.[23]

Quando Beck e Ellis desenvolveram a sua terapia "cognitiva", usaram a palavra "comportamento" no sentido estrito. Quando as suas contribuições foram integradas às dos primeiros behavioristas, a expressão "cognitivo-comportamental" se difundiu. No entanto, essa expressão está longe de ser satisfatória. Tem o inconveniente de silenciar sobre o fato de que as TCC caracterizam-se, antes de tudo, pela sua cientificidade. Dá destaque a duas variáveis, o comportamento entendido no sentido estrito e as cognições, e

O LIVRO NEGRO DA PSICANÁLISE

silencia sobre outras três, das quais, em princípio, se ocupam todos os terapeutas dessa orientação: a dimensão afetiva (ou emocional), as variáveis fisiológicas (notadamente a ativação do sistema nervoso ortossimpático, a respiração, o tônus muscular, o consumo de substâncias estimulantes) e os ambientes materiais e sociais nos quais os comportamentos surgem, reforçam-se ou atenuam-se. É difícil evocar, com uma só expressão, os diversos fatores que os comportamentalistas observam, analisam e propõem que os seus pacientes modifiquem. A expressão "terapia contextual-biocognitivo-afetivo-práxica" seria mais justa, mas é quase impossível de usar, mesmo como sigla ("TCBCAP"). Hoje alguns preferem as expressões "psicoterapias empiricamente validadas" ou "baseadas em provas". Aqui falaremos de "TCC" ou "comportamentalismo",[24] entendidos como sinônimos.

Observemos ainda que a palavra "terapia" costuma ser preferida a "psicoterapia", porque o prefixo "psico" lembra a alma (*psukhê*). O comportamentalista não trabalha com a alma, mas com comportamentos — ou seja, pensamentos, emoções e ações —, com o ambiente físico e social e, às vezes, com o organismo.

Como procedem os terapeutas cognitivo-comportamentais?

O fato de as TCC se basearem na psicologia científica provoca evolução contínua, tanto no nível dos procedimentos quanto no das referências teóricas. Os terapeutas adaptam a sua prática em função dos problemas que tratam, da experiência pessoal e do conhecimento que têm das pesquisas científicas. Entretanto, além das particularidades, todos, em princípio, caracterizam-se por:

— um objetivo: modificar de forma tangível a maneira de pensar, as reações emocionais e o modo de agir;

— a escolha de um meio: a abordagem científica;

— um estilo de interação com o paciente, que podemos qualificar de "pedagogia democrática".

O objetivo

Os comportamentalistas têm como principal objetivo ensinar aos pacientes como modificar concretamente, de maneira observável e mensurável, os comportamentos que desejam mudar.

Os objetivos da mudança são definidos depois de um diálogo. O terapeuta ajuda o paciente a formular objetivos realistas e concretos que levem em conta o seu bem-estar, em prazo maior ou menor, e a qualidade das suas relações com os outros. Em certos casos, o terapeuta limita a sua ajuda a um pedido explícito e bem delimitado (por exemplo, parar de verificar o tempo todo se o gás está apagado ou a porta trancada a chave). Em outros casos, o tratamento eficaz envolve ampliar sensivelmente os objetivos. Assim, quem quer se libertar da dependência do álcool não pode se contentar com uma técnica de controle do impulso de beber causado por qualquer contratempo; precisa também desenvolver o seu repertório de atividades agradáveis "concorrentes", aprender estratégias para melhor controlar as emoções dolorosas e enfrentar situações estressantes etc. *Idealmente*, os aprendizados vão além de problemas bem circunscritos: visam a *melhorar a habilidade de gerenciar a si mesmo*. Em definitivo, *é sempre o paciente quem decide os objetivos a atingir e o grau de envolvimento no processo de aprendizagem*.

A preocupação com a cientificidade

O terapeuta enfrenta uma realidade muito complexa. Não está na posição do pesquisador de laboratório, que examina variáveis controladas de maneira rigorosa. É inevitável que faça extrapolações e interpretações, que deixam ampla margem à subjetividade. A exigência de cientificidade verifica-se em quatro níveis.

O terapeuta *baseia-se num corpus de pesquisas sólidas*, principalmente de trabalhos sobre a aprendizagem mas também estudos sobre processos cognitivos, afetivos, psicofisiológicos e sociais. Esse conjunto de conhecimentos evolui e fica cada vez mais vasto com o passar do tempo.

Durante as suas intervenções, o terapeuta adota *uma atitude aparentada com a do cientista pesquisador*: reúne as observações com atenção, considera as análises e interpretações hipóteses de trabalho, propõe ao paciente realizar observações sistemáticas para confirmar ou refutar as hipóteses, muda a hipótese quando os fatos a contradizem.

Sabendo que o seu *próprio comportamento* é função de múltiplas variáveis, o terapeuta esforça-se por observá-las e modificá-las quando desejável. Analisa, principalmente, as *interações sutis* que orientam o desenrolar das psicoterapias.[25]

Os comportamentalistas verificam metodicamente o efeito das suas práticas. Comparam a evolução de pacientes do mesmo tipo, tratados com métodos diferentes, para descobrir os ingredientes mais eficazes e os que são inúteis. Tentam determinar não só os procedimentos eficazes para a média dos pacientes como também os que funcionam melhor para cada tipo de pessoa (por exemplo, as técnicas baseadas na imaginação só convêm a alguns). Questionam-se quando os resultados são insatisfatórios.

Em quarenta anos, foram realizadas centenas de estudos controlados sobre a eficácia dos procedimentos, em função dos problemas a tratar. Grande número deles foi publicado em revistas de terapia comportamental (*Behaviour Research and Therapy, Behavior Therapy, Behavioural Psychotherapy, Cognitive Therapy and Research, Journal of Behavior Therapy and Experimental Psychiatry, Journal de thérapie comportementale et cognitive* etc.) e também nas mais prestigiadas revistas de psiquiatria e psicologia científica (*American Journal of Psychiatry, Archives of General Psychiatry, British Journal of Psychiatry, Journal of Abnormal Psychology, Journal of Consulting and Clinical Psychology, L'Encéphale, Psychological Bulletin* etc.).

A importância dada à cientificidade fez terapeutas de orientações rivais acharem que a abordagem comportamental era fria e desumanizada. Na verdade, essa questão fundamental excede amplamente o terreno da psicoterapia e diz respeito ao conjunto das profissões médicas e paramédicas. É verdade que o progresso dos meios técnicos foi acompanhado do risco de fazer os médicos e terapeutas esquecerem que estão sempre lidando com pessoas que teriam de "conhecer", no sentido nobre da palavra. No caso das TCC, a preocupação com a cientificidade não exclui, de modo algum, a atitude respeitosa e calorosa! Isso não é apenas questão de ética, mas também de eficácia: *numerosas pesquisas científicas mostraram*

AS PSICOTERAPIAS DE HOJE

a importância dos fatores afetivos na terapia.[26] O comportamentalista escuta com paciência o seu paciente e lhe demonstra simpatia, evitando as derrapagens afetivas e sexuais... que não são raras na prática do divã.[27]

A psicanálise é mais calorosa do que as terapias cognitivo-comportamentais?

Quando se seguem as prescrições de Freud, não se pode dizer que o tratamento analítico se desenvolva num clima caloroso e empático:

"Nunca seria demais recomendar aos meus colegas que tomem como modelo, durante o tratamento analítico, o cirurgião que põe de lado todos os seus afetos e até a sua simpatia humana e só dá às suas forças espirituais um único objetivo: realizar a operação do modo mais hábil possível. [...] A justificativa da frieza de sentimentos [*Gefühlskälte*] do analista reside no fato de que permite ao médico preservar, como deve, a sua própria vida afetiva e que dá ao doente a maior ajuda possível hoje em dia."[28]

O tratamento analítico deve, o mais possível, efetuar-se em estado de privação, de abstinência [...]. Por mais cruel que pareça, devemos cuidar para que os sofrimentos do doente não se atenuem prematuramente de modo muito marcante.[29]

O estilo do terapeuta: respeito, colaboração, transparência, incitação a agir

O terapeuta comportamentalista não é um guru. Age como pedagogo que respeita o "ensinando", preocupado em fazê-lo obter rapidamente mais autonomia. Evita que se estabeleça uma relação caracterizada pelo amor ou pela obediência à autoridade. Esforça-se por instaurar um ambiente de trabalho sereno e simpático.

Explicita com toda a clareza os princípios, objetivos, métodos, acordos, critérios de avaliação, resultados. Às vezes propõe leituras, que permitem ao paciente compreender bem os processos que o incomodam e a lógica do

O LIVRO NEGRO DA PSICANÁLISE

tratamento. Abstém-se de utilizar um jargão incompreensível para impressionar ou mascarar a falta de eficácia.

O paciente que quer libertar-se de reações muito enraizadas (pensamentos ansiosos, compulsões etc.) não pode se contentar em falar e receber interpretações durante uma ou duas horas por semana. Tem de realizar, na vida cotidiana, "tarefas terapêuticas", ou seja, observações metódicas e ensaios de novos comportamentos. As TCC não são magia e sim situações de aprendizagem que exigem esforço bem direcionado.

Em que casos as TCC são mais indicadas?

As indicações privilegiadas pelas primeiras terapias comportamentais foram os transtornos ansiosos, principalmente as fobias; as das primeiras terapias cognitivas, a depressão e as dificuldades relacionais. O progresso das pesquisas e a integração das suas correntes permitiram a ampliação considerável da utilização: habituações (ou adições), transtornos do comportamento alimentar, transtornos do sono, problemas sexuais, conflitos familiares, transtornos da infância, estados de estresse pós-traumático (consecutivos a um choque traumático) etc. Um setor desenvolveu-se especialmente bem na década de 1980: a "medicina comportamental" e a "psicologia da saúde", utilização de recursos da psicologia científica para desenvolver condutas que favoreçam a saúde física e mental e reduzir hábitos (tabagismo, alcoolismo, superalimentação etc.) que geram ou agravam problemas físicos.[30]

A lista de procedimentos não para de aumentar. Alguns foram emprestados de outras correntes: gestalt-terapia, terapia sistêmica, terapias humanistas etc. Os critérios essenciais da sua utilização são o *respeito à pessoa e a exigência de cientificidade*, o que envolve a *avaliação da eficácia*. Por exemplo, desde a década de 1980 os comportamentalistas utilizam com sucesso técnicas inspiradas diretamente na meditação budista.[31] Como na medicina, algumas técnicas utilizadas não gozam de unanimidade. Este é sabidamente o caso da EMDR (*Eye Movement Desensitization and Reprocessing*, Dessensibilização e Reprocessamento através de Movimentos Oculares), tratamento de

AS PSICOTERAPIAS DE HOJE

transtornos psicológicos causados por traumas. Atualmente há numerosas pesquisas em andamento sobre os efeitos e processos em jogo.[32]

Destaquemos que, na comunidade dos comportamentalistas, as divergências não provocam cisões nem excomunhões, como acontece desde o princípio no movimento psicanalítico. Os comportamentalistas, como outros pesquisadores científicos, avaliam os seus métodos e teorias em função de fatos observados metodicamente e não em função do argumento de autoridade.

Exemplo de tratamento com TCC

Para ilustrar a abordagem comportamental, eu poderia escolher qualquer tipo de método e transtorno. Mas aqui vou me ater ao tratamento da fobia de insetos, por quatro razões: esse problema atinge bastante gente (6% da população); as fobias de animais são os transtornos mais fáceis de tratar e apresentar; pratico esse método há mais de 25 anos; *last but not least*, o tratamento da fobia de insetos é o exemplo preferido dos psicanalistas que tentam passar uma imagem caricatural e aterrorizante das TCC.

Jacques-Alain Miller, líder dos lacanianos, diz o seguinte:

> As terapias cognitivo-comportamentais são métodos cruéis que passam pela exposição do indivíduo ao trauma propriamente dito — por exemplo, colocando um paciente com fobia de baratas diante de baratas. Da primeira vez, ele urra; da segunda, urra um pouco menos; dali a algum tempo, é considerado curado! Isso é maquiagem: os efeitos, quando existem, são transitórios ou superficiais, isso quando não se revelam nocivos. Nisso, a eficácia repousa unicamente sobre a autoridade do experimentador, que posa de especialista comandante.[33]

Elisabeth Roudinesco, outra cacique da psicanálise, escreveu em *Le Monde*: "Por querer medicalizar em excesso a existência humana, cai-se no ridículo, como alguns comportamentalistas que pretendem curar fobias em três se-

O LIVRO NEGRO DA PSICANÁLISE

manas *obrigando* o paciente que teme aranhas a enfiar a mão num vidro cheio de inofensivas *tarântulas*."[34]

Numa obra recente, ela declara que as TCC "têm mais a ver com as técnicas de dominação empregadas por ditaduras ou seitas do que com terapias dignas desse nome", que tratam as pessoas "como ratos de laboratório" e que "a crueldade dos homens, decididamente, não tem limites".[35]

Como os psicanalistas explicam e tratam a fobia de aranhas e baratas? Freud chama a fobia de "histeria de angústia".[36] Ele a explica como "sintoma" de uma "projeção": "A libido não utilizada não cessa de assumir uma aparência de angústia diante do objeto real [*Realangst*]; assim, um perigo exterior minúsculo torna-se representante de exigências libidinais [*Libidoansprüche*]." E acrescenta que "toda fobia histérica remonta a uma angústia da infância e prolonga-a, ainda que tenha outro conteúdo e deva, portanto, ser chamada de outro modo".[37] Assim, a aracnofobia remonta ao temor do incesto com a mãe e simboliza, em termos mais gerais, o medo dos órgãos sexuais da mulher.

Freud escreveu: "A aranha é, no sonho, símbolo da mãe, mas da mãe fálica que é temida, de modo que o medo da aranha exprime o terror do incesto com a mãe e o pavor diante dos órgãos genitais femininos."[38]

Um psicanalista insistiria no que Freud chamava de "interpretação por palavras-ponte" ("*Wort-Brücke*") e que Lacan rebatizou de "decomposição significante". Poderia achar que o medo de aranhas significa a negativa de uma paralisação: em "*araignée*" (aranha, em francês), ele ouve "*arrêt nié*" (parada negada).

A terapia correlacionada com a concepção freudiana consiste em encontrar, no passado, as causas do recalque da libido. Se a descoberta de lembranças de fatos reais ou fantasias não trouxer o desaparecimento do "sintoma", será preciso voltar ainda mais atrás no passado e analisar melhor a resistência à recordação.[39]

Para a psicologia científica, todas as nossas reações dependem, em parte, da nossa história. A revelação dos antecedentes de um transtorno *às vezes* facilita a sua diminuição ou eliminação. A rememoração permite compreender melhor as reações e ver melhor alguns fatores da sua manutenção. Isso é especialmente importante no caso de transtornos consecutivos a traumas graves[40] ou quando alguém repete sempre os mesmos roteiros infelizes.[41]

AS PSICOTERAPIAS DE HOJE

Todavia *em muitos casos* — notadamente nos de aracnofobia — *a recorda-ção da experiência originária não é necessária* e, sobretudo, *não permite por si só resolver o problema*. Muita gente recorda perfeitamente bem o fato que está no princípio da fobia sem que esse conhecimento modifique em nada a reação emocional.

O *que faz o comportamentalista*[42] *competente e honesto?* Todo comportamentalista é informado, desde o início da sua formação, dos processos de "sensibilização", o contrário da "habituação" e da "ex-tinção". Se uma pessoa fóbica é brutalmente colocada na presença do que lhe causa medo, a fobia aumenta! O comportamentalista que pro-ceder segundo a técnica "Miller-Roudinesco" não só demonstra falta de respeito elementar pelo paciente como também provocará o efeito exatamente contrário ao que procura![43] Os nossos detratores devem confundir o nosso trabalho com os programas de TV do tipo *Fear Factor* ou *Sem Limite*.

Em princípio, o comportamentalista convida *primeiro* o paciente a se informar corretamente sobre as aranhas, lendo, por exemplo, uma obra científica (e não assistindo a filmes de horror, é claro). O paciente precisa aprender, de modo objetivo, quais aranhas são perigosas e quais não são. Na Bélgica, o problema é simples: lá não há aranhas perigosas. A situação já é diferente no sul da França, sem falar dos países tropicais.

Segunda etapa: o paciente é convidado a aprender a se acalmar quan-do sente medo. Três aprendizados mostraram-se úteis e às vezes necessá-rios aqui:

- Aprender a controlar a respiração, ou seja, na maior parte dos casos, frear a hiperventilação, tentar respirar pelo diafragma e expirar o mais lentamente possível. Para quem reage com pânico, em geral são indispensáveis exercícios metódicos.
- Aprender a diminuir rapidamente o tônus muscular. Isso exige exer-cícios metódicos de relaxamento "comportamental".[44]
- Aprender a usar as autoinstruções. Não se trata, de modo algum, do método Coué, que consiste em repetir para si a mesma fórmula geral. As autoinstruções são enunciados breves, *concretos e precisos*, que

permitem lutar contra as ideias dramatizadoras induzidas pela situação geradora da fobia.

Quando se adquirem essas novas competências, o terapeuta propõe ao paciente *passar à ação de maneira progressiva, por etapas* (ver o quadro abaixo). É verdade que é importante falar e tentar mudar as ideias, mas *o procedimento mais eficaz para reestruturar um esquema de pensamento* — no caso, o perigo das aranhas — *é recorrer à ação!* Assim como quem se contenta em falar de natação não aprende a nadar, não é possível eliminar uma reação emocional intensa e enraizada limitando-se à utilização de palavras, deitado num divã.

Em pleno acordo com o paciente, o terapeuta passará por umas dez etapas, desde a visão de uma aranha pequena num vidro até a captura, pelo cliente, de aranhas numa caverna ou jardim (ver o quadro a seguir).

Etapas do confronto com as aranhas

— Na presença do terapeuta, olhar uma aranha pequena fechada num vidro transparente a dois metros de distância.

— Olhar aranhas pequenas no mesmo vidro, a alguns centímetros de distância.

— Tocar e mover o vidro.

— Abrir o vidro.

— Pôr a mão sobre o vido aberto.

— Deixar uma aranha pequena em liberdade sobre a mesa.

— Tocar uma aranha pequena com um lápis.

— Tocar e mover um vidro fechado que contenha uma aranha grande.

— Capturar uma aranha sobre uma superfície lisa com ajuda de um vidro e um pedaço de cartolina.

— Tocar rapidamente uma aranha pequena.

— Deixar ir até a mão uma aranha pequena e inofensiva que esteja num vidro aberto e virado.

— Deixar a aranha circular pela mão e pelo braço.

— Capturar aranhas sem o terapeuta, várias vezes.

AS PSICOTERAPIAS DE HOJE

Em cada uma das etapas, o terapeuta começa fazendo a demonstração. Antes que o cliente toque a aranha, o terapeuta deve tê-lo feito, calmamente, diante dele.

Para passar de uma etapa a outra, o terapeuta sempre pede a concordância do cliente. Encoraja-o a progredir no seu próprio ritmo.

Não é indispensável que o cliente chegue às duas últimas etapas para que a fobia desapareça ou dê lugar a uma pequena apreensão.

Graças a esses exercícios de confronto — que chamamos de "exposição", "imersão" ou "dessensibilização" — *o paciente aprende duas coisas*. Por um lado, *modifica o conceito que tem das aranhas*. O significado que atribuía a esses animais modifica-se "profundamente", de maneira durável, a menos que em seguida sofra uma experiência realmente traumática. Por outro lado, *aprende a gerenciar uma forte reação emocional*, no caso o medo. Experimenta a eficácia do controle da respiração e do tônus muscular, assim como a possibilidade de dominar o fluxo das ideias e neutralizar as ideias catastrofistas com autoverbalizações, praticadas anteriormente, de modo refletido.

O medo de aranhas desaparece depois de algumas horas de exercícios. *Esse medo não é substituído por outro sintoma. Pelo contrário:* observa-se um *efeito positivo de bola de neve!* O paciente que conseguiu gerenciar e fazer desaparecer a sua aracnofobia desenvolve o sentimento de eficácia pessoal.[45] A fobia de insetos que lhe causavam menos medo, como tatuzinhos e baratas, desaparece quase automaticamente. Se outros animais também lhe causavam medo, como as serpentes, ele terá de se treinar de novo, mas a aprendizagem será muito facilitada pela habilidade já adquirida.

O tratamento da aracnofobia é um exemplo simplíssimo de TCC no qual a *ação* — o comportamento no sentido estrito da palavra — é o eixo central. Entretanto as dimensões cognitiva e afetiva não estão ausentes: o paciente adquiriu uma série de *informações* (sobre o comportamento das aranhas, os processos do medo, os procedimentos de gestão das emoções); o tratamento põe em funcionamento *processos afetivos e corporais* (o paciente aprende a controlar a ativação emocional servindo-se da diminuição do tônus muscular e do ritmo respiratório); os objetivos finais são a *modificação do significado* das aranhas e *a concepção de possibilidades pessoais* para enfrentar situações ansiogênicas.

O LIVRO NEGRO DA PSICANÁLISE

A prática das TCC está longe de ser sempre tão fácil quanto no caso da fobia de insetos inofensivos. Quando a pessoa sofre de uma fobia social, o tratamento já é mais complexo e prolongado. Os esquemas relativos à auto-avaliação não se transformam com tanta facilidade quanto a representação mental de aranhas e baratas. Muitas vezes é preciso desenvolver novas "competências sociais": escutar melhor, ousar afirmar o seu ponto de vista sem agressividade, negociar soluções integrativas etc. Não é tão fácil organizar situações para os exercícios. Às vezes é preciso utilizar jogos de encenação praticados em grupo.[46] O tratamento da dependência alcoólica enraizada é ainda mais complexo. Exige aprendizados e análises múltiplas que vão da auto-observação das reações em situações de risco à modificação do estilo de vida e das relações, passando por reestruturações cognitivas, aprendizado do "surfe" mental nas ondas do impulso de consumir etc.[47]

Como na medicina, hoje alguns transtornos são tratados rápida e facilmente, outros nem tanto ou talvez jamais. Em geral, o tratamento da fobia de animais inofensivos é feito em poucas horas, sem recaída, muito pelo contrário; o de um transtorno obsessivo, em alguns meses, muitas vezes seguido de recaídas; o da toxicomania enraizada é longo, difícil e quase sempre tem recaídas. As personalidades antissociais e paranoicas quase não mudam.

Em certos casos, o procedimento é simples. Bastam informações ou mudança de ambiente. Em outros, é necessário agir de forma metódica sobre diversas "variáveis": esquemas cognitivos, repertório de ações, gerenciamento do tempo etc.

Como em todos os processos de aprendizagem, o resultado das TCC depende de vários parâmetros: o estado da pessoa no princípio, a importância que dá à mudança, a existência de procedimentos eficazes, a competência, honestidade e notoriedade do terapeuta, a qualidade da relação com ele, a expectativa de efeitos positivos, a obediência ao método, o esforço despendido, o grau de satisfação sentido depois das primeiras mudanças, as reações da família, a capacidade de relativizar fracassos momentâneos etc.

Alguns psicanalistas conhecem a eficácia das TCC para uma série de transtornos e encaminham os pacientes a um colega comportamentalista. Daniel Widlöcher, por exemplo, fala das TCC com respeito e reconhece a

AS PSICOTERAPIAS DE HOJE

sua pertinência para tratar uma série de problemas, notadamente as fobias e outros transtornos ansiosos.[48]

Há muito ignoradas pela população francesa

As TCC são atualmente ensinadas em todas as universidades anglo-saxônicas, germânicas e do Norte da Europa. Em alguns países, como os Países Baixos, são as terapias mais praticadas por psiquiatras e psicólogos com formação universitária. Essa evolução se explica pela preocupação de verificar cientificamente as teorias psicológicas e de realizar tratamentos eficazes. Uma das causas da promoção das TCC são as condições de acesso ao professorado nas universidades anglo-saxônicas e do Norte da Europa (inclusive na Bélgica flamenga): na grande maioria dos departamentos de psiquiatria e psicologia dessas universidades, o futuro professor tem de realizar uma pesquisa empírica com qualidade e publicar artigos em revistas de nível internacional. Lá, o ensino universitário da psicologia clínica e da psiquiatria é radicalmente diferente dos países latinos (inclusive da Bélgica francófona), onde basta saber ler e escrever.

Na França, os primeiros estudos de terapia comportamental foram realizados por Jacques Rognant, em Brest, e Mélinée Agathon, no Hospital Sainte-Anne (Paris), na década de 1960. A Associação Francesa de Terapia Comportamental foi fundada em 1971 por Pierre Pichot (Universidade de Paris V). A primeira obra francesa foi publicada em 1979.[49] Deveu-se a Jean Cottraux (Universidade de Lyon).

As TCC desenvolveram-se mais devagar na França do que nos outros países europeus devido ao número de psicanalistas e ao poder que exercem sobre tudo o que diz respeito à saúde mental. Até recentemente, eram ignoradas pelo grande público e por boa parte dos jornalistas que tratam de psicologia. Muitos pensavam que só havia duas alternativas para tratar os transtornos mentais: psicanálise ou medicamentos. Por exemplo, em *Le Monde* de 27 de dezembro de 1996, a resenha da obra notável de Grünbaum[50] sobre as fraquezas da psicanálise terminava assim: "A ironia mordente que jorra em cada página deste livro erudito trairia o verdadeiro

O LIVRO NEGRO DA PSICANÁLISE

projeto desse empreendimento — a erradicação da psicanálise e do tratamento praticado por Freud, o que não daria aos doentes outra escolha senão os antidepressivos?"

A publicação, em fevereiro de 2004, do relatório do Inserm[51] sobre a eficácia das psicoterapias e a balbúrdia e o furor que provocou em muitos freudianos modificaram a relação de forças. A partir daí, boa parte da população soube que, para toda uma série de transtornos psíquicos, existiam meios de tratamento melhores que os medicamentos e a psicanálise.

PARA SABER MAIS

O leitor encontrará informações e, principalmente, bibliografia atualizada nos seguintes sites na internet:

Associação Francesa de Terapia Comportamental e Cognitiva: http://www.aftcc.org/
Associação Francófona de Formação e Pesquisa em Terapia Comportamental e Cognitiva: http://www.afforthecc.org
Associação Belga Francófona de TC: http://www.ulg.ac.be/aemtc
Associação Belga Neerlandófona de TC: http://www.vvgt.be
Associação Suíça de Terapia Cognitiva: http://www.aspco.ch/
Associação Francesa de Pacientes que Sofrem de Fobias: http://mediagora.free.fr/
Associação de Transtornos Ansiosos de Québec: http://www.ataq.org
Associação Americana de Terapia Comportamental: http://www.abct.org/
Associação Americana de Transtornos Ansiosos: http://www.adaa.org

Notas

1. B. F. Skinner, *Science and Human Behavior*, Nova York, Macmillan, 1953, p. 228. Trad. francesa, *Science et comportement humain*, Paris, In Press, 2005.

2. Lacan, presidente da Escola Freudiana de Paris, declarou: "Freud sabia e nos deu esse saber em termos que podemos chamar de indestrutíveis [...]. Não pôde haver nenhum progresso, por menor que fosse, que não tenha se desviado toda vez que negligenciou algum dos termos em torno dos quais Freud ordenou as visões que traçou" (*Le Séminaire XI,* Paris, Seuil, 1973, p. 211). Por sua vez, Janine Chasseguet, presidente da Sociedade Psicanalítica de Paris, escreveu: "Ao contrário do que acontece nas outras disciplinas científicas, encontramo-nos, na pessoa de Freud, diante de um criador único e insuperável" ("Freud mis à nu par ses disciples mêmes", *Revue Française de Psychanalyse*, 39, 1975, p. 152).

3. J. Bouveresse, *Prodiges et vertiges de l'analogie. De l'abus des belles-lettres dans la pensée*, Paris, Raisons d'agir, 1999.

4. Freud zangou-se ao saber que Ernest Jones fazia sessões de trinta minutos para realizar mais sessões (ver S. Freud e S. Ferenczi, *Correspondance*, Paris, Calmann-Lévy, 3, 2000, p. 362). As sessões ultracurtas de Lacan, sem dúvida, lhe pareceriam uma caricatura escandalosa do seu método.

5. "Ratschläge für den Arzt bei der psychonalytischen Behandlung" (1912), *Gesammelte Werke*, Fischer, VIII, p. 376-8.

6. Ver, por exemplo, "Leçons d'introduction à la psychanalyse" (1917), *Œuvres complètes*, Paris, PUF, 2000, XIV, p. 463.

7. Ver, por exemplo, a carta de 2 de agosto de 1927.

8. *Écrits*, Paris, Seuil, 1966, p. 269.

9. "Totem und Tabu" (1913), *Gesammelte Werke*, Frankfurt, Fischer, IX, p. 194.

10. "Wege der psychoanalytischen Therapie" (1919), em *Gesammelte Werke*, XII, p. 191. Trad. francesa "Les voies de la thérapie psychanalytique", *Œuvres complètes*, Paris, PUF, XV, p. 106 (destaque de J. V. R.).

O LIVRO NEGRO DA PSICANÁLISE

11. A. Herzberg, *Active Psychotherapy*, Londres/Nova York, Routledge & Kegan Paul/Grune & Stratton, 1945, p. 5.

12. Para saber mais: A. Herzberg, "Short treatment of neuroses by graduated tasks", *British Journal of Medical Psychology*, 19, 1941, p. 19-36; H. Eysenck, *Rebel with a Cause. The Autobiography of Hans Eysenck*, New Brunswick e Londres, Transaction Publishers, 1997, p. 132-6; J. Van Rillaer, "Alexandre Herzberg. Un ancêtre méconnu de la thérapie comportementale", *Journal de thérapie comportementale et cognitive*, 9, 1999, p. 62-4.

13. Ed. Pergamon. Trad. francesa da edição resumida, *Conditionnement et névroses*, Paris, Gauthier-Villars, 1962.

14. J. Wolpe, "L'inhibition réciproque, principale base des effets en psychothérapie" (1954), em H. Eysenck, *Conditionnement et névroses, op. cit.*, p. 67-97. Alguns autores datam a história das terapias comportamentais da publicação, em 1958, do livro de Wolpe *Psychotherapy by Reciprocal Inhibition* (Stanford University Press). A expressão *"behavior therapy"* (terapia do comportamento) surgiu pela primeira vez em 1953, num relatório de Skinner *et al.* destinado ao Metropolitan State Hospital. Foi utilizada por Arnold Lazarus em 1958 num artigo de circulação restrita (*South African Medical Journal*). Foi popularizada por Eysenck a partir de 1960.

15. E. G. Boring, "Was this analysis a success?", *Journal of Abnormal and Social Psychology*, 35, 1940, p. 1-16. Repub. em S. Rachman, *Critical Essays on Psychoanalysis*, Nova York, Macmillan, 1963, p. 16-22.

16. B. F. Skinner, "A critique of psychoanalytic concepts and theories", *Scientific Monthly*, 79, 1954, p. 300-5.

17. Ver a princípio *Science and Human Behavior, op. cit*. Para uma noção geral da obra, ver M. Richelle, *Skinner ou le Péril béhavioriste*, Bélgica, Mardaga, 1977, p. 264.

18. Vários desses programas foram republicados em *Behavior Change through Self-Control* (1973), de Marvin Goldfried (Universidade de Nova York, *campus* de Stony Brook) e Michael Merbaum (Universidade Adelphi). Na introdução, os autores explicam que o objetivo final da terapia comportamental é dar ao cliente recursos que lhe permitam enfrentar sozinho os problemas existenciais.

19. Ver p. 507 e 544.

20. Ver, por exemplo, J. Van Rillaer, *La Gestion de soi*, Bélgica, Mardaga, 1992, 4ª ed., 2000.

21. S. Freud, *Abriss der Psychoanalyse, Gesammelte Werke*, Fischer, XVII, 1940, p. 105.

AS PSICOTERAPIAS DE HOJE

22. J. B. Watson, "Psychology as the behaviorist views it", *Psychological Review*, 20, 1913, p. 158-77.

23. Em *Pourquoi la psychanalyse?* (Paris, Fayard, 1999, p. 95), Elisabeth Roudinesco escreveu que "o behaviorismo baseia-se na ideia de que o comportamento humano obedece ao princípio do estímulo-resposta (S-R)". É verdade que, na década de 1910, Watson insistia na importância de referir-se, antes de tudo, aos comportamentos observáveis e aos estímulos que os provocam. Entretanto, a partir de 1923, Tolman, um dos maiores nomes do behaviorismo, mostrou que era indispensável vislumbrar as *"expectancies"* (expectativas, previsões) e não apenas os precedentes para compreender o comportamento. Desde 1931, Skinner, na sua tese de doutorado em Harvard, explicou a necessidade de "terceiras variáveis" para compreender as variações da relação entre estímulo e resposta. Hoje são nada menos que seis as variáveis que os comportamentalistas levam em conta. Dizer que o behaviorismo explica tudo com a fórmula "S-R" equivale a dizer que a psicanálise explica tudo com a libido.

24. Não é inútil lembrar que a palavra *comportamentalismo* é sinônimo do anglicismo *behaviorismo*, como sabem todos os psicólogos universitários ou quem consultar o dicionário. Em *Por que a psicanálise?* (*op. cit.*, p. 95), Roudinesco escreve: "O *behaviorismo* é uma variação do *comportamentalismo*", o que corresponde a dizer que *roller-skate* é uma variação do patim de rodas. Na mesma página ela escreve que "costuma-se classificar o behaviorismo na psicologia cognitiva" (recordemos que a psicologia cognitiva estuda cientificamente os processos cognitivos). Até onde sei, Roudinesco é o primeiro autor a propor uma "classificação" tão maluca. Sempre na mesma página, ela declara que "a psicologia cognitiva se diz científica por pretender que dependem do cérebro não só a produção do pensamento como também a organização psíquica consciente e inconsciente". Na verdade, os pesquisadores da psicologia cognitiva se consideram cientistas porque utilizam o método científico para estudar os processos cognitivos. É claro que não basta dizer que a produção do pensamento depende do cérebro para ser cientista. Erros assim grosseiros sobre a psicologia científica demonstram o total desconhecimento do qual talvez ela seja objeto e vítima.

25. Ver anteriormente "O condicionamento freudiano" e, por exemplo, I. Rosenfarb, "A behavior analytic interpretation of the therapeutic relationship", *The Psychological Record*, 42, 1992, p. 341-54.

26. Ver, por exemplo, A. Bergin e S. Garfield, *Handbook of Psychotherapy and Behavior Change*, Nova York, Wiley, 2004.

O LIVRO NEGRO DA PSICANÁLISE

27. Ver, por exemplo, K. Pope e J. Bouhoutses, *Sexual Intimacy with Patients*, Nova York, Praeger, 1986.

28. "Ratschläge für den Arzt bei der psychoanalytischen Behandlung" (1912), *Gesammelte Werke*, Fischer, VIII, p. 380-1.

29. "Wege der psychoanalytischen Therapie" (1919), *Gesammelte Werke*, XII, p. 187.

30. A coleção "Guides pour s'aider soi-même", publicada pela Editora Odile Jacob e organizada por Christophe André, oferece ao grande público uma visão geral muito boa das dificuldades tratadas pelas TCC.

31. Z. V. Segal, J. M. Williams e J. D. Teasdale, *Mindfulness-Based Cognitive Therapy for Depression. A New Approach to Preventing Relapse*, Nova York, Guilford, 2002; Ruth A. Baer, "Mindfulness training as a clinical intervention: A conceptual and empirical review", *Clinical Psychology: Science and Practice*, 10, 2003, p. 125-43.

32. J. M. Lohr *et al.*, "Novel and controversial treatments for trauma-related stress disorders", em S. O. Lilienfeld, S. Lynn e J. Lohr (orgs.), *Science and Pseudoscience in Clinical Psychology*, Nova York, Guilford, 2003, p. 249-55.

33. *L'Express*, 23 de fevereiro de 2004.

34. *Le Monde*, 14 de fevereiro de 2005 (grifo de J. V. R.).

35. *Le Patient, le thérapeute et l'État*, Paris, Fayard, 2004.

36. A palavra histeria, muito usada no século XIX, terminou assumindo os sentidos mais diversos, como, por exemplo, o de rótulo desvalorizador de qualquer paciente queixoso ou recalcitrante. O *Manual diagnóstico e estatístico de transtornos mentais*, publicado pela Associação Americana de Psiquiatria, abandonou-a na 4ª edição (DSM-IV, 1994) e designou os vários transtornos antes agrupados sob a rubrica "histeria" com outros nomes: fobia, transtorno de conversão, personalidade histriônica etc. A maioria dos psiquiatras e psicólogos de orientação científica adotou essa posição. Ver M. Bourgeois, "La mise en pièces de l'hystérie dans la nosographie contemporaine", *Annales médico-psychologiques*, 146, 1988, p. 552-62.

37. *Vorlesungen zur Einführung in die Psychoanalyse* (1917), *Gesammelte Werke*, XV, p. 424.

38. S. Freud, *Neue Folge der Vorlesungen zur Einführung in die Psychoanalyse* (1933), *Gesammelte Werke*, XV, p. 25. Trad. *Nouvelles Conférences d'introduction à la psychanalyse*, Paris, Gallimard, 1984, p. 36.

39. S. Freud, "Erinnern, Wiederholen und Durcharbeiten" (1914), *Gesammmelte Werke*, Fischer, X, p. 135.

AS PSICOTERAPIAS DE HOJE

40. Ver, por exemplo, A. Sabouraud-Seguin, *Revivre après un choc. Comment surmonter le traumatisme psychologique*, Paris, Odile Jacob, 2001.
41. Ver, por exemplo, J. Cottraux, *La Répétition des scénarios de vie*, Paris, Odile Jacob, 2001.
42. Como o título de "comportamentalista" não é oficial, como também não é o de "psicanalista" nem o de "grafólogo", qualquer um pode usá-lo. Não é impossível que algum dia, em algum lugar do planeta, alguém que se diga "comportamentalista" aja como Miller e Roudinesco descrevem. Todavia, em 25 anos de prática de TCC, nunca ouvi falar de nenhum caso *real*. O que Miller e Roudinesco descrevem são fantasias pessoais, muito reveladoras do seu modo de pensar e agir. Acrescentemos que o tratamento de psicopatas imaginado por Kubrick em seu filme *Laranja mecânica* (1972) é tão ficcional quanto a história do Doutor Fantásticol, do mesmo cineasta. Até onde sei, o tratamento mostrado nas telas nunca foi realmente praticado nem apresentado em publicações científicas ditas comportamentais.
43. Atualmente, a melhor obra para o grande público sobre a TCC das fobias é C. André, *Psychologie de la peur. Craintes, angoisses et phobies*, Paris, Odile Jacob, 2004.
44. Ver, por exemplo, L. Chneiweiss e E. Tanneau, *Maîtriser son trac*, Paris, Odile Jacob, 2003, p. 90-102; C. Cungi e S. Limousin, *Savoir relaxer*, Paris, Retz, 2003.
45. O sentimento de eficácia pessoal é fator essencial da mudança psicológica durável. Ver A. Bandura, *Auto-Efficacité*, trad. J. Lecomte, Paris, De Boeck, 2003.
46. Ver C. André e P. Légeron, *La Peur des autres. Trac, timidité et phobie sociale*, 3ª ed., Paris, Odile Jacob, 2000.
47. Ver, por exemplo, P. Graziani e D. Eradi-Gackiere, *Comment arrêter l'alcool*, Paris, Odile Jacob, 2003.
48. D. Widlöcher, *Les Nouvelles Cartes de la psychanalyse*, Paris, Odile Jacob, 1996.
49. J. Cottraux, *Les Thérapies comportementales*, Paris, Masson, 1979. Reedição, *Les Thérapies comportementales et cognitives*, Paris, Masson, 2001.
50. A. Grünbaum, *Les fondements de la psychanalyse. Une critique philosophique*, Paris, PUF, 1996, p. 464.
51. INSERM, *Psychothérapie. Trois approches évaluées*, Paris, INSERM, 2004. Disponível em www.inserm.fr/servcom/servcom.nsf/titre/expertise+collective +psychotherapie.

Apresentamos abusivamente a psicologia como a única psicoterapia verdadeira, a única alternativa aos medicamentos. Ora, existem muitos outros métodos de tratamento que também se fundam na palavra e conduzem o paciente a falar de sua infância e a "trabalhar" sob esquemas inconscientes. Os psicanalistas não têm mais o monopólio do inconsciente nem o da palavra.

OUTRO OLHAR SOBRE O INCONSCIENTE E AS PSICOTERAPIAS

Jean Cottraux

A transformação das opiniões científicas é evolução, progresso, e não demolição.

Sigmund Freud[1]

O que valem os nossos propósitos diante do abismo do tempo? À guisa de preâmbulo, tomo de empréstimo à ficção as ambiguidades e a música do fado, o canto do destino. O leitor poderá tirar daí a moralidade que quiser. Essa avaliação da obra de Freud tenta afastar-se das turbulências da época atual.

Crônica portuguesa do século XVII de Dom João Coltro de Coimbra

Um viajante contou-me certa história cujo rumor está a se espalhar por todos os portos das Novas Índias. É a história do conquistador Sigismundo Freda, que conto esta noite, para edificação das futuras gerações, neste Ano da Graça de 1605. Será confiada à biblioteca que a nossa Universidade deve à magnanimidade de Dom Henrique, o Navegador. Que a Verdade e a Fé se vejam confirmadas para a maior Glória de Deus.

Em princípios do século passado, o capitão Sigismundo Freda zarpou de Lisboa para procurar, nas costas das Novas Índias, a esquecida Vila do Ouro, que foi, pelo que dizem, abandonada pelos Incas. Isso ele ouviu dizer dos companheiros de Cristóvão Colombo; e por preço elevado comprou um antigo mapa de um mercador de Malta. Munido somente dessas informações, singrou para Oeste e cruzou os mares, prometendo à tripulação os tesouros da Vila como recompensa pela busca. Malgrado os perigos, as tempestades e os monstros marinhos, chegaram ao Novo Mundo e começaram a procurar. Sempre que os homens duvidavam ou se revoltavam, Freda lhes repetia a sua certeza e lhes prometia a maior das recompensas: o ouro, que ia deixá-los ricos e famosos. Durante meses e anos procuraram, até à noite em que chegaram a uma baía; a Vila do Ouro cintilava sob o sol poente. Caíram de joelhos para agradecer a Deus e a partir do dia seguinte passaram a explorá-la.

Foi então que se deram conta de que a vila era tão somente feita de cobre. Nesse ponto da história as tradições discordam. Algumas dizem que Freda foi abandonado pela tripulação e que, sozinho, enlouqueceu e errou pela vila até a morte. Outra tradição afirma que Freda e seus companheiros ficaram na vila e enviaram uma mensagem ao Rei para dizer-lhe que tinham achado ouro. Para justificar-se, fundiram todo o ouro que conseguiram encontrar no barco para enviar uma barra a Sua Majestade. Assim, outros conquistadores atravessaram o mar, e nada mais acharam senão cobre. Mas como eram hábeis artesãos e comerciantes de bom juízo, tiraram proveito do cobre e a vila enriqueceu. Freda morreu desesperado, mas uma igreja lhe foi dedicada e ornada com o ouro comprado com o dinheiro apurado com o cobre. Depois o continente foi explorado e revelou em verdade a sua riqueza, que não era ouro, mas o fruto do trabalho. Em sua memória o Conselho dos Anciãos decidiu que a baía onde Freda avistou a vila pela primeira vez receberia o nome daquele que, com suas mentiras piedosas, os guiara até lá.

A psicanálise não tem o monopólio do inconsciente

A descoberta é muitas vezes redescoberta. Assim como Cristóvão Colombo no caso da América, Freud não é o descobridor do inconsciente. De bom grado, apresentou-se como guia cultural e é assim que os seus bajuladores o reverenciam. Uma frase do seu ensaio O *futuro de uma ilusão*, de 1927, lhe serve como luva: "É somente graças à influência de pessoas que reconhecem como guias que os homens se deixam incitar aos esforços e renúncias sobre os quais repousa a civilização."

Freud foi verdadeiramente esse guia inspirado? Durante séculos, numerosas teorias explicaram as contradições e complexidades do comportamento humano com a presença oculta de fenômenos inconscientes.[2] Vou me limitar a dois autores especialmente fecundos: Platão e Janet.

O inconsciente em Platão

Uma das primeiras abordagens do inconsciente foi a de Platão, que, em *Fedro*,[3] divide a alma em três partes. A parte superior, que corresponde à razão, é o "Noûs", que conduz uma parelha de cavalos. Um, "Thymós", é obediente e generoso: representa as emoções, a coragem e os desejos elevados. O outro, "Epithumétikon", indócil e irrequieto, simboliza as necessidades e desejos materiais grosseiros. Pode-se ver aí uma prefiguração da tópica freudiana. Eis o que diferencia: o Supereu e o Ideal do eu, que corresponderiam em parte ao Thymós. O que para Freud é o mundo recalcado das pulsões poderia lembrar Epithumétikon. Enfim, o eu que se esforça para manobrar entre as pulsões e a realidade poderia aproximar-se do Noûs.

Pierre Janet, verdadeiro inventor do inconsciente?

A época científica começa verdadeiramente com as obras de Pierre Janet (1859-1947), professor do Collège de France. Em seu livro *L'Automatisme psychologique*,[4] descreve o pensamento inconsciente automático, o papel das lembranças traumáticas subconscientes e a importância do retorno dessas lembranças, através do relato dos pacientes, sob a forma de "ideias fixas".

Janet achava que somente pequena parte das relações entre o indivíduo e o ambiente acontece em nível consciente. Em circunstâncias normais, as pessoas incorporam, de modo automático, as informações novas e agem sem prestar atenção ao que se passa. Muitas experiências,

O LIVRO NEGRO DA PSICANÁLISE

valores, hábitos e competências, inatas e adquiridas, são automáticos e incorporados à personalidade.

A dissociação da personalidade surge quando experiências novas ou especialmente aterrorizantes não podem se incorporar aos esquemas existentes. A personalidade dominante ou consciente separa-se das ideias fixas, que são subconscientes. Estas vão traduzir-se em sintomas físicos, como ansiedade ou paralisias histéricas e comportamentos aparentemente aberrantes.

Freud tomou algumas ideias de Janet sem citá-lo, o que acabaria admitindo em 1915. Com efeito, L'Automatisme psychologique de Janet precede em seis anos os Estudos sobre a histeria de Freud e Breuer,[5] que marca o nascimento da psicanálise. Janet observou, em 1919, que as obras de Freud e Breuer poderiam constituir uma confirmação parcial da sua, e a diferença era que, embora reconhecesse a relação entre a sexualidade e alguns sintomas — ele estima que exista em cerca de três quartos dos casos —, o seu papel ainda não fora determinado. Em Les Médications psychologiques, de 1919, censurou Freud por sugerir aos pacientes as suas próprias teorias sobre a sexualidade. Para Janet, é preciso perceber que lembranças traumáticas outras, além das experiências sexuais precoces, têm o seu papel nas perturbações psicológicas. Ele se baseia em observações clínicas numerosas e minuciosas.

Janet também destaca o possível papel do condicionamento pavloviano na conservação indefinida das experiências de medo,[6] o que é um ponto de vista muito moderno para a época. Recordemos que Freud, neurologista por formação e contemporâneo exato de Pavlov, só menciona uma vez o trabalho do fisiologista e prêmio Nobel russo, em O chiste e suas relações com o inconsciente, em que faz o paralelo entre os efeitos da expectativa sobre a secreção gástrica e sobre o riso. Janet também defende a hipótese de que o estado de desagregação mental que se segue a uma experiência traumática estabiliza as ideias fixas subconscientes. Estas vão se traduzir em atividades automáticas estranhas. Assim, Janet se aproxima bastante da concepção atual de estresse pós-traumático. Além disso, a sua obra é cada vez mais citada e comentada do outro lado do Atlântico.[7] A concepção atual de inconsciente cognitivo baseia-se tanto em modelos de memória implícita quanto nos automatismos de Janet.[8]

AS PSICOTERAPIAS DE HOJE

Freud seria um dos pais das terapias comportamentais e cognitivas?

Assim, Janet seria o pai oficial da terapia comportamental e cognitiva, reconhecido há muito tempo pelos nossos colegas anglo-saxões. Mas pode ser que Sigmund Freud também seja um dos supostos pais, malgrado seu e para escândalo dos freudianos.

Freud seria comportamentalista?

— Freud e sobretudo o seu aluno Ferenczi podem ser considerados os grandes pais das TCC modernas. A maneira de conceber a psicanálise nas décadas de 1910 e 1920 era mais próxima das TCC do que da psicanálise atual.

— A duração do tratamento era pequena: seis meses a um ano em muitos casos.

— A técnica era mais ativa e costumava misturar fantasia e realidade, sugestão direta e análise da transferência.

— Freud não se privava de intervir na vida dos pacientes, com injunções, proibições ou prazos fixados para o tratamento.

— Ele também não hesitava em reforçar o trabalho analítico com bombons e gratificar-se com um bom charuto quando acabava de atualizar com o paciente as produções fantasmáticas que confirmavam as suas teorias.

— Os passeios no Prater e os convites para jantar na casa do mestre, para desfazer a transferência, eram comuns. A realidade do analista, portanto, intervinha com frequência na análise.

— Num artigo de 1919, "Progresso da psicoterapia psicanalítica", Freud admitia explicitamente que é impossível curar as formas graves de agorafobia se, no final da análise, o analista não estimular os pacientes a saírem à rua para enfrentar a angústia até que ela desapareça.

Para uma nova concepção: os três inconscientes

A consciência é uma função que emerge do mar de inconsciência. Isso levou Sartre[9] a dizer que, se só conhecemos o inconsciente por uma operação consciente, seria melhor levar isso em conta.

Para Freud, existiria uma energia libidinal (a libido, o desejo, as pulsões sexuais) que, quando não encontra vazão, se recalca e acaba reaparecendo sob outra forma: angústia, inibição ou sintomas repetitivos. Esse modelo foi apelidado de "modelo hidráulico".

Os modelos atuais, vindos das ciências cognitivas, descrevem o inconsciente como um conjunto de processos de tratamento da informação que se desenvolvem de maneira automática. Numa obra anterior[10], propus distinguir três formas de inconsciente. Esses três inconscientes, ainda que ligados, têm origem e funções diferentes.

O inconsciente biológico ou neuronal

Corresponde à atividade neuronal automática e ao funcionamento neuroendócrino. Está por trás dos processos cognitivos conscientes e das emoções.

Os trabalhos de Le Doux[11] permitiram compreender melhor a biologia das emoções e da sua relação com as cognições. A consciência tem pouco papel nesse tipo de aprendizado, que ocorre em duas estruturas neurológicas pertencentes a estruturas primitivas do cérebro emocional: o tálamo e a amígdala, além do tronco cerebral. O aprendizado do medo e das reações ansiosas acontece numa via que provoca um curto-circuito no córtex préfrontal. Essa via é utilizada quando há reações imediatas de sobrevivência: fugir, enfrentar e combater ou imobilizar-se. Essa via curta corresponde, portanto, aos processos de condicionamento clássico.

Mas a essa via curta soma-se uma via longa, que permite o tratamento consciente e, por isso, mais lento da informação. Está ligada às áreas préfrontais, que fazem parte do neocórtex. A ativação do córtex pré-frontal impede a redução das reações de medo e ansiedade com a exposição repetida a situações provocadoras de ansiedade. A consciência, assim, tem o seu papel nos processos de habituação. Quem é submetido a perturbações emocionais graves utiliza principalmente a via curta, automática e inconsciente, o que explicaria as reações desproporcionais de cólera, violência ou medo.

As anomalias da neurotransmissão, geneticamente programadas, podem provocar disfunções das redes neuronais, em função também de acontecimentos singulares vividos por cada pessoa. Os dados atuais da genética mostram que a hereditariedade só representa 40% da origem dos transtornos psiquiátricos; o restante pode ser explicado por processos sociais e interpessoais, pelo desenvolvimento psicológico individual e por fatos acontecidos na vida de cada um.[12] Em outras palavras, o inato tem papel efetivo, mas não explica tudo. Dentre as causas possíveis, há portanto muito espaço para os fatores psicossociais, e as intervenções psicoterápicas modificam os seus efeitos.

Diante de reações emocionais excessivas e sofridas, as terapias cognitivas e comportamentais muitas vezes agem sobre as regiões do cérebro do mesmo modo que os medicamentos. Isso foi demonstrado com os métodos de neuroimagem cerebral nas obsessões-compulsões;[13] nas fobias sociais;[14] na depressão;[15] e na aracnofobia.[16]

O inconsciente ambiental

O inconsciente ambiental é feito de vestígios da nossa educação, mas também de traumas graves que podem deixar marcas na personalidade de cada um. Os mitos e a cultura também configuram os indivíduos à sua revelia. A essa regulação automática pelo ambiente se opõe a noção de autocontrole ou autodeterminação. Ninguém está totalmente submetido aos ditames de um mundo pulsional inconsciente nem às leis do ambiente. A capacidade de autocontrole pode se desenvolver durante as terapias comportamentais e cognitivas, muito interessadas nesse problema. Elas mostraram que não basta aumentar a conscientização das motivações internas para obter mudanças; é preciso também que cada um se conscientize daquilo que, às vezes do exterior, o controla totalmente. A teoria de aprendizagem social de Albert Bandura[17] propõe a libertação do "inconsciente ambiental", tornando-nos engenheiros do nosso comportamento. A psicanálise defendeu o "insight" ou tomada de consciência das próprias motivações; a teoria da aprendizagem social sugeriu desenvolver o *"outsight"*: tomada de consciência exata da ação do ambiente sobre a pessoa.

O inconsciente cognitivo

Corresponde ao conjunto de processos mentais automáticos. Os modelos atuais conferem lugar importante à noção de esquema cognitivo. Vou tentar desenvolver essa noção, que exige um esclarecimento mais detalhado.

Fale-me da sua infância: esquemas cognitivos precoces e roteiros de vida

Acredita-se, erradamente, que a psicanálise é a única terapia que se interessa pela infância dos pacientes. Ora, as terapias comportamentais e cognitivas e muitas outras formas de psicoterapia também se preocupam com ela.

Embora a palavra "esquema" tenha sido criada por pensadores da Grécia antiga, foi preciso esperar o século XVIII para que surgisse uma definição verdadeiramente operacional de "esquemas cognitivos".

De Kant à terapia cognitiva

Emmanuel Kant, na *Crítica da razão pura*, distinguia as coisas "em si", ou "númenos", da sua aparência: os "fenômenos". E defendia que ninguém podia gabar-se de conhecer ou compreender o mundo numênico. De fato, é preciso impor aos objetos do mundo exterior três categorias mentais *"a priori"*, que são os esquemas: tempo, espaço e causalidade. Estes determinam a forma do mundo das aparências. O homem impõe aos objetos as categorias do seu entendimento, mas não pode conhecer o que cai nessas categorias. Assim, Kant propõe um dos primeiros modelos psicológicos de tratamento da informação.

A partir daí, podemos distinguir duas maneiras de conceber os esquemas:

— Os esquemas fazem parte da estrutura do sistema nervoso.

AS PSICOTERAPIAS DE HOJE

— Os esquemas representam o princípio organizador da vida psicológica que se vincula às crenças causadas pelas experiências vividas.

Como veremos, à luz dos dados atuais das neurociências cognitivas essas duas concepções não são inconciliáveis.

Esquema e estrutura do sistema nervoso

A palavra "esquema" foi em seguida utilizada pelos neurologistas para designar localizações cerebrais que sustentam a identidade. Especificamente, devemos a Head[18] a noção de "esquema corporal", localizado no lobo parietal, que assegura a estabilidade da imagem do corpo e, portanto, da representação de si mesmo durante a ação.

Bartiett,[19] grande neuropsicólogo da memória, vincula os esquemas cognitivos à memória semântica, parte da memória que conserva os significados, conceitos e planos de ação.

Piaget, em várias obras, resumidas num livro de 1964, descreveu dois grandes processos que permitem entender o desenvolvimento cognitivo:

— A assimilação torna o mundo semelhante ao sujeito e aos seus esquemas.

— A acomodação leva em conta a realidade do mundo e modifica os seus esquemas.

Portanto, existe uma série de equilíbrios sucessivos que partem dos esquemas sensório-motores *inatos* mais elementares — sugar e agarrar — e prosseguem até os estágios mais elaborados do conhecimento: as operações lógicas concretas e abstratas. As noções de assimilação e acomodação ao esquema foram retomadas pelos terapeutas cognitivistas para tratar transtornos da personalidade.[20]

Esquemas e sistema pessoal de crenças

Alfred Adler, depois do rompimento com Freud, foi o primeiro psicoterapeuta a descrever os esquemas cognitivos. Ele fala do "esquema de percepção" para explicar a visão pessoal que cada um tem do mundo e de si mesmo numa obra chamada *A ciência de viver.*[21] Segundo Adler, os transtornos psi-

O LIVRO NEGRO DA PSICANÁLISE

cológicos refletem os esquemas neuróticos individuais. A sua obra tem influência reconhecida sobre a terapia cognitiva moderna.[22]

Em 1955, Kelly[23] forjou a noção de "construção pessoal" para designar as estruturas ou dimensões bipolares que refletem as convicções e julgamentos que dizem respeito ao eu, ao mundo e aos outros. As construções pessoais podem fragmentar-se e provocar comportamentos contraditórios. Também é possível encontrar oscilações rápidas entre os dois polos, que se manifestariam pela ambivalência dos julgamentos dos outros em "preto e branco". Esse modelo foi revelado pela análise fatorial e permitiu o desenvolvimento da terapia "dos papéis fixos", precursora da terapia cognitiva.

Modelo e terapia cognitiva dos transtornos psicológicos

Beck utilizou a palavra "esquema" desde 1967. O seu modelo cognitivo atual dos transtornos psicopatológicos[24] pode resumir-se em dez proposições.

O modelo cognitivo segundo Beck e os esquemas

1. Os esquemas constituem interpretações pessoais automáticas da realidade: assim, tratam as informações de maneira inconsciente.
2. Influenciam as estratégias individuais de adaptação.
3. Manifestam-se por distorções cognitivas e tendências específicas de cada um dos grandes tipos psicopatológicos. Em termos claros, são estes os "preconceitos" ou "atitudes disfuncionais".
4. Esses esquemas podem estar na base da personalidade, principalmente os esquemas adquiridos precocemente.
5. Traduzem-se pela vulnerabilidade cognitiva individual.
6. Cada transtorno psicopatológico resulta de interpretações mal-adaptadas sobre si, o ambiente atual e o futuro. Pode-se citar, por exemplo, os esquemas de interpretação negativa dos fatos (depressão), os esquemas de perigo (fobias e ataques de pânico), os esquemas de excesso de responsabilidade (transtorno obsessivo-compulsivo).

7. Esses esquemas manifestam-se pela atenção seletiva diante de fatos que os confirmam; assim, constituem uma previsão que se realiza.

8. Os esquemas patológicos são estruturas mentais selecionadas pelo ambiente e que se tornam mal-adaptadas a outro ambiente. Podem ter apresentado valor de sobrevivência na história do indivíduo ou da espécie, do qual representam um vestígio que sobreviveu à utilidade prática.

9. Estão ligados a redes de neurônios, gerando, por sua vez, emoções, crenças e comportamentos.

10. A ativação das emoções e dos pensamentos automáticos a eles associados permite ter acesso ao esquema.

Entende-se por "pensamento automático" uma imagem ou ideia da qual o indivíduo não está consciente, a menos que se concentre nela. Quando o indivíduo, durante a sessão de terapia, sente uma forte emoção, Beck propõe perguntar-lhe qual foi o pensamento que lhe veio à mente. Essa revelação das constelações de pensamentos automáticos permitirá, progressivamente, compreender e avaliar os esquemas: "a emoção é o melhor caminho para a cognição".

A terapia dos esquemas precoces inadaptados

Segundo Young,[25] os esquemas precoces inadaptados representam modelos ou temas importantes e invasivos para o indivíduo. Constituem-se de lembranças, emoções, pensamentos e sensações corporais. Dizem respeito à pessoa e às suas relações com os outros. Desenvolvem-se durante a infância ou a adolescência. Enriquecem-se e tornam-se mais complexos ao longo da vida. Cinco grandes domínios de funcionamento são explorados: separação e rejeição, falta de autonomia e desempenho, falta de limites, orientação para os outros, supervigilância e inibição.

O esquema não é um comportamento, mas as estratégias individuais de adaptação vão gerar um estilo relacional particular para tentar resolver os problemas que causa. Assim, por exemplo, quem se sente inferior pode tornar-se egocêntrico para compensar (personalidade narcísica), sentir-se perseguido (personalidade paranoica) ou ainda buscar a proteção do outro (personalidade dependente).

Os esquemas precoces são medidos pelo questionário de esquemas de Young. Esse questionário foi traduzido para o francês e validado, o que mostrou, especificamente, que, nas personalidades *borderline*, as pontuações são significativamente mais altas que em indivíduos tirados da população em geral. Existe também uma forma abreviada cuja versão francesa acabou de ser validada.[26]

Assim como outros autores da corrente comportamental e cognitiva, Young se esforçou por basear o seu modelo em pontos de vista atuais das neurociências sobre as relações entre o condicionamento emocional e as lembranças traumáticas, desenvolvidos por Le Doux.[27] Entretanto nem todos os esquemas resultam de experiências traumáticas intensas e isoladas; podem ter-se estabelecido com experiências precoces repetidas e nocivas.

Esquemas cognitivos e roteiros de vida

Os esquemas precoces inadaptados manifestam-se como comportamentos autoderrotistas que surgem muito cedo no desenvolvimento e se repetem pela vida inteira. O conteúdo dos esquemas é latente e evitado pelo indivíduo, que não pode admitir que eles guiam a sua vida. Representam, portanto, um dos elementos constitutivos da personalidade e são fonte dos roteiros de vida.[28]

Um roteiro de vida é uma situação-armadilha em que a pessoa se debate sem conseguir sair e que se repete em numerosas ocasiões ao longo da vida. Quem nele fica preso faz sem parar a mesma coisa esperando que os resultados sejam diferentes. O indivíduo, à sua revelia, é arrastado para a espiral descendente do insucesso.

Muitas vezes a pessoa roteirizada percebe um "não sei quê" que deveria ou não fazer para que o resultado das suas ações seja mais satisfatório. Mas não consegue deixar de fazer sempre a mesma coisa para daí tirar ainda mais problemas. A consciência infeliz de que "alguma coisa não vai bem" faz com que surja o sofrimento. Mas esse sofrimento também faz parte do roteiro. Presa em seu personagem, a pessoa roteirizada mantém relações estereotipadas e insatisfatórias com os outros, principalmente se o seu papel tem função no grupo: mulher perfeita, bode expiatório, falso gênio, perdedor, combatente, ganhador, machão, vítima, violento, sedutor, seduzido ou seduzida e abandonada.

Todos repetem até enjoar o que deveriam evitar, convencidos que estão de que isso vai mudar o seu destino. E o seu destino é tão implacável quanto o roteiro de um filme de terror ou de uma tragédia. Esses enredos trazem a marca de um tipo de personalidade, o que explica que o número de roteiros possíveis permaneça limitado, assim como é limitado o número de tipos de personalidade.

Os resultados das terapias cognitivas nos transtornos da personalidade

O papel do psicoterapeuta é, portanto, "ajudar o paciente a pôr em palavras a vivência emocional do esquema". Este último talvez jamais seja modificado por completo, porque está inscrito no cérebro emocional, mas o indivíduo poderá ter uma vida mais satisfatória com as modificações cognitivas, emocionais e comportamentais propostas pelo terapeuta ativo.

Vários estudos controlados começam a vir à luz e a demonstrar a eficácia dessa abordagem no transtorno de personalidade *borderline*. Especificamente, um estudo holandês mostrou a superioridade da terapia cognitiva dos esquemas em relação à terapia psicanalítica depois de três anos de tratamento.[29] Um estudo[30] demonstrou a equivalência entre a terapia psicanalítica breve e a terapia cognitiva nos transtornos de personalidade ansiosa (personalidades evitantes, obsessivo-compulsivas e dependentes).

Um método mais diretivo, a terapia dialética comportamental de Marsha Linehan,[31] também demonstrou a sua eficácia nas formas mais graves de transtorno da personalidade *borderline*.[32]

Beck também propôs aplicar a terapia cognitiva à violência social em todas as suas formas, desde as fases mais precoces.[33]

As correntes atuais da psicoterapia

Seria possível conciliar os pontos de vista e fazer convergir os caminhos que, no decorrer do tempo, se separaram?

A terapia cognitiva: um modelo integrador

Tanto a terapia cognitiva quanto a terapia psicanalítica buscam revelar as interações sutis entre cognição, sentimento e comportamento. Ajudam o paciente a modificar os pensamentos para modificar as emoções. As duas dão ênfase ao significado dos sistemas de crenças aos quais os indivíduos estão submetidos.

Mas diferem na concepção do funcionamento psicológico e da prática psicoterápica. A terapia cognitiva baseia-se, de maneira integradora, na teoria dos esquemas cognitivos e na prática específica da sua modificação com técnicas, por sua vez, cognitivas, comportamentais, interpessoais e emocionais. Além disso, a terapia comportamental e cognitiva tem eficácia comprovada nas fobias, nas obsessões-compulsões, no estresse pós-traumático, na depressão de intensidade moderada, na reabilitação dos estados psicóticos, nos estados de dependência (álcool, drogas), nos transtornos da conduta alimentar e nos transtornos de personalidade. A terapia analítica só foi validada nos transtornos de personalidade.[34]

A terapia interpessoal: outra síntese

A terapia interpessoal trata com sucesso a depressão e a bulimia. Na depressão, mostra-se tão eficaz quanto a terapia cognitiva.[35] Nascida da psiquiatria social, a terapia interpessoal apresenta certo número de características que a distinguem de outras formas de terapia.[36] Gira em torno das relações entre o início dos sintomas depressivos e os problemas relacionais do presente. A terapia interpessoal concentra-se no contexto social imediato do paciente e busca intervir sobre as disfunções sociais associadas à depressão, mais do que sobre a personalidade. Diferencia-se claramente, assim, da psicanálise. Entretanto a terapia interpessoal tem semelhanças

AS PSICOTERAPIAS DE HOJE

importantes com as terapias cognitivas e comportamentais, principalmente quando se examina o comportamento real, registrado em vídeo, dos terapeutas durante as sessões.[37]

As terapias familiares: ecletismo terapêutico eficaz

A pesquisa e a prática atual das terapias familiares concentram-se na abordagem biológica da esquizofrenia e na aplicação bem-sucedida de métodos de reabilitação dos estados psicóticos, nascidos da abordagem comportamental e cognitiva. As terapias familiares de hoje são muito ecléticas e misturam, muitas vezes com felicidade, conceitos e técnicas comportamentais, cognitivas, sistêmicas e psicanalíticas.[38] As esquizofrenias foram objeto de numerosíssimos estudos de avaliação. Com frequência, destaca-se um critério simples da eficácia terapêutica: o percentual de recaídas. As intervenções familiares permitem diminuí-las significativamente.[39]

As terapias humanistas: terceira via do desenvolvimento pessoal

Quando a psicanálise dava os primeiros sinais de declínio na década de 1960, surgiram numerosíssimas formas de psicoterapia. Naquela época a Califórnia foi um imenso *melting-pot* onde os terapeutas emprestaram muitas coisas uns aos outros.

As terapias humanistas buscam ajudar os indivíduos a desenvolverem personalidade e estilo de vida saudáveis. Valorizam o direito à liberdade, a capacidade de escolha pessoal, a responsabilidade e a busca de desenvolvimento original do indivíduo diante de um ambiente conformista. Essa corrente "ecológica" constitui uma terceira via (ou uma terceira força) entre as terapias comportamentais e cognitivas e a psicanálise. Já nasceram dela mais de duzentas formas de psicoterapia, muitas vezes efêmeras.[40] Limito-me a apresentar rapidamente três delas que suportaram a prova do tempo.

• A gestalt-terapia

Criada por Fritz Perls,[41] representa, sem dúvida alguma, a forma mais sofisticada da abordagem humanista. A sua recente evolução aproxima-a mais das terapias corporais de inspiração psicanalítica. É recomendada como método de desenvolvimento pessoal que usa a mediação corporal para abordar as travas emocionais.

• A análise transacional

Foi criada por Éric Berne em 1968.[42] É uma mistura de psicanálise com comportamentalismo. Alguns aspectos aproximam-na da terapia cognitiva, mas ela invade principalmente o campo do desenvolvimento pessoal e da formação de relações dentro de empresas. Pode também ser útil como terapia de grupo ou terapia individual com vistas ao desenvolvimento pessoal. No entanto não foi avaliada quanto aos efeitos sobre as perturbações psicológicas listadas nas classificações modernas.

• A terapia centrada no cliente, de Carl Rogers

Criada por Carl Rogers[43] em 1968, pode ter resultados interessantes porque dá ênfase à relação de compreensão empática entre terapeuta e paciente e se admite mais diretiva do que parece, o que pode explicar a positividade de alguns resultados, principalmente na ansiedade generalizada.[44]

Os sete princípios comuns às psicoterapias eficazes

Na verdade, um certo número de princípios aparecem em todas as psicoterapias eficazes, às vezes com nomes diferentes que os tornam difíceis de reconhecer.

1. O papel das vivências precoces na configuração dos problemas atuais é reconhecido.

2. O papel da memória, especialmente da memória autobiográfica, e dos processos inconscientes é considerado importante.

3. Os sistemas de crenças e as interpretações errôneas da realidade devem ser modificados gradualmente.

4. O enfrentamento progressivo das emoções durante a psicoterapia é um dos principais elementos do processo terapêutico.

AS PSICOTERAPIAS DE HOJE

5. A relação positiva com o psicoterapeuta tem papel significativo no processo psicoterápico. É o que os psicanalistas chamam, desde Freud, de "aliança terapêutica", e os psicoterapeutas cognitivistas, de "relação de colaboração empírica". Essa aliança é diferente da transferência.[45]

6. Os aspectos psicoeducativos da psicoterapia são postos em ação. A psicanálise não foge disso; desde a sua origem, vemos que Freud misturava formação teórica e psicanálise. Seja como for, nada pode impedir o paciente de ler e se informar sobre a terapia a que se submete.

7. O papel da prescrição de comportamentos propostos de acordo com o paciente varia em função das diversas psicoterapias. Pode-se observar que, na psicanálise, na verdade há prescrições comportamentais: deitar-se durante cerca de uma hora sem ver o analista e deixar correr as associações de ideias, que serão ou não reforçadas por interpretações ou ruídos vocais. Isso será mesmo não diretivo?

Pode-se observar também que várias terapias utilizam o modelo da exposição graduada, prolongada e repetida a situações evitadas, quer se trate de situações reais e externas, quer do evitamento interno de pensamentos ou imagens de caráter emocional.

Esse princípio, que consiste em promover a habituação das respostas emocionais, foi descrito com vários nomes. Data pelo menos de Hipócrates, que o utilizava para tratar as fobias. Foi muitíssimo usado por Janet, Freud e vários outros. A gestalt-terapia utiliza-o com o nome de "confronto". Mais recentemente, uma versão tecnológica da exposição, a imersão na realidade virtual, mostrou alguma eficácia no tratamento das fobias.[46] O seguinte quadro apresenta os principais autores que contribuíram para o desenvolvimento desse princípio psicoterápico.

Enfrentar os medos para melhor dominá-los		
A exposição nos transtornos ansiosos: princípio para todas as terapias		
Agorafobia	Perroud (1873)	França
Obsessões, fobias	Janet (1903)	França
Fobia social	Janet (1919)	França

Agorafobia	Freud (1919)	Áustria
Fobia social	Hartenberg (1921)	França
Fobias	Wolpe (1958)	Estados Unidos
Obsessões	Meyer (1967)	Inglaterra
Gestalt-terapia	Perls (1969)	Estados Unidos
Fobias, obsessões, EPT*	Marks (1981)	Inglaterra
EPT: EMDR**	Shapiro (1987)	Estados Unidos
Fobias: realidade virtual	Rothbaum (1995)	Estados Unidos

* EPT: estresse pós-traumático.
** EMDR: dessensibilização pelos movimentos oculares e reprocessamento da informação.

Rumo ao fim das ideologias na psicoterapia?

A psicanálise não tem o monopólio do coração nem do inconsciente. Por sua vez, os métodos atuais de psicoterapia questionam não só os seus fundamentos teóricos como também a prática e os resultados. A ação mágica da psicanálise, como a imaginamos, foi substituída por "tratamentos" cada vez mais longos. As terapias psicanalíticas breves só tiveram confirmada a sua eficácia nos transtornos da personalidade, nos quais as terapias cognitivas são igualmente eficazes com métodos diferentes. O mínimo que se pode dizer é que as TCC e a terapia interpessoal não analisam o complexo de Édipo.

Por outro lado, no terreno preferido da análise, a "neurose", ou seja, nos transtornos ansiosos, as TCC apresentam resultados em que nem a psicanálise nem mesmo as terapias analíticas breves obtiveram resultado comprovado. Isso põe gravemente em dúvida o modelo freudiano do inconsciente, cuja pedra angular é o complexo de Édipo.

A pesquisa dos componentes ativos e dos processos comuns às terapias de eficácia comprovada deveria levar à superação das briguinhas de comadres, o que já acontece em vários países. O objetivo essencial continua a ser melhorar os tratamentos propostos aos pacientes e mudar a sua qualidade de vida, e não a luta por uma ilusória supremacia ideológica.

Notas

1. *L'Avenir d'une illusion*, Paris, PUF, 1927.
2. L. Whyte, *L'Inconscient avant Freud*, Paris, Payot, 1971; H. Ellenberger, *À la découverte de l'inconscient. Histoire de la psychiatrie dynamique*, trad. J. Feisthauer, Villeurbanne, SIMEP-Éditions, 1974. Reeditado como *Histoire de la découverte de l'inconscient*, Paris, Fayard, 1994.
3. Platão, *Phèdre*, trad. E. Chambry, Paris, Flammarion, 1964.
4. P. Janet, *op. cit.*
5. S. Freud e J. Breuer, *op. cit.*
6. P. Janet, *Les Médications psychologiques* (três volumes), Paris, Alcan, 1919. Reedição, Paris, Société de Pierre Janet em conjunto com o CNRS, II, 1986, p. 313.
7. B. A. Van der Kolk, A. C. McFarlane e L. Weisaeth, *Traumatic Stress*, Nova York, The Guilford Press, 1996.
8. J. F. Kihlstrom, "The psychological unconscious", em L. A. Mervin, *Handbook of Personality. Theory and Research*, Nova York, The Guilford Press 1990.
9. J.-P. Sartre, *Esquisse d'une théorie des émotions* (1938), Paris, Hermann, 1965.
10. J. Cottraux, *La Répétition des scénarios de vie. Demain est une autre histoire*, Paris, Odile Jacob, 2001.
11. J. Le Doux, *The Emotional Brain*, Nova York, Simon and Schuster, 1996; *Neurobiologie de la personnalité*, Paris, Odile Jacob, 2003.
12. G. R. Uhl e R. W. Grow, "The burden of complex genetics in brain disorders", *Archives of General Psychiatry*, 61, 2004, p. 223-9.
13. L. Baxter *et al.*, "Caudate glucose metabolic rate changes with both drug and behavior therapy for obsessive-compulsive disorder", *Archives of General Psychiatry*, 49, 1992, p. 681-9; J. M. Schwartz *et al.*, "Systematic changes in cerebral glucose metabolic rate after successful behavior modification treatment of obsessive-compulsive disorder", *Archives of General Psychiatry*, 53, 1996, p. 109-13.

14. T. Furmark, M. Tillfors, I. Marteinsdottir *et al.*, "Common changes in cerebral blood flow in patients with social phobia treated with Citalopram or cognitive-behavioral therapy", *Archives of General Psychiatry*, 59, 5, 2002, p. 425-33.

15. K. Goldapple, Z. Segal, C. Garson *et al.*, "Modulation of corticallimbic pathways in major depression. Treatment-specific effects of cognitive behavior therapy", *Archives of General Psychiatry*, 61, 2004, p. 34-40.

16. V. Paquette *et al.*, "Change the mind and you change the brain: effects of cognitive-behavioral therapy on the neural correlates of spider phobia".

17. A. Bandura, *Social Learning Theory*, Englewood Cliffs, Nova Jersey, Prentice Hall, 1977.

18. H. Head, *Sensation and the Cerebral Cortex*, Brain (1918). Trad. em J. Corraze, *Schéma corporel et image du corps*, Toulouse, Privat, 1973.

19. F. C. Bartlett, *Remembering*, Nova York, Columbia University Press, 1932.

20. M. A. Layden *et al.*, *Cognitive Therapy of Borderline Personality Disorder*, Boston, Allyn & Bacon, 1993.

21. A. Adler, *The Science of Living*, Nova York, Harper and Row, 1929, reedição, 1959.

22. L. Sperry, "Adlerian psychotherapy and cognitive therapy: An Adlerian perspective", *Journal of Cognitive Psychotherapy*, 11, 3, 1997, p. 157-64.

23. G. Kelly, *A Theory of Personality. The Psychology of Personal Constructs*, Nova York, Norton, 1955.

24. B. A. Alford e A. T. Beck, *The Integrative Power of Cognitive Therapy*, Nova York, The Guilford Press, 1997.

25. J. Young, J. Klosko J. e M. Weishaar, *La Thérapie des schémas*, trad. B. Pascal, Louvain, DeBoeck, 2005.

26. K. Lachenal-Chevallet *et al.*, "Factor analysis of the schema questionnaire-short form in a nonclinical sample", *Journal of Cognitive Psychotherapy: An International Quaterly*, no prelo.

27. Le Doux, *op. cit.*

28. J. Cottraux, *op. cit.*

29. J. Giesen-Bloo *et al.*, "Schema-focused therapy versus transference-focused therapy for borderline personality disorder: results of a RCT of three years of therapy", *European Association of Behaviour and Cognitive Therapy*, XXIV Congresso Anual, Manchester, 9 a 11 de setembro de 2004.

30. M. Svartberg, T. C. Stiles e M. H. Seltzer, "Randomized controlled trial of the effectiveness of short-term dynamic psychotherapy and cognitive therapy for

cluster C personality disorder", *American Journal of Psychiatry*, 161, 5, 2004, p. 810-7.

31. M. Linehan, "Traitement cognitivo-comportemental du trouble de personnalité état-limite", trad. P. Wehrlé e D. Page, *Médecine et Hygiène*, Zurique, 2000.

32. Relatório do Inserm, *op. cit.*, 2004; J. Cottraux, *Les Thérapies comportementales et cognitives*, 4ª ed., Paris, Masson, 2004b.

33. A. T. Beck, *Prisonniers de la haine: Les racines de la violence* (1999), trad. J. Cottraux, H. Dupont e M. Milliery, Paris, Masson, 2002.

34. Relatório do Inserm, *op. cit.*

35. *Ibidem.*

36. G. L. Klerman, M. M. Weisman, B. J. Rounsaville *et al.*, *Interpersonal Psychotherapy of Depression*, Nova York, Basic Books, 1984.

37. J. S. Ablon e E. J. Jones, "Validity of controlled trials of psychotherapy: findings from the NIMH treatment of depression collaborative research programme", *Archives of General Psychiatry*, 159, 2002, p. 775-83.

38. J. Miermont, *Psychothérapies contemporaines: Histoire, évolution, perspective*, Paris, L'Harmattan, 2000.

39. Relatório do Inserm, *op. cit.*

40. J. Cottraux, *Les Visiteurs du soi. À quoi servent les psys?*, Paris, Odile Jacob, 2004a.

41. F. Perls, *Gestalt Therapy Verbatim*, 1969. Trad. *Rêves et existence en Gestalt-thérapie*, Paris, Éditions de l'Épi, 1972.

42. É. Berne, *Analyse transactionnelle et psychothérapie*, Paris, Payot, 1971.

43. C. Rogers, *Le Développement de la personne*, trad. E. L. Herbert, Paris, Dunod, 1968.

44. Agence Nationale d'Accréditation et d'Évaluation en Santé (ANAES). *Diagnostic et prise en charge en ambulatoire du trouble anxieux généralisé. Recommandations pour la pratique clinique*, Paris, 2002; resumo publicado na Internet: http://www.anaes.fr

45. S. Freud, "On beginning the treatment further recommendations on the technique of psychoanalysis" (1913), *Standard Edition*, 12, Londres, Hogarth, 1958.

46. J. Cottraux, "Le virtuel contre les phobies", *La Recherche*, 384, 2005, p. 40-4.

Os autores

Organização de:

Catherine MEYER. Antiga aluna da École Normale Supérieure, trabalha há cerca de 15 anos com edição (Flammarion, Le Robert e depois Odile Jacob).

Artigos de:

Mikkel BORCH-JACOBSEN é dinamarquês-francês-americano. Filósofo de formação, dedicou sua tese ao sujeito freudiano e ensinou por um breve período no Departamento de Psicanálise de Vincennes, bastião de Lacan. Vive nos Estados Unidos desde 1986, onde é professor de literatura comparada na Universidade de Washington. É autor de sete livros que tratam da psicanálise e da história da psiquiatria, traduzidos em seis línguas, entre os quais *Lacan, o mestre absoluto*, hoje um clássico, e *Anna O. — Uma mistificação centenária*, que suscitou grande polêmica quando de sua publicação, em 1995. Seus trabalhos se inscrevem na nova história da psicanálise e da psiquiatria.

Jean COTTRAUX, psiquiatra, dirige a Unidade de Tratamento da Ansiedade no CHU de Lyon. Dedicou mais de 35 anos àqueles que sofrem de distúrbios de ansiedade. Formou-se em terapias comportamentais e cognitivas (TCC) na Inglaterra e nos Estados Unidos. Professor na Universidade de Lyon I, criou um diploma de TCC, graças ao qual formou muitos clínicos. É autor de vários livros de referência para os profissionais e de obras que tiveram grande sucesso como *La répétition dês scénarios de vie* [A repetição dos roteiros de vida]. Participou do estudo "Três terapias avaliadas" que a direção geral da Saúde confiou ao Inserm (2004).

O LIVRO NEGRO DA PSICANÁLISE

Didier PLEUX é doutor em psicologia do desenvolvimento e psicólogo clínico. Depois de ter iniciado sua carreira trabalhando com jovens delinquentes, formou-se em terapias cognitivas nos Estados Unidos com Albert Ellis, antigo psicanalista e figura importante do cognitivismo moderno desde os anos 1960. Ao retornar à França, decidiu abrir um consultório de atendimento psicológico, que se tornou o Instituto Francês de Terapia Cognitiva, único organismo de formação reconhecido pela equipe de A. Ellis. Seus trabalhos tratam da relação entre a aceitação da frustração (princípio de realidade) e a satisfação humana. Clínico da remediação cognitiva, é membro da equipe Feuerstein do Hadassah Institute de Jerusalém. É autor de um livro notável: *De l'enfant roi à l'enfant tyran* [Da criança rei à criança tirana].

Jacques VAN RILLAER é professor de psicologia na Universidade de Louvain-la-Neuve (Bélgica). Conhece "de dentro" a psicanálise, pois foi por mais de dez anos membro da Escola Belga de Psicanálise. Praticou o método freudiano por muito tempo antes de sua desconversão, que contou em um livro, *As ilusões da psicanálise* (1980), no qual desconstruiu o sistema freudiano. Segundo ele, os filhos de Freud, que se apresentam como os mestres da desmistificação, são, frequentemente sem o saber, os próprios propagadores de ilusões e os artesãos da alienação. Essa obra, que se tornou um clássico, marcou muitos psicólogos e psiquiatras. Van Rillaer escreveu, desde então, sete livros, dentre os quais *Psychologie de la vie quotidienne* [Psicologia da vida cotidiana].

Aaron T. BECK é reconhecido por seus pares como "uma das dez pessoas que mudaram a cara da psiquiatria americana". Diplomado em medicina pela Universidade de Yale, é célebre no mundo inteiro por ter explicado e difundido as "terapias cognitivas", que são hoje as terapias mais ensinadas nas universidades anglo-saxônicas e as mais bem validadas cientificamente. Professor emérito no Departamento de Psiquiatria da Universidade da Pensilvânia, desenvolve desde 1959 pesquisas sobre a depressão, a ansiedade, os distúrbios de personalidade, as dependências, o suicídio e outras. Sua academia de terapia cognitiva está localizada na Filadélfia.

OS AUTORES

Filip BUEKENS é professor de psicologia na Universidade de Tilburg (Países Baixos). É especialista em filosofia da linguagem, em semântica e em filosofia do espírito.

Frank CIOFFI é filósofo da ciência na Universidade do Kent, Canterbury. No início dos anos 1970, esse especialista em Wittgenstein fez descobertas surpreendentes sobre um dos pilares da fundamentação freudiana, a teoria da sedução. Seu programa na BBC suscitou enorme polêmica na Grã-Bretanha: Freud era um mentiroso?. Ele dirige à psicanálise o olhar do epistemólogo. É autor de *Freud and the question of pseudoscience*.

Jean-Jacques DÉGLON é psiquiatra, diretor da Fundação Phénix, em Genebra, e se dedica há 35 anos aos toxicômanos. Contra a opinião dos psicanalistas franceses, lutou pelos tratamentos de substituição à base de metadona, que permitiram salvar milhares de vidas.

Lavinia EDMUNDS é conhecida por suas contribuições na revista da Universidade John Hopkins. Vive em Baltimore, onde escreve sobre o tema da educação.

Albert ELLIS é um dos psicólogos que mudaram a história da disciplina. Uma pesquisa mostrou que ele era um dos autores mais citados nos estudos e obras de psicologia... antes de Freud. Hoje, com 93 anos, é autor de mais de setenta obras, entre as quais apenas duas, menores, foram traduzidas para o francês. Antigo psicanalista, está na origem, no fim dos anos 1950, das primeiras terapias cognitivas. Criou o Instituto REBT, que continua a dirigir em Nova York.

Allen ESTERSON, diplomado em física em 1958, ensinou durante muito tempo física e matemática no College of Further Education de Londres. É autor de *Seductive mirage: An exploration of the work of Sigmund Freud*.

O LIVRO NEGRO DA PSICANÁLISE

Han ISRAËLS ensina psicologia jurídica na Universidade de Maastricht depois de ter ensinado história da psicologia na Universidade de Amsterdã. Durante cerca de vinte anos estudou a história da psicanálise. Publicou uma obra bastante documentada sobre o nascimento da psicanálise, *Le cas Freud* (O caso Freud), assim como uma coletânea de artigos sobre Freud e a psicanálise: "Le charlatan de Vienne. Cent ans de Freud et le freudisme" [O charlatão de Viena. Cem anos de Freud e o freudismo].

Malcolm MACMILLAN é presidente da Sociedade Internacional para a História das Neurociências, e professor de psicologia na Universidade de Deakin (Austrália). É autor, dentre outros livros, de *Freud evaluated* e *An odd Kind of fame: Stories of Phineas Gage*, considerado uma das mais originais contribuições à história das neurociências, e ganhador de vários prêmios.

Philippe PIGNARRE é diretor das edições Les Empêcheurs de Penser em Rond e professor na Universidade Paris VIII. Trabalhou durante quase 17 anos na indústria farmacêutica e é autor de *Comment la dépression est devenue une épidémie* (Como a depressão se tornou uma epidemia) e de *Grand sécret de l'industrie pharmaceutique* (Grande segredo da indústria farmacêutica).

Richard POLLACK é jornalista investigativo, baseado em Nova York, e autor de vários romances e documentos. Começou sua carreira jornalística como repórter no início dos anos 1960, depois como redator associado na *Newsweek*. Nos anos 1970 tornou-se cofundador e editor da revista mensal *MORE*, revista crítica da mídia. Nos anos 1980 tornou-se redator-chefe da *Nation*, a mais antiga revista de esquerda americana. Recentemente escreveu um livro, *Bettelheim ou la fabrication d'un mythe* (Bettelheim ou a fabricação de um mito), que obteve grande sucesso nos Estados Unidos.

OS AUTORES

Joëlle PROUST, pesquisadora do CNRS, estudou psicologia e filosofia. Seus trabalhos tratam da intencionalidade, da cognição animal — *Comment l'esprit vient aux bêtes* (Como a inteligência chega nos animais?); *Les animaux pensent-ils* (Os animais pensam?) — e da consciência de agir e de suas perturbações na esquizofrenia e no autismo.

Fréderic ROSENFELD é psiquiatra. Trabalhou no Hospital de Lyon. Titular de um DEA (mestrado) em neurociências, interessou-se durante muito tempo pela psicanálise, antes de se distanciar dela para se dedicar às terapias comportamentais e cognitivas.

Sonu SHAMDASANI é historiador da psicologia e pesquisador no Welcome Trust Center for the History of Medicine no University College de Londres. Trabalhou no Museu Freud em Londres. É um dos maiores especialistas mundiais em Jung.

Edward SHORTER é historiador da medicina. Leciona na Faculdade de Medicina da Universidade de Toronto. É autor de várias obras, entre as quais uma história das doenças psicossomáticas e uma monumental *Histoire de la psychiatrie: De l'ère de l'asile à l'ère du Prozac* (História da psiquiatria: Da era do asilo à era do Prozac), publicada em 1998.

Isabelle STENGERS é filósofa e historiadora da ciência, professora na Universidade Livre de Bruxelas. Publicou, com Ilya Prigogine, *La Nouvelle Alliance* (A nova aliança) e *Entre le temps et l'éternité* (Entre o tempo e a eternidade).

Frank SULLOWAY é historiador da ciência em Berkeley (Califórnia). Seu livro *Freud, biologiste de l'esprit: Au-delà de la légende psychanalytique* (Freud, biólogo do espírito: Além da lenda psicanalítica), publicado em 1979, é uma análise radical das origens e da validade da psicanálise. Ele recebeu o MacArthur Grant, mais conhecido como "a bolsa dos gênios". Em um livro mais recente, *Les enfants rebelles* (Os filhos rebeldes), estudou o modo como a dinâmica familiar afeta o desenvolvimento da personalidade, inclusive o dos gênios criadores, e sublinhou a influência da ordem do nascimento na personalidade e no comportamento.

Pascal de SUTTER é doutor em psicologia e sexólogo clínico. Depois de uma estada no Canadá, incluindo quatro anos em uma comunidade ameríndia do norte do Québec, é chefe de serviço da Unidade de Sexologia do Hospital de Waterloo, professor na Faculdade de Psicologia da Universidade de Louvain-la-Neuve e codiretor do certificado universitário europeu em sexologia clínica.

Peter J. SWALES é uma autoridade reconhecida no domínio da história da psicanálise. Conhecido por seus escritos e conferências sobre a vida e a obra de Sigmund Freud, Marilyn Monroe, William S. Burroughs e Shirley Mason (Sybil), esse galês vive em Nova York e acompanha regularmente no serrote uma intérprete do repertório de Jacques Brel.

Com os depoimentos de Agnès Fonbonne e Paul A.

O texto deste livro foi composto em Sabon, desenho tipográfico de Jan Tschichold de 1964, baseado nos estudos de Claude Garamond e Jacques Sabon no século XVI, em corpo 11/15. Para títulos e destaques, foi utilizada a tipografia Frutiger, desenhada por Adrian Frutiger, em 1975.

A impressão se deu pelo Sistema Digital Instant Duplex da Divisão Gráfica da Distribuidora Record.